자이스토리 영어 포인트 리딩

수능 유형 독해 – 예비 고등

1 수능 독해 17개 유형!

- 수능 독해 유형을 쉽게 이해할 수 있도록 유형 난이도 순으로 배열했습니다.
- 각 독해 유형을 해결하는 유형 기본 문제들과 3-STEP 해법, Tip을 제시했습니다.
- 유형 기본 문제를 풀어보는 과정을 통해 수능 유형을 푸는 방법을 익힐 수 있습니다.

2 과외 선생님 같이 쉽게 설명해주는 Follow Me!

- Follow Me! 선생님을 통해 대표 지문에 대한 3-STEP 해법을 적용해보는 연습을 할 수 있습니다.
- 정답의 단서가 되는 부분이 어디인지를 명쾌하게 가르쳐줍니다.
- Follow Me!를 따라가면 어떤 방식으로 독해 유형을 이해하고 어떻게 문제를 해결해야 하는지를 보다 쉽게 배울 수 있습니다.

3 어휘 Review와 시험 대비 실력 향상 TEST!

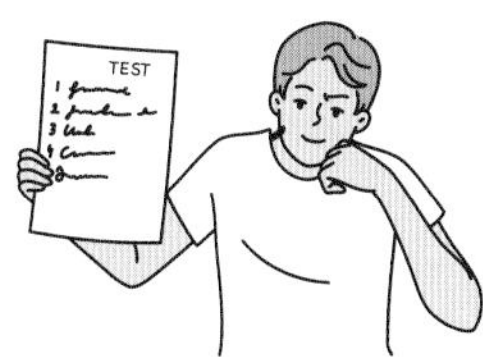

- 독해 유형을 공부하고 난 이후에는 핵심 어휘를 복습할 수 있도록 어휘 Review 문제를 수록하였습니다.
- 실력 향상 TEST에서는 학교 시험 필수 독해 문제들을 풀어봄으로써 영어 시험 100점을 맞을 수 있습니다.

Xi STORY

Xistory stands for extra intensive story for an entrance examination for a university.

예비 고등

포인트 리딩

수능 유형 독해 17개 수능 독해 유형 문제로
예비 고등 영어 독해 20일 완성!

수경출판사
수험생 여러분께 경의를 표합니다.

수능 독해 문제 유형을 알아보자!

수능에 출제되는 독해 문제 유형들에 대해 잘 살펴보세요.
지시문은? 선택지는? 문제 유형을 미리 파악해 놓으면
수능 영어가 쉬워집니다!

A 내용 일치, 불일치

Lilian Bland에 관한 윗글의 내용과 일치하지 않는 것을 고르시오.
① 승마와 사냥 같은 모험적인 활동을 즐겼다.
② 스포츠와 야생 동물 사진작가로 경력을 시작했다.

어떤 인물이나 동물, 식물, 지역 등에 대해 설명하는 글을 읽고, 선택지의 내용과 일치하는지 여부를 판단하는 유형이다.

B 실용문의 이해

(실용문: 광고문, 안내문)

날짜, 시간, 가격 등의 구체적인 항목을 선택지와 대조해야 해!

Nighttime Palace Tour에 관한 위 안내문의 내용과 일치하는 것을 고르시오.
① 금요일에는 하루에 두 번 투어가 운영된다.
② 8세 미만 어린이의 티켓은 5달러이다.
③ 예약은 투어 하루 전까지만 가능하다.

광고문이나 안내문을 읽고 세부 내용을 파악하는 유형이다.

C 심경, 분위기의 이해

(심경: 마음의 상태)

윗글에 드러난 'I'의 심경 변화로 가장 적절한 것을 고르시오.
① worried → furious ② surprised → relieved
③ ashamed → confident ④ anticipating → satisfied
⑤ excited → disappointed

글에 나온 인물이나 상황을 파악해서 인물의 심리 상태나 상황의 분위기를 파악하는 유형이다.

D 목적 찾기

윗글의 목적으로 가장 적절한 것을 고르시오.
① 아파트의 첨단 보안 설비를 홍보하려고
② 아파트 놀이터의 임시 폐쇄를 공지하려고

편지글 형태의 글을 읽고 필자가 글을 쓴 목적을 찾는 유형이다.

E 요지, 주장 찾기

윗글에서 필자가 주장하는 바로 가장 적절한 것을 고르시오.
① 인터넷 게시물에 대한 윤리적 기준을 세워야 한다.
② 블로그를 전문적으로 관리할 인력을 마련해야 한다.

글쓴이가 주장하는 것이 무엇인지, 필자가 어떤 의견을 갖고 있는지 찾는 유형이다.

F 도표의 이해

윗글을 읽고, 도표의 내용과 일치하지 않는 것을 고르시오.
① ② ③ ④ ⑤

바 그래프나 파이 그래프 등의 통계 자료와 그것을 설명하는 글이 나오는 유형이다.

★G 주제 찾기

모두 영어인 선택지에 글에 나온 단어를 넣어서 헷갈리게 하니 주의해야 해!

윗글의 주제로 가장 적절한 것을 고르시오.
① factors that caused tourism expansion
② discomfort at a popular tourist destination

글에서 이야기하고 있는 중심 내용이 무엇인지를 찾는 유형이다.

★H 제목 찾기

윗글의 제목으로 가장 적절한 것을 고르시오.
① Don't Compete with Yourself
② A Trap of a Successful Career

글의 중심 내용을 비유적으로 가장 잘 표현한 것을 찾는 유형이다.

I 밑줄 친 부분의 의미 찾기

밑줄 친 The divorce of the hands from the head가 윗글에서 의미하는 바로 가장 적절한 것을 고르시오.

① ignorance of modern technology

② endless competition in the labor market

다른 비슷한 현상이나 사물에 빗대어 설명하는 표현

주로 비유적 표현이 밑줄 친 부분에 제시되는데 이 부분의 직접적인 의미를 찾는 유형이다.

문장의 흐름

J 문맥에 맞는, 맞지 않는 낱말 찾기

윗글의 밑줄 친 부분 중, 문맥상 낱말의 쓰임이 적절하지 않은 것을 고르시오.

① ② ③ ④ ⑤

선택지에 제시된 낱말이 글의 논리적인 흐름에 어울리는지를 판단하는 유형이다.

글의 나머지 부분을 종합해야 하는 주제문일 가능성이 커!

K 빈칸 완성하기

윗글의 빈칸에 들어갈 말로 가장 적절한 것을 고르시오.

① direction

② purpose

글의 주제에 맞게 빈칸에 들어갈 적절한 말을 고르는 유형으로 어렵게 출제된다.

L 흐름에 맞지 않는 문장 찾기

윗글에서 전체 흐름과 관계 없는 문장을 고르시오.

① ② ③ ④ ⑤

글의 전체적인 내용이나 주제에 맞지 않는 문장을 찾는 유형이다.

M 글의 순서 정하기

주어진 글 다음에 이어질 글의 순서로 가장 적절한 것을 고르시오.

① (A) – (C) – (B) ② (B) – (A) – (C)

③ (B) – (C) – (A) ④ (C) – (A) – (B)

글의 주어진 글 뒤에 이어지는 세 문단을 논리적인 흐름대로 배치하는 유형으로 어렵게 출제된다.

N 주어진 문장 넣기

윗글의 흐름으로 보아, 주어진 문장이 들어가기에 가장 적절한 곳을 고르시오.

Bad carbohydrates, on the other hand, are simple sugars.

글을 읽다가 갑자기 흐름이 끊기는 곳을 찾아 주어진 문장을 넣는 유형이다.

O 요약문 완성하기

윗글의 내용을 한 문장으로 요약하고자 한다. 빈칸 (A), (B)에 들어갈 말로 가장 적절한 것을 고르시오.

We tend to feel safe and secure in ____(A)____ when we

글을 읽고 주제를 드러내는 한 문장으로 요약하는 유형이다.

낱말의 쓰임 문제를 먼저 판단한 후에 제목을 고르는 게 좋아!

P 장문의 이해

윗글의 제목으로 가장 적절한 것을 고르시오.

① How Can We Build Good Routines?

윗글의 밑줄 친 (a)~(e) 중에서 문맥상 낱말의 쓰임이 적절하지 않은 것을 고르시오.

① (a) ② (b) ③ (c) ④ (d) ⑤ (e)

긴 글을 읽고 세부 내용을 파악하고 종합해서 제목을 찾는 유형으로 두 문제씩 출제된다.

Q 복합문단의 이해

주어진 글 (A)에 이어질 내용을 순서에 맞게 배열한 것으로 가장 적절한 것을 고르시오.

① (B) – (D) – (C) ② (C) – (B) – (D) ③ (C) – (D) – (B)

윗글의 밑줄 친 (a) ~ (e) 중에서 가리키는 대상이 나머지 넷과 다른 것을 고르시오.

① (a) ② (b) ③ (c) ④ (d) ⑤ (e)

윗글에 관한 내용으로 적절하지 않은 것을 고르시오.

① 왕이 없는 동안 괴물이 궁전 문으로 접근했다.

주어진 글을 포함해 총 4 문단의 가장 긴 글을 읽고 글의 흐름과 세부 내용을 파악하는 유형으로 세 문제씩 출제된다.

이 독해 문제 유형들만 알면 수능도 문제 없어!

이 책의 구성과 특징

01 수능 독해 문제 유형 17개 분류

20일 완성

- 수능 독해에 출제되는 문제 유형을 17개로 분류하여 난이도 순으로 배열했습니다. 수능 독해 문제 유형에 쉽게 친숙해질 수 있습니다.
- **유형 포인트**: 어떤 유형의 문제들이 출제되는지, 각 유형의 지시문과 선택지는 어떻게 나오는지 기본적으로 알아야 할 것들을 설명

A 내용 일치, 불일치

04 (수능 유형) Frisbee에 관한 다음 글의 내용과 일치하는 것을 고르시오.

The Frisbee sports are a wide variety of activities based on the use of a flying disc to achieve the object of the particular game; Frisbee is both the trade name of one of the many discs used today, as well as the general term for any sport disc. The history of the flying disc as a sporting device can be traced to Yale University before World War II. The Yale students invented games that involved the

글과 똑같은 순서로 선택지가 제시돼요. 각 선택지의 핵심어를 글에서 찾아 일치하는지를 확인해야 해요.

02 고1 학력평가 기출 지문 40개 [49제] – DAY별 4지문

- 수능 독해 문제 유형을 가장 효율적으로 공부할 수 있는 고1 학력평가 기출 지문으로 대표 지문을 선정하였습니다.
- 이렇게 쉽게 풀자! : 독해 문제 유형을 해결하는 3-STEP의 유형 해법과 Tip을 제시
- **Grammar** : 지문을 이해하는 데 도움이 되는 핵심 문법을 설명 (*: 지문에 관련 표시)
- **유형 기본 문제** : 수능 문제 유형의 정답을 찾기 위한 기본 단계 문제
- (서술형) : 학교 시험 서술형 대비를 위한 문제 (단순 해석 등의 문제는 제외)
- (내신 대비) : 학교 시험 대비를 위한 문제
- (수능 유형) : 수능 독해 유형 문제

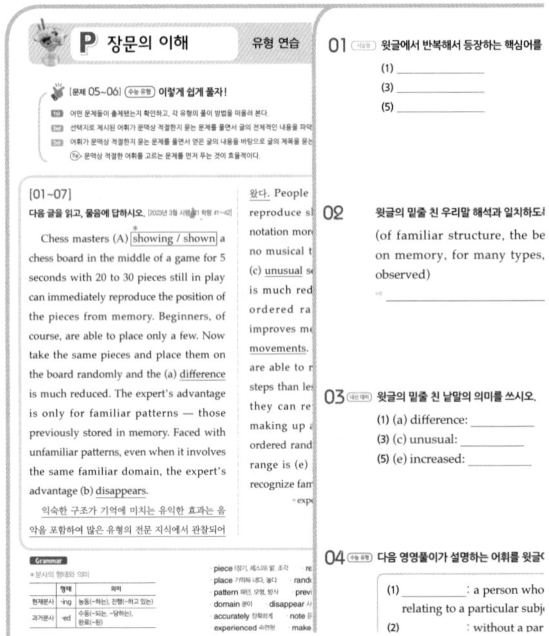

- 단어 수: 205
- 독해 시간: 240초
- 난이도: ★★☆

- 단어 수와 독해 시간, 난이도를 제시하여 이 지문의 수준이 어느 정도인지를 객관적으로 알 수 있습니다.

03 Follow Me! – 3-STEP의 유형 해법

- 이렇게 쉽게 풀자!에서 제시한 1st, 2nd, 3rd의 유형 해법과 Tip 순서대로 문제 풀이 방법을 제시합니다. (*: Tip 내용과 관련 표시) 지문의 어떤 부분이 정답의 근거가 되는지를 보여줌으로써 풀이 방법의 흐름을 자연스럽게 익히도록 합니다.
- QR코드를 통한 Follow Me! 동영상 강의 제공

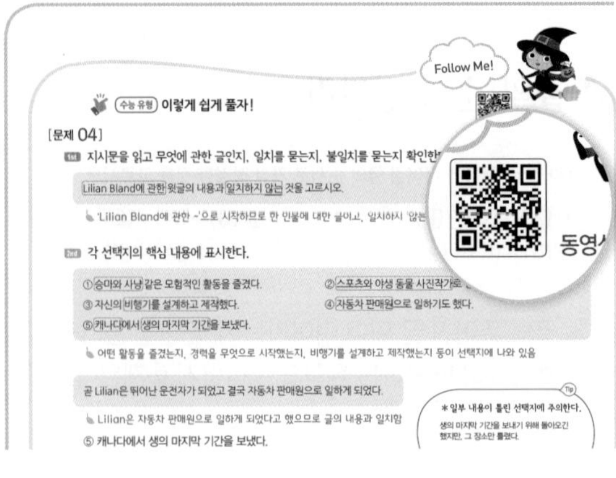

04 고난도 고1 학평 기출 지문으로 수능 문제 유형 훈련

- 각 유형의 마지막에 가장 난이도가 높은 지문을 배치해 난이도 순서대로 학습할 수 있도록 구성하였습니다.
- 지문을 제대로 이해했는지 평가하는 다양한 유형의 문제와 내신 대비 문제를 함께 출제하였습니다.

고난도

[14~17] 다음 글을 읽고, 물음에 답하시오. [2021년 11월 시행 고1 학평 26]

Bessie Coleman was born in Texas in 1892. When she was eleven, she was told (A) that / if the Wright brothers had flown their first plane. Since that moment, she dreamed about the day she would soar through the sky. At the age of 23, Coleman moved to Chicago, where she worked at a restaurant to save money for flying lessons. ___(B)___, she had to travel to Paris to take flying lessons because American flight schools the time admitted neither women nor Black people. In 1921, she fina

• 단어 수: 137
• 독해 시간: 120
• 난이도: ★★

05 시험 대비 실력 향상 TEST – 3회

- 실력 향상 테스트는 학교 시험 필수 독해 문제를 수록하였습니다.
- 5개, 6개 유형씩 묶어서 문제를 수록했습니다.
- 독해 실력 향상과 학교 시험 100점이라는 두 마리 토끼를 잡으실 수 있습니다.

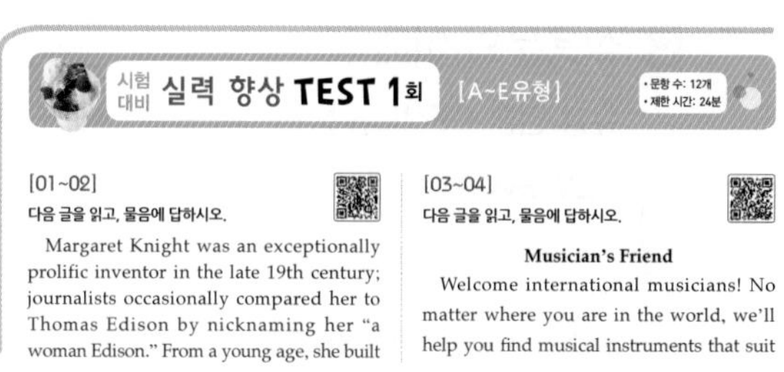

시험 대비 실력 향상 TEST 1회 [A~E유형]
• 문항 수: 12개
• 제한 시간: 24분
[01~02]
다음 글을 읽고, 물음에 답하시오.
Margaret Knight was an exceptionally prolific inventor in the late 19th century; journalists occasionally compared her to Thomas Edison by nicknaming her "a woman Edison." From a young age, she built
[03~04]
다음 글을 읽고, 물음에 답하시오.
Musician's Friend
Welcome international musicians! No matter where you are in the world, we'll help you find musical instruments that suit

06 REVIEW 어휘 테스트

- 해당 유형에서 공부한 어휘를 복습할 수 있도록 어휘 Review 테스트를 다양한 문제로 수록하였습니다.

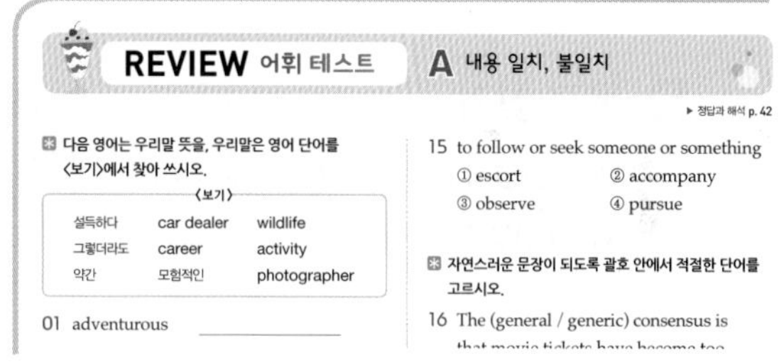

REVIEW 어휘 테스트
A 내용 일치, 불일치
▶ 정답과 해석 p. 42
다음 영어는 우리말 뜻을, 우리말은 영어 단어를 <보기>에서 찾아 쓰시오.
<보기>
설득하다 car dealer wildlife
그렇더라도 career activity
약간 모험적인 photographer
01 adventurous
15 to follow or seek someone or something
① escort ② accompany
③ observe ④ pursue
자연스러운 문장이 되도록 괄호 안에서 적절한 단어를 고르시오.
16 The (general / generic) consensus is

07 문제를 쉽게 이해시키는 입체 첨삭 해설

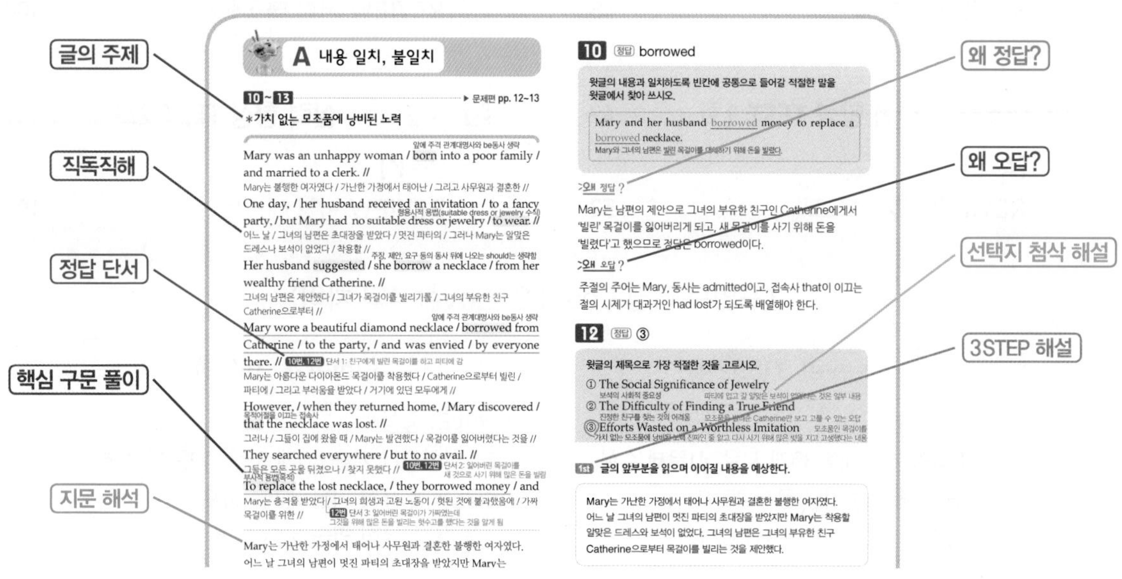

이 책의 차례

〈포인트 리딩 Level 3, Level 4의 차이〉

Level 3 (352제)	Level 4 (352제)
• 난이도: **중** • 고1 학력평가 기출 35개 지문, 41문제 수록 • 수능 독해 유형 기본 문제 251제 • 수능 독해 유형 연습 문제 60제	• 난이도: **중상** • 고1 학력평가 기출 40개 지문, 49문제 수록 • 수능 독해 유형 기본 문제 251제 • 수능 독해 유형 연습 문제 52제

★ 홈페이지 학습 자료 다운로드

(수경출판사 www.book-sk.kr)

단어장 한글 파일(hwp), 단어장 pdf,
지문 듣기 파일 MP3

★ 특별부록 – 휴대용 단어장

• 교재에 수록된 모든 어휘들을 문제 순서대로 우리말 뜻과 함께 정리

• 영어 단어 쓰기 문제, 그림 연상 문제: 암기한 어휘를 잊어버리지 않고 오래도록 기억할 수 있음

학습 계획표 20일 완성

하루하루 **학습 계획표**대로 공부하다 보면 어느덧 **예비 고등 영어 독해** 100점에 도달할 수 있습니다.

DAY	단원	틀린 문제, 헷갈리는 문제 번호 적기	학습 날짜	복습 날짜
01	A 내용 일치, 불일치		월 일	월 일
02	B 실용문의 이해		월 일	월 일
03	C 심경, 분위기의 이해		월 일	월 일
04	D 목적 찾기		월 일	월 일
05	E 요지, 주장 찾기		월 일	월 일
06	실력 향상 TEST 1회		월 일	월 일
07	F 도표의 이해		월 일	월 일
08	G 주제 찾기		월 일	월 일
09	H 제목 찾기		월 일	월 일
10	I 밑줄 친 부분의 의미 찾기		월 일	월 일
11	J 문맥에 맞는, 맞지 않는 낱말 찾기		월 일	월 일
12	K 빈칸 완성하기		월 일	월 일
13	실력 향상 TEST 2회		월 일	월 일
14	L 흐름에 맞지 않는 문장 찾기		월 일	월 일
15	M 글의 순서 정하기		월 일	월 일
16	N 주어진 문장 넣기		월 일	월 일
17	O 요약문 완성하기		월 일	월 일
18	P 장문의 이해		월 일	월 일
19	Q 복합문단의 이해		월 일	월 일
20	실력 향상 TEST 3회		월 일	월 일

A 내용 일치, 불일치

내용 일치, 불일치 유형은 글의 내용과 일치하거나 일치하지 않는 선택지를 찾는 유형이에요.

04 수능 유형 **Frisbee에 관한 다음 글의 내용과 일치하는 것을 고르시오.**

주로 어떤 인물이나 동식물 등에 관해 설명하는 글이 나와요. 일치 문제인지, 불일치 문제인지 꼭 확인해야 해요.

The Frisbee sports are a wide variety of activities based on the use of a flying disc to achieve the object of the particular game; Frisbee is both the trade name of one of the many discs used today, as well as the general term for any sport disc. The history of the flying disc as a sporting device can be traced to Yale University before World War II. The Yale students invented games that involved the tossing of metal pie containers through the air. The first commercially marketed flying disc was sold in 1948. The Wham-O company produced its first patented Frisbee in 1954. Other companies followed with their own discs afterward. Many flying disc sports develop as a result of the popularity of the Frisbee. The best known of these are Ultimate Frisbee, Disc Golf, and Freestyle.

글과 똑같은 순서로 선택지가 제시돼요. 각 선택지의 핵심어를 글에서 찾아 일치하는지를 확인해야 해요.

① 오늘날 사용되는 디스크들의 상표명이다.
② 1차 세계 대전 직후 예일대에서 가장 처음으로 사용되었다.
③ 첫 상업적인 원반은 1954년에 판매되었다.
④ Wham-O 회사는 1948년에 최초로 특허받은 프리스비를 생산해냈다.
⑤ 한 개의 제조사만이 원반 생산에서 살아남았다.

수록 지문

- Lilian Bland의 생애 + Follow Me!
- 프리스비 스포츠의 역사와 다양성
- 동화란 무엇인가?
- Bessie Coleman의 생애

A 내용 일치, 불일치 유형 연습

[문제 04] (수능 유형) **이렇게 쉽게 풀자!**

1st 지시문을 읽고 무엇에 관한 글인지, 일치를 묻는지, 불일치를 묻는지 확인한다.

2nd 각 선택지의 핵심 내용에 표시한다.

3rd 표시한 내용이 글에 등장하는 문장을 찾아 일치하는지, 일치하지 않는지 확인한다.

Tip 일부 내용이 틀린 선택지에 주의한다.

[01~05] 다음 글을 읽고, 물음에 답하시오. [2023년 3월 시행 고1 학평 26]

Lilian Bland was born in Kent, England in 1878. Unlike most other girls at the time she wore trousers and *spent her time (A) [enjoying / to enjoy] adventurous activities like horse riding and hunting. Lilian began her career as a sports and wildlife photographer for British newspapers. In 1910 she became the first woman to design, build, and fly her own airplane. 약간 더 안전한 활동을 하도록 그녀를 설득하기 위해, Lilian의 아버지는 그녀에게 자동차를 사주었다. Soon Lilian was a master driver and ended up working as a car dealer. She never went back to flying but lived a long and exciting life nonetheless. She married, moved to Canada, and had a kid. Eventually, she moved back to England, and lived there for the rest of her life.

- 단어 수: 128
- 독해 시간: 120초
- 난이도: ★★☆

Grammar

*유용한 동명사 표현
- have difficulty (in) -ing: ~하는 데 어려움을 겪다
- look forward to -ing: ~하기를 고대하다
- cannot help -ing: ~하지 않을 수 없다
- keep A from -ing: A가 ~하는 것을 막다

Word Check
- adventurous 모험적인
- career 경력
- wildlife 야생 동물
- photographer 사진작가
- persuade 설득하다
- slightly 약간
- end up -ing 결국 ~하게 되다
- car dealer 자동차 판매원
- exciting 흥미진진한, 신나는
- nonetheless 그럼에도

01 서술형 윗글의 제목을 아래와 같이 쓸 때, 빈칸에 적절한 말을 윗글에서 찾아 쓰시오. (필요하면 어형을 변화시킬 것)

The Life of Lilian Bland, Who Had Various ____________

02 서술형 윗글의 밑줄 친 우리말 해석과 일치하도록 주어진 표현을 적절하게 배열하시오.

(to try, bought her, in order to persuade, a slightly safer, her, activity, Lilian's dad, a car)

➡ ______________________________

03 윗글에 등장하는 다음 두 문장을 바르게 해석하시오.

(1) Lilian began her career as a sports and wildlife photographer for British newspapers.

➡ ______________________________

(2) Soon Lilian was a master driver and ended up working as a car dealer.

➡ ______________________________

04 수능 유형 Lilian Bland에 관한 윗글의 내용과 일치하지 않는 것을 고르시오.

① 승마와 사냥 같은 모험적인 활동을 즐겼다.
② 스포츠와 야생 동물 사진작가로 경력을 시작했다.
③ 자신의 비행기를 설계하고 제작했다.
④ 자동차 판매원으로 일하기도 했다.
⑤ 캐나다에서 생의 마지막 기간을 보냈다.

05 내신 대비 윗글의 네모 (A)에서 어법상 적절한 것을 고르시오.

➡ ______________

Follow Me!

01
세 번째 문장에서 다양한 무엇을 가졌는지 언급되었다.

02
'~하기 위해'라는 뜻은 in order to-v의 형태로 나타낸다.

03
(1) as는 '~로서'라는 뜻을 가진 전치사로 해석한다.
(2) end up -ing는 '결국 ~하게 되다'로 해석해야 한다.

04~05 뒷페이지에

정답과 해설 pp. 2~3

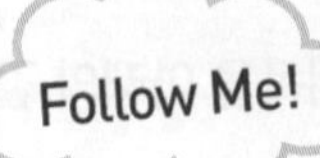

수능 유형 이렇게 쉽게 풀자!

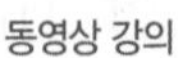
동영상 강의

[문제 04]

1st 지시문을 읽고 무엇에 관한 글인지, 일치를 묻는지, 불일치를 묻는지 확인한다.

Lilian Bland에 관한 윗글의 내용과 일치하지 않는 것을 고르시오.

'Lilian Bland에 관한 ~'으로 시작하므로 한 인물에 대한 글이고, 일치하지 '않는' 것을 물어보는 문제임에 주의해야 함

2nd 각 선택지의 핵심 내용에 표시한다.

① 승마와 사냥 같은 모험적인 활동을 즐겼다.
② 스포츠와 야생 동물 사진작가로 경력을 시작했다.
③ 자신의 비행기를 설계하고 제작했다.
④ 자동차 판매원으로 일하기도 했다.
⑤ 캐나다에서 생의 마지막 기간을 보냈다.

어떤 활동을 즐겼는지, 경력을 무엇으로 시작했는지, 비행기를 설계하고 제작했는지 등이 선택지에 나와 있음

3rd 표시한 내용이 글에 등장하는 문장을 찾아 일치하는지, 일치하지 않는지 확인한다.

① 승마와 사냥 같은 모험적인 활동을 즐겼다. (like horse riding and hunting)

그 당시 대부분의 다른 여자아이와 달리 그녀는 바지를 입었고, 승마와 사냥 같은 모험적인 활동을 즐기며 시간을 보냈다.

다른 여자아이와 달리 승마와 사냥 같은 모험적인 활동을 즐겼다고 했으므로 글의 내용과 일치함

② 스포츠와 야생 동물 사진작가로 경력을 시작했다. (as a sports and wildlife photographer)

Lilian은 영국 신문사의 스포츠와 야생 동물 사진작가로 자신의 경력을 시작했다.

영국 신문사의 스포츠와 야생 동물 사진작가로 경력을 시작했다고 했으므로 글의 내용과 일치함

③ 자신의 비행기를 설계하고 제작했다. (to design, build, and fly her own airplane)

1910년에 그녀는 자신의 비행기를 설계하고, 제작하고, 비행한 최초의 여성이 되었다.

자신의 비행기를 설계하고, 제작하고, 비행한 최초의 여성이었다고 했으므로 글의 내용과 일치함

④ 자동차 판매원으로 일하기도 했다. (ended up working as a car dealer)

곧 Lilian은 뛰어난 운전자가 되었고 결국 자동차 판매원으로 일하게 되었다.

Lilian은 자동차 판매원으로 일하게 되었다고 했으므로 글의 내용과 일치함

⑤ 캐나다에서 생의 마지막 기간을 보냈다. (back to England)

결국 *잉글랜드로 돌아와 거기서 생의 마지막 기간을 보냈다.

잉글랜드에서 생의 마지막 기간을 보냈다고 했으므로 글의 내용과 일치하지 않아서 정답은 ⑤

***일부 내용이 틀린 선택지에 주의한다.**

생의 마지막 기간을 보내기 위해 돌아오긴 했지만, 그 장소만 틀렸다.

Lilian Bland가 생의 마지막 기간을 보낸 곳은 '캐나다'가 아니라 '잉글랜드'였음

[문제 05] '~하는 데 (시간)을 보내다'의 의미를 나타내는 구문: spend+시간+-ing (핵심 구문)

spend+시간+-ing

~ and spent her time enjoying adventurous activities / like horse riding and hunting. //

~ 그리고 모험적인 활동을 즐기며 시간을 보냈다 / 승마와 사냥 같은 //

[06~09] 다음 글을 읽고, 물음에 답하시오.

- 단어 수: 140
- 독해 시간: 130초
- 난이도: ★★☆

The Frisbee sports are a wide variety of activities based on the use of a flying disc to achieve the object of the particular game; Frisbee is both the trade name of one of the many discs used today, as well as the general term for any sport disc. The history of the flying disc as a sporting device can be traced to Yale University before World War II. The Yale students invented games that involved the tossing of metal pie containers through the air. The first commercially marketed flying disc was sold in 1948. The Wham-O company produced its first patented Frisbee in 1954. Other companies followed with their own discs afterward. Many flying disc sports *develop as a result of the popularity of the Frisbee. The best known of these are Ultimate Frisbee, Disc Golf, and Freestyle.

06 서술형 윗글의 제목을 아래와 같이 쓸 때, 빈칸에 적절한 말을 윗글에서 찾아 쓰시오.

The ____________ and Variety of Frisbee Sports

07 윗글에 등장하는 다음 두 문장을 바르게 해석하시오.

(1) Frisbee is both the trade name of one of the many discs used today, as well as the general term for any sport disc.

➡ ________________________________

(2) The Wham-O company produced its first patented Frisbee in 1954.

➡ ________________________________

Grammar

*과거 동사
과거 시제를 나타낼 때 be동사는 주어의 수에 따라 was, were 형태로 쓰고, 일반동사는 규칙형일 경우 -ed 형태로 쓴다.

08 수능 유형 Frisbee에 관한 윗글의 내용과 일치하는 것을 고르시오.

① 오늘날 사용되는 디스크들의 상표명이다.
② 1차 세계 대전 직후 예일대에서 가장 처음으로 사용되었다.
③ 첫 상업적인 원반은 1954년에 판매되었다.
④ Wham-O 회사는 1948년에 최초로 특허받은 프리스비를 생산해냈다.
⑤ 한 개의 제조사만이 원반 생산에서 살아남았다.

09 내신 대비 윗글의 밑줄 친 문장에서 어법상 틀린 곳을 찾아 바르게 고치시오.

____________ → ____________

Word Check

- activity 활동
- flying disc 원반
- achieve 달성하다, 성취하다
- particular 특정한
- general 일반적인
- trace (기원을) 추적하다
- commercially 상업적으로
- patent 특허를 받다
- popularity 인기

정답과 해설 pp. 3~4

[10~13] 다음 글을 읽고, 물음에 답하시오.

• 단어 수: 145
• 독해 시간: 130초
• 난이도: ★★☆

A fairy tale is an imaginative story. It is often intended for children. Stories are usually based on magic, fantastical settings, fanciful, and wondrous characters such as elves, goblins, wizards, and happy endings. Fairy tales exist in every culture in the world. Many fairy tales were passed down from story-teller to story-teller before they were recorded in books. They have been adapted *and (A) [retell / retold] countless times. Fairy tales are important because they spark the imagination. They give us an outlet for experiencing things in our minds before we experience them in the real world. A fairy tale is where the troubles of the real world can meet the supernatural and mix things up. In a fairy tale, anything can happen and when anything can happen, we can find solutions to things in our lives. Through imagination, we learn about our world.

10 (서술형) 윗글의 제목을 아래와 같이 쓸 때, 빈칸에 적절한 말을 윗글에서 찾아 쓰시오.

> ________ ________: What Is It and Why Is It Good?

11 (서술형) 다음 질문에 대한 답을 윗글에서 찾아 쓰시오.

Q: What do fairy tales provide us?
A: They provide us with a(n) ________ for experiencing real-world things in our mind.

12 (수능 유형) 동화에 대한 윗글의 내용과 일치하지 않는 것을 고르시오.

① 동화는 주로 어린이들을 위해 쓰여진다.
② 동화는 보통 행복한 결말로 끝난다.
③ 동화는 전 세계 다양한 문화에서 존재한다.
④ 동화는 수없이 각색되어 전해진다.
⑤ 동화는 현실과 동떨어진 상상의 이야기를 다룬다.

13 (내신 대비) 윗글의 네모 (A)에서 어법상 적절한 것을 고르시오.

➡ ________

Grammar

*병렬 구조
등위접속사 and나 but이 쓰여서 동사를 연결해주면 앞에 나온 동사와 같은 형태로 써야 한다.

Word Check

- fairy tale 동화
- imaginative 상상의, 창의적인
- fanciful 상상의, 공상의
- wondrous 경이로운
- character 등장인물, 성격
- goblin 도깨비
- wizard 마녀, 마법사
- adapt 각색하다
- countless 무수한
- spark 유발하다, 촉발시키다
- imagination 상상력
- outlet (감정 등의) 배출구, 표현 수단
- supernatural 초자연적인 현상

고난도

[14~17] 다음 글을 읽고, 물음에 답하시오. [2021년 11월 시행 고1 학평 26]

Bessie Coleman was born in Texas in 1892. When she was eleven, she was told (A) *that / if the Wright brothers had flown their first plane. Since that moment, she dreamed about the day she would soar through the sky. At the age of 23, Coleman moved to Chicago, where she worked at a restaurant to save money for flying lessons. ____(B)____, she had to travel to Paris to take flying lessons because American flight schools at the time admitted neither women nor Black people. In 1921, she finally became the first Black woman to earn an international pilot's license. She also studied flying acrobatics in Europe and made her first appearance in an airshow in New York in 1922. As a female pioneer of flight, she inspired the next generation to pursue their dreams of flying.

*flying acrobatics 곡예 비행

- 단어 수: 137
- 독해 시간: 120초
- 난이도: ★★★

14 서술형 윗글의 내용과 일치하도록 빈칸에 적절한 말을 윗글에서 찾아 쓰시오.

> The Wright brothers' first breakthrough in flying inspired Bessie Coleman to become a(n) ____________.

15 서술형 윗글의 빈칸 (B)에 들어갈 말로 가장 적절한 것을 고르시오.

① However
② Therefore
③ For instance
④ Nevertheless
⑤ As a result

16 수능 유형 Bessie Coleman에 관한 윗글의 내용과 일치하지 않는 것을 고르시오.

① 11살 때 Wright 형제의 첫 비행 소식을 들었다.
② 비행 수업을 듣기 위해 파리로 가야 했다.
③ 국제 조종사 면허를 딴 최초의 흑인 여성이 되었다.
④ 유럽에서 에어쇼에 첫 출현을 했다.
⑤ 다음 세대가 비행의 꿈을 추구하도록 영감을 주었다.

17 내신 대비 윗글의 네모 (A)에서 어법상 적절한 것을 고르시오.

➡ ____________

Grammar

*접속사 that의 쓰임
that이 접속사로 쓰일 때 '~라는 것'으로 해석한다. 주어절을 이끄는 that은 보통 가주어, 진주어 구문에 쓰이고 목적어절을 이끄는 that은 보통 생략한다.

Word Check

- soar 날아오르다
- international 국제적인
- pilot 비행사
- license 면허
- appearance 출현
- female 여성의
- pioneer 개척자
- inspire 영감을 주다
- generation 세대
- pursue 추구하다
- breakthrough 돌파구

정답과 해설 pp. 4~6

REVIEW 어휘 테스트

A 내용 일치, 불일치

▶ 정답과 해석 p. 6

다음 영어는 우리말 뜻을, 우리말은 영어 단어를 <보기>에서 찾아 쓰시오.

〈보기〉

설득하다	car dealer	wildlife
그렇더라도	career	activity
약간	모험적인	photographer

01 adventurous ____________

02 slightly ____________

03 nonetheless ____________

04 persuade ____________

05 경력 ____________

06 사진작가 ____________

07 야생 동물 ____________

08 자동차 판매원 ____________

다음 중 나머지와 의미가 다른 하나를 고르시오.

09 ① stop ② activity ③ movement ④ action

10 ① complete ② conclude ③ abandon ④ achieve

11 ① exact ② common ③ particular ④ specific

12 ① trace ② seek ③ deter ④ follow

다음 영영풀이에 알맞은 단어를 고르시오.

13 to cause or trigger something
① fuel ② energize ③ accelerate ④ spark

14 necessary or needed
① essential ② prerequisite ③ key ④ coercive

15 to follow or seek someone or something
① escort ② accompany ③ observe ④ pursue

자연스러운 문장이 되도록 괄호 안에서 적절한 단어를 고르시오.

16 The (general / generic) consensus is that movie tickets have become too expensive.

17 Heathcliff's character inspired (contrary / countless) others in following ages.

우리말에 맞게 빈칸에 적절한 단어를 <보기>에서 찾아 쓰시오.

〈보기〉

enrich	breakthrough	soared
pioneers	wondrous	hunting

18 그들은 시제품 개발에 돌파구를 찾았다.
➡ They made a(n) ____________ in developing the prototype.

19 저희 비료는 토양을 해하지 않으면서 무기물로 풍부하게 합니다.
➡ Our fertilizers ____________ the soil with minerals without harming it.

20 Tolkien의 소설은 마법사와 도깨비가 나오는 경이로운 이야기를 다룹니다.
➡ Tolkien's novels tell ____________ stories of wizards and goblins.

21 많은 경우, 대학들은 새로운 학문 분야의 개척자다.
➡ In most cases, universities are the ____________ of new fields of studies.

22 새 떼가 머리 위로 날아올랐다.
➡ Flocks of birds ____________ overhead.

B 실용문의 이해

안내문에 제시된 정보와 선택지의 내용이 일치하는지 일치하지 않는지를 확인하는 유형이에요.

04 수능 유형 **Kenner High School's Water Challenge에 관한 위 안내문의 내용과 일치하는 것을 고르시오.**

주로 어떤 행사나 프로그램의 일정, 등록 방법, 주의 사항 등을 설명해요. 날짜나 시간 등 세부 사항을 잘 확인해야 해요.

Kenner High School's Water Challenge

Kenner High School's Water Challenge is a new contest to propose measures against water pollution. Please share your ideas for deal with water pollution!

Submission

– **How**: Submit your proposal email to admin@khswater.edu.

– **When**: September 5, 2022 September 23, 2022

Details

– Participants must enter in teams of four and can only join one team.

– ⓑ (team, submission, to, one, is, per, limited, proposal)

– ⓒ (form, use, the website, participants, on, must, the proposal, provided)

안내문과 동일한 순서로 선택지가 제시되니까 안내문을 읽으면서 선택지와 일대일로 대조하면 돼요.

① 제안서는 직접 방문하여 제출해야 한다.
② 9월 23일부터 제안서를 제출할 수 있다.
③ 제안서는 한 팀당 4개까지 제출할 수 있다.
④ 제공된 제안서 양식을 사용해야 한다.
⑤ 2등은 10달러의 상품권을 받는다.

수록 지문

- 아이디어를 공유해 주세요! + Follow Me!
- 십 대 도슨트 과정
- 전자 폐기물 재활용의 날
- Delaware 환경 영화 축제

B 실용문의 이해 유형 연습

[문제 04] (수능 유형) **이렇게 쉽게 풀자!**

1st 지시문을 읽고 무엇에 관한 글인지, 일치를 묻는지, 불일치를 묻는지 확인한다.

2nd 각 선택지의 핵심 내용에 표시한다.

3rd 표시한 내용이 안내문에 등장하는 문장을 찾아 일치하는지, 일치하지 않는지 확인한다.

Tip 글에서 언급되는 것과 똑같은 순서로 선택지가 제시된다.

[01~05] 다음 글을 읽고, 물음에 답하시오. [2022년 9월 시행 고1 학평 28]

• 단어 수: 112
• 독해 시간: 120초
• 난이도: ★★☆

Kenner High School's Water Challenge

Kenner High School's Water Challenge is a new contest to propose measures against water pollution. Please share your ideas for* ⓐ deal with water pollution!

Submission

– **How**: Submit your proposal ____(A)____ email to admin@khswater.edu.

– **When**: September 5, 2022 ____(B)____ September 23, 2022

Details

– Participants must enter in teams of four and can only join one team.

– ⓑ (team, submission, to, one, is, per, limited, proposal)

– ⓒ (form, use, the website, participants, on, must, the proposal, provided)

Prizes

– 1st: $50 gift certificate

– 2nd: $30 gift ⓓ certificate

– 3rd: $10 gift certificate

Please visit www.khswater.edu to learn more about the challenge.

Grammar

*전치사의 목적어
전치사의 목적어로 동사가 올 때: 「동사원형+-ing」

Word Check

- propose 제안하다
- measure 대책
- pollution 오염
- submission 제출
- submit 제출하다
- proposal 제안서
- participant 참가자
- verify 입증하다
- authority 권한
- attest 증명하다

01 윗글의 빈칸 (A), (B)에 들어갈 전치사로 가장 적절하게 짝지어진 것을 고르시오.

	(A)		(B)		(A)		(B)
①	of	—	in	②	by	—	to
③	on	—	from	④	at	—	for
⑤	with	—	as				

02 서술형 다음과 같은 의미가 되도록 윗글의 ⓑ, ⓒ에 주어진 단어를 배열하시오.

(1) ⓑ 제출은 한 팀당 한 개의 제안서로 제한됩니다.

➡ ______________________________

(2) ⓒ 참가자들은 웹 사이트에 제공된 제안서 양식을 사용해야 합니다.

➡ ______________________________

____

03 내신 대비 윗글의 밑줄 친 ⓓ certificate가 가리키는 것으로 가장 적절한 것을 고르시오.

① a document that confirms or verifies a fact
② a gift card that is worth a certain amount of money
③ an authority to attest that someone possesses a specific skill

04 수능 유형 Kenner High School's Water Challenge에 관한 위 안내문의 내용과 일치하는 것을 고르시오.

① 제안서는 직접 방문하여 제출해야 한다.
② 9월 23일부터 제안서를 제출할 수 있다.
③ 제안서는 한 팀당 4개까지 제출할 수 있다.
④ 제공된 제안서 양식을 사용해야 한다.
⑤ 2등은 10달러의 상품권을 받는다.

05 내신 대비 윗글의 밑줄 친 ⓐ를 어법상 적절하게 고치시오.

➡ ______________

Follow Me! 

01
'수단'이나 '방법'을 나타내는 전치사와 '범위나 기간의 끝'을 나타내는 전치사가 필요하다.

02
(1) 수동태 형태가 필요하므로 be p.p. 형태로 써야 한다.
(2) 조동사 뒤에는 동사원형이 와야 한다.

03
챌린지의 상품으로 제공되는 것으로 적절한 것을 골라야 한다.

04~05 뒷페이지에

정답과 해설 pp. 7~8

(수능 유형) 이렇게 쉽게 풀자!

[문제 04]

1st 지시문을 읽고 무엇에 관한 글인지, 일치를 묻는지, 불일치를 묻는지 확인한다.

Kenner High School's Water Challenge에 관한 위 안내문의 내용과 일치하는 것을 고르시오.

Kenner High School's Water Challenge라는 챌린지에 관한 안내문으로, 일치하는 선택지를 골라야 함

2nd 각 선택지의 핵심 내용에 표시한다.

① 제안서는 직접 방문하여 제출해야 한다.
② 9월 23일부터 제안서를 제출할 수 있다.
③ 제안서는 한 팀당 4개까지 제출할 수 있다.
④ 제공된 제안서 양식을 사용해야 한다.
⑤ 2등은 10달러의 상품권을 받는다.

제안서 제출 방법, 제출일, 제출 개수, 제안서 양식, 상품 등을 확인해야 함

3rd 표시한 내용이 안내문에 등장하는 문장을 찾아 일치하는지, 일치하지 않는지 확인한다.

① 제안서는 직접 방문하여 제출해야 한다. (Submit your proposal by email)

* - 어떻게: 여러분의 제안서를 이메일로 admin@khswater.edu에 제출해 주세요.

글의 내용과 일치하지 않음

② 9월 23일부터 제안서를 제출할 수 있다. (September 5, 2022 to September 23, 2022)

* - 언제: 2022년 9월 5일부터 2022년 9월 23일까지

글의 내용과 일치하지 않음

③ 제안서는 한 팀당 4개까지 제출할 수 있다. (Submission is limited to one proposal per team.)

- 제출은 한 팀당 한 개의 제안서로 제한됩니다.

글의 내용과 일치하지 않음

④ 제공된 제안서 양식을 사용해야 한다. (must use the proposal form provided on the website)

- 참가자들은 웹 사이트에 제공된 제안서 양식을 사용해야 합니다.

글의 내용과 일치함

⑤ 2등은 10달러의 상품권을 받는다. (2nd: $30 gift certificate)

- 2등: 30달러 상품권

글의 내용과 일치하지 않음

> Tip
> * 글에서 언급되는 것과 똑같은 순서로 선택지가 제시된다.
> How, When, Details, Prizes 순으로 글과 선택지가 제시됐다.
> 글을 읽으면서 선택지도 순서대로 확인하면 됨

[문제 05] 전치사의 목적어: 동명사(dealing) 핵심구문

Please share your ideas / for(전치사) dealing(동명사) with water pollution! //
여러분의 아이디어를 공유해 주세요 / 수질 오염에 대처하기 위한 //

[06~09] 다음 글을 읽고, 물음에 답하시오.

• 단어 수: 117
• 독해 시간: 120초
• 난이도: ★★☆

Teenage Docent Course

L&K gallery offers a teenage docent course for the teenagers who dream *of ⓐ become art experts in galleries. The course will provide not only the expertise on the contemporary artists but also useful information about curators.

- **Training period**: May 2023 – April 2024 (1 year)
- **Qualification**: any citizen ___(A)___ the age of 13 and 19
- **Course Contents**
  1. Works of contemporary Korean artists – professor of art history
  2. 청중 앞에서 좋은 연설을 하는 방법 – docents from L&K gallery
  3. (Special lecture) Careers of curators – Head curator of L&K gallery
- **Benefits**: 10% discount ___(B)___ the exhibition tickets at L&K gallery only during the training period

06 윗글의 빈칸 (A)와 (B)에 들어갈 말로 가장 적절한 것을 고르시오.

	(A)		(B)		(A)		(B)
①	for	—	by	②	between	—	on
③	on	—	from	④	by	—	with
⑤	with	—	as				

07 서술형 윗글의 밑줄 친 우리말 해석과 일치하도록 주어진 표현을 적절하게 배열하시오.

(make, in front of, good, a, speech, how to, the audience)

➡ ______________________________

08 수능 유형 Teenage Docent Course에 관한 위 안내문의 내용과 일치하지 않는 것을 고르시오.

① 교육 기간은 1년이다.
② 13세에서 19세의 시민이라면 누구나 참여할 수 있다.
③ 미술사 교수로부터 현대의 한국 미술가들의 작품들에 대해 배울 수 있다.
④ 외부 강사를 통해 큐레이터라는 진로에 대해 배울 수 있다.
⑤ 교육 기간 동안 L&K 갤러리의 모든 전시회 티켓에 10퍼센트 할인을 받을 수 있다.

09 내신 대비 윗글의 밑줄 친 ⓐ를 어법상 적절하게 고쳐 쓰시오.

➡ ______________

Grammar

*전치사의 목적어
of, by와 같은 전치사의 목적어는 명사(구)나 동명사 형태로 와야 한다.

Word Check

- docent (박물관 등의) 안내원
- gallery 미술관
- expertise 전문 지식[기술]
- contemporary 현대의
- curator 큐레이터(박물관 · 미술관 등의 전시 책임자)
- qualification 자격
- exhibition 전시

정답과 해설 pp. 8~9

[10~13] 다음 글을 읽고, 물음에 답하시오. [2022년 11월 시행 고1 학평 27]

• 단어 수: 85
• 독해 시간: 110초
• 난이도: ★★☆

E-Waste Recycling Day

E-Waste Recycling Day is an annual event in our city. Bring your used electronics such as cell phones, tablets, and laptops to recycle. (A) Go green!

When

Saturday, December 17, 2022

8:00 a.m. – 11:00 a.m.

Where

Lincoln Sports Center

Notes

• Items NOT accepted: light bulbs, batteries, and microwaves
• All personal data on the devices *must (B) wipe out in advance.
• This event is free but open only to local residents.

Please contact us at 986–571–0204 for more information.

10 다음을 읽고, 윗글의 내용과 일치하면 T, 일치하지 않으면 F를 고르시오.

(1) E-Waste Recycling Day takes place once a year. (T / F)
(2) You can exchange your old electronic device for a new one during E-Waste Recycling Day. (T / F)

11 내신 대비 윗글의 밑줄 친 (A) Go green의 의미로 가장 적절한 것을 고르시오.

① to keep the community peaceful
② to decorate residential areas with the green color
③ to do more to protect nature and the environment

12 수능 유형 E-Waste Recycling Day에 관한 위 안내문의 내용과 일치하지 않는 것을 고르시오.

① 3시간 동안 진행된다.
② Lincoln 스포츠 센터에서 열린다.
③ 전자레인지는 허용되지 않는 품목이다.
④ 기기 속 모든 개인 정보는 미리 삭제되어야 한다.
⑤ 거주 지역에 상관없이 참가할 수 있다.

13 내신 대비 윗글의 밑줄 친 (B)를 어법상 적절하게 고치시오.

➡ ____________

Grammar

*조동사의 수동태
조동사가 포함된 수동태는 「조동사+be+p.p.」 형태로 써야 한다. 참고로, 조동사 do는 수동태 문장에 사용되지 않는다.

Word Check

- e-waste 전자 폐기물
- annual 해마다의, 연례의
- electronics 전자 제품
- accept 받아들이다, 허용하다
- light bulb 전구
- microwave 전자레인지
- wipe out ~을 완전히 없애다, 삭제하다
- in advance 사전에, 미리
- resident 거주자, 주민

고난도

[14~17] 다음 글을 읽고, 물음에 답하시오.

- 단어 수: 109
- 독해 시간: 120초
- 난이도: ★★★

DELAWARE ENVIRONMENTAL FILM FESTIVAL

The Delaware Environmental Film Festival (DEFF) is an interesting and inspiring event. It includes world-class environmental films. DEFF's films help people build the knowledge and skills (A) *[requiring / required] to make environmentally responsible choices. Anyone who appreciates the natural world can attend this event!

– **When**: February 21~23
– **Where**: Community center
– **Tickets**: Now purchase online
– **Special Events**: 관객이 감독과 대화를 나눌 기회

Many supporters of DEFF donate goods and services, but their contributions don't completely cover all. Donations at any level help us make the festival a great experience for everyone. If you are interested, please click the 'donate' button below.

14 (내신 대비) 윗글을 읽고, 다음 질문에 대한 답을 윗글에서 찾아 쓰시오.

Q: What influence do the DEFF's films have on people?
A: They help people to take __________ __________ actions.

15 (서술형) 윗글의 밑줄 친 우리말 뜻과 일치하도록 다음 단어를 배열하시오.

(talk, an opportunity, directors, for, audiences, to, with)

➡ ______________________________

16 (수능 유형) Delaware Environmental Film Festival에 관한 위 안내문의 내용과 일치하는 것을 고르시오.

① 멸종 위기에 처한 동물들과 관련된 영화 행사이다.
② 축제는 총 4일간 진행된다.
③ 티켓은 현장에서만 판매한다.
④ 환경 운동가와 직접 대화할 수 있는 기회가 있다.
⑤ 기부를 통해 행사 진행에 도움을 받는다.

17 (내신 대비) 윗글의 네모 (A)에 들어갈 말로 적절한 것을 고르시오.

➡ ______________

Grammar

*과거분사

형태	동사원형+-ed
의미	수동(~된), 완료(~한)

Word Check

- environmental 환경의
- inspiring 영감을 주는
- knowledge 지식
- require 요구하다
- responsible 책임이 있는
- appreciate 고맙게 생각하다
- purchase 구매하다
- supporter 지지자
- donate 기부하다
- contribution 기부금

정답과 해설 pp. 9~11

REVIEW 어휘 테스트 B 실용문의 이해

▶ 정답과 해석 p. 11

다음 영어는 우리말 뜻을, 우리말은 영어 단어를 <보기>에서 찾아 쓰시오.

<보기>

전자 폐기물	discount	wipe out
지식	환경의	inspiring
전구	microwave	electronics

01 environmental ____________

02 e-waste ____________

03 knowledge ____________

04 light bulb ____________

05 영감을 주는 ____________

06 전자레인지 ____________

07 할인 ____________

08 전자 제품 ____________

짝지어진 단어의 관계가 나머지와 다른 것을 고르시오.

09 ① verify : prove
② expertise : inexperience
③ refund : purchase
④ accpet: reject

10 ① annual : yearly
② vent : outlet
③ purchase : sell
④ innumerable : countless

11 ① imaginative : realistic
② supporter : follower
③ international : domestic
④ cancel : restore

다음 영영풀이에 알맞은 단어를 고르시오.

12 having the job or duty of dealing with something or someone
① irregular ② plain
③ strange ④ responsible

13 somebody who lives or has their home in a particular place
① guest ② resident
③ national ④ citizen

자연스러운 문장이 되도록 괄호 안에서 적절한 단어를 고르시오.

14 Various corporations have sponsored the (gulf / gallery) by monetary means.

15 This course is recommended to people dreaming of becoming a (crater / curator).

우리말에 맞게 빈칸에 적절한 단어를 <보기>에서 찾아 쓰시오.

<보기>

docent	contemporary	accepted
qualifications	purchase	in advance

16 그의 지도 교수보다 현대 정치학에 조예가 깊은 사람은 없다.
→ There is no one better versed in ____________ politics than his academic advisor.

17 나는 내 친구를 위해 입장권을 한 장 더 구매하기로 했다.
→ I decided to ____________ another ticket for my friend.

18 모든 필요 자격은 웹 사이트에 열거되어 있습니다.
→ All the necessary ____________ are listed on the website.

19 우리는 Catherine의 제안을 받아들였다.
→ We ____________ Catherine's offer.

20 나의 아버지는 이 곳에서 안내원을 하셨다.
→ My father used to be a(n) ____________ at this place.

C 심경, 분위기의 이해

마음의 상태

등장인물의 심리 상태나 묘사된 상황의 분위기를 파악해야 하는 유형이에요.

04 수능 유형 **다음 글에 드러난 'I'의 심경 변화로 가장 적절한 것을 고르시오.**

It was two hours before the submission deadline and I still hadn't finished my news article. I sat at the desk, but suddenly, the typewriter didn't work. No matter how hardly I tapped the keys, the levers wouldn't move to strike the paper. I started to realize that I would not be able to finish the article on time. Desperately, I rested the typewriter on my lap and started hitting each key with as much force as I could manage. Nothing happened. Thinking something might have happened inside of it, I opened the cover, lifted up the keys, and found the problem — a paper clip. The keys had no room to move. After picking it out, I pressed and pulled some parts. The keys moved smoothly again. I breathed deeply and smiled. Now I knew that I could finish my article on time.

① confident → nervous
② frustrated → relieved
③ bored → amazed
④ indifferent → curious
⑤ excited → disappointed

이 유형은 등장인물의 심경이 어떻게 변했는지 묻는 것과 글의 분위기를 묻는 두 가지 종류의 지시문이 나와요.

심경 변화를 묻는 유형은 글의 초반부와 후반부에서의 등장인물의 심경을 모두 알아야 해요. 글의 분위기를 묻는 유형은 글의 일부분에만 해당하는 분위기를 정답으로 착각하면 안 돼요.

수록 지문

- 고장이 나버린 타자기 + Follow Me!
- 아빠는 장난꾸러기!
- 무대에서의 공포 이겨내기
- 휴가 중 받게 된 부재중 전화

C 심경, 분위기의 이해 유형 연습

[문제 04] (수능 유형) **이렇게 쉽게 풀자!**

1st 글의 앞부분을 읽고 등장인물이 처해 있는 상황을 파악한다.

2nd 상황에 대한 등장인물의 심경이나 태도가 드러난 문장을 찾는다.

3rd 위에서 찾은 단서를 종합하여 선택지에서 가장 적절한 형용사를 고른다.

Tip 심경 변화를 묻는 문제는 상황이 바뀌는 부분에 주의한다.

[01~05] 다음 글을 읽고, 물음에 답하시오. [2022년 9월 시행 고1 학평 19]

It was two hours before the submission deadline and I still hadn't finished my news article. I sat at the desk, but suddenly, the typewriter didn't work. ⓐ No matter how *hardly I tapped the keys, the levers wouldn't move to strike the paper. I started to realize that I would not be able to finish the article on time. Desperately, I rested the typewriter on my lap and started hitting each key with as much force as I could manage. Nothing happened. Thinking something might have happened inside of it, I opened the cover, lifted up the keys, and found the problem — a paper clip. The keys had no room to move. After picking ⓑ it out, I pressed and pulled some parts. The keys moved smoothly again. I breathed deeply and (A) [frowned / smiled]. Now I knew that I (B) [could / couldn't] finish my article on time.

• 단어 수: 144
• 독해 시간: 130초
• 난이도: ★★★

Grammar

*hard vs. hardly
• hard 형 어려운, 단단한 부 열심히, 세게
• hardly 부 거의 ~않다

Word Check

· submission 제출
· deadline 마감 시간
· typewriter 타자기
· lever (기계 조작용) 레버
· desperately 필사적으로
· rest 받치다, 두다
· lap 무릎
· frown 찡그리다

01 윗글의 내용과 일치하면 T, 일치하지 않으면 F를 고르시오.

(1) 뉴스 기사를 다 끝내기 전에 타자기가 고장이 났다. (T / F)

(2) 나는 기사를 제시간에 못 끝내리라고는 예상하지 못했다. (T / F)

02 내신 대비 윗글의 밑줄 친 ⓑ it이 가리키는 것으로 가장 적절한 것을 고르시오.

① typewriter ② news article ③ cover
④ paper clip ⑤ submission deadline

03 내신 대비 윗글의 (A), (B)의 각 네모 안에 들어갈 말로 가장 적절하게 짝지어진 것을 고르시오.

	(A)		(B)
①	frowned	—	could
②	frowned	—	couldn't
③	smiled	—	couldn't
④	smiled	—	could

04 수능 유형 윗글에 드러난 'I'의 심경 변화로 가장 적절한 것을 고르시오.

① confident → nervous
② frustrated → relieved
③ bored → amazed
④ indifferent → curious
⑤ excited → disappointed

05 내신 대비 윗글의 밑줄 친 ⓐ에서 어법상 틀린 부분을 찾아 바르게 고치시오.

__________ → __________

Follow Me! 

01
(1) 뉴스 기사를 끝내기 전에 타자기가 작동하지 않았다고 했다.
(2) 기사를 제시간에 끝낼 수 없다는 것을 깨닫기 시작했다.

02
고장 난 타자기에서 '무엇'을 꺼내자 다시 타자기가 움직였다고 했다.

03
고장 난 타자기가 다시 움직였고, 다시 기사를 쓸 수 있게 되었다고 했다.

04~05 뒷페이지에

정답과 해설 pp. 12~13

 (수능 유형) 이렇게 쉽게 풀자!

[문제 04]

1st 글의 앞부분을 읽고 등장인물이 처해 있는 상황을 파악한다.

It was two hours before the submission deadline and I still hadn't finished my news article. I sat at the desk, but suddenly, the typewriter didn't work.
제출 마감 시간 두 시간 전이었고 나는 여전히 나의 뉴스 기사를 끝내지 못했다. 나는 책상에 앉았는데, 갑자기, 타자기가 작동하지 않았다.

마감을 두 시간 남겨 놓고 타자기가 고장이 난 상황임

2nd 상황에 대한 등장인물의 심경이나 태도가 드러난 문장을 찾는다.

1 I started to realize that I would not be able to finish the article on time.
나는 내가 제시간에 그 기사를 끝낼 수 없으리라는 것을 깨닫기 시작했다.

마감 시간 안에 끝낼 수 없으리라고 깨닫기 시작함

2 I breathed deeply and smiled. *Now I knew that I could finish my article on time.
나는 깊게 숨을 내쉬고 미소 지었다. 이제는 제시간에 내가 기사를 끝낼 수 있음을 알았다.

마감 시간을 지킬 수 있다는 것을 알고 미소 지었음

3rd 위에서 찾은 단서를 종합하여 선택지에서 가장 적절한 형용사를 고른다.

① confident → nervous
자신감 있는 불안한
② frustrated → relieved
좌절한 안심한
③ bored → amazed
지루한 놀란
④ indifferent → curious
무관심한 호기심 많은
⑤ excited → disappointed
흥분한 실망한

Tip
*심경 변화를 묻는 문제는 상황이 바뀌는 부분에 주의한다.
타자기가 고장이 난 상황이었는데, 타자기를 고치면서 상황이 전환됐다.
상황이 바뀌기 전과 바뀐 후의 심경을 모두 적절하게 나타낸 선택지가 정답임

타자기가 고장 나서 마감 시간을 못 지킬까 봐 '좌절(frustrated)'했다가,
나중에는 제시간에 끝낼 수 있게 되어 미소 지으며 '안심(relieved)'했다.

I의 심경 변화로 가장 적절한 것은 ② '좌절한 → 안심한'임

[문제 05] 형용사와 형태가 같은 부사: hard 

No matter how hard(부사) I tapped(동사) the keys, / the levers wouldn't move / to strike the paper. //
내가 아무리 세게 키를 두드려도 / 레버는 움직이지 않았다 / 종이를 두드리려 //

[06~09] 다음 글을 읽고, 물음에 답하시오.

When David stepped out of the front door, he was blinded for a moment by the bright sunlight and reached instinctively for his dad's hand. He and his dad were on their way to the barbershop, something they had always done together. Always, the routine was the same. "It's about time you should get your hair cut," dad would say, pointing at him with his two fingers like a pair of scissors. "Perhaps I should do it. Where are those hair clippers, my honey?" Sometimes dad chased him around the living room, *to pretend to cut off his ears. When he was young, David used to get too excited and start crying, scared that maybe he really would cut his ears, but he has long since grown out of that.

- 단어 수: 129
- 독해 시간: 120초
- 난이도: ★★☆

06 다음 영영풀이가 설명하는 어휘를 윗글에서 찾아 그 원형을 쓰시오.

(1) __________: to make someone unable to see for a short time

(2) __________: a shop where men have their hair cut

07 다음을 읽고, 윗글의 내용과 일치하면 T, 일치하지 않으면 F를 고르시오.

(1) David and his dad always went to the barber's together. (T / F)

(2) When David was young, his dad used to cut his hair. (T / F)

(3) David's dad hurt David's ear by mistake. (T / F)

(4) David used to cry when his dad played a trick on him. (T / F)

08 수능 유형 윗글에 드러난 분위기로 가장 적절한 것을 고르시오.

① active and lively
② worried and nervous
③ confident and hopeful
④ gloomy and depressed
⑤ surprised and shocked

09 내신 대비 윗글의 밑줄 친 to pretend를 어법상 바르게 고치시오.

➡ __________

Grammar

*분사구문의 의미
분사구문은 시간(when, while), 이유(because, as), 조건(if), 양보(although, even though), 동시동작(as, while) 등의 다양한 의미를 나타낸다.

Word Check

- blind (잠시) 앞이 안 보이게 만들다
- sunlight 햇빛
- instinctively 본능적으로
- barbershop 이발소
- routine (판에 박힌) 틀, (지루한) 일상
- hair clipper 이발기
- chase 쫓다
- pretend ~인 체하다
- trick 장난, 속임수
- confident 자신감 있는
- gloomy 우울한
- depressed 암울한

정답과 해설 pp. 13~14

[10~13] 다음 글을 읽고, 물음에 답하시오.

• 단어 수: 138
• 독해 시간: 120초
• 난이도: ★★☆

Walking onto the stage, my heart was beating fast like a drum. The bright light made me temporarily unable to open my eyes and I could hear the sounds of the audience talking. I felt as if everyone was looking at me and judging me. My hands were sweaty and my breathing was short. But when I started speaking, something strange happened. I felt more comfortable and at ease than I had expected. Every word I said sounded strong and sure. The audience looked totally interested in *______ⓐ______ I was saying. With time, the stage, which had seemed really ______(A)______ before, became a place where I could ______(B)______ myself! I felt strong and in control, pushing away the doubts that had bothered me earlier. When I finished speaking, the crowd clapped and cheered, showing how successful I was.

10 (내신 대비) 윗글의 빈칸 (A), (B)에 들어갈 말이 적절하게 짝지어진 것을 고르시오.

	(A)		(B)
①	safe	—	express
②	scary	—	express
③	safe	—	impress
④	scary	—	oppress
⑤	normal	—	oppress

11 (서술형) 윗글의 제목을 아래와 같이 쓸 때, 빈칸에 적절한 말을 윗글에서 찾아 쓸시오.

Being ____________ Requires Facing Fear and Taking Action

12 (수능 유형) 윗글에 드러난 'I'의 심경 변화로 가장 적절한 것을 고르시오.

① angry → relieved
② worried → jealous
③ bored → delighted
④ satisfied → scared
⑤ anxious → confident

13 (내신 대비) 윗글의 빈칸 ⓐ에 들어갈 어법상 적절한 말을 쓰시오.

➡ ____________

Grammar

*선행사를 포함하는 관계대명사

what은 선행사를 포함하는 관계대명사로 the thing(s) which[that]의 의미를 나타낸다.

Word Check

- beat (심장이) 고동치다
- temporarily 일시적으로
- audience 관객
- judge 판단하다
- sweaty 땀이 나는
- feel at ease 안심이 되는
- doubt 의심
- bother 괴롭히다
- clap 박수를 치다
- cheer 환호하다

고난도

[14~17] 다음 글을 읽고, 물음에 답하시오. [2022년 11월 시행 고1 학평 19]

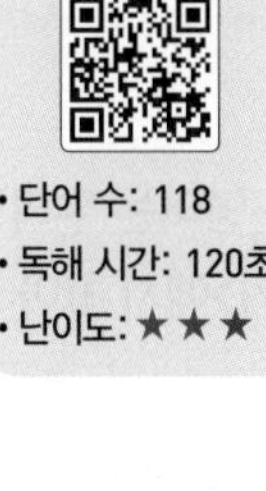

• 단어 수: 118
• 독해 시간: 120초
• 난이도: ★★★

On one beautiful spring day, I was fully enjoying my day off. I arrived at the nail salon, and muted my cellphone so that I would be disconnected for the hour and feel calm and peaceful. 나는 매니큐어를 받는 동안 아주 편안했다. As I left the place, I checked my cellphone and saw four missed calls from a strange number. I knew immediately that ⓐ bad something* was coming, and I called back. A young woman answered and said that my father had fallen over a stone and was injured, now seated on a bench. I was really concerned since he had just recovered from his knee surgery. I rushed getting into my car to go see him.

14 서술형 윗글의 밑줄 친 우리말 해석과 일치하도록 주어진 표현을 적절하게 배열하시오. (단, 같은 표현을 두 번 쓸 수 있음)

(so, while, manicure, I, got, was, comfortable, a)

➡ ______________________________

15 다음 영영풀이가 설명하는 어휘를 윗글에서 찾아 그 원형을 쓰시오.

(1) __________: to harm or damage someone or something

(2) __________: to become healthy after an illness or injury, to return to normal health

16 수능 유형 윗글에 드러난 'I'의 심경 변화로 가장 적절한 것을 고르시오.

① nervous → confident
② relaxed → worried
③ excited → indifferent
④ pleased → jealous
⑤ annoyed → grateful

17 내신 대비 윗글의 밑줄 친 ⓐ를 어법상 적절하게 고쳐 쓰시오.

➡ ______________________________

Grammar

*something vs. anything

something은 긍정문에 쓰고, anything은 부정문, 조건문, 의문문에 쓴다. 단, 부탁, 긍정의 대답을 기대하는 의문문에는 something을 쓸 수 있다.

Word Check

- day off (근무를) 쉬는 날
- mute (소리를) 작게 하다, 무음으로 하다
- disconnect 단절시키다
- calm 침착한, 차분한
- immediately 즉시
- fall over ~에 걸려 넘어지다
- injured 다친, 부상을 입은
- concerned 걱정되는
- recover 회복하다
- surgery 수술
- indifferent 무관심한
- annoyed 화난

정답과 해설 pp. 14~16

C 심경, 분위기의 이해

▶ 정답과 해석 p. 16

다음 영어는 우리말 뜻을, 우리말은 영어 단어를 <보기>에서 찾아 쓰시오.

<보기>

자신감 있는	doubt	surgery
이발소	audience	feel at ease
햇빛	이발기	trick

01 sunlight ____________

02 barbershop ____________

03 hair clipper ____________

04 confident ____________

05 안심이 되는 ____________

06 관객 ____________

07 의심 ____________

08 수술 ____________

주어진 단어와 비슷한 뜻을 가진 것을 고르시오.

09 realize
① disorient ② understand
③ bewilder ④ confound

10 figure
① discredit ② suspect
③ unsure ④ think

11 depressed
① delighted ② jubilant
③ annoyed ④ miserable

다음 영영풀이에 알맞은 단어를 고르시오.

12 feeling relaxed and happy
① injured ② gloomy
③ relieved ④ impudent

13 to follow someone or something
① evict ② chase
③ expel ④ race

밑줄 친 단어가 주어진 의미로 쓰인 문장을 고르시오.

14 [환호하다]
① We all cheered when the Tigers won in 2017.
② The news was enough to cheer her up.

15 [괴롭히다]
① Please don't bother with specific details.
② The unending rain bothered me to no end.

우리말에 맞게 빈칸에 적절한 단어를 <보기>에서 찾아 쓰시오.

<보기>

calm	indifferent	disconnect
judge	instinctively	pretend

16 그냥 그 책에 관심이 있는 척이라도 해라.
→ At least ____________ to be interested in the book.

17 이것은 훈련이므로 경보음이 울릴 때 침착하시기 바랍니다.
→ As this is a drill, please stay ____________ when the alarm rings.

18 Percy는 그가 있는 방향으로 오고 있던 공을 본능적으로 잡았다.
→ Percy ____________ caught the ball coming his way.

19 타인을 외관으로만 판단하지 말라.
→ Don't ____________ others by their appearances.

20 나는 남의 불행에 무관심해지는 법을 배워야만 했다.
→ I had to learn to be ____________ towards the plight of others.

D 목적 찾기

목적 찾기는 주로 편지글 형태로 출제되는 유형이에요. 글쓴이가 왜 이 편지를 썼는지 그 목적을 파악해야 해요.

04 수능 유형 **다음 글의 목적으로 가장 적절한 것을 고르시오.**

Dear Parents / Guardians,

Class parties will be held on the afternoon of Friday, December 16th, 2022. Children may bring in sweets, crisps, biscuits, cakes, and drinks. We are requesting that children do not bring in home-cooked or prepared food. All food should arrive in a sealed packet with the ingredients clearly listed. Fruit and vegetables are if they are pre-packed in a sealed packet from the shop. Please DO NOT send any food into school containing nuts as we have many children with severe nut allergies. Please check the ingredients of all food your children bring carefully. Thank you for your continued support and cooperation.

Yours sincerely,

Lisa Brown, Headteacher

편지를 쓴 사람은 누구이고, 편지를 읽는 사람은 누구인지를 정확히 알아야 글의 목적을 파악할 수 있어요.

① 학급 파티 일정 변경을 공지하려고
② 학교 식당의 새로운 메뉴를 소개하려고
③ 학생의 특정 음식 알레르기 여부를 조사하려고
④ 학부모의 적극적인 학급 파티 참여를 독려하려고
⑤ 학급 파티에 가져올 음식에 대한 유의 사항을 안내하려고

선택지의 맨 앞과 맨 뒤인 '무엇'을 '~하려고' 하는지를 잘 봐야 해요. 이 두 부분이 모두 글의 내용과 일치해야 정답 선택지예요.

수록 지문

- 학급 파티 음식에 대한 유의 사항 + Follow Me!
- Dennis Burson이 워크숍 참가자들에게
- 구매한 제품의 환불 요청
- 성과를 반영한 급여 인상 요청

D 목적 찾기 유형 연습

[문제 04] (수능 유형) **이렇게 쉽게 풀자!**

1st 각 선택지의 핵심 내용에 표시한다.

2nd 글의 앞부분을 보고 글의 종류와 누구를 대상으로 하는 글인지 확인한다.

3rd 글의 목적을 직접적으로 나타내는 문장을 찾아 정답을 고른다.

(Tip) 글의 일부분을 근거로 정답을 고르지 않도록 주의한다.

[01~05] 다음 글을 읽고, 물음에 답하시오. [2022년 9월 시행 고1 학평 18]

- 단어 수: 111
- 독해 시간: 120초
- 난이도: ★★☆

Dear Parents/Guardians,

Class parties will be held on the afternoon of Friday, December 16th, 2022. Children may bring in sweets, crisps, biscuits, cakes, and drinks. We are requesting that children do not bring in home-cooked or prepared food. All food should arrive in a sealed packet with the ingredients clearly listed. Fruit and vegetables are ___(A)___ if they are pre-packed in a sealed packet from the shop. Please DO NOT send any food into school containing nuts as we have many children with severe nut allergies. Please check the ingredients of all food * ___(B)___ your children bring carefully. Thank you for your continued support and cooperation.

Yours sincerely,

Lisa Brown, Headteacher

Grammar

*목적격 관계대명사

선행사가 사람	선행사가 사물
who(m)	which
that	

Word Check

- guardian 보호자
- crisp 감자칩
- seal 밀봉하다
- packet 꾸러미
- ingredient 성분
- contain 포함하다
- severe 심각한
- cooperation 협조

01 윗글을 읽고 알 수 없는 내용을 고르시오.

Class Parties

- **When**: ① December 16th
- **Where**: ② School auditorium
- **Who**: ③ School students
- **What**: ④ Bringing foods

02 윗글의 내용과 일치하면 T, 일치하지 않으면 F를 고르시오.

(1) 집에서 만든 음식은 성분을 목록으로 작성해야 한다. (T / F)
(2) 밀봉되지 않은 음식은 학교에 가져갈 수 없다. (T / F)
(3) 학교에는 견과류 알레르기를 가진 학생들이 있다. (T / F)

03 내신 대비 윗글의 빈칸 (A)에 들어갈 말로 가장 적절한 것을 고르시오.

① welcomed ② spoiled ③ sold out
④ examined ⑤ aged

04 수능 유형 윗글의 목적으로 가장 적절한 것을 고르시오.

① 학급 파티 일정 변경을 공지하려고
② 학교 식당의 새로운 메뉴를 소개하려고
③ 학생의 특정 음식 알레르기 여부를 조사하려고
④ 학부모의 적극적인 학급 파티 참여를 독려하려고
⑤ 학급 파티에 가져올 음식에 대한 유의 사항을 안내하려고

05 내신 대비 윗글의 빈칸 (B)에 들어갈 적절한 관계대명사를 쓰시오.

➡ ______________

Follow Me!

01
학급 파티의 장소는 언급되지 않았다.

02
(1) 집에서 만들거나 준비한 음식을 가져오지 말라고 했다.
(2) 밀봉된 꾸러미에 음식을 가져오라고 했다.
(3) 견과류 알레르기를 가진 학생들이 많다고 했다.

03
모든 음식을 밀봉된 꾸러미로 가져오라고 했다.

04~05 뒷페이지에

정답과 해설 pp. 17~18

 (수능 유형) 이렇게 쉽게 풀자!

[문제 04]

1st 각 선택지의 핵심 내용에 표시한다.

① 학급 파티 일정 변경을 공지하려고
② 학교 식당의 새로운 메뉴를 소개하려고
③ 학생의 특정 음식 알레르기 여부를 조사하려고
④ 학부모의 적극적인 학급 파티 참여를 독려하려고
⑤ 학급 파티에 가져올 음식에 대한 유의 사항을 안내하려고

학급 파티, 학교, 학생, 학부모 등 모든 선택지가 '학교'와 관련된 내용이다.
➥ 학급 파티와 관련된 내용이 올 것임

2nd 글의 앞부분을 보고 글의 종류와 누구를 대상으로 하는 글인지 확인한다.

부모님들/보호자들께 (Dear Parents/Guardians),
학급 파티가 2022년 12월 16일 금요일 오후에 열릴 것입니다.

글의 종류: 학급 파티에 관한 안내문 (Class parties will be held ~ December 16th, 2022.)
글을 읽는 대상: 학생의 부모님 또는 보호자 (Dear Parents / Guardians,)

3rd 글의 목적을 직접적으로 나타내는 문장을 찾아 정답을 고른다.

1
우리는 아이들이 집에서 만들거나 준비한 음식을 가져오지 않기를 요청합니다(requesting).

➥ 학급 파티에 집에서 만들거나 준비한 음식은 가져오지 말라고 요청함 (We are requesting that children ~ home-cooked or prepared food.)

2
모든 음식은 성분을 명확하게 목록으로 작성하여 밀봉된 꾸러미로 가져와야 합니다(should arrive).

➥ 가져오는 음식은 성분을 목록으로 작성하고 밀봉해야 함 (All food should arrive ~ with the ingredients clearly listed.)

3
심각한 견과류* 알레르기를 가진 학생들이 많이 있기 때문에 견과류가 포함된 어떤 음식도 학교에 보내지 마십시오(DO NOT).

Tip
* 글의 일부분을 근거로 정답을 고르지 않도록 주의한다.
'견과류 알레르기'를 가진 학생들이 많이 있다고 했다.
➥ 글의 일부 내용일 뿐, 음식 알레르기 여부를 조사하는 것이 아님

➥ 견과류가 포함된 음식은 보내면 안 됨 (Please DO NOT send any food ~ with severe nut allergies.)
따라서 ⑤ '학급 파티에 가져올 음식에 대한 유의 사항을 안내하려고'가 글의 목적임

[문제 05] 관계대명사절에서 목적어 역할을 하는 목적격 관계대명사: which[that] (핵심 구문)

Please check / the ingredients of all food / which[that] (목적격 관계대명사) your children bring (관계대명사절) / carefully. //
확인해 주십시오 / 모든 음식의 성분을 / 아이들이 가져오는 / 주의 깊게 //

[06~09] 다음 글을 읽고, 물음에 답하시오.

Dear Workshop Participants,

We would like to thank you for signing up for our animal welfare workshop. It will be held in the Animal Science Building, (A) *[what / which] is located on 28th Street on the east side of campus. I have attached a map of the campus to help you find the building and parking lot. If you enter the campus from the west side, proceed to the four-way stop and you will see your destination on the southeast corner. Parking permits will be issued on the first morning and must be placed on the dashboard. The workshop will begin at 8:00 a.m. and run until approximately 5:00 p.m. on the first two days and 12:00 p.m. on the last. If you have any questions or concerns, please let us know.

Sincerely,

Dennis Burson

• 단어 수: 136
• 독해 시간: 120초
• 난이도: ★☆☆

06 다음을 읽고, 윗글의 내용과 일치하면 T, 일치하지 않으면 F를 고르시오.

(1) 워크숍은 동물 과학관에서 열린다. (T / F)

(2) 마지막 날 워크숍은 오후 5시에 종료된다. (T / F)

07 서술형 윗글을 읽고, 다음 빈칸에 들어갈 말로 가장 적절한 것을 윗글에서 찾아 쓰시오.

For the parking, get the permit on the first morning and place it on the ___________.

08 수능 유형 윗글의 목적으로 가장 적절한 것을 고르시오.

① 주차비가 인상된 이유를 설명하려고
② 워크숍에 참여할 학생을 모집하려고
③ 워크숍 장소와 일정을 안내하려고
④ 동물 보호 캠페인을 홍보하려고
⑤ 첨부된 캠퍼스 지도에 오류가 있음을 알리려고

09 내신 대비 윗글의 네모 (A)에서 어법상 적절한 것을 고르시오.

➡ ________________

Grammar

*관계대명사 which
계속적 용법으로 쓰인 관계대명사 which는 앞에 나온 명사나 앞 문장 전체를 선행사로 취할 수 있다.

Word Check

- sign up for ~을 신청하다
- welfare 복지
- be located 위치하다, 있다
- attach 부착하다, 첨부하다
- proceed 나아가다
- destination 목적지
- parking permit 주차증
- issue 발급하다
- place 놓다
- dashboard 계기판
- approximately 대략
- concern 걱정, 관심, 용무

정답과 해설 pp. 18~19

[10~13] 다음 글을 읽고, 물음에 답하시오.

• 단어 수: 144
• 독해 시간: 130초
• 난이도: ★★☆

Dear sir/madam,

I am writing to express my dissatisfaction with your product and service. I ordered two pairs of mugs from your company via the Internet on May 8. Unfortunately, it took nearly three weeks for the package to be delivered. To make matters worse, the print over the mugs is starting to rip off. Two out of the four mugs have already lost their handles after (A) *[holding / being held] only once. Consequently, I reached out to you through email a week ago, requesting an exchange. To my disappointment, I haven't received any response yet. Now, I would like a full refund as soon as possible. I think you should thoroughly check the quality of your company's goods to prevent further complaints from customers. I hope you can take steps to make sure this does not happen again.

Yours faithfully,

Roger Brown

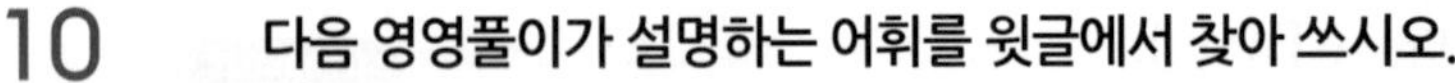

10 다음 영영풀이가 설명하는 어휘를 윗글에서 찾아 쓰시오.

> ____________: the act of giving or receiving one thing in return for another thing

11 다음을 읽고, 윗글의 내용과 일치하면 T, 일치하지 않으면 F를 고르시오.

(1) 제품을 배송받기까지 약 3주가 걸렸다. (T / F)

(2) 필자는 판매자에게 이메일을 보낸 뒤 답변을 받았다. (T / F)

12 수능 유형 윗글의 목적으로 가장 적절한 것을 고르시오.

① 잘못 배송된 제품을 반품하기 위해
② 제품을 다른 색상으로 교환하기 위해
③ 구매한 제품의 환불을 요청하기 위해
④ 인터넷 쇼핑몰 접속 오류를 알리기 위해
⑤ 제품의 품질 개선 방안을 제안하기 위해

13 내신 대비 윗글의 네모 (A)에서 어법상 적절한 것을 고르시오.

➡ ____________

Grammar

* 과거분사
주어나 목적어와의 관계가 수동일 때는 과거분사 형태로 써야 한다. 능동 관계일 때는 현재분사를 쓰는 것에 주의해야 한다.

Word Check

- dissatisfaction 불만족
- via ~를 통해
- unfortunately 불행하게도
- deliver 배달하다
- rip off 뜯어내다
- to one's disappointment 실망스럽게도
- refund 환불
- thoroughly 철저하게
- faithfully 충실히

고난도

[14~17] 다음 글을 읽고, 물음에 답하시오. [2022년 11월 시행 고1 학평 18]

• 단어 수: 112
• 독해 시간: 120초
• 난이도: ★★★

Dear Mr. Krull,

I have greatly enjoyed working at Trincom Enterprises as a sales manager. Since I joined in 2015, I have been a loyal and essential member of this company, and have developed innovative ways to contribute to the company. ____(A)____, in the last year alone, I have brought in two new major clients to the company, increasing the company's total sales by 5%. Also, I have voluntarily trained 5 new members of staff, totaling 35 hours. I would ____(B)____ request your consideration in raising my salary, *which I believe ⓐ reflect my performance as well as the industry average. I look forward to speaking with you soon.

Kimberly Morss

14 윗글에 등장하는 다음 문장을 바르게 해석하시오.

Also, I have voluntarily trained 5 new members of staff, totaling 35 hours.

➡ ________________________________

15 내신 대비 윗글의 빈칸 (A), (B)에 들어갈 말이 적절하게 짝지어진 것을 고르시오.

	(A)		(B)
①	However	—	thus
②	Instead	—	nevertheless
③	Moreover	—	therefore
④	Finally	—	however
⑤	For example	—	although

16 수능 유형 윗글의 목적으로 가장 적절한 것을 고르시오.

① 부서 이동을 신청하려고
② 급여 인상을 요청하려고
③ 근무 시간 조정을 요구하려고
④ 기업 혁신 방안을 제안하려고
⑤ 신입 사원 연수에 대해 문의하려고

17 내신 대비 윗글의 밑줄 친 ⓐ를 어법상 적절하게 고쳐 쓰시오.

➡ ____________

Grammar

*관계대명사절의 동사
관계대명사가 이끄는 절의 동사는 선행사의 수에 일치시켜야 하므로 선행사가 단수인지, 복수인지 판단해야 한다.

Word Check

- loyal 충성스러운, 충실한
- essential 필수적인
- innovative 혁신적인
- contribute to ~에 기여하다
- voluntarily 자발적으로, 자원해서
- total 합계가 ~이 되다
- request 요청하다
- consideration 고려
- reflect 반영하다
- performance 성과

정답과 해설 pp. 19~21

REVIEW 어휘 테스트 D 목적 찾기

▶ 정답과 해석 p. 21

✻ 다음 영어는 우리말 뜻을, 우리말은 영어 단어를 <보기>에서 찾아 쓰시오.

〈보기〉

반영하다	주차증	guardian
포함하다	total	approximately
계기판	place	dissatisfaction

01 parking permit ____________

02 contain ____________

03 reflect ____________

04 dashboard ____________

05 놓다 ____________

06 대략 ____________

07 불만족 ____________

08 보호자 ____________

✻ 다음 영영풀이에 알맞은 단어를 고르시오.

09 to go forward; to continue

① arise ② proceed
③ approach ④ pass

10 to produce or publish something in an official way

① issue ② distribute
③ release ④ print

11 to close something tightly

① monitor ② glance
③ seal ④ stare

12 in a detailed and meticulous way

① intensively ② perfectly
③ thoroughly ④ totally

13 the act of thinking about an issue carefully

① hesitation ② compensation
③ indecision ④ consideration

✻ 자연스러운 문장이 되도록 괄호 안에서 적절한 단어를 고르시오.

14 The knight vowed to stay (royal / loyal) until the very end.

15 Ask Henry to (deliver / divide) this packet.

16 I (request / refund) that he be moved to another sector.

✻ 우리말에 맞게 빈칸에 적절한 단어를 <보기>에서 찾아 쓰시오.

〈보기〉

welfare	performance	innovative
faithfully	attach	ingredient

17 그 작전에서 그녀의 성과는 감탄스러웠다.

➡ Her ____________ in the mission was admirable.

18 자격증을 하단에 첨부하여 주시기 바랍니다.

➡ Please ____________ your credentials at the bottom.

19 현대 국가의 유지를 위해 국가 복지는 필수적입니다.

➡ State ____________ is essential for a modern nation to last.

20 이것은 많은 카레 요리의 기본 재료이다.

➡ This is a basic ____________ for many curries.

21 지시 사항을 충실히 따르면 문제가 없을 것입니다.

➡ Follow the directions ____________, and you shouldn't have a problem.

E 요지, 주장 찾기

글의 요지나 필자가 주장하는 바를 찾는 유형이에요. 글에 자주 등장하는 핵심어에 필자가 어떤 태도를 보이는지를 확인해야 해요.

04 (수능 유형) **다음 글의 요지로 가장 적절한 것을 고르시오.**

You already have a business and you're about to launch your blog so that you can sell your product. Unfortunately, here is a 'business mind' can be a bad thing. Most people believe that to have a successful business blog promoting a product, they have to stay strictly 'on the topic.' If all you're doing is shamelessly promoting your product, then who is going to want to read the latest thing you're writing about? Instead, you need to give some useful or entertaining information away for free so that people have a reason to keep coming back. Only by doing this can you create an interested audience that you will then be able to sell to. So, the best way to be successful with a business blog is to write about things that your audience will be interested in.

① 인터넷 게시물에 대한 윤리적 기준을 세워야 한다.
② 블로그를 전문적으로 관리할 인력을 마련해야 한다.
③ 신제품 개발을 위해 상업용 블로그를 적극 활용해야 한다.
④ 상품에 대한 고객들의 반응을 정기적으로 분석할 필요가 있다.
⑤ 상업용 블로그는 사람들이 흥미 있어 할 정보를 제공해야 한다.

동사로 문장이 시작되는 명령문이나 '~해야 한다'라고 표현되는 단어가 포함된 문장에 필자의 주장이 담겨있는 경우가 많아요.

선택지는 우리말로 제시돼요. 선택지의 내용이 너무 포괄적이지는 않은지, 글의 일부 내용만 담고 있지는 않은지 잘 봐야 해요.

수록 지문

- 상업용 블로그가 성공하기 위한 방법 + Follow Me!
- 숙제는 왜 해야 할까요?
- 개와 함께 요가를?
- 상황에 적합한 학습 전략

E 요지, 주장 찾기 유형 연습

 [문제 04] (수능 유형) 이렇게 쉽게 풀자!

1st 글에 반복적으로 등장하는 핵심어를 찾아 글의 내용을 예상한다.
2nd 필자의 주장을 드러내는 문장을 찾는다.
3rd 필자가 태도를 바꾸는 곳이 있는지 나머지 문장을 확인하고, 정답을 고른다.
Tip 글에 등장한 표현을 포함한 오답에 주의한다.

[01~05] 다음 글을 읽고, 물음에 답하시오. [2022년 11월 시행 고1 학평 20]

- 단어 수: 143
- 독해 시간: 130초
- 난이도: ★★☆

You already have a business and you're about to launch your blog so that you can sell your product. Unfortunately, here is (A) [where / which]* a 'business mind' can be a bad thing. Most people believe that to have a successful business blog promoting a product, they have to stay strictly 'on the topic.' If all you're doing is shamelessly promoting your product, then who is going to want to read the latest thing you're writing about? Instead, you need to give some useful or entertaining information away for free so that people have a reason to keep coming back. Only by doing this can you create an interested audience that you will then be able to sell to. So, the best way to be successful with a business blog is to write about things that your audience will be interested in.

Grammar

*관계부사
관계부사는 「접속사+부사」의 역할을 하고, 관계부사가 이끄는 절은 형용사처럼 선행사를 수식한다. 관계부사는 「전치사+관계대명사」로 바꿔 쓸 수 있다.

Word Check

- launch (새로운 일을) 시작하다, 개시하다
- promote 홍보하다
- strictly 엄격하게
- shamelessly 뻔뻔스럽게
- give ~ away ~을 나누어 주다, 거저 주다
- entertaining 재미있는, 즐거움을 주는
- for free 무료로
- audience 청중, 독자

01 서술형 윗글에서 반복해서 등장하는 핵심어를 찾아 쓰시오.

(1) ______________

(2) ______________

(3) ______________

02 윗글에 등장하는 다음 두 문장을 바르게 해석하시오.

(1) Instead, you need to give some useful or entertaining information away for free so that people have a reason to keep coming back.

➡ ____

____

(2) So, the best way to be successful with a business blog is to write about things that your audience will be interested in.

➡ ____

____

03 내신 대비 위의 두 문장이 의미하는 바로 적절한 것을 고르시오.

① 상업용 블로그에서 무료로 유용하고 재미있는 정보를 제공해야 한다.

② 상업용 블로그는 제품을 홍보하는 것에만 집중해야 한다.

04 수능 유형 윗글에서 필자가 주장하는 바로 가장 적절한 것을 고르시오.

① 인터넷 게시물에 대한 윤리적 기준을 세워야 한다.

② 블로그를 전문적으로 관리할 인력을 마련해야 한다.

③ 신제품 개발을 위해 상업용 블로그를 적극 활용해야 한다.

④ 상품에 대한 고객들의 반응을 정기적으로 분석할 필요가 있다.

⑤ 상업용 블로그는 사람들이 흥미 있어 할 정보를 제공해야 한다.

05 내신 대비 윗글의 네모 (A)에서 어법상 적절한 것을 고르시오.

➡ ______________

Follow Me!

01

반복해서 언급하고 있는 단어가 무엇인지 글을 읽으면서 표시해야 한다.

02

(1) so that은 '~하기 위해'라는 뜻을 나타내고, to keep은 형용사적 용법으로 쓰였다.
(2) 핵심 주어인 the best way가 단수이므로 동사도 단수인 is를 썼다.

03

핵심어가 포함된 문장들이므로 필자의 주장이 무엇인지 알 수 있다.

04~05 뒷페이지에

정답과 해설 pp. 22~23

동영상 강의

 (수능 유형) 이렇게 쉽게 풀자!

[문제 04]

1st 글에 반복적으로 등장하는 핵심어를 찾아 글의 내용을 예상한다.

You already have a business and you're about to launch your blog so that you can sell your product. Unfortunately, here is where a 'business mind' can be a bad thing. Most people believe that to have a successful business blog promoting a product, they have to stay strictly 'on the topic.' If all you're doing is shamelessly promoting your product, then who is going to want to read the latest thing you're writing about? Instead, you need to give some useful or entertaining information away for free so that people have

글에서 blog-business blog, entertaining-interested, audience 등의 표현이 반복적으로 등장하고, information와 같은 맥락의 단어인 things도 나온다.

'상업용 블로그(business blog)'가 제공하는 '정보(information)'는 '독자(audience)'에게 '재미있는(entertaining)' 것이어야 한다고 말하는 글이라고 예상할 수 있음

2nd 필자의 주장을 드러내는 문장을 찾는다.

1 대신에(Instead), 사람들이 계속해서 다시 ~ 유용하거나 재미있는 정보를 무료로 줄 필요가 있다.

"블로그에 사람들이 다시 방문하도록 무료로 유용하고 재미있는 정보를 줘야 한다." (Instead, you need to give ~ to keep coming back.)

상업용 블로그에서 유용하고 재미있는 정보를 제공해 사람들이 다시 방문할 이유를 만들어야 함

2 따라서(So), 상업용 블로그로 성공하기 위한 가장 좋은 방법은 여러분의 독자들이 관심을 가질 만한 것들에 대해 쓰는 것이다.

"상업용 블로그로 성공하기 위한 최고의 방법은 독자들이 관심을 가질 것들을 쓰는 것이다." (So, the best way ~ will be interested in.)

상업용 블로그로 성공하기 위해서는 독자들이 관심을 갖는 것에 대해 써야 함

3rd 필자가 태도를 바꾸는 곳이 있는지 나머지 문장을 확인하고, 정답을 고른다.

만일 여러분이 하는 일의 전부가 ~ 최신의 것을 읽고 싶어할까?

질문을 던지며 필자가 정말 주장하고 싶어하는 바가 이어진다.

⑤ '상업용 블로그는 사람들이 흥미 있어 할 정보를 제공해야 한다.'가 이 글의 주장임

Tip

*글에 등장한 표현을 포함한 오답에 주의한다.

글에 등장한 핵심어들이 오답 선택지에 모두 포함되어 있다.

① 인터넷 게시물 ② 블로그 ③ 상업용 블로그 ④ 고객

| 선택지 분석 |

① 인터넷 게시물에 대한 윤리적 기준을 세워야 한다.
- 블로그가 주요 소재이며 윤리적 기준에 대한 언급은 없다.

② 블로그를 전문적으로 관리할 인력을 마련해야 한다.
- 블로그를 관리할 전문 인력 마련에 대한 내용은 없다.

③ 신제품 개발을 위해 상업용 블로그를 적극 활용해야 한다.
- 블로그 활용 목적이 아니라 활용 방안에 대한 내용이다.

④ 상품에 대한 고객들의 반응을 정기적으로 분석할 필요가 있다.
- 고객 반응 분석에 대한 글이 아니다.

⑤ 상업용 블로그는 사람들이 흥미 있어 할 정보를 제공해야 한다.
- 상업용 블로그로 성공하기 위해서는 독자가 관심을 갖는 것을 써야 한다고 했다.

[문제 05] 추상적 의미를 나타내는 장소의 선행사를 취하는 관계부사: where 핵심구문

Unfortunately, / here (장소의 선행사) is / where (관계부사) a 'business mind' can be a bad thing. //

유감스럽게도 / 여기가 ~이다 / '비즈니스 정신'이 나쁜 것이 될 수 있는 지점 //

[06~09] 다음 글을 읽고, 물음에 답하시오.

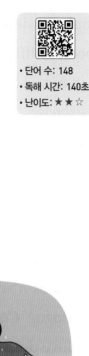

• 단어 수: 148
• 독해 시간: 140초
• 난이도: ★★☆

Homework is a task set by teachers for students to do outside normal lessons, — usually at home after school. Schools have been setting homework for a long time, but recently, some schools and countries don't bother with homework at all. But homework is a(n) (A) [irrelevant / vital] and valuable part of education. *<u>Setting homework extend study beyond school hours, allowing a wider and deeper education.</u> It also makes the best use of teachers, who can spend lesson time teaching rather than just supervising individual work that could be done at home. Students can take skills learnt in the classroom and apply them at home. Reading is the best example. Students learn how to read at school, but in order to get better, they need to practice, and that is best done at home, with the support of parents and at the right pace for the student.

06 (내신 대비) 윗글의 네모 (A)에 들어갈 말로 문맥상 적절한 것을 고르시오.

➡ ____________

07 (서술형) 다음 질문에 대한 답을 윗글에서 찾아 쓰시오.

Q: What is the purpose of homework?

A: Students can ____________ the skills that they learned at school through the homework.

08 (수능 유형) 윗글에서 필자가 주장하는 바로 가장 적절한 것을 고르시오.

① 학생이 배운 범위 내에서만 숙제를 내야 한다.
② 국가는 학교의 자율성을 존중해야 한다.
③ 독서 교육은 학교에서보다는 집에서 이루어져야 한다.
④ 숙제는 교육에 꼭 필요하므로 학생에게 내줘야 한다.
⑤ 교사는 교육을 위해 수업 시간을 최대한 활용해야 한다.

09 (내신 대비) 윗글의 밑줄 친 문장에서 어법상 <u>틀린</u> 곳을 찾아 바르게 고치시오.

____________ → ____________

Grammar

*동명사 주어
동명사가 이끄는 주어는 단수 취급하므로 단수 동사를 써야 한다.

Word Check

- bother with ~에 대해 신경 쓰다
- vital 지극히 중요한
- valuable 귀중한
- make the best use of ~를 가장 잘 이용하다
- B rather than A A라기보다는 B
- supervise 관리(감독)하다
- get better 나아지다
- practice 연습하다
- with the support of ~의 지원 하에
- pace 속도

정답과 해설 pp. 23~24

[10~13] 다음 글을 읽고, 물음에 답하시오.

People are doing yoga poses, (A) because / as* their dogs walk around the room, sniffing each other and the people on their yoga mats. This is doga, a fun and relaxing way to connect with your pet while getting some exercise. "Everybody giggles the whole time, and dogs walk from person to person. The dogs even imitate what the humans are doing. It just brings everybody a lot of joy," the doga instructor said. "The class also allows unusual situations. Sometimes we have to clean up. We have barking dogs. But we happily accept them." Mike Salinas, one of the doga students, said, "All dogs need our affection and attention. Doga creates a stronger bond with the dogs. That's the best part of doga." College student Beth Barrett, another student, said, "I love dogs and I love yoga. 도가는 그 둘의 완벽한 조합이죠." Doga sounds a little crazy, but it brings connection and joy to you and the animal.

• 단어 수: 160
• 독해 시간: 140초
• 난이도: ★★☆

10 서술형 윗글의 밑줄 친 우리말 해석과 일치하도록 주어진 표현을 적절하게 배열하시오.

(perfect, doga, a, of, combination, both, is)

➡ ______________________________

11 윗글에 묘사된 도가 수업 중 개들의 행동이 아닌 것을 고르시오.

① smell each other
② sniff people on yoga mats
③ walk around the room
④ imitate yoga poses
⑤ ask for affection and attention

12 수능 유형 윗글의 요지로 가장 적절한 것을 고르시오.

① 도가를 꾸준히 하는 것이 건강에 좋다.
② 도가는 개와의 유대감을 키우는 좋은 방법이다.
③ 공공장소에 반려동물을 데려오는 사람들이 늘고 있다.
④ 대부분의 반려동물은 애정과 관심을 필요로 한다.
⑤ 도가가 개에게 미치는 영향에 주의해야 한다.

13 내신 대비 윗글의 네모 (A)에서 어법상 적절한 것을 고르시오.

➡ ______________

Grammar

*접속사 as
접속사 as는 '~할 때, ~하면서'와 같이 시간을 나타내기도 하지만, 이유(~ 때문에), 비례(~함에 따라), 비교(~만큼)의 의미도 나타낼 수 있다.

Word Check

- sniff 코를 킁킁거리다
- connect 잇다, 연결하다
- whole 전체
- imitate 따라하다
- instructor 강사
- bark 짖다
- accept 받아들이다
- affection 애정
- bring 가져다주다
- connection 연결, 유대감

고난도

[14~17] 다음 글을 읽고, 물음에 답하시오. [2023년 3월 시행 고1 학평 22]

• 단어 수: 128
• 독해 시간: 120초
• 난이도: ★★★

When students are starting their college life, they may approach every course, test, or learning task the same way, using (A) [*that / what] we like to call "the rubber-stamp approach." Think about it this way: Would you wear a tuxedo to a baseball game? A colorful dress to a funeral? A bathing suit to religious services? Probably not. You know there's appropriate dress for different occasions and settings. Skillful learners know that "putting on the same clothes" won't work for every class. They are flexible learners. They have different strategies and know when to use them. They know that you study for multiple-choice tests differently than you study for essay tests. And they not only know what to do, but they also know how to do it.

14 (내신 대비) **윗글의 밑줄 친 putting on the same clothes에 해당하는 상황을 고르시오.**

① 교복을 매일 입는 것
② 수업에 제시간에 도착하는 것
③ 시험을 위해 밤새 공부하는 것
④ 모든 학습에 동일한 기술을 사용하는 것
⑤ 옷을 사는 데 돈을 낭비하지 않는 것

15 **다음 영영풀이가 설명하는 어휘를 윗글에서 찾아 그 원형을 쓰시오.**

> ____________: a careful skill or method for achieving a particular goal usually over a long period of time

Grammar

*what이 들어갈 자리를 구분하는 법

관계대명사 what이 들어갈 수 있는지 쉽게 아는 방법은 바로 앞에 명사가 없는지를 확인하는 것이다.

16 (수능 유형) **윗글의 요지로 가장 적절한 것을 고르시오.**

① 숙련된 학습자는 상황에 맞는 학습 전략을 사용할 줄 안다.
② 선다형 시험과 논술 시험은 평가의 형태와 목적이 다르다.
③ 문화마다 특정 행사와 상황에 맞는 복장 규정이 있다.
④ 학습의 양보다는 학습의 질이 학업 성과를 좌우한다.
⑤ 학습 목표가 명확할수록 성취 수준이 높아진다.

17 (내신 대비) **윗글의 네모 (A)에서 어법상 적절한 것을 고르시오.**

➡ ____________

Word Check

- approach 접근하다
- tuxedo 턱시도
- funeral 장례식
- bathing suit 수영복
- religious 종교적인
- probably 아마
- appropriate 적절한
- occasion 행사
- setting 상황
- flexible 유연한
- strategy 전략
- multiple-choice test 선다형 시험

정답과 해설 pp. 24~26

REVIEW 어휘 테스트 E 요지, 주장 찾기

▶ 정답과 해석 p. 26

✽ 다음 영어는 우리말 뜻을, 우리말은 영어 단어를 <보기>에서 찾아 쓰시오.

〈보기〉

장례식	strategy	for free
강사	용무	affection
상황	수영복	get better

01 funeral ____________

02 setting ____________

03 instructor ____________

04 bathing suit ____________

05 전략 ____________

06 무료로 ____________

07 나아지다 ____________

08 애정 ____________

✽ 짝지어진 단어의 관계가 나머지와 다른 것을 고르시오.

09 ① imitate : emulate
② unsuitable : appropriate
③ shamelessly : contritely
④ properly : sloppily

10 ① valuable : invaluable
② strictly : precisely
③ amusing : entertaining
④ whole : part

✽ 다음 영영풀이에 알맞은 단어를 고르시오.

11 extremely important or crucial
① basic ② minor
③ vital ④ requisite

12 to be in charge of someone and make certain everything is in order
① supervise ② reign
③ guide ④ watch

✽ 밑줄 친 단어가 주어진 의미로 쓰인 문장을 고르시오.

13 [홍보하다]
① The company promoted its goods through various channels.
② Mary was promoted at the start of the year.

14 [행사]
① He only wears a suit on occasion.
② Special occasions require special outfits.

✽ 우리말에 맞게 빈칸에 적절한 단어를 <보기>에서 찾아 쓰시오.

〈보기〉

audience	religious	practice
tuxedo	bring	probably

15 그는 아마 리그 전체에서 가장 뛰어난 투수일 것이다.
➡ He is ____________ the best pitcher in the entire league.

16 우리 고양이는 죽은 새를 선물로 가져다주고는 한다.
➡ Our cat tends to ____________ dead birds as presents.

17 도서관에서 모든 종교적인 의식은 금지되어 있습니다.
➡ All ____________ ceremonies are prohibited in the library.

18 우리는 다음 경기 전까지 더 열심히 연습해야 한다.
➡ We should ____________ harder before the next match.

19 그 노래는 청중을 매혹했다.
➡ The song enthralled the ____________.

시험 대비 실력 향상 TEST 1회 [A~E유형]

• 문항 수: 12개
• 제한 시간: 24분

[01~02]

다음 글을 읽고, 물음에 답하시오.

Margaret Knight was an exceptionally prolific inventor in the late 19th century; journalists occasionally compared her to Thomas Edison by nicknaming her "a woman Edison." From a young age, she built toys for her older brothers. After her father died, Knight's family moved to Manchester. Knight left school in 1850, at age 12, to earn money for her family at a nearby textile factory, where she witnessed a fellow worker injured by faulty equipment. That led her to create her first invention, a safety device for textile equipment, but she never earned money from the invention. She also invented a machine that cut, folded and glued flat-bottomed paper bags and awarded her first patent in 1871 for it. It eliminated the need for workers to assemble them slowly by hand. Knight received 27 patents in her lifetime and entered the National Inventors Hall of Fame in 2006.

*prolific 다작(多作)의 **patent 특허

01 수능 유형

Margaret Knight에 관한 윗글의 내용과 일치하지 않는 것을 고르시오. [2022년 11월 시행 고1 학평 26]

① 기자들이 '여자 Edison'이라는 별명을 지어 주었다.
② 가족을 위해 돈을 벌려고 학교를 그만두었다.
③ 직물 장비에 쓰이는 안전장치를 발명하여 많은 돈을 벌었다.
④ 밑이 평평한 종이 가방을 자르고 접고 붙이는 기계를 발명했다.
⑤ 2006년에 국립 발명가 명예의 전당에 입성했다.

02 내신 대비

윗글의 밑줄 친 awarded를 어법상 바르게 고치시오.

➡ ____________

[03~04]

다음 글을 읽고, 물음에 답하시오.

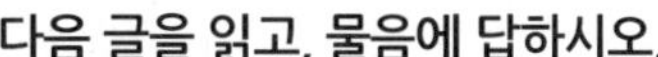

Musician's Friend

Welcome international musicians! No matter where you are in the world, we'll help you find musical instruments that suit you. Our site appears in English, but all prices are displayed in your local currency.

- **Shipping**
  - International shipping rates and delivery times vary by country.
  - For any inquiries on shipping, please email info@musiciansfriend.com.
- **Warranty**
  - Every instrument you purchase from Musician's Friend automatically include our two-year free warranty.
- **Refund Policy**
  - The following products cannot be returned: Items identified as non-returnable and discounted items.

03 수능 유형

Musician's Friend에 관한 위 안내문의 내용과 일치하지 않는 것을 고르시오.

① 해당 지역 통화로 제품의 가격을 보여준다.
② 국제 배송 요금은 나라마다 다르다.
③ 배송에 관한 문의는 이메일로 받는다.
④ 모든 악기의 무상 보증 기간은 2년이다.
⑤ 구매한 물건은 어떤 경우든 환불이 가능하다.

04 내신 대비

윗글의 밑줄 친 include를 어법상 적절하게 고치시오.

➡ ____________

정답과 해설 pp. 27~28

[05~06]

다음 글을 읽고, 물음에 답하시오.

"Going home!" keeps ringing inside John's head. He is at the train station with his little suitcase beside him filled with old clothes, worn-out uniforms, and a pair of socks. There are many soldiers and refugees, who are also waiting for the last train for London. Every time he puts any weight on his left leg, he winces in pain. <u>During the war, he lost some of his friends and shot in his left leg.</u> But the war has ended and now he is standing at the platform. He slips his hand inside the pocket of his dirty coat and pinches himself several times to make sure he isn't dreaming. Suddenly, the loud speaker announces the arrival of the train — the train that is going to take him home.

* wince 움찔하다 ** pinch 꼬집다

05 (수능 유형)

윗글에 드러난 John의 심경으로 가장 적절한 것을 고르시오.

① confused and anxious
② angry and annoyed
③ relieved and hopeful
④ tense and sad
⑤ fearful and frightened

06 (내신 대비)

윗글의 밑줄 친 문장에서 어법상 <u>틀린</u> 곳을 찾아 바르게 고치시오.

__________ → __________

[07~08]

다음 글을 읽고, 물음에 답하시오.

NABA is an internationally famous art and design academy. Founded in 1980, NABA is the largest private art academy in Italy. It offers bachelor's and master's degree programs in Italian and English. As a student at NABA, you will develop your skill and prepare for the world of work. Within one year of graduation, 89% of our students <u>finds</u> jobs. With about 4,000 students from more than 70 countries on our campus, NABA is a truly multi-cultural environment. You will have a chance to work with and learn new things from your international friends. To offer our students the opportunity of growing their design skills, NABA opened a new campus in Rome in 2019. The campus has two buildings and new laboratories as well as lounge rooms and a library.

07 (수능 유형)

윗글의 목적으로 가장 적절한 것을 고르시오.

① to promote new city library
② to give tips on how to get into NABA
③ to inform students of job opportunities
④ to introduce several benefits of an Italian art school
⑤ to recommend students to participate in school programs

08 (내신 대비)

윗글의 밑줄 친 <u>finds</u>를 어법상 바르게 고치시오.

➡ __________

[09~10]

다음 글을 읽고, 물음에 답하시오.

It is difficult for any of us to maintain a constant level of attention throughout our working day. We all have body rhythms characterise by peaks and valleys of energy and alertness. You will achieve more, and feel confident as a benefit, if you schedule your most demanding tasks at times when you are best able to cope with them. If you haven't thought about energy peaks before, take a few days to observe yourself. Try to note the times when you are at your best. We are all different. For some, the peak will come first thing in the morning, but for others it may take a while to warm up.

*alertness 기민함

09 (수능 유형)

윗글에서 필자가 주장하는 바로 가장 적절한 것을 고르시오. [2023년 3월 시행 고1 학평 20]

① 부정적인 감정에 에너지를 낭비하지 말라.
② 자신의 신체 능력에 맞게 운동량을 조절하라.
③ 자기 성찰을 위한 아침 명상 시간을 확보하라.
④ 생산적인 하루를 보내려면 일을 균등하게 배분하라.
⑤ 자신의 에너지가 가장 높은 시간을 파악하여 활용하라.

10 (내신 대비)

윗글의 밑줄 친 characterise를 어법상 바르게 고치시오.

➡ ____________________

[11~12]

다음 글을 읽고, 물음에 답하시오.

One day, a poor Scottish farmer heard a boy screaming for help. He ran to a nearby mud hole and saw a boy sinking in thick, black mud, about to drown. The farmer saved him. The next day, the boy's father came by and offered to pay the farmer for saving his son, but the farmer refused. The boy's father spotted the farmer's son and said, "Let me provide your son with an education, and I am sure he will grow up to be a man like you." The farmer accepted the offer. His son later graduated from medical school and discovered penicillin. His name was Sir Alexander Fleming. Now an adult, the nobleman's son lay dying of pneumonia. This time Fleming's discovery of penicillin again saved his life. The education that the nobleman had provided for Sir Alexander Fleming saved the life of his son, Sir Winston Churchill.

*pneumonia 폐렴

11 (수능 유형)

윗글의 요지로 가장 적절한 것을 고르시오.

① A good medicine tastes bitter.
② One good deed leads to another.
③ A sound mind in a sound body.
④ A friend in need is a friend indeed.
⑤ One swallow doesn't make a summer.

12 (내신 대비)

윗글의 밑줄 친 문장에서 생략 가능한 낱말을 찾아 쓰시오.

➡ ____________________

정답과 해설 pp. 28~32

REVIEW 어휘 테스트 [시험 대비 실력 향상 TEST 1회]

▶ 정답과 해석 p. 32

✽ 다음 영어는 우리말 뜻을, 우리말은 영어 단어를 <보기>에서 찾아 쓰시오.

<보기>

난민	nobleman	task
도착	inquiry	laboratory
쓴	닳아 해진	suitcase

01 arrival ____________

02 worn-out ____________

03 bitter ____________

04 refugee ____________

05 문의 ____________

06 귀족 ____________

07 여행 가방 ____________

08 실험실 ____________

✽ 다음 중 나머지와 의미가 다른 하나를 고르시오.

09 ① drawback ② boon ③ advantage ④ benefit

10 ① task ② idle ③ assignment ④ duty

11 ① deed ② action ③ strategy ④ feat

✽ 짝지어진 단어의 관계가 나머지와 다른 것을 고르시오.

12 ① private : public
② spot : discover
③ attention : distraction
④ abandon : accompany

13 ① constant : stable
② proclaim : announce
③ easy : demanding
④ keep : maintain

✽ 다음 영영풀이에 알맞은 단어를 고르시오.

14 to describe the main qualities or character of someone or something
① differentiate ② mark
③ identify ④ characterise

15 an arrangement to keep something such as a seat or table held for you
① reservation ② demand
③ save ④ provision

✽ 자연스러운 문장이 되도록 괄호 안에서 적절한 단어를 고르시오.

16 Relax, the children are safe and (sound / should).

17 We should buy flowers for the (gradation / graduation) ceremony.

✽ 우리말에 맞게 빈칸에 적절한 단어를 <보기>에서 찾아 쓰시오.

<보기>

lounge	academy	master
drown	platform	multi-cultural

18 Jason은 내년에 요리 전문학교에 갈 것이다.
➡ Jason is going to a culinary ____________ next year.

19 우리는 다문화 도시에 살고 있다.
➡ We are living in a(n) ____________ city.

20 그 라운지에는 푹신한 소파가 있었다.
➡ The ____________ had a soft chair.

21 킹스 크로스 역의 9¾ 승강장에 가는 것을 잊지 마.
➡ Don't forget to go to ____________ 9¾ at King's Cross Station.

22 너무 깊이 잠수하면 너는 익사할 수도 있다.
➡ You might ____________ if you dive too deep.

F 도표의 이해

다양한 통계 자료가 도표 그래프의 형식으로 제시되고, 이를 설명하는 글을 읽으면서 선택지를 확인하는 유형이에요.

04 수능 유형 다음 글을 읽고, 도표의 내용과 일치하지 <u>않는</u> 것을 고르시오.

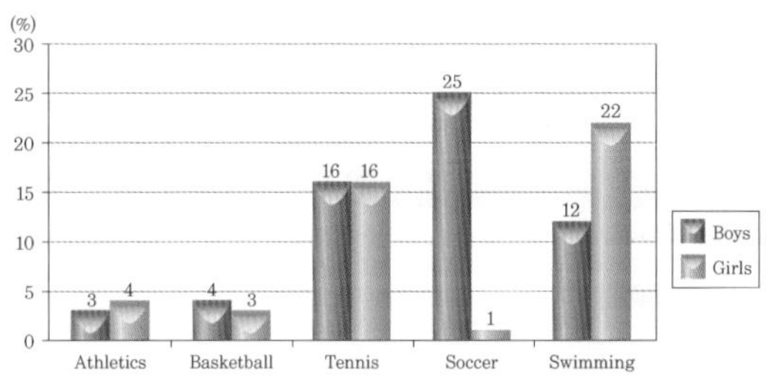

항목별로 수치들이 많이 등장하기 때문에 각 선택지가 도표와 일치하는지 일대일로 대조하면서 읽어야 해요.

This bar graph provides information about the most popular sports played by boys and girls in South Korea in 2023, providing valuable insights into the country's sporting preferences. ① According to the graph, swimming is the most popular sport among girls, with participation rates reaching 22 percent, while 12 percent of boys preferred swimming. ② 25 percent of boys enjoyed playing soccer, making it their favorite sport, but it is the least favorite sport for girls, with a participation rate of 1 percent. ③ The same percentage of boys and girls participated in tennis and it is their second most preferred sport. ④ For boys, the participation rates of tennis is less than three times of those of athletics. ⑤ The sum of the percentages of girls participating in athletics and basketball is less as 10 percent.

제시된 수치들로 간단한 계산을 해야 하는 선택지도 등장하는데, 어려운 계산은 아니니까 당황하지 말고 계산을 해보면 돼요.

수록 지문

- 고기를 덜 먹거나 안 먹는 이유 + Follow Me!
- 무엇이 우리를 행복하게 만드는가?
- 한국의 남녀 학생들의 스포츠 선호도
- 문화 활동에 참여한 미국 학생들의 비율

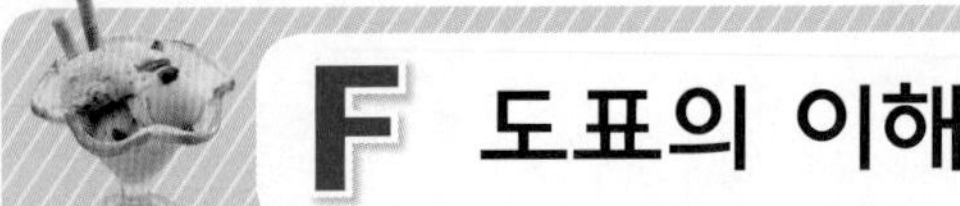

유형 연습

1st 도표의 제목과 어떤 항목이 있는지 확인한다.

2nd 선택지 문장을 도표와 차례대로 대조하며 일치하는지 확인한다.

3rd 정답 문장을 도표와 일치하도록 수정한다.

Tip 확인해야 하는 정보가 여러 개인 선택지에 주의한다.

[01~05] 다음 글을 읽고, 물음에 답하시오. [2022년 11월 시행 고1 학평 25]

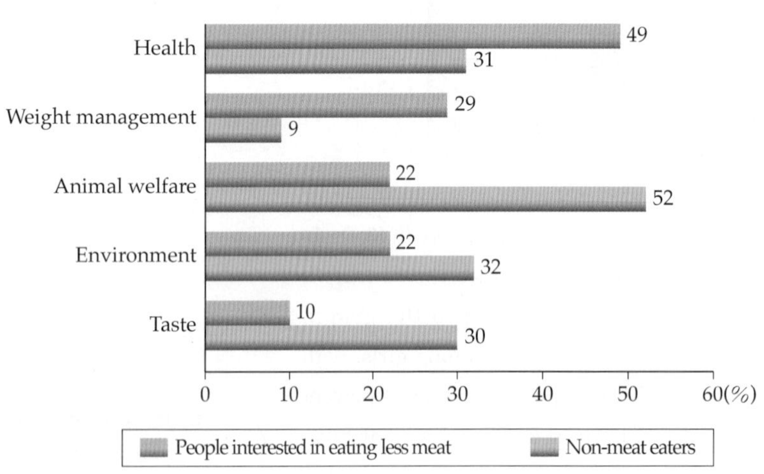

- 단어 수: 135
- 독해 시간: 120초
- 난이도: ★★☆

The graph above shows the survey results on reasons for people interested in eating less meat and those eating no meat in the UK in 2018. ① For the group of *people (A) [who / what] are interested in eating less meat, health is the strongest motivator for doing so. ② For the group of non-meat eaters, animal welfare accounts for the largest percentage among all reasons, followed by environment, health, and taste. ③ The largest percentage point difference between the two groups is in animal welfare, whereas the smallest difference is in environment. ④ The percentage of non-meat eaters citing taste is four times higher than that of people interested in reducing their meat consumption citing taste. ⑤ Weight management ranks the lowest for people who don't eat meat, with less than 10 percent.

Grammar

*주격 관계대명사

선행사	주격 관계대명사
사람	who
사물, 동물	which
사물, 동물, 사람	that

Word Check

- motivator 동기 (요인)
- welfare 복지
- account for (부분 · 비율을) 차지하다
- whereas 반면에
- cite 언급하다
- consumption 섭취, 소비
- management 관리
- rank (순위를) 차지하다

01 윗글에서 언급되지 않은 것을 고르시오.

① 고기를 덜 먹는 것에 관심이 있는 사람들의 가장 강력한 이유
② 고기를 먹지 않는 사람들의 가장 큰 비율을 차지하는 이유
③ 두 집단 사이에 가장 큰 퍼센트 포인트 차이를 보이는 이유
④ 두 집단에서 맛을 이유로 드는 비율의 배수 차이
⑤ 고기를 덜 먹는 것에 관심이 있는 사람들의 가장 낮은 비율을 차지하는 이유

02 서술형 도표의 내용과 일치하도록 다음 빈칸에 적절한 말을 윗글에서 찾아 쓰시오.

(1) ____________ is the second biggest reason for the group of non-meat eaters, and (2) ____________ ____________ is the second biggest reason for people interested in eating less meat.

03 윗글에 등장하는 다음 두 문장을 바르게 해석하시오.

(1) The largest percentage point difference between the two groups is in animal welfare, whereas the smallest difference is in environment.
➡ ____
____

(2) Weight management ranks the lowest for people who don't eat meat, with less than 10 percent.
➡ ____
____

04 수능 유형 윗글을 읽고, 도표의 내용과 일치하지 않는 것을 고르시오.

① ② ③ ④ ⑤

05 내신 대비 윗글의 네모 (A)에서 어법상 적절한 것을 고르시오.

➡ ____________

Follow Me!

01
①~⑤ 모두 그래프를 통해서는 알 수 있는 정보이지만, 글에서는 언급되지 않은 하나의 정보를 찾는다.

02
(1), (2)
「the+형용사/부사의 최상급」은 '가장 …한/하게'의 뜻을 나타낸다.

03
(1) '~번째로 가장 …한/하게'의 뜻을 나타내는 「the+서수+최상급」 표현이 들어간 것에 주의하여 해석한다.
(2) who는 앞의 선행사 people을 받는 주격 관계대명사이다.

04~05 뒷페이지에

정답과 해설 pp. 32~33

 수능 유형 이렇게 쉽게 풀자!

[문제 04]

1st 도표의 제목과 어떤 항목이 있는지 확인한다.

제목: 2018년 영국에서 고기를 덜 먹는 것에 관심 있는 사람들과 고기를 먹지 않는 사람들의 이유
항목: 이유, 퍼센트, 고기를 덜 먹는 것에 관심 있는 사람들과 고기를 먹지 않는 사람들

고기를 덜 먹는 것에 관심 있는 사람들과 고기를 먹지 않는 사람들의 이유에 대한 퍼센트를 확인해야 함

2nd 선택지 문장을 도표와 차례대로 대조하며 일치하는지 확인한다.

① 고기를 덜 먹는 ~ *건강은 그렇게 하는 가장 강력한 동기이다. (health is the strongest motivator for doing so)

고기를 덜 먹는 것에 관심이 있는 사람들에게는 건강이 49퍼센트로 가장 큰 이유임

도표의 내용과 일치함

② 고기를 먹지 않는 ~, *환경, 건강, 그리고 맛이 그 뒤를 따른다. (For the group of non-meat eaters, ~ taste.)

고기를 먹지 않는 사람들은 동물 복지가 52퍼센트로 가장 큰 비율을 차지하고, 환경, 건강, 맛이 그 뒤를 차지함

도표의 내용과 일치함

③ 두 집단 사이의 가장 큰 퍼센트 포인트 차이는 *동물 복지에 있는 반면, 가장 작은 차이는 *환경에 있다. (The largest percentage point difference ~ the smallest difference is in environment.)

동물 복지가 가장 크고(30퍼센트 포인트 차이), 환경이 가장 작음(10퍼센트 포인트 차이)

도표의 내용과 일치함

④ 맛을 언급하는 ~ 관심이 있는 사람들의 비율보다 *4배 높다. (The percentage of non-meat eaters ~ citing taste.)

맛을 언급하면서 고기를 먹지 않는 사람들의 비율은 30퍼센트, 맛을 언급하면서 고기 섭취를 줄이는 데 관심이 있는 사람들의 비율은 10퍼센트로 4배가 아님

도표의 내용과 일치하지 않음

⑤ 체중 관리는 ~ *10퍼센트 미만으로 가장 낮은 순위를 차지한다. (Weight management ~ 10 percent.)

고기를 먹지 않는 사람들에게 체중 관리는 9퍼센트로 가장 낮은 순위를 차지함

도표의 내용과 일치함

Tip
*확인해야 하는 정보가 여러 개인 선택지에 주의한다.
한 선택지에 두 집단과 관련된 정보들이 섞여 있다.
①, ②, ⑤은 한 집단의 모든 이유를 ③은 각 이유마다 두 집단 간의 차이를 확인해야 함

3rd 정답 문장을 도표와 일치하도록 수정한다.

④ 맛을 언급하는 ~ 사람들의 비율보다 4배(→ 3배) 높다.

맛을 언급하면서 고기를 먹지 않는 사람들의 비율은 30퍼센트, 맛을 언급하면서 고기 섭취를 줄이는 데 관심이 있는 사람들의 비율은 10퍼센트이므로 four는 three로 고쳐야 도표와 일치한다.

[문제 05] 선행사가 people과 같은 사람일 때의 주격 관계대명사: who 핵심구문

For the group of [people](선행사) / who(주격 관계대명사) are interested in eating less meat, ~ //
사람들의 집단에게 / 고기를 덜 먹는 것에 관심이 있는 ~ //

[06~09] 다음 글을 읽고, 물음에 답하시오.

What makes people most happy?

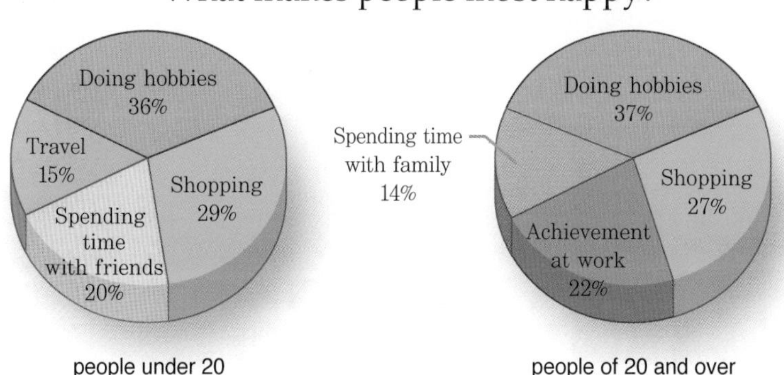

• 단어 수: 129
• 독해 시간: 120초
• 난이도: ★★☆

These graphs show several similarities and differences between people under 20 and people of 20 and over about what makes them happy. ① Firstly, for both groups, the highest percentage says* ________ doing hobbies brings them most happiness: 36 percent for the younger age group and 37 percent for the older group. ② Doing hobbies is followed by shopping, which accounts for the second largest percentage of both age groups. ③ Many younger people regard spending time with friends as important: a quarter of them state this brings them most happiness. ④ In contrast to the younger people, older people don't mention friends or travel as a contributing factor to their happiness. ⑤ Instead, 22 percent of them say* ________ achievement at work is important to their happiness.

06 서술형 도표의 내용과 일치하도록 다음 빈칸에 적절한 말을 윗글에서 찾아 쓰시오.

> ________ is the lowest contributing factor of happiness for people under 20.

07 다음을 읽고, 위 도표의 내용과 일치하면 T, 일치하지 않으면 F를 고르시오.

14 percent of the older people think that spending time with family makes them happiest. (T / F)

08 수능 유형 윗글을 읽고, 도표의 내용과 일치하지 않는 것을 고르시오.

① ② ③ ④ ⑤

09 내신 대비 윗글의 빈칸에 공통으로 들어갈 어법상 적절한 접속사를 쓰시오.

➡ ________

Grammar

* 접속사 that
접속사 that은 가주어, 진주어 구문의 진주어절을 이끌 때, 목적어절을 이끌 때 주로 쓰인다.

Word Check

- similarity 유사점
- bring 가져오다
- account for (부분 · 비율을) 차지하다
- regard 여기다, 간주하다
- mention 언급하다
- factor 요인
- achievement 성취

정답과 해설 pp. 34~35

[10~13] 다음 글을 읽고, 물음에 답하시오.

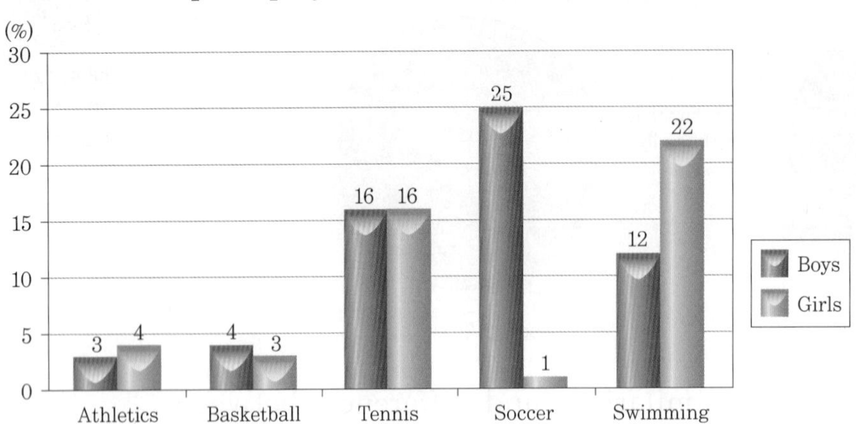

• 단어 수: 136
• 독해 시간: 120초
• 난이도: ★★☆

This bar graph provides information about the most popular sports played by boys and girls in South Korea in 2023, providing valuable insights into the country's sporting preferences. ① According to the graph, swimming is the most popular sport among girls, with participation rates reaching 22 percent, while 12 percent of boys preferred swimming. ② 25 percent of boys enjoyed playing soccer, making it their favorite sport, but it is the least favorite sport for girls, with a participation rate of 1 percent. ③ The same percentage of boys and girls participated in tennis and it is their second most preferred sport. ④ For boys, the participation rates of tennis are less than three times of those of athletics. ⑤ The sum of the percentages of girls participating in athletics and basketball is less* as 10 percent.

10 다음 영영풀이가 설명하는 어휘를 윗글에서 찾아 쓰시오.

__________ : a total amount made by adding several numbers

11 (내신 대비) 다음 중 위 도표의 내용과 일치하는 것을 고르시오.

(a) Athletics is the least favorite sport among boys.
(b) Girls prefer soccer to basketball.
(c) Basketball has high levels of participation for boys.

➡ __________

12 (수능 유형) 윗글을 읽고, 도표의 내용과 일치하지 않는 것을 고르시오.

① ② ③ ④ ⑤

13 (내신 대비) 윗글의 밑줄 친 as를 어법상 바르게 고치시오.

➡ __________

Grammar

*less than
'…보다 덜 ~한[하게]'는 「less+형용사/부사의 원급+than」의 형태로 써야 한다.

Word Check

· participation 참여
· prefer 선호하다
· favorite 매우 좋아하는
· participate 참여하다
· athletics 육상 경기
· sum 합계, 합
· add 더하다
· several 몇몇의

고난도

[14~17] 다음 글을 읽고, 물음에 답하시오. [2021년 11월 시행 고1 학평 25]

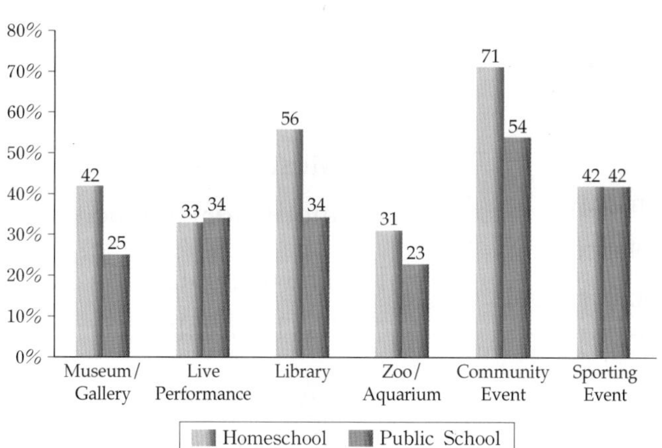

• 단어 수: 123
• 독해 시간: 120초
• 난이도: ★★★

The graph above shows the percentage of U.S. homeschooled and public school students participating in cultural activities in 2016. ① With the exception of live performances and sporting events, the percentage of homeschooled students participating in cultural activities was higher than (A) *that / those of public school students. ② For each group of students, community events accounted for the largest percentage among all cultural activities. ③ The percentage point difference between homeschooled students and their public school peers was largest in visiting libraries. ④ The percentage of homeschooled students visiting museums or galleries was more than twice that of public school students. ⑤ Going to zoos or aquariums ranked the lowest for both groups of students, with 31 and 23 percent respectively.

14 내신 대비 윗글의 내용과 일치하도록 괄호 안에서 알맞은 말을 고르시오.

> The largest gap in percentage points between homeschooled students and their peers from public schools was seen in (library / museum or gallery) visits.

15 윗글에 등장하는 다음 문장을 바르게 해석하시오.

Going to zoos or aquariums ranked the lowest for both groups of students, with 31 and 23 percent respectively.

➡ ______________________

16 수능 유형 윗글을 읽고, 도표의 내용과 일치하지 않는 것을 고르시오.

① ② ③ ④ ⑤

17 내신 대비 윗글의 네모 (A)에서 어법상 적절한 것을 고르시오.

➡ ______________

Grammar

*this vs. that

this[these]는 말하는 사람과 가까이 있는 사람이나 사물을 가리킬 때, that[those]는 멀리 떨어져 있는 사람이나 사물을 가리킬 때 쓴다.

Word Check

- homeschool 홈스쿨링을 하다
- public school 공립 학교
- exception 예외
- performance 공연
- account for ~을 차지하다
- respectively 각각

정답과 해설 pp. 35~37

REVIEW 어휘 테스트 F 도표의 이해

▶ 정답과 해석 p. 37

✻ 다음 영어는 우리말 뜻을, 우리말은 영어 단어를 <보기>에서 찾아 쓰시오.

<보기>

공연	achievement	similarity
관리	반면에	athletics
언급하다	account for	public school

01 management ____________

02 performance ____________

03 cite ____________

04 whereas ____________

05 유사점 ____________

06 공립 학교 ____________

07 성취 ____________

08 육상 경기 ____________

✻ 다음 중 나머지와 의미가 다른 하나를 고르시오.

09 ① whereas ② much ③ although ④ but

10 ① blame ② prefer ③ favor ④ like

11 ① contribution ② involvement ③ participation ④ absence

✻ 주어진 단어와 비슷한 뜻을 가진 것을 고르시오.

12 factor
① component ② whole ③ sum ④ addition

13 exception
① normality ② usuality ③ anomaly ④ ordinariness

14 regard
① dismiss ② ignore ③ consider ④ overlook

✻ 자연스러운 문장이 되도록 괄호 안에서 적절한 단어를 고르시오.

15 Most games have a strong (motor / motivator) to reach the ending.

16 The (consumption / consultation) of rice has been falling.

17 My (fascinating / favorite) book is *Sherlock Holmes*.

✻ 우리말에 맞게 빈칸에 적절한 단어를 <보기>에서 찾아 쓰시오.

<보기>

respectively	several	bring
rank	homeschool	enhance

18 아침식사와 점심식사는 각각 10달러와 20달러였다.
➡ Breakfast and lunch were \$10 and \$20 ____________.

19 나는 필요하다면 내 아이들을 홈스쿨링할 것이다.
➡ I will ____________ my children if needed.

20 그는 몇몇 책을 땅에 떨어뜨렸다.
➡ He dropped ____________ books to the ground.

21 그들은 리그에서 5위를 차지하고 있다.
➡ They ____________ fifth in the league.

22 태풍은 주말에 더 많은 비를 가져올 것이다.
➡ The typhoon will ____________ more rain over the weekend.

G 주제 찾기

주제 찾기 유형은 필자가 글을 통해 전달하고자 하는 바를 파악하는 유형이에요.

04 수능 유형 **다음 글의 주제로 가장 적절한 것을 고르시오.**

For creatures like us, evolution smiled upon those with a strong need to belong. Survival and reproduction are the criteria of success by natural selection, and forming relationships with other people can be useful for both survival and reproduction. Groups can share resources, care for sick members, scare off predators, fight together against enemies, divide tasks so as to improve efficiency, and contribute to survival in many other ways. In particular, if an individual and a group want the same resource, the group will generally prevail, so competition for resources would especially favor a need to belong. Belongingness will likewise promote reproduction, such as by bringing potential mates into contact with each other, and in particular by keeping parents together to care for their children, ____________ are much more likely to survive if they have more than one caregiver.

① skills for the weak to survive modern life
② usefulness of belonging for human evolution
③ ways to avoid competition among social groups
④ roles of social relationships in children's education
⑤ differences between two major evolutionary theories

'무엇'에 관해 이야기하는 글인지를 파악해야 하니까 글에 반복적으로 등장하는 핵심어를 찾는 것이 가장 중요해요.

선택지는 영어로 제시되는데, 글의 핵심어를 이용해서 만든 오답의 함정에 빠지지 않도록 주의해야 해요.

수록 지문

- 인간의 진화에 있어 소속의 유용성 + Follow Me!
- 바다가 있었던 화성
- 우주비행사는 어떻게 잘까?
- 녹는 얼음과 해수면 상승이 하루의 길이에 미치는 영향

G 주제 찾기

유형 연습

[문제 04] (수능 유형) 이렇게 쉽게 풀자!

1st 글에 반복적으로 등장하는 핵심어를 찾아 글의 내용을 예상한다.

2nd 핵심어에 대한 필자의 생각을 드러내는 문장을 찾는다.

3rd 위에서 찾은 문장을 종합하여 주제를 추론하고, 정답을 고른다.

Tip 글에 등장한 표현을 포함한 오답에 주의한다.

[01~05] 다음 글을 읽고, 물음에 답하시오. [2022년 9월 시행 고1 학평 23]

• 단어 수: 139
• 독해 시간: 120초
• 난이도: ★★★

For creatures like us, evolution smiled upon those with a strong need to belong. Survival and reproduction are the criteria of success by natural selection, and forming relationships with other people can be useful for both survival and reproduction. Groups can share resources, care for sick members, scare off predators, fight together against enemies, divide tasks so as to improve efficiency, and contribute to survival in many other ways. In particular, if an individual and a group want the same resource, the group will generally prevail, so competition for resources would especially favor a need to belong. Belongingness will likewise promote reproduction, such as by bringing potential mates into contact with each other, and in particular by keeping parents together to care for their children, *_________ are much more likely to survive if they have more than one caregiver.

Grammar

*주격 관계대명사
선행사가 사람일 때는 who를, 사물일 때는 which를 쓰며 that이 대신 쓰일 수 있다.

Word Check

- evolution 진화
- criteria 기준
- predator 포식자
- efficiency 효율성
- contribute 기여하다
- individual 개인
- prevail 이기다
- competition 경쟁
- mate 짝
- caregiver 보호자
- belonging 소속
- evolutionary 진화의

01 서술형 윗글에서 반복해서 등장하는 핵심어를 찾아 쓰시오.

(1) ________________

(2) ________________

(3) ________________

(4) ________________

02 윗글에 등장하는 다음 두 문장을 바르게 해석하시오.

(1) For creatures like us, evolution smiled upon those with a strong need to belong.

➡ ____

____

(2) forming relationships with other people can be useful for both survival and reproduction

➡ ____

____

03 내신 대비 02번 문제 (1), (2)의 두 문장이 의미하는 바로 적절한 것을 고르시오.

① 집단을 이루는 것이 생존과 번식, 즉 진화에 유리하다.

② 집단을 이루는 생물은 진화에 어려움을 겪는다.

04 수능 유형 윗글의 주제로 가장 적절한 것을 고르시오.

① skills for the weak to survive modern life

② usefulness of belonging for human evolution

③ ways to avoid competition among social groups

④ roles of social relationships in children's education

⑤ differences between two major evolutionary theories

05 내신 대비 윗글의 빈칸에 들어갈 적절한 관계대명사를 쓰시오.

➡ ________________

Follow Me!

01

반복해서 언급하고 있는 단어가 무엇인지 글을 읽으면서 표시해야 한다.

02

(1) evolution이 주어, smiled가 동사인 구조의 문장이다.

(2) 동명사 forming이 이끄는 동명사구 주어가 긴 형태임에 유의해서 해석해야 한다.

03

핵심어가 포함된 문장들이므로 이 글의 주제를 알 수 있다.

04~05 뒷페이지에

정답과 해설 pp. 37~38

 (수능 유형) 이렇게 쉽게 풀자!

[문제 04]

1st 글에 반복적으로 등장하는 핵심어를 찾아 글의 내용을 예상한다.

For creatures like us, evolution smiled upon those with a strong need to belong. Survival and reproduction are the criteria of success by natural selection, and forming relationships with other people can be useful for both survival and reproduction. Groups can share resources, care for sick members, scare off predators, fight together against enemies, divide tasks so as to improve efficiency, and contribute to survival in many other ways. In particular, if an individual and a group want the same resource, the group

글에 belong, *survive, reproduction, *group 등의 표현이 반복적으로 등장한다.

'집단(group)'에 '소속되는(belong)' 것이 '생존(survival)'과 '번식(reproduction)'에 어떤 영향을 미치는지에 대해 설명하는 글이라고 예상할 수 있음

2nd 핵심어에 대한 필자의 생각을 드러내는 문장을 찾는다.

1 우리와 같은 창조물에게 있어 진화는 소속하려는 강한 욕구를 가진 것들에 미소를 지었다.

진화는 집단에 소속하려는 것들에게 미소를 지었다. (For creatures like us, ~ a strong need to belong.)

집단을 이루는 것이 진화, 즉 생존과 번식에 유리하다는 의미

2 다른 사람들과 관계를 형성하는 것은 생존과 번식 모두에 유용할 수 있다.

"다른 사람들과 관계를 형성하는 것은 생존과 번식에 유용할 수 있다." (forming relationships ~ for both survival and reproduction)

다른 사람들과 집단을 이루는 것이 생존과 번식, 즉 진화에 유용하다는 의미임

3rd 위에서 찾은 문장을 종합하여 주제를 추론하고, 정답을 고른다.

글의 주제: 다른 사람들과 집단을 이루는 것이 진화에 유리하다.

② '인간 진화를 위한 소속의 유용성'이 이 글의 적절한 주제임

Tip
*글에 등장한 표현을 포함한 오답에 주의한다.
글에 등장한 핵심어가 대부분의 오답 선택지에도 포함되어 있다.
① survive ③ groups ④ relationships

| 선택지 분석 |

① skills for the weak to survive modern life
현대 생활에서 살아남기 위한 약자를 위한 기술
- 현대 생활에서 살아남기 위한 약자들을 위한 기술은 언급되지 않았다.

② usefulness of belonging for human evolution
인간 진화를 위한 소속의 유용성
- 인간의 생존과 번식에 소속이 유용하다는 내용의 글이다.

③ ways to avoid competition among social groups
사회 집단 간의 경쟁을 피하는 방법
- 집단이 언급되긴 했지만 사회 집단 간의 경쟁을 피하는 방법은 나오지 않았다.

④ roles of social relationships in children's education
아동 교육에서 사회적 관계의 역할
- 아동 교육에서 사회적 관계가 갖는 역할은 언급되지 않았다.

⑤ differences between two major evolutionary theories
두 가지 주요 진화 이론 사이의 차이점
- 두 가지 진화 이론 간의 차이를 말하는 글이 아니다.

[문제 05] 선행사가 사람일 때 주격 관계대명사: who 핵심구문

~ and in particular / by keeping parents together / to care for their children (선행사(사람)), / who (주격 관계대명사) are much likely to survive / if they have more than one caregiver. //

~ 특히 / 부모가 함께 있도록 함으로써인데 / 자녀를 돌보기 위해 / 그들은 훨씬 더 생존하기 쉬울 것이다 / 한 명보다 많은 보호자가 있으면 //

[06~09] 다음 글을 읽고, 물음에 답하시오.

• 단어 수: 145
• 독해 시간: 130초
• 난이도: ★★☆

Billions of years ago, Mars had an ocean. There are still signs of shorelines and canyons, __________ floods once existed. However, Mars lost its magnetic field* long ago for some reason and it led to the stripping of its atmosphere, eventually causing the loss of the ocean. This loss of the ocean played a role in making Mars uninhabitable** for life since liquid water is essential for the existence of life. On the other hand, Earth's magnetic field is strong enough to hold massive amounts of liquid water on the surface. Earth's strong magnetic field is produced by the motion of molten iron in the planet's core. The magnetic field shields Earth from the harmful effects of solar wind and radiation which can fry the whole planet. Without <u>it</u>, the solar wind would strip our atmosphere, and the oceans would evaporate and be lost to space.

* magnetic field 자기장
** uninhabitable 사람이 살 수 없는

06 다음을 읽고, 윗글의 내용과 일치하면 T, 일치하지 <u>않으면</u> F를 고르시오.

(1) 액체 상태의 물은 생명체 존재에 필수적이다. (T / F)
(2) 태양풍과 방사선은 지구에 해로운 영향을 끼친다. (T / F)

07 (서술형) 윗글의 밑줄 친 <u>it</u>이 가리키는 것을 영어로 쓰시오.

➡ ____________________

08 (수능 유형) 윗글의 주제로 가장 적절한 것을 고르시오.

① the possibility of life on Mars and its evidence
② the importance of Earth's magnetic field for the survival of life
③ examples of the harmful effects of the sun on the planes
④ the effect of the presence of water on the environment of a planet
⑤ similarities and differences between the sun and Mars

09 (내신 대비) 윗글의 빈칸에 들어갈 적절한 관계부사를 쓰시오.

➡ ____________

Grammar

* 관계부사와 관계대명사의 차이점
관계부사는 뒤에 주어와 동사가 갖춰진 완전한 형태의 절이 오고, 관계대명사는 불완전한 형태의 절이 온다.

Word Check

- Mars 화성
- shoreline 해안선
- canyon 협곡
- exist 존재하다
- strip 벗기다
- atmosphere 대기
- essential 필수적인
- massive 거대한
- molten 녹은
- core 중심
- shield 보호하다
- radiation 방사선
- evaporate 증발하다

정답과 해설 pp. 38~39

[10~13] 다음 글을 읽고, 물음에 답하시오.

• 단어 수: 142
• 독해 시간: 130초
• 난이도: ★★☆

Just like on Earth, an astronaut in space goes to bed at night then wakes up the next day and prepares for work all over again. However, there's one thing that's different. In space there is no up or down and there is no gravity. __________, astronauts are weightless and can sleep in any orientation. So they have to attach *himself to a wall or a bed so as not to float around or bump into something. Space shuttle and space station crews usually sleep in sleeping bags attached to their seats or to a wall. Like on Earth, though, they may wake up in the middle of their sleep period to use the toilet, or stay up late and look out the window. During their sleep period, astronauts have reported having dreams and nightmares. Some have even reported snoring in space!

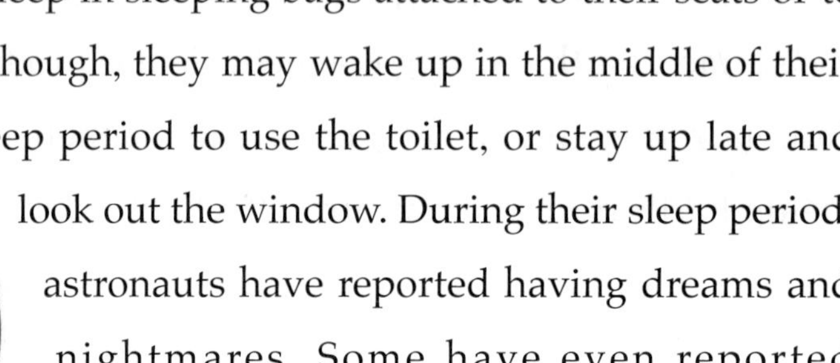

10 윗글의 빈칸에 들어갈 말로 가장 적절한 것을 고르시오.

① Nevertheless ② As a result ③ Otherwise
④ To sum up ⑤ On the contrary

11 (서술형) 다음 질문에 대한 답을 윗글에서 찾아 쓰시오.

Q: Where do astronauts usually sleep?
A: They sleep in sleeping bags that are connected either to their __________ or to a wall.

12 (수능 유형) 윗글의 주제로 가장 적절한 것을 고르시오.

① various reasons why people wake up during their sleep
② the length of time that space shuttle crews sleep in space
③ similarity and difference between sleep on Earth and in space
④ inconveniences of sleeping in sleeping bags in space
⑤ the method that astronauts adjust to life on Earth

13 (내신 대비) 윗글의 밑줄 친 문장에서 어법상 틀린 곳을 찾아 바르게 고치시오.

__________ → __________

Grammar

*재귀대명사
재귀대명사는 '~ 자신'이라는 의미를 나타내는 대명사로 단수이면 -self, 복수이면 -selves의 형태로 쓰고, 강조 용법과 재귀 용법이 있다.

Word Check

- astronaut 우주비행사
- prepare 준비하다
- gravity 중력
- weightless 무중력의
- orientation 방향
- attach 부착하다, 붙이다
- float 떠다니다
- bump into ~에 부딪치다, ~와 충돌하다
- stay up late 늦게까지 일어나 있다
- nightmare 악몽
- snore 코를 골다
- adjust to ~에 적응하다

고난도

[14~17] 다음 글을 읽고, 물음에 답하시오. [2022년 11월 시행 고1 학평 23]

• 단어 수: 131
• 독해 시간: 120초
• 난이도: ★★★

The most remarkable and unbelievable consequence of melting ice and rising seas is that together they are a kind of time machine, so real that they are altering the duration of our day. It works like this: As the glaciers melt and the seas rise, gravity forces more water toward the equator. This changes the shape of the Earth ever so slightly, making it fatter around the middle, *__________ in turns slows the rotation of the planet similarly to the way a ballet dancer slows her spin by spreading out her arms. The slowdown isn't much, just a few thousandths of a second each year, but like the barely noticeable jump of rising seas every year, it adds up. When dinosaurs lived on the Earth, a day lasted only about twenty-three hours.

Grammar

* 계속적 용법으로 쓰이는 관계사

계속적 용법으로 쓰이는 관계사는 모두 앞에서부터 해석한다. 관계대명사는 「접속사+대명사」로, 관계부사는 「접속사+부사」로 바꿔 쓸 수 있다.

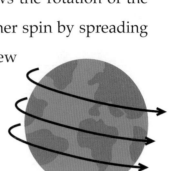

14 윗글의 밑줄 친 부분을 우리말로 바르게 해석하시오.

➡ ______________________________

15 다음을 읽고, 윗글의 내용과 일치하면 T, 일치하지 않으면 F를 고르시오.

(1) 빙하가 녹고 해수면이 상승하면 중력은 물을 적도 반대 방향으로 당긴다. (T / F)

(2) 공룡이 살던 때에 하루는 약 23시간이었다. (T / F)

16 수능 유형 윗글의 주제로 가장 적절한 것을 고르시오.

① cause of rising temperatures on the Earth
② principles of planets maintaining their shapes
③ implications of melting ice on marine biodiversity
④ way to keep track of time without using any device
⑤ impact of melting ice and rising seas on the length of a day

17 내신 대비 윗글의 빈칸에 들어갈 관계대명사를 쓰시오.

➡ ______________

Word Check

- remarkable 놀라운, 주목할 만한
- unbelievable 믿을 수 없는
- consequence 결과
- duration (지속되는) 기간
- gravity 중력
- equator (지구의) 적도
- rotation 회전
- noticeable 알아차릴 수 있는, 뚜렷한
- temperature 온도
- principle 원리
- maintain 유지하다
- implication (행동·결정이 초래할 수 있는) 영향[결과]
- biodiversity (균형 잡힌 환경을 위한) 생물의 다양성
- keep track of ~을 기록하다

정답과 해설 pp. 39~42

G 주제 찾기

▶ 정답과 해석 p. 42

※ 다음 영어는 우리말 뜻을, 우리말은 영어 단어를 <보기>에서 찾아 쓰시오.

〈보기〉

우주비행사	방사능	keep track of
온도	atmosphere	unbelievable
중력	nightmare	predator

01 astronaut ____________

02 radiation ____________

03 temperature ____________

04 gravity ____________

05 대기 ____________

06 악몽 ____________

07 포식자 ____________

08 믿을 수 없는 ____________

※ 짝지어진 단어의 관계가 나머지와 다른 것을 고르시오.

09 ① subtle : noticeable
② float : sink
③ prominent : remarkable
④ surface : core

10 ① rotation : spin
② principle : fundamentals
③ span : duration
④ remain : evaporate

11 ① expansion : reduction
② improve : enhance
③ disappear : exist
④ regression : growth

12 ① strip : wear
② harmful : destructive
③ shield : conservate
④ orientation : direction

※ 다음 영영풀이에 알맞은 단어를 고르시오.

13 in most cases
① speedily ② generally
③ briskly ④ steeply

14 a result of a particular action or condition
① consequence ② base
③ fallout ④ echo

※ 자연스러운 문장이 되도록 괄호 안에서 적절한 단어를 고르시오.

15 You should be careful while shaping (mold / molten) glass.

16 (Competition / Comparison) is getting hotter day by day.

17 Trains were an important part of the industrial (revolution / revocation).

※ 우리말에 맞게 빈칸에 적절한 단어를 <보기>에서 찾아 쓰시오.

〈보기〉

implication	biodiversity	shoreline
wage	massive	

18 선체에 거대한 파도가 부딪혀 부서지고 있었다.
➡ There were ____________ waves shattering against the ship's hull.

19 그의 임금은 올해 올랐다.
➡ His ____________ rose this year.

20 우리는 도심 공원의 생물 다양성을 보호해야 한다.
➡ We should protect the ____________ of city parks.

21 나는 해안선을 따라 걸었다.
➡ I walked alongside the ____________.

H 제목 찾기

글의 제목을 찾는 유형은 글의 중심 내용을 짧지만 명확하게 나타낸 선택지를 골라야 해요.

04 (수능 유형) **다음 글의 제목으로 가장 적절한 것을 고르시오.**

Researchers have discovered that plants make sounds when they are stressed. The noises are similar to a human cry or scream. Researchers believe the sounds are specific enough to study and to respond to their needs. Plants produce specific sound waves under stressful environment, such as drought, wind, and insect attacks. Furthermore, each plant and each type of stress creates different sounds. Unfortunately, the frequency of the plant sound is at too high for the human ear to pick up. Humans can only hear frequencies of up to 16 kilohertz, while the sounds produced by plants are up to 250 kilohertz. For example, farmers could get a hint when crops need water and water them more efficiently, using specialized equipment that can detect the sounds of plants.

*frequency 주파수

① Human Screams Scare Plants
② Crops Cannot Signal Their Needs
③ Why Watering is Important in Farming
④ Plants Scream When They are Stressed
⑤ Sound Waves that Humans Can't Catch

주제 찾기 유형과 비슷하지만, 글의 주제에 대한 필자의 생각을 비유적으로 압축한 것이 글의 제목이에요. 글의 주제가 곧 글의 제목인 경우도 있지만, 글의 주제보다 글의 제목이 더 짧고 간결한 경우가 더 많아요.

제목 찾기 유형은 글의 내용을 비유적으로 나타내기 때문에 얼마든지 어렵게 출제될 수 있는 유형이에요. 따라서 제목 찾기 유형이 아니더라도 글을 읽고 제목을 비유적으로 표현해 보는 훈련을 하면 좋아요.

수록 지문

- 성공적인 커리어가 야기할 수 있는 문제점 + Follow Me!
- 스트레스를 받으면 소리를 지르는 식물
- 가치 없는 모조품에 낭비된 노력
- 자신감을 회복하고 싶다면?

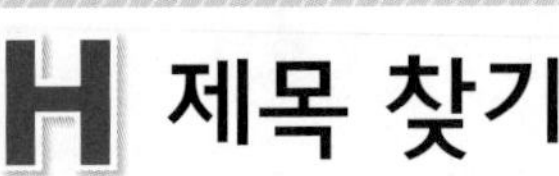

H 제목 찾기 유형 연습

 [문제 04] (수능 유형) 이렇게 쉽게 풀자!

1st 글의 앞부분을 읽으며 이어질 내용을 예상한다.
2nd 글의 흐름이 전환되는 부분이 있는지 확인한다.
3rd 필자의 생각이나 요지가 드러나는 핵심 문장을 찾아 정답을 고른다.
Tip 글의 일부분에만 해당하는 선택지를 고르지 않도록 주의한다.

[01~05] 다음 글을 읽고, 물음에 답하시오. [2023년 3월 시행 고1 학평 24]

Success can lead you off your intended path and into a comfortable rut. If you are good at something and are (A) [well / poorly] rewarded for doing it, you may want to keep doing it even if you stop enjoying it. The danger is (B) [*if / that] one day you look around and realize you're so deep in this comfortable rut that you can no longer see the sun or breathe fresh air; the sides of the rut have become so slippery that 기어올라 나오려면 초인적인 노력이 필요할 것이다; and, effectively, you're stuck. And it's a situation that many working people worry they're in now. The poor employment market has left them feeling locked in what may be a secure, or even well-paying — but ultimately unsatisfying — job.

* rut 틀에 박힌 생활

• 단어 수: 131
• 독해 시간: 120초
• 난이도: ★★☆

Grammar

* 명사절 접속사 that
명사절 접속사 that은 주어, 보어, 목적어의 역할을 한다. 그래서 접속사 that은 문장에서 보어절(명사절)을 이끌 수 있다.

Word Check

- success 성공
- intend 의도하다
- path 길
- reward 보상을 주다
- breathe 호흡하다, 숨쉬다
- slippery 미끄러운
- superhuman 초인적인
- effectively 사실상, 실제로
- employment 고용
- secure 안정적인
- ultimately 궁극적으로
- unsatisfying 만족스럽지 못한
- influential 영향력 있는

01 윗글의 네모 (A)에 주어진 단어 중 글의 흐름상 적절한 것을 골라 쓰시오.

➡ ____________

02 서술형 윗글의 밑줄 친 우리말 해석과 일치하도록 주어진 표현을 적절하게 배열하시오.

(to climb out, it, a, superhuman, would take, effort)

➡ ____________

03 윗글을 다음과 같이 요약할 때, 다음 빈칸에 들어갈 말로 가장 적절한 것을 <보기>에서 찾아 쓰시오.

〈보기〉

stuck failure free success

The danger of (1) ____________ leading to staying in a comfortable yet unsatisfying job causes individuals to feel (2) ____________, especially during a poor job market.

04 수능 유형 윗글의 제목으로 가장 적절한 것을 고르시오.

① Don't Compete with Yourself
② A Trap of a Successful Career
③ Create More Jobs for Young People
④ What Difficult Jobs Have in Common
⑤ A Road Map for an Influential Employer

05 내신 대비 윗글의 네모 (B)에서 어법상 적절한 것을 고르시오.

➡ ____________

Follow Me!

01

보상을 '어떻게' 받아야 즐기지 않더라도 계속 하고 싶을 수 있는지 글에서 찾아야 한다.

02

it은 비인칭 주어로 쓰인 것에 주의해서 배열해야 한다.

03

(1), (2) '무엇'의 틀에 갇히면 편안한 생활에 빠져서 불만족스러운 일자리에 '어떻게' 되어 있다고 느끼는지 찾아야 한다.

04~05 뒷페이지에

정답과 해설 pp. 43~44

 수능 유형 이렇게 쉽게 풀자!

[문제 04]

1st 글의 앞부분을 읽으며 이어질 내용을 예상한다.

Success can lead you off your intended path and into a comfortable rut. ~ you may want to keep doing it even if you stop enjoying it.
성공은 여러분을 의도한 길에서 벗어나 틀에 박힌 편안한 생활로 이끌 수 있다. ~ 그것을 즐기지 않게 되더라도 계속 그것을 하고 싶을 수도 있다.

* 성공하면 편안한 생활을 할 수 있어서 그 일을 즐기지 않아도 계속 하고 싶게 만들 수 있다.
성공이 좋은 점만 있는 것은 아니라는 내용의 글일 것임

2nd 글의 흐름이 전환되는 부분이 있는지 확인한다.

The danger is that one day you look around and realize you're so deep in this comfortable rut that you can no longer see the sun or breathe fresh air; ~.
위험한 점은 어느 날 여러분이 주변을 둘러보고, 자신이 틀에 박힌 이 편안한 생활에 너무나 깊이 빠져 있어서 더는 태양을 보거나 신선한 공기를 호흡할 수 없으며, ~.

틀에 박힌 편안한 생활에 깊이 빠지면 여기서 벗어나기 위해서 굉장히 많은 노력이 필요할 것이다.
성공의 위험한 점은 편안한 생활에 젖어서 그 상태에서 벗어나기 너무 힘들게 되는 것임

3rd 필자의 생각이나 요지가 드러나는 핵심 문장을 찾아 정답을 고른다.

The poor employment market has left them feeling locked in what may be a secure, or even well-paying — but ultimately unsatisfying — job. 열악한 고용 시장이 그들을 안정적이거나 심지어 보수가 좋을 수도 있지만, 궁극적으로는 만족스럽지 못한 일자리에 갇혀 있다고 느끼게 해 놓았다.

보통 성공적이라고 하는 안정적이고 보수 좋은 일자리가 사실은 불만족스러운 일자리이고 이것에 갇혀 있게 된다.
따라서 ② '성공적인 커리어의 함정'이 이 글의 제목으로 가장 적절함

Tip
* 글의 일부분에만 해당하는 선택지를 고르지 않도록 주의한다.
성공에 대해 언급하고, 편안한 생활로 이끌 수 있다고 한 것과 관련된 오답 선택지가 있다.
⑤ '영향력있는 고용주를 위한 로드맵'에 대한 내용이 아니고, ① '자신과 경쟁하지 마라'는 것을 말하기 위함이 아님

| 선택지 분석 |

① Don't Compete with Yourself
자신과 겨루지 말라
- 자신과 겨루지 말라는 내용이 아니다.

② A Trap of a Successful Career
성공적인 커리어의 함정
- 성공적 커리어를 가졌을 때 야기될 수 있는 문제점에 대한 내용이다.

③ Create More Jobs for Young People
젊은이들을 위한 더 많은 직업을 만들어라
- 전혀 관련이 없는 내용이다.

④ What Difficult Jobs Have in Common
어려운 직업들이 갖는 공통점
- 어려운 직업들에 대한 내용은 없다.

⑤ A Road Map for an Influential Employer
영향력 있는 고용주를 위한 로드맵
- 성공을 향해 몰두하는 근로자가 처할 수 있는 문제점에 대한 내용이다.

[문제 05] 동사 is 다음에 나오는 주격 보어절을 이끄는 접속사: that 

동사 주격 보어절 접속사
The danger is / that one day you look around and realize ~. //
위험한 점은 ~이다 / 어느 날 여러분이 주변을 둘러보고 깨닫게 된다는 것이다 ~ //

[06~09] 다음 글을 읽고, 물음에 답하시오.

• 단어 수: 144
• 독해 시간: 130초
• 난이도: ★★☆

Researchers have discovered that plants make sounds when they are stressed. The noises are similar to a human cry or scream. Researchers believe ⓐ the sounds are specific enough to study and to respond to their needs. Plants produce specific sound waves under stressful environment, such as drought, wind, and insect attacks. Furthermore, each plant and each type of stress creates different sounds. Unfortunately, the frequency of the plant sound is at too high for the human ear to pick up. Humans can only hear frequencies of up to 16 kilohertz, while the sounds produced by plants are up to 250 kilohertz. In the farming industry, ⓑ interpret* these sounds could help a lot to understand crops' needs. For example, farmers could get a hint when crops need water and water them more efficiently, using specialized equipment that can detect the sounds of plants.

*frequency 주파수

06 (내신 대비) **윗글의 밑줄 친 ⓐ the sounds가 의미하는 바로 가장 적절한 것을 고르시오.**

① 자연 속의 다양한 고주파 소리
② 인간의 울음소리나 소리 지르는 소음
③ 식물들이 스트레스 받을 때 만들어 내는 소리

07 **다음을 읽고, 윗글의 내용과 일치하면 T, 일치하지 않으면 F를 고르시오.**

(1) 가뭄, 병충해가 있을 때 식물들은 음파를 만들어낸다. (T / F)
(2) 식물들이 내는 소리의 주파수는 너무 낮아 인간이 인식할 수 없다. (T / F)

Grammar

*동명사의 역할
동명사는 「동사원형-ing」 형태로 쓰고, 문장에서 명사처럼 쓰이므로 주어, 보어, 목적어의 역할을 할 수 있다.

08 (수능 유형) **윗글의 제목으로 가장 적절한 것을 고르시오.**

① Human Screams Scare Plants
② Crops Cannot Signal Their Needs
③ Why Watering is Important in Farming
④ Plants Scream When They are Stressed
⑤ Sound Waves that Humans Can't Catch

Word Check

- discover 발견하다
- scream 비명
- environment 환경
- drought 가뭄
- insect 곤충
- interpret 해석하다
- crop 농작물
- efficiently 효율적으로
- specialized 전문적인
- equipment 장비
- detect 감지하다

09 (내신 대비) **윗글의 밑줄 친 ⓑ interpret를 어법상 바르게 고치시오.**

➡ ______________

정답과 해설 pp. 44~45

[10~13] 다음 글을 읽고, 물음에 답하시오.

• 단어 수: 153
• 독해 시간: 130초
• 난이도: ★★☆

Mary was an unhappy woman born into a poor family and married to a clerk. One day, her husband received an invitation to a fancy party, but Mary had no suitable dress or jewelry to wear. Her husband suggested she borrow a necklace from her wealthy friend Catherine. Mary wore a beautiful diamond necklace borrowed from Catherine to the party, and was envied by everyone there. However, when they returned home, Mary discovered that the necklace was lost. They searched everywhere but to no avail. To replace the lost necklace, they borrowed money and bought a new one, which caused them ⓐ *get into a lot of debt. They worked hard to repay the loans for ten years. When they encountered Catherine again, Mary는 그 목걸이를 잃어버렸었다고 고백했다. But Catherine revealed that it was a fake. Mary was shocked that her sacrifice and hard work had been for nothing but a fake necklace.

10 (서술형) 윗글의 내용과 일치하도록 빈칸에 공통으로 들어갈 적절한 말을 윗글에서 찾아 쓰시오.

> Mary and her husband __________ money to replace a __________ necklace.

11 (서술형) 윗글의 밑줄 친 우리말 해석과 일치하도록 주어진 표현을 적절하게 배열하시오.

(admitted, she, the necklace, had, that, Mary, lost)

➡ ____

12 (수능 유형) 윗글의 제목으로 가장 적절한 것을 고르시오.

① The Social Significance of Jewelry
② The Difficulty of Finding a True Friend
③ Efforts Wasted on a Worthless Imitation
④ The Social Pressures to Join a Community
⑤ Being in Poverty Makes You Lack Confidence

13 (내신 대비) 윗글의 밑줄 친 ⓐ get을 어법상 바르게 고치시오.

➡ ______________

Grammar

*목적격 보어로 to부정사를 취하는 동사
목적격 보어로 to부정사를 취하는 동사는 want, order, ask, advise, cause 등이 있다.

Word Check

- clerk (회사의) 사무원[직원], (가게의) 점원[직원]
- invitation 초대
- jewelry 보석류, 장신구
- suggest 제안하다
- envy 부러워하다
- discover 발견하다
- to no avail 헛되이
- replace 바꾸다[교체하다]
- debt 빚
- loan 대출, 빚
- encounter 만나다, 마주치다
- reveal 밝히다
- fake 모조품, 가짜의
- sacrifice 희생
- significance 중요성

고난도

[14~17] 다음 글을 읽고, 물음에 답하시오.

• 단어 수: 146
• 독해 시간: 130초
• 난이도: ★★★

Sometimes, an unconfident attitude is like a weed growing in the mud of an old, painful memory (or collection of memories). ____(A)____, if a girl gave you a particularly harsh rejection, you might never be confident around women after that. If you want to have your confidence back, you can revisit those old memories one by one, and reprocess them by* ⓐ [reframing / reframed] their meaning and significance. Replace irrational meanings with rational meanings. You could reprocess the memory of the harsh rejection, ____(B)____, by recognizing that the rejection came at a time when you were inexperienced — but that you've grown to be better, wiser, and stronger since then. You need no longer experience yourself as the person depicted in those old memories, those old bits of scratchy, mental movie-film. You can be free from the painful memory and be confident again.

*depict 그리다

14 내신 대비 윗글의 빈칸 (A), (B)에 공통으로 들어갈 연결어로 가장 적절한 것을 고르시오.

① however　② moreover　③ in contrast
④ for example　⑤ on the other hand

15 윗글을 다음과 같이 요약할 때, 다음 빈칸에 들어갈 말로 가장 적절한 것을 <보기>에서 찾아 쓰시오.

<보기>
rejections　confidence　memories　rationality

Unconfident attitudes can be caused by painful (1) ________, but they can be reprocessed and reframed to regain (2) ________.

16 수능 유형 윗글의 제목으로 가장 적절한 것을 고르시오.

① How to Become a Rational Man
② Secrets of Living with an Open Mind
③ Childhood Memory: Hard to Forget
④ Travel Back and Treat Your Wounds
⑤ Being Confident Gives You Motivation

17 내신 대비 윗글의 ⓐ에서 어법상 적절한 것을 고르시오.

➡ ________

Grammar

*「by+동명사」
「by+동명사」는 '~함으로써'의 뜻을 나타내고, by는 전치사이므로 뒤에 꼭 명사(구)나 동명사가 와야 한다.

Word Check

- unconfident 자신감 없는
- attitude 태도
- weed 잡초
- particularly 특별히, 특히
- harsh 가혹한, 모진
- rejection 거절, 거부
- reprocess 재가공하다
- reframe 다시 구성하다
- significance 중요성
- irrational 불합리한
- rational 합리적인
- inexperienced 경험이 부족한, 미숙한
- scratchy 긁힌 자국이 있는, 낡은

정답과 해설 pp. 45~48

REVIEW 어휘 테스트 H 제목 찾기

▶ 정답과 해석 p. 48

✱ 다음 영어는 우리말 뜻을, 우리말은 영어 단어를 <보기>에서 찾아 쓰시오.

〈보기〉

태도	초인적인	irrational
곤충	crop	to no avail
가뭄	장비	reframe

01 drought __________

02 equipment __________

03 attitude __________

04 superhuman __________

05 헛되이 __________

06 농작물 __________

07 불합리한 __________

08 다시 구성하다 __________

✱ 주어진 단어와 비슷한 뜻을 가진 것을 고르시오.

09 debt
① loan ② asset
③ fake ④ refund

10 influential
① insignificant ② inept
③ authoritative ④ impotent

11 encounter
① avoid ② evade
③ escape ④ confront

12 rational
① nonsensical ② reasonable
③ absurd ④ illogical

✱ 다음 영영풀이에 알맞은 단어를 고르시오.

13 at the end of, finally
① ultimately ② momentarily
③ decidedly ④ straightaway

14 positioned firmly, unlikely to fall to harm
① preserved ② modifying
③ secure ④ covered

15 working in an organized and effective method
① efficiently ② instinctively
③ deftly ④ thoroughly

✱ 자연스러운 문장이 되도록 괄호 안에서 적절한 단어를 고르시오.

16 Don't (end / envy) others and be happy with yourself.

17 He made a noble (sacrilege / sacrifice).

18 Be careful on the (slippery / scratchy) road.

✱ 우리말에 맞게 빈칸에 적절한 단어를 <보기>에서 찾아 쓰시오.

〈보기〉

reveal	clerk	replace
suggest	breathe	detect

19 우리는 망가진 냄비를 바꿔야 한다.
→ We need to __________ the broken pan.

20 다른 경로를 제안해주실 수 있으신가요?
→ Can you __________ any other routes?

21 가면을 벗고 당신의 정체를 공개해 주시기 바랍니다.
→ Take off the mask and __________ your identity.

22 이 도구는 나노 크기의 로봇을 감지할 수 있다.
→ This tool can __________ nano-sized robots.

23 진정하고 숨을 깊게 들이쉬어.
→ Calm down and __________ in deeply.

I 밑줄 친 부분의 의미 찾기

글에 포함된 밑줄 친 부분의 직접적인 의미를 찾는 유형이에요.

04 수능 유형 밑줄 친 The divorce of the hands from the head가 다음 글에서 의미하는 바로 가장 적절한 것을 고르시오.

If we adopt technology, we need to pay its costs. Thousands of traditional livelihoods have been pushed aside by progress, and the lifestyles around those jobs removed. Hundreds of millions of humans today work at jobs they hate, produce things they have no love for. Sometimes these jobs cause physical pain, disability, or chronic disease. Technology creates many new jobs that are certainly dangerous. At the same time, mass education and media train humans to avoid low-tech physical work, to seek jobs working in the digital world. <u>The divorce of the hands from the head</u> puts a stress on the human mind. Indeed, the sedentary nature of the best-paying jobs is a health risk — for body and mind.

*chronic 만성의 **sedentary 주로 앉아서 하는

① ignorance of modern technology
② endless competition in the labor market
③ not getting along well with our coworkers
④ working without any realistic goals for our career
⑤ our increasing use of high technology in the workplace

밑줄 친 부분의 의미를 찾는 것이므로 밑줄 친 부분이 포함된 문장의 주변을 잘 살펴봐야 해요.

같은 비유적 표현이라도 어느 글에 들어가 있느냐에 따라 그 의미가 달라지므로 글의 내용을 정확히 파악해야 하고, 글에 나왔던 단어나 표현을 넣은 선택지가 오답인 경우가 많으니 주의해야 해요.

수록 지문

- 기술 발전으로 인해 야기되는 건강 문제 + Follow Me!
- 망각의 좋은 점
- 토끼의 증가로 인한 호주의 생태계 파괴 및 경제적 손실
- 중요한 것은 힘들게 얻는다는 잘못된 생각

I 밑줄 친 부분의 의미 찾기 유형 연습

[문제 04] (수능 유형) **이렇게 쉽게 풀자!**

1st 선택지와 앞부분을 살펴보고 글의 중심 소재를 확인해서 글의 내용을 예상한다.
2nd 밑줄 친 부분이 포함된 문장을 읽고, 그 의미가 무엇일지 예상한다.
3rd 글의 나머지 부분을 확인해서 정답을 찾는다.
(Tip) 밑줄 친 부분에 종종 나오는 비유적인 표현에 주의한다.

[01~05] 다음 글을 읽고, 물음에 답하시오. [2023년 3월 시행 고1 학평 21]

• 단어 수: 121
• 독해 시간: 120초
• 난이도: ★★☆

If we adopt technology, we need to pay its costs. Thousands of traditional livelihoods have been pushed aside by progress, and the lifestyles around those jobs removed. Hundreds of millions of humans today work at jobs they hate, * ⓐ produce things they have no love for. Sometimes these jobs cause physical pain, disability, or chronic disease. Technology creates many new jobs that are certainly dangerous. At the same time, mass education and media train humans to avoid low-tech physical work, to seek jobs working in the digital world. The divorce of the hands from the head puts a stress on the human mind. Indeed, the sedentary nature of the best-paying jobs is a health risk — for body and mind.

*chronic 만성의 **sedentary 주로 앉아서 하는

Grammar

*분사구문 만드는 법
부사절의 주어가 주절의 주어와 같으면 부사절의 주어를 생략하고, 부사절의 동사가 주어와 능동의 관계이면 현재분사, 수동의 관계이면 과거분사로 쓴다.

Word Check

- adopt 받아들이다, 채택하다
- livelihood 생계 수단
- push aside ~을 밀쳐 놓다
- progress 발전, 전진
- produce 생산하다, 제작하다
- physical 육체의, 신체의
- disability 장애
- disease 질환, 질병
- mass 대중(의)
- seek 찾다, 구하다
- divorce 단절, 이혼
- risk 위험 (요소)
- ignorance 무지

01 서술형 윗글의 내용과 일치하도록 빈칸에 적절한 말을 윗글에서 찾아 쓰시오.

Many traditional jobs have disappeared as __________ advances.

02 다음 영영풀이가 설명하는 어휘를 윗글에서 찾아 쓰시오.

__________ : a complete separation between two things

03 윗글에 등장하는 다음 두 문장을 바르게 해석하시오.

(1) At the same time, mass education and media train humans to avoid low-tech physical work, to seek jobs working in the digital world.

➡ ______________________________

____

(2) Indeed, the sedentary nature of the best-paying jobs is a health risk — for body and mind.

➡ ______________________________

____

04 수능 유형 밑줄 친 The divorce of the hands from the head가 윗글에서 의미하는 바로 가장 적절한 것을 고르시오.

① ignorance of modern technology
② endless competition in the labor market
③ not getting along well with our coworkers
④ working without any realistic goals for our career
⑤ our increasing use of high technology in the workplace

05 내신 대비 윗글의 밑줄 친 ⓐ를 어법상 적절하게 고쳐 쓰시오.

➡ __________

Follow Me!

01
'무엇'이 발전하면서 전통적인 생계 수단이 밀려난 것인지 찾아야 한다.

02
머리로부터 손이 '어떻게' 된다고 했다.

03
(1) 결과를 나타내는 부사적 용법으로 쓰인 to부정사에 주의해서 해석해야 한다.
(2) 주어가 단수인 the sedentary nature이므로 동사도 단수인 is로 썼다.

04~05 뒷페이지에

정답과 해설 pp. 48~49

 (수능 유형) 이렇게 쉽게 풀자!

[문제 04]

1st 선택지와 앞부분을 살펴보고 글의 중심 소재를 확인해서 글의 내용을 예상한다.

선택지	선택지에 '현대 기술', '노동 시장', '직장 동료들', '경력', '첨단 기술'과 같은 표현들이 등장한다.
앞부분	If we adopt technology, we need to pay its costs. Thousands of traditional livelihoods have been pushed aside by progress, ~. 만약 우리가 기술을 받아들이면, 우리는 그것의 비용을 치러야 한다. 수천 개의 전통적인 생계 수단이 발전에 의해 밀려났으며, ~.

글의 중심 소재는 '첨단 기술과 직업'이다. 기술을 받아들이면서 많은 생계 수단과 생활 방식이 사라졌다고 했다.

첨단 기술에 의해 우리의 직업 환경에 일어난 변화에 대한 내용일 것임

2nd 밑줄 친 부분이 포함된 문장을 읽고, 그 의미가 무엇일지 예상한다.

The divorce of the hands from the head puts a stress on the human mind.
머리로부터 손이 단절되는 것은 인간의 정신에 부담을 준다.

밑줄 친 부분을 해석하면 *'머리로부터 손이 단절되는 것'이다.

손이 단절된다고 했으므로 신체를 쓰지 않고 첨단 기술을 사용한다는 의미일 것임

3rd 글의 나머지 부분을 확인해서 정답을 찾는다.

At the same time, mass education and media ~ in the digital world.
동시에, 대중 교육과 대중 매체는 ~ 디지털 세계에서 ~.

Indeed, the sedentary nature of the best-paying jobs ~ for body and mind.
실제로, 가장 보수가 좋은 직업의 주로 앉아서 하는 특성은 신체와 정신에 ~.

육체노동을 피하고 디지털화된 직업을 찾도록 인간을 만드는 대중 교육과 대중 매체에 대해 언급하고, 보수가 좋은 직업이 앉아서 일하는 특성이 있어서 신체와 정신에 좋지 않다고 했다.

따라서 정답은 ⑤ '직장에서의 우리의 첨단 기술 사용 증가'일 것임

Tip
*밑줄 친 부분에 종종 나오는 비유적인 표현에 주의한다.
밑줄 친 부분에 나온 '머리'와 '손'이 나타내는 것은 각각 '직업이나 직장', '육체노동'일 것이다.
육체노동이 없어지는 것이므로 디지털 세계의 직업, 첨단 기술을 사용하는 것과 연결시킬 수 있음

| 선택지 분석 |

① ignorance of modern technology
현대 기술에 대한 무지
- 현대 기술에 대한 무지보다는 변화에 의해 야기된 문제에 대한 내용이다.

② endless competition in the labor market
노동 시장에서의 끝없는 경쟁
- 경쟁이 아닌 문제점에 초점이 맞추어져 있다.

③ not getting along well with our coworkers
우리의 직장 동료들과 잘 어울리지 못하는 것
- 동료들과의 관계는 언급되지 않았다.

④ working without any realistic goals for our career
우리 경력에 대한 현실적인 목표 없이 일하는 것
- 목표 설정은 관련이 없다.

⑤ our increasing use of high technology in the workplace
직장에서의 우리의 첨단 기술 사용 증가
- 최첨단 기술로 인해 건강 문제가 야기된다고 했다.

[문제 05] 주어가 주절의 주어와 같은 분사구문의 현재분사: producing 

Hundreds of millions of humans (주절의 주어) today / work at jobs they hate, / producing (현재분사) things ~. //
오늘날 수억 명의 사람들이 / 자기가 싫어하는 일자리에서 일하면서 / ~ 것들을 생산한다 //

[06~09] 다음 글을 읽고, 물음에 답하시오.

While you might wonder why your memory is bad, forgetting is a natural part of life. People forget surprisingly fast, but this does not mean failure. Forgetting may be the brain's intentional defense strategy. Recent research suggests that forgetting is actually ordered by elaborate mechanisms in the brain. Actually, our brain essentially needs forgetting to process an enormous amount of information we take in. Our brains are being filled with a huge amount of information every day. So, trying to remember everything can lead to overload in the brain. Without our awareness, and particularly during sleep, the brain is constantly sorting out which memories to keep and which to forget and remove. Forgetting less important information *allows our brains (A) [focusing / to focus] on what's most important, preventing overload and reducing mental fatigue. The ability to forget helps us think better, make decisions, and work within limited mental capacity.

• 단어 수: 150
• 독해 시간: 130초
• 난이도: ★★☆

06 다음 영영풀이가 설명하는 어휘를 윗글에서 찾아 쓰시오.

> ____________: made with great care or with much detail, having many parts that are carefully planned

07 다음을 읽고, 윗글의 내용과 일치하면 T, 일치하지 않으면 F를 고르시오.

(1) 망각은 뇌의 명령 없이 발생하는 자연스러운 현상이다. (T / F)

(2) 특히 우리가 깨어있을 때 뇌는 기억을 분류한다. (T / F)

08 수능 유형 밑줄 친 intentional defense strategy가 윗글에서 의미하는 바로 가장 적절한 것을 고르시오.

① saving energy for better sleep
② making aging slower during sleep
③ reducing fatigue and overload onto the body
④ removing bad memories and reducing mental pain
⑤ preventing fatigue for better information processing

09 내신 대비 윗글의 네모 (A)에서 어법상 적절한 것을 고르시오.

➡ ____________

Grammar

*5형식 동사
5형식은 기본적으로 주어(S)+동사(V)+목적어(O)+목적격 보어(O.C)의 구조를 취하고 불완전타동사가 쓰이는데, 그 예로 allow, force, encourage 등이 있다.

Word Check

- surprisingly 놀랍게도
- intentional 의도적인
- defense 방어
- strategy 전략
- elaborate 정교한
- essentially 본질적으로
- process 처리하다
- enormous 거대한
- awareness 인식
- sort out 분류하다
- fatigue 피로
- capacity 능력

정답과 해설 pp. 49~50

[10~13] 다음 글을 읽고, 물음에 답하시오.

• 단어 수: 155
• 독해 시간: 130초
• 난이도: ★★☆

The introduction of European rabbits to Australia in the 18th century has resulted in several problems over the years. In 1859, 24 rabbits were released near Geelong for hunting. Within 50 years, rabbits had spread throughout most of the continent with a devastating impact on the Australian ecosystem. The rabbits not only took food from other animals, ⓐ *(also, soil erosion, caused, but). Rabbit invasions were reported in the 1860s and 1870s in areas such as Geelong and districts in South Australia. The problem persisted and the bill was introduced into the Parliament of Victoria to resolve the issue. By the early 20th century, the rabbits were found throughout most of the country. The plague kept causing destruction and economic loss, leading to various methods of control including shooting, building rabbit-proof fences and even virus fatal to rabbits. Despite these efforts, the rabbit population still remains a problem in some areas of Australia even today.

*soil erosion 토양 침식 **parliament 의회

10 서술형 윗글을 다음과 같이 요약할 때, 빈칸에 적절한 말을 윗글에서 찾아 쓰시오.

> Since the introduction of European rabbits to Australia in the 18th century, the fast increase in their (1) __________ has caused devastating impacts on its (2) __________ and economy despite (3) __________ efforts.

11 다음 영영풀이가 설명하는 어휘를 윗글에서 찾아 그 원형을 쓰시오.

> __________: an occasion when a large number of people or things come to a place in an annoying and unwanted way

12 수능 유형 밑줄 친 The plague가 윗글에서 의미하는 바로 가장 적절한 것을 고르시오.

① the extinction of many rabbits in Australia
② the worsening environmental problems in Australia
③ the expansion of rabbit meat production in Australia
④ the rapid growth of the rabbit population in Australia
⑤ the increasing number of endangered species in Australia

13 내신 대비 윗글의 ⓐ 괄호 안의 단어들을 어법상 적절하게 배열하시오.

➡ ______________________________

Grammar

*상관접속사
두 개 이상의 단어가 짝을 이루어 쓰이는 접속사로, 문법적으로 대등한 성분이 연결되어야 한다. both A and B(A와 B 둘 다)나 either A or B(A나 B 둘 중 하나)와 같은 접속사가 있다.

Word Check

- introduction 도입
- release 풀어 주다
- spread 퍼지다
- continent 대륙
- devastating 대단히 파괴적인
- ecosystem 생태계
- invasion 침략
- persist 계속하다, 지속하다
- bill 법안
- resolve 해결하다
- plague 전염병
- destruction 파괴
- fatal 치명적인
- population 개체 수
- extinction 멸종

고난도

[14~17] 다음 글을 읽고, 물음에 답하시오. [2022년 11월 시행 고1 학평 21]

Our language helps to reveal our deeper assumptions. Think of these revealing phrases: When we accomplish something important, we say it took "blood, sweat, and tears." We say important achievements are "hard-earned." We recommend a "hard day's work" when "day's work" would be enough. When we talk of "easy money," we are implying it was obtained through illegal or questionable means. We use the phrase "That's easy for you to say" as a criticism, usually when we are seeking to invalidate someone's opinion. It's like we all automatically accept that the "right" way is, inevitably, the harder one. In my experience this is hardly ever questioned. What would happen if you do <u>challenge this sacred cow</u>? We don't even pause to consider that something important and valuable could be made easy. What if the biggest thing keeping us from doing what matters is the false assumption* (A) [that / what] it has to take huge effort?

*invalidate 틀렸음을 입증하다

• 단어 수: 156
• 독해 시간: 130초
• 난이도: ★★★

14 (내신 대비) 윗글의 내용과 일치하도록 괄호 안에서 적절한 것을 고르시오.

> We assume that something (exciting / important) should be earned through (hard / easy) way.

15 다음 영영풀이가 설명하는 어휘를 윗글에서 찾아 쓰시오.

> ___________ : to successfully complete something, especially a task, or goal.

16 (수능 유형) 밑줄 친 <u>challenge this sacred cow</u>가 윗글에서 의미하는 바로 가장 적절한 것을 고르시오.

① resist the tendency to avoid any hardship
② escape from the pressure of using formal language
③ doubt the solid belief that only hard work is worthy
④ abandon the old notion that money always comes first
⑤ break the superstition that holy animals bring good luck

17 (내신 대비) 윗글의 네모 (A)에서 어법상 적절한 것을 고르시오.

➡ ___________

Grammar

*동격절 접속사 that
that은 앞에 나온 추상적인 명사를 보충 설명해주는 동격절을 이끌 수 있다.

Word Check

- assumption 추정, 전제
- accomplish 성취하다
- achievement 성취, 성과
- imply 암시하다, 넌지시 나타내다
- illegal 불법적인
- means 수단
- criticism 비판, 비평
- automatically 자동으로, 무의식적으로
- inevitably 반드시, 불가피하게
- sacred 신성한
- matter 중요하다
- hardship 고난
- solid 확고한
- abandon 버리다
- notion 개념, 생각
- superstition 미신

정답과 해설 pp. 51~53

REVIEW 어휘 테스트 I 밑줄 친 부분의 의미 찾기

▶ 정답과 해석 p. 53

다음 영어는 우리말 뜻을, 우리말은 영어 단어를 <보기>에서 찾아 쓰시오.

〈보기〉

개체 수	장애	superstition
본질적으로	법안	release
고난	sort out	livelihood

01 disability ____________

02 population ____________

03 bill ____________

04 hardship ____________

05 생계 수단 ____________

06 풀어 주다 ____________

07 미신 ____________

08 분류하다 ____________

다음 영영풀이에 알맞은 단어를 고르시오.

09 to continue despite difficulties or over the norm

① linger ② abide
③ persist ④ restock

10 a lack of knowledge or understanding about something

① ignorance ② simple
③ awareness ④ illiteracy

11 causing great amounts of destruction or harm

① ruining ② hitting
③ shattering ④ devastating

12 entering an area to forcefully take control of it

① invasion ② surprise
③ ambush ④ offense

밑줄 친 단어가 주어진 의미로 쓰인 문장을 고르시오.

13 [받아들이다]

① My neighbour adopted a stray cat last month.

② We must adopt this new technology.

14 [정교한]

① It was quite an elaborate plan.

② Gregory refused to elaborate on the matter.

15 [능력]

① This plan is beyond our capacity.

② The seating capacity of the concert hall is too small.

우리말에 맞게 빈칸에 적절한 단어를 <보기>에서 찾아 쓰시오.

〈보기〉

plague	defense	automatically
illegal	solid	extinction

16 우리는 결국 그 전염병에서 살아남았다.

➡ We survived the ____________ after all.

17 하늘다람쥐는 멸종될 위기에 처해 있다.

➡ The flying squirrel is in danger of ____________.

18 그 도시는 우리의 최후 방어선이다.

➡ The city is our last line of ____________.

19 현장에 남겨진 발자국이 확고한 증거가 되었다.

➡ Footprints left at the scene became ____________ evidence.

20 Stanley는 밀쳐짐에 대해 무의식적으로 반응했다.

➡ Stanley ____________ reacted to the push.

J 문맥에 맞는, 맞지 않는 낱말 찾기

네모 안에서 문맥에 맞는 낱말로 가장 적절한 것을 묻는 것과, 밑줄 친 부분 중 문맥상 낱말의 쓰임이 적절하지 않은 것을 묻는 두 가지 종류로 나와요.

04 수능 유형 **(A), (B), (C)의 각 네모 안에서 문맥에 맞는 낱말로 가장 적절한 것을 고르시오.**

(A)~(C)에 각각 두 개의 어휘를 주거나, ①~⑤에 하나씩 총 다섯 개의 어휘를 줘요.

Workers in India are moving 300 crocodiles because they are too near to a new tourist site. Officials in India's state of Gujarat say the crocodiles could be a danger to thousands of tourists visiting the Statue of Unity. The statue is 182 m high and is the tallest statue in the world. It is surely an amazing tourist (A) [attraction / attention], but the thing is that it is next to a reservoir. The visitors could have an unlucky accident looking around the monument. Animal lovers, however, (B) [agree / disagree] that the crocodiles should be moved from their original habitat. One said, "The government is disturbing their habitat and putting their lives at risk." Other protesters were concerned whether the animals could adapt to and survive in the (C) [new / old] environment.

	(A)		(B)		(C)
①	attraction	—	agree	—	new
②	attraction	—	disagree	—	new
③	attraction	—	disagree	—	old
④	attention	—	agree	—	old
⑤	attention	—	disagree	—	new

네모 어휘 유형은 유의어나 반의어, 유사한 철자로 된 어휘가 쌍으로 제시되는 경우가 많아요. 밑줄 어휘 유형은 선택지의 반의어가 들어가야 문맥이 성립되는 경우가 정답일 확률이 높아요.

수록 지문

- 허브는 정말 건강에 좋을까? + Follow Me!
- 더 빨리 연구해야 하는 Norway 과학자들
- 자면서 단어를 외운다고?
- 인도, 관광객 피해 우려로 악어를 옮기다.

J 문맥에 맞는, 맞지 않는 낱말 찾기 유형 연습

 [문제 04] (수능 유형) 이렇게 쉽게 풀자!

1st 선택지로 제시된 각 낱말의 의미를 먼저 확인하고, 반의어를 미리 생각해 놓는다.

2nd 선택지의 앞뒤 문장을 정확하게 파악해서 정답을 찾는다.

3rd 정답인 선택지를 어떻게 바꿔야 문맥이 자연스러운지 확인한다.

Tip 반의어가 확실하지 않은 선택지는 정답이 아닌 경우가 많다.

[01~05] 다음 글을 읽고, 물음에 답하시오. [2022년 9월 시행 고1 학평 30]

(A) *It / That* is widely believed (B) *it / that* certain herbs somehow magically improve the work of certain organs, and "cure" specific diseases as a result. Such statements are unscientific and groundless. Sometimes herbs appear to work, since they tend to ① increase your blood circulation in an aggressive attempt by your body to eliminate them from your system. That can create a ② temporary feeling of a high, which makes it seem as if your health condition has improved. Also, herbs can have a placebo effect, just like any other method, thus helping you feel better. Whatever the case, it is your body that has the intelligence to ③ regain health, and not the herbs. How can herbs have the intelligence needed to direct your body into getting healthier? That is impossible. Try to imagine how herbs might come into your body and intelligently ④ fix your problems. If you try to do that, you will see how impossible it seems. Otherwise, it would mean that herbs are ⑤ less intelligent than the human body, which is truly hard to believe.

＊placebo effect 위약 효과

• 단어 수: 173
• 독해 시간: 140초
• 난이도: ★★★

Grammar

＊가주어 it
that절이 주어일 때는 주어 자리에 가주어 it을 쓰고 진주어는 문장의 뒷부분으로 보낸다.

Word Check

- somehow 어떻게든
- organ 장기
- cure 치료하다
- statement 진술
- groundless 근거가 없는
- circulation 순환
- aggressive 적극적인
- attempt 시도
- eliminate 제거하다
- temporary 일시적인
- intelligence 지성
- regain 되찾다

01 윗글의 밑줄 친 낱말의 반의어로 가장 적절한 것을 <보기>에서 찾아 쓰시오.

〈보기〉

continuous more decrease abandon ruin

① increase ↔ ____________
② temporary ↔ ____________
③ regain ↔ ____________
④ fix ↔ ____________
⑤ less ↔ ____________

02 윗글의 내용과 일치하면 T, 일치하지 않으면 F를 고르시오.

(1) 허브가 들어오면 신체는 그것을 보존한다. (T / F)
(2) 허브는 건강을 향상시키는 지성을 가질 수 없다. (T / F)

03 내신 대비 윗글의 제목을 아래와 같이 쓸 때, 빈칸에 들어갈 말로 가장 적절하게 짝지어진 것을 고르시오.

Herbs and Health: ____________ from ____________

① Value — Waste
② Order — Chaos
③ Fact — Myth
④ Winners — Losers
⑤ Profit — Sales

04 수능 유형 윗글의 밑줄 친 부분 중, 문맥상 낱말의 쓰임이 적절하지 않은 것을 고르시오.

① ② ③ ④ ⑤

05 내신 대비 윗글의 네모 (A), (B)에 들어갈 말로 적절한 것을 고르시오.

(A): ________________ (B): ________________

Follow Me!

01
글을 읽으면서 각 낱말의 의미를 파악해서 적절한 반의어를 골라야 한다.

02
(1) 허브가 몸에 들어오면 그것을 제거하려고 한다고 했다.
(2) 건강을 향상시키는 지성을 가진 것은 몸이라고 했다.

03
실제로 건강을 향상시키는 것은 우리의 신체라는 내용의 글이다.

04~05 뒷페이지에

정답과 해설 pp. 54~55

 (수능 유형) 이렇게 쉽게 풀자!

[문제 04]

1st 선택지로 제시된 각 낱말의 의미를 먼저 확인하고, 반의어를 미리 생각해 놓는다.

① 증가시키다 ↔ 감소시키다 ② 일시적인 ↔ 지속적인 ③ 되찾다 ↔ 버리다
④ 해결하다 ↔ 망치다 ⑤ 덜 ↔ 더

선택지에 제시된 낱말의 반의어가 들어가야 문맥이 자연스러울 때 정답인 경우가 많음

2nd 선택지의 앞뒤 문장을 정확하게 파악해서 정답을 찾는다.

허브는 효과가 있는 것처럼 보이는데, 이는 그것들을 제거하려는 몸의 시도 속에서 혈액 순환을 ① 증가시키는 경향이 있기 때문이다.

허브를 제거하려고 '증가시킨' 혈액 순환으로 효과가 있어 보인다는 것은 적절하다.
increase는 문맥에 맞음

그것은 ② 일시적인 좋은 기분을 만들어 줄 수 있는데, 이는 마치 당신의 건강 상태가 향상된 것처럼 보이게 만든다.

실제로 건강이 좋아진 것이 아니라 '일시적인' 좋은 기분을 만들어 주는 것이다.
temporary는 문맥에 맞음

어떠한 경우든, 건강을 ③ 되찾게 하는 지성을 가진 것은 허브가 아니라 바로 당신의 몸이다.

건강을 '되찾게 하는' 것은 허브가 아니라고 하는 것은 앞의 내용과 자연스럽게 이어진다.
regain은 문맥에 맞음

어떻게 허브가 당신의 몸 안으로 들어가 영리하게 당신의 문제를 ④ 해결할 수 있는지를 상상해 보라.

허브는 지성을 가지지 못하므로 허브가 문제를 '해결하는' 가정을 해보라는 것은 자연스럽다.
fix는 문맥에 맞음

*그렇지 않다면, 그것은 허브가 인간의 몸보다 ⑤ 덜 지적이라는 것을 의미하는 것이 되는데, 이는 정말로 믿기 어렵다.

허브가 인간의 몸보다 '덜' 지적인 것이 아니라, '더' 지적이라는 사실이 믿기 어려울 것이다.
less가 문맥에 맞지 않음

3rd 정답인 선택지를 어떻게 바꿔야 문맥이 자연스러운지 확인한다.

그렇지 않다면, 그것은 허브가 인간의 몸보다 ⑤ 덜(→ 더) 지적이라는 것을 의미하는 것이 되는데, 이는 정말로 믿기 어렵다.

믿기 어려운 것은 허브가 인간의 몸보다 '더' 지적인 것이므로
⑤ less는 반의어 more로 고쳐야 한다.

Tip
* 내용이 전환되는 연결어의 앞뒤 내용에 주의한다.
- Otherwise 앞: 허브가 신체의 문제를 해결하는 것은 불가능함
- Otherwise 뒤: 허브가 인간의 몸보다 더 지적인 것은 믿기 힘듦

otherwise는 '그렇지 않으면'을 의미하는 접속사임

[문제 05] 길이가 긴 주어 대신 형식상의 주어 자리에 쓰는 가주어: it 

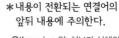

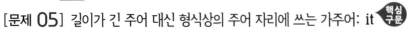

(가주어) It is widely believed / (주어) that certain herbs somehow magically improve / the work of certain organs, / and "cure" specific diseases / as a result. // ~은 널리 알려져 있다 / 어떤 허브는 다소 마법처럼 향상시킨다고 / 특정 장기의 기능을 / 그리고 특정한 질병을 "고친다"고 / 그 결과 //

[06~09] 다음 글을 읽고, 물음에 답하시오.

Scientists (A) *studied / studying the Arctic region from the research station in Ny-Aalesund, Norway, are facing ① difficulties accessing and collecting data. It's because the area is changing faster than anywhere else in the world. The Arctic is warming four times ② faster than the rest of the world. In particular, temperatures on the Svalbard island group are climbing up to seven times faster than the global average. The ③ lower temperatures and loss of sea ice have caused Arctic animals such as polar bears to lose their hunting grounds, making it hard to study their behavior. Moreover, melting glaciers have led to ④ damage to buildings in the region. Even the town stores are undergoing repairs this year. All these ⑤ changes have made it increasingly difficult for researchers to access their study sites. Despite the challenges, scientists are rushing to understand the implications of the changes in the region for the planet's future.

• 단어 수: 156
• 독해 시간: 130초
• 난이도: ★★☆

06 (내신 대비) **윗글을 다음과 같이 요약할 때, 괄호 안에서 적절한 말을 고르시오.**

> Scientists are having trouble (collecting / analyzing) data in the Arctic region, which is changing fast, making it harder for researchers to (reach / leave) their study sites.

07 **다음을 읽고, 윗글의 내용과 일치하면 T, 일치하지 않으면 F를 고르시오.**

(1) 북극은 세계의 다른 지역보다 4배 더 빠르게 따뜻해지고 있다. (T / F)

(2) 북극 지역 상점들은 현대화를 위해 올해 공사를 진행할 예정이다. (T / F)

08 (수능 유형) **윗글의 밑줄 친 부분 중, 문맥상 낱말의 쓰임이 적절하지 않은 것을 고르시오.**

① ② ③ ④ ⑤

09 (내신 대비) **윗글의 네모 (A)에서 어법상 적절한 것을 고르시오.**

➡ ______________

Grammar

*현재분사

현재분사는 -ing의 형태로 '~하는'의 뜻을 나타내는 능동의 의미를 가진다. 명사를 수식하는 형용사 역할을 할 때 수식어구를 동반하면 명사 뒤에 온다.

Word Check

- Arctic 북극의
- access 접근하다
- collect 수집하다
- temperature 온도
- loss 손실
- polar bear 북극곰
- glacier 빙하
- undergo (특히 변화 · 안 좋은 일 등을) 겪다[받다]
- increasingly 점점 더
- implication 영향[결과]

정답과 해설 pp. 55~56

[10~13] 다음 글을 읽고, 물음에 답하시오.

• 단어 수: 148
• 독해 시간: 130초
• 난이도: ★★☆

A research in Switzerland showed that it's ① impossible to learn new information while sleeping deeply, and then remember ⓐ it later. How ② great this news is for students trying to learn a new language or increase their vocabulary! The researchers did tests on (A) [if / whether]* or not a person can memorize new words and their translations while they were asleep. They said our sleeping brain is much ③ more aware of the outside world than we thought. A researcher said, "Language areas of the brain and the essential memory hub were activated," after a person woke up. These areas of the brain process vocabulary during deep sleep. During deep sleep, our brain is active for about half a second, which is called "up-state." ⓑ It then enters a period of ④ inactivity, "down-state." The "up-state" period is when our brain could ⑤ learn new vocabulary.

10 윗글의 밑줄 친 ⓐ it과 ⓑ It이 각각 가리키는 것을 바르게 짝지으시오.

ⓐ it •   • new information

ⓑ It •   • our brain

11 (내신 대비) 윗글의 요지로 가장 적절한 것을 고르시오.

① People can learn a new language while they are asleep.
② Dreams make the brain work busier than during waking hours.
③ People forget everything that happened while they're sleeping.
④ Switching between "up-state" and "down-state" can boost more effective learning.
⑤ Having enough sleep is important to students.

12 (수능 유형) 윗글의 밑줄 친 부분 중, 문맥상 낱말의 쓰임이 적절하지 않은 것을 고르시오.

① ② ③ ④ ⑤

13 (내신 대비) 윗글의 네모 (A)에서 어법상 적절한 것을 고르시오.

➡ ____________

Grammar

*if vs. whether
둘 다 '~인지 (아닌지)'의 뜻을 나타내는데, whether는 주어, 목적어, 보어절을 모두 이끌지만, if는 목적어절만 이끈다.

Word Check

- research 연구, 실험
- memorize 외우다, 암기하다
- translation 번역, 통역
- be aware of ~을 알다[의식하다]
- essential 필수적인, 근본적인
- hub (특정 장소 · 활동의) 중심지, 중추
- activate 작동[활성화]시키다
- process 처리하다, 가공하다
- active 활발한, 활동적인
- period 기간, 시기
- switch 바꾸다, 전환하다
- boost 북돋우다

고난도

[14~17] 다음 글을 읽고, 물음에 답하시오.

- 단어 수: 154
- 독해 시간: 130초
- 난이도: ★★★

Workers in India are moving 300 crocodiles because they are too near to a new tourist site. Officials in India's state of Gujarat say the crocodiles could be a danger to thousands of tourists visiting the Statue of Unity. The statue is 182 m high and is the tallest statue in the world. It is surely an amazing tourist (A) [attraction / attention], but the thing is that it is next to a reservoir. The visitors could have an unlucky accident looking around the monument. Tourism officials want to move the giant reptiles ⓐ (safely, tourist seaplanes, can, so that*, land, the reservoir, on). Animal lovers, however, (B) [agree / disagree] that the crocodiles should be moved from their original habitat. One said, "The government is disturbing their habitat and putting their lives at risk." Other protesters were concerned whether the animals could adapt to and survive in the (C) [new / old] environment.

14 내신 대비 윗글을 읽고 추론할 수 있는 것을 고르시오.

① The officials decided to kill the crocodiles.
② The statue brought few people to the town.
③ Tourists who visit the Statue of Unity travel only by walking.
④ Not everyone is happy to see the crocodiles go.
⑤ There is no safe place for the crocodiles to live.

15 서술형 윗글을 읽고, 다음 빈칸에 들어갈 말로 가장 적절한 것을 윗글에서 찾아 쓰시오.

> Some think that crocodiles near a tourist site might not be able to ____________ to and survive in their new habitat.

16 수능 유형 (A), (B), (C)의 각 네모 안에서 문맥에 맞는 낱말로 가장 적절한 것을 고르시오.

	(A)		(B)		(C)
①	attraction	—	agree	—	new
②	attraction	—	disagree	—	new
③	attraction	—	disagree	—	old
④	attention	—	agree	—	old
⑤	attention	—	disagree	—	new

17 내신 대비 윗글의 ⓐ의 단어들을 어법상 적절하게 배열하시오.

➡ ______________________________

Grammar

*so that
so that은 '~하기 위하여, ~하도록'이라는 뜻의 목적, '그래서'라는 뜻의 결과를 나타낼 때 쓰인다.

Word Check

- crocodile 악어
- tourist site 관광지
- danger 위험
- reservoir 저수지
- monument 기념물
- tourism 관광업, 관광산업
- giant 거대한
- reptile 파충류
- seaplane 수상 비행기
- habitat 서식지
- disturb 침범하다
- protester 시위자
- concerned 염려하는
- adapt 적응하다

정답과 해설 pp. 57~59

REVIEW 어휘 테스트 J 문맥에 맞는, 맞지 않는 낱말 찾기

▶ 정답과 해석 p. 60

다음 영어는 우리말 뜻을, 우리말은 영어 단어를 <보기>에서 찾아 쓰시오.

〈보기〉

저수지	protester	seaplane
북극곰	circulation	be aware of
빙하	악어	habitat

01 glacier ______________

02 reservoir ______________

03 crocodile ______________

04 polar bear ______________

05 수상 비행기 ______________

06 시위자 ______________

07 서식지 ______________

08 순환 ______________

주어진 단어와 비슷한 뜻을 가진 것을 고르시오.

09 diverse
① hard ② difficult
③ simple ④ complex

10 temporary
① mediocre ② pathetic
③ momentary ④ inferior

짝지어진 단어의 관계가 나머지와 다른 것을 고르시오.

11 ① loss : gain
② collect : gather
③ lively : animated
④ enhance : boost

12 ① disrupt : disturb
② worried : concerned
③ meet : fulfill
④ enormous : giant

13 ① brake : activate
② monument : memorial
③ undergo : endure
④ safety : danger

다음 중 나머지와 의미가 다른 하나를 고르시오.

14 ① recall ② memorize
③ remember ④ forget

15 ① outskirt ② hub
③ center ④ focus

16 ① equally ② differently
③ otherwise ④ conversely

우리말에 맞게 빈칸에 적절한 단어를 <보기>에서 찾아 쓰시오.

〈보기〉

translation	research	eliminate
Arctic	increasingly	organ

17 장기 이식만이 유일한 방법이 될 것이다.
➡ ___________ transplanting would be the only way.

18 우리는 인종 차별주의를 없애야 한다.
➡ We must ___________ racial discrimination.

19 바깥의 소음이 점점 더 커져서, 나를 화나게 한다.
➡ The noise outside is getting ___________ louder, which makes me angry.

20 번역이 충격적이었던 사실 알잖아.
➡ You know the ___________ was shocking.

21 이 연구는 새로운 원소의 발견을 목표로 한다.
➡ This ___________ aims to discover a new element.

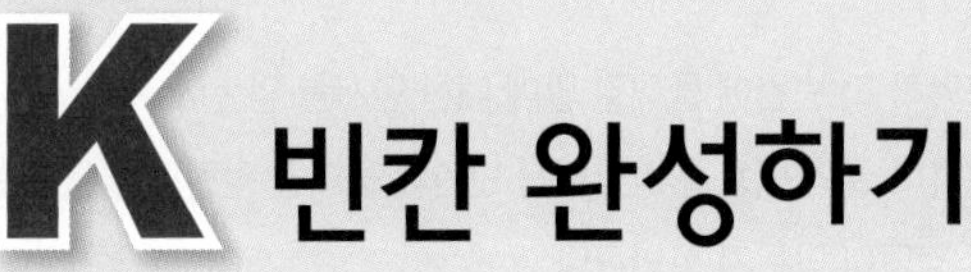

K 빈칸 완성하기

글의 내용에 맞게 빈칸에 들어갈 말을 고르는 유형이에요. 빈칸은 글의 앞, 가운데, 마지막에 출제될 수 있어요.

04 (수능 유형) **다음 글의 빈칸에 들어갈 말로 가장 적절한 것을 고르시오.**

Everything in the world around us be finished in the mind of its creator before it was started. The houses we live in, the cars we drive, and our clothing – all of these began with an idea. Each idea was then studied, refined and perfected before the first nail was driven or the first piece of cloth was cut. Long before the idea was turned into a physical reality, the mind had clearly pictured the finished product. The human being designs his or her own future through much the same process. We begin with an idea about how the future will be. Over a period of time we refine and perfect the vision. Before long, our every thought, decision and activity are all working in harmony to bring into existence what we ______________________.

* refine 다듬다

① didn't even have the potential to accomplish
② have mentally concluded about the future
③ haven't been able to picture in our mind
④ considered careless and irresponsible
⑤ have observed in some professionals

빈칸 완성하기 유형은 수능 독해 유형 중에 4문항이나 출제되는 가장 큰 비중을 차지하는 유형이에요.

핵심어가 반복해서 등장하는 경우가 많으므로 이를 이용해 글의 주제부터 찾는 것이 가장 중요하고 이후에 선택지를 빈칸에 넣어 적절한지 확인해 보세요.

수록 지문

- 두 가지 정보를 동시에 처리하기 + Follow Me!
- 빵에 이런 역사가!
- 세상에서 가장 위험한 동물
- 진화의 원리

K 빈칸 완성하기 유형 연습

[문제 04] (수능 유형) **이렇게 쉽게 풀자!**

1st 빈칸이 포함된 문장의 내용을 파악하고, 빈칸에 들어갈 말에 대한 단서를 얻는다.

2nd 빈칸 문장과 가까운 문장에 주목하며 글의 내용을 파악해서 빈칸에 들어갈 적절한 말을 찾는다.

3rd 글의 내용을 다시 한번 정리하며 정답이 맞는지 확인한다.

(Tip) 글에 자주 등장한 단어로 만든 오답의 함정에 주의한다.

[01~05] 다음 글을 읽고, 물음에 답하시오. [2022년 9월 시행 고1 학평 34]

• 단어 수: 139
• 독해 시간: 120초
• 난이도: ★★☆

In the studies of Colin Cherry at the Massachusetts Institute for Technology back in the 1950s, his participants listened to voices in one ear at a time and then through both ears in an effort to determine whether we can listen to two people talk at the same time. One ear always contained a message that the listener had to repeat back (called "shadowing") while the other ear included people speaking. The trick was to see if you could totally focus on the main message and also hear someone talking in your other ear. Cleverly, Cherry found it was impossible for his participants to know whether the message in the other ear was (A) *speaking / spoken by a man or woman, in English or another language, or was even comprised of real words at all! In other words, people could not ______________________.

Grammar

*능동태와 수동태

능동태: 주어가 동사의 동작을 행하는 동사 형태

수동태: 주어가 동사의 동작을 당하는 동사 형태

Word Check

- institute 기관, 협회
- participant 참가자
- determine 알아내다
- contain 포함하다
- shadow 따라하다
- trick 속임수
- cleverly 영리하게
- comprise 구성하다
- analyze 분석하다

01 윗글의 내용과 일치하면 T, 일치하지 않으면 F를 고르시오.

(1) Colin Cherry의 연구에는 속임수가 있었다. (T / F)
(2) 연구 참가자들은 양쪽 귀에 각각 집중할 수 있었다. (T / F)

02 다음 영영풀이가 설명하는 단어를 윗글에서 찾아 그 원형을 쓰시오.

_______: to include or consist of something

03 내신 대비 윗글의 제목을 아래와 같이 쓸 때, 빈칸에 들어갈 말로 가장 적절하게 짝지어진 것을 고르시오.

Colin Cherry's Studies on _______ Attention: The Limits of _______

① Divided — Technology
② Listener's — Words
③ Speaker's — Volume
④ Selective — Multitasking
⑤ Voice — Diversity

04 수능 유형 윗글의 빈칸에 들어갈 말로 가장 적절한 것을 고르시오.

① decide what they should do in the moment
② remember a message with too many words
③ analyze which information was more accurate
④ speak their own ideas while listening to others
⑤ process two pieces of information at the same time

05 내신 대비 윗글의 네모 (A)에 들어갈 말로 적절한 것을 고르시오.

➡ _______

Follow Me!

01
(1) Colin Cherry의 연구에는 다른 귀로 들리는 말도 들을 수 있는지 알아보는 속임수가 있다고 했다.
(2) 참가자들은 다른 한쪽 귀로 들리는 목소리에 대해 잘 파악하지 못했다고 했다.

02
무언가를 포함하는 것을 의미하는 단어를 찾아야 한다.

03
양쪽 귀에 메시지가 들려도 한쪽 귀에만 집중하게 된다는 내용의 글이다.

04~05 뒷페이지에

정답과 해설 pp. 60~61

 수능 유형 이렇게 쉽게 풀자!

[문제 04]

1st 빈칸이 포함된 문장의 내용을 파악하고, 빈칸에 들어갈 말에 대한 단서를 얻는다.

다시 말해서(In other words), 사람들은 ______________________ 수 없었다.

In other words(다시 말해서)는 앞의 내용을 정리하는 연결어이다.
사람들이 무엇을 할 수 없는지에 주목하며 글을 읽어야 한다.

글의 마지막 문장이므로 결론일 것임

2nd 빈칸 문장과 가까운 문장에 주목하며 글의 내용을 파악해서 빈칸에 들어갈 적절한 말을 찾는다.

1
The trick was to see if you could totally focus on the main* message ~.
속임수는 사람들이 주된 메시지에 완전히 집중하면서 ~.

사람들이 주된 메시지에 집중하면서 다른 귀로 들리는 사람들의 말소리도 들을 수 있는지를 알아보고자 했다.

2
Cleverly, Cherry found it was impossible for his participants to know ~!
영리하게도, Cherry는 참가자들이 ~ 전혀 가능하지 않다는 것을 발견했다!

다른 한쪽 귀로 들리는 메시지는 전혀 처리할 수 없다는 것을 발견했다.

다시 말해, 사람들은 ⑤ '두 개의 정보를 동시에 처리할' 수 없다는 것임

3rd 글의 내용을 다시 한번 정리하며 정답이 맞는지 확인한다.

1950년대 메사추세츠 공과 대학의 Colin Cherry가 했던 연구에 관한 글로, 참가자들은 한쪽 귀로 들리는 메시지에 집중하면서 다른 한쪽 귀로 들리는 메시지에도 집중하는 것이 불가능하다고 했다.

정답은 ⑤ '두 개의 정보를 동시에 처리할'이 적절함

Tip
*글에 자주 등장한 단어로 만든 오답의 함정에 주의한다.
listen, message가 자주 등장한 것으로 만든 ②의 message, ③의 information, ④의 speak, listening과 같은 함정에 빠지지 않도록 주의하기!

| 선택지 분석 |

① decide what they should do in the moment
그 순간에 무엇을 해야 하는지 결정할
- 사람들이 무엇을 해야 하는지 결정할 수 없었다는 내용이 아니다.

② remember a message with too many words
너무 많은 단어들이 사용된 메시지를 기억할
- 양쪽 귀로 듣는다고 했지만, 너무 많은 단어가 사용된 메시지라는 것은 아니다.

③ analyze which information was more accurate
어떤 정보가 더 정확한지 분석할
- 어떤 정보가 더 정확한지 분석할 수 없다는 글이 아니다.

④ speak their own ideas while listening to others
다른 사람의 말을 듣는 동안 그들 자신의 생각을 말할
- 자신의 생각을 표현하는 것에 대한 내용이 아니다.

⑤ process two pieces of information at the same time
두 개의 정보를 동시에 처리할
- 양쪽 귀로 각각 다른 말을 집중해 들을 수 없다는 내용이다.

[문제 05] 주어가 동사의 동작을 당하는 동사 형태: 수동태(be+p.p.) 

Cleverly, / Cherry found / it was impossible / for his participants / to know / whether the message in the other ear / was spoken (수동태) / by (~에 의해) a man or woman, ~! //
영리하게도 / Cherry는 발견했다 / ~이 가능하지 않다는 것을 / 참가자들이 / 알아차리는 것이 / 다른 한쪽 귀로 들리는 메시지가 / 말해진 것인지 / 남자 혹은 여자에 의해 ~ //

[06~09] 다음 글을 읽고, 물음에 답하시오.

Unlike chocolate chips, the invention of bread can't be identified to a single person; instead, it became its present state throughout many centuries. Although the (A) [modern / ancient] form of sliced bread is a fairly new invention (the first sliced bread appeared in 1930), bread itself is a(n) (B) [modern / ancient] food with origins dating back more than 22,000 years. In 2004, scientists found 22,000-year-old barley grains caught in a grinding stone. But this early bread was more like flat cakes of ground grains *heating* on a rock. Bread was the spark that led to the development of social organization. More than 5,000 years after bread appeared, three civilizations (the Egyptians, the Mesopotamians, and the Indus) rapidly grew. That is, the development of these civilizations, considered the largest in the ancient world, ______________.

*barley grains 보리

• 단어 수: 135
• 독해 시간: 120초
• 난이도: ★★☆

06 서술형 윗글의 (A), (B)에 주어진 단어 중 글의 흐름상 적절한 것을 골라 쓰시오.

(A) ______________

(B) ______________

07 윗글을 읽고, 〈보기〉에서 알맞은 단어를 찾아 글의 제목을 완성하시오.

〈보기〉

Storage　History　Influence　Popularity　Civilization

(1) __________ of Bread and Its (2) __________ on Human (3) __________

08 수능 유형 윗글의 빈칸에 들어갈 말로 가장 적절한 것을 고르시오.

① disappeared soon
② depended on bread
③ affected each other
④ invented new weapon
⑤ differed in various ways

09 내신 대비 윗글의 밑줄 친 heating을 어법상 적절하게 고쳐 쓰시오.

➡ ______________

Grammar

*과거분사
과거분사는 -ed의 형태로 '~되는, ~당하는'의 뜻을 나타내는 수동의 의미를 가진다. 명사를 수식하는 형용사 역할을 할 때 수식어구를 동반하면 명사 뒤에 온다.

Word Check

- invention 발명, 발명품
- identify 규명하다, ~라고 감정하다
- state 상태
- fairly 상당히, 꽤
- origin 기원, 유래
- grinding stone 숫돌, 갈이돌
- flat 평평한, 납작한
- spark 불씨
- development 발전, 개발
- civilization 문명
- rapidly 급속도로, 빠르게

정답과 해설 pp. 61~62

[10~13] 다음 글을 읽고, 물음에 답하시오.

- 단어 수: 142
- 독해 시간: 130초
- 난이도: ★★☆

What is the most dangerous animal in the world? You may think of lions, tigers, or bears. <u>However, according to several studies, this animal is *very more common.</u> Think about the chance of encountering a lion on your way home from school. Unlike those big, scary ones, the most dangerous one is always around you. It feeds on human blood, spreading diseases from one person to another. Have you figured it out? That's right — the buzzing mosquito is the most dangerous creature in the world. More than 725,000 people worldwide are killed each year by diseases that mosquitoes bring, such as malaria. They are so deadly because they adapt to new environments quickly and breed rapidly. But don't be too ________! You can protect yourself by avoiding some countries where mosquitoes carry dangerous diseases and wearing long-sleeved clothing when you go outdoors.

10 윗글에 등장하는 다음 문장을 바르게 해석하시오.

You can protect yourself by avoiding some countries where mosquitoes carry dangerous diseases

➡ ________________________________

11 (서술형) 윗글을 요약할 때, 다음 빈칸에 들어갈 말로 가장 적절한 것을 글에서 찾아 쓰시오.

> Mosquitoes are the most (1) ________ animal in the world because they spread deadly (2) ________ from one person to the next.

12 (수능 유형) 윗글의 빈칸에 들어갈 말로 가장 적절한 것을 고르시오.

① safe ② scared ③ happy
④ late ⑤ confident

13 (내신 대비) 윗글의 밑줄 친 문장에서 어법상 <u>틀린</u> 부분을 찾아 바르게 고치시오.

________ → ________

Grammar

*비교급 강조 부사
비교급을 강조하는 부사로는 much, even, still, a lot 등이 있다.

Word Check

- encounter 마주치다
- feed on ~을 먹고 살다
- figure out 생각해내다
- buzz 윙윙거리다
- mosquito 모기
- deadly 치명적인
- adapt 적응하다
- breed (알을) 까다
- long-sleeved 긴 소매의

고난도

[14~17] 다음 글을 읽고, 물음에 답하시오. [2023년 3월 시행 고1 학평 33]

• 단어 수: 134
• 독해 시간: 120초
• 난이도: ★★★

In Lewis Carroll's *Through the Looking-Glass*, the Red Queen takes Alice on a race through the countryside. They run and they run, but then Alice discovers that they're still under the same tree that they started from. The Red Queen explains to Alice: "'*here*, you see, it takes all the running you can do, to keep in the same place." Biologists sometimes use this Red Queen Effect to explain an evolutionary principle. If foxes evolve to run faster so they can catch more rabbits, then only the fastest rabbits will live long enough to make a new generation of bunnies that run even faster — in *______ⓐ______ case, of course, only the fastest foxes will catch enough rabbits to thrive and pass on their genes. Even though they might run, the two species ______________.

*thrive 번성하다

14 다음을 읽고, 윗글의 내용과 일치하면 T, 일치하지 않으면 F를 고르시오.

(1) Alice는 아무리 달려도 여전히 출발했던 나무 아래에 있음을 발견했다. (T / F)

(2) 토끼들이 대를 거쳐 더 빠르게 달릴 수 있게 되면 많은 여우가 사냥감을 놓쳐 멸종 위기에 처하게 된다. (T / F)

15 (내신 대비) 윗글의 내용과 일치하도록 괄호 안에서 적절한 말을 고르시오.

The Red Queen Effect explains how organisms must constantly (resist / adapt) just to maintain their relative fitness in a (changing / fixed) environment, as seen in Lewis Carroll's *Through the Looking-Glass*.

16 (수능 유형) 윗글의 빈칸에 들어갈 말로 가장 적절한 것을 고르시오.

① just stay in place
② end up walking slowly
③ never run into each other
④ won't be able to adapt to changes
⑤ cannot run faster than their parents

17 (내신 대비) 윗글의 빈칸 ⓐ에 적절한 관계형용사를 쓰시오.

➡ ______________

Grammar

*관계형용사
문장을 이어주는 접속사 역할과 명사를 수식하는 형용사 역할을 하고, which, what, whichever, whatever 등이 있다.

Word Check

- race 경주, 달리기
- countryside 시골
- discover 발견하다
- biologist 생물학자
- effect 효과, 영향, 결과
- evolutionary 진화의
- principle 원리
- evolve 진화하다
- generation 세대
- bunny 토끼
- pass on ~을 물려주다, ~을 전달하다
- gene 유전자
- species 종

정답과 해설 pp. 63~65

REVIEW 어휘 테스트 K 빈칸 완성하기

▶ 정답과 해석 p. 65

✻ 다음 영어는 우리말 뜻을, 우리말은 영어 단어를 <보기>에서 찾아 쓰시오.

〈보기〉

시골	civilization	biologist
토끼	불씨	trick
구성하다	determine	institution

01 bunny ____________

02 spark ____________

03 countryside ____________

04 comprise ____________

05 기관, 협회 ____________

06 생물학자 ____________

07 알아내다 ____________

08 속임수 ____________

✻ 주어진 단어와 비슷한 뜻을 가진 것을 고르시오.

09 origin
① root ② dawn
③ future ④ heir

10 identify
① find ② reject
③ hide ④ distinguish

11 rapidly
① significantly ② leisurely
③ carefully ④ swiftly

✻ 밑줄 친 단어가 주어진 의미로 쓰인 문장을 고르시오.

12 [따라하다]
① She often <u>shadows</u> her sister's behavior.
② A <u>shadow</u> fell across his face.

13 [극복하다]
① Our organization shall help others <u>overcome</u> difficulties.
② I was <u>overcome</u> with emotion at the end of the movie.

✻ 자연스러운 문장이 되도록 괄호 안에서 적절한 단어를 고르시오.

14 This project has great (potential / portal).

15 You should (flatten / fatten) the paper.

16 Watch out for the (affect / effect) of the experiment.

✻ 우리말에 맞게 빈칸에 적절한 단어를 <보기>에서 찾아 쓰시오.

〈보기〉

analyze	creator	drive
generation	contain	state

17 내 망토의 상태는 매우 좋지 않았다.
➡ My cloak was in a terrible ____________.

18 이 음료에는 알코올이 전혀 들어 있지 않다.
➡ This drink doesn't ____________ any alcohol.

19 이 데이터를 분석해보자.
➡ Let's ____________ this data.

20 연로한 세대는 대개 더 많은 건강상의 위험을 마주한다.
➡ The older ____________ tends to face greater health risks.

21 나는 이 못을 벽에 박아 넣을 것이다.
➡ I shall ____________ this nail into the wall.

시험 대비 실력 향상 TEST 2회 [F~K유형]

• 문항 수: 12개
• 제한 시간: 24분

[01~02]

다음 글을 읽고, 물음에 답하시오.

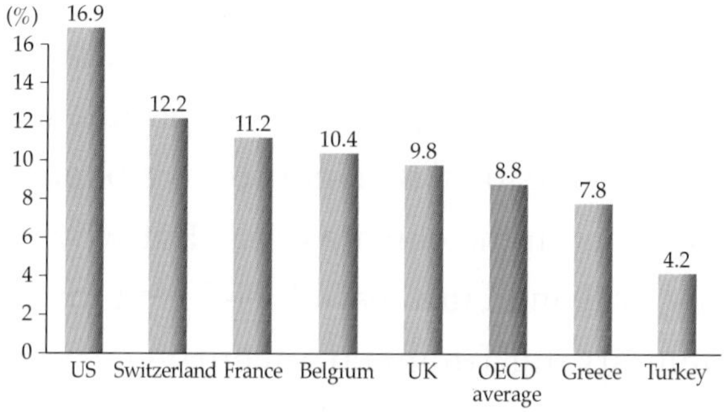

The above graph shows health spending as a share of GDP for selected OECD countries in 2018. ① On average, OECD countries were estimated (A) [to spend / to have spent] 8.8 percent of their GDP on health care. ② Among the given countries above, the US had the highest share, with 16.9 percent, followed by Switzerland at 12.2 percent. ③ France spent more than 11 percent of its GDP, while Turkey spent less than 5 percent of its GDP on health care. ④ Belgium's health spending as a share of GDP sat between that of France and the UK. ⑤ There was a 3 percentage point difference in the share of GDP spent on health care between the UK and Greece.

01 수능 유형

윗글을 읽고, 도표의 내용과 일치하지 않는 것을 고르시오.

[2021년 6월 시행 고1 학평 25]

① ② ③ ④ ⑤

02 내신 대비

윗글의 네모 (A)에서 어법상 적절한 것을 고르시오.

➡ ____________

[03~04]

다음 글을 읽고, 물음에 답하시오.

People generally fill YouTube with food-eating shows or makeup lessons, but there are content creators who raise their voice. They are minorities on the site to bring about diversity. Ms. Kim, the physically challenged creator, is one of them. Since starting her channel in 2018, she has faced profound changes. "In the past, I got panicked and hysterical when strangers stared at me and my wheelchair, but as I run my YouTube channel, I have become more positive and open," Ms. Kim said during a YouTuber event at the Google Campus in Seoul. "These days, I do not avoid eye contact and even tell myself: 'Maybe they are gazing at me because I am attractive.'" YouTube has also helped her (A) [becoming / become] more concerned about issues that disabled people are facing, particularly about their human rights.

03 수능 유형

윗글의 주제로 가장 적절한 것을 고르시오.

① dark sides of YouTube
② challenges faced by disabled people
③ pros and cons of starting a YouTube channel
④ a change that YouTube brings to a disabled person
⑤ essential elements of a successful YouTube channel

04 내신 대비

윗글의 네모 (A)에서 어법상 적절한 것을 고르시오.

➡ ____________

정답과 해설 pp. 66~68

[05~06]

다음 글을 읽고, 물음에 답하시오.

Many cultures follow special customs when a child's baby teeth fall out. In Korea, people throw a lost tooth onto their roof. They believe a magpie will take it, and later, it will bring a new tooth instead. In Mongolia, it's traditional to put the tooth into some fat and feed it to a dog. This is done because the Mongols want the tooth to be as strong as the dog's teeth. If there's no dog, they bury (A) [it / them] by a tree so that the new tooth has strong roots. In some English-speaking countries, a fairy is thought to visit. A child puts a lost tooth under the pillow before going to bed. While the child is sleeping, the Tooth Fairy takes the tooth and leaves small gifts — candy or some money — under the pillow, especially if that tooth has been kept very clean and shiny.

* magpie 까치

05 (수능 유형)

윗글의 제목으로 가장 적절한 것을 고르시오.

① When Do Baby Teeth Fall Out?
② Why All Kids Love the Tooth Fairy
③ Throw Your Tooth onto the Roof for Good Luck
④ Baby Teeth Traditions from Around the World
⑤ Tooth Decay: The Result of Poor Dental Care

06 (내신 대비)

윗글의 네모 (A)에 들어갈 말로 적절한 것을 고르시오.

➡ ____________________

[07~08]

다음 글을 읽고, 물음에 답하시오.

When it comes to climate change, many blame the fossil fuel industry for pumping greenhouse gases, the agricultural sector for burning rainforests, or the fashion industry for producing excessive clothes. But wait, what drives these industrial activities? Our consumption. Climate change is a summed product of each person's behavior. For example, the fossil fuel industry is a popular scapegoat in the climate crisis. But why do they drill and burn fossil fuels? We provide them strong financial incentives: some people regularly travel on airplanes and cars that burn fossil fuels. <u>Some people waste electricity which is generated by burning fuel in power plants.</u> Some people use and throw away plastic products derived from crude oil every day. Blaming the fossil fuel industry while engaging in these behaviors is <u>a slap in our own face.</u>

* scapegoat 희생양

07 (수능 유형)

밑줄 친 <u>a slap in our own face</u>가 윗글에서 의미하는 바로 가장 적절한 것을 고르시오. [2021년 11월 시행 고1 학평 21]

① giving the future generation room for change
② warning ourselves about the lack of natural resources
③ refusing to admit the benefits of fossil fuel production
④ failing to recognize our responsibility for climate change
⑤ starting to deal with environmental problems individually

08 (내신 대비)

윗글의 밑줄 친 문장에서 생략할 수 있는 것을 쓰시오.

➡ ____________________

[09~10]

다음 글을 읽고, 물음에 답하시오.

People are generally quite good at remembering faces, especially those of friends and family at a glance. However, for some people, recognizing faces is a(n) (A) [possibility / impossibility] due to the disorder known as face blindness. People with face blindness aren't able to recognize family members or close friends. For them, loved ones can appear to be strangers. They also have trouble recognize familiar places or objects, or recognize the difference between a person's face and another object. Some of them worry about appearing (B) [rude / rational] when they fail to recognize people. So they may avoid social interaction that causes embarrassment. Unfortunately, there is currently no (C) [cure / symptom] for face blindness. Instead, treatment focuses on the development of compensatory skills such as attending to cues like unique physical characteristics or voice.

* compensatory 보상의

09 (수능 유형)

(A), (B), (C)의 각 네모 안에서 문맥에 맞는 낱말로 가장 적절한 것을 고르시오.

	(A)		(B)		(C)
①	possibility	—	rude	—	cure
②	possibility	—	rational	—	symptom
③	impossibility	—	rude	—	cure
④	impossibility	—	rude	—	symptom
⑤	impossibility	—	rational	—	symptom

10 (내신 대비)

윗글의 밑줄 친 두 개의 recognize를 어법상 적절하게 고치시오.

➡ ____________________

[11~12]

다음 글을 읽고, 물음에 답하시오.

Virtual Reality (VR) and Augmented Reality (AR) are two of the most popular technologies nowadays. VR and AR both have the remarkable ability to alter our perceptions of the world. Both technologies are changing the way we see, communicate, and interact with our world. However, they're two different concepts. VR simulates the real environment. It is a completely computer-generated world. It has no relation to the actual environment the user is in. It doesn't interact with the real world and it is all about the creation of a virtual world. On the other hand, AR overlays the real world (seen through our device's camera) with digital components such as images or text, effectively (A) [enhanced / enhancing] the existing environment. It is the ____________ of virtual reality and real life. With AR, users are able to interact with virtual contents in the real world.

* Virtual Reality 가상 현실
** Augmented Reality 증강 현실

11 (수능 유형)

윗글의 빈칸에 들어갈 말로 가장 적절한 것을 고르시오.

① basis
② blending
③ separation
④ difference
⑤ removal

12 (내신 대비)

윗글의 네모 (A)에서 어법상 적절한 것을 고르시오.

➡ ____________________

정답과 해설 pp. 68~72

REVIEW 어휘 테스트 [시험 대비 실력 향상 TEST 2회]

▶ 정답과 해석 p. 72

⊛ 다음 영어는 우리말 뜻을, 우리말은 영어 단어를 <보기>에서 찾아 쓰시오.

〈보기〉

분야	요소	suitcase
장단점	derive from	treatment
발전소	content	human right

01 power plant ____________

02 component ____________

03 pros and cons ____________

04 sector ____________

05 내용물 ____________

06 인권 ____________

07 여행 가방 ____________

08 치료 ____________

⊛ 다음 영영풀이에 알맞은 단어를 고르시오.

09 to improve; make better
① spoil ② tarnish
③ enhance ④ worsen

10 difficult to understand, requiring wisdom
① profound ② confusing
③ superficial ④ shallow

11 something that encourages a person to do something
① nervousness ② incense
③ incentive ④ intention

⊛ 짝지어진 단어의 관계가 나머지와 다른 것을 고르시오.

12 ① hide : face
② individually : collectively
③ limit : exceed
④ curve : bend

13 ① natural : artificial
② opposite : contradictory
③ remarkable : striking
④ confess : admit

14 ① partially : completely
② accumulate : collect
③ challenged : impaired
④ portion : share

⊛ 자연스러운 문장이 되도록 괄호 안에서 적절한 단어를 고르시오.

15 He sent a (panicked / parted) glance at the door.

16 She never gave us any (root / room) to negotiate.

⊛ 우리말에 맞게 빈칸에 적절한 단어를 <보기>에서 찾아 쓰시오.

〈보기〉

bury	estimate	shade
traditional	positive	attractive

17 나는 위원회로부터 긍정적인 답변을 받았다.
➡ I received a(n) ____________ answer from the committee.

18 그들의 문화는 전통적인 스타일과 현대적인 스타일을 조합하고 있다.
➡ Their culture blends ____________ and modern styles.

19 지나간 일은 그냥 묻어 두는 게 좋다.
➡ Better to ____________ the past.

20 우리 그늘에 들어가자.
➡ Let's go into the ____________.

21 저 가수의 목소리는 매력적이다.
➡ That singer's voice is ____________.

L 흐름에 맞지 않는 문장 찾기

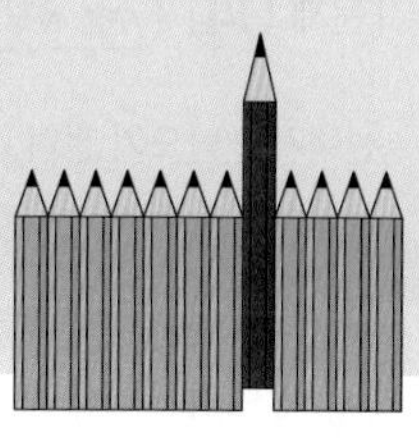

글의 앞부분에서 핵심 내용을 파악하고 선택지로 지정된 문장들이 동떨어진 내용인지 확인하면 돼요.

04 수능 유형 다음 글에서 전체 흐름과 관계 없는 문장을 고르시오.

Whose story it is affects *what* the story is. Change the main character, (A) [or / and] the focus of the story must also change. If we look at the events through another character's eyes, we will interpret them differently. ① We'll place our sympathies with someone new. ② When the conflict arises that is the heart of the story, we will be praying for a different outcome. ③ Consider, for example, how the tale of Cinderella would shift if told from the viewpoint of an evil stepsister. ④ We know Cinderella's kingdom does not exist, but we willingly go there anyway. ⑤ *Gone with the Wind* is Scarlett O'Hara's story, but what if we were shown the same events from the viewpoint of Rhett Butler or Melanie Wilkes?

*sympathy 공감

선택지가 나오기 전까지의 문장에서 글의 핵심 내용을 파악하는 게 우선이에요. 정답은 보통 글의 핵심 소재와 관련은 있지만 글의 주제와는 상관없는 경우가 많아요.

선택지가 나오기 전까지의 문장이 보통 글의 주제를 나타낸다는 것을 기억하세요. 정답으로 고른 문장을 빼고 읽으면 앞뒤 문장들의 연결이 자연스러운지 확인해야 해요.

수록 지문

- 관점에 따라 달라지는 해석 + Follow Me!
- 보호소에서 개를 입양할 때 고려할 점
- 한국의 새로운 나이 계산법
- 오늘날 어려움을 겪고 있는 해녀들

L 흐름에 맞지 않는 문장 찾기 유형 연습

 [문제 04] (수능 유형) 이렇게 쉽게 풀자!

1st 선택지가 나오기 전의 내용을 확인하고 글의 주제를 예상한다.

2nd 글의 주제에 맞지 않는 문장을 찾는다.

3rd 정답인 문장을 빼면 문맥이 자연스러운지 확인한다.

(Tip) 선택지가 나오기 전에 보통 글의 핵심문장이 있다.

[01~05] 다음 글을 읽고, 물음에 답하시오. [2023년 3월 시행 고1 학평 35]

Whose story it is affects *what* the story is. *Change the main character, (A) [or / and] the focus of the story must also change. If we look at the events through another character's eyes, we will interpret them differently. ① We'll place our sympathies with someone new. ② When the conflict arises that is the heart of the story, we will be praying for a different outcome. ③ Consider, for example, how the tale of Cinderella would shift if told from the viewpoint of an evil stepsister. ④ We know Cinderella's kingdom does not exist, but we willingly go there anyway. ⑤ *Gone with the Wind* is Scarlett O'Hara's story, but what if we were shown the same events from the viewpoint of Rhett Butler or Melanie Wilkes?

*sympathy 공감

• 단어 수: 129
• 독해 시간: 120초
• 난이도: ★★☆

Grammar

*동사원형 ~, or ...
'~해라, 그렇지 않으면 …할 것이다'라는 뜻을 나타낼 때는 '동사원형 ~, or ...'의 형태로 쓴다.

Word Check

- affect 영향을 미치다
- main character 주인공
- character 등장인물
- interpret 해석하다
- conflict 갈등
- arise 발생하다
- pray for ~을 간절히 바라다
- outcome 결과
- consider 생각해 보다
- tale 이야기
- evil 사악한
- stepsister 의붓자매
- kingdom 왕국
- exist 존재하다
- willingly 기꺼이

01 서술형 다음 질문에 대한 답을 윗글에서 찾아 쓰시오.

Q: What makes the interpretation of events in the story different?

A: It depends on which __________'s perspective you see the event from.

02 윗글에 등장하는 다음 두 문장을 바르게 해석하시오.

(1) Consider, for example, how the tale of Cinderella would shift if told from the viewpoint of an evil stepsister.

➡ ______________________________

____

(2) *Gone with the Wind* is Scarlett O'Hara's story, but what if we were shown the same events from the viewpoint of Rhett Butler or Melanie Wilkes?

➡ ______________________________

____

03 위의 두 문장이 의미하는 바로 적절한 것을 고르시오.

① 주인공이 바뀌면 이야기의 흐름이 이상해질 것이다.

② 주인공이 아닌 다른 등장인물의 관점에서 이야기를 볼 수 있다.

04 수능 유형 윗글에서 전체 흐름과 관계 없는 문장을 고르시오.

① ② ③ ④ ⑤

05 내신 대비 윗글의 네모 (A)에서 어법상 적절한 것을 고르시오.

➡ ______________

Follow Me!

01

'무엇'의 관점에서 보는지에 따라 사건의 해석을 다르게 한다고 했다.

02

(1) 동사원형인 Consider로 시작하는 명령문의 형태이다.
(2) '만약 ~라면 어떻겠는가?'의 뜻을 나타내는 what if ~의 형태가 쓰인 문장이다.

03

전체 흐름과 무관한 문장을 찾기 위해 중요한 단서가 되는 문장들이다.

04~05 뒷페이지에

정답과 해설 pp. 72~73

동영상 강의

 (수능 유형) 이렇게 쉽게 풀자!

[문제 04]

1st 선택지가 나오기 전의 내용을 확인하고 글의 주제를 예상한다.

'누구의' 이야기인지가 '무슨' 이야기인지에 영향을 미친다. 주인공을 바꿔라, ~ 우리는 그것을 다르게 해석할 것이다.

*주인공에 따라 이야기가 중점을 두는 부분도 바뀐다고 하면서 다른 등장인물의 입장으로 보면 사건을 다르게 해석할 것이라고 했다.

등장인물 중 누구의 관점에서 사건을 보느냐에 따라 그 결과가 달라진다는 것이 이 글의 주제일 것임

2nd 글의 주제에 맞지 않는 문장을 찾는다.

① 우리는 새로운 누군가에게 공감할 것이다.

새로운 누군가에게 공감할 것이라고 한 것은 다른 등장인물의 관점으로 사건을 보면 다르게 해석할 것이라고 한 뒤에 이어지는 자연스러운 흐름이다.

①은 무관한 문장이 아님

② 이야기의 핵심인 갈등이 발생할 때, 우리는 다른 결과를 간절히 바랄 것이다.

다른 누군가에게 공감하게 된다는 문장이 갈등이 생길 때 다른 결과를 바랄 것이라는 문장으로 자연스럽게 이어진다.

②은 무관한 문장이 아님

③ 예를 들어(for example), 신데렐라 이야기가 사악한 의붓자매의 관점에서 이야기된다면 어떻게 바뀔지 생각해보라.

for example(예를 들어) 뒤에는 앞의 내용에 대한 예시가 이어진다. 갈등이 생길 때 다른 결과를 바랄 것이라는 내용에 대한 예시가 이어지고 있으므로 자연스럽다.

③은 무관한 문장이 아님

④ 우리는 신데렐라의 왕국이 존재하지 않는다는 것을 알지만, 어쨌든 기꺼이 그곳에 간다.

앞부분: 의붓자매의 관점에서 보는 신데렐라 이야기에 대한 예시
④: 신데렐라 왕국이 없다는 것을 알면서도 그곳에 간다는 내용

④이 무관한 문장임

> Tip
> *선택지가 나오기 전에 보통 글의 핵심문장이 있다.
> • ①이 나오기 전의 앞부분은 주인공이 누구냐에 따라 이야기의 초점이 바뀌고 다른 등장인물의 입장으로 보면 사건을 다르게 해석할 것이라는 내용이다.
> 첫 문장이 이 글의 핵심문장임

3rd 정답인 문장을 빼면 문맥이 자연스러운지 확인한다.

⑤ *Gone with the Wind*는 Scarlett O'Hara의 이야기이지만, ~ 관점에서 우리에게 제시된다면 어떠할 것인가?

의붓자매의 관점에서 보는 신데렐라 이야기를 언급한 ③이, 원래 Scarlett O'Hara의 이야기인 *Gone with the Wind*를 다른 등장인물의 관점에서 본다면 어떠겠는가에 대한 질문을 던지는 ⑤으로 이어진다.

④이 빠져야 자연스러운 흐름이 됨

[문제 05] '~해라, 그러면 …할 것이다'를 나타내는 구문: **동사원형 ~, and …** 

(동사원형) Change the main character, / (접속사) and the focus of the story must also change. //
주인공을 바꿔라 / 그러면 이야기의 초점도 틀림없이 바뀐다 //

[06~09] 다음 글을 읽고, 물음에 답하시오.

• 단어 수: 150
• 독해 시간: 130초
• 난이도: ★★☆

Adopting a dog from a shelter is indeed a rewarding experience. However, some people make quick decisions about adopting shelter dogs* without (A) [consider / considering] the many important factors involved. One of them is that training a dog and correcting its behaviors can take a considerable amount of time. ① Even if the dog you adopt isn't a puppy, and even if he had a previous owner, he might have picked up some bad habits while he was in the shelter. ② Adopting a dog can have many health benefits, including reduced stress levels and increased physical activity. ③ Common problems include chewing, jumping wildly, and pulling on the leash. ④ Your dog also might be acting wildly because they aren't getting what they want. ⑤ However, with consistent training and by not panicking, the dog can be given the necessary time to learn good behavior and fix these problems.

*shelter dog 보호소에 맡겨진 유기견

06 (내신 대비) 윗글을 다음과 같이 요약할 때, 괄호 안에서 적절한 말을 고르시오.

> When adopting a dog from a shelter, one should consider that (understanding / correcting) a dog's bad habits can take (time / money).

07 윗글에 등장하는 다음 문장을 바르게 해석하시오.

However, with consistent training and by not panicking, the dog can be given the necessary time to learn good behavior and fix these problems.

➡ ______________________________

Grammar
*전치사
전치사의 목적어로는 명사나 대명사의 목적격, 명사 상당어구(동명사, 의문사절)가 올 수 있다.

08 (수능 유형) 윗글에서 전체 흐름과 관계 없는 문장을 고르시오.

① ② ③ ④ ⑤

09 (내신 대비) 윗글의 네모 (A)에서 어법상 적절한 것을 고르시오.

➡ ______________

Word Check
- adopt 입양하다
- rewarding 보람 있는
- consider 고려하다
- behavior 행동
- considerable 상당한
- physical 신체적인
- chew 씹다
- leash (개의) 목줄
- consistent 지속적인, 일관된
- fix 고치다

정답과 해설 pp. 73~74

[10~13] 다음 글을 읽고, 물음에 답하시오.

• 단어 수: 147
• 독해 시간: 130초
• 난이도: ★★☆

<u>한국은 사람들이 그들의 나이를 계산하는 방법을 단순화하는 새로운 법을 도입했다.</u> Previously, there were three different ways of determining age in South Korea: Korean age, calendar age, and International age. ① The first and second method both added a year to a newborn baby's age every January, but the first method assigned one year to a newborn baby while the second method zero year. ② The third method considered a newborn baby as zero years old and added one year a year after their birth. ③ The new law has chosen the international age for all official documents, such as those (A) [required / requiring]* for marriage, drinking, and smoking. ④ The legal drinking age is 19 in South Korea and 21 in the United States. ⑤ This will end the confusion and conflict caused by the previous system and allow people to reclaim their real age.

10 (서술형) **다음 질문에 대한 답을 윗글에서 찾아 쓰시오.**

Q: Under the new age system in Korea, how is a newborn baby's age calculated?

A: A newborn baby is considered to be (1) __________ years old and gains an additional year on their date of (2) __________ every year thereafter.

11 (서술형) **윗글의 밑줄 친 우리말 해석과 일치하도록 주어진 표현을 적절하게 배열하시오.**

(their age, the way, a new law, people, has introduced, to simplify, South Korea, calculate)

➡ ______________________________

12 (수능 유형) **윗글에서 전체 흐름과 관계 <u>없는</u> 문장을 고르시오.**

① ② ③ ④ ⑤

13 (내신 대비) **윗글의 네모 (A)에서 어법상 적절한 것을 고르시오.**

➡ ______________

Grammar

*분사의 한정적 용법
명사를 수식할 때 분사가 단독으로 수식하면 명사 앞에, 수식어구를 동반하면 명사 뒤에 온다.

Word Check

- previously 이전에
- determine 결정하다
- newborn baby 신생아
- assign 할당하다
- official 공식적인
- document 문서
- require 필요로 하다
- marriage 결혼
- confusion 혼란
- conflict 갈등
- reclaim 되찾다

고난도

[14~17] 다음 글을 읽고, 물음에 답하시오.

Woman divers (haenyeo) living in coastal areas have for centuries depended on the sea for their survival. ① They have worked to gather fish and shellfish, diving either from shores or from boats. The sea in the past had enough fishery resources, and there was no need to dive deeply for long periods of time. ________, more recently, the situation has changed. ② Overfishing and the destruction of breeding grounds* have made ⓐ *that hard for them to support themselves. ③ The fishing industry is one of the oldest and most important activities of man. ④ Many of them have turned to diving deeper for longer periods of time in order to bring home enough catch. ⑤ Because of their frequent deep dives and short surface intervals, they have to hold their breath for a long time. ⓑ This can increase the risk of injury or illness and even lead to death at worst.

*breeding ground 번식지

• 단어 수: 154
• 독해 시간: 130초
• 난이도: ★★★

14 윗글의 빈칸에 들어갈 연결어로 가장 적절한 것을 고르시오.

① Hence ② In addition ③ Therefore
④ However ⑤ For example

15 서술형 윗글의 밑줄 친 ⓑ가 가리키는 것을 우리말로 쓰시오.

➡ ________________________

16 수능 유형 윗글에서 전체 흐름과 관계 없는 문장을 고르시오.

① ② ③ ④ ⑤

17 내신 대비 윗글의 밑줄 친 ⓐ를 어법상 바르게 고치시오.

➡ ____________

Grammar

*가목적어, 진목적어
목적어 역할을 하는 to부정사가 길어질 경우, 가목적어 it을 대신 쓰고 to부정사를 뒤로 보낸다.

Word Check

- coastal 해안의
- survival 생존
- gather 모으다
- shellfish 조개
- dive 잠수하다
- shore 해안
- fishery resources 수산자원
- overfishing (어류) 남획
- destruction 파괴
- support 부양하다, 지지하다
- turn to ~에 의지하다
- frequent 잦은
- interval 간격
- injury 부상
- at worst 최악의 경우에

정답과 해설 pp. 74~77

REVIEW 어휘 테스트 L 흐름에 맞지 않는 문장 찾기

▶ 정답과 해석 p. 77

다음 영어는 우리말 뜻을, 우리말은 영어 단어를 <보기>에서 찾아 쓰시오.

〈보기〉

부상	필요로 하다	stepsister
조개	상당한	reclaim
고치다	at worst	rewarding

01 considerable ____________

02 injury ____________

03 require ____________

04 shellfish ____________

05 되찾다 ____________

06 의붓자매 ____________

07 보람 있는 ____________

08 최악의 경우에 ____________

다음 중 나머지와 의미가 다른 하나를 고르시오.

09 ① assign ② task ③ entrust ④ deny

10 ① confusion ② order ③ chaos ④ mess

11 ① peace ② conflict ③ discord ④ dispute

주어진 단어와 비슷한 뜻을 가진 것을 고르시오.

12 support
① oppose ② advocate ③ divide ④ undermine

13 arise
① emerge ② sink ③ converge ④ consider

14 destruction
① salvation ② erection ③ devastation ④ construction

자연스러운 문장이 되도록 괄호 안에서 적절한 단어를 고르시오.

15 There are some sandcastles built on the (shore / share).

16 Buses are never (frequent / fret) in this area.

17 A(n) (virtuous / evil) act was committed here.

우리말에 맞게 빈칸에 적절한 단어를 <보기>에서 찾아 쓰시오.

〈보기〉

overfishing	coastal	gather
willingly	tale	interval

18 그는 우리에게 기꺼이 데이터 칩을 주었다.
➡ He ____________ gave us the data chip.

19 정부는 어류 남획에 관한 경고문을 발표했다.
➡ The government issued an warning about ____________.

20 나의 엄마는 자기 바로 전에 나에게 그녀의 이야기를 들려주시곤 했다.
➡ My mom used to unfold her ____________ to me right before bedtime.

21 그는 꽃을 모아야 했다.
➡ He was supposed to ____________ flowers.

22 바다의 톡 쏘는 냄새가 해안 마을에 가득했다.
➡ The ____________ town was full of the sharp smell of the sea.

M 글의 순서 정하기

결정적인 단서를 제공하는 단어들이 각 문단에 등장해요.

04 수능 유형 **주어진 글 다음에 이어질 글의 순서로 가장 적절한 것을 고르시오.**

주어진 글인 첫 문단에 이어지는 (A), (B), (C) 문단의 순서를 정하는 문제예요.

Most people have a perfect time of day when they feel they are at their best, whether in the morning, evening, or afternoon.

(A) When your mind and body are less alert than at your "peak" hours, the muse of creativity awakens and is allowed to roam more freely. In other words, when your mental machinery is loose rather than standing at attention, the creativity flows.

(B) However, if the task you face demands creativity and novel ideas, it's best to tackle it at your "worst" time of day! So if you are an early bird, make sure to attack your creative task in the evening, and vice versa for night owls.

(C) Some of us are night owls, some early birds, and others in between may feel most active during the afternoon hours.

단서를 잘 활용하는 것도 중요하지만, 주어진 글의 내용을 정확하게 파악하고 무엇에 관한 내용인지 이해하는 것이 제일 중요해요. (A)부터 읽으면서 단서의 역할을 하는 연결어나 관사, 대명사 등을 찾으며 읽으면 돼요.

① (A) – (C) – (B)　　② (B) – (A) – (C)
③ (B) – (C) – (A)　　④ (C) – (A) – (B)
⑤ (C) – (B) – (A)

수록 지문

- 창의성을 발휘하는 데 최적의 시간 + Follow Me!
- Marshall 박사는 왜 박테리아를 마셨을까?
- 구름 씨를 뿌려♪ 꾹꾹 심은 다음♪
- 마그마의 결정 형성

M 글의 순서 정하기 유형 연습

[문제 04] (수능 유형) 이렇게 쉽게 풀자!

1st 주어진 글을 통해 글이 어떻게 전개될지 예상한다.

2nd 각 문단의 내용을 파악하면서 단서를 이용해 글을 순서대로 배열한다.

3rd 각 문단의 내용을 정리하여 정답을 확인한다.

Tip 연결어, 대명사, 지시어 등의 단서들을 찾는다.

[01~05] 다음 글을 읽고, 물음에 답하시오. [2022년 9월 시행 고1 학평 37]

• 단어 수: 165
• 독해 시간: 140초
• 난이도: ★★★

> Most people have a perfect time of day when they feel they are at their best, whether in the morning, evening, or afternoon.

(A) When your mind and body are less alert than at your "peak" hours, the muse of creativity awakens and is allowed to roam more freely. In other words, when your mental machinery is loose rather than standing at attention, the creativity flows.

(B) However, if the task you face demands creativity and novel ideas, it's best to tackle it at your "worst" time of day! So if you are an early bird, make sure to attack your creative task in the evening, and vice versa for night owls.

(C) Some of us are night owls, ⓐ *<u>some</u> early birds, and others in between may feel most active during the afternoon hours. If you are able to organize your day and divide your work, make it a point to deal with tasks that demand attention at your best time of the day.

* roam: (어슬렁어슬렁) 거닐다

Grammar

* 생략
반복되는 주어나 동사, 부사절의 「주어+be동사」, 관계대명사절의 「주격 관계대명사+be동사」는 생략할 수 있다.

Word Check

- alert 기민한, 주의하는
- peak 정점의
- muse 영감
- awaken 깨어나다
- machinery 기제, 시스템
- loose 느슨하게 하다, 풀다
- attention 집중, 주의력
- demand 요구하다
- novel 새로운
- tackle (힘든 문제 · 상황과) 씨름하다
- vice versa 반대로
- organize 계획하다
- divide 분배하다

01 서술형 윗글의 내용과 일치하도록 빈칸에 적절한 말을 윗글에서 찾아 쓰시오.

People have a certain __________ of day when they feel most productive, whether it's in the morning, afternoon, or evening.

02 다음 영영풀이가 설명하는 어휘를 윗글에서 찾아 쓰시오.

__________: able to think clearly and to notice things

03 윗글에 등장하는 다음 두 문장을 바르게 해석하시오.

(1) In other words, when your mental machinery is loose rather than standing at attention, the creativity flows.

➡ ______________________________

____

(2) If you are able to organize your day and divide your work, make it a point to deal with tasks that demand attention at your best time of the day.

➡ ______________________________

____

04 수능 유형 주어진 글 다음에 이어질 글의 순서로 가장 적절한 것을 고르시오.

① (A) – (C) – (B)　② (B) – (A) – (C)
③ (B) – (C) – (A)　④ (C) – (A) – (B)
⑤ (C) – (B) – (A)

05 내신 대비 윗글의 밑줄 친 ⓐ 뒤에 생략된 것을 쓰시오.

➡ ______________

Follow Me!

01
사람들마다 자신이 최고의 상태에 있다고 느끼는 '무엇'이 있다고 했는지 찾아야 한다.

02
덜 '어떻게' 되는 상태일 때 창의성의 영감이 깨어난다고 했는지 찾는다.

03
(1) '~보다는'이라는 뜻을 나타내는 rather than에 유의해서 해석한다.
(2) 선행사 tasks를 취하는 주격 관계대명사 that이 쓰인 문장이다.

04~05 뒷페이지에

정답과 해설 pp. 78~79

 (수능 유형) 이렇게 쉽게 풀자!

[문제 04]

1st 주어진 글을 통해 글이 어떻게 전개될지 예상한다.

대부분의 사람들은 하루 중 그들이 자신의 최고의 상태에 있다고 느끼는 완벽한 시간을 갖는다.

소재: 사람마다 다른 최적의 시간
전개 방향: 사람마다 최고의 상태에 있다고 느끼는 시간이 다르다는 것과 관련된 내용이 이어질 것임

2nd 각 문단의 내용을 파악하면서 단서를 이용해 글을 순서대로 배열한다.

(A): 여러분의 정신과 신체가 여러분의 "정점의" 시간보다 주의력이 덜할 때, 창의성의 영감이 깨어난다. 다시 말해서(In other words), 여러분의 정신 기제가 주의력 있게 기립해 있을 때보다 느슨하게 풀려있을 때 창의성이 샘솟는다.

(A) **앞**: 신체와 정신이 느슨한 상태에서 창의성이 잘 발휘된다는 내용이므로 이와 관련된 내용이 앞에 와야 한다.
주어진 글에 이 내용이 없으므로 (A) 앞에 주어진 글이 올 수 없음

(A) **뒤**: *In other words(다시 말해서)라고 하며 앞에서 말했던 내용을 정리하고 있다.
(A)는 맨 마지막에 올 확률이 큼

(B): 그러나(However), 여러분이 직면한 과업이 창의성을 요구한다면, ~ 밤 올빼미라면 반대로 해라.

(B) **앞**: 1) *However(그러나)로 시작하므로 앞에 반대 내용이 나와야 한다.
2) 창의성을 요하는 일은 하루 중 최악의 시간에 하라는 것과 반대되는 내용이 와야 한다.

(B) **뒤**: 일찍 일어난다면 저녁에 창의적인 일을 하라고 했으므로 뒤에 부연 내용인 (A)가 올 수 있다.
(B) 뒤에 (A)가 와야 함 (순서: (B) → (A))

(C): 우리 중 몇몇은(Some of us) 밤 올빼미이고, 몇몇은(some) 일찍 일어나는 새이며, 그 사이에 있는 누군가는(others) 오후의 시간 동안 가장 활력을 느낄지도 모른다. 집중을 요구하는 과업을 최적의 시간에 처리하는 것에 중점을 두어라.

(C) **앞**: 우리 중에 밤 올빼미인 사람도 있고, 일찍 일어나는 새인 사람도 있다고 했으므로, 사람마다 완벽함을 느끼는 시간이 다르다고 한 주어진 글 뒤에 와야 한다.
(C) 앞에 주어진 글이 와야 함 (순서: 주어진 글 → (C))

(C) **뒤**: 사람마다 각자 활력을 느끼는 시간이 다른데 집중력을 요하는 일은 최적의 시간에 해야 한다는 내용이므로 However(그러나)로 반대 내용이 연결되는 (B)가 (C) 뒤에 와야 한다.
(B)가 (C) 뒤에 와야 함 (순서: 주어진 글 → (C) → (B) → (A))

3rd 각 문단의 내용을 정리하여 정답을 확인한다.

주어진 글: 사람마다 완벽함을 느끼는 시간이 다르다.
→ (C): 집중력을 요하는 작업은 가장 완벽함을 느끼는 최고의 시간에 하는 것이 좋다.
→ (B): 창의성을 요하는 작업은 최악의 상태에 하는 것이 좋다.
→ (A): 신체와 정신이 느슨한 상태일 때 창의성이 가장 잘 발휘된다.
주어진 글 다음에 이어질 글의 순서는 (C) → (B) → (A)이므로 정답은 ⑤임

Tip
*연결어와 같은 단서들을 찾는다.
(A)의 In other words(다시 말해서), (B)의 However(그러나), (C)의 Some of us(우리 중 몇몇은) 등

[문제 05] 반복을 피하기 위해 생략된 be동사: are 

(be동사: are) (반복되는 주어: some)

Some of us are night owls, / some early birds, / and others in between ~ . //
우리 중 몇몇은 밤 올빼미이고 / 몇몇은 일찍 일어나는 새이며 / 그 사이에 있는 누군가는 ~ //

[06~09] 다음 글을 읽고, 물음에 답하시오.

- 단어 수: 146
- 독해 시간: 130초
- 난이도: ★★☆

Dr. Barry Marshall won the 2005 Nobel Prize in Physiology or Medicine for proving that most peptic ulcers are caused by a bacteria called Helicobacter pylori.

(A) He began to work to identify the exact cause. He thought ulcers were in fact caused by a bacteria infestation, not stress. *What has been found as a cause (A) [was / were] Helicobacter pylori bacteria.

(B) He swallowed all of the bacteria to prove it. After 5 days, he began to vomit, and after 10 days, the stomach was filled with bacteria. Soon, there was gastritis and progressed to ulcers. It was finally proven that Helicobacter pylori is the true cause.

(C) Before the 20th century, the ulcer was not a serious disease. "You're under a lot of stress," doctors would say. However, Dr. Barry Marshall, a young Australian doctor, wondered whether ulcers had other causes or not.

*peptic ulcer 위궤양 **gastritis 위염

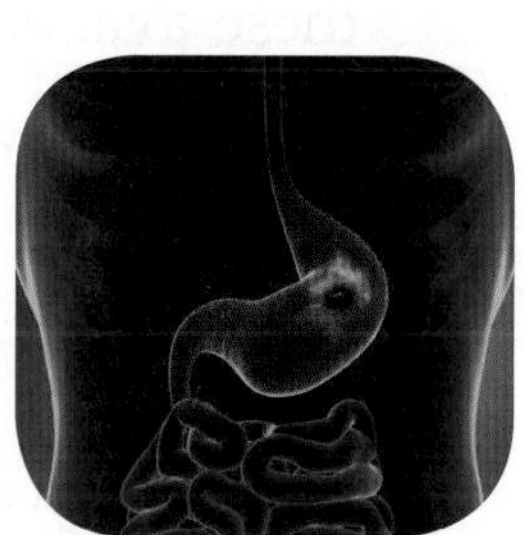

06 다음 영영풀이가 설명하는 어휘를 윗글에서 찾아 쓰시오.

__________: a science that deals with the ways that living things function

07 (서술형) 다음 질문에 대한 답을 윗글에서 찾아 쓰시오.

Q: What did people believe about ulcers before the 20th century?

A: People commonly believed that __________ was the reason for causing stomach ulcers.

08 (수능 유형) 주어진 글 다음에 이어질 글의 순서로 가장 적절한 것을 고르시오.

① (A) – (B) – (C)
② (A) – (C) – (B)
③ (B) – (C) – (A)
④ (C) – (A) – (B)
⑤ (C) – (B) – (A)

09 (내신 대비) 윗글의 네모 (A)에서 어법상 적절한 것을 고르시오.

➡ __________

Grammar

*단수 주어
단수 취급하는 주어에는 「every/each+단수 명사」, to부정사, 명사절, and로 연결되지 않은 동명사 등이 있다.

Word Check

- physiology 생리학
- identify 밝히다, 증명하다
- exact 정확한
- infestation (기생충 등의) 체내 침입, 침략
- swallow 삼키다
- vomit 토하다
- stomach 위
- progress 진행하다

정답과 해설 pp. 79~80

[10~13] 다음 글을 읽고, 물음에 답하시오.

- 단어 수: 148
- 독해 시간: 130초
- 난이도: ★★☆

Water is a valuable resource. It affects nearly all aspects of life on earth. However, it is also limited, so people use a variety of methods to solve the problem of water shortage. One such technique is "cloud seeding."

(A) It is the process of artificially generating rain. Just like sowing seeds in the field, cloud seeding implants clouds with seeds.

(B) The key is that ice crystals (or raindrops) cannot form without these particles, ⓐ [that / which]* can often be lacking in the air. Cloud seeding provides additional particles and increases the number of these available particles into the air by airplanes. Therefore, cloud seeding can artificially induce rainfall.

(C) Some water in the air comes together around particles such as dust or salt from the ocean and then forms ice crystals. Then, this little water becomes too heavy to stay afloat and falls as rain.

*implant 심다

10 서술형 윗글의 제목을 아래와 같이 쓸 때, 빈칸에 적절한 말을 윗글에서 찾아 쓰시오.

How Does Cloud ________ Work?

11 서술형 윗글을 읽고, 다음 빈칸에 들어갈 말로 가장 적절한 것을 윗글에서 찾아 쓰시오.

When the seeds get heavy enough with water, they fall as ________.

12 수능 유형 주어진 글 다음에 이어질 글의 순서로 가장 적절한 것을 고르시오.

① (A) – (B) – (C)　② (A) – (C) – (B)
③ (B) – (A) – (C)　④ (B) – (C) – (A)
⑤ (C) – (B) – (A)

13 내신 대비 윗글의 네모 ⓐ에서 어법상 적절한 것을 고르시오.

➡ ________

Grammar

*관계대명사의 역할
관계대명사는 「접속사+대명사」의 역할을 하고, 관계대명사가 이끄는 절이 형용사처럼 선행사를 수식한다.

Word Check

- valuable 소중한
- affect 영향을 미치다
- shortage 부족
- seeding 씨뿌리기
- artificially 인위적으로
- sow (씨를) 뿌리다[심다]
- crystal 결정체
- particle (아주 작은) 입자, 조각
- additional 추가의
- available 이용 가능한
- induce 유도하다
- afloat (물 · 공중에) 뜬

고난도

[14~17] 다음 글을 읽고, 물음에 답하시오. [2023년 3월 시행 고1 학평 37]

- 단어 수: 146
- 독해 시간: 130초
- 난이도: ★★★

Natural processes form minerals in many ways. For example, hot melted rock material, called magma, cools when it reaches the Earth's surface, or even if it's trapped below the surface. As magma cools, its atoms lose heat energy, move closer together, and begin to combine into compounds.

(A) Also, the size of the crystals that form depends partly on how ⓐ rapid the magma cools. When magma cools slowly, the crystals that form are generally large enough to see with the unaided eye.

(B) During this process, atoms of the different compounds arrange themselves into orderly, repeating patterns. 마그마에 존재하는 원소의 종류와 양이 어떤 광물이 형성될지를 부분적으로 결정한다.

(C) This is because the atoms have enough time to move together and form into larger crystals. When magma cools rapidly, the crystals that form will be small. In such cases, you can't easily see individual mineral crystals.

*compound 화합물

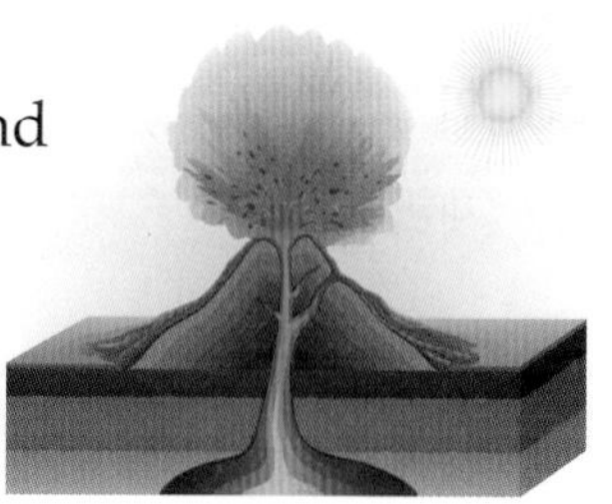

14 서술형 윗글의 내용과 일치하도록 빈칸에 적절한 말을 윗글에서 찾아 쓰시오.

The size of the crystals depends on the __________ magma takes until it cools.

15 서술형 윗글의 밑줄 친 우리말 해석과 일치하도록 주어진 표현을 적절하게 배열하시오.

(elements, present in, minerals, form, will, the type, and amount, partly determine, of, a magma, which)

➡ ______________________________

16 수능 유형 주어진 글 다음에 이어질 글의 순서로 가장 적절한 것을 고르시오.

① (A) – (C) – (B)
② (B) – (A) – (C)
③ (B) – (C) – (A)
④ (C) – (A) – (B)
⑤ (C) – (B) – (A)

17 내신 대비 윗글의 밑줄 친 ⓐ를 어법상 적절하게 고쳐 쓰시오.

➡ __________

Grammar

*부사
형용사나 동사, 다른 부사를 꾸며 주는 역할을 하고, 보통 꾸며 주는 대상 앞에 오지만 문장 전체를 꾸며줄 때는 문장 맨 앞에 오는 경우가 많다.

Word Check

- form 형성하다, 형성되다
- mineral 광물
- melt 녹이다, 녹다
- material 물질
- surface 표면
- trap 가두다
- atom 원자
- combine 결합하다
- crystal 결정, 결정체
- unaided eye 육안
- arrange 배열하다
- orderly 질서있는
- element 원소
- determine 결정하다
- individual 개별의

정답과 해설 pp. 80~83

▶ 정답과 해석 p. 83

✻ 다음 영어는 우리말 뜻을, 우리말은 영어 단어를 <보기>에서 찾아 쓰시오.

<보기>

열에너지	available	physiology
토하다	stomach	shortage
씨뿌리기	영감	unaided eye

01 vomit ______________

02 muse ______________

03 heat energy ______________

04 seeding ______________

05 부족 ______________

06 위 ______________

07 생리학 ______________

08 이용 가능한 ______________

✻ 밑줄 친 단어가 주어진 의미로 쓰인 문장을 고르시오.

09 [결정체]
① Everything is crystal clear now.
② This is a beautiful crystal.

10 [배열하다]
① She arranged the bottles into neat lines.
② I've arranged your schedule to include the changes.

11 [새로운]
① Thousands of novels are printed every year.
② He had a novel suggestion.

✻ 짝지어진 단어의 관계가 나머지와 다른 것을 고르시오.

12 ① vigilant : alert ② combine : divide
③ orderly : messy ④ freeze : melt

13 ① plan : organize ② capture : trap
③ arouse : awaken ④ tackle : avoid

✻ 다음 영영풀이에 알맞은 단어를 고르시오.

14 in an unnatural way that has been caused by human action
① naturally ② falsely
③ artificially ④ basically

15 the outer or top part or layer of something
① preface ② surface
③ favour ④ advice

✻ 자연스러운 문장이 되도록 괄호 안에서 적절한 단어를 고르시오.

16 The fifth (elevation / element) doesn't exist.

17 Quickly (wallow / swallow) the pills.

18 The log was keeping me (allot / afloat).

✻ 우리말에 맞게 빈칸에 적절한 단어를 <보기>에서 찾아 쓰시오.

<보기>

particles mineral tackle peak

19 그녀의 경력은 정점에 다다랐다.
➡ Her career reached its ____________.

20 이 공간에는 먼지 입자들이 많이 있다.
➡ There are many dust ____________ in this space.

21 이 땅에는 광물이 풍부하다.
➡ This ground is rich with ____________.

N 주어진 문장 넣기

글의 흐름이 갑자기 끊기는 곳에 주어진 문장을 넣으면 돼요.

04 수능 유형 **글의 흐름으로 보아, 주어진 문장이 들어가기에 가장 적절한 곳을 고르시오.**

주어진 문장에 있는 연결어나 대명사를 단서로 잘 활용해야 해요.

> Bad carbohydrates, on the other hand, are simple sugars.

All carbohydrates are basically sugars. (①) Complex carbohydrates are the good carbohydrates for your body. (②) These complex sugar compounds are very difficult to break down and can trap other nutrients like vitamins and minerals in their chains. (③) As they slowly break down, the other nutrients are also released into your body, and can provide you with fuel for a number of hours. (④) Because their structure is not complex, they are easy to break down and hold few nutrients for your body other than the sugars from which they are made. (⑤) Your body breaks down these carbohydrates rather quickly and (A) [that / what] it cannot use is converted to fat and stored in the body.

* carbohydrate 탄수화물 ** convert 바꾸다

앞에 전혀 나오지 않았던 단어나 어구가 나오는 문장이 정답인 경우에는 답을 쉽게 고를 수 있어요. 하지만 앞에 나왔던 단어나 어구를 넣은 문장인데 글의 흐름이 갑자기 바뀌는 경우가 있으므로 잘 살펴봐야 해요.

수록 지문

- 좋은 탄수화물과 나쁜 탄수화물 + Follow Me!
- K-Pop 아이돌
- 실내 운동보다 더 유익한 실외 운동
- 토마토를 무서워했던 사람들

N 주어진 문장 넣기 유형 연습

 [문제 04] (수능 유형) **이렇게 쉽게 풀자!**

1st 주어진 문장을 먼저 읽고, 연결어, 지시어 등의 단서를 확인한다.

2nd 찾은 단서를 생각하며 각 선택지의 앞뒤 흐름이 매끄러운지 확인한다.

3rd 글이 한눈에 들어오도록 정리하여 정답을 확인한다.

Tip 대명사, 지시어, 연결어 등에 유의한다.

[01~05] 다음 글을 읽고, 물음에 답하시오. [2023년 3월 시행 고1 학평 38]

• 단어 수: 129
• 독해 시간: 120초
• 난이도: ★★☆

All carbohydrates are basically sugars. (①) Complex carbohydrates are the good carbohydrates for your body. (②) These complex sugar compounds are very difficult to break down and can trap other nutrients like vitamins and minerals in their chains. (③) As they slowly break down, the other nutrients are also released into your body, and can provide you with fuel for a number of hours. (④) Because their structure is not complex, they are easy to break down and hold few nutrients for your body other than the sugars from which they are made. (⑤) Your body breaks down these carbohydrates rather quickly and (A) *[that / what] it cannot use is converted to fat and stored in the body.

*carbohydrate 탄수화물 **convert 바꾸다

Grammar

*관계대명사 what과 that
다른 관계대명사는 선행사를 수식하는 형용사절을 이끌지만 what은 그 자체에 선행사를 포함하므로 명사절을 이끈다.

Word Check

- complex 복합의, 복잡한
- break down ~을 분해하다, 분해되다
- nutrient 영양소
- release 방출하다
- fuel 연료
- a number of 많은
- structure 구조
- hold 가지고 있다
- other than ~ 외에
- rather 상당히
- store 저장하다

01 서술형 윗글의 내용과 일치하도록 빈칸에 적절한 말을 윗글에서 찾아 쓰시오.

Complex sugar compounds provide other __________ to your body.

02 서술형 밑줄 친 they가 윗글에서 가리키는 것을 우리말로 쓰시오.

➡ ______________________________

03 다음 영영풀이가 설명하는 어휘를 윗글에서 찾아 그 원형을 쓰시오.

__________ : to allow a substance to enter the air, water, soil, etc.

04 수능 유형 윗글의 흐름으로 보아, 주어진 문장이 들어가기에 가장 적절한 곳을 고르시오.

Bad carbohydrates, on the other hand, are simple sugars.

① ② ③ ④ ⑤

05 내신 대비 윗글의 네모 (A)에서 어법상 적절한 것을 고르시오.

➡ __________

Follow Me!

01
복합 탄수화물은 분해되면서 '무엇'을 우리 몸에 방출한다고 했다.

02
앞 문장에 they가 가리키는 복수 명사가 있다.

03
물질이 어떤 것으로 들어가게 한다는 뜻을 설명하는 단어를 찾는다.

04~05 뒷페이지에

정답과 해설 pp. 84~85

(수능 유형) 이렇게 쉽게 풀자!

[문제 04]

1st 주어진 문장을 먼저 읽고, 연결어, 지시어 등의 단서를 확인한다.

반면에(on the other hand) 나쁜 탄수화물은 단당류이다.

on the other hand(반면에)라고 했으므로 앞에는 나쁜 탄수화물과 반대되는 내용이 와야 한다.

2nd 찾은 단서를 생각하며 각 선택지의 앞뒤 흐름이 매끄러운지 확인한다.

①의 앞 문장: 모든 탄수화물은 기본적으로 당이다. **①의 뒤 문장:** 복합 탄수화물은 몸에 좋은 탄수화물이다.

앞 문장에서 언급한 탄수화물 중 하나를 뒤 문장에서 설명함
주어진 문장이 ①에 들어갈 수 없음

②의 앞 문장: ①의 뒤 문장과 같음
②의 뒤 문장: 이러한 복당류 화합물(These complex sugar compounds)은 분해하기 매우 어렵다.

'이러한 복당류 화합물'은 앞 문장의 '복합 탄수화물'을 가리킨다.
주어진 문장이 ②에 들어갈 수 없음

③의 앞 문장: ②의 뒤 문장과 같음 **③의 뒤 문장:** 그것들(they)이 천천히 ~ 몸으로 방출된다.

*
they는 앞 문장의 '복당류 화합물'을 가리키고 관련 내용이 연결된다.
주어진 문장이 ③에 들어갈 수 없음

④의 앞 문장: ③의 뒤 문장과 같음 **④의 뒤 문장:** 그것의 구조(their structure)는 ~ 분해되기 쉽다.

구조가 복잡하지 않다고 했는데, 복당류 화합물은 분해하기 어렵다고 했으므로 흐름이 자연스럽지 않다.
주어진 문장이 ④에 들어가야 함

⑤의 앞 문장: ④의 뒤 문장과 같음
⑤의 뒤 문장: 여러분의 몸은 이러한 탄수화물(these carbohydrates)을 상당히 빨리 분해한다.

'이러한 탄수화물'은 앞 문장에서 말한 나쁜 탄수화물인 단당류를 가리킨다.
주어진 문장이 ⑤에 들어갈 수 없음

3rd 글이 한눈에 들어오도록 정리하여 정답을 확인한다.

모든 탄수화물은 기본적으로 당이다.
(①) 복합 탄수화물은 몸에 좋은 탄수화물이다.
(②) 복당류 화합물은 분해하기 어렵고 다른 영양소를 안에 가두어 둘 수 있다.
(③) 그것들이 천천히 분해되면서, 많은 시간 동안 에너지를 공급할 수 있다.

(④ 반면에 나쁜 탄수화물은 단당류이다.)

구조가 복잡하지 않아 분해되기 쉽고 영양소를 거의 가지고 있지 않다.
(⑤) 몸은 이러한 탄수화물을 빨리 분해해 사용할 수 없는 것은 지방으로 바꿔 저장한다.
주어진 글을 ④에 넣으면 문맥상 매끄러워짐

> Tip
> **＊대명사, 지시어, 연결어 등에 유의한다.**
> 주어진 문장과 선택지 문장에 모두 이런 단서가 있다.
> 주어진 문장의 on the other hand(반면에), ② 뒤의 These(이러한), ③ 뒤의 they(그것들), ④ 뒤의 their(그것의), 그리고 ⑤ 뒤의 these(이러한)

[문제 05] 동사 is 앞에 주어를 만드는 데 필요한 관계대명사: what (핵심 구문)

~ and what(관계대명사) it cannot use / is converted(동사) to fat and stored in the body. //
~ 그것(몸)이 사용할 수 없는 것은 / 지방으로 바뀌어 몸에 저장된다 //

[06~09] 다음 글을 읽고, 물음에 답하시오.

• 단어 수: 130
• 독해 시간: 120초
• 난이도: ★★☆

K-Pop, which is an abbreviation of Korean Popular music, originated in South Korea during the 1950s. (①) In recent years, K-Pop has gained significant global popularity and has become a major contributor to the South Korean economy. (②) One of the features that lead K-Pop's popularity is its systematic training. (③) It involves intensive training programs that are run by entertainment agencies. (④) Trainees work hard during their training, often living in dormitories and spending a lot of time practicing. (⑤) In the meantime, they are assessed on their unique styles, personalities, voices, and performance skills. Sometimes, trainees may spend several years in the program, working hard to improve their skills and *<u>waited</u> for the opportunity to debut as K-Pop idols.

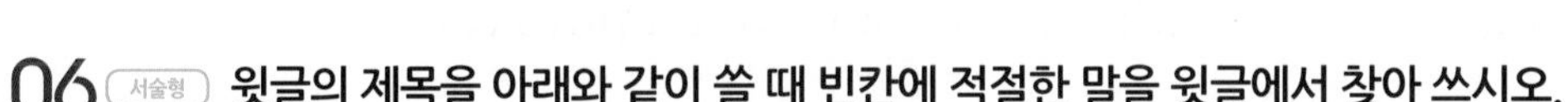

06 (서술형) **윗글의 제목을 아래와 같이 쓸 때 빈칸에 적절한 말을 윗글에서 찾아 쓰시오.**

> ____________ Training: The Key to K-Pop's Global Success

07 **다음 영영풀이에 해당하는 단어를 윗글에서 찾아 그 원형을 쓰시오.**

> ____________: to begin to exist, to be produced or created

08 (수능 유형) **윗글의 흐름으로 보아, 주어진 문장이 들어가기에 가장 적절한 곳을 고르시오.**

> These programs are designed to develop the skills of the trainees who want to become idols in areas such as media, vocal coaching, and live performance.

① ② ③ ④ ⑤

09 (내신 대비) **윗글의 밑줄 친 <u>waited</u>를 어법상 적절하게 고쳐 쓰시오.**

➡ ____________________

Grammar

＊분사구문에서 주의할 점

부사절의 주어가 주절의 주어와 같지 않으면 생략할 수 없고, 분사구문의 의미를 정확하게 전달해야 할 경우에는 접속사를 생략하지 않는 경우도 있다.

Word Check

- abbreviation 약어
- originate 비롯되다, 발생하다
- significant 상당한
- popularity 인기
- contributor 기여자
- economy 경제
- feature 특징
- systematic 체계적인
- intensive 집중적인
- trainee 연습생
- dormitory 기숙사
- in the meantime 한편
- assess 평가하다
- personality 성격, 개성

정답과 해설 pp. 85~86

[10~13] 다음 글을 읽고, 물음에 답하시오.

- 단어 수: 138
- 독해 시간: 120초
- 난이도: ★★☆

A recent study of 30 college students found that exercising outdoors, especially in a natural environment such as a park, is *more beneficial for our thinking and health than (A) [to exercise / exercising] indoors. (①) At first, the research assessed the cognitive abilities of the 30 college students by testing their working memory and ability to focus. (②) Then it asked them to walk for 15 minutes inside a building and in a park, respectively, before being tested again. (③) The results showed that they had better concentration and faster response times after a quick walk outside. (④) This suggests that even brief exposure to nature can enhance our cognitive ability. (⑤) Being surrounded by these green elements can reduce stress and increase our feelings of well-being, thus contributing to our overall physical and mental health.

Grammar

*비교급과 최상급
비교급은「형용사/부사의 비교급+than」형태로 '…보다 더 ~한[하게]'의 의미를 나타낼 때 쓴다. 최상급은「the+형용사/부사의 최상급」형태로 '가장 ~한[하게]'의 의미를 나타낸다.

Word Check

- outdoors 실외에서
- environment 환경
- beneficial 유익한
- assess 평가하다
- cognitive 인지적인
- respectively 각각
- concentration 집중
- suggest 시사하다
- exposure 노출
- enhance 향상시키다
- element 요소
- contribute 기여하다
- overall 전반적인

10 (서술형) 윗글의 내용과 일치하도록 빈칸에 적절한 말을 윗글에서 찾아 쓰시오.

> Engaging in physical activity in (1) n__________ can have a positive impact on your (2) c__________ function and overall health.

11 다음 영영풀이가 설명하는 어휘를 윗글에서 찾아 그 원형을 쓰시오.

> (1) __________: to improve something
> (2) __________: to be all around someone or something on every side

12 (수능 유형) 윗글의 흐름으로 보아, 주어진 문장이 들어가기에 가장 적절한 곳을 고르시오.

> Additionally, outdoor exercise provides us with clean air, sunlight, and a change of scenery.

① ② ③ ④ ⑤

13 (내신 대비) 윗글의 네모 (A)에서 어법상 적절한 것을 고르시오.

➡ __________

고난도

[14~17] 다음 글을 읽고, 물음에 답하시오.

Ripe red tomatoes are (A) [so / such] popular fruits that* it's hard to imagine people used to avoid eating them. But did you know that people once feared tomatoes? This fruit used to be called the "poison apple" because it was thought to be poisonous. (①) In the late 1700s, Europeans believed that the tomato was responsible for the sudden deaths of many aristocrats. (②) The cause of deaths was actually due to the plates, not the tomatoes. (③) These plates, which were considered fashionable at that time, were actually high in lead. (④) When the acidic tomato was served on these plates, it caused toxic lead to come out from the plates, thus resulting in sickness and even death. (⑤) Sadly, the people of that time wrongly blamed the tomato for these tragic results, rather than the real cause – the plates.

*lead 납 **pewter plates 백랍 접시

• 단어 수: 153
• 독해 시간: 130초
• 난이도: ★★★

14 서술형 윗글의 제목을 아래와 같이 쓸 때, 빈칸에 적절한 말을 윗글에서 찾아 쓰시오.

> The Hidden Danger: Blame the ________, Not the Tomatoes!

15 다음 영영풀이가 설명하는 어휘를 윗글에서 찾아 그 원형을 쓰시오.

> ________: a person who belongs to the highest social class or nobility in a society

16 수능 유형 윗글의 흐름으로 보아, 주어진 문장이 들어가기에 가장 적절한 곳을 고르시오.

> Those aristocrats shared one thing in common: they all ate tomatoes off pewter plates and got poisoned.

① ② ③ ④ ⑤

17 내신 대비 윗글의 네모 (A)에서 어법상 적절한 것을 고르시오.

➡ ________

Grammar

*결과를 나타내는 부사절 접속사

so that은 '그래서 ~하다', 「so+형용사/부사+that」은 '매우 ~해서 …한', 「such+명사(구)+that」은 '매우 ~해서 …한'의 의미를 나타낸다.

Word Check

- imagine 상상하다
- poison 독
- poisonous 독이 있는
- responsible 책임이 있는
- aristocrat 귀족
- consider 여기다
- acidic 산성의
- sickness 질병
- tragic 비극적인

정답과 해설 pp. 86~89

▶ 정답과 해석 p. 89

✱ 다음 영어는 우리말 뜻을, 우리말은 영어 단어를 <보기>에서 찾아 쓰시오.

〈보기〉

연료	한편	sickness
많은	dormitory	trainee
약어	aristocrat	other than

01 abbreviation ____________

02 a number of ____________

03 fuel ____________

04 in the meantime ____________

05 귀족 ____________

06 질병 ____________

07 연습생 ____________

08 기숙사 ____________

✱ 주어진 단어와 비슷한 뜻을 가진 것을 고르시오.

09 tragic
① logic ② fortunate
③ sad ④ lucky

10 suggest
① accept ② develop
③ reject ④ indicate

11 concentration
① detachment ② distraction
③ withdrawal ④ attention

12 beneficial
① harmful ② helpful
③ damaging ④ illogical

✱ 다음 중 나머지와 의미가 다른 하나를 고르시오.

13 ① complicated ② plain
③ intricate ④ complex

14 ① disregard ② count
③ consider ④ regard

15 ① liable ② responsible
③ exempt ④ accountable

16 ① keep ② store
③ save ④ use

✱ 자연스러운 문장이 되도록 괄호 안에서 적절한 단어를 고르시오.

17 He didn't (contribute / conceive) to the presentation.

18 You must (reveal / release) the cat.

19 That was a (rapidly / rather) immature act.

✱ 우리말에 맞게 빈칸에 적절한 단어를 <보기>에서 찾아 쓰시오.

〈보기〉

exposure	overall	imagine
assess	nutrient	

20 실험은 전반적으로 엉망이었다.
➡ The experiment was a(n) ____________ mess.

21 우리는 내일 당신의 활약을 평가할 것이다.
➡ We will ____________ your performance tomorrow.

22 방사능 노출은 당신을 죽게 할 수도 있다.
➡ Radiation ____________ can kill you.

23 나는 이 소식이 얼마나 절망스러울지 상상조차 못하겠다.
➡ I can't ____________ how devastating this news will be.

O 요약문 완성하기

글에서 핵심 문장을 찾더라도 이것을 조금 다르게 표현한 주제문을 요약문으로 만든다는 생각으로 풀어야 하는 유형이에요.

04 수능 유형 **다음 글의 내용을 한 문장으로 요약하고자 한다. 빈칸 (A), (B)에 들어갈 말로 가장 적절한 것을 고르시오.**

요약문을 먼저 읽고 내용을 파악하는 것이 중요해요. 무턱대고 글부터 읽으면, 글의 내용을 짐작한 후에 답을 찾는 것보다 훨씬 시간이 많이 걸릴 거예요.

One of the most powerful tools to find meaning in our lives are reflective journaling — thinking back on and writing about what has happened to us. In the 1990s, Stanford University researchers asked undergraduate students on spring break to journal about their most important personal values and their daily activities; others were asked to write about only the good things that happened to them in the day.

> Journaling about daily activities based on what we believe to be ___(A)___ can make us feel that our life is meaningful by ___(B)___ our experiences in a new way.

(A)		(B)
① factual	—	rethinking
② worthwhile	—	rethinking
③ outdated	—	generalizing
④ objective	—	generalizing
⑤ demanding	—	describing

(A)에 5개의 다른 단어가 선택지로 제시된다면, (B)에는 3개의 다른 단어가 선택지로 제시되는 경우가 제일 많아요. 하지만 아주 어려운 문제의 경우, (A)와 (B) 모두 5개의 다른 단어가 나올 수도 있어요.

수록 지문

- 설득의 의도를 숨겨라! + Follow Me!
- 집 근처의 녹지 공간이 범죄를 줄인다
- 자주 사과하는 것의 긍정적인 점
- 경험을 가치 있게 재구성하는 성찰적 일기 쓰기

O 요약문 완성하기 유형 연습

[문제 04] (수능 유형) **이렇게 쉽게 풀자!**

1st 요약문과 선택지를 먼저 읽고 글에서 무엇을 찾아야 하는지 확인한다.

2nd 글의 핵심 내용을 파악하여 요약문을 완성한다.

3rd 글의 흐름을 정리하면서 정답이 맞는지 다시 한번 확인한다.

Tip 요약문은 연구 결과라고 생각하고 빈칸에 들어갈 말을 찾는다.

[01~05] 다음 글을 읽고, 물음에 답하시오. [2022년 9월 시행 고1 학평 40]

My colleagues and I ran an experiment testing two different messages meant to convince thousands of resistant alumni to make a donation. One message emphasized the opportunity to do good: donating would benefit students, faculty, and staff. The other emphasized the opportunity to feel good: donors would enjoy the warm glow of giving. The two messages were equally effective: in both cases, 6.5 percent of the unwilling alumni ended up ⓐ <u>donate</u>*. Then we combined them, because two reasons are better than one. Except they weren't. <u>우리가 그 두 개의 이유들을 합쳤을 때, 기부율은 3퍼센트 아래로 떨어졌다.</u> Each reason alone was more than twice as effective as the two combined. The audience was already skeptical. When we gave them different kinds of reasons to donate, we triggered their ________ that someone was trying to persuade them — and they shielded themselves against it.

* alumni 졸업생 ** skeptical 회의적인

• 단어 수: 145
• 독해 시간: 130초
• 난이도: ★★★

Grammar

*동명사의 관용 표현
• cannot help -ing: ~하지 않을 수 없다
• end up -ing: 결국 ~하다
• have trouble (in) -ing ~하는 데 어려움을 겪다

Word Check

- convince 납득시키다
- resistant 저항하는
- emphasize 강조하다
- faculty 교직원
- unwilling 내키지 않는
- trigger 유발하다
- persuade 설득하다
- empathy 공감
- obligation 의무

01 다음 낱말들(요약문의 선택지들)의 뜻으로 가장 적절한 것을 찾아 연결하시오.

(1) simultaneously •		• 만족한
(2) convinced •		• 불쾌하게 여기는
(3) separately •		• 동시에
(4) confused •		• 납득된
(5) frequently •		• 빈번히
(6) annoyed •		• 혼동된
(7) satisfied •		• 별개로
(8) offended •		• 언짢은

02 (서술형) 윗글의 밑줄 친 우리말 뜻과 일치하도록 다음 단어를 배열하시오.

(the two reasons, dropped, we, together, below, the giving rate, when, 3 percent, put)

➡ ____________________

03 (내신 대비) 윗글의 빈칸에 들어갈 말로 가장 적절한 것을 고르시오.

① awareness ② empathy ③ obligation
④ consequence ⑤ potential

04 (수능 유형) 윗글의 내용을 한 문장으로 요약하고자 한다. 빈칸 (A), (B)에 들어갈 말로 가장 적절한 것을 고르시오.

In the experiment mentioned above, when the two different reasons to donate were given ____(A)____, the audience was less likely to be ____(B)____ because they could recognize the intention to persuade them.

(A)		(B)
① simultaneously	—	convinced
② separately	—	confused
③ frequently	—	annoyed
④ separately	—	satisfied
⑤ simultaneously	—	offended

05 (내신 대비) 윗글의 밑줄 친 ⓐ를 어법상 적절하게 고치시오.

➡ ____________________

Follow Me!

01
(1), (2), (5), (7) 두 개의 메시지를 합쳤을 때 기부율이 떨어진다고 했다.
(3), (4), (6), (8) 두 개의 메시지를 각각 들었을 때 기부율이 더 올라갔다고 했다.

02
주절의 주어는 the giving rate, 동사는 dropped가 되도록 배열해야 한다.

03
누군가 그들을 설득하려고 하는 중이라는 '무엇'을 유발했다고 했다.

04~05 뒷페이지에

정답과 해설 pp. 90~91

 (수능 유형) 이렇게 쉽게 풀자!

[문제 04]

1st 요약문과 선택지를 먼저 읽고 글에서 무엇을 찾아야 하는지 확인한다.

위에서 언급된 실험에서, 기부하라는 두 개의 다른 이유가 '(A)하게' 주어졌을 때, 청자는 자신을 설득시키려는 의도를 알아차릴 수 있었기 때문에 '(B)될' 가능성이 더 작았다.

(A): 기부하라는 두 개의 다른 이유가 동시에, 별개로, 빈번히 주어졌는지
(B): 청자가 의도를 알아차려 작아진 가능성은 납득될, 혼동될, 언짢을, 만족될, 불쾌하게 여길 가능성인지

2nd 글의 핵심 내용을 파악하여 요약문을 완성한다.

1

(A): 수천 명의 저항하는 졸업생이 기부하도록 납득시키는 것을 의도한 두 개의 다른 메시지들을 실험하는 한 연구를 진행했다. 두 경우 모두에서, 6.5퍼센트의 마음 내키지 않은 졸업생이 결국에는 기부했다.

두 개의 메시지는 각각 6.5퍼센트가 기부하도록 설득했다. (The two messages were equally effective: in both cases, 6.5 percent of the unwilling alumni ended up donating.)

2

우리가 그 두 개의 이유들을 합쳤을 때, 기부율은 3퍼센트 아래로 떨어졌다.

두 개의 메시지를 합쳤을 때는 3퍼센트 미만이 기부하도록 설득됐다. (When we put the two reasons together, the giving rate dropped below 3 percent.)

뒤에 이어질 실험 결과에 따라 (A)에는 simultaneously 또는 separately가 들어갈 수 있음

(B): 우리가 그들에게 기부해야 할 서로 다른 종류의 이유를 주었을 때, 우리는 누군가가 그들을 설득하려고 하는 중이라는 그들의 인식을 유발했고 — 그리고 그들은 그것에 맞서 스스로를 보호했다.

졸업생들은 그들을 설득하려 한다는 것을 인식하면 그에 맞서 스스로를 보호했다. (we triggered their awareness that someone was trying to persuade them — and they shielded themselves against it)

따라서 (A)에는 simultaneously가, (B)에는 convinced가 들어가는 것이 적절하므로 정답은 ①임

3rd 글의 흐름을 정리하면서 정답이 맞는지 다시 한번 확인한다.

연구 내용	기부 의도를 담은 두 개의 메시지를 실험하는 연구를 진행함
연구 결과 ①	두 개의 메시지를 각각 들었을 때는 똑같이 효과적이었음
연구 결과 ②	두 개의 메시지를 결합해 전달했을 때는 기부를 더 적게 함
결론	사람들은 설득당한다고 느끼면 잘 설득되지 않음

Tip

* 요약문은 연구 결과라고 생각하고 빈칸에 들어갈 말을 찾는다.

• 기부하라는 여러 메시지가 '동시에' 주어지면 그 의도를 알아차려 '납득될' 가능성이 적어진다.

연구의 핵심 및 결과를 말하는 것이 요약문임

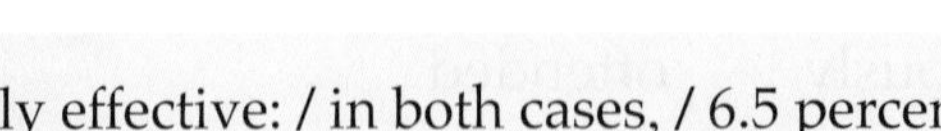
[문제 05] '결국 ~하다': end up -ing 핵심구문

The two messages were equally effective: / in both cases, / 6.5 percent of the unwilling alumni / ended up (결국 ~하다) donating. //
그 두 개의 메시지들은 똑같이 효과적이었다 / 두 경우 모두에서 / 6.5퍼센트의 마음 내키지 않은 졸업생이 / 결국에는 기부했다 //

[06~09] 다음 글을 읽고, 물음에 답하시오.

For those who are worried that parks and gardens could lead to crime and illegal activity, evidence now exists that ⓐ the opposite may be true. Green spaces near homes have been found to make communities experience less violence and fewer crimes. The researchers emphasize the importance of greenery in community and personal wellness. Spending time in nature can help to reduce mental tiredness, leading to decreased feelings of being easily distracted, annoyed, and impulsive. These are behaviors that psychologists see as possible signs of violence. Green spaces also support frequent, casual contact among neighbors. In addition, when residents take pride in the beauty of their neighborhood, they are less likely to engage in undesirable activities in it. These factors all together help the formation of safe neighborhoods where people tend to support, and care about one another. By* ⓑ improve parks and beautifying areas, communities can reduce crime and create a sense of togetherness.

• 단어 수: 155
• 독해 시간: 130초
• 난이도: ★★☆

06 다음을 읽고, 윗글의 내용과 일치하면 T, 일치하지 않으면 F를 고르시오.

(1) 자연에서 시간을 보내면 충동성이 줄어든다. (T / F)

(2) 녹지 공간은 이웃 사이에 잦은 접촉을 감소시킨다. (T / F)

07 서술형 윗글의 밑줄 친 ⓐ가 의미하는 바를 우리말로 쓰시오.

➡ ______________________________

08 수능 유형 윗글의 내용을 한 문장으로 요약하고자 한다. 빈칸 (A), (B)에 들어갈 말로 가장 적절한 것을 고르시오.

> Green spaces can make communities ___(A)___ by reducing mental fatigue, promoting social interaction and preventing ___(B)___ activities.

	(A)		(B)
①	safer	—	valuable
②	safer	—	undesirable
③	more dangerous	—	desirable
④	more dangerous	—	undesirable
⑤	more connected	—	desirable

09 내신 대비 윗글의 밑줄 친 ⓑ를 어법상 적절하게 고쳐 쓰시오.

➡ ______________

Grammar

*동명사
동명사는 주어, 보어, 타동사의 목적어, 전치사의 목적어로 쓰이고, 목적격 보어로는 쓸 수 없다.

Word Check

- crime 범죄
- illegal 불법의
- evidence 증거
- opposite 반대
- violence 폭력
- emphasize 강조하다
- greenery 녹지
- tiredness 피로
- distracted 산만한
- annoyed 짜증난
- impulsive 충동적인
- neighborhood 이웃
- undesirable 바람직하지 않은
- formation 형성
- togetherness 연대감

정답과 해설 pp. 91~92

[10~13] 다음 글을 읽고, 물음에 답하시오.

• 단어 수: 151
• 독해 시간: 130초
• 난이도: ★☆☆

Do you think saying "I'm sorry" too much is a bad habit to break? There is scientific evidence suggesting that it can be an effective way to show empathy and build trust. Researchers conducted a* study (A) [where / which] a man asked strangers at a train station on a rainy day if he could borrow their cellphones. When he said "I'm sorry about the rain" first before asking a favor, he had more success in borrowing cellphones than when he didn't. Other research in human behavior and psychology also indicates that if you apologize to express regret even for minor things, you can show an acknowledgement of someone else's suffering. Apologies aren't about blaming anyone, but rather an attempt to recognize someone else's troubles. Note that 사과를 하지 않는 것이 사과를 지나치게 많이 하는 것보다 훨씬 더 나쁘다. So feel free to say sorry and show empathy towards other people.

10 다음 영영풀이가 설명하는 어휘를 윗글에서 찾아 쓰시오.

> ___________: the ability to share another person's feelings and emotions as if they were your own

11 (서술형) 윗글의 밑줄 친 우리말 해석과 일치하도록 주어진 표현을 적절하게 배열하시오.

(than, too much, is, apologizing, much worse, not apologizing)

➡ ______________________________

12 (수능 유형) 윗글의 내용을 한 문장으로 요약하고자 한다. 빈칸 (A), (B)에 들어갈 말로 가장 적절한 것을 고르시오.

> Apologizing frequently is a great way to show your emotional and cognitive understanding of others' ____(A)____ and express ____(B)____ for them, thus building trust.

	(A)		(B)
①	situations	—	concern
②	situations	—	gratitude
③	abilities	—	gratitude
④	abilities	—	concern
⑤	efforts	—	pleasure

13 (내신 대비) 윗글의 네모 (A)에서 어법상 적절한 것을 고르시오.

➡ ______________

Grammar

* 관계부사의 종류
관계부사는 선행사에 따라 다르게 쓰는데, 시간을 나타내는 선행사는 when, 장소를 나타내는 선행사는 where, 이유를 나타내는 선행사는 why, 방법을 나타내는 선행사는 how를 쓴다.

Word Check

- habit 습관
- evidence 증거
- empathy 공감
- conduct 수행하다
- ask a favor 부탁하다
- psychology 심리학
- indicate 나타내다
- apologize 사과하다
- regret 유감
- acknowledgement 인식
- attempt 시도
- cognitive 인지적

고난도

[14~17] 다음 글을 읽고, 물음에 답하시오. [2022년 11월 시행 고1 학평 40]

- 단어 수: 160
- 독해 시간: 140초
- 난이도: ★★★

*One of the most powerful tools to find meaning in our lives are reflective journaling — thinking back on and writing about what has happened to us. In the 1990s, Stanford University researchers asked undergraduate students on spring break to journal about their most important personal values and their daily activities; others were asked to write about only the good things that happened to them in the day. Three weeks later, the students who had written about their values were happier, healthier, and more confident about their ability to handle stress than the ones who had only focused on the good stuff. By reflecting on how their daily activities supported their values, students had gained a new perspective on those activities and choices. Little stresses and hassles were now demonstrations of their values in action. Suddenly, their lives were full of meaningful activities. And all they had to do was reflect and write about it — positively reframing their experiences with their personal values.

* hassle 귀찮은 일

14 다음을 읽고, 윗글의 내용과 일치하면 T, 일치하지 않으면 F를 고르시오.

Stanford University 연구자들은 여름방학에 연구를 진행했다. (T / F)

15 다음 영영풀이가 설명하는 어휘를 윗글에서 찾아 그 원형을 쓰시오.

> ____________: to think carefully about something

16 (수능 유형) 윗글의 내용을 한 문장으로 요약하고자 한다. 빈칸 (A), (B)에 들어갈 말로 가장 적절한 것을 고르시오.

> Journaling about daily activities based on what we believe to be ___(A)___ can make us feel that our life is meaningful by ___(B)___ our experiences in a new way.

	(A)		(B)
①	factual	—	rethinking
②	worthwhile	—	rethinking
③	outdated	—	generalizing
④	objective	—	generalizing
⑤	demanding	—	describing

17 (내신 대비) 윗글의 밑줄 친 부분에서 어법상 틀린 것을 찾아 적절하게 고치시오.

____________ → ____________

Grammar

*주의해야 할 수 일치

「all / some / most / half / 분수+of+명사」는 of 뒤에 나오는 명사에 동사의 수를 일치시키고, 「one of+복수 명사」는 단수 취급한다.

Word Check

- reflective 성찰적인
- journaling 일기 쓰기
- think back on ~을 돌이켜 보다
- undergraduate student 대학생, 학부생
- value 가치
- confident 자신 있는
- handle 다루다
- focus on ~에 초점을 맞추다
- reflect 성찰하다, 숙고하다
- support 뒷받침하다
- perspective 관점
- demonstration 입증, (분명히) 보여줌
- reframe 재구성하다
- worthwhile 가치 있는

정답과 해설 pp. 92~95

REVIEW 어휘 테스트 O 요약문 완성하기

▶ 정답과 해석 p. 96

다음 영어는 우리말 뜻을, 우리말은 영어 단어를 <보기>에서 찾아 쓰시오.

<보기>

폭력	녹지	reflective
유감	피로	journaling
연대감	ask a favor	worthwhile

01 regret ______________

02 tiredness ______________

03 violence ______________

04 greenery ______________

05 가치 있는 ______________

06 성찰적인 ______________

07 일기 쓰기 ______________

08 부탁하다 ______________

주어진 단어와 비슷한 뜻을 가진 것을 고르시오.

09 trustworthy
① dangerous ② false
③ safe ④ unsure

10 value
① failing ② fault
③ worth ④ defect

다음 영영풀이에 알맞은 단어를 고르시오.

11 something that you must do because of a law, rule, promise, etc.
① obligation ② reality
③ actuality ④ spontaneity

12 acting without planning and consideration of the effects
① pragmatic ② impulsive
③ controllable ④ automatic

13 unable to concentrate; confused
① composed ② calm
③ tense ④ distracted

밑줄 친 단어가 주어진 의미로 쓰인 문장을 고르시오.

14 [수행하다]
① The team conducted a survey.
② His conduct yesterday was disappointing.

15 [다루다]
① The handle was broken the next day.
② Try to handle the two kids.

16 [유발시키다]
① He kept his finger on the trigger.
② The incident triggered a major conflict.

우리말에 맞게 빈칸에 적절한 단어를 <보기>에서 찾아 쓰시오.

<보기>

evidence	acknowledgement	support
neighborhood	formation	empathy

17 당신의 일관적인 지지 덕에 마음이 따뜻했어요.
➡ Your consistent ___________ was heartwarming.

18 증거가 없으니 경찰은 그를 풀어 주어야만 했다.
➡ With no ___________, the police had to let him go.

19 네 인정은 내게 많은 것을 의미한다.
➡ Your ___________ means the world to me.

20 이 바위들의 형성은 절대 우연이 아니었다.
➡ The ___________ of these rocks were not accidental.

21 아이들에게는 공감을 보여주는 것이 중요하다.
➡ It is important to show ___________ to children.

P 장문의 이해

긴 글의 자세한 내용을 파악해서 두 개의 문제를 푸는 유형이에요.

Mike May lost his sight at the age of three. Because he had spent the majority of his life adapting to being blind — and even cultivating a skiing career in this state — his other senses compensated by growing (a) stronger. However, when his sight was restored through a surgery in his forties, his entire perception of reality was (b) disrupted.

This (c) confusion occurred because his brain hadn't yet learned to see. Though we often tend to assume our eyes function as video cameras which relay information to our brain, advances in neuroscientific research have proven that this is actually not the case. Instead, sight is a collaborative effort between our eyes and our brains, and the way we process (d) visual reality depends on the way these two communicate. If communication between our eyes and our brains is disturbed, our perception of reality is altered accordingly. And because other areas of May's brain had adapted to process information primarily through his other senses, the process of learning how to see was (e) easier than he'd anticipated.

05 수능 유형 윗글의 제목으로 가장 적절한 것을 고르시오.

06 수능 유형 윗글의 밑줄 친 (a)~(e) 중에서 문맥상 낱말의 쓰임이 적절하지 않은 것을 고르시오.

글의 제목을 찾는 문제와 문맥상 낱말의 쓰임이 적절하지 않은 것을 물어보는 문제가 같이 나와요.

문맥상 낱말의 쓰임을 먼저 판단한 후에 전체적인 내용에 맞는 제목을 고르는 것이 효율적이에요.

수록 지문

- 익숙함에 비례하는 기억의 범위 + Follow Me!
- 방관자 효과
- 방향과 전념
- 시력을 위해 협력하는 눈과 뇌

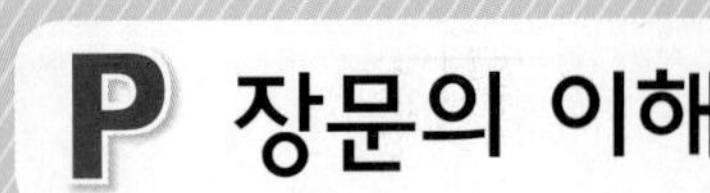

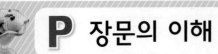

P 장문의 이해

유형 연습

 [문제 05~06] (수능 유형) 이렇게 쉽게 풀자!

1st 어떤 문제들이 출제됐는지 확인하고, 각 유형의 풀이 방법을 떠올려 본다.

2nd 선택지로 제시된 어휘가 문맥상 적절한지 묻는 문제를 풀면서 글의 전체적인 내용을 파악한다.

3rd 어휘가 문맥상 적절한지 묻는 문제를 풀면서 얻은 글의 내용을 바탕으로 글의 제목을 묻는 문제의 정답을 찾는다.

Tip 문맥상 적절한 어휘를 고르는 문제를 먼저 푸는 것이 효율적이다.

• 단어 수: 205
• 독해 시간: 240초
• 난이도: ★★☆

[01~07]

다음 글을 읽고, 물음에 답하시오. [2023년 3월 시행 고1 학평 41~42]

Chess masters (A) [showing / shown] a chess board in the middle of a game for 5 seconds with 20 to 30 pieces still in play can immediately reproduce the position of the pieces from memory. Beginners, of course, are able to place only a few. Now take the same pieces and place them on the board randomly and the (a) difference is much reduced. The expert's advantage is only for familiar patterns — those previously stored in memory. Faced with unfamiliar patterns, even when it involves the same familiar domain, the expert's advantage (b) disappears. 익숙한 구조가 기억에 미치는 유익한 효과는 음악을 포함하여 많은 유형의 전문 지식에서 관찰되어 왔다. People with musical training can reproduce short sequences of musical notation more accurately than those with no musical training when notes follow (c) unusual sequences, but the advantage is much reduced when the notes are ordered randomly. Expertise also improves memory for sequences of (d) movements. Experienced ballet dancers are able to repeat longer sequences of steps than less experienced dancers, and they can repeat a sequence of steps making up a routine better than steps ordered randomly. In each case, memory range is (e) increased by the ability to recognize familiar sequences and patterns.

* expertise 전문 지식 ** sequence 연속, 순서
*** musical notation 악보

Grammar

* 분사의 형태와 의미

	형태	의미
현재분사	-ing	능동(~하는), 진행(~하고 있는)
과거분사	-ed	수동(~되는, ~당하는), 완료(~된)

Word Check

- piece (장기, 체스의) 말, 조각
- reproduce 재현하다
- place 기억해 내다, 놓다
- randomly 무작위로
- pattern 패턴, 모형, 방식
- previously 이전에
- face 직면하다
- domain 분야
- disappear 사라지다
- beneficial 유익한
- accurately 정확하게
- note 음표
- movement 동작
- experienced 숙련된
- make up ~을 이루다, ~을 구성하다
- routine 정해진 춤 동작
- recognize 인식하다

01 서술형 윗글에서 반복해서 등장하는 핵심어를 찾아 쓰시오.

(1) ________________ (2) ________________

(3) ________________ (4) ________________

(5) ________________

02 서술형 윗글의 밑줄 친 우리말 해석과 일치하도록 주어진 표현을 적절하게 배열하시오.

(of familiar structure, the beneficial effects, of expertise, on memory, for many types, including music, have been observed)

➡ ____

03 윗글의 밑줄 친 낱말의 의미를 쓰시오.

(1) (a) difference: __________ (2) (b) disappears: __________

(3) (c) unusual: __________ (4) (d) movements: __________

(5) (e) increased: __________

04 다음 영영풀이가 설명하는 어휘를 윗글에서 찾아 쓰시오.

(1) __________: a person who has special skill or knowledge relating to a particular subject

(2) __________: without a particular plan or pattern

05 수능 유형 윗글의 제목으로 가장 적절한 것을 고르시오. [2023년 3월 시행 고1 학평 41]

① How Can We Build Good Routines?

② Familiar Structures Help Us Remember

③ Intelligence Does Not Guarantee Expertise

④ Does Playing Chess Improve Your Memory?

⑤ Creative Art Performance Starts from Practice

06 수능 유형 윗글의 밑줄 친 (a)~(e) 중에서 문맥상 낱말의 쓰임이 적절하지 않은 것을 고르시오. [2023년 3월 시행 고1 학평 42]

① (a) ② (b) ③ (c) ④ (d) ⑤ (e)

07 내신 대비 윗글의 네모 (A)에서 어법상 적절한 것을 고르시오.

➡ ________________

Follow Me!

01

반복해서 언급하고 있는 단어가 무엇인지 글을 읽으면서 표시해야 한다.

02

동사가 have been observed가 되는 것에 유의해서 배열해야 한다.

03

(1) 체스판에 말들을 무작위로 놓으면 '무엇'이 줄어든다고 했다.
(2) 익숙한 분야의 경우에도 전문가의 유리함은 '어떻게' 된다고 했다.
(3) 음표가 '어떤' 순서를 따를 때는 훈련을 받은 사람들이 더 유리하다고 했다.
(4) 전문 지식은 연속된 '무엇'에 대한 기억을 향상시킨다고 했다.
(5) 기억의 범위는 익숙한 순서를 인식하는 능력에 의해 '어떻게' 된다고 했다.

04

(1) 특정 주제에 대한 지식을 가진 사람을 '이렇게' 불렀다.
(2) 특별한 패턴이 없는 것을 '이렇게'로 설명했다.

05~07 뒷페이지에

정답과 해설 pp. 96~98

수능 유형 이렇게 쉽게 풀자!

[문제 05~06]

1st 어떤 문제들이 출제됐는지 확인하고, 각 유형의 풀이 방법을 떠올려 본다.

- 윗글의 제목으로 가장 적절한 것을 고르시오.
- 밑줄 친 (a)~(e) 중에서 문맥상 낱말의 쓰임이 적절하지 않은 것을 고르시오.

제목을 고르는 문제는 필자의 생각이나 요지가 드러나는 핵심문장을 찾아야 함

낱말의 쓰임이 적절하지 않은 것을 고르는 문제는 선택지의 앞뒤 문장을 정확하게 파악해야 함

[문제 06]

2nd 선택지로 제시된 어휘가 문맥상 적절한지 묻는 문제를 풀면서 글의 전체적인 내용을 파악한다.

① (a) ❶difference

Now take the same pieces and place them on the board randomly and the (a) difference is much reduced.

이제 같은 말들을 가져다가 체스판에 무작위로 놓으면 그 (a) 차이는 크게 줄어든다.

앞에서 체스판에 있는 말들의 위치를 잠깐 보고 나면 전문가들과 달리 초보자들은 겨우 몇 개(의 위치)만 기억해 낼 수 있다고 했는데, 같은 말들을 체스판에 무작위로 놓으면 그 '차이'는 크게 줄어들 것이다. difference는 문맥에 맞음

② (b) disappears

❷Faced with unfamiliar patterns, even when it involves the same familiar domain, the expert's advantage (b) disappears.

익숙하지 않은 패턴에 직면하면, 같은 익숙한 분야와 관련 있는 경우라도 전문가의 유리함은 (b) 사라진다.

앞 문장에 전문가는 익숙한 패턴에 대해서만 유리하다고 했으므로, 익숙하지 않은 패턴에 대해서는 이 유리함이 '사라진다'는 표현은 적절하다. disappears는 문맥에 맞음

③ (c) unusual

People with musical training can reproduce short sequences of musical notation more accurately than those with no musical training when notes follow (c) unusual sequences, ~.

음표가 (c) 특이한 순서를 따를 때는 음악 훈련을 받은 사람이 음악 훈련을 받지 않은 사람보다 짧은 연속된 악보를 더 정확하게 재현할 수 있지만, ~.

문장의 뒷부분이 but으로 연결되므로 앞부분은 반대 내용이 와야 하는데, 음표가 '특이한' 순서를 따를 때 전문가가 짧은 악보를 더 정확하게 재현할 수 있다는 것은 어색하다.

unusual은 문맥에 맞지 않으므로 반의어로 바꿔 볼 것

Tip ❶
정답 선택지는 원래 들어가야 하는, 즉 문맥에 맞는 단어의 반의어로 만드는 경우가 많다. 예를 들어, difference가 들어가야 하는 자리에 similarity를 넣어서 정답으로 만든다는 것이다. 그러므로 단어를 외울 때는 그 반의어까지 같이 외우는 것이 좋다.

Tip ❷
앞에 Being이 생략된 형태의 분사구문이다. 원래 If the expert is faced with ~인 부사절에서 접속사 If를 생략하고, 주절의 주어와 같은 the expert도 생략한 후, 주어와의 관계가 수동이므로 과거분사를 써서 Being faced with ~로 만들면 된다.

동영상 강의

People with musical training can reproduce short sequences of musical notation more accurately than those with no musical training when notes follow usual sequences, ~.
음표가 전형적인 순서를 따를 때는 음악 훈련을 받은 사람이 음악 훈련을 받지 않은 사람보다 짧은 연속된 악보를 더 정확하게 재현할 수 있지만, ~.

unusual을 반의어인 usual로 바꿔야 앞뒤 문맥이 자연스러워지므로 정답은 ③이다.
④ (d) movements

Expertise also improves memory for sequences of (d) movements.
전문 지식은 또한 연속 (d) 동작에 대한 기억을 향상시킨다.

뒤에서 숙련된 발레 무용수가 더 긴 연속 스텝을 반복할 수 있다고 했으므로 전문 지식은 연속 '동작'에 대한 기억을 향상시킬 것이다. movements는 문맥에 맞음
⑤ (e) increased

In each case, memory range is (e) increased by the ability ❸ to recognize familiar sequences and patterns.
각각의 경우, 기억의 범위는 익숙한 순서와 패턴을 인식하는 능력에 의해 (e) 늘어난다.

Tip ❸
to recognize는 앞의 명사 the ability를 수식하고 있다. to부정사가 형용사처럼 쓰여서 '~할, ~하는'의 뜻을 나타낸다.

앞에서 정해진 춤 동작을 이루는 연속 스텝을 더 잘 반복할 수 있다고 했으므로 기억의 범위는 익숙한 패턴을 인식하는 능력에 의해 '늘어난다'는 것은 적절하다.
increased는 문맥에 맞음

[문제 05]

3rd 어휘가 문맥상 적절한지 묻는 문제를 풀면서 얻은 글의 내용을 바탕으로 ❹ 글의 제목을 묻는 문제의 정답을 찾는다.

체스판의 말의 위치를 잘 기억해내는 전문가들도 무작위로 놓으면 잘 기억하지 못한다고 하면서 전문가도 익숙한 패턴에 대해서만 유리하다고 했다.
② '익숙한 구조가 기억하는 데 도움을 준다'가 이 글의 적절한 제목임

Tip ❹
글에 반복적으로 등장하는 핵심어가 포함된 선택지를 잘 살펴봐야 한다. 핵심어를 넣어서 매력적인 오답을 만드는 경우가 많으니 정답으로 고르지 않도록 주의해야 한다.

| 선택지 분석 |

① How Can We Build Good Routines?
어떻게 하면 좋은 루틴을 형성할 수 있는가?
- 루틴 형성에 초점을 두고 있는 글이 아니다.

② Familiar Structures Help Us Remember
익숙한 구조가 기억하는 데 도움을 준다
- 자주 접하는 친숙한 구조를 잘 기억할 수 있다는 내용의 글이다.

③ Intelligence Does Not Guarantee Expertise
지능이 전문 지식을 보장하지는 않는다
- 지능보다는 패턴의 인식 능력이 전문성에 기여한다는 내용이다.

④ Does Playing Chess Improve Your Memory?
체스를 하는 것이 기억력을 향상시키는가?
- 체스는 예시로 쓰였을 뿐이고 중심 내용은 아니다.

⑤ Creative Art Performance Starts from Practice
창의적인 예술 작업은 연습으로부터 시작한다
- 창의성보다는 반복이 이 글의 초점이다.

[문제 07] 앞에 나온 주어 Chess masters와의 관계가 수동인 과거분사: shown

Chess masters(주어) / shown(과거분사) a chess board in the middle of a game ~. //
체스의 달인들은 / 체스판을 게임 중간에 본 ~ //

[08~14] 다음 글을 읽고, 물음에 답하시오.

• 단어 수: 206
• 독해 시간: 240초
• 난이도: ★★☆

If you saw an emergency right before your eyes, you would take an action to help the person in trouble, right? While we all would like to believe so, psychologists suggest that whether you step in or not depends on the (a) number of other witnesses. The term "bystander effect" refers to this situation where the more people are present at the spot, the (b) fewer people are likely to help the person in trouble. In a series of experiments, researchers found out that 70% of people would help a woman in trouble when they were the only witness. However, only about 40% offered assistance when other people were also (c) present.

The researchers said that two factors cause the bystander effect. One is spreading the responsibility and the other is social influence. Spreading the responsibility means that the more people there are, the (d) bigger responsibility individuals will feel to take action. Social influence means that individuals watch the behavior of other people to decide ⓐ 행동하는 방법*. ⓑ The results of the bystander effect can be (e) serious. It can keep people from receiving the necessary help in bad situations. Taking an action without waiting for others to act is recommended by psychologists.

Grammar

＊의문사+to부정사
「의문사+to부정사」는 주로 동사의 목적어로 쓰이고, 「의문사+주어+should+동사원형」으로 바꿔 쓸 수 있다.

Word Check

- psychologist 심리학자
- witness 목격자
- bystander 방관자
- refer to 말하다, 가리키다
- experiment 실험
- assistance 도움
- factor 요인
- responsibility 책임
- influence 영향
- decide 결정하다
- recommend 추천하다, 권장하다

08 다음 영영풀이가 설명하는 어휘를 윗글에서 찾아 그 원형을 쓰시오.

__________ : a person who sees something happen

09 (서술형) 다음 질문에 대한 답을 윗글에서 찾아 쓰시오.

Q: How do people act when they see an emergency with a lot of people around?

A: __________ people are likely to assist the person in need.

08
어떤 일이 일어나는 것을 보는 사람을 '이것'으로 설명했다.

09
현장에 '어떤' 수의 사람들이 있을 때 도움이 필요한 사람들 더 돕는다고 했다.

10 서술형 윗글의 밑줄 친 ⓑ가 의미하는 바를 우리말로 쓰시오.

➡ ______________________

11 다음을 읽고, 윗글의 내용과 일치하면 T, 일치하지 않으면 F를 고르시오.

(1) 방관자 효과를 일으키는 요인에는 두 가지가 있다. (T / F)

(2) 심리학자들은 다른 사람들의 행위를 참고하여 행동할 것을 권장한다. (T / F)

12 수능 유형 윗글의 제목으로 가장 적절한 것을 고르시오.

① Helping Others Can be a Bad Choice
② The Positive Effects of Being a Bystander
③ The Importance of Spreading Responsibility
④ Why People are Less Likely to Help in Crowd
⑤ Why People Can't Ignore Someone in Trouble

13 수능 유형 윗글의 밑줄 친 (a)~(e) 중에서 문맥상 낱말의 쓰임이 적절하지 않은 것을 고르시오.

① (a) ② (b) ③ (c) ④ (d) ⑤ (e)

14 내신 대비 윗글의 밑줄 친 ⓐ를 의문사 how를 활용하여 세 단어로 영작하시오.

➡ ______________________

10

'그 결과'는 다음 문장에 무엇인지 나와 있다.

11

(1) 방관자 효과를 일으키는 요인은 책임감의 분산과 사회적 영향력이라고 했다.
(2) 심리학자들은 다른 사람들을 기다리지 말고 행동하라고 했다.

정답과 해설 pp. 98~100

[15~21] 다음 글을 읽고, 물음에 답하시오.

We may have felt disappointed or frustrated when things don't work out as we want. While ⓐ this can result from inevitable situations beyond our control, the most common blame may be the (a) absence of our goals and directions. In other words, when we want to achieve something, we often only think about it in (b) general terms instead of committing to a specific task. For example, when we go to the gym for exercise, we think of "working out" 마음 속에 개선해야 할 구체적인 것이 없이. We want to "get stronger" without trying to find exact exercises to focus on. We want to "be more creative" without working on particular projects. None of these (c) clear thoughts help us find what we should do next.

When you commit to a task, however, then the next step becomes (d) obvious. If you want to take a picture of the first sunrise of the year, find a good spot first. If you've found a good spot, the next step is to wake up early and go there. If you only think about your desire without deciding a clear direction to move towards, you'll end up feeling confused or frustrated with (e) unsatisfying results. Therefore, *commit yourself to specific tasks, (A) [and / or] your desire will come into reality.

- 단어 수: 218
- 독해 시간: 240초
- 난이도: ★★☆

Grammar

*동사원형 ~, and ...
'~해라, 그러면 …할 것이다'라는 뜻을 나타낼 때는 '동사원형 ~, and ...'의 형태로 쓴다.

Word Check

- disappointed 실망한
- frustrated 좌절한
- inevitable 불가피한
- absence 부재
- direction 방향
- commit to ~에 전념하다
- particular 특정한
- obvious 명확한
- desire 욕구
- confused 혼란스러운
- unsatisfying 불만족스러운
- commitment 전념

15 서술형 윗글의 밑줄 친 ⓐ가 가리키는 것을 우리말로 쓰시오.

➡ ______________________________

16 서술형 윗글의 내용과 일치하도록 빈칸에 적절한 말을 윗글에서 찾아 쓰시오.

Cause	People don't devote enough time and effort to a(n) (1) ________ task.
Result	They may feel confused, disappointed, or (2) ________ with poor results.
Solution	They should have clear (3) ________ and (4) ________ and act upon them.

15
this는 앞에 나온 내용을 가리킨다.

16
(1)~(4) 사람들은 '어떤' 과제를 원하지 않으므로 '어떻게' 느끼고, 만족스런 결과를 얻기 위해서 두 가지를 가져야 한다고 했다.

17 다음 영영풀이가 설명하는 어휘를 윗글에서 찾아 쓰시오.

(1) ____________ : certain to happen and impossible to avoid
(2) ____________ : a strong hope or wish

18 서술형 윗글의 밑줄 친 우리말 해석과 일치하도록 주어진 표현을 적절하게 배열하시오.

(specific, in mind, anything, without, to improve, having)

➡ ____

19 수능 유형 윗글의 제목으로 가장 적절한 것을 고르시오.

① The Difficulty of Focusing on a Single Goal
② The Importance of Dealing with Uncertain Situations
③ How to Control Excessive Desires and Reduce Frustration
④ The Relationship between Setting Realistic Goals and Motivation
⑤ Direction and Commitment: The Key to Achieving Desired Outcome

20 수능 유형 윗글의 밑줄 친 (a)~(e) 중에서 문맥상 낱말의 쓰임이 적절하지 않은 것을 고르시오.

① (a) ② (b) ③ (c) ④ (d) ⑤ (e)

21 내신 대비 윗글의 네모 (A)에서 어법상 적절한 것을 고르시오.

➡ ____________

17
(1) 피하기 불가능한 것을 '어떻다'고 했다.
(2) 강한 희망이나 소망을 '무엇'이라고 했다.

18
'~하지 않고'는 「without+동명사」로 나타낸다.

정답과 해설 pp. 100~102

고난도

[22~28] 다음 글을 읽고, 물음에 답하시오.

Mike May lost his sight at the age of three. Because he had spent the majority of his life adapting to being blind — and even cultivating a skiing career in this state — his other senses compensated by growing (a) stronger. However, when his sight was restored through a surgery in his forties, his entire perception of reality was (b) disrupted. *Instead of (A) [be / being] thrilled that he could see now, as he'd expected, his brain was so overloaded with new visual stimuli that the world became a frightening and overwhelming place. After he'd learned to know his family through touch and smell, he found that he couldn't recognize his children with his eyes, and this left him puzzled. Skiing also became a lot harder as he struggled to adapt to the visual stimulation.

This (c) confusion occurred because his brain hadn't yet learned to see. Though we often tend to assume our eyes function as video cameras which relay information to our brain, advances in neuroscientific research have proven that this is actually not the case. Instead, sight is a collaborative effort between our eyes and our brains, and the way we process (d) visual reality depends on the way these two communicate. If communication between our eyes and our brains is disturbed, our perception of reality is altered accordingly. And because other areas of May's brain had adapted to process information primarily through his other senses, the process of learning how to see was (e) easier than he'd anticipated.

- 단어 수: 253
- 독해 시간: 260초
- 난이도: ★★★

Grammar

*전치사 vs. 접속사
because of, despite, instead of 같은 전치사 뒤에는 명사(구)가 오지만 because, although 같은 접속사 뒤에는 주어와 동사로 이루어진 절이 온다.

Word Check

- cultivate 경작하다, (관계를) 쌓다
- compensate 보상하다, 보충되다
- perception 인식
- disrupt 방해하다
- overload (짐을) 너무 많이 싣다, 과부하가 걸리게 하다
- stimulus 자극 (pl. stimuli)
- overwhelming 압도적인
- stimulation 자극
- confusion (정신 상태의) 혼란, 혼동
- neuroscientific 신경 과학의
- collaborative 협력적인, 공동 작업의
- alter 바꾸다, 고치다
- anticipate 예상하다, 기대하다

22 다음 영영풀이가 설명하는 어휘를 윗글에서 찾아 쓰시오.

> ___________: involving or done by two or more people or groups working together to achieve or do something

22
두 명 이상의 사람들에 의해 행해지는 것은 '어떤' 것이라고 했다.

23 (서술형) 윗글의 밑줄 친 this가 의미하는 바를 우리말로 쓰시오.

➡ ____________________

24 윗글에 등장하는 다음 문장을 바르게 해석하시오.

If communication between our eyes and our brains is disturbed, our perception of reality is altered accordingly.

➡ ____________________

____

25 다음을 읽고, 윗글의 내용과 일치하면 T, 일치하지 않으면 F를 고르시오.

(1) Mike May가 시력을 찾기 전, 그는 촉감과 냄새로 가족을 인식했다. (T / F)

(2) Mike May가 시력을 찾은 뒤, 세상은 흥미롭고 즐거운 곳이 되었다. (T / F)

26 (수능 유형) 윗글의 제목으로 가장 적절한 것을 고르시오. [2022년 11월 시행 고1 학평 41]

① Eyes and Brain Working Together for Sight
② Visualization: A Useful Tool for Learning
③ Collaboration Between Vision and Sound
④ How to Ignore New Visual Stimuli
⑤ You See What You Believe

27 (수능 유형) 윗글의 밑줄 친 (a)~(e) 중에서 문맥상 낱말의 쓰임이 적절하지 않은 것을 고르시오. [2022년 11월 시행 고1 학평 42]

① (a) ② (b) ③ (c) ④ (d) ⑤ (e)

28 (내신 대비) 윗글의 네모 (A)에서 어법상 적절한 것을 고르시오.

➡ ____________________

23
this는 문장의 앞부분에 가리키는 내용이 나와 있다.

24
조건을 나타내는 부사절 접속사 if에 유의해서 해석한다.

25
(1) 시력을 찾기 전에 다른 것으로 가족을 인식했다고 했다.
(2) 시력을 찾은 뒤에 세상이 두렵고 압도적인 장소가 되었다고 했다.

정답과 해설 pp. 103~105

REVIEW 어휘 테스트 P 장문의 이해

▶ 정답과 해석 p. 105

✱ 다음 영어는 우리말 뜻을, 우리말은 영어 단어를 <보기>에서 찾아 쓰시오.

〈보기〉

신경 과학	도움	note
목격자	domain	absence
동작	make up	randomly

01 assistance ____________

02 neuroscience ____________

03 witness ____________

04 movement ____________

05 음표 ____________

06 부재 ____________

07 무작위로 ____________

08 분야 ____________

✱ 주어진 단어와 비슷한 뜻을 가진 것을 고르시오.

09 commitment
① dedication ② difficulty
③ disloyalty ④ infidelity

10 desire
① craving ② hatred
③ distaste ④ aversion

11 overload
① empty ② discharge
③ lighten ④ stuff

✱ 짝지어진 단어의 관계가 나머지와 다른 것을 고르시오.

12 ① pattern : routine
② reimburse : compensate
③ face : avoid
④ alter : change

13 ① obvious : unclear
② overwhelming : irresistible
③ frustrated : satisfied
④ disrupt : support

✱ 다음 중 나머지와 의미가 다른 하나를 고르시오.

14 ① replicate ② duplicate
③ reproduce ④ originate

15 ① disappear ② emerge
③ vanish ④ fade

16 ① await ② expect
③ doubt ④ anticipate

✱ 우리말에 맞게 빈칸에 적절한 단어를 <보기>에서 찾아 쓰시오.

〈보기〉

collaborative	stimulus	place
particular	piece	experienced

17 너는 단지 내 원대한 계획에서 단순한 체스 말일 뿐이다.
➡ You are but a simple chess ____________ in my grand plan.

18 나는 그녀의 얼굴이 잘 기억나지 않아.
➡ I can't quite ____________ her face.

19 너는 특정한 장소를 생각해 두고 있니?
➡ Do you have a(n) ____________ place in mind?

20 우리는 그 일을 협력을 통해 해결했다.
➡ We solved the problem through a(n) ____________ effort.

21 그는 숙련된 요원이다.
➡ He is a(n) ____________ agent.

Q 복합 문단의 이해

지문이 가장 긴 유형으로, 세 개의 문제를 풀어야 해요.

(A)

A boy had a place at the best school in town. In the morning, his granddad took him to the school. When (a) he went onto the playground with his grandson, the children surrounded them.

(B)

In some schools the children completely ignored the old man and in others, they made fun of (b) him. When this happened, he would turn sadly and go home. Finally, he went onto the tiny playground of a very small school, and leant against the fence, exhausted.

(C)

The old man greeted (c) him and said: "Finally, I've found my grandson the best school in town." "You're mistaken, sir. Our school is not the best — it's small and cramped."

That evening, the boy's mom said to (d) him: "Dad, you can't even read.

(D)

Granddad took his grandson back to his own house, asked grandma to look after him, and went off to look for a teacher (e) himself. Every time he spotted a school, the old man went onto the playground, and waited for the children to come out at break time.

04 수능 유형 주어진 글 (A)에 이어질 내용을 순서에 맞게 배열한 것으로 가장 적절한 것을 고르시오.

05 수능 유형 윗글의 밑줄 친 (a)~(e) 중에서 가리키는 대상이 나머지 넷과 다른 것을 고르시오.

06 수능 유형 윗글에 관한 내용으로 적절하지 않은 것을 고르시오.

글을 순서에 맞게 배열하는 문제, 가리키는 대상이 다른 것을 고르는 문제, 글의 내용과 일치 여부를 물어보는 문제, 총 세 개의 문제가 나와요.

글을 읽으면서 동시에 내용 일치 여부를 물어보는 선택지를 확인하고, 시간적, 공간적 순서를 드러내는 단서로 글의 순서까지 적절하게 배열하세요.

수록 지문

- 손자를 위한 최고의 학교 + Follow Me!
- Asha에게 주는 엄마의 교훈
- 개구리의 왕이 된 나뭇가지
- 테디 베어를 양보한 Marie의 관대함

Q 복합 문단의 이해 유형 연습

 [문제 04~06] (수능 유형) 이렇게 쉽게 풀자!

1st 연결어, 대명사, 지시어 등을 찾아 글을 순서대로 배열한다.

2nd 지칭 추론 문제는 문장의 앞뒤를 잘 살펴보고 정답을 고른다.

3rd 내용 불일치 문제는 선택지를 먼저 읽으면서 글의 해당 부분을 찾아 대조한다.

Tip 복합 문단은 하나의 이야기인 경우가 많다.

- 단어 수: 350
- 독해 시간: 280초
- 난이도: ★★☆

[01~07]

다음 글을 읽고, 물음에 답하시오. [2022년 9월 시행 고1 학평 43~45]

(A) A boy had a place at the best school in town. In the morning, his granddad took him to the school. When (a) he went onto the playground with his grandson, the children surrounded them. "What a funny old man," one boy smirked. A girl with brown hair pointed at the pair and jumped up and down. Suddenly, the bell rang and the children ran off to their first lesson. *smirk 히죽히죽 웃다

(B) In some schools the children completely ignored the old man and in others, they made fun of (b) him. When this happened, he would turn sadly and go home. Finally, he went onto the tiny playground of a very small school, and leant against the fence, exhausted. The bell rang, and the crowd of children ran out onto the playground. "Sir, are you all right? Shall I bring you a glass of water?" a voice said. "We've got a bench in the playground — come and sit down," another voice said. Soon a young teacher came out onto the playground.

(C) The old man greeted (c) him and said: "Finally, I've found my grandson the best school in town." "You're mistaken, sir. Our school is not the best — it's small and cramped." The old man didn't argue with the teacher. Instead, he made arrangements for his grandson to join the school, and then the old man left. That evening, the boy's mom said to (d) him: "Dad, you can't even read. How do you know you've found the best teacher of all?" "Judge a teacher by his pupils," the old man replied. *cramped 비좁은

(D) The old man took his grandson firmly by the hand, and lead him out of the school gate. "Brilliant, I don't have to go to school!" the boy exclaimed. "You do, but not this one," his granddad replied. "I'll find you a school myself." Granddad took his grandson back to his own house, asked grandma to look after him, and went off to look for a teacher (e) himself. Every time he spotted a school, the old man went onto the playground, and waited for the children to come out at break time.

Grammar

*병렬 구조

병렬로 연결되는 단어, 구, 절 등의 어구는 같은 문법적 형태와 구조를 갖는다.

Word Check

- make fun of ~을 놀리다
- lean 기대다
- pupil 제자
- exclaim 소리치다

01 (내신 대비) **윗글의 제목을 아래와 같이 쓸 때, 각 네모에 들어갈 말로 가장 적절한 것을 고르시오.**

> A Grandfather's Discovery: A [Small / Strong] School with a [Brave / Big] Heart

02 **다음 영영풀이가 설명하는 단어를 윗글에서 찾아 쓰시오.**

> __________: to form an opinion about something or someone after careful thought

03 **윗글에 등장하는 다음 문장을 바르게 해석하시오.**

Instead, he made arrangements for his grandson to join the school, and then the old man left.

➡ ______________________________

04 (수능 유형) **주어진 글 글 (A)에 이어질 내용을 순서에 맞게 배열한 것으로 가장 적절한 것을 고르시오.** [2022년 9월 시행 고1 학평 43]

① (B) – (D) – (C) ② (C) – (B) – (D) ③ (C) – (D) – (B)
④ (D) – (B) – (C) ⑤ (D) – (C) – (B)

05 (수능 유형) **윗글의 밑줄 친 (a)~(e) 중에서 가리키는 대상이 나머지 넷과 다른 것을 고르시오.** [2022년 9월 시행 고1 학평 44]

① (a) ② (b) ③ (c) ④ (d) ⑤ (e)

06 (수능 유형) **윗글에 관한 내용으로 적절하지 않은 것을 고르시오.** [2022년 9월 시행 고1 학평 45]

① 갈색 머리 소녀가 노인과 소년을 향해 손가락질했다.
② 노인은 지쳐서 울타리에 기댔다.
③ 노인은 선생님과 논쟁을 벌였다.
④ 노인은 글을 읽을 줄 몰랐다.
⑤ 소년은 학교에 가지 않아도 된다고 소리쳤다.

07 (내신 대비) **윗글의 밑줄 친 문장에서 어법상 틀린 부분을 찾아 바르게 고치시오.**

__________ → __________

Follow Me!

01
할아버지가 손자에게 좋은 학교를 찾아주려고 노력하는 내용의 이야기이다.

02
어떤 것에 대해 의견을 형성하는 것을 뜻하는 단어를 찾아야 한다.

03
앞의 절이 he ~ the school이고 뒤의 절이 and로 연결되는 구조로 되어 있다.

04~07 뒷페이지에

정답과 해설 pp. 106~108

 (수능 유형) 이렇게 쉽게 풀자!

[문제 04]

1st ❶연결어, 대명사, 지시어 등을 찾아 글을 순서대로 배열한다.

(A)의 뒷부분	"우스꽝스러운 할아버지다."라며 한 소년이 히죽히죽 웃었다. 갈색 머리 소녀는 그 둘을 향해 손가락질했다. 종이 울렸고, 아이들이 수업에 급히 뛰어갔다.

(A) 문단 뒤: 아이들이 떠나고 남겨진 노인과 소년의 행동이 이어질 것이다.

(B)의 첫 문장	몇몇(some) 학교에서는 아이들이 노인을 완전히 무시했고, 다른 학교들에서는 아이들이 그를 놀렸다.
(B)의 뒷부분	"할아버지, 괜찮으세요? 물 한 잔 가져다드릴까요?" 누군가가 말했다. 곧 한 젊은 선생님이 운동장으로 나왔다.

(B) 문단 앞: '몇몇'이라고 했으므로 앞에 몇 개의 학교에 갔다는 내용이 와야 한다.

(B) 문단 뒤: 환대받는 학교에서는 어떤 행동을 하는지가 이어질 것이다.

(B) 앞에는 여러 학교에 갔다는 내용이 와야 하므로 (B)는 (A) 뒤에 이어질 수 없음

(C)의 첫 문장	노인은 그(he)에게 인사하면서 말했다. "마침내, 손자에게 마을 최고의 학교를 찾아주었네요."
(C)의 뒷부분	소년의 어머니가 말했다. "아버지, 최고의 선생님을 찾았다는 것을 어떻게 아세요?" "선생님은 제자를 보고 판단해야 해."라고 노인이 대답했다.

(C) 문단 앞: 노인이 찾은 마을 최고의 학교는 노인과 소년을 환대한 (B)의 학교이다.

(C) 앞에 (B)가 와야 함 (순서: (B) → (C))

(C) 문단 뒤: 집으로 돌아온 후 느낀 점을 말하고 있으므로 글의 ❷결말일 가능성이 크다.

(C)가 마지막에 올 확률이 큼

(D)의 첫 문장	노인은 손자의 손을 꽉 잡고, 그를 교문 밖으로 데리고 나갔다.
(D)의 뒷부분	학교를 발견할 때마다, 노인은 운동장에서 아이들이 나오기를 기다렸다.

(D) 문단 앞: 노인이 손자를 데리고 밖으로 나갔다고 했으므로 앞에는 (A)가 와야 한다.

(D) 앞에 (A)가 와야 함 (순서: (A) → (D))

(D) 문단 뒤: 노인이 여러 학교의 운동장에서 아이들을 기다렸다고 했으므로 '몇몇' 학교에서는 아이들이 그들을 무시했다는 내용이 이어지는 (B)가 올 것이다.

(D) 뒤에 (B)가 와야 함 (순서: (A) → (D) → (B) → (C))

Tip ❶
복합 문단은 하나의 이야기인 경우가 많다. 연결어, 대명사, 지시어 등의 단서를 활용하여 시간의 흐름에 따라 전개되는 이야기가 되도록 각 문단을 배열한다.

Tip ❷
복합 문단을 순서대로 읽다가 글의 결말일 가능성이 높은 문단이 나오면 오답 선택지들을 소거할 수 있다.
이 문제에서도 (C)가 결말일 가능성이 높았으므로, (D)와 (B)가 마지막에 온 ②, ③, ⑤은 제외하고 문제를 풀면 된다.

[문제 05]

2nd ❸지칭 추론 문제는 문장의 앞뒤를 잘 살펴보고 정답을 고른다.

(a) 그가 그의 손자와 함께 운동장으로 들어갔을 때, 아이들이 그들을 둘러쌌다.

'노인'은 그의 손자와 함께 운동장으로 들어갔다.

(a)는 the old man을 가리킴

몇몇 학교에서는 아이들이 노인을 완전히 무시했고, 다른 학교들에서는 (b) 그를 놀렸다.

어떤 학교들에서는 아이들이 '노인'을 무시하고 놀렸다.

(b)는 the old man을 가리킴

Tip ❸
이야기에 등장하는 인물 중 두 명이 선택지로 지정된다. 글을 읽으면서 바로바로 간단하게 표시를 해두면 글을 두 번 읽지 않아도 된다.

동영상 강의

곧 한 젊은 선생님이 운동장으로 나왔다. 노인은 (c) 그에게 인사하면서 말했다.

노인은 '젊은 선생님'에게 인사하며 말을 건넸다.
(c)는 a young teacher를 가리킴, ③이 정답임

그날 저녁, 소년의 어머니는 (d) 그에게 말했다. "아버지, 글을 읽을 줄도 모르시잖아요.

소년의 어머니가 아버지라며 말을 건네는 것은 '노인'이다.
(d)는 the old man을 가리킴

할아버지는 손자를 할머니에게 돌봐달라고 하고 나서, ❹ (e) 그 자신이 선생님을 찾아 나섰다.

손자를 맡기고 '노인'은 직접 선생님을 찾아 나섰다.
(e)는 the old man을 가리킴

Tip ❹
등장인물의 성별이 서로 다르다면 결정적인 단서가 될 수 있지만, 이 문제와 같이 모두 '그'인 경우 더 주의하여 글을 읽어야 한다. 글을 읽으면서 각 선택지에 등장인물의 이름을 표시해 두면 다시 돌아가서 읽지 않아도 한눈에 알아볼 수 있다.

[문제 06]

3rd ❺ **내용 불일치 문제는 선택지를 먼저 읽으면서 글의 해당 부분을 찾아 대조한다.**

Tip ❺
선택지와 글을 일대일로 대조해서 빠르게 읽어나가는 훈련을 해야 한다.

① 갈색 머리 소녀가 노인과 소년을 향해 손가락질했다. (A girl with brown hair ~ jumped up and down.)

갈색 머리 소녀가 그 둘(노인과 소년)을 향해 손가락질하며 위아래로 뛰었다.

①은 글의 내용과 일치함

② 노인은 지쳐서 울타리에 기댔다. (he went onto ~ exhausted.)

마침내, 그는 매우 작은 한 학교의 아주 작은 운동장으로 들어섰고, 지쳐서 울타리에 기댔다.

②은 글의 내용과 일치함

③ 노인은 선생님과 논쟁을 벌였다. (The old man didn't argue with the teacher.)

노인은 선생님과 논쟁을 벌이지 않았다.

④ 노인은 글을 읽을 줄 몰랐다. ("Dad, you can't even read. ~ of all?")
③은 글의 내용과 일치하지 않음

"아버지, 글을 읽을 줄도 모르시잖아요. 최고의 선생님을 찾았다는 것을 어떻게 아세요?"

④은 글의 내용과 일치함

⑤ 소년은 학교에 가지 않아도 된다고 소리쳤다. ("Brilliant, I don't have to go ~.)

"굉장한 걸, 나 학교에 가지 않아도 되네!"라고 소년이 소리쳤다.

⑤은 글의 내용과 일치함

[문제 07] 동사 took과 병렬 구조를 이루는 동사: led

The old man took(동사) his grandson / firmly by the hand, / and(등위접속사) led(동사) him ~. //
노인은 손자를 잡았다 / 손을 꽉 / 그리고 그를 데리고 나갔다 ~ //

[08~14] 다음 글을 읽고, 물음에 답하시오.

(A)

Asha was going through a period of frustration and exhaustion in her life, struggling to cope with the challenges that came her way. (a) She felt lost and didn't know what to do, so she turned to her mother for advice. Asha knew that her mother had a lot of life experience and could offer her some helpful advice.

(B)

(b) She went on to say, "The egg was soft, but now it's hard. The potato was hard, but now it's soft. The tea leaves, they changed the water itself." Asha's mother used this experiment to teach (c) her a life lesson: one can choose how to respond in difficult situations. Some may become tough like the egg, others may become soft like the potato, while others may change their environment like the tea leaves.

(C)

Her mother, after listening to her daughter, came up with an idea to help Asha. She asked Asha to bring an egg, two tea leaves, and a potato, and then brought out three pots, filling them with water and placing them on the stove. Once the water was boiling, she told (d) her to place each item into a separate pot and keep an eye on them.

(D)

After ten minutes had passed, Asha was told to peel the egg and the potato and take out the tea leaves. (e) She was first confused by this unusual experiment, wondering what it all meant. Her mother then explained, "Each item was* ⓐ [placing / placed] in the same circumstance, boiling water. Yet, each one responded differently."

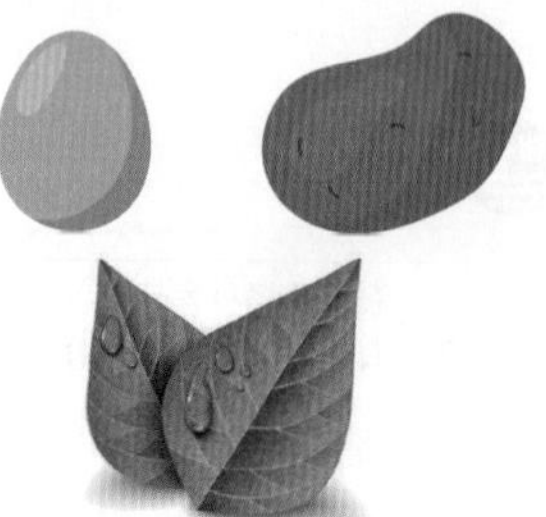

- 단어 수: 263
- 독해 시간: 260초
- 난이도: ★★☆

Grammar

*수동태의 의미와 형태
'주어가 (누군가/무언가에 의해) ~ 되어지다'의 의미를 나타낼 때 「be동사+p.p.」 형태의 수동태를 쓴다.

Word Check

- frustration 좌절
- exhaustion 고단함, 소진
- cope with ~에 대처하다
- challenge 어려움, 도전
- experiment 실험
- respond 반응하다
- environment 환경
- come up with ~를 생각해내다
- separate 별도의
- pot 냄비
- peel (껍질을) 벗기다
- confuse 혼란스럽게 하다
- unusual 특이한
- wonder 궁금해 하다
- circumstance 환경

08 서술형 윗글의 제목을 아래와 같이 쓸 때, 빈칸에 적절한 말을 윗글에서 찾아 쓰시오.

> Lessons from the Kitchen: How to ________ to Life's Challenges

09 윗글에 등장하는 다음 두 문장을 바르게 해석하시오.

(1) Her mother, after listening to her daughter, came up with an idea to help Asha.

➡ ________________________________

(2) After ten minutes had passed, Asha was told to peel the egg and the potato and take out the tea leaves.

➡ ________________________________

10 다음 영영풀이가 설명하는 어휘를 윗글에서 찾아 쓰시오.

> ________: a scientific test in which you perform a series of actions

11 수능 유형 주어진 글 (A)에 이어질 내용을 순서에 맞게 배열한 것으로 가장 적절한 것을 고르시오.

① (B) – (D) – (C) ② (C) – (B) – (D) ③ (C) – (D) – (B)
④ (D) – (B) – (C) ⑤ (D) – (C) – (B)

12 수능 유형 윗글의 밑줄 친 (a)~(e) 중에서 가리키는 대상이 나머지 넷과 다른 것을 고르시오.

① (a) ② (b) ③ (c) ④ (d) ⑤ (e)

13 수능 유형 윗글에 관한 내용으로 적절하지 않은 것을 고르시오.

① Asha는 힘든 상황에서 어머니에게 조언을 구했다.
② 실험은 어머니가 딸에게 교훈을 가르쳐주기 위한 것이었다.
③ 어머니는 Asha에게 달걀, 찻잎, 감자를 꺼내오라고 했다.
④ 어머니는 딸에게 재료를 냄비에 모두 함께 넣으라고 했다.
⑤ Asha는 처음에는 실험이 의미하는 바를 알지 못했다.

14 내신 대비 윗글의 네모 ⓐ에서 어법상 적절한 것을 고르시오.

➡ ________________

정답과 해설 pp. 108~110

08
인생의 어려움에 '어떻게' 하는 방법을 선택할 수 있다는 교훈을 가르치는 내용이다.

09
(1) after -ing는 '~한 뒤에'라고 해석한다.
(2) had passed는 과거완료를 나타내는 시제이다.

10
어떤 활동을 수행하는 과학적 테스트를 '무엇'이라고 했다.

11
하나의 이야기가 되도록 각 문단을 배열하면 된다. (B)의 She went on to say, (C)의 after listening to her daughter, (D)의 After ten minutes had passed 등이 시간의 흐름을 암시하는 단서를 제공해 준다.

12
she, her로 가리킬 수 있는 대상은 Asha와 엄마이므로 둘 중 누구를 가리키는지 구별해야 한다.

13
(C)의 마지막 문장에 물이 끓자 Asha에게 어떻게 하라고 했는지 나와 있다.

14
수동태의 의미와 형태를 구별해서 어떤 것이 어법상 적절한지 생각해 본다.

[15~21] 다음 글을 읽고, 물음에 답하시오.

(A)

Once upon a time, there lived frogs in a swamp. They were happy and carefree, splashing around with no one to bother them. But the frogs thought (a) they should have a king, so they asked God for a ruler. They genuinely wanted their wish to come true and waited for God's response.

(B)

The frogs cautiously approached the motionless wood. They even touched it. Seeing that it remained still, some of them bravely picked up stones and began throwing (b) them towards the wood. Soon, more frogs joined in, and they began to do the same. Over time, the frogs considered it as their new king, but eventually, they lost their interest in the piece of wood among (c) them and nobody paid it any attention.

(C)

The frogs begged God to send (d) them a king who would maintain order and rule over them. God found their request amusing and tossed a piece of wood into the swamp, which created a loud splash and frightened the frogs. They were terrified by the strange object and hurriedly gathered on the bank to observe the amazing sight.

(D)

ⓐ *[Unsatisfied / Unsatisfying] with the piece of wood as their king, the frogs sent a second wish for a true ruler to God. God became angry and sent a large bird that devoured all the frogs. Only then did (e) they realize their mistake and regret their actions. They learned the hard way that ⓑ ______________.

*devour 집어삼키다

- 단어 수: 246
- 독해 시간: 260초
- 난이도: ★★☆

Grammar

*수동 분사구문
수동의 의미를 나타낼 때 쓰고 「being[having been]+p.p.」 형태이며, being과 having been을 생략할 수 있다.

Word Check

- swamp 늪, 습지
- carefree 근심 걱정 없는, 속 편한
- splash (물 · 흙탕물 등을) 끼얹다[튀기다], 철벅[첨벙]하는 소리
- ruler 지배자
- genuinely 진심으로
- response 반응
- cautiously 조심스럽게
- approach 다가가다
- motionless 움직이지 않는
- bravely 용감하게
- consider 여기다
- eventually 결국
- beg 간청하다
- request 요청
- amusing 재미있는
- hurriedly 급하게
- observe 관찰하다
- regret 후회하다

15 다음을 읽고, 윗글의 내용과 일치하면 T, 일치하지 않으면 F를 고르시오.

(1) The first king God sent to the frogs was a living thing. (T / F)

(2) The frogs asked God three times to send them a king. (T / F)

16 서술형 윗글의 (D)에 나타난 개구리들의 심경으로 알맞은 것을 <보기>에서 모두 고르시오.

〈보기〉
ashamed curious delighted indifferent regretful relieved

➡ ______________________

17 윗글의 빈칸 ⓑ에 들어갈 말로 문맥상 가장 적절한 것을 고르시오.

① no ruler is better than a cruel one
② a wise ruler listens to the voice of the people
③ a ruler who loves gold will not be loved by his people
④ the worst enemy of the people is a ruler who has no enemy
⑤ it is better to be governed by a wise scholar than a foolish ruler

18 수능 유형 주어진 글 (A)에 이어질 내용을 순서에 맞게 배열한 것으로 가장 적절한 것을 고르시오.

① (B) – (C) – (D) ② (B) – (D) – (C) ③ (C) – (B) – (D)
④ (C) – (D) – (B) ⑤ (D) – (B) – (C)

19 수능 유형 윗글의 밑줄 친 (a) ~ (e) 중에서 가리키는 대상이 나머지 넷과 다른 것을 고르시오.

① (a) ② (b) ③ (c) ④ (d) ⑤ (e)

20 수능 유형 윗글에 관한 내용으로 적절하지 않은 것을 고르시오.

① 개구리들은 그들에게 왕이 있기를 바랐다.
② 개구리들은 그들의 첫 번째 왕에게 돌을 던졌다.
③ 개구리들은 신이 늪에 던진 물체에 두려움을 느꼈다.
④ 큰 새가 나타나 개구리들을 모두 집어삼켰다.
⑤ 그 후 개구리들은 왕 없이 평화롭게 살았다.

21 내신 대비 윗글의 네모 ⓐ에서 어법상 적절한 것을 고르시오.

➡ ______________________

15
(1) 신이 개구리들에게 보낸 첫 번째 왕은 나무 조각이었다.
(2) 개구리들은 신에게 왕을 보내달라고 두 번 요청했다.

16
(D)에서 개구리들에게 분노한 신이 개구리들을 모두 잡아먹게 했고, 개구리들은 후회했다고 했다.

17
잔인한 지배자를 두는 것보다 평화롭고 행복하게 사는 게 낫다고 뒤늦게 깨달았다고 했다.

18
(B)의 첫 문장, (C)의 두 번째 문장, (D)의 첫 번째 문장 등이 시간의 흐름을 암시하는 단서를 제공해 준다.

19
개구리들과 돌들 중에 무엇을 가리키는지 구별해야 한다.

20
(D)의 마지막 부분에 나온 내용을 확인해야 한다.

21
분사구문의 수동 형태는 being[having been]+p.p.이다.

정답과 해설 pp. 110~113

고난도

[22~28] 다음 글을 읽고, 물음에 답하시오.

• 단어 수: 302
• 독해 시간: 270초
• 난이도: ★★☆

(A)

On my daughter Marie's 8th birthday, she received a bunch of presents from her friends at school. That evening, with her favorite present, a teddy bear, in her arms, we went to a restaurant to celebrate her birthday. Our server, a friendly woman, noticed* my daughter ⓐ [to hold / holding] the teddy bear and said, "My daughter loves teddy bears, too." Then, we started chatting about (a) her family.

(B)

When Marie came back out, I asked her what she had been doing. She said that she gave her teddy bear to our server so that she could give it to (b) her daughter. I was surprised at her sudden action because I could see how much she loved that bear already. (c) She must have seen the look on my face, because she said, "I can't imagine being stuck in a hospital bed. I just want her to get better soon."

(C)

I felt moved by Marie's words as we walked toward the car. Then, our server ran out to our car and thanked Marie for her generosity. The server said that (d) she had never had anyone doing anything like that for her family before. Later, Marie said it was her best birthday ever. I was so proud of her empathy and warmth, and this was an unforgettable experience for our family.

(D)

The server mentioned during the conversation that her daughter was in the hospital with a broken leg. (e) She also said that Marie looked about the same age as her daughter. She was so kind and attentive all evening, and even gave Marie cookies for free. After we finished our meal, we paid the bill and began to walk to our car when unexpectedly Marie asked me to wait and ran back into the restaurant.

Grammar

* 지각동사의 목적격 보어

hear, see, watch, notice, feel 등의 지각동사는 목적격 보어로 동사원형이나 현재분사 형태가 와야 한다.

Word Check

- a bunch of 다수의, 많은
- celebrate 축하하다, 기념하다
- notice 알아차리다
- chat 담소를 나누다
- sudden 갑작스러운
- be stuck in ~에 갇히다, ~에 꼼짝 못하게 되다
- generosity 관대함, 너그러움
- empathy 공감 (능력)
- unforgettable 잊을 수 없는
- mention 언급하다, 말하다
- conversation 대화
- attentive 주의를 기울이는, 세심한
- for free 무료로
- unexpectedly 예상치 못하게, 갑자기

22 윗글의 중심 소재로 가장 적절한 것을 고르시오.

① the empathy and kindness of a little girl
② hospitality of a server at a restaurant
③ an unpleasant experience on birthday dinner

23 윗글에 등장하는 다음 두 문장을 바르게 해석하시오.

(1) After we finished our meal, we paid the bill and began to walk to our car when unexpectedly Marie asked me to wait and ran back into the restaurant.

➡ ______________________________

____

(2) The server said that she had never had anyone doing anything like that for her family before.

➡ ______________________________

24 서술형 다음 질문에 대한 답을 윗글에서 찾아 쓰시오.

Q: Why did Marie give her teddy bear to the server?
A: Because she wanted the server's daughter to __________ __________ soon.

25 수능 유형 주어진 글 (A)에 이어질 내용을 순서에 맞게 배열한 것으로 가장 적절한 것을 고르시오. [2022년 11월 시행 고1 학평 43]

① (B) – (D) – (C) ② (C) – (B) – (D) ③ (C) – (D) – (B)
④ (D) – (B) – (C) ⑤ (D) – (C) – (B)

26 수능 유형 윗글의 밑줄 친 (a)~(e) 중에서 가리키는 대상이 나머지 넷과 다른 것을 고르시오. [2022년 11월 시행 고1 학평 44]

① (a) ② (b) ③ (c) ④ (d) ⑤ (e)

27 수능 유형 윗글에 관한 내용으로 적절하지 않은 것을 고르시오. [2022년 11월 시행 고1 학평 45]

① Marie는 테디 베어를 팔에 안고 식당에 갔다.
② 'I'는 Marie의 갑작스러운 행동에 놀랐다.
③ 종업원은 Marie의 관대함에 고마워했다.
④ 종업원은 자신의 딸이 팔이 부러져서 병원에 있다고 말했다.
⑤ 종업원은 Marie에게 쿠키를 무료로 주었다.

28 내신 대비 윗글의 네모 ⓐ에서 어법상 적절한 것을 고르시오.

➡ ______________

22
식당 종업원의 아픈 딸 이야기를 듣고 Marie가 테디 베어를 선물한 이야기이다.

23
(1) asked와 ran이 접속사 and로 연결된 문장이다.
(2) that은 목적어절을 이끄는 접속사로 쓰인 것에 유의해서 해석해야 한다.

24
Marie는 종업원의 딸이 빨리 '어떻게' 되기를 바란다고 했다.

25
하나의 이야기가 되도록 각 문단을 배열하면 된다. (B)~(D)의 각 첫 문장 등이 시간의 흐름을 암시하는 단서를 제공해 준다.

26
her, she로 가리킬 수 있는 대상이 Marie와 종업원이므로 둘 중 누구를 가리키는지 구별해야 한다.

27
(D)의 첫 번째 문장을 통해 종업원 딸의 어디가 부러졌는지 알 수 있다.

28
앞에 지각동사 noticed가 있으므로 목적격 보어의 형태로 무엇이 적절한지 판단한다.

정답과 해설 pp. 113~116

REVIEW 어휘 테스트 Q 복합 문단의 이해

▶ 정답과 해석 p. 116

다음 영어는 우리말 뜻을, 우리말은 영어 단어를 <보기>에서 찾아 쓰시오.

〈보기〉

지배자	separate	genuinely
기대다	냄비	chat
자극	움직이지 않는	swamp

01 lean ____________

02 ruler ____________

03 pot ____________

04 motionless ____________

05 진심으로 ____________

06 늪, 습지 ____________

07 담소를 나누다 ____________

08 별도의 ____________

다음 영영풀이에 알맞은 단어를 고르시오.

09 to make a very strong and emotional request

① beg ② gratify
③ oblige ④ hint

10 impossible to forget

① normal ② plain
③ unremarkable ④ unforgettable

11 being generous and helpful, or this act

① kindness ② obstacle
③ interference ④ cruelty

밑줄 친 단어가 주어진 의미로 쓰인 문장을 고르시오.

12 [관찰하다]

① My grandparents still <u>observe</u> traditions.
② He <u>observed</u> the car swerving right.

13 [궁금해 하다]

① The success of his operation was a <u>wonder</u>.
② I was <u>wondering</u> about your safety.

자연스러운 문장이 되도록 괄호 안에서 적절한 단어를 고르시오.

14 Instructions are to (peel / peek) the apple.

15 Friends are said to be (abusing / amusing).

16 The waiter was very (attentive / arrived).

17 He was (hurriedly / hugely) leaving the building.

우리말에 맞게 빈칸에 적절한 단어를 <보기>에서 찾아 쓰시오.

〈보기〉

sudden	carefree	splash
circumstance	bravely	pupil

18 그는 반에서 가장 똑똑한 제자이다.
➡ He is the brightest ____________ in the class.

19 그녀는 용감하게 독재자에게 맞섰다.
➡ She ____________ stood up to the dictator.

20 아이들은 근심 걱정 없이 자랐다.
➡ The children had a(n) ____________ upbringing.

21 갑작스럽게 움직이지 말아라.
➡ Don't make any ____________ movements.

22 이웃집에서 크게 첨벙거리는 소리가 들렸다.
➡ A big ____________ sounded from next door.

시험 대비 실력 향상 TEST 3회 [L~Q유형]

• 문항 수: 17개
• 제한 시간: 38분

[01~02]

다음 글을 읽고, 물음에 답하시오.

Developing a personal engagement with poetry brings a number of benefits to you as an individual, in both a personal and a professional capacity. ① Writing poetry has been shown to have physical and mental benefits, with expressive writing found to improve immune system and lung function, diminish psychological distress, and enhance relationships. ② Poetry 돕기 위해 오랫동안 사용되어 왔다 different mental health needs, develop empathy, and reconsider our relationship with both natural and built environments. ③ Poetry is also an incredibly effective way of actively targeting the cognitive development period, improving your productivity and scientific creativity in the process. ④ Poetry is considered to be an easy and useful means of expressing emotions, but you fall into frustration when you realize its complexity. ⑤ In short, poetry has a lot to offer, if you give it the opportunity to do so.

*cognitive 인지적인

01 수능 유형

윗글에서 전체 흐름과 관계 없는 문장을 고르시오.

[2022년 11월 시행 고1 학평 35]

① ② ③ ④ ⑤

02 내신 대비

윗글의 밑줄 친 우리말 해석과 일치하도록 〈보기〉의 단어를 어법상 적절하게 변형하여 6단어로 쓰시오.

〈보기〉
long use aid

➡ ______________________

[03~04]

다음 글을 읽고, 물음에 답하시오.

Things are changing. It has been reported ⓐ that 42 percent of jobs in Canada are at risk, and 62 percent of jobs in America will be in danger due to advances in automation.

(A) However, what's difficult to automate is the ability to creatively solve problems. Whereas workers in "doing" roles can be replaced by robots, the role of creatively solving problems is more dependent on an irreplaceable individual.

(B) You might say that the numbers seem a bit unrealistic, but the threat is real. One fast food franchise has a robot ⓑ that can flip a burger in ten seconds. It is just a simple task but the robot could replace an entire crew.

(C) Highly skilled jobs are also at risk. A supercomputer, for instance, can suggest available treatments for specific illnesses in an automated way, drawing on the body of medical research and data on diseases.

03 수능 유형

주어진 글 다음에 이어질 글의 순서로 가장 적절한 것을 고르시오. [2022년 11월 시행 고1 학평 36]

① (A) – (C) – (B)
② (B) – (A) – (C)
③ (B) – (C) – (A)
④ (C) – (A) – (B)
⑤ (C) – (B) – (A)

04 내신 대비

윗글의 밑줄 친 ⓐ, ⓑ의 용법을 각각 쓰시오.

ⓐ ______________ ⓑ ______________

정답과 해설 pp. 116~119

[05~07]

다음 글을 읽고, 물음에 답하시오.

People commonly make the mistaken assumption that because a person has one type of characteristic, then they automatically have other characteristics ___(A)___ go with it. (①) In one study, university students were given descriptions of a guest lecturer before he spoke to the group. (②) Half the students received a description containing the word 'warm', the other half were told the speaker was 'cold'. (③) The guest lecturer then led a discussion, after ___(B)___ the students were asked to give their impressions of him. (④) As expected, there were large differences between the impressions formed by the students, depending upon their original information of the lecturer. (⑤) This shows that different expectations not only affect the impressions we form but also our behaviour and the relationship ___(C)___ is formed.

05 수능 유형

윗글의 흐름으로 보아, 주어진 문장이 들어가기에 가장 적절한 곳을 고르시오. [2023년 3월 시행 고1 학평 39]

> It was also found that those students who expected the lecturer to be warm tended to interact with him more.

① ② ③ ④ ⑤

06

다음 영영풀이가 설명하는 어휘를 윗글에서 찾아 그 원형을 쓰시오.

> ____________: the effect or influence that something or someone has on a person's thoughts or feelings

07 내신 대비

윗글의 빈칸 (A)~(C)에 공통으로 들어갈 관계대명사를 쓰시오.

➡ ____________________

[08~10]

다음 글을 읽고, 물음에 답하시오.

The common blackberry (*Rubus allegheniensis*) has an amazing ability to move manganese from one layer of soil to another using its roots. This may seem like a funny talent for a plant to have, but it all becomes clear when you realize the effect it has on nearby plants. Manganese can be very harmful to plants, especially at high concentrations. Common blackberry is unaffected by damaging effects of this metal and has evolved two different ways of using manganese to its advantage. First, it redistributes manganese from deeper soil layers to shallow soil layers using its roots as a small pipe. Second, it absorbs manganese as it grows, (A) [concentrating / concentrated] the metal in its leaves. When the leaves drop and decay, their concentrated manganese deposits further poison the soil around the plant. 망가니즈의 유독한 영향에 면역이 없는 식물에게 이것은 매우 나쁜 소식이다. Essentially, the common blackberry eliminates competition by poisoning its neighbors with heavy metals.

* manganese 망가니즈(금속 원소) ** deposit 축적물

08 (수능 유형)

윗글의 내용을 한 문장으로 요약하고자 한다. 빈칸 (A), (B)에 들어갈 말로 가장 적절한 것을 고르시오.

[2022년 3월 시행 고1 학평 40]

> The common blackberry has an ability to ___(A)___ the amount of manganese in the surrounding upper soil, which makes the nearby soil quite ___(B)___ for other plants.

	(A)		(B)
①	increase	—	deadly
②	increase	—	advantageous
③	indicate	—	nutritious
④	reduce	—	dry
⑤	reduce	—	warm

09 (서술형)

윗글의 밑줄 친 우리말 해석과 일치하도록 주어진 표현을 적절하게 배열하시오.

(for plants, is, immune, of manganese, to the toxic effects, this, very bad, that are not, news)

➡ ____

____

10 (내신 대비)

윗글의 네모 (A)에서 어법상 적절한 것을 고르시오.

➡ ________________

정답과 해설 pp. 119~122

[11~13]

다음 글을 읽고, 물음에 답하시오.

The longest journey we will make is the eighteen inches between our head and heart. If we take this journey, it can shorten our (a) misery in the world. Impatience, judgment, frustration, and anger reside in our heads. When we live in that place too long, it makes us (b) unhappy. But when we take the journey from our heads to our hearts, something shifts (c) inside. What if we were able to love everything that gets in our way? What if we tried loving the shopper who unknowingly (A) [step / steps] in front of us in line, the driver who cuts us off in traffic, the swimmer who splashes us with water during a belly dive, or the reader who pens a bad online review of our writing?

Every person who makes us miserable is (d) like us — a human being, most likely doing the best they can, deeply loved by their parents, a child, or a friend. And how many times have we unknowingly stepped in front of someone in line? Cut someone off in traffic? Splashed someone in a pool? Or made a negative statement about something we've read? It helps to (e) deny that a piece of us resides in every person we meet.

* reside (어떤 장소에) 있다

11 수능 유형

윗글의 제목으로 가장 적절한 것을 고르시오. [2022년 3월 시행 고1 학평 41]

① Why It Is So Difficult to Forgive Others
② Even Acts of Kindness Can Hurt Somebody
③ Time Is the Best Healer for a Broken Heart
④ Celebrate the Happy Moments in Your Everyday Life
⑤ Understand Others to Save Yourself from Unhappiness

12 수능 유형

윗글의 밑줄 친 (a)~(e) 중에서 문맥상 낱말의 쓰임이 적절하지 않은 것을 고르시오. [2022년 3월 시행 고1 학평 42]

① (a) ② (b) ③ (c) ④ (d) ⑤ (e)

13 내신 대비

윗글의 네모 (A)에서 어법상 적절한 것을 고르시오.

➡ ____________________

[14~17]

다음 글을 읽고, 물음에 답하시오.

(A)

One day a young man was walking along a road on his journey from one village to another. As he walked he noticed a monk working in the fields. The young man turned to the monk and said, "Excuse me. Do you mind if I ask (a) you a question?" "Not at all," replied the monk. ＊monk 수도승

(B)

A while later a middle-aged man journeyed down the same road and came upon the monk. "I am going to the village in the valley," said the man. "Do you know what it is like?" "I do," replied the monk, "but first tell (b) me about the village where you came from." "I've come from the village in the mountains," said the man. "It was a wonderful experience. I felt (A) [even though / as though] I was a member of the family in the village."

(C)

"I am traveling from the village in the mountains to the village in the valley and I was wondering if (c) you knew what it is like in the village in the valley." "Tell me," said the monk, "what was your experience of the village in the mountains?" "Terrible," replied the young man. "I am glad to be away from there. I found the people most unwelcoming. So tell (d) me, what can I expect in the village in the valley?" "I am sorry to tell you," said the monk, "but I think your experience will be much the same there." The young man lowered his head helplessly and walked on.

(D)

"Why did you feel like that?" asked the monk. "The elders gave me much advice, and people were kind and generous. I am sad to have left there. And what is the village in the valley like?" he asked again. "(e) I think you will find it much the same," replied the monk. "I'm glad to hear that," the middle-aged man said smiling and journeyed on.

14 (수능 유형)

주어진 글 (A)에 이어질 내용을 순서에 맞게 배열한 것으로 가장 적절한 것을 고르시오. [2022년 3월 시행 고1 학평 43]

① (B) – (D) – (C)　② (C) – (B) – (D)
③ (C) – (D) – (B)　④ (D) – (B) – (C)
⑤ (D) – (C) – (B)

15 (수능 유형)

윗글의 밑줄 친 (a) ~ (e) 중에서 가리키는 대상이 나머지 넷과 다른 것을 고르시오. [2022년 3월 시행 고1 학평 44]

① (a)　② (b)　③ (c)　④ (d)　⑤ (e)

16 (수능 유형)

윗글에 관한 내용으로 적절하지 않은 것을 고르시오. [2022년 3월 시행 고1 학평 45]

① 한 수도승이 들판에서 일하고 있었다.
② 중년 남자는 골짜기에 있는 마을로 가는 중이었다.
③ 수도승은 골짜기에 있는 마을에 대해 질문받았다.
④ 수도승의 말을 듣고 젊은이는 고개를 숙였다.
⑤ 중년 남자는 산속에 있는 마을을 떠나서 기쁘다고 말했다.

17 (내신 대비)

윗글의 네모 (A)에서 어법상 적절한 것을 고르시오.

➡ ____________

정답과 해설 pp. 122~126

REVIEW 어휘 테스트 [시험 대비 실력 향상 TEST 3회]

▶ 정답과 해석 p. 126

※ 다음 영어는 우리말 뜻을, 우리말은 영어 단어를 <보기>에서 찾아 쓰시오.

〈보기〉

다루다	위협	concentration
면역이 있는	automation	at risk
진술	강사	complexity

01 threat ____________

02 lecturer ____________

03 statement ____________

04 immune ____________

05 농도 ____________

06 자동화 ____________

07 복잡성 ____________

08 위험에 처한 ____________

※ 다음 중 나머지와 의미가 다른 하나를 고르시오.

09 ① ripen ② decompose ③ decay ④ rot

10 ① benevolent ② generous ③ selfish ④ charitable

11 ① torment ② agony ③ distress ④ relief

※ 짝지어진 단어의 관계가 나머지와 다른 것을 고르시오.

12 ① deadly : fatal
② include : eliminate
③ journey : trip
④ answer : reply

13 ① pen : write
② degrade : evolve
③ contain : exclude
④ confirm : deny

14 ① deep : shallow
② magnify : diminish
③ unknowingly : deliberately
④ interact : mingle

※ 주어진 단어와 비슷한 뜻을 가진 것을 고르시오.

15 helplessly
① securely ② safely
③ strongly ④ vulnerably

16 replace
① moor ② stabilize
③ substitute ④ anchor

17 forgive
① resent ② pardon
③ despise ④ forbid

※ 우리말에 맞게 빈칸에 적절한 단어를 <보기>에서 찾아 쓰시오.

〈보기〉

impression	crew	aid
assumption	surrounding	

18 나는 내 가정이 옳다고 생각했지만, 틀린 것으로 판명이 났다.
→ I thought my __________ would be right, but it turned out to be false.

19 가서 응급 의료 요원들을 도와라.
→ Go and __________ the first responders.

20 나는 그가 오지 않으리라는 인상을 받았다.
→ I was of the __________ that he wouldn't come.

21 주변의 들판은 아름답다.
→ The __________ fields are beautiful.

악마의 열매로 오해받은 토마토

토마토는 독이 든 악마의 열매로 오랜 시간 동안 오해를 받아 왔다. 미국의 제16대 대통령 에이브러햄 링컨은 노예제도를 폐지하고자 다양한 노력을 기울였다. 이에 노예제도를 옹호하는 세력은 링컨을 못마땅히 여겼고 당시 독이 든 식물이라고 여겨지던 토마토를 먹여 링컨을 암살하려고 했다. 이에 링컨의 식탁에 토마토를 올렸고 링컨이 죽기를 기다렸다. 하지만 링컨은 토마토에 풍부하게 함유된 비타민 B 덕분에 오히려 몸과 정신이 더욱 건강해졌다고 한다.

인류무형문화유산, 제주 해녀 문화

2016년, 우리나라 '제주 해녀 문화'가 유네스코 인류무형문화유산에 등재됐다. 해녀 문화는 바다에 잠수하여 해조류를 채취하는 물질뿐만 아니라 공동체 연대 의식 강화를 위한 잠수굿, 배 위에서 부르는 노동요인 해녀 노래를 모두 포함한다.
전 세계적으로 어업이 해양 생태계와 환경에 악영향을 크게 끼치는 데 반해 해녀 문화는 자연 친화적인 방법을 통해 해양환경을 크게 훼손하지 않는다는 점에서도 그 가치가 높다.

인공강우와 구름 씨앗

비가 내리려면 구름이 필요하다. 구름은 아주 작은 물방울이나 얼음 방울인 구름 입자로 이루어져 있다. 구름 입자가 모일 수 있도록 구름 씨앗을 뿌려 인공강우를 유도할 수 있다.
우리나라에서도 미세먼지 저감 효과를 기대하며 구름 씨앗을 이용한 인공강우 실험을 했지만 실패했다. 습도가 낮고 해가 쨍쨍한 날에는 구름 씨앗을 뿌려도 인공강우가 불가능하기 때문이다. 구름이 없거나 구름 속 습도가 충분하지 않으면 구름 씨앗을 뿌리더라도 비가 오지 않는다.

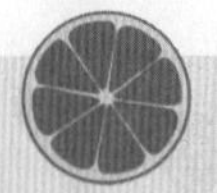

memo

⊙ (주)수경출판사의 모든 교재에는 **마인드 트리**가 있습니다.

⊙ 교재의 **마인드 트리** 5개를 모아서 보내주시는 모든 분께 선물을 드립니다.

⊙ 각각 다른 교재의 **마인드 트리**를 모아 주셔야 됩니다.

» 다음 교재 중 1권과 개념정리 노트 1권을 드립니다.

- 형상기억 수학공식집(중1)
- 형상기억 수학공식집(중등 종합)
- 보카 레슨 Level **1**
- 보카 레슨 Level **2**
- 보카 레슨 Level **3**

중 1권 +  개념정리 노트 1권

⊙ 보내실 곳 : 서울시 영등포구 양평로 21길 26(양평동 5가) IS비즈타워 807호
(주)수경출판사 (우 07207)

⊙ 언제든지 엽서에 붙이거나, 편지 봉투에 넣어 보내 주세요.

*오려서 보내 주세요.

Mind Tree
자이스토리
예비 고등 포인트 리딩 Level 4

풀이나 스카치 테이프를 이용해 붙여 주세요.

우 편 봉 함 엽 서

보내는 사람

*주소

*이름 *학년 (중 ___, 고 ___)

□□□□□

우표

Mind Tree

5개를 모아 보내 주세요!

(각각 다른 교재로)

받는 사람

서울시 영등포구 양평로 21길 26(양평동 5가)
IS비즈타워 807호
(주)수경출판사 교재 기획실

0 7 2 0 7

자이스토리 예비 고등 포인트 리딩 Level 4

1. 이 책을 구입하게 된 동기는 무엇입니까? [교재명 :]
   ① 서점에서 다른 책들과 비교해 보고 ② 광고를 보고/듣고 ③ 학교/학원 보충 교재 [학교명(학원명):]
   ④ 선생님의 추천 ⑤ 친구/선배의 권유 ⑥ 기타 [ ]

2. 교재를 선택할 때 가장 큰 기준이 되는 것은?(복수 응답 가능)
   ① 유명 출판사 ② 교재 내용 ③ 디자인 ④ 난이도
   ⑤ 교재 분량 ⑥ 해설 ⑦ 동영상 강의 ⑧ 기타 [ ]

3. 이 책의 전반적인 부분에 대한 질문입니다.
   ◆ 표지 디자인 : 좋다 □ 보통이다 □ 좋지 않다 □ ◆ 본문 디자인 : 좋다 □ 보통이다 □ 좋지 않다 □
   ◆ 문제 난이도 : 어렵다 □ 알맞다 □ 쉽다 □ ◆ 교재의 분량 : 많다 □ 알맞다 □ 적다 □

4. 이 책의 구성 요소를 평가한다면?
   • 17개 독해 문제 유형 분류 ( ) • 유형 해법 Follow Me! ( ) • 흥미로운 내용의 지문 ( )
   • 어휘 Review ( ) • 실력 향상 TEST ( ) • 입체 첨삭 해설 ( ) • 휴대용 단어장 ( )

   ① 매우 만족 ② 만족 ③ 보통 ④ 불만 ⑤ 매우 불만

* 오려서 보내 주세요.

5. 이 책에서 추가되어야 할 점이 있다면 무엇입니까?

6. 최근 본인이 크게 도움을 받은 책이 있다면?(또는 가장 인기있는 교재는?)

교재명 :　　　　과목 :

7. 내가 원하는 교재가 있다면?

이름 :　　　　연락처 :　　　　이메일 :

학　교 :　　　　학　년 :

Fighting!
외롭고 고된 자신과 싸움의 시간이 힘드셨죠?
꾹 참고 이겨내고 있는
당신의 모습에 경의를 보냅니다.
합격은 당신의 것입니다.

마인드 트리를 붙이고 원하는 교재를 체크하세요.

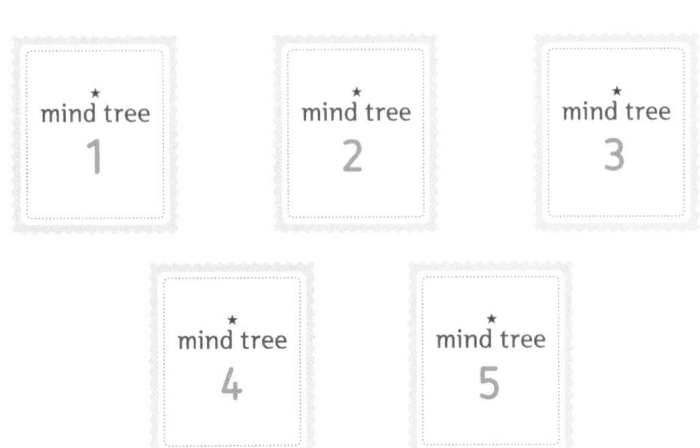

※ 원하는 교재를 **1권** 체크

☐ 형상기억 수학공식집 중1
☐ 형상기억 수학공식집 중등 종합
☐ 보카 레슨 Level 1
☐ 보카 레슨 Level 2
☐ 보카 레슨 Level 3

Xi STORY

Xistory stands for extra intensive story for an entrance examination for a university.

예비 고등

포인트 리딩

POINT READING

해설편

수경출판사

자이스토리 영어 공부 로드맵 (수능 ↑ 초등)

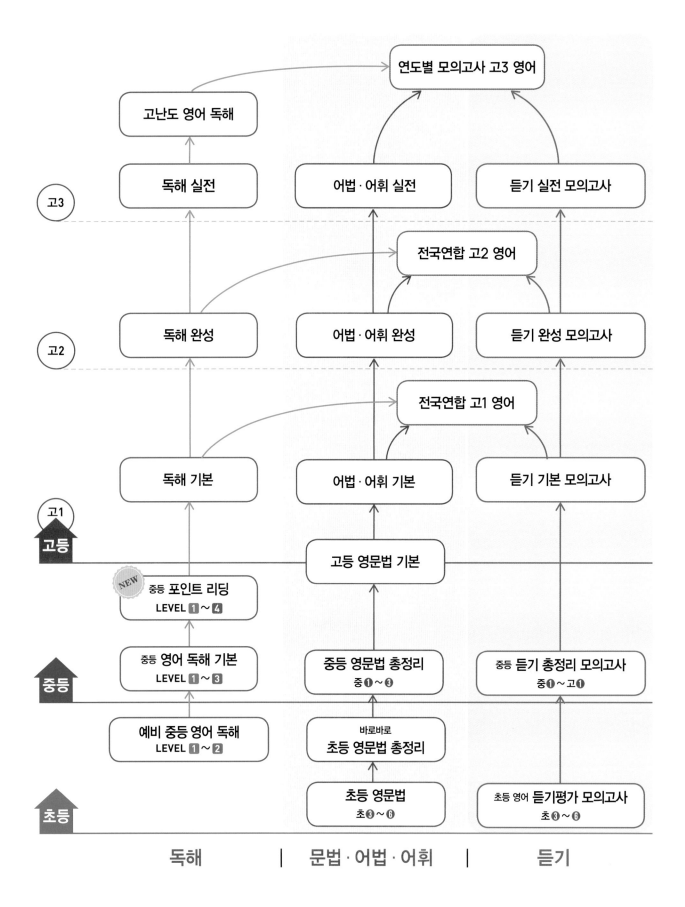

고3
- 독해: 독해 실전 → 고난도 영어 독해 → 연도별 모의고사 고3 영어
- 문법·어법·어휘: 어법 · 어휘 실전 → 연도별 모의고사 고3 영어
- 듣기: 듣기 실전 모의고사 → 연도별 모의고사 고3 영어

고2
- 독해: 독해 완성 → 전국연합 고2 영어
- 문법·어법·어휘: 어법 · 어휘 완성 → 전국연합 고2 영어
- 듣기: 듣기 완성 모의고사 → 전국연합 고2 영어

고1
- 독해: 독해 기본 → 전국연합 고1 영어
- 문법·어법·어휘: 어법 · 어휘 기본 → 전국연합 고1 영어
- 듣기: 듣기 기본 모의고사 → 전국연합 고1 영어

고등
- 문법·어법·어휘: 고등 영문법 기본

중등
- 독해: NEW 중등 포인트 리딩 LEVEL 1~4
- 독해: 중등 영어 독해 기본 LEVEL 1~3
- 문법·어법·어휘: 중등 영문법 총정리 중❶~❸
- 듣기: 중등 듣기 총정리 모의고사 중❶~고❶

초등
- 독해: 예비 중등 영어 독해 LEVEL 1~2
- 문법·어법·어휘: 바로바로 초등 영문법 총정리
- 문법·어법·어휘: 초등 영문법 초❸~❻
- 듣기: 초등 영어 듣기평가 모의고사 초❸~❻

독해 | 문법 · 어법 · 어휘 | 듣기

차 례

* 문제를 쉽게 이해시키는 입체 첨삭 해설

글의 주제
지문의 내용을 한 눈에 파악할 수 있도록 주제를 제시하였습니다.

직독직해
의미 중심의 문장별 끊어 읽기 표시와 해석을 달아 주어 바로바로 해석할 수 있도록 돕습니다.

정답 단서
지문의 어떤 부분이 정답을 찾는 단서가 되는지 한눈에 확인할 수 있습니다.

핵심 구문 풀이
정확한 해석을 위해 반드시 알아야 하는 핵심 구문을 입체적으로 설명하였습니다.

지문 해석
지문 전체의 해석을 모아서 제공함으로써 글의 내용을 쉽게 파악할 수 있도록 하였습니다.

왜 정답?
지문에서 찾은 정답의 단서들을 근거로 하고, 논리적인 사고 과정을 거쳐 정답을 도출해내는 과정을 차근차근 설명하였습니다.

왜 오답?
오답의 함정에 왜 빠지게 되는지를 설명하여 자신이 어떤 실수를 했는지를 스스로 깨닫게 합니다.

선택지 첨삭 해설
선택지만으로도 정답을 확인할 수 있도록 선택지를 입체적으로 분석해 설명했습니다.

3-STEP 해설
고난도 유형의 문제는 Follow Me!에서 설명했던 단계대로 자세하게 설명했습니다.

A 내용 일치, 불일치

01 ~ 05 ▸ 문제편 pp. 12~13

* 고장이 나버린 타자기

It was two hours before / the submission deadline / and I still hadn't finished / my news article. //
두 시간 전이었다 / 제출 마감 시간 / 그리고 나는 여전히 끝내지 못했다 / 나의 뉴스 기사를 //

I sat at the desk, / but suddenly, / the typewriter didn't work. //
나는 책상에 앉았다 / 그런데 갑자기 / 타자기가 작동하지 않았다 //

ⓐ No matter how hardly(→ hard) I tapped the keys, / the levers wouldn't move / to strike the paper. //
내가 아무리 세게 키를 두드려도 / 레버는 움직이지 않았다 / 종이를 두드리려 //

I started to realize / that I would not be able to finish / the article / on time. //
나는 깨닫기 시작했다 / 내가 끝낼 수 없으리라는 것을 / 그 기사를 / 제시간에 //

Desperately, / I rested the typewriter / on my lap / and started hitting each key / with as much force / as I could manage. //
필사적으로 / 나는 타자기를 올려놓았다 / 내 무릎 위에 / 그리고 각각의 키를 누르기 시작했다 / 많은 힘을 가지고 / 내가 할 수 있을 만큼의 //

Nothing happened. //
아무 일도 일어나지 않았다 //

Thinking something might have happened / inside of it, / I opened the cover, / lifted up the keys, / and found the problem / — a paper clip. //
무슨 일이 일어났을지도 모르겠다고 생각하면서 / 그것의 내부에 / 나는 그 덮개를 열고 / 키들을 들어 올리고 / 문제를 발견했다 / 종이 집게 //

The keys had no room / to move. //
키들은 공간이 없었다 / 움직일 //

After picking ⓑ it out, / I pressed and pulled some parts. //
그것을 집어서 꺼낸 후에 / 나는 몇 개의 부품들을 누르고 당겼다 //

The keys moved smoothly again. //
키들이 매끄럽게 다시 움직였다 //

I breathed deeply / and (A) [frowned / smiled]. //
나는 깊게 숨을 내쉬었다 / 그리고 미소 지었다 //

Now I knew / that I (B) [could / couldn't] finish my article / on time. //
이제 나는 알았다 / 내가 기사를 끝낼 수 있음을 / 제시간에 //

제출 마감 시간 두 시간 전이었고 나는 여전히 나의 뉴스 기사를 끝내지 못했다. 나는 책상에 앉았는데, 갑자기, 타자기가 작동하지 않았다. ⓐ 내가 아무리 세게 키를 두드려도, 레버는 종이를 두드리려 움직이지 않았다. 나는 내가 제시간에 그 기사를 끝낼 수 없으리라는 것을 깨닫기

01 정답 ②

윗글에 드러난 'I'의 심경 변화로 가장 적절한 것을 고르시오.
① confident → nervous
② frustrated → relieved
③ bored → amazed
④ indifferent → curious
⑤ excited → disappointed

왜 정답?
'I'는 처음에는 타자기가 작동하지 않아 기사를 제시간에 끝낼 수 없을까 봐 좌절했지만, 타자기 문제를 해결하고는 제시간에 기사를 끝낼 수 있음을 알게 되어 안심했다. 따라서 정답은 ② '좌절한 → 안심한'이다.

왜 오답?
① 처음에는 기사를 끝내지 못할 것 같아 좌절한 상태였다.
③ 글 어디에도 지루한 상황은 나오지 않는다.
④ 무관심하고 호기심 많은 상황은 제시되지 않았다.
⑤ 기사를 끝내지 못할까 봐 좌절한 것이지 흥분한 상태가 아니다.

02 정답 ③

윗글의 제목으로 가장 적절한 것을 고르시오.
① Recycling: An Easy Way to Save Energy
② Time to Stop Depending on Digital Devices
③ Batteries Incorrectly Thrown Away Cause Fires
④ Small Habits in Life to Prevent Unnecessary Fires
⑤ Batteries: The Safe and Useful Power Source for Modern Life

1st 글의 앞부분을 읽으며 이어질 내용을 예상한다.

우리의 생활 방식은 배터리에 많이 의존한다. 그것들은 거의 모든 것에 동력을 준다. 우리의 자동차, 스마트폰, 시계, 리모컨 그리고 많은 다른 기기들은 모두 작동하기 위해 배터리가 필요하다.

→ 우리는 살면서 배터리에 많이 의존하며, 일상 속 많은 기기도 작동을 위해 배터리를 필요로 한다.
↳ 배터리에 관한 글

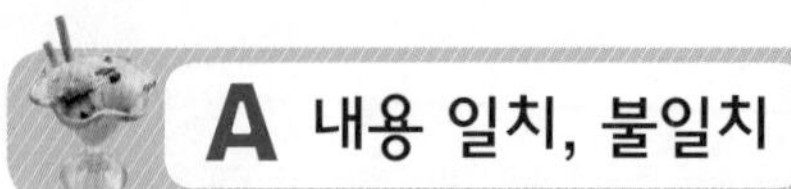

A 내용 일치, 불일치

01 ~ 05 ▶ 문제편 pp. 10~12

*Lilian Bland의 생애

Lilian Bland was born / in Kent, England in 1878. //
Lilian Bland는 태어났다 / 1878년 잉글랜드 Kent에서 //

Unlike most other girls at the time / she wore trousers / and spent her time (A) enjoying / to enjoy adventurous activities / like horse riding and hunting. //
(spend+시간+-ing: ~하는 데 (시간)을 보내다 / 전치사)
그 당시 대부분의 다른 여자아이와 달리 / 그녀는 바지를 입었고 / 모험적인 활동을 즐기며 시간을 보냈다 / 승마와 사냥 같은 //
01번 단서 1: 스포츠와 야생 동물 사진작가로 경력을 시작함

Lilian began her career / as a sports and wildlife photographer / for British newspapers. //
Lilian은 자신의 경력을 시작했다 / 스포츠와 야생 동물 사진작가로 / 영국 신문사의 //

In 1910 / she became the first woman / to design, build, and fly her own airplane. //
01번 단서 2: 자신의 비행기를 설계하고 제작한 최초의 여성임 / 형용사적 용법
1910년에 / 그녀는 최초의 여성이 되었다 / 자신의 비행기를 설계하고, 제작하고, 비행한 //

(~하기 위해)
In order to persuade her / to try a slightly safer activity, / Lilian's dad bought her a car. //
그녀를 설득하기 위해 / 약간 더 안전한 활동을 하도록 / Lilian의 아버지는 그녀에게 자동차를 사주었다 //

(end up -ing: 결국 ~하게 되다)
Soon Lilian was a master driver / and ended up working / as a car dealer. // 01번 단서 3: 자동차 판매원으로도 일함
곧 Lilian은 뛰어난 운전자가 되었고 / 결국 일하게 되었다 / 자동차 판매원으로 //

She never went back to flying / but lived a long and exciting life nonetheless. //
그녀는 결코 비행을 다시 시작하지 않았지만 / 그렇더라도 오랫동안 흥미진진한 삶을 살았다 //

(자동사)
She married, / moved to Canada, / and had a kid. //
그녀는 결혼하여 / 캐나다로 이주했고 / 아이를 낳았다 //

Eventually, / she moved back to England, / and lived there for the rest of her life. // 04번 단서: 캐나다가 아니라 잉글랜드에서 생의 마지막 기간을 보냄
결국 / 그녀는 잉글랜드로 돌아와 / 거기서 생의 마지막 기간을 보냈다 //

Lilian Bland는 1878년 잉글랜드 Kent에서 태어났다. 그 당시 대부분의 다른 여자아이와 달리 그녀는 바지를 입었고, 승마와 사냥 같은 모험적인 활동을 즐기며 시간을 보냈다. Lilian은 영국 신문사의 스포츠와 야생 동물 사진작가로 자신의 경력을 시작했다. 1910년에 그녀는 자신의 비행기를 설계하고, 제작하고, 비행한 최초의 여성이 되었다. 약간 더 안전한 활동을 하도록 그녀를 설득하기 위해, Lilian의 아버지는 그녀에게 자동차를 사주었다. 곧 Lilian은 뛰어난 운전자가 되었고 결국 자동차 판매원으로 일하게 되었다. 그녀는 결코 비행을 다시 시작하지 않았지만, 그렇더라도 오랫동안 흥미진진한 삶을 살았다. 그녀는 결혼하여 캐나다로 이주했고, 아이를 낳았다. 결국 잉글랜드로 돌아와 거기서 생의 마지막 기간을 보냈다.

01 정답 Careers

윗글의 제목을 아래와 같이 쓸 때, 빈칸에 적절한 말을 윗글에서 찾아 쓰시오. (필요하면 어형을 변화시킬 것)

The Life of Lilian Bland, Who Had Various Careers
다양한 경력을 가졌던 Lilian Bland의 생애

왜 정답?

Lilian Bland는 영국 신문사의 스포츠와 야생 동물 사진작가였고, 비행기를 설계하고 제작하고 비행한 최초의 여성이었으며 자동차 판매원으로도 일했다고 했으므로 다양한 '경력(Careers)'을 가졌다.

02 정답 In order to persuade her to try a slightly safer activity, Lilian's dad bought her a car.

윗글의 밑줄 친 우리말 해석과 일치하도록 주어진 표현을 적절하게 배열하시오.

(to try, bought her, in order to persuade, a slightly safer, her, activity, Lilian's dad, a car)

왜 정답?

'~하기 위해'라는 뜻은 in order to-v로 나타내고, 주절의 주어는 Lilian's dad, 동사는 bought가 되도록 배열해야 한다.

03 정답 (1) Lilian은 영국 신문사의 스포츠와 야생 동물 사진작가로 자신의 경력을 시작했다.
(2) 곧 Lilian은 뛰어난 운전자가 되었고 결국 자동차 판매원으로 일하게 되었다.

왜 정답?

(1) '~로서'라는 뜻을 나타내기 위해 전치사 as를 썼다.
(2) end up -ing는 '결국 ~하게 되다'라는 뜻을 나타내는 것에 유의해서 해석해야 한다.

04 정답 ⑤

Lilian Bland에 관한 윗글의 내용과 일치하지 않는 것을 고르시오.

① 승마와 사냥 같은 모험적인 활동을 즐겼다.
spent her time enjoying adventurous activities like horse riding and hunting
② 스포츠와 야생 동물 사진작가로 경력을 시작했다.
Lilian began her career as a sports and wildlife photographer
③ 자신의 비행기를 설계하고 제작했다.
the first woman to design, build, and fly her own airplane
④ 자동차 판매원으로 일하기도 했다.
Soon Lilian was a master driver and ended up working as a car dealer.
⑤ 캐나다에서 생의 마지막 기간을 보냈다.
Eventually, she moved back to England, and lived there for the rest of her life.

왜 정답?

Lilian은 결혼하여 이주했으나 생의 마지막은 잉글랜드에서 보냈다고 했다. (Eventually, she moved back to England, and lived there for the rest of her life.) 따라서 정답은 ⑤이다.

왜 오답?

① 승마와 사냥 같은 모험적인 활동을 즐겼다고 했다. (spent her time enjoying adventurous activities like horse riding and hunting)
② 스포츠와 야생 동물 사진작가로 경력을 시작했다고 했다. (Lilian began her career as a sports and wildlife photographer)
③ 자신의 비행기를 설계하고 제작했다고 했다. (the first woman to design, build, and fly her own airplane)
④ 자동차 판매원으로 일하기도 했다고 했다. (Soon Lilian ~ ended up working as a car dealer.)

05 정답 enjoying

윗글의 네모 (A)에서 어법상 적절한 것을 고르시오.

Unlike most other girls at the time she wore trousers and spent her time (A) [enjoying / to enjoy] adventurous activities like horse riding and hunting.
그 당시 대부분의 다른 여자아이와 달리 그녀는 바지를 입었고 승마와 사냥 같은 모험적인 활동을 즐기며 시간을 보냈다.

왜 정답?

'~하는 데 (시간)을 보내다'의 의미를 나타내려면 「spend+시간+-ing」의 형태로 써야 하므로 to부정사인 to enjoy가 아니라 enjoying이 어법상 적절하다.

06 ~ 09

▶ 문제편 p. 13

＊프리스비 스포츠의 역사와 다양성

앞에 주격 관계대명사와 be동사 생략
The Frisbee sports are a wide variety of activities / based on the use of a flying disc / to achieve the object / of the particular game; /
부사적 용법(목적)
프리스비 스포츠는 매우 다양한 활동이다 / 원반 사용을 기반으로 하는 / 목적을 달성하기 위해 / 특정 게임의 /

Frisbee is / both the trade name / of one of the many discs / used today, / as well as the general term / for any sport disc. // 08번 단서, 06번 단서 1: 오늘날 사용되는 디스크들의 상표명임
프리스비는 ~이다 / 상표명일뿐만 아니라 / 많은 디스크들 중 하나의 / 오늘날 사용되는 / 일반적인 용어이다 / 모든 스포츠 디스크의 //

~로서
The history of the flying disc / as a sporting device / can be traced to Yale University / before World War II. //
원반의 역사는 / 스포츠 장치로서의 / 예일 대학교로 거슬러 올라갈 수 있다 / 제2차 세계 대전 이전의 // 06번 단서 2: 원반의 역사는 제2차 세계 대전 이전으로 올라갈 수 있음

주격 관계대명사
The Yale students invented games / that involved the tossing of metal pie containers / through the air. //
예일대 학생들은 게임을 발명했다 / 금속 파이 용기를 던지는 것을 포함하는 / 공중으로 //

수동태
The first commercially marketed flying disc / was sold in 1948. // 06번 단서 3: 1948년에 최초의 상업적인 원반이 판매됨
최초의 상업적으로 판매된 원반은 / 1948년에 판매되었다 //

The Wham-O company produced / its first patented Frisbee / in 1954. //
Wham-O 회사는 생산했다 / 최초로 특허받은 프리스비를/ 1954년에 //

Other companies followed / with their own discs / afterward. //
다른 회사들도 따라갔다 / 그들 자신의 디스크로 / 나중에 //

과거동사
Many flying disc sports develop(→ developed) / as a result of the popularity / of the Frisbee. // 06번 단서 4: 많은 원반 스포츠가 발전함
많은 원반 스포츠가 발전했다 / 인기의 결과로 / 프리스비의 //

The best known of these / are Ultimate Frisbee, Disc Golf, and Freestyle. //
이들 중 가장 잘 알려진 것은 / Ultimate Frisbee, Disc Golf, 그리고 Freestyle이다 //

프리스비 스포츠는 특정 게임의 목적을 달성하기 위해 원반 사용을 기반으로 하는 매우 다양한 활동이다. 프리스비는 오늘날 사용되는 많은 디스크들 중 하나의 상표명일 뿐만 아니라 모든 스포츠 디스크의 일반적인 용어이다. 스포츠 장치로서의 원반의 역사는 제2차 세계 대전 이전의 예일 대학교로 거슬러 올라갈 수 있다. 예일대 학생들은 금속 파이 용기를 공중으로 던지는 것을 포함하는 게임을 발명했다. 최초의 상업적으로 판매된 원반은 1948년에 판매되었다. Wham-O 회사는 1954년에 최초로 특허받은 프리스비를 생산했다. 다른 회사들도 나중에 그들 자신의 디스크로 따라갔다. 많은 원반 스포츠가 프리스비의 인기의 결과로 발전했다. 이들 중 가장 잘 알려진 것은 Ultimate Frisbee, Disc Golf, 그리고 Freestyle이다.

06 정답 History

윗글의 제목을 아래와 같이 쓸 때, 빈칸에 적절한 말을 윗글에서 찾아 쓰시오.

The History and Variety of Frisbee Sports
프리스비 스포츠의 역사와 다양성

왜 정답?

스포츠 장치로서의 원반은 제2차 세계 대전 이전의 예일 대학교에서 시작됐고, 1948년에 상업적으로 원반이 판매되었고, 후에 프리스비의 인기로 인해 많은 프리스비 스포츠가 발전했다는 내용이다. 따라서 '프리스비 스포츠의 역사와 다양성'에 대한 글이므로 빈칸에는 History가 들어가는 것이 가장 적절하다.

07 정답 (1) 프리스비는 오늘날 사용되는 많은 디스크들 중 하나의 상표명일 뿐만 아니라 모든 스포츠 디스크의 일반적인 용어이다.
(2) Wham-O 회사는 1954년에 최초로 특허받은 프리스비를 생산했다.

왜 정답?

(1) as well as는 '~일 뿐만 아니라'로 해석해야 한다.
(2) '특허받은'이라는 뜻의 과거분사 patented가 Frisbee를 수식하고 있다.

08 정답 ①

Frisbee에 관한 윗글의 내용과 일치하는 것을 고르시오.

① 오늘날 사용되는 디스크들의 상표명이다.
Frisbee is both the trade name of one of the many discs used today, as well as the general term for any sport disc.
② 1차 세계 대전 직후 예일대에서 가장 처음으로 사용되었다.
The history of the flying disc as a sporting device can be traced to Yale University before World War II.
③ 첫 상업적인 원반은 1954년에 판매되었다.
The first commercially marketed flying disc was sold in 1948.
④ Wham-O 회사는 1948년에 최초로 특허받은 프리스비를 생산해냈다.
The Wham-O company produced its first patented Frisbee in 1954.
⑤ 한 개의 제조사만이 원반 생산에서 살아남았다.
Other companies followed with their own discs afterward.

왜 정답?

프리스비는 오늘날 사용되는 디스크의 상표명일 뿐만 아니라 모든 스포츠 디스크의 일반적인 용어라고 했다. (Frisbee is both the trade name of one of the many discs used today, as well as the general term for any sport disc.) 따라서 글의 내용과 일치하는 것은 ①이다.

왜 오답?

② 제2차 세계 대전 이전에 예일 대학교에서 처음 사용되었다고 했다. (The history of the flying disc as a sporting device can be traced to Yale University before World War II.)
③ 상업적으로 판매된 첫 원반은 1948년에 판매되었다고 했다. (The first commercially marketed flying disc was sold in 1948.)

④ 1954년에 최초로 특허를 받은 프리스비를 생산했다고 했다. (The Wham-O company produced its first patented Frisbee in 1954.)
⑤ 여러 회사들이 자신들의 디스크로 프리스비 생산을 따라갔다고 했다. (Other companies followed with their own discs afterward.)

09 정답 develop → developed

윗글의 밑줄 친 문장에서 어법상 틀린 곳을 찾아 바르게 고치시오.

Many flying disc sports develop(→ developed) as a result of the popularity of the Frisbee.
많은 원반 스포츠가 프리스비의 인기의 결과로 발전했다.

왜 정답?

주어는 Many flying disc sports이고 문장의 시제는 과거여야 하므로 develop은 과거 동사 developed로 고쳐야 한다.

10~13

▶ 문제편 p. 14

*동화란 무엇인가?

A fairy tale is / an imaginative story. //
동화는 ~이다 / 상상의 이야기 // 10번 단서 1: 동화가 무엇인지 설명함

It is often intended / for children. //
그것은 주로 의도된다 / 아이들을 위해 //

Stories are usually based / on magic, fantastical settings, fanciful, and wondrous characters / such as(~과 같은) elves, goblins, wizards, / and happy endings. //
이야기는 주로 기반으로 한다 / 마법과 환상적인 배경, 상상의 놀라운 인물들을 / 요정, 도깨비, 마녀 같은 / 그리고 행복한 결말을 //

Fairy tales exist in every culture / in the world. //
동화는 모든 문화에서 존재한다 / 세계의 //

Many fairy tales were passed down / from story-teller to story-teller (from A to B: A에서 B로) / before they were recorded / in books. //
많은 동화들은 전해 내려왔다 / 이야기꾼에서 이야기꾼으로 / 그것들이 기록되기 전에 / 책으로 //

They have been adapted / and (A) [retell / retold] / countless times. // (병렬 구조)
그것들은 각색되었고 / 되풀이되어 들려졌다 / 수 없이 //

Fairy tales are important / because they spark the imagination. //
동화는 중요하다 / 그것들은 상상력을 유발하기 때문에 //

They give us an outlet (give + 간접목적어 + 직접목적어) / for experiencing things / in our minds / before we experience them / in the real world. //
그것들은 우리에게 수단을 준다 / 일들을 경험할 / 우리의 마음속에서 / 우리가 그것들을 경험하기 전에 / 실제 세상에서 // 11번 단서: 동화는 일들을 경험할 수단을 줌

A fairy tale is / where the troubles of the real world can meet / the supernatural / and mix things up. // (병렬 구조)
동화는 ~이다 / 실제 세상의 문제들이 만날 수 있는 곳 / 초자연적인 것과 / 그리고 문제들이 섞일 수 있는 곳 //

In a fairy tale, / anything can happen / and when anything can happen, / we can find solutions / to things in our lives. // 12번 단서: 동화를 통해 실제 삶에서의 일들에 대한 해결책을 찾을 수 있음
동화에서는 / 어떤 일이든 일어날 수 있다 / 그리고 어떤 일이 일어났을 때 / 우리는 해결책을 찾을 수 있다 / 우리의 삶에서의 일들에 대한 //

Through imagination, / we learn about our world. //
상상을 통해서 / 우리는 세상을 배울 수 있다 // 10번 단서 2: 동화가 제공하는 상상을 통해 세상을 배울 수 있음

동화는 상상의 이야기이다. 그것은 주로 아이들을 위해 의도된다. 이야기는 마법과 환상적인 배경, 요정, 도깨비, 마녀 같은 상상의 놀라운 인물들과 행복한 결말을 주로 기반으로 한다. 동화는 세계 모든 문화에서 존재한다. 많은 동화들은 책으로 기록되기 전에 이야기꾼에서 이야기꾼으로 전해 내려왔다. 그것들은 각색되고 수없이 되풀이되어 들려졌다. 동화는 상상력을 유발하기 때문에 중요하다. 동화는 우리가 실제 세상에 있는 일들을 경험하기 전에 우리의 마음속에서 그것들을 경험할 수단을 준다. 동화는 실제 세상의 문제들이 초자연적인 것과 만나고 문제들이 섞일 수 있는 곳이다. 동화에서는 어떤 일이든 일어날 수 있고 어떤 일이 일어났을 때 우리는 우리의 삶에서의 일들에 대한 해결책을 찾을 수 있다. 상상을 통해서 우리는 세상을 배울 수 있다.

10 정답 Fairy Tale

윗글의 제목을 아래와 같이 쓸 때, 빈칸에 적절한 말을 윗글에서 찾아 쓰시오.

Fairy Tale: What Is It and Why Is It Good?
동화: 동화란 무엇이고 왜 좋은가?

왜 정답?

글의 전반부에서는 동화가 무엇이고, 어떤 요소로 구성되며, 어떻게 전해 내려오는지에 대해 설명하고 있고, 글의 후반부에서는 동화를 통해 어떤 것들을 얻을 수 있는지에 대해 설명하고 있다. 따라서 빈칸에는 '동화(Fairy Tale)'가 들어가는 것이 가장 적절하다.

11 정답 outlet

다음 질문에 대한 답을 윗글에서 찾아 쓰시오.

Q: What do fairy tales provide us?
질문: 동화는 우리에게 무엇을 제공하는가?
A: They provide us with a(n) outlet for experiencing real-world things in our mind.
답: 그것들은 우리의 마음속에서 실제 세상에 있는 일들을 경험할 수단을 우리에게 제공한다.

왜 정답?

동화는 우리가 실제 세상에 있는 일들을 경험하기 전에 마음속에서 그것들을 경험할 '수단(outlet)'을 준다고 했다.

12 정답 ⑤

동화에 대한 윗글의 내용과 일치하지 않는 것을 고르시오.

① 동화는 주로 어린이들을 위해 쓰여진다.
It is often intended for children.
② 동화는 보통 행복한 결말로 끝난다.
Stories are usually based on ~ happy endings.
③ 동화는 전 세계 다양한 문화에서 존재한다.
Fairy tales exist in every culture in the world.
④ 동화는 수없이 각색되어 전해진다.
They have been adapted and retold countless times.
⑤ 동화는 현실과 동떨어진 상상의 이야기를 다룬다.
동화를 통해 현실을 경험할 수 있음

왜 정답?

동화를 통해 현실의 문제들을 미리 경험하여 그에 대한 해결책을 찾을 수 있다고 했으므로 ⑤은 글의 내용과 일치하지 않는다.

왜 오답?

① 주로 어린이들을 위해 의도된 이야기라고 했으므로 글의 내용과 일치한다.(It is often intended for children.)

② 동화는 주로 마법과 환상적인 배경, 상상의 인물들과 행복한 결말을 기반으로 한다고 했다.(Stories are usually based on ~ happy endings.)
③ 동화는 전 세계의 모든 문화에서 존재한다고 했으므로 글의 내용과 일치한다.(Fairy tales exist in every culture in the world.)
④ 동화는 이야기꾼에 의해 전해 내려오면서 수없이 각색되고 되풀이되어 들려진다고 했다.(They have been adapted and retold countless times.)

13 정답 retold

윗글의 네모 (A)에서 어법상 적절한 것을 고르시오.

They have been adapted and (A) [retell / retold] countless times. 그것들은 각색되고 수없이 되풀이되어 들려졌다.

왜 정답?

완료시제 수동태를 만드는 adapted와 and로 연결되어 병렬 구조를 이루고 있으므로 과거분사 retold가 와야 어법상 적절하다.

14 ~ 17

▶ 문제편 p. 15

*Bessie Coleman의 생애

Bessie Coleman was born / in Texas in 1892. //
Bessie Coleman은 태어났다 / 1892년에 텍사스에서 //

When she was eleven, / she was told / (A) [that / if] the Wright brothers had flown their first plane. // 목적어절을 이끄는 접속사
그녀가 11살이었을 때 / 그녀는 들었다 / Wright 형제가 그들의 첫 비행을 했다는 것을 //

14번 단서: 첫 비행 소식을 들었을 때부터 조종사를 꿈꿨음
Since that moment, / she dreamed about the day / she would soar through the sky. //
그때부터 / 그녀는 그날을 꿈꿨다 / 자신이 하늘을 높이 날아오르는 //

At the age of 23, / Coleman moved to Chicago, / where she (계속적 용법의 관계부사) worked at a restaurant / to save money for flying lessons. // (부사적 용법(목적))
23살 때 / Coleman은 시카고로 이사했다 / 그리고 거기서 식당에서 일했다 / 비행 수업을 위한 돈을 모으기 위해 //

15번 단서: 당시 여자와 흑인은 입학할 수 없었음
(B) However, / she had to travel to Paris / to take flying (부사적 용법(목적)) lessons / because American flight schools at the time / admitted neither women nor Black people. // (neither A nor B: A도 아니고 B도 아닌)
그러나 / 그녀는 파리로 가야 했다 / 비행 수업을 듣기 위해 / 왜냐하면 그 당시 미국 비행 학교가 / 여성이나 흑인의 입학을 허가하지 않았기 때문에 //

In 1921, / she finally became the first Black woman / to earn an international pilot's license. // (형용사적 용법)
1921년에 / 그녀는 마침내 최초의 흑인 여성이 되었다 / 국제 조종사 면허를 딴 //

She also studied flying acrobatics / in Europe / and made her first appearance / in an airshow in New York / in 1922. // 16번 단서: 뉴욕 에어쇼에 첫 출현을 함
그녀는 또한 곡예 비행을 공부했다 / 유럽에서 / 그리고 그녀의 첫 출현을 했다 / 뉴욕의 에어쇼에서 / 1922년에 //

As a female pioneer of flight, / she inspired the next generation to pursue / their dreams of flying. //
여성 비행 개척자로서 / 그녀는 다음 세대가 추구하도록 영감을 주었다 / 그들의 비행의 꿈을 //

Bessie Coleman은 1892년에 텍사스에서 태어났다. 그녀가 11살이었을 때 그녀는 Wright 형제가 그들의 첫 비행을 했다는 것을 들었다. 그때부터 그녀는 자신이 하늘을 높이 날아오르는 그날을 꿈꿨다. 23살 때 Coleman은 시카고로 이사했고 그곳에서 비행 수업을 위한 돈을 모으기 위해 식당에서 일했다. (B) 그러나 그 당시 미국 비행 학교가 여성이나 흑인의 입학을 허가하지 않았기 때문에 그녀는 비행 수업을 듣기 위해 파리로 가야 했다. 1921년에 그녀는 마침내 국제 조종사 면허를 딴 최초의 흑인 여성이 되었다. 그녀는 또한 유럽에서 곡예 비행을 공부했고 1922년에 뉴욕의 에어쇼에 그녀의 첫 출현을 했다. 여성 비행 개척자로서 그녀는 다음 세대가 그들의 비행의 꿈을 추구하도록 영감을 주었다.

14 정답 pilot

윗글의 내용과 일치하도록 빈칸에 적절한 말을 윗글에서 찾아 쓰시오.

The Wright brothers' first breakthrough in flying inspired Bessie Coleman to become a(n) pilot.
Wright 형제의 비행에서의 첫 번째 돌파구는 Bessie Coleman이 조종사가 되도록 영감을 주었다.

왜 정답?

11살인 Bessie Coleman이 Wright 형제가 첫 비행에 성공했다는 소식을 들은 순간부터 하늘을 나는 날을 꿈꿨다고 했으므로 빈칸에 들어갈 말로 가장 적절한 것은 '조종사(pilot)'이다.

15 정답 ①

윗글의 빈칸 (B)에 들어갈 말로 가장 적절한 것을 고르시오.

① However 앞과 반대되는 내용이 이어짐 그러나
② Therefore 앞뒤의 내용이 인과 관계가 아님 그러므로
③ For instance 앞 내용의 예시를 드는 것이 아님 예를 들어
④ Neverthelss 앞에 가정한 상황과 다른 내용이 오는 것이 아님 그럼에도 불구하고
⑤ As a result 앞에 대한 결과가 뒤에 오는 것이 아님 결과적으로

왜 정답?

Bessie Coleman이 23살에 시카고 식당에서 일하면서 비행 수업을 위한 돈을 벌었으나, 당시 여자와 흑인은 미국 비행 학교에 입학할 수 없어서 파리로 떠나야 했다는 상반되는 내용이 이어지므로 정답은 ① '그러나'이다.

왜 오답?

② 앞 내용과 인과 관계에 있는 내용이 이어지는 것이 아니다.
③ 앞 내용의 예시가 이어지는 것이 아니다.
④ 앞에 가정한 상황과 다른 내용이 오는 것이 아니므로 적절하지 않다.
⑤ 앞에 대한 결과가 뒤에 이어지는 것이 아니다.

16 정답 ④

Bessie Coleman에 관한 윗글의 내용과 일치하지 않는 것을 고르시오.

① 11살 때 Wright 형제의 첫 비행 소식을 들었다. When she was eleven, she was told that the Wright brothers had flown their first plane.
② 비행 수업을 듣기 위해 파리로 가야 했다. she had to travel to Paris to take flying lessons
③ 국제 조종사 면허를 딴 최초의 흑인 여성이 되었다. she finally became the first Black woman to earn an international pilot's license
④ 유럽에서 에어쇼에 첫 출현을 했다. made her first appearance in an airshow in New York in 1922
⑤ 다음 세대가 비행의 꿈을 추구하도록 영감을 주었다. she inspired the next generation to pursue their dreams of flying

왜 정답?

후반부의 She also studied flying acrobatics in Europe and made her first appearance in an airshow in New York in 1922. (그녀는 또한 유럽에서 곡예 비행을 공부했고 1922년에 뉴욕의 에어쇼에 그녀의 첫 출현을 했다)를 통해 유럽에서 한 것은 곡예 비행 공부이고 에어쇼에 첫 출현을 한 것은 뉴욕이라는 것을 알 수 있다.
따라서 ④이 글의 내용과 일치하지 않는다.

왜 오답?

① 11살 때 Wright 형제의 첫 비행 소식을 들었다고 했다. (When she was eleven, she was told that the Wright brothers had flown their first plane.)
② 그 당시 미국 비행 학교가 여성이나 흑인의 입학을 허가하지 않았기 때문에 비행 수업을 듣기 위해서 파리로 가야 했다고 했다. (she had to travel to Paris to take flying lessons)
③ 국제 조종사 면허를 딴 최초의 흑인 여성이 되었다고 했다. (she finally became the first Black woman to earn an international pilot's license)
⑤ 다음 세대가 비행의 꿈을 추구하도록 영감을 주었다고 했다. (she inspired the next generation to pursue their dreams of flying)

17 정답 that

윗글의 네모 (A)에서 어법상 적절한 것을 고르시오.

When she was eleven, she was told (A) [that / if] the Wright brothers had flown their first plane.
그녀가 11살이었을 때 그녀는 Wright 형제가 그들의 첫 비행을 했다는 것을 들었다.

왜 정답?

주절의 동사는 was told이고, was told의 목적어절을 이끄는 접속사가 와야 하는 자리이므로, 조건의 부사절을 이끄는 접속사 if가 아니라 that이 어법상 적절하다.

A REVIEW 어휘 테스트

▸문제편 p. 16

01 모험적인　02 약간　03 그렇더라도
04 설득하다　05 career　06 photographer
07 wildlife　08 car dealer
09 ① [정지]
② 활동　③ 움직임　④ 행동
10 ③ [버리다]
① 완성하다　② 완결짓다　④ 달성하다
11 ② [평범한]
① 정확한　③ 특정한　④ 구체적인
12 ③ [제어하다]
① 추적하다　② 찾다　④ 따라가다
13 ④ [무언가를 촉발하거나 일으키다]
① 연료를 공급하다　② 북돋우다　③ 가속하다　④ 촉발하다
14 ① [필수적인, 필요한]
① 필수적인　② 선행 요건　③ 중심의　④ 강압적인
15 ④ [누군가나 무언가를 따라가거나 찾다]
① 호위하다　② 동행하다　③ 관찰하다　④ 추적하다
16 general [영화 티켓이 너무 비싸졌다는 것이 (일반적인 / 포괄적인) 여론이다.]
17 countless [Heathcliff의 특성은 이후 시대의 (반대의 / 수많은) 캐릭터의 영감이 되었다.]
18 breakthrough　19 enrich
20 wondrous　21 pioneers　22 soared

B 실용문의 이해

01 ~ 05 ▶ 문제편 pp. 18~20

＊아이디어를 공유해 주세요!

Kenner High School's Water Challenge /
Kenner High School's Water Challenge /

Kenner High School's Water Challenge is a new contest / to propose measures / against water pollution. //
형용사적 용법(contest 수식)
Kenner High School's Water Challenge는 새로운 대회입니다 / 대책을 제안하는 / 수질 오염에 대한 //

Please share your ideas / for ⓐ deal(→ dealing) with water pollution! //
전치사
여러분의 아이디어를 공유해 주세요 / 수질 오염에 대처하기 위한 //

Submission /
제출 /

– **How:** / Submit your proposal / (A) by email / to admin@khswater.edu. // **01번 (A)** 단서: 이메일로 제출해야 함
어떻게 / 여러분의 제안서를 제출해 주세요 / 이메일로 / admin@khswater.edu에 //

– **When:** / September 5, 2022 / (B) to September 23, 2022 /
언제 / 2022년 9월 5일부터 / 2022년 9월 23일까지 / **01번 (B)** 단서: 제출 기한임

Details /
세부 사항 /

– Participants must enter / in teams of four / and can only join one team. //
참가자들은 반드시 참가해야 합니다 / 4인으로 구성된 팀으로 / 그리고 오직 한 팀에만 참여할 수 있습니다 //

– ⓑ Submission is limited / to one proposal per team. //
수동태
제출은 제한됩니다 / 한 팀당 한 개의 제안서로 //

– ⓒ Participants must use / the proposal form / provided on the website. // **04번** 단서: 웹 사이트에 제공된 제안서 양식을 사용해야 함
the proposal form을 수식하는 과거분사
참가자들은 사용해야 합니다 / 제안서 양식을 / 웹 사이트에 제공된 //

Prizes / **03번** 단서: 상품으로 제공되는 것임
상품 /

– 1st: / $50 gift certificate /
1등 / 50달러 상품권 /

– 2nd: / $30 gift ⓓ certificate /
2등 / 30달러 상품권 /

– 3rd: / $10 gift certificate /
3등 / 10달러 상품권 /

Please visit / www.khswater.edu / to learn more about the challenge. //
방문해 주세요 / www.khswater.edu를 / 챌린지에 대해 더 알고 싶으면 //

Kenner High School's Water Challenge

Kenner High School's Water Challenge는 수질 오염에 대한 대책을 제안하는 새로운 대회입니다. 수질 오염에 대처하기 위한 여러분의 아이디어를 공유해 주세요!

제출

– **어떻게:** 여러분의 제안서를 이메일로 admin@khswater.edu에 제출해 주세요.

– **언제:** 2022년 9월 5일부터 2022년 9월 23일까지

세부 사항

– 참가자들은 반드시 4인으로 구성된 팀으로 참가해야 하며 오직 한 팀에만 참여할 수 있습니다.

– ⓑ 제출은 한 팀당 한 개의 제안서로 제한됩니다.

– ⓒ 참가자들은 웹 사이트에 제공된 제안서 양식을 사용해야 합니다.

상품

– 1등: 50달러 상품권

– 2등: 30달러 ⓓ 상품권

– 3등: 10달러 상품권

챌린지에 대해 더 알고 싶으면 www.khswater.edu를 방문해주세요.

01 정답 ②

윗글의 빈칸 (A), (B)에 들어갈 전치사로 가장 적절하게 짝지어진 것을 고르시오.

	(A)		(B)
①	of ~의	—	in ~에
②	by ~로	—	to ~까지
③	on ~로	—	from ~부터
④	at ~로	—	for ~를 위해
⑤	with ~로	—	as ~로서

왜 정답?

이메일과 같은 '수단' 또는 '방법'을 나타내는 전치사는 by이고, 9월 23일처럼 '범위나 기간의 끝'을 나타내는 전치사는 to이다. 따라서 (A) '이메일로', (B) '9월 23일까지'를 의미하는 ②이 가장 적절하다.

왜 오답?

① of email은 '이메일의'를 의미하고, in September 23은 '9월 23일에'를 의미하므로 자연스럽지 않다.
③ on은 '~로'를 의미할 수 있지만 from은 '~부터'이므로 문맥상 적절하지 않다.
④ at은 '~로'를 의미할 수 있지만 for는 '~를 위해'이므로 문맥상 적절하지 않다.
⑤ with는 '~로'를 의미할 수 있지만 as는 '~로서'이므로 문맥상 적절하지 않다.

02 정답 (1) Submission is limited to one proposal per team.
(2) Participants must use the proposal form provided on the website.

다음과 같은 의미가 되도록 윗글의 ⓑ, ⓒ에 주어진 단어를 배열하시오.

(1) ⓑ (team, submission, to, one, is, per, limited, proposal)
(2) ⓒ (form, use, the website, participants, on, must, the proposal, provided)

왜 정답?

(1) 제출이 '제한되는' 것이므로 수동태 동사 is limited가 쓰여야 한다.
(2) must는 '~해야 한다'를 의미하는 조동사인데, 조동사 뒤에는 항상 동사원형이 와야 한다.

03 정답 ②

윗글의 밑줄 친 ⓓ certificate가 가리키는 것으로 가장 적절한 것을 고르시오.

① a document that confirms or verifies a fact
사실을 확인하거나 입증하는 문서
② a gift card that is worth a certain amount of money
일정 금액의 가치가 있는 상품권
③ an authority to attest that someone possesses a specific skill
누군가가 특정 기술을 갖추었다는 것을 증명하는 권한

왜 정답?

챌린지의 상품으로 제공되는 것이므로 '상품권'을 의미하는 ②이 가장 적절하다.

04 정답 ④

Kenner High School's Water Challenge에 관한 위 안내문의 내용과 일치하는 것을 고르시오.

① 제안서는 직접 방문하여 제출해야 한다.
Submit your proposal by email to admin@khswater.edu.
② 9월 23일부터 제안서를 제출할 수 있다.
When: September 5, 2022 to September 23, 2022
③ 제안서는 한 팀당 4개까지 제출할 수 있다.
Submission is limited to one proposal per team.
④ 제공된 제안서 양식을 사용해야 한다.
Participants must use the proposal form provided on the website.
⑤ 2등은 10달러의 상품권을 받는다.
2nd: $30 gift certificate

왜 정답?

웹 사이트에 제공된 제안서 양식을 사용해야 한다고(Participants must use the proposal form provided on the website.) 했으므로 ④이 안내문의 내용과 일치한다.

왜 오답?

① 제안서는 이메일로 제출하라고 했다. (Submit your proposal by email to admin@khswater.edu.)
② 9월 5일부터 제안서를 제출할 수 있다고 했다. (When: September 5, 2022 to September 23, 2022)
③ 제안서는 한 팀당 한 개만 제출할 수 있다고 했다. (Submission is limited to one proposal per team.)
⑤ 2등은 30달러의 상품권을 받는다고 했다. (2nd: $30 gift certificate)

05 정답 dealing

윗글의 밑줄 친 ⓐ를 어법상 적절하게 고치시오.

Please share your ideas for ⓐ deal(→ dealing) with water pollution!
수질 오염에 대처하기 위한 여러분의 아이디어를 공유해 주세요!

왜 정답?

앞에 전치사 for가 왔다. 전치사의 목적어로 동사가 올 때는 반드시 동명사 형태여야 하므로 deal은 dealing으로 고쳐야 어법상 적절하다.

06 ~ 09

▶ 문제편 p. 21

*십 대 도슨트 과정

Teenage Docent Course /
십 대 도슨트 과정 /

L&K gallery offers a teenage docent course / for the teenagers / who dream of ⓐ become(→ becoming) art experts / in galleries. //
(who: 주격 관계대명사, of: 전치사)
L&K 갤러리는 십 대 도슨트 과정을 제공합니다 / 청소년들을 위한 / 예술 전문가가 되는 것을 꿈꾸는 / 미술관에서 //

The course will provide / not only the expertise on the contemporary artists / but also useful information / about curators. //
(not only A but also B: A뿐만 아니라 B도)
이 과정은 제공할 것입니다 / 현대 예술가들에 대한 전문 지식뿐만 아니라 / 유용한 정보도 / 큐레이터에 대한 //

08번 ① 단서: 교육 기간은 1년임
• **Training period:** / May 2023 – April 2024 / (1 year) /
교육 기간 / 2023년 5월~2024년 4월 / (1년) /

• **Qualification:** / any citizen (A) between the age of 13 and 19 / 08번 ② 단서: 13세에서 19세의 시민이라면 누구나 참여 가능함
자격 / 13세 이상 19세 이하의 시민은 누구나 /

• **Course Contents /**
과정 내용 /

1. Works of contemporary Korean artists / – professor of art history / 08번 ③ 단서: 미술사 교수로부터 한국 현대 미술가들의 작품에 대해 배움
한국 현대 미술가들의 작품 / 미술사 교수 /

2. How to make a good speech / in front of the audience / – docents from L&K gallery /
(how to-v: ~하는 방법)
좋은 연설을 하는 방법 / 청중 앞에서 / L&K 갤러리의 도슨트들 /

3. (Special lecture) / Careers of curators / – Head curator of L&K gallery / 08번 ④ 단서: 큐레이터의 진로에 대해 L&K 갤러리의 수석 큐레이터를 통해 배울 수 있음
(특강) / 큐레이터들의 진로 / L&K 갤러리 수석 큐레이터 /

• **Benefits:** 10% discount / (B) on the exhibition tickets at L&K gallery / only during the training period /
혜택 / 10퍼센트 할인 / L&K 갤러리의 전시회 입장권에 대해 / 교육 기간 동안만 /
08번 ⑤ 단서: 교육 기간 동안 L&K 갤러리 전시회 입장권 10% 할인

십 대 도슨트 과정

L&K 갤러리는 미술관에서 예술 전문가가 되는 것을 꿈꾸는 청소년들을 위한 십 대 도슨트 과정을 제공합니다. 이 과정은 현대 예술가들에 대한 전문 지식뿐만 아니라 큐레이터에 대한 유용한 정보도 제공할 것입니다.

• **교육기간:** 2023년 5월~2024년 4월 (1년)
• **자격:** 13세 이상 19세 이하의 시민은 누구나
• **과정 내용**
1. 한국 현대 미술가들의 작품 – 미술사 교수
2. 청중 앞에서 좋은 연설을 하는 방법 – L&K 갤러리의 도슨트들
3. (특강) 큐레이터들의 진로 – L&K갤러리 수석 큐레이터
• **혜택:** 교육 기간 동안만 L&K 갤러리 전시회 입장권 10퍼센트 할인

06 정답 ②

윗글의 빈칸 (A)와 (B)에 들어갈 말로 가장 적절한 것을 고르시오.

	(A)		(B)		(A)		(B)
①	for ~를 위해	—	by ~에 의해	②	between ~ 사이	—	on ~에 대한
③	on ~에 대한	—	from ~로부터	④	by ~에 의해	—	with ~와 함께
⑤	with ~와 함께	—	as ~로서				

왜 정답?

13세 이상 19세 이하의 시민이므로 (A)에는 '~ 사이'라는 뜻의 between이 들어가야 적절하다. 전시회 입장권에 대한 할인이므로 (B)에는 '~에 대한'이라는 뜻의 on이 들어가야 적절하다. 따라서 정답은 ②이다.

07 정답 How to make a good speech in front of the audience

윗글의 밑줄 친 우리말 해석과 일치하도록 주어진 표현을 적절하게 배열하시오.

(make, in front of, good, a, speech, how to, the audience)

왜 정답?

'~하는 방법'은 how to-v로 나타내고, '~ 앞에서'는 in front of를 써서 나타낸다.

08 정답 ④

Teenage Docent Course에 관한 위 안내문의 내용과 일치하지 않는 것을 고르시오.

① 교육 기간은 1년이다.
Training period: May 2023 – April 2024 (1 year)

② 13세에서 19세의 시민이라면 누구나 참여할 수 있다.
Qualification: any citizen between the age of 13 and 19

③ 미술사 교수로부터 현대의 한국 미술가들의 작품들에 대해 배울 수 있다. Works of contemporary Korean artists – professor of art history

④ 외부 강사를 통해 큐레이터라는 진로에 대해 배울 수 있다.
(Special lecture) Careers of curators – Head curator of L&K gallery

⑤ 교육 기간 동안 L&K 갤러리의 모든 전시회 티켓에 10퍼센트 할인을 받을 수 있다. 10% discount on the exhibition tickets at L&K gallery only during the training period

왜 정답?

큐레이터의 진로에 대한 것은 외부 강사가 아니라 L&K 갤러리의 수석 큐레이터를 통해 배울 수 있다고 했다. ((Special lecture) Careers of curators - Head curator of L&K gallery) 따라서 안내문의 내용과 일치하지 않는 것은 ④이다.

왜 오답?

① 교육 기간은 1년이라고 했다. (Training period: May 2023 - April 2024 (1 year))
② 13세에서 19세의 시민이라면 누구나 참여할 수 있다고 했다. (Qualification: any citizen between the age of 13 and 19)
③ 미술사 교수로부터 현대의 한국 미술가들의 작품들에 대해 배울 수 있다고 했다. (Works of contemporary Korean artists - professor of art history)
⑤ 교육 기간 동안 L&K 갤러리의 모든 전시회 티켓에 10퍼센트 할인을 받을 수 있다고 했다. (10% discount on the exhibition tickets at L&K gallery only during the training period)

09 정답 becoming

윗글의 밑줄 친 ⓐ를 어법상 적절하게 고쳐 쓰시오.

L&K gallery offers a teenage docent course for the teenagers who dream of ⓐ become(→ becoming) art experts in galleries.
L&K 갤러리는 미술관에서 예술 전문가가 되는 것을 꿈꾸는 청소년들을 위한 십 대 도슨트 과정을 제공합니다.

왜 정답?

전치사 of 뒤의 목적어는 명사(구)나 동명사여야 하므로 become을 동명사 becoming으로 바꿔야 한다.

10 ~ 13 ▶ 문제편 p. 22

*전자 폐기물 재활용의 날

E-Waste Recycling Day /
전자 폐기물 재활용의 날 / 10번 (1) 단서: 연례행사임
E-Waste Recycling Day / is an annual event in our city. //
전자 폐기물 재활용의 날은 / 우리 시의 연례행사입니다 //
명령문
Bring your used electronics / such as cell phones, tablets, and laptops / to recycle. // 10번 (2) 단서: 중고 전자 제품을 재활용하는 날임
중고 전자 제품을 가져오세요 / 휴대폰, 태블릿, 노트북과 같은 / 재활용할 //
(A) Go green! //
친환경적이 되세요 //
When /
언제 /
Saturday, December 17, 2022 /
2022년 12월 17일 토요일 /
8:00 a.m. – 11:00 a.m. / 12번 ① 단서: 3시간 동안 진행됨
오전 8시부터 오전 11시까지 /
Where /
어디서 /
Lincoln Sports Center / 12번 ② 단서: Lincoln 스포츠 센터에서 열림
Lincoln 스포츠 센터 /
Notes /
주의 사항 / 12번 ③ 단서: 전자레인지는 허용되지 않는 품목임
• Items NOT accepted: / light bulbs, batteries, and microwaves /
허용되지 않는 품목들 / 전구, 건전지, 전자레인지 / 12번 ④ 단서: 기기 속 모든 개인 정보는 미리 삭제되어야 함
• All personal data on the devices / must (B) wipe out(→ be wiped out) in advance. // 조동사의 수동태
기기 속 모든 개인 정보는 / 미리 삭제되어야 합니다 // 12번 ⑤ 단서: 행사는 무료이지만 지역 주민에게만 개방됨
• This event is free / but open only to local residents. //
이 행사는 무료입니다 / 하지만 지역 주민에게만 개방됩니다 //
Please contact us at 986–571–0204 / for more information. //
986-571-0204로 연락주세요 / 더 많은 정보를 원하시면 //

전자 폐기물 재활용의 날

전자 폐기물 재활용의 날은 우리 시의 연례행사입니다. 휴대폰, 태블릿, 노트북과 같이 재활용할 중고 전자 제품을 가져오세요. (A) 친환경적이 되세요!

언제
2022년 12월 17일 토요일 오전 8시부터 오전 11시까지
어디서
Lincoln 스포츠 센터
주의 사항
• 허용되지 않는 품목들: 전구, 건전지, 전자레인지
• 기기 속 모든 개인 정보는 미리 삭제되어야 합니다.
• 이 행사는 무료이나 지역 주민에게만 개방됩니다.
더 많은 정보를 원하시면 986–571–0204로 연락주세요.

10 정답 (1) T (2) F

다음을 읽고, 윗글의 내용과 일치하면 T, 일치하지 않으면 F를 고르시오.

(1) E-Waste Recycling Day takes place once a year. (T / F)
전자 폐기물 재활용의 날은 일 년에 한 번 열린다.
E-Waste Recycling Day is an annual event in our city.

(2) You can exchange your old electronic device for a new one during E-Waste Recycling Day. (T / F)
전자 폐기물 재활용의 날에 당신의 오래된 전자 기기를 새 제품으로 교환할 수 있다.
Bring your used electronics such as cell phones, tablets, and laptops to recycle.

왜 정답?

(1) 전자 폐기물 재활용의 날은 연례 행사라고 했으므로 글의 내용과 일치한다. (E-Waste Recycling Day is an annual event in our city.)
(2) 전자 폐기물 재활용의 날에 중고 전자 기기를 가져오면 재활용이 가능하다고 했지만, 그것을 새 제품으로 교환해준다는 내용은 없으므로 글의 내용과 일치하지 않는다. (Bring your used electronics such as cell phones, tablets, and laptops to recycle.)

11 정답 ③

윗글의 밑줄 친 (A) Go green의 의미로 가장 적절한 것을 고르시오.

① to keep the community peaceful
지역사회를 평화롭게 유지하다 지역사회의 평화에 대한 내용이 아님
② to decorate residential areas with the green color
주거 지역을 초록색으로 꾸미다 사전적 의미의 '초록'을 의미하지 않음
③ to do more to protect nature and the environment
자연과 환경을 보호하기 위해 더 노력하다 전자 폐기물 재활용을 홍보하는 내용임

왜 정답?

전자 폐기물 재활용의 날을 홍보하며 오래된 전자 기기의 재활용을 독려하는 글이므로 밑줄 친 (A)의 의미로 가장 적절한 것은 ③ '자연과 환경을 보호하기 위해 더 노력하다'이다.

왜 오답?

① 지역사회의 평화와 무관한 내용이다.
② 밑줄 친 부분의 green은 사전적 의미의 '초록'이 아닌 환경 보호를 의미한다.

12 정답 ⑤

E-Waste Recycling Day에 관한 위 안내문의 내용과 일치하지 않는 것을 고르시오.

① 3시간 동안 진행된다.
8:00 a.m. – 11:00 a.m.
② Lincoln 스포츠 센터에서 열린다.
Where / Lincoln Sports Center
③ 전자레인지는 허용되지 않는 품목이다.
Items NOT accepted: light bulbs, batteries, and microwaves
④ 기기 속 모든 개인 정보는 미리 삭제되어야 한다.
All personal data on the devices must be wiped out in advance.
⑤ 거주 지역에 상관없이 참가할 수 있다.
This event is free but open only to local residents

왜 정답?

안내문에서 This event is free but open only to local residents.(이 행사는 무료이나 지역 주민에게만 개방됩니다.)라고 했으므로 거주 지역에 상관없이 참가할 수 있는 것은 아님을 알 수 있다. 따라서 ⑤은 안내문의 내용과 일치하지 않는다.

왜 오답?

① 8:00 a.m. – 11:00 a.m.에서 행사가 3시간 동안 진행된다는 것을 알 수 있다.
② Where / Lincoln Sports Center를 통해 행사가 Lincoln 스포츠 센터에서 열린다고 했다.
③ Items NOT accepted: light bulbs, batteries, and microwaves에서 전자레인지는 허용이 되지 않는 품목임을 알 수 있다.
④ All personal data on the devices must be wiped out in advance.를 통해 기기의 모든 개인 정보는 미리 삭제되어야 한다고 했다.

13 정답 be wiped out

윗글의 밑줄 친 (B)를 어법상 적절하게 고치시오.

All personal data on the devices must (B) wipe out(→ be wiped out) in advance.
기기 속 모든 개인 정보는 미리 삭제되어야 합니다.

왜 정답?

주어인 All personal data on the devices는 삭제를 당하는 수동적 대상이므로 동사는 수동태를 써야 한다. 또한 조동사(must) 뒤에 수동태가 올 때는 be동사를 동사원형으로 써야 하므로 be wiped out으로 고쳐야 어법상 적절하다.

14~17 ▶ 문제편 p. 23

*Delaware 환경 영화 축제

DELAWARE ENVIRONMENTAL FILM FESTIVAL /
Delaware 환경 영화 축제 /

The Delaware Environmental Film Festival (DEFF) / is an interesting and inspiring event. //
Delaware 환경 영화 축제(DEFF)는 / 흥미로우면서 영감을 주는 행사입니다 //

It includes / world-class environmental films. //
그것은 포함합니다 / 세계 최상급의 환경 영화들을 //

선행사
DEFF's films help / people build the knowledge and skills / (A) requiring / required to make environmentally responsible choices. // 14번 단서: DEFF의 영화는 사람들이 환경에 책임지는 선택을 하도록 도와줌
DEFF의 영화는 도와줍니다 / 사람들이 지식과 기술을 쌓도록 / 환경에 대해 책임지는 선택을 하기 위해 필요한 //

Anyone / who appreciates the natural world / can attend this event! //
누구든지 / 자연의 세계를 가치 있게 여기는 / 이 행사에 참석할 수 있습니다 //

– **When**: February 21~23 /
언제: 2월 21일~23일 /

– **Where**: Community center /
장소: 지역사회 센터 /

– **Tickets**: Now purchase online /
티켓: 지금 온라인에서 구입하세요 /

to talk의 의미상 주어
– **Special Events**: / An opportunity / for audiences to talk with directors /
특별 행사: / 기회 / 관객이 감독과 대화를 나눌 /

Many supporters of DEFF / donate goods and services, / but their contributions don't completely cover all. //
DEFF의 많은 지지자들이 / 상품과 서비스를 기부합니다 / 하지만 그들의 기부만으로는 완전히 충당되지 않습니다 //

목적격 보어(명사구)
Donations at any level / help us make the festival a great experience / for everyone. // 16번 단서: 어떤 형태의 기부든 축제에 도움이 됨
어떤 형태의 기부든 / 우리가 축제를 훌륭한 경험으로 만들도록 도와줍니다 / 모두에게 //

If you are interested, / please click the 'donate' button below. //
관심이 있다면 / 아래 '기부' 버튼을 클릭해 주세요 //

Delaware 환경 영화 축제

Delaware 환경 영화 축제(DEFF)는 흥미로우면서 영감을 주는 행사입니다. 세계 최상급의 환경 영화들이 준비되어 있습니다. DEFF의 영화는 사람들이 환경에 대해 책임지는 선택을 하기 위해 필요한 지식과 기술을 쌓도록 도와줍니다. 자연의 세계를 가치 있게 여기는 분은 누구든지 이 행사에 참석할 수 있습니다!

– **언제**: 2월 21일~23일
– **장소**: 지역사회 센터
– **티켓**: 지금 온라인에서 구입하세요
– **특별 행사**: 관객이 감독과 대화를 나눌 기회

DEFF의 많은 지지자들이 상품과 서비스를 기부하고 있지만, 그들의 기부만으로는 완전히 충당되지 않습니다. 어떤 형태의 기부든 저희가 이 축제를 모두에게 훌륭한 경험이 될 수 있도록 만드는 데 도움이 됩니다. 관심이 있다면 아래 '기부' 버튼을 클릭해 주세요.

14 정답 environmentally responsible

윗글을 읽고, 다음 질문에 대한 답을 윗글에서 찾아 쓰시오.

Q: What influence do the DEFF's films have on people?

질문: DEFF의 영화는 사람들에게 어떤 영향을 미치는가?

A: They help people to take environmentally responsible actions.

답: 그것들은 사람들이 환경에 대해 책임지는 행동을 하도록 도와준다.

왜 정답?

Delaware 환경 영화 축제를 소개하면서 DEFF의 영화들은 사람들이 환경에 대해 책임지는 선택을 하도록 지식과 기술을 쌓게 도와준다고 했으므로 빈칸에는 environmentally responsible이 들어가야 한다.

15 정답 An opportunity for audiences to talk with directors

윗글의 밑줄 친 우리말 뜻과 일치하도록 다음 단어를 배열하시오.

(talk, an opportunity, directors, for, audiences, to, with)

왜 정답?

to부정사의 의미상 주어는 「for+목적격」의 형태로 써야 하므로, to talk의 의미상의 주어 for audiences가 그 앞에 배열되어야 한다.

16 정답 ⑤

Delaware Environmental Film Festival에 관한 위 안내문의 내용과 일치하는 것을 고르시오.

① 멸종 위기에 처한 동물들과 관련된 영화 행사이다.
Environmental Film Festival
② 축제는 총 4일간 진행된다.
February 21~23
③ 티켓은 현장에서만 판매한다.
Tickets: Now purchase online
④ 환경 운동가와 직접 대화할 수 있는 기회가 있다.
An opportunity for audiences to talk with directors
⑤ 기부를 통해 행사 진행에 도움을 받는다.
Donations at any level help us ~ for everyone

왜 정답?

지지자들이 기부만으로는 부족하다며 어떤 형태의 기부이든 행사를 훌륭한 경험이 되도록 만드는 데 도움이 된다고(Donations at any level help us ~ for everyone) 했으므로 ⑤이 안내문의 내용과 일치한다.

왜 오답?

① 환경에 관한 영화 축제라고 했지, 구체적으로 멸종 위기에 처한 영화들이라는 언급은 없다. (The Delaware Environmental Film Festival)
② 축제는 2월 21일부터 23일까지 3일간 진행된다. (February 21~23)
③ 티켓은 지금 온라인에서 구매할 수 있다고 했다. (Tickets: Now purchase online)
④ 환경 운동가가 아닌 감독과 대화를 나누는 기회가 있다고 했다. (An opportunity for audiences to talk with directors)

17 정답 required

윗글의 네모 (A)에 들어갈 말로 적절한 것을 고르시오.

DEFF's films help people build the knowledge and skills (A) [requiring / required] to make environmentally responsible choices.

DEFF의 영화는 사람들이 환경에 대해 책임지는 선택을 하기 위해 필요한 지식과 기술을 쌓도록 도와줍니다.

왜 정답?

환경에 책임지는 선택을 하기 위해 '필요한' 지식과 기술이므로 수동을 나타내는 현재분사 requiring이 아니라 과거분사 required가 와야 한다.

B REVIEW 어휘 테스트

▸문제편 p. 24

01 환경의 02 전자 폐기물 03 지식
04 전구 05 inspiring 06 microwave
07 discount 08 electronics

09 ① [입증하다 : 증명하다]
② 전문 지식[기술] : 미숙 ③ 반품하다 : 구매하다
④ 받아들이다 : 거절하다

10 ③ [구매하다 : 팔다]
① 연례의 : 해마다 있는
② 배출구 : (감정 등의) 배출구, 표현 수단
④ 셀 수 없는 : 무수한

11 ② [지지자 : 추종자]
① 상상의, 창의적인 : 현실적인 ③ 국제적인 : 국내의
④ 취소하다 : 복원하다

12 ④ [어떤 것이나 사람을 다루는 일이나 의무를 가지고 있는]
① 비정규적인 ② 평범한 ③ 이상한 ④ 책임이 있는

13 ② [특정 장소에 살거나 거주하는 사람]
① 손님 ② 거주자 ③ 국민 ④ 시민

14 gallery [다양한 기업들이 그 (만 / 미술관)을 현금으로 지원했다.]

15 curator [이 강의는 (크레이터 / 큐레이터)가 되고 싶은 사람들에게 추천한다.]

16 contemporary 17 purchase
18 qualifications 19 accepted
20 docent

C 심경, 분위기의 이해

01 ~ 05 ▶ 문제편 pp. 26~28

＊고장이 나버린 타자기

It was two hours before / the submission deadline / and I still hadn't finished / my news article. //
두 시간 전이었다 / 제출 마감 시간 / 그리고 나는 여전히 끝내지 못했다 / 나의 뉴스 기사를 // 01번 (1) 단서: 뉴스 기사를 끝내지 못했는데 타자기가 작동하지 않음

I sat at the desk, / but suddenly, / the typewriter didn't work. //
나는 책상에 앉았다 / 그런데 갑자기 / 타자기가 작동하지 않았다 //

ⓐ No matter how hardly(→ hard) I tapped the keys, / the levers wouldn't move / to strike the paper. //
('아무리 ~할지라도' / tapped를 수식하는 부사)
내가 아무리 세게 키를 두드려도 / 레버는 움직이지 않았다 / 종이를 두드리려 //

I started to realize / that I would not be able to finish / the article / on time. // 01번 (2) 단서, 04번 단서 1: 타자기가 고장 나 기사를 제시간에 끝낼 수 없을 것임을 깨달음
나는 깨닫기 시작했다 / 내가 끝낼 수 없으리라는 것을 / 그 기사를 / 제시간에 //

Desperately, / I rested the typewriter / on my lap / and started hitting each key / with as much force / as I could manage. // (병렬 구조)
필사적으로 / 나는 타자기를 올려놓았다 / 내 무릎 위에 / 그리고 각각의 키를 누르기 시작했다 / 많은 힘을 가지고 / 내가 할 수 있을 만큼의 //

Nothing happened. //
아무 일도 일어나지 않았다 //

(분사구문을 이끄는 현재분사)
Thinking something might have happened / inside of it, / I opened the cover, / lifted up the keys, / and found the problem / — a paper clip. // (병렬 구조) 02번 단서: 종이 집게가 문제였음
무슨 일이 일어났을지도 모르겠다고 생각하면서 / 그것의 내부에 / 나는 그 덮개를 열고 / 키들을 들어 올리고 / 문제를 발견했다 / 종이 집게 //

The keys had no room / to move. // (형용사적 용법(room 수식))
키들은 공간이 없었다 / 움직일 //

After picking ⓑ it out, / I pressed and pulled some parts. //
그것을 집어서 꺼낸 후에 / 나는 몇 개의 부품들을 누르고 당겼다 //

The keys moved smoothly again. //
키들이 매끄럽게 다시 움직였다 // 03번 단서: 타자기가 다시 작동하기 시작함

I breathed deeply / and (A) [frowned / smiled]. //
나는 깊게 숨을 내쉬었다 / 그리고 미소 지었다 //

Now I knew / that I (B) [could / couldn't] finish my article / on time. // 04번 단서 2: 타자기 고장을 해결해서 기사를 제시간에 끝낼 수 있게 됨
이제 나는 알았다 / 내가 기사를 끝낼 수 있음을 / 제시간에 //

제출 마감 시간 두 시간 전이었고 나는 여전히 나의 뉴스 기사를 끝내지 못했다. 나는 책상에 앉았는데, 갑자기, 타자기가 작동하지 않았다. ⓐ 내가 아무리 세게 키를 두드려도, 레버는 종이를 두드리려 움직이지 않았다. 나는 내가 제시간에 그 기사를 끝낼 수 없으리라는 것을 깨닫기 시작했다. 필사적으로, 나는 타자기를 내 무릎 위에 올려놓고 각각의 키를 내가 할 수 있을 만큼의 많은 힘을 가지고 누르기 시작했다. 아무 일도 일어나지 않았다. 그것의 내부에 무슨 일이 일어났을지도 모르겠다고 생각하면서, 나는 그 덮개를 열고, 키들을 들어 올리고, 문제를 발견했다 — 종이 집게였다. 키들이 움직일 공간이 없었다. ⓑ 그것을 집어서 꺼낸 후에, 나는 몇 개의 부품들을 누르고 당겼다. 키들이 매끄럽게 다시 움직였다. 나는 깊게 숨을 내쉬고 [(A) 미소 지었다]. 이제는 제시간에 내가 기사를 끝낼 수 [(B) 있음을] 알았다.

01 정답 (1) T (2) F

윗글의 내용과 일치하면 T, 일치하지 않으면 F를 고르시오.

(1) 뉴스 기사를 다 끝내기 전에 타자기가 고장이 났다. (T / F)
I still hadn't finished my news article ~ the typewriter didn't work.

(2) 나는 기사를 제시간에 못 끝내리라고는 예상하지 못했다. (T / F)
I started to realize that I would not be able to finish the article on time.

왜 정답?

(1) 'I'는 여전히 뉴스 기사를 끝내지 못했는데 갑자기 타자기가 작동하지 않았다. (I still hadn't finished my news article ~ the typewriter didn't work.)

(2) 'I'는 제시간에 그 기사를 끝낼 수 없으리라고 깨닫기 시작했다. (I started to realize that I would not be able to finish the article on time.)

02 정답 ④

윗글의 밑줄 친 ⓑ it이 가리키는 것으로 가장 적절한 것을 고르시오.

① typewriter 타자기
② news article 뉴스 기사
③ cover 덮개
④ paper clip 종이 집게 (고장의 원인을 제거함)
⑤ submission deadline 제출 마감 시간

왜 정답?

고장 난 타자기에서 꺼내자, 타자기가 다시 움직인 것이므로 ⓑ가 가리키는 것은 고장의 원인이었던 ④ '종이 집게'이다.

왜 오답?

①, ③ 타자기에서 타자기나 덮개를 꺼냈다는 것은 어색하다.
②, ⑤ 뉴스 기사나 제출 마감 시간은 타자기에서 집어서 꺼낼 수 없다.

03 정답 ④

윗글의 (A), (B)의 각 네모 안에 들어갈 말로 가장 적절하게 짝지어진 것을 고르시오.

	(A)		(B)
①	frowned 찡그리다	—	could ~할 수 있다
②	frowned	—	couldn't ~할 수 없다
③	smiled 미소 짓다	—	couldn't
④	smiled	—	could

(A) 타자기가 다시 움직였음
(B) 다시 기사를 쓸 수 있으니 제시간에 끝낼 수 있음

왜 정답?

(A) 고장 난 타자기가 다시 움직이기 시작했으므로 '미소 지었다(smiled)'는 것이 흐름상 적절하다.
(B) 다시 기사를 쓸 수 있게 되었으니, 제시간에 끝낼 '수 있다고(could)' 할 것이다.

왜 오답?

(A) 타자기가 계속 고장 난 것이 아니므로 '찡그렸다(frowned)'는 것은 자연스럽지 않다.
(B) 다시 기사를 쓸 수 있는데 여전히 제시간에 끝낼 '수 없다(couldn't)'는 것은 흐름상 적절하지 않다.

04 정답 ②

윗글에 드러난 'I'의 심경 변화로 가장 적절한 것을 고르시오.

① confident → nervous 처음에는 기사를 제시간에 끝내지 못할 것 같아 좌절한 상태였음
자신감 있는 불안한
② frustrated → relieved 타자기가 고장 나서 기사를 제시간에 끝낼 수 없을까 봐 좌절했다가 타자기 문제를 해결하고 안심한 상황
좌절한 안심한
③ bored → amazed 지루한 상황은 제시되지 않음
지루한 놀란
④ indifferent → curious 무관심하거나 호기심 많은 상황이 아님
무관심한 호기심 많은
⑤ excited → disappointed 기사를 제시간에 끝내지 못할까 봐 흥분한 것이 아님
흥분한 실망한

왜 정답?

'I'는 처음에는 타자기가 작동하지 않아 기사를 제시간에 끝낼 수 없을까 봐 좌절했지만, 타자기 문제를 해결하고는 제시간에 기사를 끝낼 수 있음을 알게 되어 안심했다. 따라서 정답은 ② '좌절한 → 안심한'이다.

왜 오답?

① 처음에는 기사를 끝내지 못할 것 같아 좌절한 상태였다.
③ 글 어디에도 지루한 상황은 나오지 않는다.
④ 무관심하고 호기심 많은 상황은 제시되지 않았다.
⑤ 기사를 끝내지 못할까 봐 좌절한 것이지 흥분한 상태가 아니다.

05 정답 hardly → hard

윗글의 밑줄 친 ⓐ에서 어법상 틀린 부분을 찾아 바르게 고치시오.

No matter how hardly(→ hard) I tapped the keys, the levers wouldn't move to strike the paper.
내가 아무리 세게 키를 두드려도, 레버는 종이를 두드리려 움직이지 않았다.

왜 정답?

hardly는 동사 tapped를 수식해야 하는데, 부사로 '거의 ~않다'를 의미하므로 적절하지 않다. 따라서 '열심히, 세게'를 의미하는 부사 hard로 고쳐야 어법상 적절하다.

06 ~ 09

▶ 문제편 p. 29

***아빠는 장난꾸러기!**

부사절 접속사(시간)
When David stepped out of the front door, / he was blinded for a moment / by the bright sunlight / and reached instinctively for his dad's hand. //
David가 앞문으로 나왔을 때 / 그는 잠시 앞이 안 보였다 / 밝은 햇빛에 / 그래서 본능적으로 그의 아빠의 손을 찾았다 //
07번 (1), (2) 단서: David는 아빠와 이발소에 항상 함께 갔음

He and his dad / were on their way to the barbershop, / something they had always done together. //
목적격 관계대명사 생략
그와 그의 아빠는 / 이발소에 가는 길이었는데 / 그들이 언제나 함께 하는 것이었다 //

Always, / the routine was the same. //
언제나 / 그 일은 동일했다 //

"It's about time / you should get your hair cut," / dad would say, / pointing at him / with his two fingers like a pair of scissors. //
"거의 ~(할) 때다 / 네가 머리를 깎아야 할" / 아빠는 말하곤 했다 / 그를 가리키며 / 두 손가락을 가위처럼 하고서 //

"Perhaps I should do it. // Where are those hair clippers, my honey?" //
"아마도 내가 해야겠다 // 이발기 어디 있나요 여보?" //

08번 단서: 아들과 장난치는 아빠의 모습

Sometimes dad chased him / around the living room, / to pretend(→ pretending) to cut off his ears. //
동시동작 분사구문을 이끄는 현재분사
가끔 아빠는 그를 쫓아갔다 / 거실 여기저기를 / 그의 귀를 자르는 흉내를 내며 //

used to-v: ~하곤 했다
When he was young, / David used to get too excited / and start crying, / scared that maybe he really would cut his ears, / but he has long since grown out of that. //
그가 어렸을 때 / David는 너무 흥분해 / 울곤 했다 / 아마도 그가 귀를 정말로 자를 것 같아서 겁이 나서 / 그러나 그는 그때로부터 벗어난 지 한참 되었다 //
07번 (3), (4) 단서: 아빠는 David에게 장난을 쳤고 David는 울었음

David가 앞문으로 나왔을 때, 그는 밝은 햇빛에 잠시 앞이 안 보여 본능적으로 그의 아빠의 손을 찾았다. 그와 그의 아빠는 이발소에 가는 길이었는데, 그들이 언제나 함께 하는 것이었다. 언제나 그 일은 동일했다. 아빠는 두 손가락을 가위처럼 하고서 그를 가리키며 "머리 깎아야 할 때다."라고 말하곤 했다. "아마도 내가 해야겠다. 이발기 어디 있나요, 여보?" 가끔 아빠는 그의 귀를 자르는 흉내를 내며 거실 여기저기 그를 쫓아갔다. 어렸을 때, David는 아마도 아빠가 귀를 정말로 자를 것 같아서 겁이 나서 너무 흥분해 울곤 했지만, 그는 그 때로부터 벗어난 지 한참 되었다.

06 정답 (1) blind (2) barbershop

다음 영영풀이가 설명하는 어휘를 윗글에서 찾아 그 원형을 쓰시오.

(1) blind: to make someone unable to see for a short time (잠시) 앞이 안 보이게 만들다: 누군가가 잠시 동안 보지 못하게 하다
(2) barbershop: a shop where men have their hair cut
이발소: 남자들이 그들의 머리카락을 깎는 가게

왜 정답?

(1) '누군가로 하여금 잠시 동안 보지 못하게 한다'는 것은 '(잠시) 앞이 안 보이게 만들다'를 의미하는 blind에 대한 설명이다. blind는 형용사뿐 아니라 동사로도 쓰인다.
(2) '남자들이 자신의 머리카락을 깎는 가게'는 barbershop(이발소)이다.

07 정답 (1) T (2) F (3) F (4) T

다음을 읽고, 윗글의 내용과 일치하면 T, 일치하지 않으면 F를 고르시오.

(1) David and his dad always went to the barber's together. (T / F) David와 아빠는 이발소에 항상 함께 갔다.
(2) When David was young, his dad used to cut his hair. David가 어렸을 때 그의 아빠는 그의 머리카락을 잘라주곤 했다. (T / F)
(3) David's dad hurt David's ear by mistake. (T / F)
David의 아빠는 David의 귀를 실수로 다치게 했다.
(4) David used to cry when his dad played a trick on him. David는 아빠가 그에게 장난쳤을 때 울곤 했다. (T / F)

왜 정답?

(1) David와 아빠는 항상 이발소에 같이 간다고 했으므로 내용과 일치한다.
(2) 아빠가 장난을 쳤을 뿐 실제로 직접 깎아준 것은 아니므로 내용과 일치하지 않는다.
(3) 아빠가 실제로 David의 귀를 다치게 했다는 내용은 언급되지 않았으므로 일치하지 않는다.
(4) David는 아빠가 자신에게 짓궂은 장난을 했을 때 울곤 했다고 했으므로 글의 내용과 일치한다.

08 정답 ①

윗글에 드러난 분위기로 가장 적절한 것을 고르시오.

① active and lively 장난을 치며 노는 아버지와 아들의 활기찬 모습
활동적이고 활기찬
② worried and nervous
불안하고 긴장되는
③ confident and hopeful
자신만만하고 희망적인 자신만만하거나 희망적인 사건은 없음
④ gloomy and depressed
우울하고 암울한
(②~④) 불안하거나 우울한 내용이 아님
⑤ surprised and shocked 놀랍고 충격적인 일은 전개되지 않음
놀랍고 충격적인

왜 정답?

David와 아빠가 함께 머리카락을 자르러 이발소에 가는 일상을 묘사한 글이다. 아빠는 아들에게 장난을 치고 아들은 도망가곤 했던 일이 묘사되어 있으므로 글에 드러난 분위기로 가장 적절한 것은 ① '활동적이고 활기찬'이다.

왜 오답?

②, ④ 불안하고 우울한 분위기는 나타나지 않았다.
③ 자신만만하고 희망적인 사건은 없다.
⑤ 충격적인 사건은 나오지 않았다.

09 정답 pretending

윗글의 밑줄 친 to pretend를 어법상 바르게 고치시오.

Sometimes dad chased him around the living room, to pretend(→ pretending) to cut off his ears.
가끔 아빠는 그의 귀를 자르는 흉내를 내며 거실 여기저기 그를 쫓아갔다.

왜 정답?

동시동작을 나타내는 분사구문이므로 to pretend를 현재분사인 pretending으로 고쳐야 어법상 적절하다.

10 ~ 13

▶ 문제편 p. 30

* 무대에서의 공포 이겨내기

분사구문(동시동작)
Walking onto the stage, / my heart was beating fast / like a drum. // 10번, 12번 단서 1: 무대로 올라가면서 심장이 빠르게 뜀 (like: 전치사)
무대 위로 걸어가면서 / 내 심장은 빠르게 뛰고 있었다 / 북처럼 //

make+목적어+형용사: ~를 …하게 만들다
The bright light / made me temporarily unable to open my eyes / and I could hear / the sounds of the audience talking. //
밝은 빛이 / 내가 일시적으로 눈을 뜰 수 없게 만들었고 / 나는 들을 수 있었다 / 관객들이 말하는 소리를 // 10번, 12번 단서 2: 모든 사람이 나를 쳐다보며 평가하고 있다는 생각이 듦

마치 ~인 것처럼
I felt / as if everyone was looking at me / and judging me. //
나는 느꼈다 / 모든 사람들이 나를 바라보고 있는 것처럼 / 그리고 평가하고 있는 (것처럼) //

10번, 12번 단서 3: 손에 땀이 나고 호흡이 짧아짐
My hands were sweaty / and my breathing was short. //
내 손은 땀에 젖었고 / 내 호흡은 짧았다 //

start: to부정사/동명사를 모두 목적어로 취하는 동사 / -thing으로 끝나는 대명사는 뒤에서 수식함
But when I started speaking, / something strange happened. //
하지만 내가 말하기 시작했을 때 / 이상한 일이 일어났다 //

대과거(특정 과거 시점보다 더 이전에 일어난 일을 가리킴)
I felt more comfortable and at ease / than I had expected. //
나는 더 편안하고 안심이 되는 것을 느꼈다 / 내가 예상했던 것보다 //

앞에 목적격 관계대명사 that 생략
Every word / I said / sounded strong and sure. //
모든 단어들이 / 내가 말하는 / 강하고 확실하게 들렸다 // 10번, 12번 단서 4: 내가 말하는 모든 단어가 강하고 또렷하게 들림

The audience / looked totally interested / in ⓐ what I was saying. // (선행사를 포함하는 관계대명사)
관객들은 / 완전히 흥미를 느끼는 것 같았다 / 내가 말하는 것에 //

계속적 용법의 관계대명사 / 관계부사
With time, / the stage, / which had seemed really (A) scary before, / became a place / where I could (B) express myself! // 11번 단서 1: 처음에 무대에 서는 것이 몹시 두려웠지만 막상 시작하니 자신을 잘 표현할 수 있게 됨
시간이 지나면서 / 무대는 / 이전에는 너무 무서운 것 같았는데 / 장소가 되었다 / 내가 자신을 표현할 수 있는 //

주격 관계대명사
I felt strong and in control, / pushing away the doubts / that had bothered me earlier. //
나는 강하고 통제력이 있다고 느꼈다 / 의심들을 떨쳐내며 / 이전에 나를 괴롭혔던 //

간접의문문
When I finished speaking, / the crowd clapped and cheered, / showing how successful I was. //
내가 말을 마쳤을 때 / 관객들은 박수를 치며 환호했고 / 이는 내가 얼마나 성공적이었는지 보여주었다 // 11번 단서 2: 관객들이 박수와 환호를 보내는 모습에서 발표가 성공적이었음을 알게 됨

무대 위로 걸어가면서, 내 심장은 북처럼 빠르게 뛰고 있었다. 밝은 빛이 내가 일시적으로 눈을 뜰 수 없게 만들었고, 나는 관객들이 말하는 소리를 들을 수 있었다. 모든 사람들이 나를 바라보고 평가하고 있는 것처럼 느꼈다. 내 손은 땀에 젖었고, 내 호흡은 짧았다. 하지만 내가 말하기 시작했을 때, 이상한 일이 일어났다. 나는 내가 예상했던 것보다 더 편안하고 안심이 되는 것을 느꼈다. 내가 말하는 모든 단어들이 강하고 확실하게 들렸다. 관객들은 내가 말하는 것에 완전히 흥미를 느끼는 것 같았다. 시간이 지나면서, 무대는 이전에는 너무 (A) 무서운 것 같았는데 내가 자신을 (B) 표현할 수 있는 장소가 되었다! 나는 이전에 나를 괴롭혔던 의심들을 떨쳐내며 강하고 통제력이 있다고 느꼈다. 내가 말을 마쳤을 때, 관객들은 박수를 치며 환호했고, 이는 내가 얼마나 성공적이었는지 보여주었다.

10 정답 ②

윗글의 빈칸 (A), (B)에 들어갈 말이 적절하게 짝지어진 것을 고르시오.

	(A)		(B)	
①	safe 안전한	—	express 표현하다	무대가 안전하게 느껴지지 않았음
②	scary 무서운	—	express 표현하다	무대가 공포스럽게 느껴졌고 자신의 말을 관객들에게 잘 전달함
③	safe 안전한	—	impress 감명을 주다	무대가 안전하게 느껴지지 않았고 자신에게 감명을 주었다는 것이 아님
④	scary 무서운	—	oppress 압박하다	무대가 공포스럽게 느껴졌고 자신을 압박한 것이 아님
⑤	normal 정상적인	—	oppress 압박하다	무대가 정상적으로 느껴지지 않았고 자신을 압박한 것이 아님

왜 정답?

무대에 올라 극심한 긴장과 공포를 느껴 심장이 빠르게 뛰고 손에 땀이 나며 '무서웠'지만, 막상 말을 시작하고부터는 생각보다 편안하고 분명하게 자신의 이야기를 '표현했다'고 했다. 따라서 정답은 ② '무서운 - 표현하다'이다.

왜 오답?

① 무대가 안전하게 느껴진 것이 아니다.
③ 무대가 안전하게 느껴지지도 않았고, 무대 위에서 자신에게 감명을 주었다는 내용도 아니다.
④ 무대 위에서 자신을 압박하게 되었다는 내용이 아니다.
⑤ 무대가 정상적으로 느껴지지도 않았고, 무대 위에서 자신을 압박하게 되었다는 내용도 아니다.

11 정답 Successful

윗글의 제목을 아래와 같이 쓸 때, 빈칸에 적절한 말을 윗글에서 찾아 쓰시오.

Being Successful Requires Facing Fear and Taking Action
성공하는 것은 두려움을 마주하고 행동을 취하는 것을 필요로 한다

왜 정답?

처음에는 실패할까 봐 두렵고 긴장되어 도망가고 싶을 정도였으나 막상 말을 시작하니 생각보다 편안하고 안정감 있게 잘 해냈다는 내용이다. 따라서 성공은 두려움에 맞서 행동할 때 찾아온다는 의미가 되려면 빈칸에 Successful(성공적인)이 들어가야 적절하다.

12 정답 ⑤

윗글에 드러난 'I'의 심경 변화로 가장 적절한 것을 고르시오.

① angry → relieved 분노를 느끼지 않았음
화난 안심한
② worried → jealous 질투를 느끼지 않았음
걱정되는 질투하는
③ bored → delighted 처음에 지루하지 않았음
지루한 기쁜
④ satisfied → scared 만족한 것과 정반대이고 두려움을 느낀 것은 글의 초반임
만족한 두려운
⑤ anxious → confident 처음에 불안을 느꼈으나 나중에 자신감을 가지게 됨
불안한 자신감 있는

왜 정답?

무대에서 말을 시작하기 전에는 불안, 긴장, 걱정을 느꼈지만 말을 시작하고 나니 발표를 편안하고 자신감 있게 잘해서 박수와 환호를 받았다고 했으므로 정답은 ⑤ '불안한 → 자신감 있는'이다.

왜 오답?

① 처음에 분노를 느끼지 않았다.
② 나중에 질투를 느끼지 않았으므로 적절하지 않다.
③ 처음에 지루함을 느낀 것은 아니다.
④ 만족을 느낀 것과 정반대이고, 나중에 두려움을 느끼지도 않았다.

13 정답 what

윗글의 빈칸 ⓐ에 들어갈 어법상 적절한 말을 쓰시오.

The audience looked totally interested in ⓐ what I was saying.
관객들은 내가 말하는 것에 완전히 흥미를 느끼는 것 같았다.

왜 정답?

was saying의 목적어 역할을 하는 명사를 대신하면서 동시에 선행사를 포함하고 있는 관계대명사로 적절한 것은 what이다.

14~17

▶ 문제편 p. 31

*휴가 중 받게 된 부재중 전화

On one beautiful spring day, / I was fully enjoying my day off. //
어느 아름다운 봄날 / 나는 휴가를 충분히 즐기고 있었다 //

I arrived at the nail salon, / and muted my cellphone / so that I would be disconnected for the hour / and feel calm and peaceful. //
~하기 위해서, ~하도록
나는 네일 샵에 도착했다 / 그리고 나의 휴대폰을 음소거했다 / 그 시간 동안 단절되도록 / 그리고 차분하고 평화롭게 느낄 수 있도록 //

I was so comfortable / while I got a manicure. //
나는 아주 편안했다 / 매니큐어를 받는 동안 // 16번 단서 1: 봄날 네일 샵에서 매니큐어를 받으면서 편안함을 느낌

As I left the place, / I checked my cellphone / and saw four missed calls / from a strange number. //
내가 그 장소를 떠날 때 / 나는 나의 휴대폰을 확인했다 / 그리고 네 통의 부재중 전화를 봤다 / 낯선 번호에서 온 //

I knew immediately / that ⓐ bad something(→ something bad) was coming, / and I called back. //
목적어절을 이끄는 접속사 / -thing으로 끝나는 대명사는 뒤에서 수식
나는 즉시 알았다 / 나쁜 어떤 일이 생겼다는 것을 / 그리고 다시 전화했다 //

A young woman answered and said / that my father had fallen over a stone / and was injured, now seated on a bench. //
목적어절을 이끄는 접속사
한 젊은 여성이 전화를 받아 말했다 / 나의 아버지가 돌에 걸려 넘어졌다고 / 그리고 다쳐서 지금 벤치에 앉아 있다고 //

I was really concerned / since he had just recovered from his knee surgery. //
~ 때문에
16번 단서 2: 무릎 수술을 한 지 얼마 되지 않은 아버지가 돌에 걸려 넘어졌다는 전화를 받고 걱정함
나는 정말 걱정되었다 / 그가 무릎 수술에서 막 회복했기 때문에 //

I rushed getting into my car / to go see him. //
나는 급히 차에 올랐다 / 그를 보러 가기 위해 //

어느 아름다운 봄날, 나는 휴가를 충분히 즐기고 있었다. 나는 네일 샵에 도착해서 그 시간 동안 단절되어 차분하고 평화롭게 느낄 수 있도록 나의 휴대폰을 음소거했다. 나는 매니큐어를 받는 동안 아주 편안했다. 내가 그 장소를 떠날 때, 나는 나의 휴대폰을 확인했고 낯선 번호에서 걸려 온 네 통의 부재중 전화를 봤다. 나는 나쁜 어떤 일이 생겼다는 것을 즉시 알고 다시 전화했다. 한 젊은 여성이 전화를 받아 나의 아버지가 돌에 걸려 넘어져 다쳤고 지금 벤치에 앉아 있다고 말했다. 그가 무릎 수술에서 막 회복했기 때문에 나는 정말 걱정되었다. 나는 그를 보러 가기 위해 급히 차에 올랐다.

14 정답 I was so comfortable while I got a manicure.

윗글의 밑줄 친 우리말 해석과 일치하도록 주어진 표현을 적절하게 배열하시오. (단, 같은 표현을 두 번 쓸 수 있음)

(so, while, manicure, I, got, was, comfortable, a)

왜 정답?

'~하는 동안'이라는 뜻을 나타내는 접속사 while이 이끄는 절이 뒤에 오고, 주절의 주어와 같은 I를 한 번 더 써서 배열해야 한다.

15 정답 (1) injure (2) recover

다음 영영풀이가 설명하는 어휘를 윗글에서 찾아 그 원형을 쓰시오.

(1) injure: to harm or damage someone or something
부상을 입히다: 누군가 또는 무언가에게 해를 입히거나 손상을 입히다
(2) recover: to become healthy after an illness or injury, to return to normal health
회복하다: 병이나 부상 후에 건강해지다, 정상적인 건강으로 돌아오다

왜 정답?

(1) '누군가 또는 무언가에게 해를 입히거나 손상을 입히다'는 '부상을 입히다(injure)'를 설명하는 것이다.
(2) '병이나 부상 후에 건강해지다, 정상적인 건강으로 돌아오다'는 '회복하다(recover)'를 설명하는 것이다.

16 정답 ②

윗글에 드러난 'I'의 심경 변화로 가장 적절한 것을 고르시오.

① nervous → confident 자신감을 느끼는 내용은 나오지 않음
긴장한 자신감 있는
② relaxed → worried 편안하게 휴가를 즐기던 중 아버지가 다쳤다는 연락을 받고 걱정함
편안한 걱정하는
③ excited → indifferent 아버지가 다친 것을 알고 걱정했으므로 무관심한 것이 아님
신이 난 무관심한
④ pleased → jealous 질투하는 내용은 언급되지 않음
기쁜 질투하는
⑤ annoyed → grateful 화를 내거나 감사하는 내용은 없음
화난 감사하는

왜 정답?

아름다운 봄날에 휴가를 즐기면서 네일 샵에서 매니큐어를 받을 때는 편안함을 느꼈지만, 이후 네 통의 부재중 전화를 확인하고 전화를 걸었을 때 아버지가 다치셨다는 것을 알게 되어 걱정을 하게 되는 내용이다. 따라서 'I'의 심경 변화로 가장 적절한 것은 ② '편안한' → '걱정하는'이다.

왜 오답?

① 글에 자신감을 느끼는 것과 관련된 내용은 언급되지 않았다.
③ 후반부에 아버지가 다친 것을 알고 걱정하는 내용이 나오므로 무관심하다고 볼 수 없다.
④ 질투하는 것과 관련된 내용은 나오지 않았다.
⑤ 화를 내거나 감사하는 내용은 모두 언급되지 않았다.

17 정답 something bad

윗글의 밑줄 친 ⓐ를 어법상 적절하게 고쳐 쓰시오.

I knew immediately that ⓐ bad something(→ something bad) was coming, and I called back.
나는 나쁜 어떤 일이 생겼다는 것을 즉시 알고 다시 전화했다.

왜 정답?

-thing으로 끝나는 대명사는 형용사가 뒤에서 수식하므로 something 뒤에 bad가 오도록 고쳐야 어법상 적절하다.

C REVIEW 어휘 테스트

▸문제편 p. 32

01 햇빛 02 이발소 03 이발기
04 자신감 있는 05 feel at ease 06 audience
07 doubt 08 surgery
09 ② [깨닫다, 이해하다]
① 방향 감각을 혼란시키다 ② 이해하다
③ 어리둥절하게 하다 ④ 혼란스럽게 하다
10 ④ [생각하다]
① 신빙성을 낮추다 ② 의심하다 ③ 불확실한 ④ 생각하다
11 ④ [암울한]
① 기쁜 ② 신난 ③ 짜증난 ④ 우울한
12 ③ [편안하고 행복하게 느끼는]
① 상처받은 ② 우울한 ③ 안심한 ④ 무례한
13 ② [누군가나 무언가를 따라가다]
① 내쫓다 ② 쫓다 ③ 추방하다 ④ 달리다
14 ① [우리는 모두 2017년에 타이거즈가 승리했을 때 환호했다.]
② [그 소식은 그녀를 기쁘게 만들기에 충분했다.]
15 ② [그치지 않는 비는 나를 끝도 없이 괴롭혔다.]
① [구체적인 사항까지는 신경 쓰지 마세요.]
16 pretend 17 calm 18 instinctively
19 judge 20 indifferent

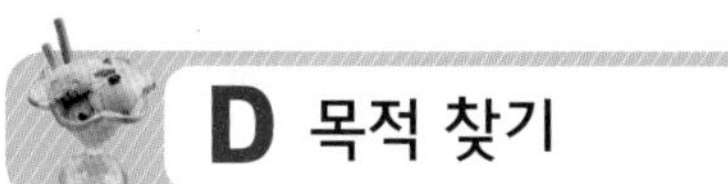

D 목적 찾기

01 ~ 05 ▶ 문제편 pp. 34~36

＊학급 파티 음식에 대한 유의 사항

Dear Parents / Guardians, / 부모님들 / 보호자들께 /
Class parties will be held (미래 시제 수동태) / on the afternoon of Friday, / December 16th, 2022. //
학급 파티가 열릴 것입니다 / 금요일 오후에 / 2022년 12월 16일 //
Children may bring in / sweets, crisps, biscuits, cakes, and drinks. //
아이들은 가지고 올 수 있습니다 / 사탕류, 감자칩, 비스킷, 케이크, 그리고 음료를 //
We are requesting / that (목적어절 접속사) children do not bring in / home-cooked or prepared food. // 02번 (1) 단서, 04번 단서 1: 집에서 만든 음식은 가져오지 말라고 함
우리는 요청합니다 / 아이들이 가져오지 않기를 / 집에서 만들거나 준비된 음식을 //
All food should arrive / in a sealed packet / with the ingredients clearly listed (with+목적어+과거분사(~가 …된[한] 채로)). // 02번 (2) 단서, 03번 단서, 04번 단서 2: 밀봉된 음식만 가져올 수 있음
모든 음식은 와야 합니다 / 밀봉된 꾸러미로 / 성분이 명확하게 목록으로 작성되어 //
Fruit and vegetables are (A) welcomed / if they are pre-packed / in a sealed packet from the shop. // 04번 단서 3: 견과류가 포함된 음식은 가져오지 말라고 함
과일과 채소는 환영입니다 / 사전 포장된 것이라면 / 가게에서 밀봉된 꾸러미로 //
Please DO NOT send any food into school / containing nuts (food를 수식하는 현재분사구) / as we have many children / with severe nut allergies. //
어떤 음식도 학교에 보내지 마십시오 / 견과류를 포함하는 / 학생들이 많이 있기 때문에 / 심각한 견과류 알레르기를 가진 // 02번 (3) 단서: 견과류 알레르기를 가진 학생들이 많음
Please check / the ingredients of all food (선행사) / (B) which[that] (목적격 관계대명사) your children bring / carefully. //
확인해 주십시오 / 모든 음식의 성분을 / 아이들이 가져오는 / 주의 깊게 //
Thank you for your continued support and cooperation. //
여러분의 지속적인 지원과 협조에 감사드립니다 //
Yours sincerely, Lisa Brown, Headteacher / 교장 Lisa Brown 드림 /

부모님들/보호자들께,
학급 파티가 2022년 12월 16일 금요일 오후에 열릴 것입니다. 아이들은 사탕류, 감자칩, 비스킷, 케이크, 그리고 음료를 가지고 올 수 있습니다. 우리는 아이들이 집에서 만들거나 준비한 음식을 가져오지 않기를 요청합니다. 모든 음식은 성분을 명확하게 목록으로 작성하여 밀봉된 꾸러미로 가져와야 합니다. 과일과 채소는 가게에서 밀봉된 꾸러미로 사전 포장된 것이라면 (A) 환영입니다. 심각한 견과류 알레르기를 가진 학생들이 많이 있기 때문에 견과류가 포함된 어떤 음식도 학교에 보내지 마십시오. 아이들이 가져오는 모든 음식의 성분을 주의 깊게 확인해 주십시오. 여러분의 지속적인 지원과 협조에 감사드립니다.
교장 Lisa Brown 드림

01 정답 ②

윗글을 읽고 알 수 없는 내용을 고르시오.

Class Parties 학급 파티
- **When:** ① December 16th (언제: 12월 16일) — on the afternoon of Friday, December 16th, 2022.
- **Where:** ② School auditorium (어디서: 학교 강당) — 정확한 장소는 언급되지 않음
- **Who:** ③ School students (누가: 학교 학생들) — class party, children, school 등으로 알 수 있음
- **What:** ④ Bringing foods (무엇을: 음식 가져오기) — Children may bring in sweets, crisps ~.

왜 정답?

학급 파티라고만 했지 학교 강당에서 열린다거나, 정확한 장소는 언급되지 않았으므로 정답은 ②이 적절하다.

왜 오답?

① 학급 파티가 2022년 12월 16일 금요일 오후에 열릴 것이라고 했다.
③ 학생들이 학급 파티에 가져와야 하는 것을 알려주는 글이다.
④ 어떤 음식을 가져와야 하는지 알려주는 글이다.

02 정답 (1) F (2) T (3) T

윗글의 내용과 일치하면 T, 일치하지 않으면 F를 고르시오.

(1) 집에서 만든 음식은 성분을 목록으로 작성해야 한다. (T / F)
We are requesting that children do not bring in home-cooked or prepared food.
(2) 밀봉되지 않은 음식은 학교에 가져갈 수 없다. (T / F)
All food should arrive in a sealed packet
(3) 학교에는 견과류 알레르기를 가진 학생들이 있다. (T / F)
we have many children with severe nut allergies

왜 정답?

(1) 학교는 아이들이 집에서 만들거나 준비한 음식을 가져오지 말라고 요청했다. (We are requesting that children do not bring in home-cooked or prepared food.)
(2) 모든 음식은 밀봉된 꾸러미로 가져오라고 했다. (All food should arrive in a sealed packet)
(3) 심각한 견과류 알레르기를 가진 학생들이 많다고 했다. (we have many children with severe nut allergies)

03 정답 ①

윗글의 빈칸 (A)에 들어갈 말로 가장 적절한 것을 고르시오.

① welcomed (환영하다) 밀봉된 음식은 환영함
② spoiled (상하다) 음식이 상한다는 내용이 아님
③ sold out (품절되다) 음식이 품절되는지는 알 수 없음
④ examined (시험하다) 음식을 시험하는 것이 아님
⑤ aged (오래되다) 음식이 오래된 것과는 관련 없음

왜 정답?

모든 음식은 밀봉된 꾸러미로 가져오라고 했으므로 가게에서 사전에 포장한 밀봉된 과일과 채소는 ① '환영할' 것이다.

왜 오답?

② 밀봉된 음식이 상한다는 내용이 아니다.
③ 밀봉된 음식이 품절되는지는 글을 통해 알 수 없다.
④ 밀봉된 음식이라면 '시험한다'는 말은 어색하다.
⑤ 밀봉된 음식이 '오래된다'는 내용이 아니다.

04 정답 ⑤

윗글의 목적으로 가장 적절한 것을 고르시오.

① 학급 파티 일정 변경을 공지하려고
학급 파티의 일정을 변경하는 내용이 아님
② 학교 식당의 새로운 메뉴를 소개하려고
사탕류, 감자칩, 비스킷, 케이크, 그리고 음료를 언급한 것으로 만든 함정
③ 학생의 특정 음식 알레르기 여부를 조사하려고
견과류 알레르기를 가진 학생들이 있다는 것으로 만든 오답
④ 학부모의 적극적인 학급 파티 참여를 독려하려고
학부모의 파티 참여를 독려하는 것이 아님
⑤ 학급 파티에 가져올 음식에 대한 유의 사항을 안내하려고
집에서 만들거나 준비한 음식을 가져오지 말라는 등 학급 파티에 가져올 음식에 대한 유의 사항을 안내함

왜 정답?

학급 파티에 음식을 가져올 때의 유의 사항으로 집에서 만들거나 준비한 음식을 가져오지 말고, 성분을 목록으로 작성해서 밀봉해야 하고, 견과류가 포함된 음식은 가져오지 말라고 요청하고 있다. 따라서 이 글의 목적으로 가장 적절한 것은 ⑤이다.

왜 오답?

① 학급 파티의 일정 변경에 대한 내용은 없다.
② 사탕류, 감자칩, 비스킷, 케이크, 그리고 음료는 학교 식당의 새로운 메뉴가 아니라 아이들이 학급 파티에 가져올 수 있는 음식의 종류이다.
③ 견과류 알레르기를 가진 학생들이 있다는 것으로 만든 오답으로, 학생의 특정 음식 알레르기 여부를 조사하려는 것이 아니다.
④ 학부모의 적극적인 학급 파티 참여 독려가 아니라, 아이들이 학급 파티에 가져올 음식에 대한 유의 사항을 말하고 있다.

05 정답 which[that]

윗글의 빈칸 (B)에 들어갈 적절한 관계대명사를 쓰시오.

Please check the ingredients of all food which[that] your children bring carefully.
아이들이 가져오는 모든 음식의 성분을 주의 깊게 확인해 주십시오.

왜 정답?

선행사가 사물인 all food이고, 관계대명사절의 동사 bring의 목적어 역할을 해야 하므로 목적격 관계대명사 which[that]가 쓰여야 한다. 이때 which[that]는 생략할 수 있다.

06 ~ 09

▶ 문제편 p. 37

***Dennis Burson이 워크숍 참가자들에게**

Dear Workshop Participants, /
워크숍 참가자분들께 /
We would like to thank you / for signing up for our animal welfare workshop. //
우리는 여러분께 감사드립니다 / 우리 동물 복지 워크숍에 등록해 주신 것에 대해 //
It will be held / in the Animal Science Building, / (A) what / which is located / on 28th Street on the east side of campus. // 06번, 08번 단서 1: 워크숍 장소를 안내
(계속적 용법의 관계대명사)
그것은 열릴 것입니다 / 동물 과학관에서 / 동물 과학관은 위치해 있습니다 / 캠퍼스의 동쪽 28번가에 //
I have attached a map of the campus / to help you find the building and parking lot. //
(help + 목적어 + 목적격 보어(원형부정사))
제가 캠퍼스의 지도를 첨부했습니다 / 여러분이 건물과 주차장을 찾는 것을 돕기 위해 //
If you enter the campus from the west side, / proceed to the four-way stop / and you will see your destination / on the southeast corner. //
(「명령문 and ...」: ~하라, 그러면 …할 것이다.)
서쪽에서 캠퍼스에 진입하시면 / 교차로 정지 지점까지 가세요 / 그러면 목적지가 보일 것입니다 / 남동쪽 코너에 //
07번 단서: 주차증은 계기판 위에 두어야 함
Parking permits will be issued / on the first morning / and must be placed / on the dashboard. //
주차증은 발급될 것입니다 / 첫날 아침에 / 그리고 두셔야 합니다 / 계기판 위에 //
The workshop will begin at 8:00 a.m. / and run until approximately 5:00 p.m. / on the first two days / and 12:00 p.m. on the last. // 06번, 08번 단서 2: 워크숍 일정을 안내
워크숍은 오전 8시에 시작될 것입니다 / 그리고 대략 오후 5시까지 진행됩니다 / 첫 이틀은 / 그리고 마지막 날에는 오후 12시까지 //
(부사절 접속사(조건))
If you have any questions or concerns, / please let us know. //
의문 사항이나 용무가 있으시면 / 저희에게 알려주십시오 //
Sincerely, Dennis Burson //
Dennis Burson 드림 //

워크숍 참가자분들께,
우리 동물 복지 워크숍에 등록해 주신 것에 감사드립니다. 워크숍은 동물 과학관에서 열리는데, 동물 과학관은 캠퍼스의 동쪽 28번가에 위치해 있습니다. 여러분이 건물과 주차장을 찾는 것을 돕기 위해 캠퍼스의 지도를 첨부했습니다. 서쪽에서 캠퍼스에 진입하시면, 교차로 정지 지점까지 가세요. 그러면 남동쪽 코너에 목적지가 보일 것입니다. 주차증은 첫날 아침에 발급될 것이고 계기판 위에 두셔야 합니다. 워크숍은 오전 8시에 시작되어 첫 이틀은 대략 오후 5시까지 마지막 날에는 오후 12시까지 진행됩니다. 의문 사항이나 용무가 있으시면 저희에게 알려주십시오.
Dennis Burson 드림

06 정답 (1) T (2) F

다음을 읽고, 윗글의 내용과 일치하면 T, 일치하지 않으면 F를 고르시오.

(1) 워크숍은 동물 과학관에서 열린다. (T / F) — It will be held in the Animal Science Building
(2) 마지막 날 워크숍은 오후 5시에 종료된다. (T / F) — and 12:00 p.m. on the last

왜 정답?

(1) It will be held in the Animal Science Building (그것은 동물 과학관에서 열릴 것이다)라고 했으므로 글의 내용과 일치한다.
(2) and 12:00 p.m. on the last (그리고 마지막 날에는 오후 12시까지)라고 했으므로 글의 내용과 일치하지 않는다.

07 정답 dashboard

윗글을 읽고, 다음 빈칸에 들어갈 말로 가장 적절한 것을 윗글에서 찾아 쓰시오.

For the parking, get the permit on the first morning and place it on the dashboard.
주차를 위해서는, 첫날 아침에 주차증을 받아서 그것을 계기판 위에 올려놓으세요.

왜 정답?

첫날 발급되는 주차증은 계기판(dashboard) 위에 올려놓으라고 했다.

08 정답 ③

윗글의 목적으로 가장 적절한 것을 고르시오.

① 주차비가 인상된 이유를 설명하려고 — 인상되었다는 언급은 없음
② 워크숍에 참여할 학생을 모집하려고
③ 워크숍 장소와 일정을 안내하려고 — 워크숍 장소와 일정을 설명함
④ 동물 보호 캠페인을 홍보하려고
(②, ③, ④ — 이미 신청한 사람들을 위한 안내임)
⑤ 첨부된 캠퍼스 지도에 오류가 있음을 알리려고 — 지도가 잘못됐다는 내용은 없음

왜 정답?

워크숍이 열리는 장소에 대해 공지하면서 건물과 주차장에 찾아오는 방법을 안내하고 있으며, 워크숍이 시작하는 시간과 끝나는 시간을 알려주고 있으므로 ③이 글의 목적으로 가장 적절하다.

왜 오답?

① 주차증 발급에 대한 내용은 있지만 주차비 인상에 대한 내용은 언급되지 않았다.
② 이미 신청한 사람들에게 공지하는 내용이므로 참여 학생을 모집하는 것이 아니다.
④ '동물 복지 워크숍'에 대한 내용이라는 점으로 만든 오답이다. 캠페인 홍보와는 관련이 없다.
⑤ 캠퍼스 지도를 첨부했다고 했지, 지도에 오류가 있다는 내용은 없다.

09 정답 which

윗글의 네모 (A)에서 어법상 적절한 것을 고르시오.

It will be held in the Animal Science Building, (A) what / which is located on 28th Street on the east side of campus.
워크숍은 동물 과학관에서 열리는데, 동물 과학관은 캠퍼스의 동쪽 28번가에 위치해 있습니다.

왜 정답?

앞에 콤마가 있고 the Animal Science Building를 선행사로 받는 계속적 용법의 관계대명사가 와야 하는 자리이므로 which가 적절하다.

10~13

▶ 문제편 p. 38

***구매한 제품의 환불 요청**

Dear sir/madam, /
귀하께 /

I am writing / to express my dissatisfaction / with your product and service. //
(부사적 용법(목적))
저는 편지를 씁니다 / 저의 불만족을 표현하기 위해 / 귀사의 제품과 서비스에 대한 //

I ordered two pairs of mugs / from your company / via the Internet / on May 8. //
저는 두 쌍의 머그컵을 주문했습니다 / 당신의 회사로부터 / 인터넷을 통해 / 5월 8일에 //

Unfortunately, / it took nearly three weeks / for the package to be delivered. // 11번 (1) 단서: 제품을 배송받기까지 거의 3주가 걸림
불행하게도 / 거의 3주가 걸렸습니다 / 그 소포가 배달될 때까지 //

To make matters worse, / the print over the mugs / is starting to rip off. //
(설상가상으로)
설상가상으로 / 머그컵 위에 있는 프린트가 / 벗겨지기 시작하고 있습니다 //

Two out of the four mugs / have already lost their handles / after (A) holding / being held only once. //
(~ 중) (주어와 수동 관계(수동태))
머그컵 네 개 중 두 개는 / 이미 손잡이가 떨어졌습니다 / 겨우 한 번 잡은 후에 //

Consequently, / I reached out to you / through email / a week ago, / requesting an exchange. //
따라서 / 저는 당신에게 연락했습니다 / 이메일을 통해 / 일주일 전에 / 교환을 요청하며 //

To my disappointment, / I haven't received / any response yet. // 11번 (2) 단서: 이메일을 보냈으나 어떠한 답변도 받지 못함
실망스럽게도 / 저는 받지 못했습니다 / 어떤 응답도 아직 //

Now, / I would like a full refund / as soon as possible. //
(가능한 한 빨리)
이제 / 저는 전액 환불을 원합니다 / 가능한 한 빨리 // 12번 단서: 가능한 한 빨리 전액 환불을 원함

I think / you should thoroughly check / the quality of your company's goods / to prevent further complaints / from customers. //
(부사적 용법(목적))
저는 생각합니다 / 당신이 철저히 점검해야 한다고 / 귀사의 상품 품질을 / 추가적인 불만을 방지하기 위해 / 고객들로부터 //

I hope / you can take steps / to make sure / this does not happen again. //
(부사적 용법(목적))
저는 바랍니다 / 당신이 조치를 취할 수 있기를 / 확실히 하기 위해 / 이런 일이 다시 일어나지 않도록 //

Yours faithfully, Roger Brown /
진심을 담아, Roger Brown /

귀하께,
저는 귀사의 제품과 서비스에 대한 저의 불만족을 표현하기 위해 편지를 씁니다. 저는 5월 8일에 인터넷을 통해 당신의 회사로부터 두 쌍의 머그컵을 주문했습니다. 불행하게도, 그 소포가 배달될 때까지 거의 3주가 걸렸습니다. 설상가상으로 머그컵 위에 있는 프린트가 벗겨지기 시작하고 있습니다. 머그컵 네 개 중 두 개는 겨우 한 번 잡은 후에 이미 손잡이가 떨어졌습니다. 따라서 저는 당신에게 일주일 전에 이메일을 통해 교환을 요청했습니다. 실망스럽게도, 저는 아직 아무런 응답도 받지 못했습니다. 이제, 저는 가능한 한 빨리 전액 환불을 원합니다. 저는 고객들의 추가적인 불만을 방지하기 위해 귀사의 상품 품질을 철저히 점검해야 한다고 생각합니다. 저는 이런 일이 다시 일어나지 않도록 확실히 하기 위해 당신이 조치를 취할 수 있기를 바랍니다.
진심을 담아, Roger Brown

10 정답 exchange

다음 영영풀이가 설명하는 어휘를 윗글에서 찾아 쓰시오.

exchange: the act of giving or receiving one thing in return for another thing
교환: 다른 것에 대한 대가로 무언가를 주거나 받는 행위

왜 정답?

'다른 것에 대한 대가로 무언가를 주거나 받는 행위'는 '교환(exchange)'을 설명하는 것이다.

11 정답 (1) T (2) F

다음을 읽고, 윗글의 내용과 일치하면 T, 일치하지 않으면 F를 고르시오.

(1) 제품을 배송받기까지 약 3주가 걸렸다. (T / F)
Unfortunately, it took nearly three weeks for the package to be delivered.
(2) 필자는 판매자에게 이메일을 보낸 뒤 답변을 받았다. (T / F)
To my disappointment, I haven't received any response yet.

왜 정답?

(1) Unfortunately, it took nearly three weeks for the package to be delivered. (불행하게도, 그 소포가 배달될 때까지 거의 3주가 걸렸습니다.)라고 했으므로 글의 내용과 일치한다.
(2) Consequently, I reached out to you through email a week ago, requesting an exchange. To my disappointment, I haven't received any response yet. (따라서 저는 당신에게 일주일 전에 이메일을 통해 교환을 요청했습니다. 실망스럽게도, 저는 아직 아무런 응답도 받지 못했습니다.)이라고 했으므로 글의 내용과 일치하지 않는다.

12 정답 ③

윗글의 목적으로 가장 적절한 것을 고르시오.

① 잘못 배송된 제품을 반품하기 위해
배송이 오래 걸린 것임
② 제품을 다른 색상으로 교환하기 위해
색상에 대한 불만은 없음
③ 구매한 제품의 환불을 요청하기 위해
머그컵에 대한 불만을 이야기하며 전액 환불을 요청하고 있음
④ 인터넷 쇼핑몰 접속 오류를 알리기 위해
쇼핑몰 접속 오류에 대한 언급은 없음
⑤ 제품의 품질 개선 방안을 제안하기 위해
품질에 대한 불만을 이야기하지만, 환불 요청이 목적임

왜 정답?

주문한 머그컵이 배달될 때까지 오랜 시간이 걸렸고, 또 일주일 만에 머그컵 위에 있는 프린트가 벗겨지는 등의 일이 있어서 품질에 불만을 제기하고 있다. 일주일 전에 이메일로 교환을 요청했으나 아직 아무런 응답도 받지 못하고 있어 전액 환불을 요청하고 있다. 따라서 글의 목적으로 가장 적절한 것은 ③이다.

왜 오답?

① 배송이 3주가 걸렸다고는 했지만 제품이 잘못 배송된 것은 아니다.
② 제품의 색상이 아니라 불량에 대해 말하고 있다.
④ 쇼핑몰 접속 오류에 대한 언급은 없다.
⑤ 제품의 품질에 대해 불만 사항을 말하고 있지만, 개선 방안을 제안하기 위함이 아니라 환불을 요청하기 위한 글이다.

13 정답 being held

윗글의 네모 (A)에서 어법상 적절한 것을 고르시오.

Two out of the four mugs have already lost their handles after (A) [holding / being held] only once.
머그컵 네 개 중 두 개는 겨우 한 번 잡은 후에 이미 손잡이가 떨어졌습니다.

왜 정답?

주어가 Two out of the four mugs인 문장으로, '잡은' 동작의 대상이 되므로 능동태인 holding이 아니라 수동태인 being held가 적절하다.

14~17 ▶ 문제편 p. 39

* 성과를 반영한 급여 인상 요청

Dear Mr. Krull, /
친애하는 Krull 씨께 /
동명사를 목적어로 취하는 동사
I have greatly enjoyed working / at Trincom Enterprises / as a sales manager. //
저는 일하는 것을 매우 즐겨 왔습니다 / Trincom Enterprises에서 / 영업 매니저로 //
Since I joined in 2015, / I have been a loyal and essential member of this company, / and have developed innovative ways / to contribute to the company. //
~이래로 / 병렬 구조
2015년에 입사한 이후 / 저는 이 회사의 충성스럽고 필수적인 구성원이었고 / 혁신적인 방법들을 개발해 왔습니다 / 회사에 기여할 //
(A) Moreover, / in the last year alone, / I have brought in two new major clients to the company, / increasing the company's total sales by 5%. // 15번 단서 1: 뒤에 추가 내용이 이어짐
분사구문(결과)
게다가 / 작년 한 해만 / 저는 두 개의 주요 고객사를 회사에 새로 유치했습니다 / 회사의 총매출을 5퍼센트 증가시키면서 //
Also, / I have voluntarily trained 5 new members of staff, / totaling 35 hours. //
분사구문(결과)
또한 / 저는 신규 직원 5명을 자발적으로 교육해왔습니다 / 합계가 35시간이 되도록 //

15번 단서 2, 16번 단서: 앞에서 자신의 성과를 말하고 급여를 인상하는 것에 대한 고려를 요청함
I would (B) therefore request your consideration / in raising my salary, / which I believe ⓐ reflect(→ reflects) my performance / as well as the industry average. //
단수 선행사 / 계속적 용법의 관계대명사 / 삽입절 / 단수 동사
따라서 저는 당신의 고려를 요청합니다 / 제 급여를 인상하는 것에 대한 / 그리고 저는 이것이 제 성과를 반영한다고 믿습니다 / 업계 평균뿐만 아니라 //
look forward to -ing: ~을 기대하다
I look forward to speaking with you soon. //
저는 당신과 곧 이야기하기를 기대합니다 //
Kimberly Morss /
Kimberly Morss /

친애하는 Krull씨께,
저는 Trincom Enterprises에서 영업 매니저로 일하는 것을 매우 즐겨왔습니다. 2015년에 입사한 이후, 저는 이 회사의 충성스럽고 필수적인 구성원이었고, 회사에 기여할 혁신적인 방법들을 개발해 왔습니다. (A) 게다가, 저는 작년 한 해만 두 개의 주요 고객사를 회사에 새로 유치하여 회사의 총매출을 5퍼센트 증가시켰습니다. 또한 저는 신규 직원 5명을 자발적으로 교육해왔고 그 합계가 35시간이 되었습니다. (B) 따라서 저는 제 급여를 인상하는 것에 대한 당신의 고려를 요청하고, 저는 이것이 업계 평균뿐만 아니라 제 성과도 반영한다고 믿습니다. 저는 당신과 곧 이야기하기를 기대합니다.
Kimberly Morss

14 정답 또한 저는 신규 직원 5명을 자발적으로 교육해왔고 그 합계가 35시간이 되었습니다.

왜 정답?

totaling 35 hours는 분사구문이고 결과를 나타내는 것으로 해석해야 한다.

15 정답 ③

윗글의 빈칸 (A), (B)에 들어갈 말이 적절하게 짝지어진 것을 고르시오.

	(A)		(B)
①	However 그러나	—	thus 따라서 (A) 뒤에 반대 내용이 이어지는 것이 아님
②	Instead 대신에	—	nevertheless 그럼에도 불구하고 앞과 다른 방향의 내용이 나오는 것이 아님
③	Moreover 게다가	—	therefore 따라서 추가 내용과 인과 관계에 있는 문장이 이어짐
④	Finally 마지막으로	—	however 그러나 열거하거나 반대 내용이 나오는 것이 아님
⑤	For example 예를 들어	—	although 비록 ~이긴 하지만 예시나 반대 내용이 이어지지 않음

왜 정답?

회사에 기여할 혁신적인 방법들을 개발해 왔다고 한 문장 뒤에 회사의 총매출도 올렸다고 했으므로 추가 내용이 이어지는 것이다. 따라서 빈칸 (A)에는 Moreover(게다가)가 적절하다.
또한, 신규 직원을 자발적으로 교육해왔다고 한 문장 뒤에 급여를 인상하는 것을 고려해달라는 문장이 이어지므로 인과 관계에 있다. 따라서 빈칸 (B)에는 therefore(따라서)가 적절하므로 정답은 ③이다.

왜 오답?

① (A) 뒤에 반대 내용이 이어지는 것이 아니므로 However는 적절하지 않다.
② 앞과 다른 방향의 내용이 나오는 것이 아니다.
④ 열거하거나 반대 내용이 나오는 것이 아니므로 적절하지 않다.
⑤ 예시나 반대 내용이 이어지지 않는다.

16 정답 ②

윗글의 목적으로 가장 적절한 것을 고르시오.

① 부서 이동을 신청하려고
부서 이동에 대한 언급은 없음
② 급여 인상을 요청하려고
급여를 인상하는 것에 대한 고려를 요청하는 내용
③ 근무 시간 조정을 요구하려고
신규 직원 교육 누적 시간이 35시간이라는 것으로 만든 함정
④ 기업 혁신 방안을 제안하려고
회사에 기여할 혁신적 방법들을 개발했다는 내용으로 만든 오답
⑤ 신입 사원 연수에 대해 문의하려고
신규 직원을 교육했다고 언급했을 뿐임

왜 정답?

후반부에 나오는 I would therefore request your consideration in raising my salary(따라서 저는 제 급여를 인상하는 것에 대한 당신의 고려를 요청합니다)에 글의 목적이 드러나고 있다.
회사에 기여할 혁신적인 방법들을 개발하고 주요 고객사를 유치하여 회사 매출을 증가시키고 신규 직원을 자발적으로 교육해 온 성과에 대해 언급하며 급여를 인상해줄 것을 요청하고 있다. 따라서 글의 목적으로 가장 적절한 것은 ②이다.

왜 오답?

① 영업 매니저로 일했다는 내용은 있지만 부서 이동에 대한 언급은 없다.
③, ⑤ 신규 직원 5명을 자발적으로 교육해왔고 그 합계가 35시간이 되었다는 언급은 있지만, 근무 시간 조정에 대한 요구나 신입 사원 연수에 대한 문의를 하고 있는 글이 아니다.
④ 회사에 기여할 혁신적 방법들을 개발했다는 내용은 있지만, 기업 혁신 방안을 제안하고 있지는 않다.

17 정답 reflects

윗글의 밑줄 친 ⓐ를 어법상 적절하게 고쳐 쓰시오.

I would therefore request your consideration in raising my salary, which I believe ⓐ reflect(→ reflects) my performance as well as the industry average.
따라서 저는 제 급여를 인상하는 것에 대한 당신의 고려를 요청하고, 저는 이것이 업계 평균뿐만 아니라 제 성과도 반영한다고 믿습니다.

왜 정답?

계속적 용법의 관계대명사 which가 이끄는 절에서 I believe는 삽입절이므로 관계대명사절의 동사는 reflect이다. 그런데 선행사인 my salary가 단수이므로 동사도 단수형인 reflects로 고치는 것이 적절하다.

D REVIEW 어휘 테스트

▸문제편 p. 40

01 주차증 02 포함하다 03 반영하다
04 계기판 05 place 06 approximately
07 dissatisfaction 08 guardian
09 ② [앞으로 가다; 지속하다]
① 나타나다 ② 나아가다 ③ 다가가다 ④ 지나가다
10 ① [무언가를 공식적으로 생산하거나 인쇄하다]
① 발급하다 ② 분배하다 ③ 발표하다 ④ 인쇄하다
11 ③ [무언가를 꽉 닫다]
① 감독하다 ② 흘깃 보다 ③ 밀봉하다 ④ 쳐다보다
12 ③ [자세하고 꼼꼼한 방식으로]
① 강렬하게 ② 완벽하게 ③ 철저하게 ④ 전체적으로
13 ④ [어떠한 사건에 관해 조심스럽게 생각하는 행위]
① 망설임 ② 보상 ③ 미결정 ④ 고려
14 loyal [그 기사는 마지막까지 (왕족 / 충성)하겠다고 맹세했다.]
15 deliver [Henry에게 이 소포를 (배달해 / 나누어) 달라고 해라.]
16 request [나는 그가 다른 분과로 보직 변경될 것을 (요청합니다 / 반품합니다).]
17 performance 18 attach
19 welfare 20 ingredient 21 faithfully

E 요지, 주장 찾기

01 ~ 05 ▶ 문제편 pp. 42~44

*상업용 블로그가 성공하기 위한 방법

You already have a business / and you're about to launch your blog / so that you can sell your product. //
(be about to-v: 막 ~하려고 하다 / so that: ~하기 위해)
여러분은 이미 사업체를 가지고 있다 / 그리고 여러분은 여러분의 블로그를 시작하려는 참이다 / 당신의 제품을 팔 수 있도록 //

Unfortunately, / here is / (A) where / which a 'business mind' can be a bad thing. //
(장소의 선행사 / 관계부사)
유감스럽게도 / 여기가 ~이다 / '비즈니스 정신'이 나쁜 것이 될 수 있는 지점 //

Most people believe / that to have a successful business blog / promoting a product, / they have to stay strictly 'on the topic.' //
(목적어절을 이끄는 접속사 / 현재분사)
대부분의 사람들은 믿는다 / 성공적인 상업용 블로그를 가지기 위해서 / 제품을 홍보하는 / 그들이 엄격하게 '그 주제에' 머물러야 한다고 //

If all you're doing / is shamelessly promoting your product, / then who is going to want to read / the latest thing you're writing about? //
(핵심 주어(단수 취급) / 단수 동사)
만일 여러분이 하는 일의 전부가 / 뻔뻔스럽게 여러분의 제품을 홍보하는 것이라면 / 그러면 누가 읽고 싶어할까 / 여러분이 쓰고 있는 최신의 것을 //

Instead, / you need to give some useful or entertaining information away / for free / so that people have a reason / to keep coming back. //
(~하기 위해 / 형용사적 용법)
04번 단서 1: 블로그에서 무료로 유용하고 재미있는 정보를 제공해 사람들이 다시 방문할 이유를 만들어야 함
대신에 / 여러분은 어떤 유용하거나 재미있는 정보를 줄 필요가 있다 / 무료로 / 사람들이 이유를 가지도록 / 계속해서 다시 방문할 //

Only by doing this / can you create an interested audience / that you will then be able to sell to. //
(only가 문두로 가면서 주어와 동사가 도치됨 / 관계대명사)
이렇게 해야만 / 여러분은 관심 있는 독자를 만들 수 있다 / 여러분이 그 다음에 판매를 할 수 있게 될 //

So, / the best way to be successful / with a business blog / is to write about things / that your audience will be interested in. //
(핵심 주어 / 단수 동사 / 명사적 용법(주격 보어))
04번 단서 2: 상업용 블로그로 성공하기 위해서는 독자들이 관심을 갖는 것에 대해 써야 함
따라서 / 성공하기 위한 가장 좋은 방법은 / 상업용 블로그로 / 것들에 대해 쓰는 것이다 / 여러분의 독자들이 관심을 가질 //

여러분은 이미 사업체를 가지고 있고 여러분의 제품을 팔 수 있도록 여러분의 블로그를 시작하려는 참이다. 유감스럽게도, 여기가 '비즈니스 정신'이 나쁜 것이 될 수 있는 지점이다. 대부분의 사람들은 제품을 홍보하는 성공적인 상업용 블로그를 가지기 위해서 그들이 엄격하게 '그 주제에' 머물러야 한다고 믿는다. 만일 여러분이 하는 일의 전부가 뻔뻔스럽게 여러분의 제품을 홍보하는 것이라면, 그렇다면 누가 여러분이 쓰고 있는 최신의 것을 읽고 싶어할까? 대신에, 사람들이 계속해서 다시 방문할 이유를 가지도록 여러분은 어떤 유용하거나 재미있는 정보를 무료로 줄 필요가 있다. 이렇게 해야만 여러분은 여러분이 그 다음에 판매를 할 수 있게 될 관심 있는 독자를 만들 수 있다. 따라서, 상업용 블로그로 성공하기 위한 가장 좋은 방법은 여러분의 독자들이 관심을 가질 만한 것들에 대해 쓰는 것이다.

01 정답 (1) (business) blog (2) audience (3) interested

왜 정답?

글에서 blog나 business blog, interested, audience 등의 표현이 반복해서 등장하고 있다.

02 정답 (1) 대신에, 사람들이 계속해서 다시 방문할 이유를 가지도록 여러분은 어떤 유용하거나 재미있는 정보를 무료로 줄 필요가 있다.
(2) 따라서, 상업용 블로그로 성공하기 위한 가장 좋은 방법은 여러분의 독자들이 관심을 가질 만한 것들에 대해 쓰는 것이다.

왜 정답?

(1) '~하기 위해'라는 뜻을 나타내는 so that이 쓰였고, to keep은 형용사적 용법으로 쓰인 것에 유의해서 해석해야 한다.
(2) 단수 주어인 the best way가 왔으므로 단수 동사 is를 썼다.

03 정답 ①

위의 두 문장이 의미하는 바로 적절한 것을 고르시오.
① 상업용 블로그에서 무료로 유용하고 재미있는 정보를 제공해야 한다.
② 상업용 블로그는 제품을 홍보하는 것에만 집중해야 한다.

왜 정답?

상업용 블로그는 독자들이 관심을 가지고 계속 방문하도록 만들 수 있는 유용하고 재미있는 정보를 무료로 제공해야 한다는 의미이다.

04 정답 ⑤

윗글에서 필자가 주장하는 바로 가장 적절한 것을 고르시오.
① 인터넷 게시물에 대한 윤리적 기준을 세워야 한다.
블로그가 주요 소재이며 윤리적 기준에 대한 언급은 없음
② 블로그를 전문적으로 관리할 인력을 마련해야 한다.
전문 인력 마련에 대한 내용은 없음
③ 신제품 개발을 위해 상업용 블로그를 적극 활용해야 한다.
활용 목적이 아니라 활용 방안에 대한 내용임
④ 상품에 대한 고객들의 반응을 정기적으로 분석할 필요가 있다.
고객 반응 분석에 대한 글이 아님
⑤ 상업용 블로그는 사람들이 흥미 있어 할 정보를 제공해야 한다.
상업용 블로그로 성공하기 위해서는 독자가 관심을 갖는 것을 써야 한다고 했음

왜 정답?

상업용 블로그가 제품을 홍보하는 것에 대해서만 쓴다면 사람들이 읽고 싶지 않을 것이라고 하면서 Instead로 시작하는 문장에서 사람들이 계속해서 다시 방문할 이유를 가지도록 유용하거나 재미있는 정보를 무료로 줘야 한다고 했다.
그리고 상업용 블로그는 독자들이 관심을 갖는 것에 대해 써야 한다고 주장했다. 따라서 필자가 주장하는 바로 가장 적절한 것은 ⑤이다.

왜 오답?

① 주요 소재인 블로그가 선택지에 포함되어 있지 않으며, 인터넷 게시물의 윤리적 기준에 대한 내용도 없다.
② 블로그를 관리할 전문적인 인력을 마련해야 한다는 내용은 언급되지 않았다.
③ 신제품 개발과 관련된 내용은 나오지 않았고, 블로그의 활용 목적이 아니라 활용 방안과 관련된 내용이다.
④ 고객의 반응을 분석해야 한다는 내용은 언급되어 있지 않다.

05 정답 where

윗글의 네모 (A)에서 어법상 적절한 것을 고르시오.
Unfortunately, here is (A) where / which a 'business mind' can be a bad thing.
유감스럽게도, 여기가 '비즈니스 정신'이 나쁜 것이 될 수 있는 지점이다.

왜 정답?

추상적 의미를 나타내는 장소의 선행사 here가 왔으므로 이것을 선행사로 취하는 관계부사 where가 적절하다.

06 ~ 09

▶ 문제편 p. 45

*숙제는 왜 해야 할까요?

Homework is a task / set by teachers / for students to do outside normal lessons, / — usually at home after school. //
숙제는 과업이다 / 교사에 의해 설정된 / 정상 수업 이외에 학생들이 하도록 / 대개 방과 후에 집에서 //

Schools have been setting homework / for a long time, / but recently, some schools and countries / don't bother with homework at all. //
(현재완료 진행 시제)
학교는 숙제를 내 왔다 / 오랫동안 / 하지만 최근에 일부 학교나 국가들이 / 숙제에 대해 전혀 신경 쓰지 않고 있다 //

But homework is a(n) (A) [irrelevant / vital] and valuable part / of education. //
06번, 08번 단서: 숙제는 교육에 중요한 부분임
그러나 숙제는 꼭 필요하고 중요한 부분이다 / 교육의 //

Setting homework / extend(→ extends) study / beyond school hours, / allowing a wider and deeper education. //
(동명사 주어) (단수 동사)
숙제를 내는 것은 / 공부를 연장시킨다 / 수업 시간을 넘어서 / 더 폭넓고 깊이 있는 교육을 가능하게 하면서 //

It also makes the best use of teachers, / who can spend lesson time teaching / rather than just supervising individual work / that could be done at home. //
(계속적 용법의 관계대명사)
그것은 또한 교사들을 잘 이용하도록 해주는데 / 교사들은 가르치며 수업 시간을 보낼 수 있다 / 개별적인 학업을 단순히 감독하기보다 / 집에서 할 수 있는 //

Students can take skills / learnt in the classroom / and apply them at home. //
(skills를 수식하는 과거분사)
07번 단서: 학생들은 교실에서 학습한 기술들을 적용할 수 있음
학생들은 기술들을 가져가서 / 교실에서 학습된 / 집에서 적용해 볼 수 있다 //

Reading / is the best example. //
독서가 / 가장 좋은 예다 //

Students learn / how to read at school, / but in order to get better, / they need to practice, /
(in order to-v: ~하기 위해서)
학생들은 배우지만 / 학교에서 독서하는 법을 / 더 나아지기 위해서는 / 그들은 연습을 해야 하고 /

and that is best done at home, / with the support of parents / and at the right pace for the student. //
그것은 집에서 가장 잘 된다 / 부모님의 지원과 / 학생에게 맞는 속도로 //

숙제는 교사에 의해 학생들이 대개 방과 후에 집에서 정상 수업 이외에 하도록 설정된 과업이다. 학교는 오랫동안 숙제를 내 왔지만, 최근에 일부 학교나 국가들이 숙제에 대해 전혀 신경 쓰지 않고 있다. 그러나 숙제는 교육의 [(A) 필요하고] 중요한 부분이다. 숙제를 내는 것은 더 폭넓고 깊이 있는 교육을 가능하게 하면서, 수업 시간을 넘어서 공부를 연장시킨다. 그것은 또한 교사들을 잘 이용하도록 해주는데, 교사들은 집에서 할 수 있는 개별적인 학업을 단순히 감독하기보다 가르치며 수업 시간을 보낼 수 있다. 학생들은 교실에서 학습된 기술들을 가져가서 집에서 적용해 볼 수 있다. 독서가 가장 좋은 예다. 학생들은 학교에서 독서하는 법을 배우지만, 더 나아지기 위해서는 연습을 해야 하고 그것은 부모님의 지원과 학생에게 맞는 속도로 집에서 가장 잘 된다.

06 정답 vital

윗글의 네모 (A)에 들어갈 말로 문맥상 적절한 것을 고르시오.

But homework is a(n) (A) [irrelevant / vital] and valuable part / of education.
그러나 숙제는 교육의 (A) [무관하고 / 필요하고] 중요한 부분이다.

왜 정답?

But으로 시작하는 해당 문장 이후에 글의 흐름이 바뀌면서, 숙제는 중요한 교육의 일부라고 말하는 내용이 나오므로 '필수적인(vital)'이 문맥상 적절한 말이다.

07 정답 apply

다음 질문에 대한 답을 윗글에서 찾아 쓰시오.

Q: What is the purpose of homework?
질문: 숙제의 목적은 무엇인가?
A: Students can apply the skills that they learned at school through the homework.
답: 학생들은 그들이 학교에서 배운 기술들을 숙제를 통해 적용할 수 있다.

왜 정답?

학생들은 학교에서 배운 것을 숙제를 하며 '적용해(apply)' 볼 수 있어서 숙제가 필요하다고 했다.

08 정답 ④

윗글에서 필자가 주장하는 바로 가장 적절한 것을 고르시오.

① 학생이 배운 범위 내에서만 숙제를 내야 한다.
배운 범위 내에서만 내야 한다는 언급 없음
② 국가는 학교의 자율성을 존중해야 한다.
학교의 자율성을 존중해야 한다는 글이 아님
③ 독서 교육은 학교에서보다는 집에서 이루어져야 한다.
숙제의 효과를 볼 수 있는 것의 예로 독서를 들었을 뿐 독서 교육을 집에서 해야 한다는 것은 아님
④ 숙제는 교육에 꼭 필요하므로 학생에게 내줘야 한다.
But homework is a vital and valuable part of education.
⑤ 교사는 교육을 위해 수업 시간을 최대한 활용해야 한다.
수업 시간을 최대한 활용해야 한다는 것은 숙제의 중요성을 말하기 위해 언급된 것임

왜 정답?

숙제는 교육에 있어 꼭 필요하고 중요한 부분이라고 한 후 공부의 연장으로서 폭넓고 깊이 있는 교육이 이루어지도록 해주며, 교사가 가르치는 데 집중할 수 있게 되어 교사를 최대한 이용할 수 있다는 것이 숙제의 장점이라고 했다. 따라서 ④이 필자의 주장임을 알 수 있다.

왜 오답?

① 숙제는 학생이 배운 범위 내에서만 내야 한다는 언급은 나오지 않았다.
② 국가는 학교의 자율성을 존중해야 한다는 언급은 찾아 볼 수 없다.
③ 학교에서 배운 독서하는 법을 개별적인 수준과 속도에 맞춰서 집에서 복습하면 도움이 된다는 것이지, 독서 교육을 집에서 해야 한다는 내용이 아니다.
⑤ 학생들의 숙제를 감독하며 수업 시간을 보내기보다 가르치는 데 더 많은 시간을 투자할 수 있기 때문에 숙제가 중요하다고 말하고 있을 뿐이지, 수업 시간을 최대한 활용해야 한다는 것 자체가 필자의 주장은 아니다.

09 정답 extend → extends

윗글의 밑줄 친 문장에서 어법상 틀린 곳을 찾아 바르게 고치시오.

Setting homework extend(→ extends) study beyond school hours, allowing a wider and deeper education.
숙제를 내는 것은 더 폭넓고 깊이 있는 교육을 가능하게 하면서, 수업 시간을 넘어서 공부를 연장시킨다.

왜 정답?

Setting은 동명사 주어로 단수 취급하므로 복수 동사 extend를 단수 동사 extends로 고쳐야 적절하다.

10 ~ 13

▶ 문제편 p. 46

＊개와 함께 요가를?

People are doing yoga poses, / (A) because / as their dogs walk around the room, / sniffing each other and the people / on their yoga mats. // 11번①,②,③ 단서: 개들이 서로 그리고 사람들의 냄새를 맡고 방을 돌아다님
(부사절 접속사(시간))
사람들은 요가 자세를 취하고 있다 / 그들의 개가 방을 돌아다닐 때 / 서로 그리고 사람들을 킁킁거리면서 / 요가 매트 위에 있는 //

This is doga, / a fun and relaxing way / to connect with your pet / while getting some exercise. // 12번 단서 1: 도가는 운동하며 개와 친해지는 즐거운 방법임
(형용사적 용법(way 수식))
이것은 도가이다 / 재미있고 편안한 방법인 / 당신의 반려동물과 친해질 수 있는 / 운동을 하는 동안에 //

"Everybody giggles the whole time, / and dogs walk / from person to person. //
(the whole time: 내내)
"모두가 내내 킥킥거려요 / 그리고 개들은 돌아다녀요 / 사람들 사이를 //

The dogs even imitate / what the humans are doing. //
(선행사를 포함하는 관계대명사)
개들은 심지어 흉내내기도 해요 / 사람들이 하고 있는 것을 // 11번④ 단서: 요가 자세를 흉내냄

It just brings / everybody a lot of joy," / the doga instructor said. //
그것은 그저 가져다줍니다 / 모두에게 많은 즐거움을" / 도가 강사가 말했다 //

"The class also allows / unusual situations. //
"수업은 또한 허락합니다 / 색다른 상황들을 //

Sometimes / we have to clean up. // We have barking dogs. //
때때로 / 우리는 청소해야 합니다 // 우리는 짖는 개들을 가지고 있습니다 //

But / we happily accept them." //
그러나 / 우리는 기쁘게 그것들을 받아들입니다" //

Mike Salinas, / one of the doga students, / said, / "All dogs need / our affection and attention. //
(one of+복수 명사: ~ 중에 하나)
Mike Salinas가 / 도가 수련생들 중 한 명인 / 말했다 / "모든 개는 필요로 합니다 / 우리의 애정과 관심을 // 12번 단서 2: 도가는 개와 더 강한 유대를 만들어 줌

Doga creates a stronger bond / with the dogs. //
도가는 더 강한 유대를 만들어 줍니다 / 개와 //

That's the best part / of doga." //
이것이 가장 좋은 점입니다 / 도가의" //

College student Beth Barrett, / another student, / said, / "I love dogs / and I love yoga. //
대학생 Beth Barrett은 / 또 다른 수련생인 / 말했다 / "저는 개를 좋아하고 / 요가도 좋아해요 //

Doga is a perfect combination / of both." //
도가는 완벽한 조합이죠 / 그 둘의" //

Doga sounds / a little crazy, / but / it brings connection and joy / to you and the animal. //
도가는 ~하게 들린다 / 약간 미친 것처럼 / 그러나 / 그것은 유대감과 즐거움을 가져다준다 / 당신과 동물에게 //

개들이 서로와 요가 매트 위에 있는 사람들을 킁킁거리며 방을 돌아다닐 때 사람들은 요가 자세를 취하고 있다. 이것은 운동을 하는 동안에 당신의 반려동물과 친해질 수 있는 재미있고 편안한 방법인 도가이다. "모두가 내내 킥킥거리고 개들은 사람들 사이를 돌아다녀요. 개들은 심지어 사람들이 하고 있는 것을 흉내내기도 해요. 그것은 그저 모두에게 많은 즐거움을 가져다줍니다." 도가 강사가 말했다. "수업은 또한 색다른 상황들을 허락합니다. 때때로 우리는 청소해야 합니다. 짖는 개들도 있습니다. 그러나 우리는 그것들을 기쁘게 받아들입니다." 도가 수련생들 중 한 명인 Mike Salinas는 "모든 개는 우리의 애정과 관심을 필요로 합니다. 도가는 개와의 더 강한 유대를 만들어 줍니다. 이것이 도가의 가장 좋은 점입니다."라고 말했다. 또 다른 수련생인 대학생 Beth Barrett은 말했다. "저는 개를 좋아하고, 요가도 좋아해요. 도가는 그 둘의 완벽한 조합이죠." 도가는 약간 미친 것처럼 들리지만, 그것은 당신과 동물에게 유대감과 즐거움을 가져다준다.

10 정답 Doga is a perfect combination of both.

윗글의 밑줄 친 우리말 해석과 일치하도록 주어진 표현을 적절하게 배열하시오.

(perfect, doga, a, of, combination, both, is)

왜 정답?

주어는 doga, 동사는 is이고, '그 둘의'를 of both로 표현하도록 배열해야 한다.

11 정답 ⑤

윗글에 묘사된 도가 수업 중 개들의 행동이 아닌 것을 고르시오.

① smell each other
서로의 냄새를 맡는다
② sniff people on yoga mats
매트 위에 있는 사람들의 냄새를 맡는다
(①② 서로, 그리고 사람들을 킁킁거림)
③ walk around the room
방을 걸어 다닌다 방과 사람들 사이를 걸어 다님
④ imitate yoga poses
요가 자세를 흉내낸다 사람이 하고 있는 것(요가)을 흉내낸다고 했음
⑤ ask for affection and attention
애정과 관심을 요구한다 나와 있지 않음

왜 정답?

모든 개가 애정과 관심을 필요로 하고, 이에 도가가 도움이 된다는 언급은 있으나 개가 수업 중에 관심과 애정을 요구한다는 내용은 없으므로 ⑤ '애정과 관심을 요구한다'는 글에 묘사된 행동이 아니다.

왜 오답?

① 사람들이 요가를 하는 동안 개들이 서로의 냄새를 맡는다고 했다.
② 사람들이 요가를 하는 동안 개들이 사람들의 냄새를 맡는다고 했다.
③ 사람들이 요가를 하는 동안 개들이 방을 걸어다닌다고 했다.
④ 개들은 심지어 사람들이 하고 있는 것, 즉 요가 자세를 따라하기도 한다는 내용이 있다.

12 정답 ②

윗글의 요지로 가장 적절한 것을 고르시오.

① 도가를 꾸준히 하는 것이 건강에 좋다.
꾸준히 하라는 내용 없음
② 도가는 개와의 유대감을 키우는 좋은 방법이다.
도가의 가장 좋은 점은 개와 더 강한 유대를 만들 수 있다는 것임
③ 공공장소에 반려동물을 데려오는 사람들이 늘고 있다.
공공장소에 대한 언급 없음
④ 대부분의 반려동물은 애정과 관심을 필요로 한다.
글 전체의 요지와 관계 없음
⑤ 도가가 개에게 미치는 영향에 주의해야 한다.
주의해야 한다는 언급 없음

왜 정답?

개와 함께 하는 요가인 도가(dog + yoga)를 통해 늘 우리의 애정과 관심을 필요로 하는 개와 더 강한 유대를 만들 수 있다는 내용의 글이다. 따라서 글의 요지로 가장 적절한 것은 ②이다.

왜 오답?

① 도가를 꾸준히 하는 것이 건강에 좋다는 내용은 언급되지 않았다.
③ 공공장소와는 상관없는 내용이다.
④ 도가의 이점을 강조하기 위해 언급된 부분으로, 글의 요지가 될 수 없다.
⑤ 도가가 개에게 미치는 영향에 주의해야 한다는 언급은 없다.

13 정답 as

윗글의 네모 (A)에서 어법상 적절한 것을 고르시오.

People are doing yoga poses, (A) [because / as] their dogs walk around the room, sniffing each other and the people on their yoga mats.
개들이 서로와 요가 매트 위에 있는 사람들을 킁킁거리며 방을 돌아다닐 때 사람들은 요가 자세를 취하고 있다.

왜 정답?

'~할 때'라는 의미를 뜻하고 있으므로 시간을 나타내는 부사절 접속사 as가 들어가야 적절하다.

14 ~ 17

▶ 문제편 p. 47

*상황에 적합한 학습 전략

When students are starting their college life, / they may approach every course, test, or learning task /
학생들이 대학 생활을 시작할 때 / 그들은 모든 과목이나, 시험, 학습 과제에 접근할지도 모른다 /

the same way, / using (A) [that / what] we like to call / "the rubber-stamp approach." //
(분사구문을 이끎) (선행사를 포함하는 관계대명사)
똑같은 방식으로 / 우리가 부르고 싶은 방법을 이용하여 / '고무도장 방식'이라고 //

Think about it this way: / Would you wear a tuxedo / to a baseball game? //
그것을 이런 식으로 생각해 보라 / 여러분은 턱시도를 입고 가겠는가 / 야구 경기에 //

A colorful dress / to a funeral? //
화려한 드레스를 입고 가겠는가 / 장례식에 //

A bathing suit / to religious services? //
수영복을 입고 가겠는가 / 종교적인 예식에 //

Probably not. //
아마 아닐 것이다 //

You know there's appropriate dress / for different occasions and settings. //
적합한 옷이 있음을 여러분은 알고 있다 / 다양한 행사와 상황마다 //

Skillful learners know that / "putting on the same clothes" won't work / for every class. //
(목적어절을 이끄는 접속사)
(14번, 16번 단서 1: 상황마다 적절한 복장이 있듯이 각 수업마다 적절한 학습 전략이 존재함)
숙련된 학습자는 알고 있다 / '같은 옷을 입는 것'이 효과가 있지는 않을 것임을 / 모든 수업에

They are flexible learners. //
그들은 유연한 학습자이다 //

They have different strategies / and know when to use them. //
그들은 다양한 전략을 갖고 있으며 / 그것을 언제 사용해야 하는지 안다 //

They know that / you study for multiple-choice tests differently / than you study for essay tests. //
(목적어절을 이끄는 접속사)
그들은 안다 / 선다형 시험은 다르게 학습한다는 것을 / 논술 시험을 위해 학습하는 것과는 //
(14번, 16번 단서 2: 시험 유형별로 더 적절한 학습 방법이 있다고 했음)

And they not only know what to do, / but they also know / how to do it. //
(not only A but also B: A뿐만 아니라 B도)
그리고 그들은 무엇을 해야 하는지 알고 있을 뿐만 아니라 / 알고 있다 / 그것을 어떻게 해야 하는지도 //

대학 생활을 시작할 때 학생들은 우리가 '고무도장 방식'이라고 부르고 싶은 방법을 이용하여, 모든 과목이나, 시험, 학습 과제에 똑같은 방식으로 접근할지도 모른다. 그것을 이런 식으로 생각해 보라. 여러분은 야구 경기에 턱시도를 입고 가겠는가? 장례식에 화려한 드레스를 입고 가겠는가? 종교적인 예식에 수영복을 입고 가겠는가? 아마 아닐 것이다. 다양한 행사와 상황마다 적합한 옷이 있음을 여러분은 알고 있다. 숙련된 학습자는 '같은 옷을 입는 것'이 모든 수업에 효과가 있지는 않을 것임을 알고 있다. 그들은 유연한 학습자이다. 그들은 다양한 전략을 갖고 있으며 그것을 언제 사용해야 하는지 안다. 그들은 선다형 시험은 논술 시험을 위해 학습하는 것과는 다르게 학습한다는 것을 안다. 그리고 그들은 무엇을 해야 하는지 알고 있을 뿐만 아니라, 그것을 어떻게 해야 하는지도 알고 있다.

14 정답 ④

윗글의 밑줄 친 putting on the same clothes에 해당하는 상황을 고르시오.

① 교복을 매일 입는 것
clothes와 관련된 내용으로 만든 오답
② 수업에 제시간에 도착하는 것
수업에 도착하는 것과 상관 없음
③ 시험을 위해 밤새 공부하는 것
시험을 언급한 것으로 만든 함정
④ 모든 학습에 동일한 기술을 사용하는 것
수업마다 적절한 학습 전략이 존재한다고 했음
⑤ 옷을 사는 데 돈을 낭비하지 않는 것
같은 옷을 입는다는 것의 비유적 의미를 파악해야 함

왜 정답?

'같은 옷을 입는 것'은 비유적 표현으로, 글에서는 상황마다 적절한 복장이 있듯이 각 수업마다 적절한 학습 전략이 존재한다는 것을 설명하는 데 사용했다. 따라서 모든 학습에 있어 동일한 방식을 적용하는 것을 의미하므로 정답은 ④이다.

왜 오답?

① clothes와 관련된 내용으로 만든 오답이다.
② 수업에 도착하는 것과 상관 없는 상황이다.
③ 시험을 언급한 것으로 만든 함정일 뿐이다.
⑤ 같은 옷을 입는다는 것의 비유적 의미를 파악해야 한다.

15 정답 strategy

다음 영영풀이가 설명하는 어휘를 윗글에서 찾아 그 원형을 쓰시오.

strategy: a careful skill or method for achieving a particular goal usually over a long period of time
전략: 보통 장기간에 걸쳐 특정한 목표를 달성하기 위한 신중한 기술이나 방법

왜 정답?

'보통 장기간에 걸쳐 특정한 목표를 달성하기 위한 신중한 기술이나 방법'은 '전략(strategy)'을 설명하는 것이다.

16 정답 ①

윗글의 요지로 가장 적절한 것을 고르시오.

① 숙련된 학습자는 상황에 맞는 학습 전략을 사용할 줄 안다.
평가 방식에 맞는 학습 전략을 사용해야 함
② 선다형 시험과 논술 시험은 평가의 형태와 목적이 다르다.
맞는 말이지만 요지는 아님
③ 문화마다 특정 행사와 상황에 맞는 복장 규정이 있다.
복장은 비유적 표현에 쓰임
④ 학습의 양보다는 학습의 질이 학업 성과를 좌우한다.
적합한 전략이 성과를 좌우함
⑤ 학습 목표가 명확할수록 성취 수준이 높아진다.
목표보다는 방법과 전략이 중요함

왜 정답?

상황에 맞는 적절한 옷차림이 있듯, 각 수업마다 적절한 학습 전략이 존재하므로 시험 유형별로 학습 전략도 각 시험에 맞게 수립해야 효율적이라는 내용이다. 따라서 글의 요지로 ①이 가장 적절하다.

왜 오답?

② 선다형 시험과 논술 시험에 대한 학습 전략을 각각 세워야 한다는 점이 중요하다.
③ 상황에 적절한 복장 규정이 존재한다고 한 것은 시험마다 적절한 학습 전략을 세워야 한다는 것을 말하기 위함이다.
④ 학습의 양이나 질의 문제가 아니라 각 시험에 적절한 학습 전략이 성과를 좌우한다는 내용이다.
⑤ 학습 목표가 아닌 전략이 성취 결과에 영향을 미친다고 했다.

17 정답 what

윗글의 네모 (A)에서 어법상 적절한 것을 고르시오.

When students are starting their college life, they may approach every course, test, or learning task the same way, using (A) [that / what] we like to call "the rubber-stamp approach."
대학 생활을 시작할 때 학생들은 우리가 '고무도장 방식'이라고 부르고 싶은 방법을 이용하여, 모든 과목이나, 시험, 학습 과제에 똑같은 방식으로 접근할지도 모른다.

왜 정답?

using의 목적어가 와야 하는 자리이므로 선행사를 포함하는 관계대명사 what이 적절하다. 선행사를 포함하지 못하는 that은 적절하지 않다.

E REVIEW 어휘 테스트

▸문제편 p. 48

01 장례식　02 상황　03 강사
04 수영복　05 strategy　06 for free
07 get better　08 affection
09 ① [따라하다 : 모방하다]
② 부적절한 : 적절한　③ 뻔뻔스럽게 : 뉘우치며
④ 제대로 : 대충
10 ④ [전체 : 부분]
① 귀중한 : 가치 있는　② 엄격하게 : 정확하게
③ 흥미로운 : 재미있는, 즐거움을 주는
11 ③ [굉장히 중요하거나 결정적인]
① 기본적인　② 사소한　③ 지극히 중요한　④ 필요한
12 ① [누군가를 감독하여 모든 것이 순리에 맞음을 확인함]
① 관리[감독]하다　② 지배하다　③ 안내하다　④ 지켜보다
13 ① [그 회사는 다양한 방법을 사용해 제품을 홍보했다.]
② [Mary는 연초에 승진했다.]
14 ② [특별한 행사는 특별한 복장을 요구한다.]
① [그는 정장을 가끔씩 입는다.]
15 probably　16 bring　17 religious
18 practice　19 audience

시험 대비 실력 향상 TEST 1회

01 ~ 02 ▶ 문제편 p. 49

＊Margaret Knight의 생애

Margaret Knight was an exceptionally prolific inventor / in the late 19th century; /
Margaret Knight는 특출나게 다작한 발명가였다 / 19세기 후반에 /

journalists occasionally compared her to Thomas Edison / by nicknaming her "a woman Edison." //
(compare A to B: A를 B에 비교하다)
기자들은 가끔 그녀를 Thomas Edison과 비교했다 / 그녀에게 '여자 Edison'이라는 별명을 지어 주어 //
01번① 단서: 기자들이 '여자 Edison'이라는 별명을 지어 주었음

From a young age, / she built toys for her older brothers. //
어린 나이부터 / 그녀는 오빠들을 위해 장난감을 만들었다 //

After her father died, / Knight's family moved to Manchester. //
01번② 단서: 가족을 위해 돈을 벌려고 학교를 그만두었음
그녀의 아버지가 돌아가신 후 / Knight의 가족은 Manchester로 이사했다 //

Knight left school / in 1850, at age 12, / to earn money for her family / at a nearby textile factory, / where she witnessed a fellow worker injured / by faulty equipment. //
(부사적 용법(목적)) (계속적 용법의 관계부사(= and there))
Knight는 학교를 그만두었다 / 1850년, 12세의 나이에 / 가족을 위해 돈을 벌기 위해 / 가까이에 있는 직물 공장에서 / 그곳에서 그녀는 동료 노동자가 부상을 당하는 것을 목격했다 / 결함이 있는 장비에 의해 //

That led her to create her first invention, / a safety device for textile equipment, / but she never earned money from the invention. //
01번③ 단서: 직물 장비에 쓰이는 안전장치를 발명하였지만 돈을 벌지는 못했음
그것은 그녀가 자신의 첫 번째 발명품을 만들도록 이끌었다 / 직물 장비에 쓰이는 안전장치를 / 하지만 그녀는 결코 그 발명품으로 돈을 벌지 못했다 //

She also invented a machine / that cut, folded and glued flat-bottomed paper bags / and awarded(→ was awarded) her first patent in 1871 for it. //
(과거 수동태)
01번④ 단서: 밑이 평평한 종이 가방을 자르고 접고 붙이는 기계를 발명했음
그녀는 또한 기계를 발명했다 / 밑이 평평한 종이 가방을 자르고, 접고, 붙이는 / 그리고 1871년에 그것으로 자신의 첫 특허를 받았다 //

It eliminated the need / for workers to assemble them / slowly by hand. //
(to부정사의 의미상 주어)
그것은 필요를 없앴다 / 작업자들이 그것들을 조립할 / 손으로 천천히 //

Knight received 27 patents in her lifetime / and entered the National Inventors Hall of Fame / in 2006. //
(병렬 구조)
Knight는 자신의 일생 동안 27개의 특허를 받았다 / 그리고 국립 발명가 명예의 전당에 입성했다 / 2006년에 //
01번⑤ 단서: 2006년에 국립 발명가 명예의 전당에 입성했음

- exceptionally 유난히, 특출나게
- inventor 발명가
- journalist 기자, 언론인
- occasionally 가끔
- nickname 별명을 붙이다
- nearby 근처의, 가까이 있는
- textile 직물
- witness 목격하다
- faulty 결함이 있는
- equipment 장비, 설비
- device 장비
- fold 접다
- glue (접착제로) 붙이다
- flat-bottomed 바닥이 평평한
- eliminate 제거하다, 없애다
- assemble 조립하다

Margaret Knight는 19세기 후반에 특출나게 다작한 발명가였고, 기자들은 그녀에게 '여자 Edison'이라는 별명을 지어 주어 가끔 Thomas Edison과 비교했다. 어린 나이부터, 그녀는 오빠들을 위해 장난감을 만들었다. 그녀의 아버지가 돌아가신 후, Knight의 가족은 Manchester로 이사했다. Knight는 가족을 위해 가까이에 있는 직물 공장에서 돈을 벌기 위해 1850년, 12세의 나이에 학교를 그만두었는데, 그곳에서 그녀는 동료 노동자가 결함이 있는 장비에 의해 부상을 당하는 것을 목격했다. 그것은 그녀가 자신의 첫 번째 발명품, 즉 직물 장비에 쓰이는 안전장치를 만들도록 이끌었지만, 그녀는 결코 그 발명품으로 돈을 벌지 못했다. 그녀는 또한 밑이 평평한 종이 가방을 자르고, 접고, 붙이는 기계를 발명했고 1871년에 그것으로 자신의 첫 특허를 받았다. 그것은 작업자들이 손으로 그것들을 천천히 조립할 필요를 없앴다. Knight는 자신의 일생 동안 27개의 특허를 받았고, 2006년에 국립 발명가 명예의 전당에 입성했다.

01 정답 ③

Margaret Knight에 관한 윗글의 내용과 일치하지 않는 것을 고르시오.

① 기자들이 '여자 Edison'이라는 별명을 지어 주었다. journalists occasionally compared her to Thomas Edison by nicknaming her "a woman Edison."
② 가족을 위해 돈을 벌려고 학교를 그만두었다. Knight left school in 1850, at age 12, to earn money for her family
③ 직물 장비에 쓰이는 안전장치를 발명하여 많은 돈을 벌었다. That led her to create her first invention, a safety device for textile equipment, but she never earned money from the invention.
④ 밑이 평평한 종이 가방을 자르고 접고 붙이는 기계를 발명했다. She also invented a machine that cut, folded and glued flat-bottomed paper bags
⑤ 2006년에 국립 발명가 명예의 전당에 입성했다. entered the National Inventors Hall of Fame in 2006

왜 정답?

Margaret Knight는 직물 장비에 쓰이는 안전장치를 발명했지만 그 발명품으로 돈은 벌지 못했다고 했다. (That led her to create her first invention, a safety device for textile equipment, but she never earned money from the invention.)
따라서 ③이 글의 내용과 일치하지 않는다.

왜 오답?

① 기자들이 그녀에게 '여자 Edison'이라는 별명을 지어 주어 Thomas Edison과 비교했다고 했다. (journalists occasionally compared her to Thomas Edison by nicknaming her "a woman Edison.")
② 가족을 위해 돈을 벌려고 1850년, 12세의 나이에 학교를 그만두었다고 했다. (Knight left school in 1850, at age 12, to earn money for her family)
④ 밑이 평평한 종이 가방을 자르고 접고 붙이는 기계를 발명했다고 했다. (She also invented a machine that cut, folded and glued flat-bottomed paper bags)
⑤ 2006년에 국립 발명가 명예의 전당에 입성했다고 했다. (entered the National Inventors Hall of Fame in 2006)

02 정답 was awarded

윗글의 밑줄 친 awarded를 어법상 바르게 고치시오.

She also invented a machine that cut, folded and glued flat-bottomed paper bags and awarded(→ was awarded) her first patent in 1871 for it.
그녀는 또한 밑이 평평한 종이 가방을 자르고, 접고, 붙이는 기계를 발명했고 1871년에 그것으로 자신의 첫 특허를 받았다.

왜 정답?

주어인 She가 '특허를 받은' 것이므로 과거 동사를 써야 하고, 수동의 의미를 나타내도록 수동태 「be+p.p.」형태로 써야 한다. 따라서 awarded는 was awarded로 고쳐야 어법상 적절하다.

03 ~ 04 ▶ 문제편 p. 49

＊딱 맞는 악기를 찾아보세요!

Musician's Friend /
음악인의 친구 /

Welcome international musicians! //
전 세계의 음악인들을 환영합니다 //

No matter where (= wherever) you are in the world, / we'll help you find musical instruments / that (주격 관계대명사) suit you. //
당신이 전 세계에 어디에 있든 / 우리는 당신이 악기를 찾도록 도와줄 것입니다 / 당신에게 맞는 //

Our site appears in English, / but all prices are displayed (수동태 동사) / in your local currency. //
우리의 웹 사이트는 영어로 되어있습니다 / 하지만 모든 가격은 보여집니다 / 당신의 현지 통화로 //

• **Shipping** / 배송 /

– International shipping rates and delivery times / vary by country. //
국제 배송 요금과 배송 시간은 / 나라마다 다릅니다 //

– For any inquiries on shipping, / please email info@musiciansfriend.com. //
배송에 관한 문의는 / info@musiciansfriend.com으로 이메일을 보내 주세요 //

• **Warranty** /
보증 /

– Every instrument (단수 주어) / you purchase (앞에 목적격 관계대명사가 생략됨) from Musician's Friend / automatically include(→ includes) (단수 동사) / our two-year free warranty. //
모든 악기는 / 당신이 Musician's Friend에서 구매하는 / 자동으로 포함합니다 / 2년간의 무상 보증 기간을 //

• **Refund Policy** /
환불 정책 / 03번 단서: 특정 제품들은 환불이 불가함

– The following products / cannot be returned: / Items identified as non-returnable / and discounted items. //
다음 상품들은 / 환불이 불가능합니다 / 환불 불가라고 확인된 제품 / 그리고 할인된 제품 //

· international 세계적인 · currency 통화
· inquiry 문의, 질문 · warranty 보증
· automatically 자동으로 · identify 확인하다

음악인의 친구

전 세계의 음악인들을 환영합니다! 당신이 전 세계 어디에 있든 우리는 당신에게 맞는 악기를 찾도록 도와줄 것입니다. 우리의 웹 사이트는 영어로 되어있지만, 모든 가격은 현지 통화로 안내됩니다.

• 배송
– 국제 배송 요금과 배송 시간은 나라마다 다릅니다.
– 배송에 관한 문의는 info@musiciansfriend.com으로 이메일을 보내주세요.

• 보증
– Musician's Friend에서 구매하는 모든 악기는 자동으로 2년간의 무상 보증 기간을 포함합니다.

• 환불 정책
– 환불 불가라고 확인된 제품, 할인된 제품은 환불이 불가능합니다.

03 정답 ⑤

Musician's Friend에 관한 위 안내문의 내용과 일치하지 않는 것을 고르시오.

① 해당 지역 통화로 제품의 가격을 보여준다.
all prices are displayed in your local currency.
② 국제 배송 요금은 나라마다 다르다.
International shipping rates and delivery times vary by country.
③ 배송에 관한 문의는 이메일로 받는다.
For any inquiries on shipping, please email info@musiciansfriend.com.
④ 모든 악기의 무상 보증 기간은 2년이다.
Every instrument you purchase ~ includes our two-year free warranty.
⑤ 구매한 물건은 어떤 경우든 환불이 가능하다.
The following products ~ discounted items.

왜 정답?

환불 불가라고 확인된 제품이나 할인된 제품은 환불이 안 된다고 했으므로 어떤 경우든 환불이 가능하다는 ⑤이 일치하지 않는다.

왜 오답?

① 모든 가격은 현지 통화로 보여준다고 했다. (all prices are displayed in your local currency)
② 국제 배송 요금과 배송 시간은 나라마다 다르다고 했다. (International shipping rates and delivery times vary by country.)
③ 배송에 관한 문의는 이메일을 보내라고 했다. (For any inquiries on shipping, please email)
④ 모든 악기는 2년의 무상 보증 기간을 갖는다고 했다. (Every instrument ~ two-year free warranty.)

04 정답 includes

윗글의 밑줄 친 include를 어법상 적절하게 고치시오.

Every instrument you purchase from Musician's Friend automatically include(→ includes) our two-year free warranty.
Musician's Friend에서 구매하는 모든 악기는 자동적으로 2년간의 무상 보증 기간을 포함합니다.

왜 정답?

주어는 every instrument로 단수이므로 동사도 단수형인 includes로 쓰여야 어법상 적절하다.

05 ~ 06 ▶ 문제편 p. 50

＊집으로 간다!

"Going home!" keeps ringing / inside John's head. //
'집으로 간다'하고 계속 울려 퍼진다 / John의 머릿속에 //

He is at the train station / with his little suitcase beside him / filled with old clothes, worn-out uniforms, and a pair of socks. //
그는 기차역에 있다 / 그의 옆에 작은 여행 가방을 가지고 / 낡은 옷들과 닳은 제복, 그리고 양말 한 켤레로 가득 찬 //

There are many soldiers and refugees, / who (계속적 용법의 주격 관계대명사) are also waiting for the last train for London. //
많은 군인들과 난민들이 있다 / 그들 또한 London행 마지막 열차를 기다리고 있다 //

Every time he puts any weight / on his left leg, / he winces in pain. //
그는 체중을 실을 때마다 / 그의 왼쪽 다리에 / 그는 고통에 움찔한다 //

During the war, / he lost some of his friends / and shot(→ was shot) in his left leg. //
수동태
전쟁 동안 / 그는 친구 몇 명을 잃었다 / 그리고 왼쪽 다리에 총을 맞았다 //

But the war has ended / and now he is standing / at the platform. // 05번 단서 1: 전쟁이 끝남
그러나 전쟁은 끝났다 / 그리고 그는 지금 서 있다 / 승강장에 //

He slips his hand / inside the pocket of his dirty coat / and pinches himself several times / to make sure he isn't dreaming. // 05번 단서 2: 기뻐서 꿈을 꾸는 것만 같음
병렬 구조
그는 손을 찔러 넣는다 / 그의 더러운 코트 주머니 안으로 / 그리고 여러 번 자신을 꼬집는다 / 꿈을 꾸고 있는 것이 아님을 확인하기 위해 //

Suddenly, / the loud speaker announces the arrival of the train / — the train that is going to take him home. //
주격 관계대명사
갑자기 / 시끄러운 스피커가 기차의 도착을 알린다 / 그를 집으로 데려다 줄 그 기차 //

- suitcase 여행 가방
- worn-out 닳아 해진
- uniform 군복, 교복
- refugee 난민
- platform 승강장
- announce 안내하다, 말하다
- arrival 도착

John의 머릿속에 '집으로 간다!'하고 계속 울려 퍼진다. 그는 옆에 낡은 옷들과 닳은 제복, 그리고 양말 한 켤레로 가득 찬 작은 여행 가방을 가지고 기차역에 있다. 많은 군인들과 난민들이 있는데 그들 또한 London행 마지막 열차를 기다리고 있다. 그는 왼쪽 다리에 체중을 실을 때마다 고통에 움찔한다. 전쟁 동안 그는 친구 몇 명을 잃었고 왼쪽 다리에 총을 맞았다. 그러나 전쟁은 끝났고 그는 지금 승강장에 서 있다. 그는 더러운 코트 주머니 안으로 손을 찔러 넣고 꿈을 꾸고 있는 것이 아님을 확인하기 위해 여러 번 자신을 꼬집는다. 갑자기, 시끄러운 스피커가 기차의 도착을 알린다. 그를 집으로 데려다 줄 그 기차.

05 정답 ③

윗글에 드러난 John의 심경으로 가장 적절한 것을 고르시오.

① confused and anxious 집으로 가는 것이 꿈만 같다고 했음
혼란스럽고 불안해 하는
② angry and annoyed 부정적인 감정이 아님
화가 나고 짜증나는
③ relieved and hopeful
안도하고 희망에 찬 전쟁이 끝나고 집으로 가게 되어서 안도하고 희망에 차 있음
④ tense and sad 부정적인 심경을 보이지 않음
긴장되고 슬픈
⑤ fearful and frightened 집으로 가게 되어 기대에 차 있음
걱정하고 겁먹은

왜 정답?

전쟁이 끝나 집으로 돌아가는 기차를 기다리고 있는 John은 꿈을 꾸는 것이 아님을 확인하기 위해 스스로를 꼬집어 보는 등 설레며 희망에 찬 모습을 보이고 있다. 따라서 정답은 ③이다.

왜 오답?

① 집으로 갈 수 있다는 사실이 꿈만 같다는 내용으로 보아 불안해 하는 심경은 아니다.
②, ④ 전쟁이 끝나고 집으로 돌아가는 상황이므로 부정적인 감정은 아니다.
⑤ 걱정하고 겁먹은 감정은 전쟁 중에 느낄 만한 감정이다.

06 정답 shot → was shot

윗글의 밑줄 친 문장에서 어법상 틀린 곳을 찾아 바르게 고치시오.

During the war, he lost some of his friends and shot(→ was shot) in his left leg.
전쟁 동안 그는 친구 몇 명을 잃었고 왼쪽 다리에 총을 맞았다.

왜 정답?

주어인 he가 총을 '맞은' 것이므로 동사와 수동의 관계이다. 따라서 shot은 수동태인 was shot으로 고쳐야 적절하다.

07 ~ 08 ▶ 문제편 p. 50

＊예술 전문학교, NABA

NABA is / an internationally famous art and design academy. //
NABA는 ~입니다 / 세계적으로 유명한 예술 및 디자인 전문학교 //

Founded in 1980, / NABA is the largest private art academy / in Italy. //
1980년에 설립되었으며 / NABA는 가장 큰 사립 예술 전문학교입니다 / 이탈리아에서 //

It offers / bachelor's and master's degree programs / in Italian and English. //
그것은 제공합니다 / 학사 및 석사 학위 프로그램을 / 이탈리아어 및 영어로 //

As a student at NABA, / you will develop your skill / and prepare for the world of work. //
'~로서' 병렬 구조
NABA의 학생으로서 / 당신은 당신의 기량을 발전시키고 / 직업 세계에 대한 준비를 할 것입니다 //

Within one year of graduation, / 89% of our students finds(→ find) jobs. // 07번 단서 1: 졸업 후 1년 이내에 대부분의 학생들이 취업을 함
복수 명사 / 복수 동사
졸업 후 1년 이내에 / 우리 학생들의 89퍼센트가 일자리를 얻습니다 //

With about 4,000 students / from more than 70 countries / on our campus, / NABA is a truly multi-cultural environment. //
약 4,000명의 학생들로 / 70개국 이상에서 온 / 우리 캠퍼스에 있는 / NABA는 진정으로 다양한 문화가 공존하는 환경입니다 //

You will have a chance / to work with / and learn new things from / your international friends. //
형용사적 용법(a chance 수식)의 to부정사의 병렬 구조
당신은 기회를 가질 것입니다 / ~과 함께 일하고 / ~로부터 새로운 것을 배우는 / 당신의 외국인 친구들 //
07번 단서 2: 다양한 친구들과 함께 일하고 새로운 것을 배울 수 있음

To offer our students / the opportunity of growing their design skills, / NABA opened a new campus / in Rome / in 2019. //
'목적'을 나타내는 부사적 용법의 to부정사
우리의 학생들에게 제공하기 위해 / 디자인 능력을 향상시킬 기회를 / NABA는 새로운 캠퍼스를 개관했습니다 / Rome에 / 2019년에 //

The campus has / two buildings and new laboratories / as well as lounge rooms and a library. //
캠퍼스는 갖추고 있습니다 / 두 개의 건물과 새로운 실험실을 / 휴게실과 도서관뿐 아니라 //

- internationally 세계적으로
- academy 전문학교
- private 사립의, 개인적인
- bachelor 학사
- master 석사
- graduation 졸업
- multi-cultural 다문화의
- laboratory 실험실
- A as well as B B뿐만 아니라 A도
- lounge 라운지, 휴게실

NABA는 세계적으로 유명한 예술 및 디자인 전문학교입니다. 1980년에 설립되었으며, NABA는 이탈리아에서 가장 큰 사립 예술 전문학교입니다. NABA는 이탈리아어 및 영어로 학사 및 석사 학위 프로그램을 제공합니다. NABA의 학생으로서, 당신은 당신의 기량을 발전시키고 직업 세계에 대한 준비를 할 것입니다. 졸업 후 1년 이내에, 우리 학생들의 89퍼센트가 일자리를 얻습니다. 우리 캠퍼스에서는 70개국 이상에서 온 약 4,000명의 학생들이 있어서 NABA는 진정으로 다양한 문화가 공존하는 환경입니다. 당신은 당신의 외국인 친구들과 함께 일하고 새로운 것을 배우는 기회를 가질 것입니다. 우리의

학생들에게 디자인 능력을 향상시킬 기회를 제공하기 위해, NABA는 2019년에 Rome에 새로운 캠퍼스를 개관했습니다. 캠퍼스는 휴게실과 도서관뿐 아니라 두 개의 건물과 새로운 실험실을 갖추고 있습니다.

07 정답 ④

윗글의 목적으로 가장 적절한 것을 고르시오.

① to promote new city library 시립 도서관에 대한 언급은 없음
새 시립 도서관을 홍보하려고
② to give tips on how to get into NABA 입학 절차는 소개되지 않음
NABA에 들어가는 방법에 대한 조언을 주려고
③ to inform students of job opportunities find jobs로 만든 오답
학생들에게 구직 기회에 대한 정보를 주려고
④ to introduce several benefits of an Italian art school NABA의 여러 장점을 설명하고 있음
이탈리아의 한 예술 학교의 여러 이점들을 소개하려고
⑤ to recommend students to participate in school programs 학교 전반에 관한 내용임
학생들이 학교 프로그램에 참여하도록 추천하려고

왜 정답?

이탈리아에서 가장 큰 사립 예술 학교이고, 89퍼센트의 학생이 졸업 후 1년 이내에 취업을 하며, 다양한 문화에서 온 친구들과 함께 일하고 그들로부터 새로운 것을 배울 수 있다는 등의 NABA의 장점에 대해 이야기하고 있으므로 ④ '이탈리아의 한 예술 학교의 여러 이점들을 소개하려고'가 글의 목적으로 가장 적절하다.

왜 오답?

① 시립 도서관에 관한 내용은 언급되지 않았다.
② NABA에 입학하는 방법에 대한 설명은 없다.
③ 대부분의 학생이 졸업 후 빠르게 직업을 구한다는 내용으로 만든 오답이다. 구직 기회에 대한 정보를 주고 있는 것은 아니다.
⑤ 학교 전반에 걸친 장점들을 소개하는 글로, NABA가 제공하는 프로그램에 참여하라고 학생들에게 독려하는 내용이 아니다.

08 정답 find

윗글의 밑줄 친 finds를 어법상 바르게 고치시오.

Within one year of graduation, 89% of our students finds(→ find) jobs.
졸업 후 1년 이내에, 우리 학생들의 89퍼센트가 일자리를 얻습니다.

왜 정답?

most of, some of, a lot of, 분수/퍼센트 of, a majority of, half of 등 부분을 나타내는 표현이 주어부에 포함된 경우, of 뒤에 오는 명사에 동사의 수를 일치시킨다. 이 문장에서는 our students라는 복수 명사가 쓰였으므로 복수 동사인 find를 써야 한다.

09~10

▶ 문제편 p. 51

＊자신의 에너지가 가장 높은 시간을 파악하여 활용하라.

(가주어: It / 진주어: to maintain ~)
It is difficult for any of us / to maintain a constant level of attention / throughout our working day. //
~은 우리 중 누구라도 어렵다 / 일정한 수준의 주의 집중을 유지하기는 / 근무일 내내 //

(뒤에 주격 관계대명사와 be동사 생략)
We all have body rhythms / characterise(→ characterised) by peaks and valleys of energy and alertness. //
우리 모두 신체 리듬을 가지고 있다 / 에너지와 기민함의 정점과 저점을 특징으로 하는 //

(조건의 부사절 접속사: if)
You will achieve more, / and feel confident as a benefit, / if you schedule your most demanding tasks / at times when you are best able to cope with them. //
당신은 더 많은 것을 이루고 / 이익으로 자신감을 느낄 것이다 / 당신이 가장 힘든 작업을 하도록 계획을 잡으면 / 그것들을 가장 잘 처리할 수 있는 시간에 //

(부사적 용법(목적): to observe)
If you haven't thought about energy peaks before, / take a few days / to observe yourself. //
만약 당신이 전에 에너지 정점에 관해 생각해 본 적이 없다면 / 며칠을 사용해라 / 자신을 관찰하는 데 //

(09번 단서 1: 자신이 가장 좋은 상태일 때를 알아차리라고 했음)
(명사적 용법: to note)
Try to note / the times when you are at your best. //
알아차리도록 노력하라 / 자신이 가장 좋은 상태일 때를 //

We are all different. //
우리는 모두 다르다 //

(09번 단서 2: 사람마다 가장 효율적으로 일할 수 있는 시간이 다름)
For some, / the peak will come first thing in the morning, / but for others / it may take a while / to warm up. //
어떤 사람에게는 / 정점이 아침에 제일 먼저 오지만 / 다른 사람에게는 / 얼마간의 시간이 걸릴 수도 있다 / 준비되는 데 //

- maintain 유지하다
- constant 일정한
- attention 주의 (집중)
- characterise 특징이 되다
- peaks and valleys 정점과 저점
- achieve 이루다
- confident 자신감 있는
- benefit 이익, 혜택
- demanding (일이) 힘든, 부담이 큰
- task 작업, 과업
- cope with ~을 처리하다
- take a while 얼마간의 시간이 걸리다

우리 중 누구라도 근무일 내내 일정한 수준의 주의 집중을 유지하기는 어렵다. 우리 모두 에너지와 기민함의 정점과 저점을 특징으로 하는 신체 리듬을 가지고 있다. 가장 힘든 작업을 그것을 가장 잘 처리할 수 있는 시간에 하도록 계획을 잡으면, 당신은 더 많은 것을 이루고 이익으로 자신감을 느낄 것이다. 만약 전에 에너지 정점에 관해 생각해 본 적이 없다면, 며칠 동안 자신을 관찰하라. 자신이 가장 좋은 상태일 때를 알아차리도록 노력하라. 우리는 모두 다르다. 어떤 사람에게는 정점이 아침에 제일 먼저 오지만, 다른 사람에게는 준비되는 데 얼마간의 시간이 걸릴 수도 있다.

09 정답 ⑤

윗글에서 필자가 주장하는 바로 가장 적절한 것을 고르시오.

① 부정적인 감정에 에너지를 낭비하지 말라.
부정적인 감정은 글의 내용과 관련 없음
② 자신의 신체 능력에 맞게 운동량을 조절하라.
신체 리듬을 언급한 것으로 만든 오답
③ 자기 성찰을 위한 아침 명상 시간을 확보하라.
자기 성찰을 위해 명상을 하라는 내용은 없음
④ 생산적인 하루를 보내려면 일을 균등하게 배분하라.
일의 분배는 언급되지 않음
⑤ 자신의 에너지가 가장 높은 시간을 파악하여 활용하라.
자신이 가장 효율적으로 일할 수 있는 시간을 파악해 활용하라고 했음

왜 정답?

근무일 내내 일정한 수준의 주의 집중을 유지하기는 어렵다고 하면서, 하루 중에 자신이 가장 잘 집중할 수 있고 효율적으로 일할 수 있는 시간을 파악해서 활용하라는 내용이다. 따라서 ⑤이 필자의 주장으로 가장 적절하다.

왜 오답?

① 부정적인 생각이 아니라 자신에게 맞지 않는 시간에는 에너지가 저점일 수 있다고 했다.
② 신체 리듬을 언급했을 뿐, 운동량을 조절하라는 내용은 나오지 않았다.

③ 자기 성찰을 하는 것은 중요하지만 명상에 대한 내용은 없었다.
④ 일을 균등하게 배분하지 못해서 생기는 문제에 대한 내용이 아니다.

10 정답 characterised

윗글의 밑줄 친 characterise를 어법상 바르게 고치시오.

We all have body rhythms characterise(→ characterised) by peaks and valleys of energy and alertness.
우리 모두 에너지와 기민함의 정점과 저점을 특징으로 하는 신체 리듬을 가지고 있다.

왜 정답?

body rhythms 뒤에 주격 관계대명사와 be동사가 생략된 형태이고 '특징으로 하는'이라는 수동태의 뜻을 나타내야 하므로 characterise는 characterised로 고쳐야 적절하다.

11~12

▶ 문제편 p. 51

＊선행의 대가

지각동사 hear + 목적어 + 목적격 보어(현재분사)
One day, / a poor Scottish farmer heard / a boy screaming / for help. //
어느 날 / 스코틀랜드의 가난한 농부가 들었다 / 한 소년이 비명을 지르는 소리를 / 도와달라고 //

지각동사 see + 목적어 + 목적격 보어(현재분사)
He ran to a nearby mud hole / and saw a boy sinking / in thick, black mud, / about to drown. //
그는 근처의 진흙 구덩이로 달려갔다 / 그리고 한 소년이 가라앉는 것을 보았다 / 걸쭉한 검은 진흙 속으로 / 막 익사하려는 것을 //

The farmer saved him. //
그 농부는 그를 구해주었다 //

The next day, / the boy's father came by / and offered to pay the farmer / for saving his son, / but the farmer refused. //
다음날 / 그 소년의 아버지가 왔다 / 그리고 농부에게 돈을 지불하겠다고 제안했다 / 자신의 아들을 구해준 것에 / 그러나 농부는 거절했다 //

The boy's father spotted the farmer's son and said, /
그 소년의 아버지는 농부의 아들을 발견하고 나서 말했다 /

사역동사 let + 목적어 + 목적격 보어(원형부정사)
"Let me provide your son with an education, / and I am sure / he will grow up to be a man / like you." //
"내가 당신의 아들에게 교육을 제공하겠습니다 / 그러면 나는 확신합니다 / 그는 사람으로 자랄 거라고 / 당신과 같은" //
11번 단서 1: 귀족이 농부의 아들에게 교육을 제공하겠다고 제안함

The farmer accepted the offer. //
그 농부는 그 제안을 수락했다 //

병렬 구조
His son later graduated from medical school / and discovered penicillin. //
11번 단서 2: 농부의 아들이 페니실린을 발견함
그의 아들은 나중에 의대를 졸업했다 / 그리고 페니실린을 발견했다 //

His name was Sir Alexander Fleming. //
그의 이름은 Alexander Fleming 경이었다 //

Now an adult, / the nobleman's son lay dying / of pneumonia. //
어른이 되어 / 귀족의 아들은 죽어가고 있었다 / 폐렴으로 //

This time / Fleming's discovery of penicillin / again saved his life. //
이번에는 / Fleming이 발견한 페니실린이 / 그의 목숨을 다시 살렸다 //

목적격 관계대명사(생략 가능)
The education / that the nobleman had provided / for Sir Alexander Fleming / saved the life of his son, Sir Winston Churchill. //
11번 단서 3: 농부의 아들이 발견한 페니실린으로 귀족의 아들의 목숨을 구함
교육이 / 귀족이 제공한 / Alexander Fleming 경에게 / 그의 아들인 Winston Churchill 경의 목숨을 살렸다 //

- scream 비명을 지르다
- nearby 근처의, 인근의
- mud 진흙
- hole 구멍, 구덩이
- sink 가라앉다, 빠지다
- drown 익사하다
- spot 발견하다, 알아채다
- discover 발견하다
- nobleman 귀족
- die of ~로 죽다
- bitter 쓴
- deed 행동
- sound 건강한, 건전한
- swallow 제비; 삼키다

어느 날 스코틀랜드의 가난한 농부가 한 소년이 도와달라고 비명을 지르는 소리를 들었다. 그는 근처의 진흙 구덩이로 달려갔고 한 소년이 걸쭉한 검은 진흙 속으로 가라앉아 막 익사하려는 것을 보았다. 그 농부는 그를 구해주었다. 다음날 그 소년의 아버지가 와서 농부에게 자신의 아들을 구해준 것에 돈을 지불하겠다고 제안했으나 농부는 거절했다. 그 소년의 아버지는 농부의 아들을 발견하고 나서 말했다. "내가 당신의 아들에게 교육을 제공하겠습니다. 그러면 그는 당신과 같은 사람으로 자랄 거라고 확신합니다." 그 농부는 그 제안을 수락했다. 그의 아들은 나중에 의대를 졸업하고 페니실린을 발견했다. 그의 이름은 Alexander Fleming 경이었다. 어른이 되어 귀족의 아들은 폐렴으로 죽어가고 있었다. 이번에는 Fleming이 발견한 페니실린이 그의 목숨을 다시 살렸다. 귀족이 Alexander Fleming 경에게 제공한 교육이 그의 아들인 Winston Churchill 경의 목숨을 살린 것이다.

11 정답 ②

윗글의 요지로 가장 적절한 것을 고르시오.

① A good medicine tastes bitter. 좋은 약은 입에 쓰다. — 좋은 충고에 관한 속담임
② One good deed leads to another. 선행은 또 다른 선행을 낳는다.(가는 정이 있으면 오는 정이 있다.) — 선행이 선행으로 이어진 글의 내용에 적절함
③ A sound mind in a sound body. 건강한 신체에 건강한 정신이 깃든다. — 신체 건강과 정신 건강에 관한 속담임
④ A friend in need is a friend indeed. 어려울 때 친구가 진정한 친구다. — 우정에 관한 속담임
⑤ One swallow doesn't make a summer. 제비 한 마리가 왔다고 해서 여름이 온 것은 아니다. — 한 가지만 보고 속단하지 말라는 속담임

왜 정답?

농부가 귀족의 아들의 목숨을 구했고 그 답례로 귀족은 농부의 아들에게 교육을 제공했다. 그리고 귀족의 아들은, 귀족이 제공한 교육을 바탕으로 농부의 아들이 발견한 페니실린 덕분에 목숨을 다시 구하게 되었다.
즉, 농부의 선행을 귀족이 또 다른 선행으로 갚았고, 이것이 다시 자신의 아들의 목숨을 구했다는 내용이므로 ② '선행은 또 다른 선행을 낳는다.'가 정답이다.

왜 오답?

① 좋은 충고는 듣기가 거슬린다는 의미이므로 이 글의 내용과는 상관이 없다.
③ 몸이 건강해야 마음이나 정신도 건강할 수 있다는 의미이므로 이 글의 요지가 아니다.
④ 상황이 어려워져도 외면하지 않고 도와주는 친구가 진정한 친구라는 의미이므로 이 글과는 관련이 없다.
⑤ 작은 조짐 하나를 확대 해석하지 말라는 것이므로 이 글의 내용과 관련 없다.

12 정답 that

웟글의 밑줄 친 문장에서 생략 가능한 낱말을 찾아 쓰시오.

The education that the nobleman had provided for Sir Alexander Fleming saved the life of his son, Sir Winston Churchill.
귀족이 Alexander Fleming 경에게 제공한 교육이 그의 아들인 Winston Churchill 경의 목숨을 살린 것이다.

왜 정답?

had provided의 목적어에 해당하는 The education이 선행사이므로 that은 목적격 관계대명사이고 생략할 수 있다.

▸문제편 p. 52

실력 향상 테스트 1회 REVIEW 어휘 테스트

01 도착 02 닮아 해진 03 쓴
04 난민 05 inquiry 06 nobleman
07 suitcase 08 laboratory
09 ① [결점]
② 요긴한 것, 이득 ③ 장점 ④ 이익, 혜택
10 ② [게으른]
① 작업, 과업 ③ 과제 ④ 임무
11 ③ [작전]
① 행위 ② 행동 ④ 위업
12 ② [발견하다, 알아채다 : 발견하다]
① 사적인 : 공적인 ③ 주의 : 집중 방해 ④ 버리다 : 동반하다
13 ③ [쉬운 : 힘든]
① 지속적인 : 안정적인 ② 선포하다 : 발표하다
④ 지키다 : 유지하다
14 ④ [사람이나 물건의 주요한 특징을 설명하다]
① 차별화하다 ② 표시하다 ③ 밝히다 ④ 특징으로 하다
15 ① [좌석 혹은 테이블을 예약하는 행위]
① 예약 ② 요구 ③ 저장 ④ 공급
16 sound [진정해, 아이들은 안전하고 (무사해 / 그래야만 해).]
17 graduation [우리는 (단계적 차이 / 졸업식) 행사를 위해 꽃을 사야 돼.]
18 academy 19 multi-cultural
20 lounge 21 platform 22 drown

F 도표의 이해

01 ~ 05 ▶ 문제편 pp. 54~56

*고기를 덜 먹거나 안 먹는 이유

The graph above shows / the survey results on reasons / for people interested in eating less meat / and those eating no meat / in the UK in 2018. //
(앞에 주격 관계대명사와 be동사 생략 / those = people)
위의 그래프는 보여 준다 / 이유에 대한 조사 결과를 / 고기를 덜 먹는 것에 관심 있는 사람들에 대한 / 그리고 고기를 먹지 않는 사람들(에 대한) / 영국에서 2018년에 //

① For the group of people / (A) [who / what] are interested in eating less meat, / health is the strongest motivator / for doing so. // (주격 관계대명사) **01번①** 단서: 고기를 덜 먹는 것에 관심이 있는 사람들의 가장 강력한 이유
사람들의 집단에게 / 고기를 덜 먹는 것에 관심이 있는 / 건강은 가장 강력한 동기이다 / 그렇게 하는 //

01번② 단서: 고기를 먹지 않는 사람들의 가장 큰 비율을 차지하는 이유
② For the group of non-meat eaters, / animal welfare accounts for the largest percentage / among all reasons, / followed by environment, health, and taste. //
고기를 먹지 않는 사람들의 집단의 경우 / 동물 복지가 가장 큰 비율을 차지한다 / 모든 이유 중에서 / 환경, 건강, 그리고 맛이 그 뒤를 따른다 //

③ The largest percentage point difference / between the two groups / is in animal welfare, / whereas the smallest difference is in environment. // **01번③** 단서: 두 집단 사이에 가장 큰 퍼센트 포인트 차이를 보이는 이유
가장 큰 퍼센트 포인트 차이는 / 두 집단 사이의 / 동물 복지에 있다 / 반면, 가장 작은 차이는 환경에 있다 //

④ The percentage of non-meat eaters / citing taste / is four(→ three) times higher / than that of people / interested in reducing their meat consumption / citing taste. // (that = the percentage)
고기를 먹지 않는 사람들의 비율은 / 맛을 언급하면서 / 4(→ 3)배 높다 / 사람들의 비율보다 / 고기 섭취를 줄이는 데 관심이 있는 / 맛을 언급하면서 //

⑤ Weight management ranks the lowest / for people who don't eat meat, / with less than 10 percent. // (주격 관계대명사)
체중 관리는 가장 낮은 순위를 차지한다 / 고기를 먹지 않는 사람들에게 / 10퍼센트 미만으로 // **01번④**, **04번** 단서: 맛을 언급하면서 고기를 먹지 않는 사람들의 비율은 30퍼센트이고, 맛을 언급하면서 고기 섭취를 줄이는 데 관심이 있는 사람들의 비율은 10퍼센트이므로 4배가 아니라 3배임

위의 그래프는 고기를 덜 먹는 것에 관심 있는 사람들과 고기를 먹지 않는 사람들의 이유에 대한 2018년 영국에서의 조사 결과를 보여 준다. ① 고기를 덜 먹는 것에 관심이 있는 사람들의 집단에게, 건강은 그렇게 하는 가장 강력한 동기이다. ② 고기를 먹지 않는 사람들의 집단의 경우, 모든 이유 중에서 동물 복지가 가장 큰 비율을 차지하고 있고, 환경, 건강, 그리고 맛이 그 뒤를 따른다. ③ 두 집단 사이의 가장 큰 퍼센트 포인트 차이는 동물 복지에 있는 반면, 가장 작은 차이는 환경에 있다. ④ 맛을 언급하는 고기를 먹지 않는 사람들의 비율은 맛을 언급하는 고기 섭취를 줄이는 데 관심이 있는 사람들의 비율보다 4(→ 3)배 높다. ⑤ 체중 관리는 고기를 먹지 않는 사람들에게 10퍼센트 미만으로 가장 낮은 순위를 차지한다.

01 (정답) ⑤

윗글에서 언급되지 않은 것을 고르시오.

① 고기를 덜 먹는 것에 관심이 있는 사람들의 가장 강력한 이유
For the group of people ~ health is the strongest motivator for doing so.
② 고기를 먹지 않는 사람들의 가장 큰 비율을 차지하는 이유
For the group of non-meat eaters, animal welfare ~ among all reasons
③ 두 집단 사이에 가장 큰 퍼센트 포인트 차이를 보이는 이유
The largest percentage point difference ~ in animal welfare
④ 두 집단에서 맛을 이유로 드는 비율의 배수 차이 The percentage of non-meat eaters citing taste is ~ reducing their meat consumption citing taste.
⑤ 고기를 덜 먹는 것에 관심이 있는 사람들의 가장 낮은 비율을 차지하는 이유 언급되지 않음

왜 정답?

고기를 덜 먹는 것에 관심이 있는 사람들의 가장 낮은 비율을 차지하는 이유는 맛인데 이것은 글에 언급되지 않았으므로 정답은 ⑤이다.

왜 오답?

① 고기를 덜 먹는 것에 관심이 있는 사람들의 가장 강력한 이유는 건강이라고 했다. (For the group of people who are interested in eating less meat, health is the strongest motivator for doing so.)
② 고기를 먹지 않는 사람들의 가장 큰 비율을 차지하는 이유는 동물 복지라고 했다. (For the group of non-meat eaters, animal welfare accounts for the largest percentage among all reasons)
③ 두 집단 사이에 가장 큰 퍼센트 포인트 차이를 보이는 이유는 동물 복지에 있다고 했다. (The largest percentage point difference between the two groups is in animal welfare)
④ 두 집단에서 맛을 이유로 드는 비율의 배수 차이를 언급했다. (The percentage of non-meat eaters citing taste is three times higher than that of people interested in reducing their meat consumption citing taste.)

02 (정답) (1) Environment
(2) weight management

도표의 내용과 일치하도록 다음 빈칸에 적절한 말을 윗글에서 찾아 쓰시오.

(1) Environment is the second biggest reason for the group of non-meat eaters, and (2) weight management is the second biggest reason for people interested in eating less meat.
(1) 환경은 고기를 먹지 않는 사람들의 집단에서 두 번째로 큰 이유이고 (2) 체중 관리는 고기를 덜 먹는 것에 관심이 있는 사람들에게 두 번째로 큰 이유이다.

왜 정답?

각 집단에게 두 번째로 큰 이유는, 고기를 먹지 않는 사람들의 집단에게는 32퍼센트인 환경이고, 고기를 덜 먹는 것에 관심이 있는 사람들에게는 29퍼센트인 체중 관리이다.

03 (정답) **(1) 두 집단 사이의 가장 큰 퍼센트 포인트 차이는 동물 복지에 있는 반면, 가장 작은 차이는 환경에 있다.**
(2) 체중 관리는 고기를 먹지 않는 사람들에게 10퍼센트 미만으로 가장 낮은 순위를 차지한다.

왜 정답?

(1) 「the+형용사/부사의 최상급」 표현은 '가장 …한/하게'로 해석해야 한다.
(2) 주격 관계대명사 who가 앞의 선행사 people을 받는 문장이다.

04 (정답) ④

윗글을 읽고, 도표의 내용과 일치하지 않는 것을 고르시오.

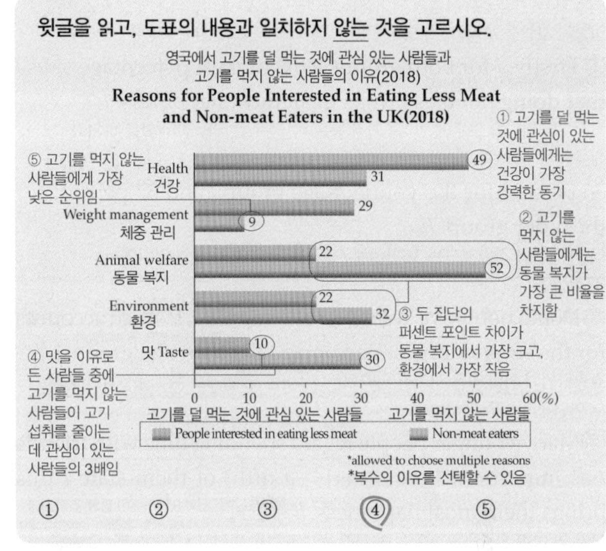

① ② ③ ④ ⑤

왜 정답?

맛을 언급하면서 고기를 먹지 않는 사람들의 비율은 30퍼센트이고, 맛을 언급하면서 고기 섭취를 줄이는 데 관심이 있는 사람들의 비율은 10퍼센트이므로 4배가 아니라 3배이다. 따라서 ④이 도표의 내용과 일치하지 않는다.

왜 오답?

① 고기를 덜 먹는 것에 관심이 있는 사람들에게는 건강이 49퍼센트에 해당하는 가장 강력한 동기이다.
② 고기를 먹지 않는 사람의 경우 동물 복지가 52퍼센트로 가장 큰 비율을 차지하고, 환경, 건강, 맛이 그 뒤를 차지하고 있다.
③ 두 집단의 퍼센트 포인트 차이는 동물 복지가 가장 크고(52퍼센트와 22퍼센트로 30퍼센트 포인트 차이), 환경이 가장 작다(32퍼센트와 22퍼센트로 10퍼센트 포인트 차이).
⑤ 고기를 먹지 않는 사람들에게 체중 관리는 9퍼센트로 가장 낮은 순위를 차지한다.

05 (정답) who

윗글의 네모 (A)에서 어법상 적절한 것을 고르시오.

For the group of people (A) [who / what] are interested in eating less meat, health is the strongest motivator for doing so.
고기를 덜 먹는 것에 관심이 있는 사람들의 집단에게, 건강은 그렇게 하는 가장 강력한 동기이다.

왜 정답?

선행사가 사람인 people이므로 주격 관계대명사 who가 어법상 적절하다.

06 ~ **09** ▶ 문제편 p. 57

*무엇이 우리를 행복하게 만드는가?

These graphs show several similarities and differences / between people under 20 and people of 20 and over / about what makes them happy. //

전치사 / 명사절

이 도표들은 몇몇 유사점과 차이점을 보여준다 / 20세 미만의 사람들과 20세 이상의 사람들 사이의 / 무엇이 그들을 행복하게 만드는지에 대한 //

① Firstly, / for both groups, / the highest percentage says / that doing hobbies brings them most happiness: /

생략 가능한 목적어절 접속사

우선 / 두 집단들 모두에 있어 / 가장 높은 비율은 말한다 / 취미 활동 하기가 그들에게 가장 큰 행복을 가져온다고 /

36 percent for the younger age group / and 37 percent for the older group. //

더 어린 연령 집단에서는 36퍼센트 / 그리고 더 나이 든 연령 집단에서는 37퍼센트 //

② Doing hobbies is followed by shopping, / which accounts for the second largest percentage / of both age groups. //

계속적 용법의 관계대명사

쇼핑하기가 취미 활동 하기를 뒤따르는데 / 이는 두 번째로 큰 비율을 차지한다 / 두 연령 집단 모두에서 //

regard A as B: A를 B로 여기다

③ Many younger people regard spending time with friends / as important: / a quarter(→ a fifth) of them state / this brings them most happiness. // **08번** 단서: 20세 미만의 사람들의 '친구들과 시간 보내기'의 비율은 20퍼센트(즉, 5분의 1)임

많은 더 어린 사람들은 친구들과 시간 보내는 것을 여긴다 / 중요하게 / 그들 중 4분의 1(→ 5분의 1)이 말한다 / 이것이 그들에게 가장 큰 행복을 가져온다고 //

④ In contrast to the younger people, / older people don't mention friends or travel / as a contributing factor to their happiness. //

더 어린 사람들과는 대조적으로 / 더 나이 든 사람들은 친구나 여행을 언급하지 않는다 / 그들의 행복에 기여하는 요인으로 //

생략 가능한 목적어절 접속사

⑤ Instead, / 22 percent of them say / that achievement at work is important / to their happiness. //

대신 / 그들 중 22퍼센트가 말한다 / 직장에서의 성취가 중요하다고 / 그들의 행복에 //

이 도표들은 무엇이 그들을 행복하게 만드는지에 대한 20세 미만의 사람들과 20세 이상의 사람들 사이의 몇몇 유사점과 차이점을 보여준다. ① 우선, 두 집단들 모두에 있어, 가장 높은 비율은 취미 활동 하기가 그들에게 가장 큰 행복을 가져온다고 말하는데, 더 어린 연령 집단에서는 36퍼센트, 더 나이 든 연령 집단에서는 37퍼센트이다. ② 두 연령 집단 모두에서 쇼핑하기가 취미 활동 하기를 뒤따르는데 이는 두 번째로 큰 비율을 차지한다. ③ 많은 더 어린 사람들은 친구들과 시간 보내는 것을 중요하게 여기는데, 그들 중 4분의 1(→ 5분의 1)이 이것이 그들에게 가장 큰 행복을 가져온다고 말한다. ④ 더 어린 사람들과는 대조적으로, 더 나이 든 사람들은 친구나 여행을 그들의 행복에 기여하는 요인으로 언급하지 않는다. ⑤ 대신 그들 중 22퍼센트가 직장에서의 성취가 그들의 행복에 중요하다고 말한다.

06 정답 Travel

도표의 내용과 일치하도록 다음 빈칸에 적절한 말을 윗글에서 찾아 쓰시오.

Travel is the lowest contributing factor of happiness for people under 20.

여행은 20세 미만의 사람들에게 행복의 가장 낮은 기여 요인이다.

왜 정답?

행복을 가져오는 가장 낮은 요인은 20세 미만의 사람들에게는 15퍼센트인 여행이다.

07 정답 T

다음을 읽고, 위 도표의 내용과 일치하면 T, 일치하지 않으면 F를 고르시오.

14 percent of the older people think that spending time with family makes them happiest. (T / F)

더 나이 든 사람들의 14퍼센트가 가족과 시간 보내는 것이 자신들을 가장 행복하게 한다고 생각한다.

왜 정답?

오른쪽 도표에서 '가족과 시간 보내기' 항목이 14퍼센트를 차지하고 있으므로 도표와 일치한다.

08 정답 ③

윗글을 읽고, 도표의 내용과 일치하지 않는 것을 고르시오.

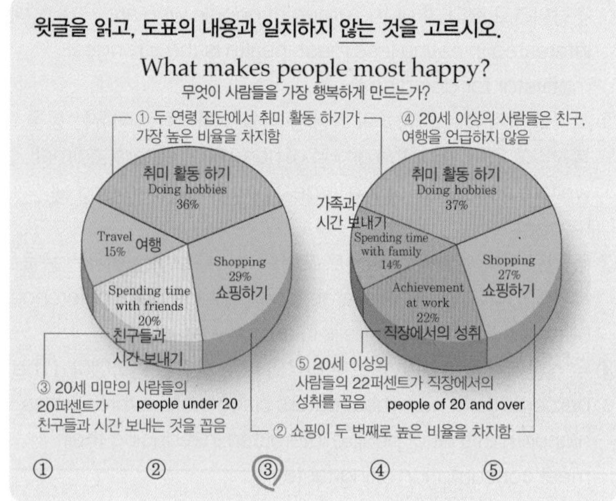

① ② ③ ④ ⑤

왜 정답?

더 젊은 사람들의 20퍼센트, 즉 5분의 1이 spending time with friends(친구들과 시간 보내기)를 행복의 요인으로 꼽았으므로, ③ 25퍼센트를 나타내는 a quarter(4분의 1)는 도표의 내용과 일치하지 않는다.

왜 오답?

① 두 집단 모두에서 '취미 활동 하기'가 가장 큰 비율을 차지했다.
② '쇼핑하기'는 두 집단 모두에서 두 번째로 높은 비율을 차지하여 '취미 활동 하기'를 뒤따르고 있다.
④ 더 나이 든 사람, 즉 20세 이상의 사람들의 도표에는 '친구들과 시간 보내기'와 '여행' 항목이 없다.
⑤ '친구들과 시간 보내기'와 '여행' 항목이 없는 대신 20세 이상의 사람들의 22퍼센트가 '직장에서의 성취'를 행복의 요인으로 꼽았다.

09 정답 that

윗글의 빈칸에 공통으로 들어갈 어법상 적절한 접속사를 쓰시오.

① Firstly, for both groups, the highest percentage says that doing hobbies brings them most happiness: 36 percent for the younger age group and 37 percent for the older group.
우선, 두 집단들 모두에 있어, 가장 높은 비율은 취미 활동 하기가 그들에게 가장 큰 행복을 가져온다고 말하는데, 더 어린 연령 집단에서는 36퍼센트, 더 나이 든 연령 집단에서는 37퍼센트이다.

⑤ Instead, 22 percent of them say that achievement at work is important to their happiness.
대신 그들 중 22퍼센트가 직장에서의 성취가 그들의 행복에 중요하다고 말한다.

왜 정답 ?

① 문장은 동사 says의 목적어절을 이끄는 접속사, ⑤ 문장은 동사 say의 목적어절을 이끄는 접속사가 필요하므로 빈칸에 공통으로 들어갈 어법상 적절한 접속사는 that이다.

10 ~ 13

▶ 문제편 p. 58

*한국의 남녀 학생들의 스포츠 선호도

This bar graph provides information / about the most popular sports / played by boys and girls / in South Korea / in 2023, /
이 막대그래프는 정보를 보여 준다 / 가장 인기 있는 스포츠에 대한 / 남녀 학생들이 경기한 / 한국의 / 2023년에 /
providing valuable insights into the country's sporting preferences. //
나라의 스포츠 선호에 대한 귀중한 통찰력을 제공하면서 //

① According to the graph, / swimming is the most popular sport / among girls, / with participation rates reaching 22 percent, / while 12 percent of boys preferred swimming. //
(~에 따르면) (부사절 접속사(대조))
그래프에 따르면 / 수영이 가장 있기 있는 스포츠이다 / 여학생들에게 / 22퍼센트에 달하는 참여율로 / 반면에 남학생들의 12퍼센트가 수영을 선호했다 //

② 25 percent of boys enjoyed playing soccer, / making it their favorite sport, / but it is the least favorite sport / for girls, / with a participation rate of 1 percent. //
25퍼센트의 남학생들이 축구를 즐겼고 / (이는) 그들이 가장 좋아하는 스포츠이다 / 그러나 그것은 가장 인기 없는 스포츠이다 / 여학생들에게 / 1퍼센트의 참여율로 //

③ The same percentage of boys and girls / participated in tennis / and it is their second most preferred sport. //
(등위접속사)
같은 비율의 남녀 학생들이 / 테니스에 참여했다 / 그리고 그것은 그들의 두 번째로 인기 있는 스포츠이다 //

12번 단서: 테니스의 참여율은 육상의 세 배 이상임
④ For boys, / the participation rates of tennis / are less(→ more) than three times / of those of athletics. //
남학생들에게 / 테니스의 참여율은 / 세 배 이하(→ 이상)이다 / 육상의 참여율의 //

⑤ The sum of the percentages of girls / participating in athletics and basketball / is less as(→ than) 10 percent. //
(~ 이하의)
여학생들의 비율의 합은 / 육상과 농구에 참여한 / 10퍼센트 이하이다 //

이 막대그래프는 2023년에 한국의 남녀 학생들이 경기한 가장 인기 있는 스포츠에 대한 정보를 보여주고, 나라의 스포츠 선호에 대한 귀중한 통찰력을 제공한다. ① 그래프에 따르면 22퍼센트에 달하는 참여율로 수영이 여학생에게 가장 있기 있는 스포츠인 반면에 남학생들의 12퍼센트가 수영을 선호했다. ② 25퍼센트의 남학생들이 축구를 즐겼고 축구는 그들이 가장 좋아하는 스포츠이지만 1퍼센트의 참여율로 여학생들에게 가장 인기 없는 스포츠이다. ③ 같은 비율의 남녀 학생들이 테니스에 참여했고 그것은 그들의 두 번째로 인기 있는 스포츠이다. ④ 남학생들에게 테니스의 참여율은 육상의 참여율의 세 배 이하(→ 이상)이다. ⑤ 육상과 농구에 참여한 여학생들의 비율의 합은 10퍼센트 이하이다.

10 정답 sum

다음 영영풀이가 설명하는 어휘를 윗글에서 찾아 쓰시오.

sum: a total amount made by adding several numbers
합계: 여러 숫자들이 더해져 만들어진 총량

왜 정답 ?

'여러 숫자들이 더해져 만들어진 총량'은 '합계(sum)'를 설명하는 것이다.

11 정답 (a)

다음 중 위 도표의 내용과 일치하는 것을 고르시오.

(a) Athletics is the least favorite sport among boys.
육상은 남학생들에게 가장 인기 없는 스포츠이다.
(b) Girls prefer soccer to basketball.
여학생들은 농구보다 축구를 선호한다.
(c) Basketball has high levels of participation for boys.
농구는 남학생들에게 높은 수준의 참여율을 보인다.

➡ (a)

왜 정답 ?

(a) 육상은 남학생들에게서 가장 낮은 비율인 3퍼센트의 참여율을 보이므로 도표와 일치한다.

왜 오답 ?

(b) 여학생들의 축구 참여율은 1퍼센트이고, 농구 참여율은 3퍼센트이므로 여학생들은 축구보다는 농구를 선호한다.
(c) 4퍼센트의 남학생들만 농구에 참여했으므로 농구는 낮은 수준의 참여율을 보인다고 할 수 있다.

12 정답 ④

윗글을 읽고, 도표의 내용과 일치하지 않는 것을 고르시오.

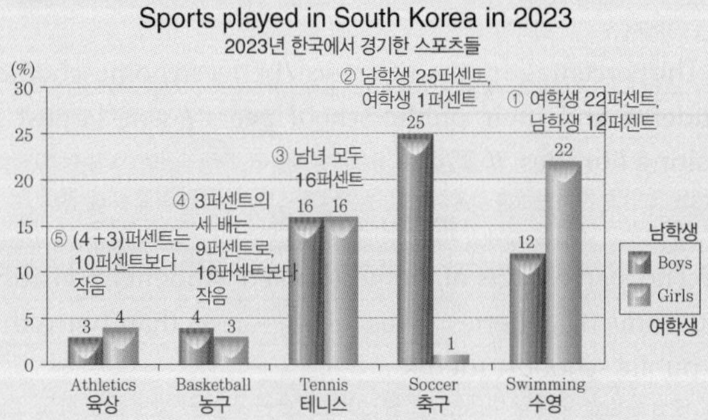

왜 정답 ?

남학생들의 테니스 참여율은 16퍼센트이고, 육상 참여율은 3퍼센트이므로 테니스 참여율이 육상 참여율의 세 배가 넘는다. 따라서 세 배보다 적다고 한 ④이 도표와 일치하지 않는다.

왜 오답?

① 여학생의 22퍼센트가 참여한 수영이 여학생에게 가장 인기 있는 스포츠이고, 남학생들의 12퍼센트가 수영에 참여했다.
② 축구는 남학생의 25퍼센트, 여학생의 1퍼센트가 참여했고, 남학생들에게는 가장 인기 있는, 여학생들에게는 가장 인기 없는 스포츠이다.
③ 테니스의 참여율은 남학생과 여학생이 16퍼센트로 같다.
⑤ 여학생의 육상과 농구의 참여율은 각각 5퍼센트 미만이므로, 이 스포츠들의 참여율의 합계는 10퍼센트 미만이 된다.

13 정답 than

윗글의 밑줄 친 as를 어법상 바르게 고치시오.

The sum of the percentages of girls participating in athletics and basketball is less as(→ than) 10 percent.
육상과 농구에 참여한 여학생들의 비율의 합은 10퍼센트 이하이다.

왜 정답?

'~ 이하의'의 뜻을 나타내려면 less than을 써야 하므로 as를 than으로 고쳐야 한다.

14~17

▶ 문제편 p. 59

＊문화 활동에 참여한 미국 학생들의 비율

The graph above shows / the percentage of U.S. homeschooled and public school students / participating(현재분사) in cultural activities / in 2016. //
위 그래프는 보여준다 / 미국의 홈스쿨링을 받는 학생과 공립 학교 학생의 비율을 / 문화 활동에 참여하는 / 2016년에 //

① With the exception of live performances and sporting events, / the percentage of homeschooled students / participating(현재분사) in cultural activities /
라이브 공연과 스포츠 행사를 제외하고 / 홈스쿨링을 받는 학생의 비율이 / 문화 활동에 참여하는 /
was higher than (A) [that / those] (= the percentage) of public school students. //
공립 학교 학생의 그것보다 높았다 //

② For each group of students, / community events accounted for the largest percentage / among all cultural activities. //
각 집단의 학생에 있어 / 지역사회 행사는 가장 큰 비율을 차지했다 / 모든 문화 활동 중에서 //

③ The percentage point difference / between homeschooled students and their public school peers (between A and B: A와 B 사이) / was largest in visiting libraries. // 14번 단서: 두 집단의 가장 큰 차이는 도서관 방문에서 보임
퍼센트 포인트 차이는 / 홈스쿨링을 받는 학생과 그들의 공립 학교 또래 간의 / 도서관 방문에서 가장 컸다 // 16번 단서: 박물관이나 미술관에 방문하는 홈스쿨링을 받는 학생은 42퍼센트로, 공립 학교 학생의 비율인 25퍼센트의 두 배가 되지 않음

④ The percentage of homeschooled students / visiting museums or galleries / was more(→ less) than twice that of public school students. //
홈스쿨링을 받는 학생의 비율은 / 박물관이나 미술관에 방문하는 / 공립 학교 학생의 그것의 두 배 이상이었다(→ 보다 작았다) //

⑤ Going to zoos or aquariums / ranked the lowest / for both groups of students, / with 31 and 23 percent respectively. //
동물원이나 수족관에 가는 것이 / 가장 낮은 순위를 차지했다 / 두 집단의 학생에 있어 / 각각 31퍼센트와 23퍼센트로 //

위 그래프는 2016년에 문화 활동에 참여하는 미국의 홈스쿨링을 받는 학생과 공립 학교 학생의 비율을 보여준다. ① 라이브 공연과 스포츠 행사를 제외하고 문화 활동에 참여하는 홈스쿨링을 받는 학생의 비율이 공립 학교 학생의 그것보다 높았다. ② 각 집단의 학생에 있어 지역사회 행사는 모든 문화 활동 중에서 가장 큰 비율을 차지했다. ③ 홈스쿨링을 받는 학생과 그들의 공립 학교 또래 간의 퍼센트 포인트 차이는 도서관 방문에서 가장 컸다. ④ 박물관이나 미술관에 방문하는 홈스쿨링을 받는 학생의 비율은 공립 학교 학생의 그것의 두 배 이상이었다(→ 보다 작았다). ⑤ 동물원이나 수족관에 가는 것이 두 집단의 학생에 있어 가장 낮은 순위를 차지했는데 각각 31퍼센트와 23퍼센트였다.

14 정답 library

윗글의 내용과 일치하도록 괄호 안에서 알맞은 말을 고르시오.

The largest gap in percentage points between homeschooled students and their peers from public schools was seen in (library / museum or gallery) visits.
홈스쿨링을 받는 학생과 그들의 공립 학교 또래 간의 가장 큰 퍼센트 포인트 차이는 (도서관 / 박물관이나 미술관) 방문에서 보였다.

왜 정답?

홈스쿨링을 받는 학생과 공립 학교 또래 사이의 가장 큰 퍼센트 포인트 차이는 '도서관' 방문에서 보이는데, 각각 56퍼센트와 34퍼센트이므로 22퍼센트 포인트 차이가 난다.

15 정답 동물원이나 수족관에 가는 것이 두 집단의 학생에 있어 가장 낮은 순위를 차지했는데 각각 31퍼센트와 23퍼센트였다.

왜 정답?

Going to zoos or aquariums가 동명사구 주어이고 동사는 ranked인 문장이다.

16 정답 ④

윗글을 읽고, 도표의 내용과 일치하지 않는 것을 고르시오.

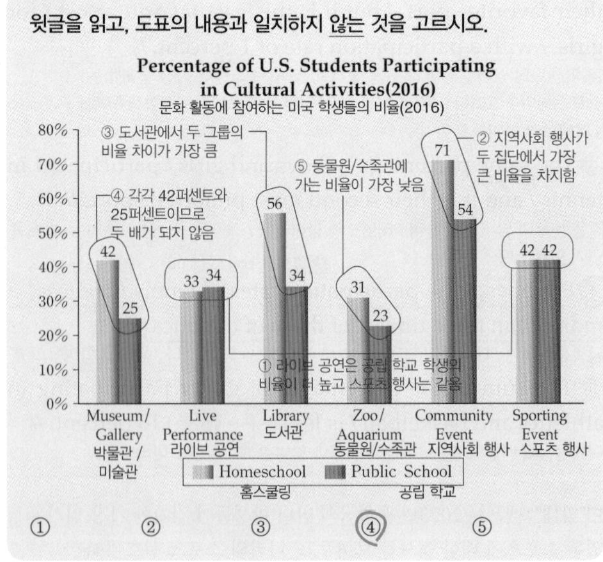

왜 정답?

박물관이나 미술관 방문의 경우 홈스쿨링을 받는 학생의 비율은 42퍼센트로, 공립 학교 학생의 비율인 25퍼센트의 두 배(50퍼센트)가 되지 않는다. 따라서 두 배 이상이라는 ④은 도표의 내용과 일치하지 않는다.

왜 오답?

① 라이브 공연은 홈스쿨링을 받는 학생의 비율이 33퍼센트, 공립 학교 학생의 비율이 34퍼센트로 공립 학교 학생의 비율이 더 높고, 스포츠 행사는 두 그룹 모두 42퍼센트로 비율이 같다.
② 지역사회 행사에서 홈스쿨링을 받는 학생의 비율은 71퍼센트, 공립 학교 학생의 비율은 54퍼센트로, 지역사회 행사 참여가 두 집단 모두에서 가장 큰 비율을 차지하고 있다.
③ 도서관 방문의 경우 홈스쿨링을 받는 학생의 비율은 56퍼센트, 공립 학교 학생의 비율은 34퍼센트로, 그 차이가 22퍼센트 포인트에 해당하여 다른 어떤 문화 활동에서의 차이보다 크다.
⑤ 동물원과 수족관에 가는 비율이 각각 31퍼센트와 23퍼센트에 해당하여 모든 문화 활동 중에 가장 낮은 비율을 차지한다.

17 정답 that

윗글의 네모 (A)에서 어법상 적절한 것을 고르시오.

With the exception of live performances and sporting events, the percentage of homeschooled students participating in cultural activities was higher than (A) [that / those] of public school students.
라이브 공연과 스포츠 행사를 제외하고 문화 활동에 참여하는 홈스쿨링을 받는 학생의 비율이 공립 학교 학생의 그것보다 높았다.

왜 정답?

(A)에 들어갈 말은 앞에 나온 the percentage를 가리키는 것이어야 하므로 복수인 those가 아니라 단수인 that이 적절하다.

F REVIEW 어휘 테스트

▸문제편 p. 60

01 관리 02 공연 03 언급하다
04 반면에 05 similarity 06 public school
07 achievement 08 athletics
09 ② [아주]
① 반면에 ③ 하지만 ④ 그러나
10 ① [비난하다]
② 선호하다 ③ 원하다 ④ 좋아하다
11 ④ [불참]
① 기여 ② 관여 ③ 참여
12 ① [요인]
① 요소 ② 전체 ③ 합계, 합 ④ 더하기
13 ③ [예외]
① 평범함 ② 일상 ③ 특이함 ④ 평범함
14 ③ [여기다, 간주하다]
① 묵살하다 ② 무시하다 ③ 여기다 ④ 넘겨보다
15 motivator [대부분의 게임은 결말에 도달하기 위한 강력한 (모터 / 동기)를 가지고 있다.]
16 consumption [쌀 (소비 / 협의)가 하락하고 있다.]
17 favorite [내가 (신기한 / 가장 좋아하는) 책은 셜록 홈즈이다.]
18 respectively 19 homeschool
20 several 21 rank 22 bring

G 주제 찾기

01 ~ 05 ▶ 문제편 pp. 62~64

***인간의 진화에 있어 소속의 유용성**

04번 단서 1: 진화와 소속하려는 욕구와의 관계를 언급함

For creatures like us, / evolution smiled / upon those with a strong need / to belong. //
형용사적 용법(need 수식)
우리와 같은 창조물에게 있어 / 진화는 미소를 지었다 / 강한 욕구를 가진 것들에 / 소속하려는 //

Survival and reproduction are the criteria of success / by natural selection, /
생존과 번식은 성공의 기준이다 / 자연 선택에 의한 /
04번 단서 2: 다른 사람과의 관계 형성(소속)은 생존과 번식에 유용함

and forming relationships with other people / can be useful / for both survival and reproduction. //
동명사구 주어, 동사
그리고 다른 사람들과 관계를 형성하는 것은 / 유용할 수 있다 / 생존과 번식 모두에 //

Groups can share resources, / care for sick members, / scare off predators, / fight together against enemies, /
동사 ①, 동사 ②, 동사 ③, 동사 ④
집단은 자원을 공유하고 / 아픈 구성원을 돌보고 / 포식자를 쫓아버리고 / 적에 맞서서 함께 싸우고 /

divide tasks / so as to improve efficiency, / and contribute to survival / in many other ways. //
동사 ⑤, 동사 ⑥
일을 나누고 / 효율성을 향상시키기 위해 / 생존에 기여한다 / 많은 다른 방식에서 //

In particular, / if an individual and a group want / the same resource, / the group will generally prevail, /
특히 / 한 개인과 한 집단이 원하면 / 같은 자원을 / 집단이 일반적으로 이기고 /

so competition for resources / would especially favor / a need to belong. //
형용사적 용법(need 수식)
그래서 자원에 대한 경쟁은 / 특별히 좋아할 것이다 / 소속하려는 욕구를 //

Belongingness will likewise promote reproduction, / such as by bringing potential mates into contact / with each other, /
by v-ing: ~함으로써
마찬가지로 소속되어 있다는 것은 번식을 촉진시키는데 / 이를테면 잠재적인 짝을 만나게 해주거나 / 서로 /

and in particular / by keeping parents together / to care for their children, / who[that] are much more likely to survive / if they have more than one caregiver. //
병렬 구조(by bringing과 연결), 선행사(사람)
특히 / 부모가 함께 있도록 함으로써인데 / 자녀를 돌보기 위해 / 그들은 훨씬 더 생존하기 쉬울 것이다 / 한 명보다 많은 보호자가 있으면 //

우리와 같은 창조물에게 있어 진화는 소속하려는 강한 욕구를 가진 것들에 미소를 지었다. 생존과 번식은 자연 선택에 의한 성공의 기준이고, 다른 사람들과 관계를 형성하는 것은 생존과 번식 모두에 유용할 수 있다. 집단은 자원을 공유하고, 아픈 구성원을 돌보고, 포식자를 쫓아버리고, 적에 맞서서 함께 싸우고, 효율성을 향상시키기 위해 일을 나누고, 많은 다른 방식에서 생존에 기여한다. 특히, 한 개인과 한 집단이 같은 자원을 원하면, 집단이 일반적으로 이기고, 그래서 자원에 대한 경쟁은 소속하려는 욕구를 특별히 좋아할 것이다. 마찬가지로 소속되어 있다는 것은 번식을 촉진시키는데, 이를테면 잠재적인 짝을 서로 만나게 해주거나, 특히 부모가 자녀를 돌보기 위해 함께 있도록 함으로써인데, 자녀들은 한 명보다 많은 보호자가 있으면 훨씬 더 생존하기 쉬울 것이다.

01 정답 (1) belong, belongingness
(2) survival, survive (3) reproduction
(4) group(s)

>왜 정답 ?

글에서 belong, belongingness, survival, survive, reproduction, group(s) 등의 표현이 반복해서 등장하고 있다.

02 정답 **(1) 우리와 같은 창조물에게 있어 진화는 소속하려는 강한 욕구를 가진 것들에 미소를 지었다.**
(2) 다른 사람들과 관계를 형성하는 것은 생존과 번식 모두에 유용할 수 있다.

>왜 정답 ?

(1) to belong은 need를 수식하는 형용사적 용법으로 쓰였다.
(2) 동명사 forming이 이끄는 동명사구가 주어이다.

03 정답 ①

02번 문제 (1), (2)의 두 문장이 의미하는 바로 적절한 것을 고르시오.

① 집단을 이루는 것이 생존과 번식, 즉 진화에 유리하다.
다른 사람들과 관계를 형성하는 것은 생존과 번식에 유용함
② 집단을 이루는 생물은 진화에 어려움을 겪는다.

>왜 정답 ?

진화는 소속하려고 하는 것들에 우호적이라는 것, 다른 사람들과 관계를 형성하는 것은 생존과 번식에 유용하다는 것은 모두 ① '집단을 이루는 것이 진화에 유리하다'는 것을 의미한다.

04 정답 ②

윗글의 주제로 가장 적절한 것을 고르시오.

① skills for the weak to survive modern life
현대 생활에서 살아남기 위한 약자를 위한 기술 생존에 대해 말한 것으로 만든 오답
② usefulness of belonging for human evolution
인간 진화를 위한 소속의 유용성 인간 진화를 위한 생존과 번식에 소속이 유용하다는 내용
③ ways to avoid competition among social groups 집단이
사회 집단 간의 경쟁을 피하는 방법 언급되긴 했지만 집단 간의 경쟁을 피하는 방법은 나오지 않음
④ roles of social relationships in children's education
아동 교육에서 사회적 관계의 역할 자녀에 대한 내용이 나오지만 아동 교육에 대한 글은 아님
⑤ differences between two major evolutionary theories
두 가지 주요 진화 이론 사이의 차이점 진화 이론 간의 차이를 말하는 글이 아님

>왜 정답 ?

진화는 소속에 대한 강한 욕구를 가진 것들에 유리하다고 하면서, 인간의 생존과 번식에 다른 사람들과의 관계 형성과 집단에 소속되어 있는 것이 도움이 된다는 내용의 글이다. 따라서 이 글의 주제로 가장 적절한 것은 ② '인간 진화를 위한 소속의 유용성'이다.

>왜 오답 ?

① 생존과 관련된 내용이긴 하지만, 현대 생활에서 살아남기 위한 약자들을 위한 기술은 언급되지 않았다.
③ 집단이 언급되긴 했지만 사회 집단 간의 경쟁을 피하는 방법은 나오지 않았다.
④ 자녀에 대한 내용이 나오지만 아동 교육에서 사회적 관계가 갖는 역할은 언급되지 않았다.
⑤ 두 가지 진화 이론 간의 차이를 말하는 글이 아니다.

05 정답 who[that]

윗글의 빈칸에 들어갈 적절한 관계대명사를 쓰시오.

~ and in particular by keeping parents together to care for their children, who[that] are much more likely to survive if they have more than one caregiver.
~ 특히 부모가 자녀를 돌보기 위해 함께 있도록 함으로써인데, 자녀들은 한 명보다 많은 보호자가 있으면 훨씬 더 생존하기 쉬울 것이다.

>왜 정답 ?

선행사가 their children으로 사람이고, 뒤에 주어가 없이 바로 동사 are가 나오므로 주격 관계대명사 who 또는 that이 쓰여야 한다.

06 ~ 09 ▶ 문제편 p. 65

*** 바다가 있었던 화성**

Billions of years ago, / Mars had an ocean. //
수십억 년 전에 / 화성은 바다가 있었다 //

There are still signs of shorelines and canyons, / where floods once existed. //
(장소의 선행사: shorelines and canyons / 관계부사: where)
해안선과 협곡의 흔적이 여전히 있다 / 홍수가 한 때 존재했던 //

However, / Mars lost its magnetic field long ago / for some reason / and it led to the stripping of its atmosphere, / eventually causing the loss of the ocean. //
(분사구문(결과): eventually causing ~)
하지만 / 화성은 오래전에 자기장을 잃었다 / 어떤 이유로 / 그리고 그것은 대기의 박리로 이어졌다 / 결국 바다의 손실을 초래했다 //

This loss of the ocean played a role / in making Mars uninhabitable for life / since liquid water is essential / for the existence of life. // 06번 (1) 단서, 08번 단서 1: 액체 상태의 물은 생명체의 존재에 필수적임
(이유의 부사절 접속사: since)
이러한 바다의 손실은 역할을 했다 / 화성을 생명체가 살 수 없게 만드는 / 액체 상태의 물은 필수적이기 때문에 / 생명체의 존재에 //

On the other hand, / Earth's magnetic field / is strong enough / to hold massive amounts of liquid water / on the surface. //
반면에 / 지구의 자기장은 / 충분히 강하다 / 엄청난 양의 액체 물을 담을 수 있을 정도로 / 표면에 //

Earth's strong magnetic field is produced / by the motion of molten iron / in the planet's core. //
지구의 강한 자기장은 생성된다 / 녹은 철의 움직임에 의해 / 행성 중심부에서 //

The magnetic field shields Earth / from the harmful effects / of solar wind and radiation / which can fry the whole planet. // 06번 (2) 단서, 07번 단서, 08번 단서 2: 자기장은 태양풍과 방사선의 해로운 영향으로부터 지구를 보호함
(주격 관계대명사: which)
자기장은 지구를 보호한다 / 해로운 영향으로부터 / 태양풍과 방사선의 / 지구 전체를 튀길 수 있는 //

Without it, / the solar wind would strip our atmosphere, / and the oceans would evaporate / and be lost to space. //
그것이 없다면 / 태양풍은 우리의 대기를 벗겨낼 것이다 / 그리고 바다는 증발하고 / 우주로 사라질 것이다 //

수십억 년 전에 화성은 바다가 있었다. 홍수가 한때 존재했던 해안선과 협곡의 흔적이 여전히 남아 있다. 하지만, 화성은 오래 전에 어떤 이유로 자기장을 잃었고 그것은 대기의 박리로 이어져 결국 바다의 손실을 초래했다. 액체 상태의 물은 생명체의 존재에 필수적이기 때문에, 이러한 바다의 손실은 화성을 생명체가 살 수 없게 만드는 역할을 했다. 반면에, 지구의 자기장은 표면에 엄청난 양의 액체 물을 담을 수 있을 정도로 충분히 강하다. 지구의 강한 자기장은 행성의 중심부에서 녹은 철의 움직임에 의해 생성된다. 자기장은 지구 전체를 튀길 수 있는 태양풍과 방사선의 해로운 영향으로부터 지구를 보호한다. 그것이 없다면, 태양풍은 우리의 대기를 벗겨낼 것이고, 바다는 증발해 우주로 사라질 것이다.

06 정답 (1) T (2) T

다음을 읽고, 윗글의 내용과 일치하면 T, 일치하지 않으면 F를 고르시오.

(1) 액체 상태의 물은 생명체 존재에 필수적이다. (T / F)
This loss of the ocean played a role ~ essential for the existence of life.
(2) 태양풍과 방사선은 지구에 해로운 영향을 끼친다. (T / F)
The magnetic field shields Earth ~ which can fry the whole planet.

왜 정답?

(1) 액체 상태의 물은 생명체 존재에 필수적이어서 바다가 없어진 화성에 생명체가 살 수 없게 만들었다고 했으므로 글의 내용과 일치한다. (This loss of the ocean played a role in making Mars uninhabitable for life since liquid water is essential for the existence of life.)
(2) 자기장은 태양풍과 방사선의 해로운 영향으로부터 지구를 보호한다고 했으므로 글의 내용과 일치한다. (The magnetic field shields Earth from the harmful effects of solar wind and radiation which can fry the whole planet.)

07 정답 the magnetic field

윗글의 밑줄 친 it이 가리키는 것을 영어로 쓰시오.

Without it, the solar wind would strip our atmosphere, and the oceans would evaporate and be lost to space.
그것이 없다면, 태양풍은 우리의 대기를 벗겨낼 것이고, 바다는 증발해 우주로 사라질 것이다.

왜 정답?

바로 앞 문장에서 the magnetic field를 언급했고, 그것(it), 즉 the magnetic field가 없이는 태양풍이 대기를 벗겨낼 것이고, 바다는 증발해 우주로 사라질 것이라고 설명하는 문장으로 이어진다.

08 정답 ②

윗글의 주제로 가장 적절한 것을 고르시오.

① the possibility of life on Mars and its evidence
화성에 생명체가 존재할 가능성과 그 증거　화성에 생명체가 없다고 한 언급으로 만든 오답
② the importance of Earth's magnetic field for the survival of life 생명체가 존재하는 데 중요한 역할을 하는 지구 자기장에 대한 내용
생존을 위한 지구 자기장의 중요성
③ examples of the harmful effects of the sun on the planes 비행기에 미치는 영향은 언급되지 않음
태양이 비행기에 미치는 해로운 영향의 예들
④ the effect of the presence of water on the environment of a planet 물이 중요하다고 했지만 환경에 미치는 영향이 중심 내용은 아님
물의 존재가 행성의 환경에 미치는 영향
⑤ similarities and differences between the sun and Mars 태양과 화성을 비교하는 글이 아님
태양과 화성의 유사점과 차이점

1st 글에 반복적으로 등장하는 핵심어를 찾아 글의 내용을 예상한다.

Billions of years ago, Mars had an ocean. There are still signs of shorelines and canyons, where floods once existed. However, Mars lost its magnetic field long ago for some reason and it led to the stripping of its atmosphere, eventually causing the loss of the ocean. This loss of the ocean played a role in making Mars uninhabitable for life since liquid water is essential for the existence of life. On the other hand, Earth's magnetic field is strong enough to hold massive amounts of liquid water on the surface. Earth's strong magnetic field is produced by the motion of molten iron in the planet's core. The magnetic field shields Earth from the harmful effects of solar wind and radiation which can fry the whole planet. Without it, the solar wind would strip our atmosphere, and the oceans would evaporate and be lost to space.

→ 글에서 ocean(s), magnetic field, liquid water, Earth 등의 표현이 반복적으로 등장한다.
↳ 지구(Earth)에 자기장(magnetic field)과 물(ocean(s), liquid water)이 있는 것이 중요하다고 말하는 글일 것임

2nd 핵심어에 대한 필자의 생각을 드러내는 문장을 찾는다.

1
액체 상태의 물은 생명체의 존재에 필수적이기 때문에, 이러한 바다의 손실은 화성을 생명체가 살 수 없게 만드는 역할을 했다.

→ 물이 생명체의 존재에 필수적이므로 화성에 바다가 없어진 것 때문에 생명체도 없어짐
↳ 생명체의 존재에 있어서 물의 중요한 역할에 대해 말함

2
반면에, 지구의 자기장은 표면에 엄청난 양의 액체 물을 담을 수 있을 정도로 충분히 강하다.

→ 지구의 자기장은 많은 양의 물을 담을 수 있을 정도로 강함
↳ 물이 있어서 지구에는 생명체가 존재할 수 있음

3
자기장은 지구 전체를 튀길 수 있는 태양풍과 방사선의 해로운 영향으로부터 지구를 보호한다.

→ 자기장은 태양풍과 방사선으로부터 지구를 보호함
↳ 지구를 보호하는 자기장의 중요한 역할에 대해 말함

3rd 위에서 찾은 문장을 종합하여 주제를 추론하고, 정답을 고른다.

→ **글의 주제:** 지구의 자기장은 생명체가 존재하는 데 굉장히 중요한 역할을 한다.
↳ ② '생존을 위한 지구 자기장의 중요성'이 이 글의 적절한 주제임

09 정답 where

윗글의 빈칸에 들어갈 적절한 관계부사를 쓰시오.

There are still signs of shorelines and canyons, where floods once existed.
홍수가 한때 존재했던 해안선과 협곡의 흔적이 여전히 남아 있다.

왜 정답?

shorelines and canyons를 장소의 선행사로 취하는 관계부사가 필요한 자리이므로 where가 적절하다.

10 ~ 13

▶ 문제편 p. 66

＊우주비행사는 어떻게 잘까?

Just like on Earth, / an astronaut in space / goes to bed at night / then wakes up the next day / and prepares for work all over again. // 병렬 구조
지구에서처럼 / 우주에서 우주비행사도 / 밤에 잠자리에 들고 / 다음 날 깨서 / 다시 일할 준비를 한다 //

However, there's one thing that's different. //
그러나 차이점이 하나 있다 // 12번 단서 1: 지구와 우주의 자는 방법에는 차이가 있음

In space / there is no up or down / and there is no gravity. //
우주에서는 / 위나 아래가 없고 / 중력이 없다 //

As a result, / astronauts are weightless / and can sleep in any orientation. // 10번 단서: 우주에 중력이 없는 것에 대한 '결과로' 어떤 방향으로든 잘 수 있음
그 결과로 / 우주비행사들은 무중력이며 / 어떤 방향으로든 잘 수 있다 //

So they have to attach himself(→ themselves) to a wall or a bed / so as not to float around or bump into something. // 재귀대명사
그래서 그들은 자신을 벽이나 침대에 부착시켜야 한다 / 떠다니다가 무언가에 부딪치지 않도록 // 11번 단서: 그들은 자다가 무언가에 부딪치지 않게 좌석이나 벽에 부착된 침낭에서 잠
Space shuttle and space station crews / usually sleep in sleeping bags / attached to their seats or to a wall. //
우주비행선이나 우주정거장 승무원들은 / 대개 침낭에서 잠을 진다 / 그들의 좌석이나 벽에 부착된 // 12번 단서 2: 지구에서처럼 우주에서도 자는 동안 깨는 등 공통점을 가짐
Like on Earth, though, / they may wake up / in the middle of their sleep period / to use the toilet, / or stay up late and look out the window. // 부사적 용법(목적)
하지만 지구와 마찬가지로 / 그들은 깨거나 / 수면 도중 / 화장실에 가려고 / 또는 창밖을 바라보며 늦게까지 잠자지 않고 일어나 있을 수도 있다 //
During their sleep period, / astronauts have reported / having dreams and nightmares. //
수면 중에 / 우주비행사들은 말했다 / 꿈과 악몽을 꾸었다고//
Some have even reported / snoring in space! //
일부는 심지어 말했다 / 우주에서 코를 골기도 했다고 //

지구에서처럼 우주에서 우주비행사도 밤에 잠자리에 들고 다음 날 깨서 다시 일할 준비를 한다. 그러나 차이점이 하나 있다. 우주에서는 위나 아래가 없고 중력이 없다. 그 결과로 우주비행사들은 무중력이며 어떤 방향으로든 잘 수 있다. 그래서 그들은 떠다니거나 무언가에 부딪치지 않도록 벽이나 침대에 자신을 부착시켜야 한다. 우주비행선이나 우주정거장 승무원들은 대개 그들의 좌석이나 벽에 부착된 침낭에서 잠을 잔다. 하지만 지구와 마찬가지로, 그들은 수면 도중 화장실에 가려고 깨거나 창밖을 바라보며 늦게까지 잠자지 않고 일어나 있을 수도 있다. 수면 중에, 우주비행사들은 꿈과 악몽을 꾸었다고 말했다. 일부는 심지어 우주에서 코를 골기도 했다고 말했다!

10 정답 ②

윗글의 빈칸에 들어갈 말로 가장 적절한 것을 고르시오.

① Nevertheless 그럼에도 불구하고 ② As a result 그 결과로
③ Otherwise 그렇지 않으면 ④ To sum up 요약하면 (앞에 나온 내용을 요약하는 문장이 아님)
⑤ On the contrary 그와는 반대로
(①③⑤ 반대되는 내용이 아님)

왜 정답?

우주에서는 위나 아래가 없고 중력도 없다. 우주비행사들은 어떤 방향으로든 잘 수 있다. 이 두 문장은 원인과 결과에 해당하므로 '그 결과'를 의미하는 ② As a result가 빈칸에 와야 한다.

왜 오답?

①, ③, ⑤ 앞에 나온 내용과 반대되는 내용이 이어질 때 사용하는 연결어이므로 원인에 대한 결과를 말하는 문장을 이끌 수 없다.
④ 앞에 나온 내용을 요약할 때 사용하는 연결어이므로 적절하지 않다.

11 정답 seats

다음 질문에 대한 답을 윗글에서 찾아 쓰시오.

Q: Where do astronauts usually sleep?
질문: 우주비행사들은 대개 어디에서 자는가?
A: They sleep in sleeping bags that are connected either to their seats or to a wall.
답: 그들은 좌석이나 벽에 연결된 침낭에서 잔다.

왜 정답?

우주비행사들은 안전을 위해 대개 '좌석(seats)'이나 벽에 붙은 침낭에서 잔다고 했다.

12 정답 ③

윗글의 주제로 가장 적절한 것을 고르시오.

① various reasons why people wake up during their sleep 수면 중에 깨는 다양한 이유가 글의 주제는 아님
사람들이 수면 도중에 깨는 다양한 이유들
② the length of time that space shuttle crews sleep in space 얼마나 자는지에 대한 글이 아님
우주비행선 승무원들이 우주에서 자는 시간의 길이
③ similarity and difference between sleep on Earth and in space 우주에서의 수면이 지구에서와 어떤 공통점과 차이점을 갖는지 설명하는 글
지구와 우주에서의 수면의 공통점과 차이점
④ inconveniences of sleeping in sleeping bags in space 불편함에 대해서는 언급하지 않음
우주에서 침낭에서 자는 것의 불편함들
⑤ the method that astronauts adjust to life on Earth
우주비행사들이 지구에서의 삶에 적응하는 방법 지구에서의 삶에 적응하는 내용이 아님

1st 글에 반복적으로 등장하는 핵심어를 찾아 글의 내용을 예상한다.

Just like on Earth, an astronaut in space goes to bed at night then wakes up the next day and prepares for work all over again. However, there's one thing that's different. In space there is no up or down and there is no gravity. As a result, astronauts are weightless and can sleep in any orientation. So they have to attach himself to a wall or a bed so as not to float around or bump into something. Space shuttle and space station crews usually sleep in sleeping bags attached to their seats or to a wall. Like on Earth, though, they may wake up in the middle of their sleep period to use the toilet, or stay up late and look out the window. During their sleep period, astronauts have reported having dreams and nightmares. Some have even reported snoring in space!

→ 글에서 sleep(ing), astronaut(s), Earth, space 등의 단어가 반복적으로 등장하고, like, different와 같은 단어들도 나온다.
↳ '지구(Earth)'와 '우주(space)'에서의 '수면(sleeping)'의 '같은(like)' 점과 '다른(different)' 점에 대해 말하는 글일 것임

2nd 핵심어에 대한 필자의 생각을 드러내는 문장을 찾는다.

1 우주에서는 위나 아래가 없고 중력이 없다.

→ 우주에서는 지구에서와 달리 무중력 상태이다.
↳ 우주에는 중력이 없으므로 지구와 다름

2 우주비행선이나 우주정거장 승무원들은 대개 그들의 좌석이나 벽에 부착된 침낭에서 잠을 잔다.

→ 우주비행사들이 안전을 위해 좌석이나 벽에 고정된 침낭에서 수면을 취한다.
↳ 지구와 우주에서 자는 방법에 차이가 있음

3

하지만 지구와 마찬가지로(Like on Earth), 그들은 수면 도중 화장실에 가려고 깨거나 창밖을 바라보며 늦게까지 잠자지 않고 일어나 있을 수도 있다.

➡ 지구에서와 마찬가지로 수면 중 화장실에 가려고 깨기도 하는 등의 행동도 할 수 있다.

지구와 우주에서 자는 방법에는 공통점도 있음

3rd 위에서 찾은 문장을 종합하여 주제를 추론하고, 정답을 고른다.

➡ **글의 주제:** 우주비행사가 우주에서 자는 방법은 지구에서의 방법과 같은 점도 있고 다른 점도 있다.

③ '지구와 우주에서의 수면의 공통점과 차이점'이 주제로 가장 적절함

13 정답 himself → themselves

윗글의 밑줄 친 문장에서 어법상 틀린 곳을 찾아 바르게 고치시오.

So they have to attach himself(→ themselves) to a wall or a bed so as not to float around or bump into something.

그래서 그들은 떠다니거나 무언가에 부딪치지 않도록 벽이나 침대에 자신을 부착시켜야 한다.

왜 정답?

주어는 they이고 목적어도 '그들 자신'으로 같으므로 재귀대명사는 himself가 아니라 themselves로 고쳐야 한다.

14~17

▶ 문제편 p. 67

***녹는 얼음과 해수면 상승이 하루의 길이에 미치는 영향**

The most remarkable and unbelievable consequence (핵심 주어(단수)) / of melting ice and rising seas / is (단수 동사) that together they are a kind of time machine, /

가장 놀랍고 믿을 수 없는 결과는 / 녹는 얼음과 상승하는 바다의 / 그것들이 합쳐서 일종의 타임머신이라는 것이다 / 16번 단서 1: 녹는 얼음과 상승하는 바다는 하루의 기간을 바꾸고 있음

so real that (너무 ~해서 …하다) they are altering the duration of our day. //

(이것은) 너무나 현실적이어서 그것들이 우리 하루의 기간을 바꾸고 있다 //

It works like this: / As the glaciers melt and the seas rise, / gravity forces more water / toward the equator. //

그것은 이와 같이 작동한다 / 빙하가 녹고 바다가 높아지면서 / 중력이 더 많은 물을 밀어 넣는다 / 적도를 향해 // 15번 (1) 단서: 빙하가 녹고 해수면이 상승할 때 중력은 물을 적도 쪽으로 밀어 넣음

This changes the shape of the Earth / ever so slightly, / making (분사구문) it fatter around the middle, /

이것은 지구의 모양을 변화시킨다 / 아주 약간 / 가운데 주변으로 그것을 더 불룩하게 만들면서 / 16번 단서 2: 지구의 모양이 바뀌면서 회전이 늦어짐

which (계속적 용법의 관계대명사) in turns slows the rotation of the planet / similarly to the way a ballet dancer slows her spin / by spreading out her arms. //

그리고 그것은 결과적으로 행성의 회전을 늦춘다 / 발레 무용수가 그녀의 회전을 늦추는 방식과 유사하게 / 양팔을 뻗어서 //

The slowdown isn't much, / just a few thousandths of a second each year, / but like (~처럼) the barely noticeable jump of rising seas every year, / it (= the slowdown) adds up. // 16번 단서 3: 감속은 점점 쌓임

이 감속은 크지 않다 / 매년 단지 몇천 분의 1초로 / 하지만 해마다 상승하는 바다의 알아차리기 힘든 증가처럼 / 그것은 쌓인다 //

When dinosaurs lived on the Earth, / a day lasted only about twenty-three hours. // 15번 (2) 단서: 공룡이 살던 때에 하루는 23시간이었음

공룡들이 지구에 살았을 때 / 하루는 약 23시간만 지속되었다 //

녹는 얼음과 상승하는 바다의 가장 놀랍고 믿을 수 없는 결과는 그것들이 합쳐서 일종의 타임머신이라는 것이고, 이것은 너무나 현실적이어서 그것들이 우리 하루의 기간을 바꾸고 있다. 그것은 이와 같이 작동한다. 빙하가 녹고 바다가 높아지면서 중력이 적도를 향해 더 많은 물을 밀어 넣는다. 이것은 지구의 모양을 아주 약간 변화시켜 가운데 주변으로 그것을 더 불룩하게 만들고, 이것은 결과적으로 발레 무용수가 양팔을 뻗어서 그녀의 회전을 늦추는 방식과 유사한 방식으로 행성의 회전을 늦춘다. 이 감속이 매년 단지 몇천 분의 1초로 크지는 않지만, 해마다 상승하는 바다의 알아차리기 힘든 증가처럼, 그것은 쌓인다. 공룡들이 지구에 살았을 때, 하루는 약 23시간만 지속되었다.

14 정답 녹는 얼음과 상승하는 바다의 가장 놀랍고 믿을 수 없는 결과는 그것들이 합쳐서 일종의 타임머신이라는 것이다.

왜 정답?

핵심 주어가 단수인 consequence이므로 동사도 단수인 is로 쓴 것에 유의해서 해석해야 한다.

15 정답 (1) F (2) T

다음을 읽고, 윗글의 내용과 일치하면 T, 일치하지 않으면 F를 고르시오.

(1) 빙하가 녹고 해수면이 상승하면 중력은 물을 적도 반대 방향으로 당긴다. (T / F)
As the glaciers melt and the seas rise, gravity forces more water toward the equator.

(2) 공룡이 살던 때에 하루는 약 23시간이었다. (T / F)
When dinosaurs lived on the Earth, a day lasted only about twenty-three hours.

왜 정답?

(1) 빙하가 녹고 해수면이 상승할 때 중력은 물을 적도 쪽으로 밀어 넣는다고 했으므로 글의 내용과 일치하지 않는다. (As the glaciers melt and the seas rise, gravity forces more water toward the equator.)

(2) 공룡이 지구에 살았을 때 하루는 23시간에 불과했다고 했으므로 글의 내용과 일치한다. (When dinosaurs lived on the Earth, a day lasted only about twenty-three hours.)

16 정답 ⑤

윗글의 주제로 가장 적절한 것을 고르시오.

① cause of rising temperatures on the Earth
지구의 기온 상승의 원인 — 지구의 기온이 오르는 원인에 대한 내용은 없음

② principles of planets maintaining their shapes
행성이 모양을 유지하는 원리 — 행성의 모양이 변화한다고 했음

③ implications of melting ice on marine biodiversity
녹는 얼음이 해양 생물의 다양성에 미치는 영향 — 해양 생물에 대한 내용은 없음

④ way to keep track of time without using any device 마지막 문장에 시간을 언급한 것으로 만든 함정
장치를 사용하지 않고 시간을 기록하는 방법

⑤ impact of melting ice and rising seas on the length of a day 빙하가 녹고 바다가 높아지면서 행성의 회전을 늦춰서 하루의 기간을 바꾸고 있다고 했음
녹는 얼음과 해수면 상승이 하루의 길이에 미치는 영향

1st **글에 반복적으로 등장하는 핵심어를 찾아 글의 내용을 예상한다.**

The most remarkable and unbelievable consequence of melting ice and rising seas is that together they are a kind of time machine, so real that they are altering the duration of our day. It works like this: As the glaciers melt and the seas rise, gravity forces more water toward the equator. This changes the shape of the Earth ever so slightly, making it fatter around the middle, which in turns slows the rotation of the planet similarly to the way a ballet dancer slows her spin by spreading out her arms. The slowdown isn't much, just a few thousandths of a second each year, but like the barely noticeable jump of rising seas every year, it adds up. When dinosaurs lived on the Earth, a day lasted only about twenty-three hours.

➡ 글에서 melting ice, rising seas, duration of our day, slows 등의 표현이 반복적으로 등장한다.

'녹는 얼음(melting ice)'과 '해수면 상승(rising seas)'이 '우리 하루의 기간(duration of our day)'을 '늦추는(slows)' 결과를 가져온다는 내용일 것이다.

2nd **핵심어에 대한 필자의 생각을 드러내는 문장을 찾는다.**

1 녹는 얼음과 상승하는 바다의 가장 놀랍고 믿을 수 없는 결과는 그것들이 합쳐서 일종의 타임머신이라는 것이고, 이것은 너무나 현실적이어서 그것들이 우리 하루의 기간을 바꾸고 있다.

➡ 얼음이 녹고 해수면이 상승하는 것으로 인해 우리 하루의 길이가 바뀌고 있다.

지구 온난화로 하루의 길이가 바뀌고 있음

2 이 감속이 매년 단지 몇천 분의 1초로 크지는 않지만, 해마다 상승하는 바다의 알아차리기 힘든 증가처럼, 그것은 쌓인다.

➡ 빙하가 녹고 바다가 높아지면서 적도로 물이 모이게 되고 지구의 회전이 늦춰지는 것이 쌓일 것이다.

감속이 쌓이면서 결국 하루의 길이가 바뀔 것임

3rd **위에서 찾은 문장을 종합하여 주제를 추론하고, 정답을 고른다.**

➡ **글의 주제:** 얼음이 녹고 해수면이 상승함에 따라 지구의 회전 속도가 늦어져 하루의 길이가 바뀐다.

⑤ '녹는 얼음과 해수면 상승이 하루의 길이에 미치는 영향'이 글의 주제로 적절함

17 정답 which

윗글의 빈칸에 들어갈 관계대명사를 쓰시오.

This changes the shape of the Earth ever so slightly, making it fatter around the middle, which in turns slows the rotation of the planet similarly to the way a ballet dancer slows her spin by spreading out her arms.

이것은 지구의 모양을 아주 약간 변화시켜 가운데 주변으로 그것을 더 불룩하게 만들고, 이것은 결과적으로 발레 무용수가 양팔을 뻗어서 그녀의 회전을 늦추는 방식과 유사한 방식으로 행성의 회전을 늦춘다.

왜 정답?

지구의 모양이 중심부가 불룩한 모양으로 바뀌어, 이것이 지구의 회전을 늦춘다는 내용으로 이어진다. 즉 빈칸 전의 문장 전체가 뒤에 나오는 내용의 선행사이므로 계속적 용법의 관계대명사 which가 와야 한다.

G REVIEW 어휘 테스트

▸문제편 p. 68

01 우주비행사 02 방사능 03 온도

04 중력 05 atmosphere

06 nightmare 07 predator

08 unbelievable

09 ③ [두드러지는 : 주목할 만한]
① 미묘한 : 알아차릴 수 있는, 뚜렷한 ② 떠다니다 : 가라앉다
④ 표면 : 중심

10 ④ [남다 : 증발하다]
① 회전 : 돌다 ② 원리 : 원칙 ③ 기간 : (지속되는) 기간

11 ② [개선되다 : 향상되다]
① 확대 : 축소 ③ 사라지다 : 존재하다 ④ 퇴화 : 성장

12 ① [벗다 : 입다]
② 해로운 : 파괴적인 ③ 방어하다 : 보호하다 ④ 방향 : 방향

13 ② [대부분의 경우에서]
① 신속하게 ② 일반적으로 ③ 바삐 ④ 급격히

14 ① [특정한 행동이나 환경의 결과]
① 결과 ② 근거 ③ 낙진 ④ 메아리

15 molten [(곰팡이 / 녹은) 유리를 조형할 때 조심해야 한다.]

16 Competition [(경쟁 / 비교)이[가] 날이 갈수록 치열해지고 있다.]

17 revolution [기차는 산업 (혁명 / 폐지)의 중요한 부분이었다.]

18 massive 19 wage 20 biodiversity

21 shoreline

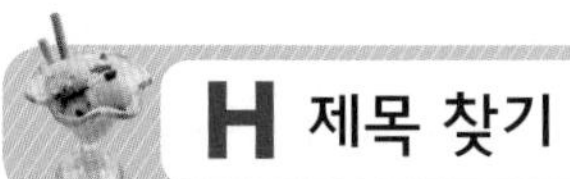

H 제목 찾기

01 ~ 05 ····· ▶ 문제편 pp. 70~72

*성공적인 커리어가 야기할 수 있는 문제점

Success can lead you / off your intended path / and into a comfortable rut. // 03번, 04번 단서 1: 성공을 통해서 편안한 삶을 살게 될 수 있음
(전치사구의 병렬 구조)
성공은 여러분을 이끌 수 있다 / 의도한 길에서 벗어나 / 틀에 박힌 편안한 생활로 //

If you are good at something / and are (A) [well / poorly] rewarded for doing it, / you may want to keep doing it / even if you stop enjoying it. // 01번 단서: 그 일을 즐기지 않아도 계속 하고 싶을 수 있다고 했음
(양보의 부사절을 이끄는 접속사)
여러분이 어떤 일을 잘하고 / 그것을 하는 것에 대한 보상을 잘 받는다면 / 계속 그것을 하고 싶을 수도 있다 / 그것을 즐기지 않게 되더라도 //

The danger is / (B) [if / that] one day you look around and realize / you're so deep in this comfortable rut / that you can no longer see the sun / or breathe fresh air; /
(주격 보어절 접속사) (so ~ that ...: 너무 ~해서 …하다)
위험한 점은 ~이다 / 어느 날 여러분이 주변을 둘러보고 깨닫게 된다는 것이다 / 자신이 틀에 박힌 이 편안한 생활에 너무나 깊이 빠져 있어서 / 더는 태양을 보거나 / 신선한 공기를 호흡할 수 없다는 것을 /

the sides of the rut / have become so slippery / that it would take a superhuman effort to climb out; / and, effectively, you're stuck. // 03번, 04번 단서 2: 성공에 빠져 틀에 갇히면 빠져나오기 힘듦
(so ~ that ...: 너무 ~해서 …하다)
그 틀에 박힌 생활의 양쪽 면이 / 너무나 미끄럽게 되어 / 기어올라 나오려면 초인적인 노력이 필요할 것이고 / 사실상 자신이 꼼짝할 수 없다는 것을 //

And it's a situation / that many working people worry / they're in now. //
(동격절을 이끄는 접속사)
그리고 그것은 상황이다 / 많은 근로자가 걱정하는 / 현재 자신이 처해 있다고 //

The poor employment market / has left them feeling locked / in what may be a secure, or even well-paying / — but ultimately unsatisfying — job. // 04번 단서 3: 결국 보수가 좋을 수 있지만 불만족스러운 일자리에 갇히게 됨
열악한 고용 시장이 / 그들을 갇혀 있다고 느끼게 해 놓았다 / 안정적이거나 심지어 보수가 좋을 수도 있지만 / 궁극적으로는 만족스럽지 못한 일자리에 //

성공은 여러분을 의도한 길에서 벗어나 틀에 박힌 편안한 생활로 이끌 수 있다. 여러분이 어떤 일을 잘하고 그것을 하는 것에 대한 보상을 (A) 잘 받는다면, 그것을 즐기지 않게 되더라도 계속 그것을 하고 싶을 수도 있다. 위험한 점은 어느 날 여러분이 주변을 둘러보고, 자신이 틀에 박힌 이 편안한 생활에 너무나 깊이 빠져 있어서 더는 태양을 보거나 신선한 공기를 호흡할 수 없으며, 그 틀에 박힌 생활의 양쪽 면이 너무나 미끄럽게 되어 기어올라 나오려면 초인적인 노력이 필요할 것이고, 사실상 자신이 꼼짝할 수 없다는 것을 깨닫게 된다는 것이다. 그리고 그것은 많은 근로자가 현재 자신이 처해 있다고 걱정하는 상황이다. 열악한 고용 시장이 그들을 안정적이거나 심지어 보수가 좋을 수도 있지만, 궁극적으로는 만족스럽지 못한 일자리에 갇혀 있다고 느끼게 해 놓았다.

01 정답 well

윗글의 네모 (A)에 주어진 단어 중 글의 흐름상 적절한 것을 골라 쓰시오.

If you are good at something and are (A) [well / poorly] rewarded for doing it, you may want to keep doing it even if you stop enjoying it.
여러분이 어떤 일을 잘하고 그것을 하는 것에 대한 보상을 (A) [잘 / 못] 받는다면, 그것을 즐기지 않게 되더라도 계속 그것을 하고 싶을 수도 있다.

왜 정답?

어떤 일을 잘하고 보상을 '잘(well)' 받아야 그 일을 즐기지 않더라도 계속 그것을 하고 싶을 것이다.

02 정답 it would take a superhuman effort to climb out

윗글의 밑줄 친 우리말 해석과 일치하도록 주어진 표현을 적절하게 배열하시오.

(to climb out, it, a, superhuman, would take, effort)

왜 정답?

비인칭 주어 it, 동사는 would take이고, '기어올라 나오려면'을 뜻하는 to climb out이 오도록 배열해야 한다.

03 정답 (1) success (2) stuck

윗글을 다음과 같이 요약할 때, 다음 빈칸에 들어갈 말로 가장 적절한 것을 〈보기〉에서 찾아 쓰시오.

〈보기〉

stuck	failure	free	success
갇혀 있는	실패	자유로운	성공

The danger of (1) success leading to staying in a comfortable yet unsatisfying job causes individuals to feel (2) stuck, especially during a poor job market.
편안하지만 불만족스러운 일자리에 머물게 이끄는 (1) 성공의 위험은, 특히 열악한 고용 시장에서, 개인이 (2) 갇혀 있다고 느끼도록 만든다.

왜 정답?

'성공(success)'의 틀에 갇히면 편안한 생활에 빠져서 결국 만족스럽지 못한 일자리에 '갇혀 있다고(stuck)' 느끼게 된다고 했다.

04 정답 ②

윗글의 제목으로 가장 적절한 것을 고르시오.

① Don't Compete with Yourself 자신과 겨루지 말라는 내용이 아님
자신과 겨루지 말라
② A Trap of a Successful Career
성공적인 커리어의 함정 성공적 커리어를 가졌을 때 야기될 수 있는 문제점에 대한 내용
③ Create More Jobs for Young People 전혀 관련이 없는 내용
젊은이들을 위한 더 많은 직업을 만들어라
④ What Difficult Jobs Have in Common
어려운 직업들이 갖는 공통점 어려운 직업들에 대한 내용은 없음
⑤ A Road Map for an Influential Employer 성공을 향해
영향력 있는 고용주를 위한 로드맵 몰두하는 근로자가 처할 수 있는 문제점에 대한 내용임

왜 정답?

성공은 틀에 박힌 편안한 생활로 이끌 수 있고, 편안한 생활에 갇혀 그 상태에서 벗어나기 힘들게 만들 수 있다고 했다. 이렇게 되면 그 상태에서 벗어나기 위해 많은 노력이 필요할 것이고, 보통 성공적이라고 하는 안정적이고 보수 좋은 일자리가 사실은 불만족스러운 일자리라는 내용이다.
따라서 이 글의 제목으로 가장 적절한 것은 ② '성공적인 커리어의 함정'이다.

왜 오답?

① 자신과 겨루지 말라는 내용이 아니다.
③ 젊은이들을 위한 더 많은 직업을 만들라는 것은 전혀 관련이 없는 내용이다.
④ 어려운 직업들에 대한 내용은 없다.
⑤ 고용주가 아니라 성공을 향해 몰두하는 근로자가 처할 수 있는 문제점에 대한 내용이다.

05 정답 that

윗글의 네모 (B)에서 어법상 적절한 것을 고르시오.

The danger is (B) [if / that] one day you look around and realize you're so deep in this comfortable rut that you can no longer see the sun or breathe fresh air; 위험한 점은 어느 날 여러분이 주변을 둘러보고, 자신이 틀에 박힌 이 편안한 생활에 너무나 깊이 빠져 있어서 더는 태양을 보거나 신선한 공기를 호흡할 수 없다는 것을 깨닫게 된다는 것이다.

왜 정답?

이 문장에서 주어는 The danger, 동사는 is이므로, 다음에 나오는 주격 보어절(one day ~)을 이끄는 접속사가 와야 하는 자리이다. 따라서 보어절을 이끄는 접속사 that이 어법상 적절하다.

06 ~ 09

▶ 문제편 p. 73

*스트레스를 받으면 소리를 지르는 식물

06번 단서, 08번 단서 1: 식물들이 스트레스를 받을 때 소리를 낸다고 했음

Researchers have discovered / that plants make sounds / when they are stressed. // (목적어절을 이끄는 접속사)

연구원들은 발견했다 / 식물들이 소리를 낸다는 것을 / 그들이 스트레스를 받을 때 //

The noises are similar / to a human cry or scream. //

그 소음들은 비슷하다 / 인간의 울음소리나 비명 소리와 //

Researchers believe / ⓐ the sounds are specific enough / to study / and to respond to their needs. //

연구원들은 믿는다 / 그 소리들이 충분히 구체적이라고 / 연구하기에 / 그리고 그들의 요구에 반응하기에 //

Plants produce specific sound waves / under stressful environment, / such as drought, wind, and insect attacks. // 07번 (1) 단서, 08번 단서 2: 가뭄, 바람, 곤충의 공격과 같은 상황에서 음파를 만들어낸다고 했음

식물들은 특정한 음파를 만들어낸다 / 스트레스가 많은 환경에서 / 가뭄, 바람, 곤충의 공격과 같은 //

Furthermore, / each plant and each type of stress / creates different sounds. // 07번 (2) 단서: 식물들이 내는 소리의 주파수가 너무 높아서 인간이 들을 수 없음

게다가 / 각각의 식물과 각각의 스트레스 유형은 / 다른 소리를 만들어낸다 //

too ~ to ...: 너무 ~해서 …할 수 없다

Unfortunately, / the frequency of the plant sound / is at too high / for the human ear to pick up. //

안타깝게도 / 식물 소리의 주파수는 / 너무 높아서 / 인간의 귀로 들을 수 없다 //

Humans can only hear / frequencies of up to 16 kilohertz, / while the sounds produced by plants / are up to 250 kilohertz. // (대조를 나타내는 접속사)

인간은 오직 들을 수 있다 / 최대 16킬로헤르츠의 주파수를 / 반면 식물이 내는 소리는 / 최대 250킬로헤르츠이다 //

In the farming industry, / ⓑ interpret(→ interpreting) these sounds / could help a lot / to understand crops' needs. // (동명사 주어)

농업에서 / 이러한 소리를 해석하는 것은 / 많은 도움이 될 수 있다 / 농작물의 요구를 이해하는 데 //

For example, / farmers could get a hint / when crops need water / and water them / more efficiently, /

예를 들어 / 농부들은 힌트를 얻을 수 있다 / 언제 농작물들이 물을 필요로 하는지 / 그리고 그들에게 물을 줄 수 있다 / 더욱 효율적으로 /

using specialized equipment / that can detect / the sounds of plants. // (분사구문) (주격 관계대명사)

전문 장비를 사용해서 / 감지할 수 있는 / 식물의 소리를 //

연구원들은 식물들이 스트레스를 받을 때 소리를 낸다는 것을 발견했다. 그 소음들은 인간의 울음소리나 비명 소리와 비슷하다. 연구원들은 ⓐ 그 소리들이 연구하기에 그리고 식물들의 필요에 반응하기에 충분히 구체적이라고 믿고 있다. 식물은 가뭄, 바람, 곤충의 공격과 같은 스트레스가 많은 환경에서 특정한 음파를 만들어낸다. 게다가, 각각의 식물과 각각의 스트레스 유형은 다른 소리를 만들어낸다. 안타깝게도, 식물 소리의 주파수는 너무 높아서 인간의 귀로 들을 수 없다. 인간은 최대 16킬로헤르츠의 주파수만 들을 수 있는 반면, 식물이 내는 소리는 최대 250킬로헤르츠이다. 농업에서 이러한 소리를 해석하는 것은 농작물의 요구를 이해하는 데 많은 도움이 될 수 있다. 예를 들어, 식물의 소리를 감지할 수 있는 전문 장비를 사용해서 농부들은 언제 농작물에 물이 필요한지 힌트를 얻을 수 있고 더 효율적으로 물을 줄 수 있다.

06 정답 ③

밑줄 친 ⓐ the sounds가 의미하는 바로 가장 적절한 것을 고르시오.

① 자연 속의 다양한 고주파 소리
② 인간의 울음소리나 소리 지르는 소음
③ 식물들이 스트레스 받을 때 만들어 내는 소리

왜 정답?

앞에서 말한 인간의 울음소리나 비명 소리와 비슷한, 식물들이 스트레스를 받을 때 내는 소리를 가리키므로 정답은 ③이다.

07 정답 (1) T (2) F

다음을 읽고, 윗글의 내용과 일치하면 T, 일치하지 않으면 F를 고르시오.

(1) 가뭄, 병충해가 있을 때 식물들은 음파를 만들어낸다. (T / F)
Plants produce specific sound waves under stressful environment, such as drought, wind, and insect attacks.

(2) 식물들이 내는 소리의 주파수는 너무 낮아 인간이 인식할 수 없다. (T / F)
Unfortunately, the frequency of the plant sound is at too high for the human ear to pick up.

왜 정답?

(1) 가뭄, 바람, 곤충의 공격과 같은 스트레스가 많은 상황에서 식물은 소리를 낸다고 했다. (Plants produce specific sound waves under stressful environment, such as drought, wind, and insect attacks.) 따라서 글의 내용과 일치한다.

(2) 식물들이 내는 소리의 주파수가 너무 높아 인간이 들을 수 없다고 했다. (Unfortunately, the frequency of the plant sound is at too high for the human ear to pick up.) 따라서 글의 내용과 일치하지 않는다.

08 정답 ④

윗글의 제목으로 가장 적절한 것을 고르시오.

① Human Screams Scare Plants
인간의 비명이 식물을 무섭게 한다 식물의 소리가 인간의 비명과 비슷하다고 했을 뿐임
② Crops Cannot Signal Their Needs 식물의 소리를 해석하는 것이
농작물은 그것들의 요구를 신호로 보낼 수 없다 농작물의 요구를 이해하는 데 도움이 된다는
③ Why Watering is Important in Farming 것은 일부 내용
왜 농업에서 물 주는 것이 중요한가 언제 농작물에 물이 필요한지 알 수 있다는 것으로 만든 함정
④ Plants Scream When They are Stressed
식물은 스트레스 받을 때 소리를 지른다 식물이 스트레스를 받으면 특정 음파를 만들어낸다는 내용
⑤ Sound Waves that Humans Can't Catch 식물 소리의 주파수가
인간이 들을 수 없는 음파들 너무 높아서 사람은 들을 수 없다는 것으로 만든 오답

1st 글의 앞부분을 읽으며 이어질 내용을 예상한다.

연구원들은 식물이 스트레스를 받을 때 소리를 낸다는 것을 발견했다. 그 소음들은 인간의 울음소리나 비명 소리와 비슷하다.

→ 식물이 스트레스 받을 때 소리를 만들어 내는데 인간의 울음소리나 비명 소리와 비슷하다는 것이 발견됐다.
식물이 만들어내는 소리에 관한 내용의 글일 것임

2nd 글의 흐름이 전환되는 부분이 있는지 확인한다.

연구원들은 그 소리들이 연구하기에 그리고 식물들의 필요에 반응하기에 충분히 구체적이라고 믿고 있다.

→ 식물이 내는 소리가 연구할 가치가 있다는 언급을 했다.
식물이 스트레스 받을 때 내는 소리에 대한 내용이 이 글의 중심 내용일 것임

3rd 필자의 생각이나 요지가 드러나는 핵심 문장을 찾아 정답을 고른다.

식물은 가뭄, 바람, 곤충의 공격과 같은 스트레스가 많은 환경에서 특정한 음파를 만들어낸다.

→ 가뭄, 바람, 병충해와 같은 스트레스가 많은 상황에서 식물들은 특정한 음파를 만들어낸다고 했다. 이어지는 내용에서도 농업에서 식물의 이런 음파를 해석하면 농작물의 요구를 이해하는 데 많은 도움이 될 수 있다고 했다.
따라서 글의 제목으로 가장 적절한 것은 ④ '식물은 스트레스 받을 때 소리를 지른다'임

09 정답 interpreting

윗글의 밑줄 친 ⓑ interpret를 어법상 바르게 고치시오.

In the farming industry, ⓑ interpret(→ interpreting) these sounds could help a lot to understand crops' needs.
농업에서 이러한 소리를 해석하는 것은 농작물의 요구를 이해하는 데 많은 도움이 될 수 있다.

왜 정답?

동사는 could help이고, 주어가 와야 할 자리이므로 동사원형이 아니라 동명사의 형태인 interpreting을 써야 한다.

10~13 ▶ 문제편 p. 74

***가치 없는 모조품에 낭비된 노력**

Mary was an unhappy woman / born into a poor family / and married to a clerk. //
(앞에 주격 관계대명사와 be동사 생략)
Mary는 불행한 여자였다 / 가난한 가정에서 태어난 / 그리고 사무원과 결혼한 //

One day, / her husband received an invitation / to a fancy party, / but Mary had no suitable dress or jewelry / to wear. //
(형용사적 용법(suitable dress or jewelry 수식))
어느 날 / 그녀의 남편은 초대장을 받았다 / 멋진 파티의 / 그러나 Mary는 알맞은 드레스나 보석이 없었다 / 착용할 //

Her husband suggested / she borrow a necklace / from her wealthy friend Catherine. //
(주장, 제안, 요구 등의 동사 뒤에 나오는 should는 생략함)
그녀의 남편은 제안했다 / 그녀가 목걸이를 빌리기를 / 그녀의 부유한 친구 Catherine으로부터 //

Mary wore a beautiful diamond necklace / borrowed from Catherine / to the party, / and was envied / by everyone there. // 10번, 12번 단서 1: 친구에게 빌린 목걸이를 하고 파티에 감
(앞에 주격 관계대명사와 be동사 생략)
Mary는 아름다운 다이아몬드 목걸이를 착용했다 / Catherine으로부터 빌린 / 파티에 / 그리고 부러움을 받았다 / 거기에 있던 모두에게 //

However, / when they returned home, / Mary discovered / that the necklace was lost. //
(목적어절을 이끄는 접속사)
그러나 / 그들이 집에 왔을 때 / Mary는 발견했다 / 목걸이를 잃어버렸다는 것을 //

They searched everywhere / but to no avail. //
그들은 모든 곳을 뒤졌으나 / 찾지 못했다 // 10번, 12번 단서 2: 잃어버린 목걸이를 새 것으로 사기 위해 많은 돈을 빌림

To replace the lost necklace, / they borrowed money / and bought a new one, / which caused them / ⓐ get(→ to get) into a lot of debt. //
(부사적 용법(목적)) (= necklace) (계속적 용법의 관계대명사) (caused의 목적격 보어)
잃어버린 목걸이를 대체하기 위해 / 그들은 돈을 빌렸다 / 그리고 새 것을 샀다 / 이것은 그들을 만들었다 / 많은 빚에 빠지도록 //

They worked hard / to repay the loans / for ten years. //
(부사적 용법(목적))
그들은 열심히 일했다 / 빚을 갚기 위해 / 10년 동안 //

When they encountered Catherine again, / Mary admitted / that she had lost the necklace. //
(대과거(특정 과거 시점보다 더 이전에 일어난 일을 가리킴))
그들이 Catherine을 다시 만났을 때 / Mary는 고백했다 / 그녀가 목걸이를 잃어버렸었다고 //

But Catherine revealed / that it was a fake. //
(목적어절을 이끄는 접속사)
그러나 Catherine은 밝혔다 / 그것이 가짜였다고 //

Mary was shocked / that her sacrifice and hard work / had been for nothing / but a fake necklace. //
Mary는 충격을 받았다 / 그녀의 희생과 고된 노동이 / 헛된 것에 불과했음에 / 가짜 목걸이를 위한 //
12번 단서 3: 잃어버린 목걸이가 가짜였는데 그것을 위해 많은 돈을 빌리는 헛수고를 했다는 것을 알게 됨

Mary는 가난한 가정에서 태어나 사무원과 결혼한 불행한 여자였다. 어느 날 그녀의 남편이 멋진 파티의 초대장을 받았지만 Mary는 착용할 알맞은 드레스와 보석이 없었다. 그녀의 남편은 그녀의 부유한 친구 Catherine으로부터 목걸이를 빌리는 것을 제안했다. Mary는 Catherine으로부터 빌린 아름다운 다이아몬드 목걸이를 착용하고 파티에 갔고, 거기에 있는 모두에게 부러움을 받았다. 그러나 그들이 집에 왔을 때 Mary는 목걸이를 잃어버렸다는 것을 발견했다. 그들은 모든 곳을 뒤졌으나 결국 찾지 못했다. 잃어버린 목걸이를 대체하기 위해 그들은 돈을 빌려 새것을 샀고, 이것은 그들을 많은 빚에 빠지게 만들었다. 그들은 빚을 갚기 위해 10년 동안 열심히 일했다. 그들이 Catherine을 다시 만났을 때 Mary는 그 목걸이를 잃어버렸었다고 고백했다. 그러나 Catherine은 그것이 가짜였다는 것을 밝혔다. Mary는 그녀의 희생과 고된 노동이 가짜 목걸이를 위한 헛된 것에 불과했다는 사실에 충격을 받았다.

10 정답 borrowed

윗글의 내용과 일치하도록 빈칸에 공통으로 들어갈 적절한 말을 윗글에서 찾아 쓰시오.

Mary and her husband borrowed money to replace a borrowed necklace.
Mary와 그녀의 남편은 빌린 목걸이를 대체하기 위해 돈을 빌렸다.

왜 정답?

Mary는 남편의 제안으로 그녀의 부유한 친구인 Catherine에게서 '빌린' 목걸이를 잃어버리게 되고, 새 목걸이를 사기 위해 돈을 '빌렸다'고 했으므로 정답은 borrowed이다.

11 정답 Mary admitted that she had lost the necklace

윗글의 밑줄 친 우리말 해석과 일치하도록 주어진 표현을 적절하게 배열하시오.

(admitted, she, the necklace, had, that, Mary, lost)

왜 정답?

주절의 주어는 Mary, 동사는 admitted이고, 접속사 that이 이끄는 절의 시제가 대과거인 had lost가 되도록 배열해야 한다.

12 정답 ③

윗글의 제목으로 가장 적절한 것을 고르시오.

① The Social Significance of Jewelry
보석의 사회적 중요성 — 파티에 입고 갈 알맞은 보석이 없었다는 것은 일부 내용
② The Difficulty of Finding a True Friend
진정한 친구를 찾는 것의 어려움 — 모조품을 빌려준 Catherine만 보고 고를 수 있는 오답
③ Efforts Wasted on a Worthless Imitation
가치 없는 모조품에 낭비된 노력 — 모조품인 목걸이를 진짜인 줄 알고 다시 사기 위해 많은 빚을 지고 고생했다는 내용
④ The Social Pressures to Join a Community
공동체 참여에 대한 사회적 압력 — 멋진 파티에 초대받게 된 것으로 만든 오답
⑤ Being in Poverty Makes You Lack Confidence
가난한 것은 당신을 자신감이 부족하게 만든다 — 파티에 하고 갈 보석이 없어서 친구에게 목걸이를 빌렸다고 했지만 이것이 중심 내용은 아님

1st 글의 앞부분을 읽으며 이어질 내용을 예상한다.

Mary는 가난한 가정에서 태어나 사무원과 결혼한 불행한 여자였다. 어느 날 그녀의 남편이 멋진 파티의 초대장을 받았지만 Mary는 착용할 알맞은 드레스와 보석이 없었다. 그녀의 남편은 그녀의 부유한 친구 Catherine으로부터 목걸이를 빌리는 것을 제안했다.

➡ 형편이 좋지 않은 Mary가 남편과 화려한 파티에 가기 위해 그녀의 부유한 친구인 Catherine으로부터 목걸이를 빌렸다.

Mary가 부유한 친구인 Catherine으로부터 빌린 목걸이로 인해 발생하는 일에 대한 글일 것임

2nd 글의 흐름이 전환되는 부분이 있는지 확인한다.

그러나(However) 그들이 집에 왔을 때 Mary는 목걸이를 잃어버렸다는 것을 발견했다. 그들은 모든 곳을 뒤졌으나 결국 찾지 못했다. 잃어버린 목걸이를 대체하기 위해 그들은 돈을 빌려 새것을 샀고, 이것은 그들을 많은 빚에 빠지게 만들었다.

➡ 부유한 친구로부터 빌린 목걸이를 잃어버리는 바람에 이를 대체할 새 목걸이를 사기 위해 Mary와 남편은 많은 빚을 졌다.

친구의 목걸이를 분실하게 되면서 많은 돈을 빌려서 새 목걸이를 샀음

3rd 필자의 생각이나 요지가 드러나는 핵심 문장을 찾아 정답을 고른다.

그러나(But) Catherine은 그것이 가짜였다는 것을 밝혔다. Mary는 그녀의 희생과 고된 노동이 가짜 목걸이를 위한 헛된 것에 불과했다는 사실에 충격을 받았다.

➡ 모조품을 대체하느라 많은 빚을 지고 갚는 헛수고를 했다는 사실을 깨달았다.

따라서 글의 제목으로 가장 적절한 것은 ③ '가치 없는 모조품에 낭비된 노력'임

13 정답 to get

윗글의 밑줄 친 ⓐ get을 어법상 바르게 고치시오.

To replace the lost necklace, they borrowed money and bought a new one, which caused them ⓐ get(→ to get) into a lot of debt.
잃어버린 목걸이를 대체하기 위해, 그들은 돈을 빌려 새 것을 샀고, 이것은 그들을 많은 빚에 빠지게 만들었다.

왜 정답?

cause는 to부정사를 목적격 보어로 취하는 동사로, 「cause+목적어+목적격 보어」는 '~가 …하게 하다'의 의미이다. 따라서 get을 to부정사인 to get으로 고쳐야 어법상 적절하다.

14~17

▶ 문제편 p. 75

＊자신감을 회복하고 싶다면?

Sometimes, / an unconfident attitude is like a weed / growing in the mud / of an old, painful memory / (or collection of memories). //
(a weed를 수식하는 현재분사구)
때때로 / 자신감 없는 태도는 잡초와 같다 / 진흙에서 자라는 / 오래되고 고통스러운 기억이라는 / (또는 기억의 모음) //

(A) For example, / if a girl gave you a particularly harsh rejection, / you might never be confident / around women / after that. // 14번 단서 1: 과거의 고통스러운 기억으로 인한 자신감 없는 태도의 예시
예를 들어 / 만약 한 소녀가 당신을 특히 모질게 거절했다면 / 당신은 다시는 자신감을 갖지 못할 수도 있다 / 여성 주변에서 / 그 이후로 //

If you want / to have your confidence back, /
만약 당신이 원한다면 / 자신감을 회복하기를 / 15번, 16번 단서 1: 과거의 경험으로 잃은 자신감을 되찾기 위해 할 일을 설명함

you can revisit those old memories / one by one, / and reprocess them / by ⓐ [reframing / reframed] / their meaning and significance. // 15번, 16번 단서 2: 옛 기억을 다시 떠올려 재가공해야 함
(전치사+-ing)
당신은 그 오래된 기억들을 다시 떠올릴 수 있고 / 하나씩 / 그것들을 재가공할 수 있다 / 다시 구성함으로써 / 그것들의 의미와 중요성을 //

Replace irrational meanings / with rational meanings. //
(replace A with B: A를 B로 대체하다)
불합리한 의미를 대체해라 / 합리적인 의미로 //

You could reprocess / the memory of the harsh rejection, / (B) for example, / by recognizing / that the rejection came at a time / when you were inexperienced / 14번 단서 2: 다시 구성하는 방법의 예시
(by -ing: ~함으로써) (선행사) (관계부사)
당신은 다시 구성할 수 있다 / 그 모진 거절의 기억을 / 예를 들면 / 인식함으로써 / 그 거절이 (~한) 시기에 일어났다고 / 당신이 미숙했던 /

— but that you've grown / to be better, wiser, and stronger / since then. //
그러나 당신은 성장했다고 / 더 나아지고 현명해지고 강해지도록 / 그때 이후로 //

You need no longer experience yourself / as the person depicted / in those old memories, those old bits of scratchy, mental movie-film. //
당신은 더 이상 자신을 경험할 필요가 없다 / 묘사되는 사람으로 / 그 옛날 기억, 상처받고 심적인 영화 장면의 그 오래된 조각에서 //

You can be free / from the painful memory / and be confident again. // 16번 단서 3: 그렇게 하면 자신감을 회복할 수 있음
당신은 자유로울 수 있다 / 그 고통스러운 기억에서 / 그리고 다시 자신감을 가질 수 있다 //

때때로, 자신감 없는 태도는 오래되고 고통스러운 기억(또는 기억의 모음)이라는 진흙에서 자라는 잡초와 같다. (A) 예를 들어, 만약 한 소녀가 당신을 특히 모질게 거절했다면, 당신은 그 이후로 다시는 여성 주변에서 자신감을 갖지 못할 것이다. 만약 당신이 자신감을 회복하기를 원한다면, 그 오래된 기억들을 하나씩 다시 떠올려서 그것들의 의미와 중요성을 다시 구성함으로써 재가공할 수 있다. 불합리한 의미를 합리적인 의미로 대체해라. (B) 예를 들면, 그 거절은 당신이 미숙했을 때 있었던 일이며 그때 이후로 더 나아지고 현명해지고 강해지도록 성장했다고 인식함으로써 그 모진 거절의 기억을 다시 구성할 수 있을 것이다. 당신은 더 이상 그 옛날 기억과 상처받고 심적인 영화 장면의 그 오래된 조각에서 묘사되는 사람으로 자신을 경험할 필요가 없다. 당신은 그 고통스러운 기억에서 자유로워지고 다시 자신감을 가질 수 있다.

14 정답 ④

윗글의 빈칸 (A), (B)에 공통으로 들어갈 연결어로 가장 적절한 것을 고르시오.

① however 그러나 ② moreover 게다가 (부가적인 정보를 제시하는 것이 아님)
③ in contrast 대조적으로 (①, ③ 앞부분과 반대되는 내용이 이어지고 있지 않음)
④ for example 예를 들어 (A), (B) 모두 앞부분에 대한 예시가 이어지고 있음
⑤ on the other hand 다른 한편으로는 (내용이 전환되고 있지 않음)

왜 정답?

앞 문장에서, 때때로 오래되고 고통스러운 기억 때문에 자신감을 잃는다는 설명을 했고, (A) 이후로 한 소녀에게서 받은 모진 거절 때문에 여성들 주변에서 다시는 자신감을 갖지 못하게 된다는, 앞 문장에 대한 구체적인 예시를 제시했으므로 (A)에는 ④ for example(예를 들어)이 적절하다.
(B)의 경우도, 오래된 기억을 다시 떠올려서 그 의미를 재구성하는 예시를 이끌고 있으므로 ④ for example이 (B)에 들어가야 한다.

왜 오답?

①, ③ however나 in contrast는 앞 내용과 반대되는 내용이 이어질 때 사용하는 연결어이다. 앞부분에 대한 구체적인 예시가 이어지고 있으므로 이러한 연결어는 적절하지 않다.
② '게다가, 더욱이'라는 의미의 moreover는 앞부분에 나온 내용에 덧붙이는 정보를 제시할 때 쓰인다.
⑤ 앞부분의 내용이 다른 내용으로 전환되는 것이 아니므로 적절하지 않다.

15 정답 (1) memories (2) confidence

윗글을 다음과 같이 요약할 때, 다음 빈칸에 들어갈 말로 가장 적절한 것을 〈보기〉에서 찾아 쓰시오.

〈보기〉
rejections 거절 / confidence 자신감 / memories 기억 / rationality 합리(성)

Unconfident attitudes can be caused by painful (1) memories, but they can be reprocessed and reframed to regain (2) confidence.
자신감 없는 태도는 고통스러운 (1) 기억에 의해 생겼을 수 있지만, 그것들은 재가공되고 다시 구성되어 (2) 자신감을 다시 얻을 수 있다.

왜 정답?

고통스러운 '기억(memories)' 때문에 자신감 없는 태도를 가질 수 있지만, 그 기억들의 의미와 중요성을 다시 구성함으로써 '자신감(confidence)'을 회복할 수 있다는 내용이다.

16 정답 ④

윗글의 제목으로 가장 적절한 것을 고르시오.

① How to Become a Rational Man 합리적인 사람이 되는 방법 — 자신감을 되찾는 것이 목표임
② Secrets of Living with an Open Mind 열린 마음으로 사는 비법 — 열린 마음에 대한 언급은 없음
③ Childhood Memory: Hard to Forget 어린 시절의 기억: 잊기 어려운 — 잊기 어려운 기억에 관한 글이 아님
④ Travel Back and Treat Your Wounds 되돌아가서 상처를 치료하라 — 과거의 고통스러운 기억을 재가공하여 치료함
⑤ Being Confident Gives You Motivation 자신감 있는 태도는 동기를 부여한다 — 과거 경험에 합리적인 의미를 부여함으로써 자신감을 회복시킴

1st 글의 앞부분을 읽으며 이어질 내용을 예상한다.

때때로, 자신감 없는 태도는 오래되고 고통스러운 기억(또는 기억의 모음)이라는 진흙에서 자라는 잡초와 같다.

→ 과거의 고통스러운 기억으로 인해서 자신감 없는 태도를 가질 수 있다.
↳ 자신감 없는 태도를 극복하는 것에 대한 글일 것임

2nd 글의 흐름이 전환되는 부분이 있는지 확인한다.

만약(If) 당신이 자신감을 회복하기를 원한다면, 그 오래된 기억들을 하나씩 다시 떠올려서 그것들의 의미와 중요성을 다시 구성함으로써 재가공할 수 있다.

→ 조건을 나타내는 접속사 If를 써서 자신감을 회복하려면 어떻게 해야 하는지 말하고 있다.
↳ 자신감을 회복하려면 기억들을 떠올려서 다시 구성함으로써 재가공해야 함

3rd 필자의 생각이나 요지가 드러나는 핵심 문장을 찾아 정답을 고른다.

당신은 그 고통스러운 기억에서 자유로워지고 다시 자신감을 가질 수 있다.

→ 고통스러운 기억을 떠올려서 다시 재가공함으로써 자신감을 회복할 수 있다.
↳ 따라서 글의 제목으로 가장 적절한 것은 ④ '되돌아가서 상처를 치료하라'임

17 정답 reframing

윗글의 ⓐ에서 어법상 적절한 것을 고르시오.

If you want to have your confidence back, you can revisit those old memories one by one, and reprocess them by ⓐ [reframing / reframed] their meaning and significance.
만약 당신이 자신감을 회복하기를 원한다면, 그 오래된 기억들을 하나씩 다시 떠올려서 그것들의 의미와 중요성을 다시 구성함으로써 재가공할 수 있다.

왜 정답?

앞에 전치사 by가 있으므로 뒤에는 동명사 형태가 와서 '~함으로써'라는 뜻을 완성해야 한다. 따라서 reframing이 어법상 적절하다.

H REVIEW 어휘 테스트

▸문제편 p. 76

01 가뭄 02 장비 03 태도
04 초인적인 05 to no avail 06 crop
07 irrational 08 reframe
09 ① [대출, 빚]
① 대출 ② 자산 ③ 가짜 ④ 반품
10 ③ [영향력 있는]
① 하찮은 ② 서투른 ③ 권위 있는 ④ 무력한
11 ④ [만나다, 마주치다]
① 피하다 ② 회피하다 ③ 도망치다 ④ 맞서다
12 ② [합리적인]
① 터무니없는 ② 논리적인 ③ 말도 안 되는 ④ 비논리적인
13 ① [끝에서, 마침내]
① 궁극적으로 ② 순간적으로 ③ 분명히 ④ 바로
14 ③ [확고히 위치해 위험에 빠질 리 없는]
① 보존된 ② 완화하는 ③ 안정적인 ④ 덮은
15 ① [체계적이고 효과적인 방법으로 일하는]
① 효율적으로 ② 본능적으로 ③ 능란하게 ④ 철저히
16 envy [남들을 (끝내지 / 부러워하지) 말고 너 자신에게 만족해라.]
17 sacrifice [그는 고귀하게 (신성 모독 / 희생)했다.]
18 slippery [(미끄러운 / 긁힌 자국이 있는, 낡은) 도로에서 조심해라.]
19 replace 20 suggest 21 reveal
22 detect 23 breathe

I 밑줄 친 부분의 의미 찾기

01~05 ▶ 문제편 pp. 78~80

＊기술 발전으로 인해 야기되는 건강 문제

If we adopt technology, / we need to pay its costs. //
만약 우리가 기술을 받아들이면 / 우리는 그것의 비용을 치러야 한다 //

Thousands of traditional livelihoods / have been pushed aside / by progress, / and the lifestyles around those jobs removed. // 01번 단서: 기술이 발전하면서 전통적인 생계 수단이 밀려남
수천 개의 전통적인 생계 수단이 / 밀려났으며 / 발전에 의해 / 그 직업과 관련된 생활 방식이 없어졌다 //

Hundreds of millions of humans today / work at jobs they hate, / ⓐ produce(→ producing) things they have no love for. //
(사이에 목적격 관계대명사 생략; = and they produce(분사구문))
오늘날 수억 명의 사람들이 / 자기가 싫어하는 / 일자리에서 일하면서 / 자신이 아무런 애정을 느끼지 못하는 것들을 생산한다 //

Sometimes / these jobs cause / physical pain, / disability, / or chronic disease. //
때때로 / 이러한 일자리는 유발한다 / 육체적 고통 / 장애 / 또는 만성 질환을 //

Technology creates many new jobs / that are certainly dangerous. //
(that: 주격 관계대명사)
기술은 많은 새로운 일자리를 창출한다 / 확실히 위험한 //

At the same time, / mass education and media train humans / to avoid low-tech physical work, / to seek jobs working in the digital world. // 04번 단서 1: 과거와 다르게 인간이 육체노동을 적게 하는 직종에 많이 종사하게 됨
동시에 / 대중 교육과 대중 매체는 인간을 훈련시킨다 / 낮은 기술의 육체노동을 피하고 / 디지털 세계에서 일하는 직업을 찾도록 //

The divorce of the hands from the head / puts a stress / on the human mind. //
(단수 주어 / 단수 동사)
머리로부터 손이 단절되는 것은 / 부담을 준다 / 인간의 정신에 //

Indeed, / the sedentary nature of the best-paying jobs / is a health risk / — for body and mind. //
(단수 주어 / 단수 동사)
실제로 / 가장 보수가 좋은 직업의 주로 앉아서 하는 특성은 / 건강 위험 요소이다 / 신체와 정신에 // 04번 단서 2: 현대 사회의 기술 발전으로 인해 생겨난 직종은 건강상 부정적 영향을 미칠 수 있음

만약 우리가 기술을 받아들이면, 우리는 그것의 비용을 치러야 한다. 수천 개의 전통적인 생계 수단이 발전에 의해 밀려났으며, 그 직업과 관련된 생활 방식이 없어졌다. 오늘날 수억 명의 사람들이 자기가 싫어하는 일자리에서 일하면서, 자신이 아무런 애정을 느끼지 못하는 것들을 생산한다. 때때로 이러한 일자리는 육체적 고통, 장애 또는 만성 질환을 유발한다. 기술은 확실히 위험한 많은 새로운 일자리를 창출한다. 동시에, 대중 교육과 대중 매체는 낮은 기술의 육체노동을 피하고 디지털 세계에서 일하는 직업을 찾도록 인간을 훈련시킨다. 머리로부터 손이 단절되는 것은 인간의 정신에 부담을 준다. 실제로, 가장 보수가 좋은 직업의 주로 앉아서 하는 특성은 신체와 정신에 건강 위험 요소이다.

01 정답 technology

윗글의 내용과 일치하도록 빈칸에 적절한 말을 윗글에서 찾아 쓰시오.

Many traditional jobs have disappeared as technology advances.
많은 전통적인 직업들이 기술이 발전하면서 사라졌다.

왜 정답?

기술이 발전하면서 전통적인 생계 수단이 밀려났다고 했으므로 빈칸에는 technology(기술)가 들어가는 것이 적절하다.

02 정답 divorce

다음 영영풀이가 설명하는 어휘를 윗글에서 찾아 쓰시오.

divorce: a complete separation between two things
단절: 두 개 사이의 완전한 분리

왜 정답?

'두 개 사이의 완전한 분리'는 '단절(divorce)'을 설명하는 것이다.

03 정답 (1) 동시에, 대중 교육과 대중 매체는 낮은 기술의 육체노동을 피하고 디지털 세계에서 일하는 직업을 찾도록 인간을 훈련시킨다.
(2) 실제로, 가장 보수가 좋은 직업의 주로 앉아서 하는 특성은 신체와 정신에 건강 위험 요소이다.

왜 정답?

(1) to avoid와 to seek이 결과를 나타내는 부사적 용법으로 쓰인 to부정사이다,
(2) 단수 주어인 the sedentary nature가 쓰였으므로 단수 동사 is가 왔다.

04 정답 ⑤

밑줄 친 The divorce of the hands from the head가 윗글에서 의미하는 바로 가장 적절한 것을 고르시오.

① ignorance of modern technology
현대 기술에 대한 무지 현대 기술에 대한 무지보다는 변화에 의해 야기된 문제에 대한 내용
② endless competition in the labor market
노동 시장에서의 끝없는 경쟁 경쟁이 아닌 문제점에 초점이 맞추어짐
③ not getting along well with our coworkers
우리의 직장 동료들과 잘 어울리지 못하는 것 동료들과의 관계는 언급되지 않음
④ working without any realistic goals for our career
우리 경력에 대한 현실적인 목표 없이 일하는 것 목표 설정은 관련이 없음
⑤ our increasing use of high technology in the workplace 최첨단 기술로 인해 건강 문제가 야기된다고 했음
직장에서의 우리의 첨단 기술 사용 증가

왜 정답?

현대 사회에는 기술의 발전으로 인해 육체노동이 적은 직업을 갖게 되어서 건강에 문제가 발생했다고 했다. 즉 '머리로부터 손이 단절되는 것'은 과거와 다르게 육체노동을 하지 않는 현재 상황을 의미하므로 ⑤ '직장에서의 우리의 첨단 기술 사용 증가'가 가장 적절하다.

왜 오답?

① 현대 기술에 대한 무지보다는 노동 방식의 변화로 인해서 야기된 문제에 대한 내용이다.
② 노동 시장에서의 경쟁이 아니라 전통적 생계 수단이 발전에 의해서 밀려났다는 것에 초점이 맞춰져 있다.
③ 동료들과의 관계에 대해서는 언급되지 않았다.
④ 현실적 목표를 세우지 않음으로써 야기되는 문제는 관련이 없는 내용이다.

05 정답 producing

윗글의 밑줄 친 ⓐ를 어법상 적절하게 고쳐 쓰시오.

Hundreds of millions of humans today work at jobs they hate, ⓐ produce(→ producing) things they have no love for.
오늘날 수억 명의 사람들이 자기가 싫어하는 일자리에서 일하면서, 자신이 아무런 애정을 느끼지 못하는 것들을 생산한다.

왜 정답?

분사구문의 주어가 주절의 주어와 같은 Hundreds of millions of humans이므로 능동 관계를 나타내는 현재분사 형태인 producing으로 고치는 것이 적절하다.

06 ~ 09

▶ 문제편 p. 81

*망각의 좋은 점

While you might wonder / why your memory is bad, / forgetting is a natural part / of life. //
여러분은 궁금해 할 수도 있지만 / 왜 여러분의 기억력이 나쁜지 / 잊어버리는 것은 자연스러운 부분이다 / 삶의 //

People forget / surprisingly fast, / but this does not mean failure. //
사람들은 잊어버린다 / 놀랍게도 빨리 / 하지만 이것이 실패를 의미하지는 않는다 //

Forgetting may be / the brain's intentional defense strategy. //
망각은 ~일지도 모른다 / 뇌의 의도적인 방어 전략 // 07번 (1) 단서: 망각은 뇌의 정교한 메커니즘에 의해 지시됨

목적어절을 이끄는 접속사
Recent research suggests / that forgetting is actually ordered / by elaborate mechanisms / in the brain. //
최근의 연구는 시사한다 / 망각은 사실 지시된다는 것을 / 정교한 메커니즘에 의해 / 뇌에 있는 //

부사적 용법(목적)
Actually, / our brain essentially needs forgetting / to process / an enormous amount of information / we take in. //
사실 / 우리의 뇌는 본질적으로 망각을 필요로 한다 / 처리하기 위해 / 거대한 양의 정보를 / 우리가 받아들이는 //

현재진행 수동태
Our brains are being filled / with a huge amount of information / every day. //
우리의 뇌는 채워지고 있다 / 엄청난 양의 정보로 / 매일 //

So, / trying to remember everything / can lead to overload in the brain. //
동명사구 주어
그래서 / 모든 것을 기억하려고 노력하는 것은 / 뇌의 과부하를 초래할 수 있다 //

Without our awareness, / and particularly during sleep, / the brain is constantly sorting out / which memories to keep / and which to forget and remove. // 07번 (2) 단서: 특히 수면 중에 뇌는 기억을 분류함
우리의 인식 없이 / 그리고 특히 잠자는 동안에 / 뇌는 끊임없이 분류하고 있다 / 어떤 기억을 보존하고 / 어떤 기억을 잊고 제거할지 //

동명사 주어
Forgetting less important information / allows our brains (A) focusing / to focus / on what's most important, / preventing overload / and reducing mental fatigue. //
allows의 목적격 보어 / 단수 동사
덜 중요한 정보를 잊어버리는 것은 / 우리 뇌가 집중하도록 허락한다 / 가장 중요한 것에 / 과부하를 방지하고 / 정신적 피로를 줄이면서 //

The ability to forget / helps us / think better, / make decisions, / and work / within limited mental capacity. //
helps의 목적격 보어(원형부정사)
망각하는 능력은 / 우리를 돕는다 / 더 잘 생각하고 / 결정을 내리고 / 일하도록 / 제한된 정신적 능력 내에서 //
08번 단서: 망각은 정신적 피로를 감소시키며 뇌가 중요한 것에 집중할 수 있게 해줌

여러분은 왜 여러분의 기억력이 나쁜지 궁금해 할 수도 있지만, 잊어버리는 것은 삶의 자연스러운 부분이다. 사람들은 놀랍게도 빨리 잊어버리지만, 이것이 실패를 의미하지는 않는다. 망각은 뇌의 의도적인 방어 전략일지도 모른다. 최근의 연구는 망각이 사실 뇌의 정교한 메커니즘에 의해 지시된다는 것을 시사한다. 사실, 우리의 뇌는 우리가 받아들이는 거대한 양의 정보를 처리하기 위해 본질적으로 망각을 필요로 한다. 우리의 뇌는 매일 엄청난 양의 정보로 채워지고 있다. 그래서, 모든 것을 기억하려고 노력하는 것은 뇌에 과부하를 초래할 수 있다. 우리의 인식 없이, 특히 잠자는 동안, 뇌는 어떤 기억을 보존하고, 어떤 기억을 잊고 제거할지 끊임없이 분류하고 있다. 덜 중요한 정보를 잊어버리는 것은 과부하를 방지하고 정신적 피로를 줄이면서 우리의 뇌가 가장 중요한 것에 집중할 수 있게 해준다. 망각하는 능력은 우리가 제한된 정신적 능력 내에서 더 잘 생각하고, 결정을 내리고, 일하도록 돕는다.

06 정답 elaborate

다음 영영풀이가 설명하는 어휘를 윗글에서 찾아 쓰시오.

elaborate: made with great care or with much detail, having many parts that are carefully planned
정교한: 많은 부분이 조심스럽게 계획되어 세심하게 또는 상세하게 만들어진

왜 정답?

'많은 부분이 조심스럽게 계획되어 세심하게 또는 상세하게 만들어진'은 '정교한(elaborate)'을 설명하는 것이다.

07 정답 (1) F (2) F

다음을 읽고, 윗글의 내용과 일치하면 T, 일치하지 않으면 F를 고르시오.

(1) 망각은 뇌의 명령 없이 발생하는 자연스러운 현상이다.
Recent research suggests that forgetting is actually ~ in the brain. (T / F)

(2) 특히 우리가 깨어있을 때 뇌는 기억을 분류한다. (T / F)
Without our awareness, and particularly during sleep, ~ and which to forget and remove.

왜 정답?

(1) 망각은 뇌의 정교한 메커니즘에 의해 지시된다고 했으므로 글의 내용과 일치하지 않는다. (Recent research suggests that forgetting is actually ordered by elaborate mechanisms in the brain.)

(2) 뇌는 특히 우리가 잠자는 동안 기억을 분류한다고 했으므로 글의 내용과 일치하지 않는다. (Without our awareness, and particularly during sleep, the brain is constantly sorting out which memories to keep and which to forget and remove.)

08 정답 ⑤

밑줄 친 intentional defense strategy가 윗글에서 의미하는 바로 가장 적절한 것을 고르시오.

① saving energy for better sleep 망각이 수면을 위한 것은 아님
더 나은 수면을 위해 에너지를 아끼는 것

② making aging slower during sleep
자는 동안 노화를 늦추는 것 노화는 언급되지 않았음

③ reducing fatigue and overload onto the body
신체에 피로와 과부하를 줄이는 것 신체가 아닌 뇌의 피로와 과부하를 줄이기 위함임

④ removing bad memories and reducing mental pain
나쁜 기억을 삭제하고 정신적 고통을 감소시키는 것 정신적 고통에 대한 언급은 없음

⑤ preventing fatigue for better information processing
더 나은 정보 처리를 위해 피로를 예방하는 것 뇌의 과부하를 방지하고 정신적 피로를 감소시키기 위해 일부러 망각한다고 했음

1st 선택지와 앞부분을 살펴보고 글의 중심 소재를 확인해서 글의 내용을 예상한다.

선택지	선택지에 '피로', '과부하', '나쁜 기억', '정신적 고통', '정보 처리'와 같은 표현들이 등장한다.
앞부분	여러분은 왜 여러분의 기억력이 나쁜지 궁금해 할 수도 있지만, 잊어버리는 것은 삶의 자연스러운 부분이다. 사람들은 놀랍게도 빨리 잊어버리지만, 이것이 실패를 의미하지는 않는다.

➡ 글의 중심 소재는 '망각'이다. 망각은 실패가 아니라 삶의 자연스러운 부분이라고 했다.

망각의 좋은 점에 대한 내용이 이어질 것임

2nd 밑줄 친 부분이 포함된 문장을 읽고, 그 의미가 무엇일지 예상한다.

Forgetting may be the brain's intentional defense strategy.
망각은 뇌의 의도적인 방어 전략일지도 모른다.

➡ 밑줄 친 부분을 해석하면 '의도적인 방어 전략'이다.

망각은 뇌가 피로를 예방하려는 의도로 취하는 방어 전략이라는 의미일 것임

3rd 글의 나머지 부분을 확인해서 정답을 찾는다.

- 최근의 연구는 망각이 사실 뇌의 정교한 메커니즘에 의해 지시된다는 것을 시사한다.
- 덜 중요한 정보를 잊어버리는 것은 과부하를 방지하고 정신적 피로를 줄이면서 우리의 뇌가 가장 중요한 것에 집중할 수 있게 해준다.

➡ 뇌의 정교한 메커니즘에 의해 지시되는 것이 망각이고, 덜 중요한 정보를 망각하는 것은 뇌의 과부하를 방지하고 정신적 피로를 감소시켜 중요한 것에 집중할 수 있게 해준다고 했다.

따라서 '의도적인 방어 전략'이 의미하는 것은 ⑤ '더 나은 정보 처리를 위해 피로를 예방하는 것'임

09 정답 to focus

윗글의 네모 (A)에서 어법상 적절한 것을 고르시오.

Forgetting less important information allows our brains (A) [focusing / to focus] on what's most important, preventing overload and reducing mental fatigue.
덜 중요한 정보를 잊어버리는 것은 과부하를 방지하고 정신적 피로를 줄이면서 우리의 뇌가 가장 중요한 것에 집중할 수 있게 해준다.

왜 정답?

동사 allow가 5형식 문장에 사용될 때는 목적격 보어로 to부정사가 와야 하므로 to focus가 적절하다.

10 ~ 13 ▶ 문제편 p. 82

＊토끼의 증가로 인한 호주의 생태계 파괴 및 경제적 손실

The introduction of European rabbits / to Australia / in the 18th century / has resulted in several problems / over the years. //
(단수 주어: The introduction / 단수 동사: has)
유럽 토끼가 도입된 것은 / 호주에 / 18세기에 / 몇몇 문제를 일으켰다 / 수년 간 //

In 1859, / 24 rabbits were released / near Geelong / for hunting. //
1859년에 / 24마리의 토끼가 풀렸다 / Geelong 근처에 / 사냥을 위해 //

Within 50 years, / rabbits had spread / throughout most of the continent / with a devastating impact / on the Australian ecosystem. // **12번** 단서 1: 유럽 토끼의 급증은 호주 생태계를 파괴함
50년 안에 / 토끼는 퍼졌다 / 대륙의 대부분에 걸쳐 / 엄청난 충격을 주며 / 호주 생태계에 //

The rabbits not only took food / from other animals, / ⓐ but also caused soil erosion. //
(not only A but also B: A뿐만 아니라 B도)
토끼는 식량을 빼을 뿐만 아니라 / 다른 동물들로부터 / 토양 침식도 일으켰다 //

Rabbit invasions were reported / in the 1860s and 1870s / in areas / such as Geelong and districts in South Australia. //
토끼의 침략이 보고되었다 / 1860년대와 1870년대에 / 지역에서 / Geelong과 남부 호주의 지역과 같은 //

The problem persisted / and the bill was introduced / into the Parliament of Victoria / to resolve the issue. //
(부사적 용법(목적): to resolve)
문제는 지속되었고 / 법안이 도입되었다 / 빅토리아 의회에 / 문제를 해결하기 위해 //

By the early 20th century, / the rabbits were found / throughout most of the country. //
20세기 초에는 / 토끼가 발견되었다 / 전국 대부분의 지역에서 //

The plague kept causing / destruction and economic loss, / leading to various methods of control /
(keep -ing: 계속 ~하다 / 분사구문(결과): leading)
그 전염병은 계속 일으켰다 / (생태계) 파괴와 경제적 손실을 / 그리고 이는 제어하기 위한 다양한 방법으로 이어졌다 /

including shooting, / building rabbit-proof fences / and even virus fatal to rabbits. // **10번 (2), (3)** 단서, **12번** 단서 2: 생태계 파괴와 경제적 손실을 일으키는 토끼의 개체 수 통제를 위한 다양한 방법이 동원됨
총격을 포함한 / 토끼 방지용 철책을 만드는 것과 / 심지어 토끼에게 치명적인 바이러스를 //

Despite these efforts, / the rabbit population still remains a problem / in some areas of Australia / even today. // **10번 (1)** 단서: 노력에도 불구하고 토끼 개체 수는 여전히 호주에서 문제임
(전치사+명사: Despite these efforts)
이러한 노력에도 불구하고 / 토끼 개체 수가 여전히 문제로 남아있다 / 호주의 어떤 지역에서는 / 오늘까지도 //

18세기에 호주에 유럽 토끼가 도입된 것은 수년 간 몇몇 문제를 일으켰다. 1859년에 사냥을 위해 Geelong 근처에 24마리의 토끼가 풀렸다. 50년 안에 토끼는 호주 생태계에 엄청난 충격을 주며 대륙 대부분에 걸쳐 퍼졌다. 토끼는 다른 동물들로부터 식량을 빼을 뿐만 아니라 ⓐ 토양 침식도 일으켰다. 1860년대와 1870년대에 Geelong과 남부 호주의 지역과 같은 곳에서 토끼의 침략이 보고되었다. 문제는 지속되었고, 이를 해결하기 위해 빅토리아 의회에 법안이 도입되었다. 20세기 초에는 전국 대부분의 지역에서 토끼가 발견되었다. 그 전염병은 생태계 파괴와 경제적 손실을 계속 일으켰고, 제어하기 위한 총격, 토끼 방지용 철책, 심지어 토끼에게 치명적인 바이러스를 포함한 다양한 방법으로 이어졌다. 이러한 노력에도 불구하고 오늘까지도 호주의 어떤 지역에서는 토끼의 개체 수가 여전히 문제로 남아있다.

10 정답 (1) population (2) ecosystem (3) control

윗글을 다음과 같이 요약할 때, 빈칸에 적절한 말을 윗글에서 찾아 쓰시오.

Since the introduction of European rabbits to Australia in the 18th century, the fast increase in their **(1)** population has caused devastating impacts on its **(2)** ecosystem and economy despite **(3)** control efforts.
18세기에 유럽 토끼가 호주에 도입된 이래로, 그들의 (1) 개체 수는 급증하여 (3) 통제 노력에도 불구하고 호주의 (2) 생태계와 경제에 파괴적인 영향을 미쳤다.

왜 정답?

글에 따르면 유럽 토끼는 처음 18세기에 호주에 들어온 이래로, 그 수가 폭발적으로 증가하여 호주의 '생태계(ecosystem)' 파괴 및 경제적 손실을 야기했고, '개체 수(population)'를 '통제(control)'하기 위한 다양한 방법들에도 불구하고 여전히 문제가 되고 있다.

11 정답 invasion

다음 영영풀이가 설명하는 어휘를 윗글에서 찾아 그 원형을 쓰시오.

invasion: an occasion when a large number of people or things come to a place in an annoying and unwanted way
침략: 불쾌하고 원치 않는 방식으로 다수의 사람이나 사물이 한 장소에 모이는 경우

왜 정답?

'불쾌하고 원치 않는 방식으로 다수의 사람이나 사물이 한 장소에 모이는 경우'는 '침략(invasion)'을 설명하는 것이다.

12 정답 ④

밑줄 친 The plague가 윗글에서 의미하는 바로 가장 적절한 것을 고르시오.

① the extinction of many rabbits in Australia
호주에 있는 많은 토끼의 멸종 — 글의 내용과 정반대임
② the worsening environmental problems in Australia
호주의 악화하는 환경 문제 — 생태계가 언급된 것으로 만든 오답
③ the expansion of rabbit meat production in Australia — 단순히 rabbit을 넣어 만든 함정
호주의 토끼 고기 생산의 증가
④ the rapid growth of the rabbit population in Australia — 개체 수를 통제하기 위한 다양한 방법을 썼다고 했음
호주의 토끼 개체 수의 급격한 증가
⑤ the increasing number of endangered species in Australia — 호주의 멸종 위기 종의 증가하는 수 — 멸종 위기 종에 대한 내용은 없음

1st 선택지와 앞부분을 살펴보고 글의 중심 소재를 확인해서 글의 내용을 예상한다.

선택지	거의 모든 선택지에 '호주에', '토끼'라는 표현들이 등장한다.
앞부분	18세기에 호주에 유럽 토끼가 도입된 것은 수년 간 몇몇 문제를 일으켰다. 1859년에 사냥을 위해 Geelong 근처에 24마리의 토끼가 풀렸다.

➡ 글의 중심 소재는 '호주의 토끼'이다. 호주에 유럽 토끼가 도입되면서 문제들을 일으켰다고 했다.
↳ 18세기에 호주에 유럽 토끼가 도입되면서부터 생겨난 부정적인 결과를 설명하는 내용일 것임

2nd **밑줄 친 부분이 포함된 문장을 읽고, 그 의미가 무엇일지 예상한다.**

The plague kept causing destruction and economic loss, leading to various methods of control including shooting, building rabbit-proof fences and even virus fatal to rabbits.
그 전염병은 생태계 파괴와 경제적 손실을 계속 일으켰고, 제어하기 위한 총격, 토끼 방지용 철책, 심지어 토끼에게 치명적인 바이러스를 포함한 다양한 방법으로 이어졌다.

➡ 밑줄 친 부분을 해석하면 '그 전염병'이다.
호주에 생태계 파괴와 경제적 손실을 유발하면서, 개체 수를 통제하기 위한 다양한 방법을 도입하게 했다고 했으므로 '그 전염병'은 유럽 토끼의 개체 수 급증을 가리키는 것임

3rd **글의 나머지 부분을 확인해서 정답을 찾는다.**

이러한 노력에도 불구하고 오늘까지도 호주의 일부 지역에서 토끼의 개체 수는 여전히 문제로 남아 있다.

➡ 호주에서 유럽 토끼의 개체 수를 통제하기 위한 다양한 노력이 있었으나 오늘날에도 완전히 해결되지 않고 있다고 했다.
따라서 '그 전염병'이 의미하는 것은 ④ '호주의 토끼 개체 수의 급격한 증가'일 것임

13 정답 but also caused soil erosion

윗글의 ⓐ 괄호 안의 단어들을 어법상 적절하게 배열하시오.
The rabbits not only took food from other animals, ⓐ but also caused soil erosion.
토끼는 다른 동물들로부터 식량을 뺏을 뿐만 아니라 토양 침식도 일으켰다.

오답 정답?
'A뿐만 아니라 B도'의 의미를 나타내는 것은 not only A but also B로 쓴다. 따라서 but also caused soil erosion이 어법상 적절하다.

14 ~ 17 ▶ 문제편 p. 83

＊중요한 것은 힘들게 얻는다는 잘못된 생각

Our language helps / to reveal our deeper assumptions. //
우리의 언어는 돕는다 / 우리의 더 깊은 전제를 드러내는 것을 //
Think of these revealing phrases: / When we accomplish something important, / we say / it took "blood, sweat, and tears." // (뒤에 목적어절을 이끄는 접속사 생략)
이것을 잘 드러내는 다음과 같은 문구들을 생각해 보라 / 우리가 중요한 무언가를 성취할 때 / 우리는 말한다 / 그것이 '피, 땀, 그리고 눈물'을 필요로 했다고 //
We say / important achievements are "hard-earned." // (뒤에 목적어절을 이끄는 접속사 생략)
우리는 말한다 / 중요한 성과는 '힘들게 얻은' 것이라고 // 14번, 16번 단서 1: 우리는 중요한 성과는 힘들게 얻어진다고 말함
We recommend a "hard day's work" / when "day's work" would be enough. //
우리는 '힘든 하루 동안의 일'이라는 말을 권한다 / '하루 동안의 일'이라는 말로도 충분할 때 //
When we talk of "easy money," / we are implying / it was obtained / through illegal or questionable means. // (뒤에 목적어절을 이끄는 접속사 생략)
우리가 '쉬운 돈'이라는 말을 할 때 / 우리는 넌지시 드러내고 있다 / 그것이 얻어졌다는 것을 / 불법적이거나 의심스러운 수단을 통해 //

We use the phrase "That's easy for you to say" / as a criticism, / usually when we are seeking to invalidate someone's opinion. //
우리는 '말은 쉽지'라는 문구를 사용한다 / 비판으로 / 우리가 보통 누군가의 의견이 틀렸음을 입증하려고 할 때 //
It's like (~처럼) we all automatically accept / that (목적어절을 이끄는 접속사) the "right" way is, inevitably, the harder one. // 14번, 16번 단서 2: 우리는 올바른 방법은 어려운 방법이라고 믿고 있음
이는 마치 우리 모두가 자동적으로 받아들이는 것과 같다 / '올바른' 방법은 반드시 더 어려운 방법이라는 것을 //
In my experience / this is hardly ever questioned. //
나의 경험상 / 이것은 거의 의문이 제기되지 않는다 //
What would happen / if you do (강조의 do 동사) challenge this sacred cow? //
무슨 일이 일어날까 / 만약 여러분이 정말로 이 신성한 소에 맞선다면 //
We don't even pause to consider / that something important and valuable could be made easy. // (-thing으로 끝나는 대명사는 형용사가 뒤에서 수식함)
우리는 잠시 멈춰 생각해 보지도 않는다 / 중요하고 가치 있는 무언가가 쉽게 만들어질 수 있다고 //
What if / the biggest thing / keeping (현재분사(thing 수식)) us from doing what matters (keep A from B: A가 B하는 것을 막다) / is the false assumption / (A) that / what it has to take huge effort? // (동격절을 이끄는 접속사)
만약 ~라면 어떨까 / 가장 큰 것이 / 우리가 중요한 일을 하지 못하게 하는 / 잘못된 전제라면 / 중요한 일은 엄청난 노력을 필요로 한다는 //

우리의 언어는 우리의 더 깊은 전제를 드러내는 것을 돕는다. 이것을 잘 드러내는 다음과 같은 문구들을 생각해 보라. 우리가 중요한 무언가를 성취할 때, 우리는 그것이 '피, 땀, 그리고 눈물'을 필요로 했다고 말한다. 우리는 중요한 성과는 '힘들게 얻은' 것이라고 말한다. 우리는 '하루 동안의 일'이라는 말로도 충분할 때 '힘든 하루 동안의 일'이라는 말을 권한다. 우리가 '쉬운 돈'이라는 말을 할 때, 우리는 그것이 불법적이거나 의심스러운 수단을 통해 얻어졌다는 것을 넌지시 드러내고 있다. 보통 누군가의 의견이 틀렸음을 입증하려고 할 때, 우리는 '말은 쉽지'라는 문구를 비판으로 사용한다. 이는 마치 우리 모두가 '올바른' 방법은 반드시 더 어려운 방법이라는 것을 자동적으로 받아들이는 것과 같다. 나의 경험상 이것은 거의 의문이 제기되지 않는다. 만약 여러분이 정말로 이 신성한 소에 맞선다면 무슨 일이 일어날까? 우리는 중요하고 가치 있는 무언가를 쉬운 것으로 만들 수 있다고 잠시 멈춰 생각해 보지도 않는다. 만약 우리가 중요한 일을 하지 못하게 하는 가장 큰 것이 중요한 일은 엄청난 노력을 필요로 한다는 잘못된 전제라면 어떨까?

14 정답 important, hard

윗글의 내용과 일치하도록 괄호 안에서 적절한 것을 고르시오.
We assume that something (exciting / important) should be earned through (hard / easy) way.
우리는 (흥미로운 / 중요한) 어떤 것은 (어려운 / 쉬운) 방식을 통해 얻어져야 한다고 가정한다.

오답 정답?
사람들은 옳은 방식은 '어려운(hard)' 방식이라고 생각한다고 하면서 '중요하고(important)' 가치 있는 무언가가 쉽게 만들어질 수 있다는 것에 대해 생각해 보지 않는다고 했다.

15 정답 accomplish

다음 영영풀이가 설명하는 어휘를 윗글에서 찾아 쓰시오.

accomplish: to successfully complete something, especially a task, or goal
성취하다: 특히 임무나 목표와 같은 어떤 것을 성공적으로 완료하는 것

왜 정답?

'특히 임무나 목표와 같은 어떤 것을 성공적으로 완료하는 것'은 '성취하다(accomplish)'를 설명하는 것이다.

16 정답 ③

밑줄 친 challenge this sacred cow가 윗글에서 의미하는 바로 가장 적절한 것을 고르시오.

① resist the tendency to avoid any hardship
어떤 고난도 피하려는 경향에 저항하다 의미하는 바와 반대되는 내용임
② escape from the pressure of using formal language
격식 있는 언어 사용에 대한 압박에서 벗어나다 격식 있는 언어에 대한 언급은 없음
③ doubt the solid belief that only hard work is worthy
노력(힘든 일)만이 가치가 있다는 확고한 믿음을 의심하다 this sacred cow는 '중요한 성취를 하려면 노력해야 한다(힘들게 일해야 한다)'는 것을 의미함
④ abandon the old notion that money always comes first 돈이 우선이라는 언급은 없음
돈이 항상 우선이라는 낡은 생각을 버리다
⑤ break the superstition that holy animals bring good luck 글에 나온 sacred cow를 이용한 오답으로 동물에 대한 내용이 아님
신성한 동물들이 행운을 가져다준다는 미신을 깨다

1st 선택지와 앞부분을 살펴보고 글의 중심 소재를 확인해서 글의 내용을 예상한다.

선택지	거의 모든 선택지에 '버리다', '벗어나다', '깨다', '고난', '힘든 일'과 같은 표현이 등장한다.
앞부분	우리가 중요한 무언가를 성취할 때, 우리는 그것이 '피, 땀, 그리고 눈물'을 필요로 했다고 말한다. 우리는 중요한 성과는 '힘들게 얻은' 것이라고 말한다. 우리는 '하루 동안의 일'이라는 말로도 충분할 때 '힘든 하루 동안의 일'이라는 말을 권한다.

➡ 글의 중심 소재는 '고난'이나 '힘든 일'이 가치 있다고 생각하는 우리의 관념이다.

중요한 것은 힘들게 얻는 것이라고 생각하는 고정관념과 관련된 글이라고 예상할 수 있음

2nd 밑줄 친 부분이 포함된 문장을 읽고, 그 의미가 무엇일지 예상한다.

What would happen if you do challenge this sacred cow?
만약 여러분이 정말로 이 신성한 소에 맞선다면 무슨 일이 일어날까?

➡ 밑줄 친 부분을 해석하면 '이 신성한 소에 맞선다'이다.

'신성한 소에 맞서는 것'은 옳은 방식은 힘든 방식이라는 생각에 의문을 제기하는 것을 의미할 것임

3rd 글의 나머지 부분을 확인해서 정답을 찾는다.

- 이는 마치 우리 모두가 '올바른' 방법은 반드시 더 어려운 방법이라는 것을 자동적으로 받아들이는 것과 같다.
- 우리는 중요하고 가치 있는 무언가를 쉬운 것으로 만들 수 있다고 잠시 멈춰 생각해 보지도 않는다.

➡ 올바른 방법은 꼭 어려워야 한다는 잘못된 고정관념에 대해 말하며 중요하고 가치 있는 것도 쉬운 것으로 만들 수 있다고 했다.

따라서 '이 신성한 소에 맞선다'가 의미하는 바는 ③ '노력(힘든 일)만이 가치가 있다는 확고한 믿음을 의심하다'가 적절함

17 정답 that

윗글의 네모 (A)에서 어법상 적절한 것을 고르시오.

What if the biggest thing keeping us from doing what matters is the false assumption (A) [that / what] it has to take huge effort?
만약 우리가 중요한 일을 하지 못하게 하는 가장 큰 것이 중요한 일은 엄청난 노력을 필요로 한다는 잘못된 전제라면 어떨까?

왜 정답?

명사 assumption을 보충해서 설명해주는 동격절을 이끄는 접속사가 와야 하므로 that이 적절하다.

REVIEW 어휘 테스트

▸문제편 p. 84

01 장애 02 개체 수 03 법안
04 고난 05 livelihood 06 release
07 superstition 08 sort out
09 ③ [정상 범주를 초과하거나 고난에도 불구하고 지속하다]
① 맴돌다 ② 나아가다 ③ 계속하다 ④ 다시 채우다
10 ① [무언가에 대한 이해나 지식의 부족]
① 무지 ② 단순한 ③ 의식 ④ 문맹
11 ④ [엄청난 양의 파괴와 피해를 초래하는]
① 망가뜨리는 ② 때리는 ③ 깨뜨리는 ④ 파괴적인
12 ① [특정한 공간을 강제로 지배하기 위해 침입하는 것]
① 침략 ② 놀람 ③ 매복 ④ 모욕
13 ② [우리는 이 새로운 기술을 받아들여야 한다.]
① [내 이웃은 지난달 길고양이를 입양했다.]
14 ① [그것은 꽤 정교한 작전이었다.]
② [Gregory는 그 일에 대해 자세히 이야기하기를 거부했다.]
15 ① [이 작전은 우리의 능력 밖이다.]
② [콘서트 홀의 좌석 수용력은 너무 작다.]
16 plague 17 extinction 18 defense
19 solid 20 automatically

J 문맥에 맞는, 맞지 않는 낱말 찾기

01 ~ 05 ▶ 문제편 pp. 86~88

＊허브는 정말 건강에 좋을까?

(A) [It / That] is widely believed / (B) [it / that] certain herbs somehow magically improve / the work of certain organs, / and "cure" specific diseases / as a result. //
병렬 구조
~은 널리 알려져 있다 / 어떤 허브는 다소 마법처럼 향상시킨다고 / 특정 장기의 기능을 / 그리고 특정한 질병을 "고친다"고 / 그 결과 //

Such statements are unscientific / and groundless. //
그러한 진술은 비과학적이고 / 근거가 없다 //

Sometimes / herbs appear to work, / since they tend to ① increase / your blood circulation /
때때로 / 허브는 효과가 있는 것처럼 보이는데 / 그것들이 증가시키는 경향이 있기 때문이다 / 혈액 순환을 /

in an aggressive attempt / by your body / to eliminate them / from your system. // 02번 (1) 단서: 허브가 몸에 들어오면 우리의 몸은 허브를 제거하려고 함
형용사적 용법(your body 수식)
적극적인 시도 속에서 / 당신 몸의 / 그것들을 제거하려는 / 당신의 신체로부터 //

That can create / a ② temporary feeling of a high, / which makes it seem / as if your health condition has improved. //
계속적 용법의 관계대명사 / make+목적어+목적격 보어(동사원형)
그것은 만들어 줄 수 있는데 / 일시적인 좋은 기분을 / 이는 보이게 만든다 / 마치 당신의 건강 상태가 향상된 것처럼 //

Also, / herbs can have a placebo effect, / just like any other method, / thus helping you feel better. //
접속사가 생략되지 않은 분사구문
또한 / 허브는 위약 효과를 가지고 있는데 / 어떤 다른 방법과 마찬가지로 / 그래서 당신이 더 나아졌다고 느끼도록 도와준다 //

Whatever the case, / it is your body / that has the intelligence / to ③ regain health, / and not the herbs. //
it ~ that ... 강조 구문
어떠한 경우든 / 바로 당신의 몸이다 / 지성을 가진 것은 / 건강을 되찾게 하는 / 허브가 아니라 //
02번 (2) 단서, 04번 단서 1: 건강을 되찾게 하는 지성을 가진 것은 허브가 아니라 몸임

How can herbs have the intelligence / needed to direct your body / into getting healthier? //
intelligence를 수식하는 과거분사
허브가 어떻게 지성을 가질 수 있겠는가 / 당신의 몸을 인도하는 데 요구되는 / 더 건강해지는 방향으로 //

That is impossible. // 04번 단서 2: 허브가 지성을 가지는 것은 불가능함
그것은 불가능하다 //

Try to imagine / how herbs might come into your body / and intelligently ④ fix your problems. //
병렬 구조
상상해 보라 / 어떻게 허브가 당신의 몸 안으로 들어가 / 영리하게 당신의 문제를 해결할 수 있는지를 //

If you try to do that, / you will see / how impossible it seems. //
목적어절(간접의문문)
만약 당신이 그렇게 해 본다면 / 당신은 알게 될 것이다 / 그것이 얼마나 불가능하게 보이는지를 //

Otherwise, / it would mean / that herbs are ⑤ less(→ more) intelligent / than the human body, / which is truly hard to believe. //
목적어절을 이끄는 접속사 / 계속적 용법의 관계대명사
그렇지 않다면 / 그것은 의미하는 것이 되는데 / 허브가 덜(→ 더) 지적이라는 것을 / 인간의 몸보다 / 이는 정말로 믿기 어렵다 //

어떤 허브는 다소 마법처럼 특정 장기의 기능을 향상시키고, 그 결과 특정한 질병을 "고친다"고 널리 알려져 있다. 그러한 진술은 비과학적이고 근거가 없다. 때때로 허브는 효과가 있는 것처럼 보이는데, 이는 당신의 신체로부터 그것들을 제거하려는 당신 몸의 적극적인 시도 속에서 그것들이 혈액 순환을 ① 증가시키는 경향이 있기 때문이다. 그것은 ② 일시적인 좋은 기분을 만들어 줄 수 있는데, 이는 마치 당신의 건강 상태가 향상된 것처럼 보이게 만든다. 또한 허브는, 어떤 다른 방법과 마찬가지로, 위약 효과를 가지고 있는데, 그래서 당신이 더 나아졌다고 느끼도록 도와준다. 어떠한 경우든, 건강을 ③ 되찾게 하는 지성을 가진 것은 허브가 아니라 바로 당신의 몸이다. 허브가 어떻게 당신의 몸을 더 건강해지는 방향으로 인도하는 데 요구되는 지성을 가질 수 있겠는가? 그것은 불가능하다. 어떻게 허브가 당신의 몸 안으로 들어가 영리하게 당신의 문제를 ④ 해결할 수 있는지를 상상해 보라. 만약 당신이 그렇게 해 본다면 당신은 그것이 얼마나 불가능하게 보이는지를 알게 될 것이다. 그렇지 않다면, 그것은 허브가 인간의 몸보다 ⑤ 덜(→ 더) 지적이라는 것을 의미하는 것이 되는데, 이는 정말로 믿기 어렵다.

01 정답 ① decrease ② continuous ③ abandon ④ ruin ⑤ more

윗글의 밑줄 친 낱말의 반의어로 가장 적절한 것을 〈보기〉에서 찾아 쓰시오.

〈보기〉

continuous 지속적인	more 더	decrease 감소시키다	abandon 버리다	ruin 망치다

① increase ↔ decrease
증가시키다
② temporary ↔ continuous
일시적인
③ regain ↔ abandon
되찾다
④ fix ↔ ruin
해결하다
⑤ less ↔ more
덜

02 정답 (1) F (2) T

윗글의 내용과 일치하면 T, 일치하지 않으면 F를 고르시오.

(1) 허브가 들어오면 신체는 그것을 보존한다. (T / F)
in an aggressive attempt by your body to eliminate them from your system
(2) 허브는 건강을 향상시키는 지성을 가질 수 없다. (T / F)
it is your body that has the intelligence to regain health, and not the herbs

왜 정답?

(1) 허브가 몸에 들어오면 우리의 신체는 그것을 제거하려고 적극적으로 시도한다. (in an aggressive attempt by your body to eliminate them from your system)
(2) 건강을 되찾게 하는 지성을 가진 것은 허브가 아니라 몸이라고 했다. (it is your body that has the intelligence to regain health, and not the herbs)

03 정답 ③

윗글의 제목을 아래와 같이 쓸 때, 빈칸에 들어갈 말로 가장 적절하게 짝지어진 것을 고르시오.

Herbs and Health: Fact from Myth
허브와 건강: 근거 없는 믿음 속 사실

① Value 가치 — Waste 낭비 낭비되는 허브 속 가치를 말하는 글이 아님
② Order 질서 — Chaos 혼돈 질서와 혼돈을 이야기하고 있지 않음
③ Fact 사실 — Myth 근거 없는 믿음 허브에 대한 근거 없는 믿음과 사실을 말함
④ Winners 승자 — Losers 패배자 허브는 승자와 패배자로 구분할 수 없음
⑤ Profit 이익 — Sales 판매 허브를 팔아 이익을 남긴다는 글이 아님

>왜 정답?

허브가 질병을 고친다는 것은 근거 없는 믿음이며 실제로 건강을 향상시키는 것은 허브가 아니라 우리의 신체라고 했으므로 ③ '허브와 건강: 근거 없는 믿음 속 사실'이 글의 제목으로 가장 적절하다.

>왜 오답?

① 낭비되는 허브 속에 숨은 가치를 말하는 글이 아니다.
② 질서와 혼돈에 관한 글이 아니다.
④ 허브와 건강을 승자와 패배자로 구분하는 것은 자연스럽지 않다.
⑤ 허브를 판매한다거나 이익을 남긴다는 내용의 글이 아니다.

04 정답 ⑤

윗글의 밑줄 친 부분 중, 문맥상 낱말의 쓰임이 적절하지 않은 것을 고르시오.

① 혈액 순환을 증가시키면 효과가 있어 보임 증가시키다
② 일시적으로 건강을 향상시킨 것처럼 보이게 함 일시적인
③ 건강을 되찾는 것은 몸임 되찾다
④ 상상해 보라고 함 해결하다
⑤ 믿기 어렵다고 함 덜

>왜 정답?

허브가 지성을 가질 수 있는지에 대한 답으로 불가능하다고 했다. 즉, 지능을 가진 것은 인간의 몸이지 허브가 아니라는 것이다. 따라서 허브가 인간의 몸보다 '더' 지적이라는 것을 믿기 어렵다는 뜻이 되어야 하므로 ⑤ less(덜)는 반의어 more(더)로 고쳐야 문맥상 알맞다.

>왜 오답?

① 허브가 효과가 있는 것처럼 보이는 것은 신체가 허브를 제거하기 위해 혈액 순환을 '증가시키는' 경향이 있기 때문이라는 것은 문맥상 적절하다.
② 허브가 실제로 건강이 좋아지게 하는 것이 아니므로 '일시적인' 좋은 기분을 만들어 주는 것이다.
③ 이어지는 문장에서 허브가 몸을 건강하게 만드는 데 요구되는 지성을 가지는 것은 불가능하다고 했으므로 건강을 '되찾게 하는' 것은 허브가 아니라 몸일 것이다.
④ 허브가 건강 상태를 향상시키는 것은 불가능하다고 했으므로 허브가 문제를 '해결한다'는 상상을 해보라는 것은 문맥상 적절한 표현이다.

05 정답 (A) It (B) that

윗글의 네모 (A), (B)에 들어갈 말로 적절한 것을 고르시오.

(A) [It / That] is widely believed (B) [it / that] certain herbs somehow magically improve the work of certain organs, and "cure" specific diseases as a result.
어떤 허브는 다소 마법처럼 특정 장기의 기능을 향상시키고, 그 결과 특정한 질병을 "고친다"고 널리 알려져 있다.

>왜 정답?

주어부가 길 때는 가주어 it을 쓰고, 진주어는 문장의 뒷부분으로 옮긴다. 이 문장의 진짜 주어는 접속사 that이 이끄는 명사절이므로 (A)에는 가주어 it, (B)에는 접속사 that이 와야 어법상 적절하다.

06 ~ 09

▶ 문제편 p. 89

＊더 빨리 연구해야 하는 Norway 과학자들

복수 주어 / 06번 단서 1: 북극 지역의 과학자들이 자료를 수집하는 데 어려움을 겪고 있음

Scientists (A) [studied / studying] the Arctic region / from the research station in Ny-Aalesund, Norway, / are facing ① difficulties / accessing and collecting data. // (복수 동사)
북극 지역을 연구하는 과학자들은 / 노르웨이의 Ny-Aalesund에 있는 연구소에서 / 어려움을 겪고 있다 / 자료에 접근하고 수집하는 데 //

It's because / the area is changing / faster than anywhere else in the world. //
그것은 ~ 때문이다 / 그 지역이 변하고 있기 / 세계의 다른 어느 곳보다 더 빨리 //

The Arctic is warming / four times ② faster / than the rest of the world. // 07번 (1) 단서: 북극은 세계의 다른 지역보다 4배 빨리 따뜻해지고 있음
북극은 따뜻해지고 있다 / 4배 더 빠르게 / 세계의 다른 지역보다 //

In particular, / temperatures (복수 주어) on the Svalbard island group / are (복수 동사) climbing up / to seven times faster / than the global average. // 08번 단서: 북극은 다른 지역들보다 온도가 높아지고 있음
특히 / Svalbard 섬의 온도는 / 오르고 있다 / 7배나 더 빠르게 / 세계 평균보다 //

The ③ lower(→ higher) temperatures and loss of sea ice / have caused / Arctic animals such as polar bears / to lose their hunting grounds, / making it (가목적어) hard / to study (진목적어) their behavior. //
더 낮은(→ 더 높은) 온도와 해빙의 손실은 / 만들었다 / 북극곰과 같은 북극 동물들이 / 사냥터를 잃게 / ~을 어렵게 만들면서 / 그들의 행동을 연구하는 것을 //

Moreover, / melting glaciers / have led to ④ damage to buildings / in the region. // 07번 (2) 단서: 녹는 빙하가 지역의 건물들에 피해를 입혀서 상점들이 수리를 받고 있지만 현대화를 위한 것은 아님
게다가 / 녹는 빙하는 / 건물들에 피해를 유발했다 / 그 지역에 있는 //

Even the town stores / are undergoing repairs / this year. //
심지어 마을 상점들도 / 수리를 받고 있다 / 올해 //

All these ⑤ changes / have made it (가목적어) increasingly difficult / for researchers / to access (진목적어) their study sites. //
이 모든 변화들이 / ~을 점점 더 어렵게 만들었다 / 연구원들이 / 연구 부지에 접근하는 것을 // 06번 단서 2: 연구원들이 연구 부지에 접근하는 것이 어려워짐

Despite (~에도 불구하고) the challenges, / scientists are rushing / to (부사적 용법(목적)) understand the implications / of the changes in the region / for the planet's future. //
이러한 어려움에도 불구하고 / 과학자들은 서두르고 있다 / 영향을 이해하기 위해 / 그 지역의 변화의 / 지구의 미래를 위해 //

노르웨이의 Ny-Aalesund에 있는 연구소에서 북극 지역을 연구하는 과학자들은 자료에 접근하고 수집하는 데 ① 어려움을 겪고 있다. 그것은 세계의 다른 어느 곳보다 더 빨리 그 지역이 변하고 있기 때문이다. 북극은 세계의 다른 지역보다 4배 ② 더 빠르게 따뜻해지고 있다. 특히, Svalbard 섬의 온도는 세계 평균보다 7배나 더 빠르게 오르고 있다. ③ 더 낮은(→ 더 높은) 온도와 해빙의 손실은 북극곰과 같은 북극 동물들이 사냥터를 잃게 하여 그들의 행동을 연구하는 것을 어렵게 만들었다. 게다가, 녹는 빙하는 그 지역에 있는 건물들에 ④ 피해를 유발했다. 심지어 마을 상점들도 올해 수리를 받고 있다. 이 모든 ⑤ 변화들이 연구원들이 연구 부지에 접근하는 것을 점점 더 어렵게 만들었다. 이러한 어려움에도 불구하고, 과학자들은 지구의 미래를 위해 그 지역의 변화가 가지는 영향을 이해하기 위해 서두르고 있다.

06 정답 collecting, reach

윗글을 다음과 같이 요약할 때, 괄호 안에서 적절한 말을 고르시오.

Scientists are having trouble (collecting / analyzing) data in the Arctic region, which is changing fast, making it harder for researchers to (reach / leave) their study sites.
과학자들은 빠르게 변화하고 있는 북극 지역에서 자료를 (수집하는 / 분석하는) 데 어려움을 겪고 있으며, 이것은 연구원들이 그들의 연구 장소에 (도달하는 / 떠나는) 것을 더 어렵게 만들고 있다.

왜 정답?

북극이 빠르게 따뜻해지면서 많은 변화가 왔기 때문에 과학자들이 자료를 '수집하는(collecting)' 데 어려움을 겪고 있고, 연구원들이 연구 장소에 '도달하는(reach)' 것이 어려워졌다고 했다.

07 정답 (1) T (2) F

다음을 읽고, 윗글의 내용과 일치하면 T, 일치하지 않으면 F를 고르시오.

(1) 북극은 세계의 다른 지역보다 4배 더 빠르게 따뜻해지고 있다. (T / F) The Arctic is warming four times faster than the rest of the world.
(2) 북극 지역 상점들은 현대화를 위해 올해 공사를 진행할 예정이다. (T / F) Moreover, melting glaciers have led to ~ are undergoing repairs this year.

왜 정답?

(1) 북극은 세계의 다른 지역보다 4배 더 빠르게 따뜻해지고 있다고 했으므로 글의 내용과 일치한다. (The Arctic is warming four times faster than the rest of the world.)
(2) 녹는 빙하가 건물에 피해를 유발해서 상점들이 수리를 받고 있다고 했지만 현대화를 위해 공사를 한다는 말은 없었으므로 글의 내용과 일치하지 않는다. (Moreover, melting glaciers have led to damage to buildings in the region. Even the town stores are undergoing repairs this year.)

08 정답 ③

윗글의 밑줄 친 부분 중, 문맥상 낱말의 쓰임이 적절하지 않은 것을 고르시오.

① 어려움 ② 더 빠르게 ③ 더 낮은 ④ 피해 ⑤ 변화들

1st 선택지로 제시된 각 낱말의 의미를 먼저 확인하고, 반의어를 미리 생각해 놓는다.

① difficulties: 어려움 ↔ easiness: 쉬움
② faster: 더 빨리 ↔ slower: 더 늦게
③ lower: 더 낮은 ↔ higher: 더 높은
④ damage: 피해 ↔ repair: 수리
⑤ changes: 변화들 ↔ constancy: 일관성

선택지에 제시된 낱말의 반의어가 들어가야 문맥이 자연스러운 경우에 정답인 경우가 많음

2nd 선택지의 앞뒤 문장을 정확하게 파악해서 정답을 찾는다.

노르웨이의 Ny-Aalesund에 있는 연구소에서 북극 지역을 연구하는 과학자들은 자료에 접근하고 수집하는 데 ① 어려움을 겪고 있다. 그것은 세계의 다른 어느 곳보다 더 빨리 그 지역이 변하고 있기 때문이다.

→ 북극 지역이 빠르게 변화하고 있기 때문에 자료를 수집하는 데 '어려움'이 있다는 흐름은 적절하다.
difficulties는 문맥에 맞음

북극은 세계의 다른 지역보다 4배 ② 더 빠르게 따뜻해지고 있다.

→ 북극이 빠르게 변화하고 있다고 했으므로 세계의 다른 지역들보다 '더 빠르게' 따뜻해지고 있다는 흐름은 자연스럽다.
faster는 문맥에 맞음

특히, Svalbard 섬의 온도는 세계 평균보다 7배나 더 빠르게 오르고 있다. ③ 더 낮은 온도와 해빙의 손실은 북극곰과 같은 북극 동물들이 사냥터를 잃게 하여 그들의 행동을 연구하는 것을 어렵게 만들었다.

→ Svalbard 섬의 경우 세계 평균보다 7배 빨리 온도가 상승하고 있다고 했으므로 '더 낮은' 온도와 해빙의 손실이 연구를 어렵게 만든다는 내용은 어색하다.
lower는 문맥에 맞지 않음

게다가, 녹는 빙하는 그 지역에 있는 건물들에 ④ 피해를 유발했다. 심지어 마을 상점들도 올해 수리를 받고 있다.

→ 빙하가 녹으면 북극 지역에 있는 건물들이 '피해'를 입는다는 내용은 문맥상 적절하다.
damage는 문맥에 맞음

이 모든 ⑤ 변화들이 연구원들이 연구 부지에 접근하는 것을 점점 더 어렵게 만들었다.

→ 북극 지역의 높아지는 온도와 해빙의 손실, 건물의 피해 등은 '변화'에 해당한다.
changes는 문맥에 맞음

3rd 정답인 선택지를 어떻게 바꿔야 문맥이 자연스러운지 확인한다.

특히, Svalbard 섬의 온도는 세계 평균보다 7배나 더 빠르게 오르고 있다. ③ 더 낮은(→ 더 높은) 온도와 해빙의 손실은 북극곰과 같은 북극 동물들이 사냥터를 잃게 하여 그들의 행동을 연구하는 것을 어렵게 만들었다.

③ lower(더 낮은)를 반의어인 higher(더 높은)로 바꾸면 문맥이 자연스러움

09 정답 studying

윗글의 네모 (A)에서 어법상 적절한 것을 고르시오.

Scientists (A) [studied / studying] the Arctic region from the research station in Ny-Aalesund, Norway, are facing difficulties accessing and collecting data.
노르웨이의 Ny-Aalesund에 있는 연구소에서 북극 지역을 연구하는 과학자들은 자료에 접근하고 수집하는 데 어려움을 겪고 있다.

왜 정답?

주어는 Scientists ~ Norway이고, 나머지는 핵심 주어인 Scientists를 수식하는 부분이므로 '연구하는'이라는 능동의 의미를 나타내는 현재분사 studying이 적절하다. 과거분사 studied는 적절하지 않다.

10~13 ▶ 문제편 p. 90

*자면서 단어를 외운다고?

A research in Switzerland showed / that it's ① impossible (→ possible) / to learn new information / while sleeping deeply, / and then remember ⓐ it later. //
(가주어 / 진주어 ① / 시간의 부사절 접속사 / 진주어 ② / 10번 단서 1: it이 가리킬 수 있는 것은 new information뿐임)
스위스에서의 한 연구는 보여줬다 / ~이 불가능하다는(→ 가능하다는) 것을 / 새로운 정보를 배우고 / 깊은 수면 중에 / 그리고 그것을 나중에 기억하는 것 //

How ② great this news is / for students / trying to learn a new language / or increase their vocabulary! //
(감탄문 / 병렬 구조)
이 얼마나 좋은 소식인가 / 학생들에게 / 새로운 언어를 배우려고 노력하는 / 혹은 어휘를 늘리려고 (노력하는) //
(12번 단서 1: 자는 동안에 새로운 정보를 배우는 것이 불가능하다는 것은 좋은 소식이 아님)

The researchers did tests / on (A) if / whether or not a person can memorize / new words and their translations / while they were asleep. //
(전치사 on의 목적어절을 이끄는 명사절 접속사)
연구원들은 실험을 했다 / 사람이 기억할 수 있는지 아닌지에 대해 / 새로운 단어들과 그 의미를 / 그들이 잠든 동안 //

They said / our sleeping brain is much ③ more aware / of the outside world / than we thought. //
(비교급 강조 부사)
그들은 말했다 / 우리의 수면하는 뇌는 훨씬 더 인식한다고 / 외부 세계에 대해 / 우리가 생각했던 것보다 //
(12번 단서 2: 수면 중의 뇌는 우리가 생각하는 것보다 훨씬 더 외부 세계를 인식함)

A researcher said, / "Language areas of the brain / and the essential memory hub / were activated," / after a person woke up. //
한 연구원은 말했다 / "뇌의 언어 영역들과 / 주요 기억 중추가 / 활성화됐다"고 / 사람이 잠에서 깬 뒤에 //

These areas of the brain process vocabulary / during deep sleep. // (12번 단서 3: 깊은 수면 중에 뇌가 어휘를 처리함)
뇌의 이 부분들이 어휘를 처리한다 / 깊은 수면 중에 //

During deep sleep, / our brain is active / for about half a second, / which is called "up-state." //
깊은 수면 중에 / 우리의 뇌는 활성화되는데 / 약 0.5초 동안 / 이는 "업스테이트"라고 불린다 //
(10번 단서 2: 0.5초간 활성화되다가 비활성 단계에 들어가는 것은 '우리의 뇌'임)

ⓑ It then enters / a period of ④ inactivity, / "down-state." //
그리고 그것은 들어간다 / 비활성 기간에 / 즉 "다운스테이트" //

The "up-state" period is / when our brain could ⑤ learn new vocabulary. //
(11번 단서: 수면 중 "업스테이트" 기간에 뇌가 활성화되어 새로운 어휘를 배울 수 있음)
그 "업스테이트" 기간이 ~이다 / 우리의 뇌가 새로운 어휘를 배우는 때 //

스위스의 한 연구는 깊은 수면 중에 새로운 정보를 배우고 ⓐ 그것을 나중에 기억하는 것이 ① 불가능하다는(→ 가능하다는) 것을 보여줬다. 새로운 언어를 배우거나 어휘를 늘리려고 노력하는 학생들에게 이 얼마나 ② 좋은 소식인가! 연구원들은 사람이 잠든 동안 새로운 단어들과 그 의미를 기억할 수 있는지 아닌지에 대해 실험을 했다. 그들은 우리의 수면하는 뇌가 우리가 생각했던 것보다 외부 세계에 대해 훨씬 ③ 더 인식한다고 말했다. 한 연구원은 사람이 잠에서 깬 뒤에 "뇌의 언어 영역들과 주요 기억 중추가 활성화됐다"고 말했다. 뇌의 이 부분들이 깊은 수면 중에 어휘를 처리한다. 깊은 수면 중에 우리의 뇌는 약 0.5초 동안 활성화되는데 이는 "업스테이트"라고 불린다. 그리고 ⓑ 그것은 ④ 비활성 기간, 즉 "다운스테이트"에 들어간다. 그 "업스테이트" 기간이 우리의 뇌가 새로운 어휘를 ⑤ 배우는 때이다.

10 정답 ⓐ new information ⓑ our brain

윗글의 밑줄 친 ⓐ it과 ⓑ It이 각각 가리키는 것을 바르게 짝지으시오.

ⓐ it • —— • new information 새로운 정보
ⓑ It • —— • our brain 우리의 뇌

왜 정답?

대명사는 앞에서 이미 나온 명사를 대신할 때 쓰인다. ⓐ 앞에 나온 어구 중에 대명사 it으로 가리킬 수 있는 것은 new information밖에 없다. '깊이 자는 동안 새로운 정보를 학습하고 '그것'을 나중에 기억하는 것'이라는 의미이다. ⓑ의 앞부분에는 우리의 뇌가 약 0.5초 동안 활성화된다는 내용이 왔다. 그리고서 '그것'이 비활성 기간에 들어간다고 했으므로 '그것'이 가리키는 것은 '우리의 뇌'이다.

11 정답 ①

윗글의 요지로 가장 적절한 것을 고르시오.

① People can learn a new language while they are asleep. 깊은 수면 중에 새로운 정보를 배우고 나중에 그것을 기억할 수 있음
사람들은 자는 동안 새로운 언어를 배울 수 있다.
② Dreams make the brain work busier than during waking hours. '수면'과 연관된 '꿈'이라는 단어로 만든 오답
꿈은 뇌로 하여금 깨어있는 시간보다 더 활발히 작동하게 한다.
③ People forget everything that happened while they're sleeping. 자는 동안에 새로운 정보를 처리할 수 있음
사람들은 자는 동안 일어난 모든 일들을 잊는다.
④ Switching between "up-state" and "down-state" can boost more effective learning. 글에 제시된 단어들로 만든 오답
"업스테이트"와 "다운스테이트" 간 전환하기는 더욱 효과적인 학습을 도울 수 있다.
⑤ Having enough sleep is important to students.
충분한 잠을 자는 것은 학생들에게 중요하다. 충분한 잠의 중요성에 대한 내용이 아님

왜 정답?

수면 중에도 우리의 뇌가 새로운 정보, 특히 언어와 어휘를 기억할 수 있음을 밝힌 연구를 소개하는 글이므로 요지로 가장 적절한 것은 ① '사람들은 자는 동안 새로운 언어를 배울 수 있다.'이다.

왜 오답?

② 꿈에 대해서 설명한 글이 아니다.
③ 잠을 자는 동안 잊는 것이 아니라 오히려 새로운 정보를 처리한다.
④ 글에 제시된 어휘들로 만든 오답이다.
⑤ 수면의 양과 학습 효과의 관계에 대해서는 언급되지 않았다.

12 정답 ①

윗글의 밑줄 친 부분 중, 문맥상 낱말의 쓰임이 적절하지 않은 것을 고르시오.

① 불가능한 ② 좋은 ③ 더 ④ 비활성 ⑤ 배우다

1st 선택지로 제시된 각 낱말의 의미를 먼저 확인하고, 반의어를 미리 생각해 놓는다.

① impossible: 불가능한 ↔ possible: 가능한
② great: 좋은 ↔ bad: 나쁜
③ more: 더 ↔ less: 덜
④ inactivity: 비활성 ↔ activity: 활성
⑤ learn: 배우다 ↔ teach: 가르치다

선택지에 제시된 낱말의 반의어를 넣었을 때 문맥이 성립되는 경우에 정답인 경우가 많음

2nd **선택지의 앞뒤 문장을 정확하게 파악해서 정답을 찾는다.**

스위스의 한 연구는 깊은 수면 중에 새로운 정보를 배우고 그것을 나중에 기억하는 것이 ① 불가능하다는 것을 보여줬다.

➡ 새로운 언어, 단어를 배우는 학생들에게 '좋은' 소식이라는 문장이 뒤에 나오므로 자는 동안 새로운 정보를 배우고 그것을 기억하는 것이 '불가능하다'는 것은 문맥에 맞지 않는다.

↳ impossible은 문맥에 맞지 않음

새로운 언어를 배우거나 어휘를 늘리려고 노력하는 학생들에게 이 얼마나 ② 좋은 소식인가!

➡ 우리가 자는 동안 새로운 정보를 배울 수 있다는 것은 새로운 언어를 배우고자 하는 학생들에게 '좋은' 소식일 것이다.

↳ great은 문맥에 맞음

그들은 우리의 수면하는 뇌가 우리가 생각했던 것보다 외부 세계에 대해 훨씬 ③ 더 인식한다고 말했다.

➡ 소개된 연구는 수면을 취하는 동안 우리의 뇌가 우리의 생각보다 '더' 많이 외부 세계를 인식하고 있음을 보여준다.

↳ more는 문맥에 맞음

그리고 그것은 ④ 비활성 기간, 즉 "다운스테이트"에 들어간다.

➡ "업스테이트"가 활성화 기간이므로, 그 이후에 우리의 뇌는 "다운스테이트" 즉, '비활성' 기간에 들어가는 것이 맞다.

↳ inactivity는 문맥에 맞음

그 "업스테이트" 기간이 우리의 뇌가 새로운 어휘를 ⑤ 배우는 때이다.

➡ 수면 중 활성화 기간 동안 우리의 뇌가 새로운 단어를 '배운다'는 내용의 글이므로 적절하다.

↳ learn은 문맥에 맞음

3rd **정답인 선택지를 어떻게 바꿔야 문맥이 자연스러운지 확인한다.**

스위스의 한 연구는 깊은 수면 중에 새로운 정보를 배우고 그것을 나중에 기억하는 것이 ① 불가능하다는(→ 가능하다는) 것을 보여줬다.

↳ ① impossible(불가능한)을 반의어인 possible(가능한)로 바꾸면 문맥이 자연스러움

13 정답 whether

윗글의 네모 (A)에서 어법상 적절한 것을 고르시오.

The researchers did tests on (A) [if / whether] or not a person can memorize new words and their translations while they were asleep.

연구원들은 사람이 잠든 동안 새로운 단어들과 그 의미를 기억할 수 있는지 아닌지에 대해 실험을 했다.

왜 정답?

전치사 on의 목적어절을 이끄는 명사절 접속사가 와야 하고 뒤의 or not과 같이 쓰여야 하므로 whether가 적절하다.

14~17

▶ 문제편 p. 91

***인도, 관광객 피해 우려로 악어를 옮기다.**

Workers in India / are moving 300 crocodiles / because they are too near / to a new tourist site. //
(are moving: 현재진행 시제 / because: 부사절 접속사(이유))

인도의 노동자들이 / 악어 300마리를 옮기고 있다 / 그들이 너무 가깝기 때문에 / 새로운 관광지에 //

Officials / in India's state of Gujarat / say the crocodiles could be a danger / to thousands of tourists / visiting the Statue of Unity. //
(visiting: tourists를 수식하는 현재분사)

공무원들은 / 인도의 Gujarat 주(州)의 / 악어들이 위험할 수 있다고 말한다 / 수천 명의 관광객들에게 / Statue of Unity를 방문하는 //

The statue is 182 m high / and is the tallest statue / in the world. // **16번 (A)** 단서: Statue of Unity는 세계에서 가장 높은 조각상으로 훌륭한 관광 명소임

이 조각상은 182미터로 / 가장 높은 조각상이다 / 세계에서 //

It is surely an amazing tourist (A) [attraction / attention], / but the thing is / that it is next to a reservoir. //
(that: 주격 보어절을 이끄는 접속사)

그것은 두말할 나위 없이 훌륭한 관광 명소이다 / 그러나 문제는 ~이다 / 이것이 저수지 옆에 있는 것 //

The visitors could have an unlucky accident / looking around the monument. // **16번 (B)** 단서: 악어를 옮기기를 원한다는 것에 역접으로(however) 연결됨

관광객들은 불의의 사고를 당할 수 있다 / 이 기념상을 둘러보다가 //

Tourism officials want to move / the giant reptiles / ⓐ so that tourist seaplanes can safely land / on the reservoir. //
(so that: 부사절 접속사(목적))

관광청 공무원들은 옮기기 원한다 / 이 커다란 파충류들을 / 관광객 수상 비행기가 안전하게 착륙할 수 있도록 / 저수지에 //

Animal lovers, / however, / (B) [agree / disagree] / that the crocodiles should be moved / from their original habitat. //

동물 애호가들은 / 그러나 / 동의하지 않는다 / 악어들이 옮겨져야 한다고 / 그들의 본 서식지에서 //

14번 단서: 동물 애호가들은 악어의 생명을 위협하는 일에 '반대함'

One said, / "The government is disturbing their habitat / and putting their lives at risk." //
(병렬 구조)

한 명은 말했다 / "정부는 그들의 서식지를 침범하고 / 그들의 생명을 위험에 처하게 하고 있어요" //

Other protesters were concerned / whether the animals could adapt to / and survive / in the (C) [new / old] environment. // **15번, 16번 (C)** 단서: 동물 애호가들은 옮겨지는 악어들이 '새로운' 환경에 잘 적응할지 걱정함

또 다른 시위자들은 걱정했다 / 이 동물들이 적응할지 / 그리고 살아남을지 / 새로운 환경에서 //

인도의 노동자들은 악어들이 새로운 관광지에 너무 가깝기 때문에 300마리를 옮기고 있다. 인도의 Gujarat 주(州)의 공무원들은 Statue of Unity를 방문하는 수천 명의 관광객들에게 악어들이 위험할 수 있다고 말한다. 이 조각상은 182미터로 세계에서 가장 높은 조각상이다. 두말할 나위 없이 훌륭한 [(A) 관광 명소]이지만 문제는 이것이 저수지 옆에 있다는 것이다. 관광객들은 이 기념상을 둘러보다가 불의의 사고를 당할 수 있다. 관광청 공무원들은 ⓐ 관광객 수상 비행기가 저수지에 안전하게 착륙할 수 있도록 이 커다란 파충류를 옮기기 원한다. 그러나 동물 애호가들은 악어들이 그들의 본 서식지에서 옮겨져야 한다는 것에 [(B) 동의하지 않는다]. 한 명은 "정부는 그들의 서식지를 침범하고 그들의 생명을 위험에 처하게 하고 있어요."라고 말했다. 또 다른 시위자들은 이 동물들이 [(C) 새로운] 환경에서 적응하고 살아남을 수 있을지 걱정했다.

14 정답 ④

윗글을 읽고 추론할 수 있는 것을 고르시오.

① The officials decided to kill the crocodiles.
관리자들은 악어들을 죽이기로 결정했다. 죽이는 것이 아니라 다른 곳으로 옮기는 것임
② The statue brought few people to the town.
이 조각상은 마을에 사람들을 거의 끌어 모으지 못했다. 관광 명소라고 했음
③ Tourists who visit the Statue of Unity travel only by walking. 수상 비행기가 안전하게 착륙할 수 있도록 악어를 옮기는 것임
Statue of Unity를 방문하는 방문객들은 걸어서만 이동한다.
④ Not everyone is happy to see the crocodiles go.
모두가 악어가 사라지기를 원하는 것은 아니다. 동물 애호가들은 악어를 옮기는 것에 반대함
⑤ There is no safe place for the crocodiles to live.
악어들이 살기에 안전한 장소는 없다. 글을 통해 추론할 수 없음

왜 정답?

공무원들과는 달리 동물 애호가들은 악어가 새로운 서식지에서 잘 적응하거나 살아남을 수 있을지 걱정하기 때문에 악어를 본 서식지에서 옮기기를 반대하고 있으므로 글에서 추론할 수 있는 것은 ④ '모두가 악어가 사라지기를 원하는 것은 아니다.'이다.

왜 오답?

① 공무원들은 악어들을 죽이는 것이 아니라 다른 곳으로 옮기기를 원했다.
② 악어가 State of Unity를 찾는 수천 명의 사람들에게 위협이 될 수 있다고 했으므로, 조각상은 많은 사람들이 방문하는 곳이다.
③ 수상 비행기가 안전하게 착륙할 수 있도록 악어를 옮기기를 원한다고 했으므로, 걸어서만 이동한다는 것은 적절하지 않다.
⑤ 새로운 서식지에 잘 적응할지 걱정이라고는 했지만, 악어가 살기에 안전한 장소가 없는지는 추론할 수 없다.

15 정답 adapt

윗글을 읽고, 다음 빈칸에 들어갈 말로 가장 적절한 것을 윗글에서 찾아 쓰시오.

Some think that crocodiles near a tourist site might not be able to adapt to and survive in their new habitat.
몇몇은 관광지 근처의 악어들이 새로운 서식지에 적응하거나 살아남지 못할 수도 있다고 생각한다.

왜 정답?

몇몇 시위자들은 악어들이 새로운 서식지에서 잘 '적응하거나(adapt)' 생존하지 못할 수도 있기 때문에 걱정했다.

16 정답 ②

(A), (B), (C)의 각 네모 안에서 문맥에 맞는 낱말로 가장 적절한 것을 고르시오.

	(A)		(B)		(C)
①	attraction (관광 명소)	—	agree (동의하다)	—	new (새로운)
②	attraction	—	disagree (동의하지 않다)	—	new
③	attraction	—	disagree	—	old (옛)
④	attention (주의)	—	agree	—	old
⑤	attention	—	disagree	—	new

(A) 세계에서 가장 높은 조각상은 훌륭한 '관광 명소'임
(B) 동물 애호가들은 악어를 옮기는 것에 '동의하지 않음'
(C) 동물 애호가들은 악어들이 '새로운' 서식지에 적응할 수 있을지 걱정함

1st 각 낱말의 의미와 관계를 먼저 확인한다.

(A) attraction: 관광 명소 / attention: 주의
(B) agree: 동의하다 ↔ disagree: 동의하지 않다
(C) new: 새로운 ↔ old: 옛

→ (A)를 제외한 나머지 선택지들은 반의어 관계이다.
(A)는 반의어가 아니라 철자가 비슷한 단어임

2nd 선택지의 앞뒤 내용을 파악해서 문맥이 자연스러운지 확인한다.

이 조각상은 182미터로 세계에서 가장 높은 조각상이다. 두말할 나위 없이 훌륭한 (A) [관광 명소 / 주의]이지만 문제는 이것이 저수지 옆에 있다는 것이다.

→ 앞에서 세계에서 가장 높은 조각상이라고 했으므로 관광객에게 훌륭한 '관광 명소(attraction)'일 것이다.
attraction이 적절함

관광청 공무원들은 관광객 수상 비행기가 저수지에 안전하게 착륙할 수 있도록 이 커다란 파충류를 옮기기 원한다. 그러나(however) 동물 애호가들은 악어들이 그들의 본 서식지에서 옮겨져야 한다는 것에 (B) [동의한다 / 동의하지 않는다].

→ however로 이어지며 앞 문장과 반대 내용이 나오므로 동물 애호가들은 악어의 서식지를 침범하는 일에 '동의하지 않을(disagree)' 것이다.
disagree가 적절함

한 명은 "정부는 그들의 서식지를 침범하고 그들의 생명을 위험에 처하게 하고 있어요."라고 말했다. 또 다른 시위자들은(Other protesters)이 동물들이 (C) [새로운 / 옛] 환경에서 적응하고 살아남을 수 있을지 걱정했다.

→ 앞에서 악어들의 서식지를 침범하고 위험에 처하게 하고 있다고 했고, '또 다른 시위자들은(Other protesters)'이라고 이어지고 있으므로 서식지가 옮겨진 악어들이 '새로운(new)' 환경에 적응하고 살아남을 수 있을지 걱정할 것이다.
new가 적절함

17 정답 so that tourist seaplanes can safely land on the reservoir

윗글의 ⓐ의 단어들을 어법상 적절하게 배열하시오.

Tourism officials want to move the giant reptiles ⓐ so that tourist seaplanes can safely land on the reservoir.
관광청 공무원들은 관광객 수상 비행기가 저수지에 안전하게 착륙할 수 있도록 이 커다란 파충류를 옮기기 원한다.

왜 정답?

'~할 수 있도록'이라는 목적을 나타내고 있으므로 부사절 접속사 so that으로 시작하는 순서로 배열해야 한다.

J REVIEW 어휘 테스트

▸문제편 p. 92

01 빙하	02 저수지	03 악어
04 북극곰	05 seaplane	06 protester
07 habitat	08 circulation	

09 ④ [다양한]
① 어려운 ② 힘겨운 ③ 단순한 ④ 복잡한

10 ③ [일시적인]
① 평범한 ② 한심한 ③ 순간적인 ④ 열등한

11 ① [손실 : 이득]
② 모으다 : 수집하다 ③ 활발한 : 활기찬
④ 강화하다 : 북돋우다

12 ③ [충족시키다 : 채우다]
① 방해하다 : 침범하다 ② 걱정하는 : 염려하는 ④ 큰 : 거대한

13 ② [기념물 : 기념비]
① 멈추다 : 작동[활성화]시키다
③ (특히 변화·안 좋은 일 등을) 겪다[받다] : 견디다
④ 안전 : 위험

14 ④ [잊어버리다]
① 기억하다 ② 외우다 ③ 기억해 내다

15 ① [외곽]
② (특정 장소·활동의) 중심지, 중추 ③ 중심지 ④ 주목

16 ① [동일하게]
② 다르게 ③ 달리 ④ 정반대로

17 Organ	18 eliminate	19 increasingly
20 translation	21 research	

K 빈칸 완성하기

01 ~ 05 ▸ 문제편 pp. 94~96

＊두 가지 정보를 동시에 처리하기

In the studies of Colin Cherry / at the Massachusetts Institute for Technology / back in the 1950s, / his participants listened to voices / in one ear at a time /
Colin Cherry의 연구에서 / 메사추세츠 공과 대학의 / 1950년대 / 참가자들은 목소리를 들었다 / 한 번은 한쪽 귀로만 /

and then through both ears / in an effort to determine / whether we can listen to two people talk / at the same time. //
지각동사+목적어+목적격 보어(동사원형)
그다음엔 양쪽 귀로 / 판단하기 위해 / 우리가 두 사람이 이야기하는 것을 들을 수 있는지 / 동시에 //

One ear always contained a message / that the listener had to repeat back / (called "shadowing") / while the other ear included people speaking. //
한쪽 귀는 항상 메시지를 포함했다 / 듣는 사람이 다시 반복해야 하는 / ("shadowing"이라 불리는) / 다른 한쪽 귀가 사람들이 말하는 것을 포함하는 동안 //

The trick was to see / if you could totally focus on / the main message / and also hear someone talking / in your other ear. //
지각동사+목적어+목적격 보어(현재분사)
01번 (1) 단서, **04번** 단서 1: 양쪽 귀로 각각 다른 것을 들을 수 있는지 알아보려는 속임수가 있는 실험을 했음
속임수는 알아보기 위한 것이었다 / 사람들이 완전히 집중할 수 있는지 / 주된 메시지에 / 그리고 다른 사람이 말하는 것 또한 들을 수 있는지를 / 다른 귀로는 //

Cleverly, / Cherry found / it was impossible / for his participants / to know /
뒤에 목적어절을 이끄는 접속사 that 생략 / 진주어 / 가주어 / to know의 의미상 주어
영리하게도 / Cherry는 발견했다 / ~이 가능하지 않다는 것을 / 참가자들이 / 알아차리는 것이 /
01번 (2) 단서, **04번** 단서 2: 사람들은 다른 한쪽 귀로 들리는 메시지에 대해 전혀 알지 못했음

whether the message in the other ear / was (A) [speaking / spoken] / by a man or woman, / in English or another language, / or was even comprised / of real words / at all! //
다른 한쪽 귀로 들리는 메시지가 / 말해진 것인지 / 남자 혹은 여자에 의해 / 영어인지 다른 외국어인지 / 심지어 구성된 것인지 / 실제 단어로 / 전혀 //

In other words, / people could not process / two pieces of information / at the same time. //
다시 말해서 / 사람들은 처리할 수 없었다 / 두 개의 정보를 / 동시에 //

1950년대 메사추세츠 공과 대학의 Colin Cherry의 연구에서 우리가 두 사람이 이야기하는 것을 동시에 들을 수 있는지 판단하기 위해 참가자들은 한 번은 한쪽 귀로만 목소리를 듣고, 그다음엔 양쪽 귀로 들었다. 한쪽 귀로는 듣는 사람이 다시 반복해야 하는("shadowing"이라 불리는) 메시지를 계속 들려주었고 다른 한쪽 귀로는 사람들이 말하는 것을 들려주었다. 속임수는 사람들이 주된 메시지에 완전히 집중하면서 다른 귀로는 다른 사람이 말하는 것 또한 들을 수 있는지를 알아보기 위한 것이었다. 영리하게도, Cherry는 참가자들이 다른 한쪽 귀로 들리는 메시지가 남자가 말한 것인지 혹은 여자가 말한 것인지, 영어인지 다른 외국어인지, 심지어 실제 단어로 구성된 것인지조차 알아차리기가 전혀 가능하지 않다는 것을 발견했다! 다시 말해서, 사람들은 두 개의 정보를 동시에 처리할 수 없었다.

01 정답 (1) T (2) F

윗글의 내용과 일치하면 T, 일치하지 않으면 F를 고르시오.

(1) Colin Cherry의 연구에는 속임수가 있었다. (T / F)
The trick was to see if you could totally focus on ~.

(2) 연구 참가자들은 양쪽 귀에 각각 집중할 수 있었다. (T / F)
Cherry found it was impossible ~ at all

왜 정답?

(1) Colin Cherry가 한 실험은 한쪽 귀로 들리는 메시지에 집중할 때 다른 귀로 들리는 말도 들을 수 있는지 알아보려는 속임수가 있었다. (The trick was to see if you could totally focus on ~.)

(2) 연구 참가자들은 다른 한쪽 귀로 들리는 목소리가 어느 성별의 사람이 말한 것인지, 어떤 언어였는지도 알아차리지 못했다. (Cherry found it was impossible ~ at all)

02 정답 comprise

다음 영영풀이가 설명하는 단어를 윗글에서 찾아 그 원형을 쓰시오.

comprise: to include or consist of something
구성하다: 무언가를 포함하거나 무언가로 되어있다

왜 정답?

'무언가를 포함하거나 무언가로 되어있는' 것은 '구성하다(comprise)'에 대한 설명이다.

03 정답 ④

윗글의 제목을 아래와 같이 쓸 때, 빈칸에 들어갈 말로 가장 적절하게 짝지어진 것을 고르시오.

Colin Cherry's Studies on Selective Attention: The Limits of Multitasking
Colin Cherry의 선택적인 주의에 대한 연구: 다중 작업의 한계

① Divided — Technology 기술의 한계를 설명하는 글이 아님
분리된 기술
② Listener's — Words 단어의 한계를 말하는 것이 아님
듣는 사람의 단어
③ Speaker's — Volume 음량은 언급되지 않음
말하는 사람의 음량
④ Selective — Multitasking 양쪽 귀에 말하면 모두에 집중할 수 없음
선택적인 다중 작업
⑤ Voice — Diversity 다양성에 관한 글이 아님
목소리 다양성

왜 정답?

양쪽 귀에 메시지가 들리면 한쪽 귀에만 집중하게 된다는 Colin Cherry의 연구 결과를 말하고 있으므로 글의 제목으로는 ④ 'Colin Cherry의 선택적인 주의에 대한 연구: 다중 작업의 한계'가 가장 적절하다.

왜 오답?

①, ② 기술이나 단어의 한계를 설명하는 글이 아니다.
③, ⑤ 말하는 사람의 음량이나, 들리는 메시지의 다양성에 관해서는 언급되지 않았다.

04 정답 ⑤

윗글의 빈칸에 들어갈 말로 가장 적절한 것을 고르시오.

① decide what they should do in the moment
그 순간에 무엇을 해야 하는지 결정할 무엇을 해야 하는지 결정할 수 없었다는 내용이 아님
② remember a message with too many words 양쪽 귀로 듣는다고
너무 많은 단어들이 사용된 메시지를 기억할 했지만, 너무 많은 단어가 사용된 메시지라는 것은 아님
③ analyze which information was more accurate
어떤 정보가 더 정확한지 분석할 어떤 정보가 더 정확한지 분석할 수 없다는 글이 아님
④ speak their own ideas while listening to others
다른 사람의 말을 듣는 동안 그들 자신의 생각을 말할 자신의 생각을 표현하는 것이 아님
⑤ process two pieces of information at the same time
두 개의 정보를 동시에 처리할 양쪽 귀로 각각 다른 말을 집중해 들을 수 없다는 내용

왜 정답?

한쪽 귀로는 반복해야 하는 메시지를 들려주고, 다른 쪽 귀로는 사람들이 말하는 것을 들려준 뒤, 들은 내용을 잘 기억하고 구분할 수 있는지를 알아보는 연구에 대한 내용이다.
사람들은 다른 쪽 귀로 들은 말을 남자가 했는지 여자가 했는지, 영어였는지 다른 언어였는지 등을 전혀 알지 못했기 때문에 두 가지 정보를 동시에 처리할 수 없음을 이야기하고 있다. 따라서 빈칸에 들어갈 말로 가장 적절한 것은 ⑤ '두 개의 정보를 동시에 처리할'이다.

왜 오답?

① 사람들이 그 순간에 무엇을 해야 하는지 결정할 수 없었다는 내용이 아니다.
② 양쪽 귀로 듣는다고 했지만, 사람들이 너무 많은 단어가 사용된 메시지를 기억할 수 없었다는 언급은 없다.
③ 어떤 정보가 더 정확한지 분석할 수 없다는 내용은 나오지 않았다.
④ 다른 사람의 말을 듣는 것에 대한 내용만 있지, 자신의 생각을 표현하는 것에 대한 내용은 없다.

05 정답 spoken

윗글의 네모 (A)에 들어갈 말로 적절한 것을 고르시오.

Cleverly, Cherry found it was impossible for his participants to know whether the message in the other ear was (A) [speaking / spoken] by a man or woman, in English or another language, or was even comprised of real words at all!
영리하게도, Cherry는 참가자들이 다른 한쪽 귀로 들리는 메시지가 남자가 말한 것인지 혹은 여자가 말한 것인지, 영어인지 다른 외국어인지, 심지어 실제 단어로 구성된 것인지조차 알아차리기가 전혀 가능하지 않다는 것을 발견했다!

왜 정답?

메시지는 귀로 '들리는' 것이므로 수동을 나타내는 과거분사 spoken이 와야 어법상 적절하다.

06 ~ 09

▶ 문제편 p. 97

***빵에 이런 역사가!**

Unlike chocolate chips, / the invention of bread can't be identified / to a single person; / instead, it became its present state / throughout many centuries. //
조동사를 포함한 수동태
초콜릿 칩과 달리 / 빵의 발명은 규명될 수 없다 / 어느 한 사람으로 / 대신에 / 그것은 현재의 형태가 되었다 / 많은 세기에 걸쳐 //

Although / the (A) [modern / ancient] form of sliced bread / is a fairly new invention / (the first sliced bread appeared / in 1930), / 06번 (A) 단서: 1930년에 등장한 빵의 형태를 설명
부사절 접속사(양보)
~일지라도 / 현대적인 형태인 얇게 자른 빵은 / 상당히 새로운 발명일지라도 / (최초로 얇게 자른 빵은 등장했다 / 1930년에) /

bread itself is a(n) (B) [modern / ancient] food / with origins dating back / more than 22,000 years. // 06번 (B) 단서: 빵 자체는 2만 2천 년보다도 더 이전에 생겨났다는 설명
빵 자체는 고대의 음식이다 / 기원을 거슬러 올라가는 / 2만 2천 년보다 더 //

In 2004, / scientists found 22,000-year-old barley grains / caught in a grinding stone. //
2004년에 / 과학자들은 2만2천 년 된 보리를 발견했다 / 숫돌에 끼어있는 //

But this early bread / was more like flat cakes / of ground grains / heating(→ heated) on a rock. //
그러나 이 초기의 빵은 / 납작한 케이크의 모습과 더 흡사했다 / 분쇄된 곡물의 / 바위에서 가열된 // ground grains를 수식하는 과거분사구

Bread was the spark / that led / to the development of social organization. // 07번, 08번 단서 1: 사회 조직이 발전하는 데 빵이 불씨가 됨
(주격 관계대명사)
빵은 불씨가 되었다 / 이끈 / 사회 조직의 발전을 //

More than 5,000 years / after bread appeared, / three civilizations (the Egyptians, the Mesopotamians, and the Indus) / rapidly grew. // 07번, 08번 단서 2: 빵이 등장한 후 문명이 빠르게 성장함
5천 년 이상 동안 / 빵이 등장한 이후 / 세 개의 문명(이집트, 메소포타미아, 인더스)이 / 급속도로 성장했다 //

That is, / the development of these civilizations, / considered the largest in the ancient world, / depended on bread. //
(주어) (동사)
다시 말해 / 이 문명들의 발전은 / 고대 사회에서 가장 크다고 여겨지는 / 빵에 의존하였다 //

초콜릿 칩과 달리 빵의 발명은 어느 한 사람으로 규명될 수 없다. 대신에, 빵은 많은 세기에 걸쳐 현재의 형태로 되었다. [(A) 현대적인] 형태인 얇게 자른 빵은 상당히 새로운 발명이지만 (최초로 얇게 자른 빵은 1930년에 등장했다), 빵 자체는 2만 2천 년보다 더 기원을 거슬러 올라가는 [(B) 고대의] 음식이다. 2004년에 과학자들은 숫돌에 끼어있는 2만2천 년 된 보리를 발견했다. 그러나 이 초기의 빵은 분쇄된 곡물이 바위에서 가열된 납작한 케이크의 모습과 더 흡사했다. 빵은 사회 조직의 발전을 이끈 불씨가 되었다. 빵이 등장한 이후 5천 년 이상 동안 세 개의 문명(이집트, 메소포타미아, 인더스)이 급속도로 성장했다. 다시 말해, 고대 사회에서 가장 크다고 여겨지는 이 문명들의 발전은 빵에 의존하였다.

06 정답 (A) modern (B) ancient

윗글의 (A), (B)에 주어진 단어 중 글의 흐름상 적절한 것을 골라 쓰시오.
(A) modern (B) ancient

왜 정답?

얇게 자른 빵은 1930년에 등장한 현대적인(modern) 형태의 빵이지만, 빵 자체는 2만 2천 년보다 더 거슬러 올라가는 고대의(ancient) 음식이다.

07 정답 (1) History (2) Influence (3) Civilization

윗글을 읽고, 〈보기〉에서 알맞은 단어를 찾아 글의 제목을 완성하시오.

〈보기〉
Storage 저장 / History 역사 / Influence 영향 / Popularity 인기 / Civilization 문명

→ (1) History of Bread and Its (2) Influence on Human (3) Civilization 빵의 (1) 역사와 그것이 인류 (3) 문명에 끼친 (2) 영향

왜 정답?

빵의 기원, 즉 역사(History)에 대한 내용과 함께 빵이 인류 문명(Civilization)의 발전에 어떤 영향(Influence)을 끼쳤는지 설명하는 글이므로 '빵의 역사와 그것이 인류 문명에 끼친 영향'으로 제목을 완성하는 것이 적절하다.

08 정답 ②

윗글의 빈칸에 들어갈 말로 가장 적절한 것을 고르시오.

① disappeared soon 이집트 문명 등이 빠르게 쇠퇴했다는 내용이 아님
빠르게 사라졌다
② depended on bread 빵이 등장한 후 문명이 급속도로 성장함
빵에 의존했다
③ affected each other 문명끼리 서로 영향을 끼쳤는지 알 수 없음
서로 영향을 끼쳤다
④ invented new weapon invention을 이용해 만든 오답
새로운 무기를 발명했다
⑤ differed in various ways 각 문명의 발전 방식이 서로 달랐는지 알 수 없음
여러 방면에서 달랐다

1st 빈칸이 포함된 문장의 내용을 파악하고, 빈칸에 들어갈 말에 대한 단서를 얻는다.

다시 말해(That is), 고대 사회에서 가장 크다고 여겨지는 이 문명들(these civilizations)의 발전은 ______________.

→ 마지막 문장이 빈칸이 포함된 문장인데, '다시 말해(That is)'라고 했으므로 앞에서 이미 '이 문명들(these civilizations)'에 대한 내용이 나왔고 이를 다시 정리하고 있음을 알 수 있다.
↳ 이 문명들의 발전이 '어떻다'고 했는지 앞의 내용에서 찾아야 한다.

2nd 빈칸 문장과 가까운 문장에 주목하며 글의 내용을 파악해서 빈칸에 들어갈 적절한 말을 찾는다.

1 빵은 사회 조직의 발전을 이끈 불씨가 되었다.

→ 빈칸이 포함된 문장의 앞앞 문장을 보면, 빵이 사회 조직이 발전하는 데 불씨가 됐다고 했다.
↳ 문명의 발전에 빵의 등장이 영향을 끼쳤다는 의미임

2 빵이 등장한 이후 5천 년 이상 동안 세개의 문명(이집트, 메소포타미아, 인더스)이 급속도로 성장했다.

→ 빵의 등장 이후에 세 개의 문명이 급속도로 성장했다고 했다.
↳ 결국 문명들의 발전은 '빵에 의존했다'는 것임

3rd 글의 내용을 다시 한번 정리하며 정답이 맞는지 확인한다.

→ 1930년에 등장한 빵의 형태와 빵이 언제 생겨났는지 등에 대해 설명하면서, 빈칸 앞에서 빵으로 인해 사회 조직이 발전하고 이집트, 메소포타미아, 인더스 세 개의 문명이 급속도로 성장했다고 했다.
↳ 따라서 문명들의 발전은 ② '빵에 의존했다'고 해야 적절함

09 정답 heated

윗글의 밑줄 친 heating을 어법상 적절하게 고쳐 쓰시오.

But this early bread was more like flat cakes of ground grains heating(→ heated) on a rock.
그러나 이 초기의 빵은 분쇄된 곡물이 바위에서 가열된 납작한 케이크의 모습과 더 흡사했다.

왜 정답?

ground grains를 수식하는 구가 뒤에 이어지고 '가열된'이라는 수동의 뜻을 나타내야 하므로 heating은 과거분사인 heated로 고치는 것이 적절하다.

10 ~ **13** ▶ 문제편 p. 98

* 세상에서 가장 위험한 동물

What is the most dangerous animal / in the world? //
가장 위험한 동물은 무엇일까 / 세상에서 //

You may think / of lions, tigers, or bears. //
당신은 생각할지 모른다 / 사자나, 호랑이 또는 곰을 //

However, / according to several studies, / this animal is very(→ much / even / still / a lot) more common. //
하지만 / 몇몇 연구에 따르면 / 이 동물은 훨씬 더 흔하다 // 비교급

Think about the chance / of encountering a lion / on your way home from school. //
가능성을 생각해 보아라 / 사자를 마주칠 / 당신이 학교에서 집으로 가는 길에 //

Unlike those big, scary ones, / the most dangerous one is always around you. //
그러한 크고 무서운 것들과는 다르게 / 가장 위험한 것은 항상 당신의 주변에 있다 //

It feeds on human blood, / spreading diseases / from one person to another. //
분사구문
그것은 인간의 피를 먹고 산다 / 질병을 퍼뜨리면서 / 한 사람에게서 다른 사람에게로 //

Have you figured it out? //
당신은 알아냈는가 // **11번 (1)** 단서, **12번** 단서 1: 모기가 세상에서 가장 위험한 생명체임

That's right / — the buzzing mosquito is the most dangerous creature / in the world. //
맞다 / 윙윙거리는 모기가 / 가장 위험한 생명체이다 / 세상에서 //

More than 725,000 people worldwide / are killed each year / by diseases / that mosquitoes bring, / such as malaria. //
목적격 관계대명사
전 세계적으로 725,000명이 넘는 사람들이 / 매년 죽임을 당한다 / 질병에 의해 / 모기가 전달하는 / 말라리아와 같은 //
11번 (2) 단서: 모기가 옮기는 질병으로 많은 사람들이 죽음

They are so deadly / because they adapt / to new environments quickly / and breed rapidly. //
병렬 구조
그것들은 매우 치명적이다 / 왜냐하면 그것들이 적응하기 때문에 / 새로운 환경에 빠르게 / 그리고 빠르게 번식하기 (때문에) //

But / don't be too scared! //
하지만 / 너무 겁먹지 마라 // **12번** 단서 2: 모기를 피해 스스로를 보호할 수 있는 방법들이 있음

You can protect yourself / by avoiding some countries / where mosquitoes carry dangerous diseases / and wearing long-sleeved clothing / when you go outdoors. //
병렬 구조
당신은 스스로를 보호할 수 있다 / 몇몇 국가를 피함으로써 / 모기가 위험한 질병을 전달하는 / 그리고 긴소매 옷을 입음으로써 / 당신이 야외에 나갈 때 //

세상에서 가장 위험한 동물은 무엇일까? 당신은 사자, 호랑이, 또는 곰을 생각할지도 모른다. 하지만 몇몇 연구에 따르면 이 동물은 훨씬 더 흔하다. 당신이 학교에서 집으로 가는 길에 사자를 마주칠 가능성을 생각해 보아라. 그러한 크고 무서운 동물들과는 다르게, 가장 위험한 동물은 항상 당신의 주변에 존재한다. 그것은 한 사람에게서 다른 사람에게로 질병을 퍼뜨리며 인간의 피를 먹고 산다. 알아냈는가? 맞다. 윙윙거리는 모기가 세상에서 가장 위험한 생명체이다. 전 세계적으로 725,000명이 넘는 사람들이 매년 말라리아와 같은 모기가 전달하는 질병에 의해 사망한다. 그것들은 새로운 환경에 빠르게 적응하고, 빠르게 번식하기 때문에 매우 치명적이다. 하지만 너무 겁먹지 마라! 당신은 모기가 위험한 질병을 전달하는 몇몇 국가를 피하고 야외에 나갈 때 긴소매 옷을 입음으로써 스스로를 보호할 수 있다.

10 정답 **당신은 모기가 위험한 질병을 전달하는 몇몇 국가를 피함으로써 자신을 보호할 수 있다**

왜 정답?

by -ing는 '~함으로써'라는 뜻으로 avoiding과 wearing이 병렬 구조를 이루고 있는 것에 유의해서 해석해야 한다.

11 정답 (1) dangerous (2) diseases

윗글을 요약할 때, 다음 빈칸에 들어갈 말로 가장 적절한 것을 글에서 찾아 쓰시오.

Mosquitoes are the most **(1)** dangerous animal in the world because they spread deadly **(2)** diseases from one person to the next.
모기는 한 사람에게서 다음 사람에게로 위험한 (2) 질병들을 퍼뜨리기 때문에 세상에서 가장 (1) 위험한 동물이다.

왜 정답?

매년 많은 사람이 모기가 옮기는 질병에 의해 사망한다면서, 모기가 세상에서 가장 위험한 동물이라고 했으므로 빈칸에는 각각 '위험한(dangerous)'과 '질병들(diseases)'이 와야 한다.

12 정답 ②

윗글의 빈칸에 들어갈 말로 가장 적절한 것을 고르시오.

① safe 안전한 — 뒤 문장에서 안전할 수 있는 방법을 알려주므로 어색함
② scared 겁먹은 — 예방법이 이어지므로 너무 겁먹지 말라는 것이 자연스러움
③ happy 행복한 — 앞 문장에서 위험성을 강조하고 있으므로 어색함
④ late 늦은 — 이 글은 '시간'과 관련이 없음
⑤ confident 자신 있는 — 뒤 문장에서 예방법을 알려주므로 어색함

1st 빈칸이 포함된 문장의 내용을 파악하고, 빈칸에 들어갈 말에 대한 단서를 얻는다.

하지만 너무 ________ 마라!

→ 무언가를 하지 말라고 했으므로 필자의 주장이 무엇인지를 파악해야 한다.
↳ 명령문 다음 문장에 주목해야 함

2nd 빈칸 문장과 가까운 문장에 주목하며 글의 내용을 파악해서 빈칸에 들어갈 적절한 말을 찾는다.

1. 윙윙거리는 모기가 세상에서 가장 위험한 생명체이다. 전 세계적으로 725,000명이 넘는 사람들이 매년 말라리아와 같은 모기가 전달하는 질병에 의해 사망한다.

→ 모기가 전달하는 질병으로 많은 사람들이 사망한다.

2. 당신은 모기가 위험한 질병을 전달하는 몇몇 국가를 피하고 야외에 나갈 때 긴소매 옷을 입음으로써 스스로를 보호할 수 있다.

→ 어렵지 않게 모기로부터 스스로를 보호할 수 있다.
↳ 다시 말해, 너무 ② '겁먹지' 말라는 것임

3rd 글의 내용을 다시 한번 정리하며 정답이 맞는지 확인한다.

→ 모기는 치명적인 질병을 옮기고 빠르게 번식하기 때문에 세상에서 가장 위험한 동물이지만, 모기가 있는 곳을 피하거나 긴소매를 입어 스스로를 모기로부터 보호할 수 있다.
↳ 정답은 너무 ② '겁먹지' 말라는 것이 적절함

13 정답 very → much / even / still / a lot 등

윗글의 밑줄 친 문장에서 어법상 틀린 부분을 찾아 바르게 고치시오.

However, according to several studies, this animal is very(→ much / even / still / a lot) more common.
하지만 몇몇 연구에 따르면 이 동물은 훨씬 더 흔하다.

왜 정답?

very는 비교급을 수식할 수 없는 부사이므로 비교급을 강조하는 much, even, still, a lot 등의 부사로 고쳐야 한다.

14~17

▶ 문제편 p. 99

＊진화의 원리

In Lewis Carroll's *Through the Looking-Glass*, / the Red Queen takes Alice / on a race through the countryside. //
Lewis Carroll의 *Through the LookingGlass*에서 / 붉은 여왕은 Alice를 데리고 간다 / 시골을 통과하는 한 경주에 //

They run and they run, / but then Alice discovers / that they're still under the same tree / that they started from. // (목적어절을 이끄는 접속사)
그들은 달리고 또 달리지만 / 그러다가 Alice는 발견한다 / 그들이 똑같은 나무 아래에 여전히 있음을 / 자신들이 출발했던 //
14번 (1) 단서: 아무리 달려도 출발했던 나무 아래 있음

The Red Queen explains to Alice: / "here, you see, / it takes all the running you can do, / to keep in the same place." // (부사적 용법(목적))
16번 단서 1: 최선을 다해서 뛰어야 현재의 자리를 유지할 수 있음
붉은 여왕은 Alice에게 설명한다/ "'여기서는' 보다시피 / 네가 할 수 있는 모든 뜀박질을 해야 한단다 / 같은 장소에 머물러 있으려면" 이라고 //

Biologists sometimes use this Red Queen Effect / to explain an evolutionary principle. // (부사적 용법(목적))
15번 단서 1, 16번 단서 2: '붉은 여왕 효과'를 통한 진화 원리 설명
생물학자들은 때때로 이 '붉은 여왕 효과'를 사용한다 / 진화 원리를 설명하기 위해 //

If foxes evolve to run faster / so they can catch more rabbits, / then only the fastest rabbits will live long enough / to make a new generation of bunnies that run even faster / (주격 관계대명사)
만약 여우가 더 빨리 달리도록 진화한다면 / 더 많은 토끼를 잡기 위해 / 그러면 오직 가장 빠른 토끼만이 충분히 오래 산다 / 훨씬 더 빨리 달리는 새로운 세대의 토끼를 낳게 되도록 /
14번 (2) 단서, 15번 단서 2, 16번 단서 3: 생존을 위해 점점 더 나은 방향으로 진화가 이루어짐

— in ⓐ which case, / of course, / only the fastest foxes will catch enough rabbits / to thrive and pass on their genes. //
이 경우 / 물론 / 가장 빠른 여우만이 충분한 토끼를 잡을 것이다 / 번성하여 자신들의 유전자를 물려주도록 //

Even though they might run, / the two species just stay in place. // (양보의 부사절을 이끄는 접속사)
그것들이 달린다 해도 / 그 두 종은 제자리에 머무를 뿐이다 //

Lewis Carroll의 *Through the Looking-Glass*에서 붉은 여왕은 Alice를 시골을 통과하는 한 경주에 데리고 간다. 그들은 달리고 또 달리지만, 그러다가 Alice는 자신들이 출발했던 그 나무 아래에 여전히 있음을 발견한다. 붉은 여왕은 Alice에게 "'여기서는' 보다시피 같은 장소에 머물러 있으려면 네가 할 수 있는 모든 뜀박질을 해야 한단다."라고 설명한다. 생물학자들은 때때로 이 '붉은 여왕 효과'를 사용해 진화 원리를 설명한다. 만약 여우가 더 많은 토끼를 잡기 위해 더 빨리 달리도록 진화한다면, 그러면 오직 가장 빠른 토끼만이 충분히 오래 살아 훨씬 더 빨리 달리는 새로운 세대의 토끼를 낳을 텐데, 물론 이 경우 가장 빠른 여우만이 충분한 토끼를 잡아 번성하여 자신들의 유전자를 물려줄 것이다. 그 두 종이 달린다 해도 그것들은 제자리에 머무를 뿐이다.

14 정답 (1) T (2) F

다음을 읽고, 윗글의 내용과 일치하면 T, 일치하지 않으면 F를 고르시오.

(1) Alice는 아무리 달려도 여전히 출발했던 나무 아래에 있음을 발견했다. (T / F) They run and they run, ~ still under the same tree that they started from.

(2) 토끼들이 대를 거쳐 더 빠르게 달릴 수 있게 되면 많은 여우가 사냥감을 놓쳐 멸종 위기에 처하게 된다. (T / F) If foxes evolve to run faster so they can catch more rabbits, ~ only the fastest foxes will catch enough rabbits to thrive and pass on their genes.

왜 정답?

(1) Alice는 아무리 열심히 달려도 여전히 출발 지점에 있었다고 했으므로 글의 내용과 일치한다. (They run and they run, but then Alice discovers that they're still under the same tree that they started from.)

(2) 여우가 빨리 달리도록 진화하면 여우보다 빠른 토끼들만이 살아남아서 자손을 남길 것이고, 여우도 가장 빠른 여우만이 토끼를 잡아 번성하여 자신들의 유전자를 물려줄 것이라고 했으므로 글의 내용과 일치하지 않는다. (If foxes evolve to run faster so they can catch more rabbits, ~ only the fastest foxes will catch enough rabbits to thrive and pass on their genes.)

15 정답 adapt, changing

윗글의 내용과 일치하도록 괄호 안에서 적절한 말을 고르시오.

The Red Queen Effect explains how organisms must constantly (resist / adapt) just to maintain their relative fitness in a (changing / fixed) environment, as seen in Lewis Carroll's *Through the Looking-Glass*.
'붉은 여왕 효과'는, Lewis Carroll의 *Through the Looking-Glass*에서 보듯이, 어떻게 유기체가 단지 (변화하는 / 고정된) 환경에서 상대적인 적합성을 유지하기 위해 지속적으로 (저항해야 / 적응해야) 하는지 설명한다.

왜 정답?

'붉은 여왕 효과'는 진화의 원리를 설명하는데, 유기체들은 서로의 진화에 맞춰 함께 진화해야 생존할 수 있으므로 '변화하는(changing)' 환경에 '적응해야(adjust)' 한다고 했다.

16 정답 ①

윗글의 빈칸에 들어갈 말로 가장 적절한 것을 고르시오.

① just stay in place 양쪽이 똑같이 계속 달리므로 결과적으로는 둘 다 제자리처럼 보임
제자리에 머무를 뿐이다

② end up walking slowly 서로 빨리 달리도록 진화했으므로 부적절한 내용임
결국에는 천천히 걷게 된다

③ never run into each other 양쪽 모두 달린다는 것이 부딪치지 않는다는 것을 말하기 위함이 아님
절대 서로 부딪치지 않는다

④ won't be able to adapt to changes 오히려 변화에 적응해야 한다는 내용임
변화에 적응할 수 없을 것이다

⑤ cannot run faster than their parents 부모에 관한 내용은 등장하지 않음
그들의 부모들보다 빨리 달릴 수는 없다

1st 빈칸이 포함된 문장의 내용을 파악하고, 빈칸에 들어갈 말에 대한 단서를 얻는다.

그 두 종(the two species)이 달린다 해도(Even though) 그것들은 ____________.

⇒ 빈칸이 포함된 문장은 마지막 문장인데, '그 두 종(the two species)'이라고 했으므로 앞에 이것을 가리키는 것이 나왔음을 알 수 있다.
'그 두 종(the two species)'이 달리면 '어떻게' 되는지 찾아야 할 것임

2nd 빈칸 앞에 나오는 글의 내용을 파악해서 빈칸에 들어갈 적절한 말을 찾는다.

1
- 붉은 여왕은 Alice에게 "'여기서는' 보다시피 같은 장소에 머물러 있으려면 네가 할 수 있는 모든 뜀박질을 해야 한단다."라고 설명한다.
- 생물학자들은 때때로 이 '붉은 여왕 효과'를 사용해 진화 원리를 설명한다.

⇒ 붉은 여왕이 Alice에게 설명하는 내용은 생물학자들이 진화 원리를 설명할 때 사용하는 것이라고 했다.
진화 원리를 설명할 때 '붉은 여왕 효과'를 사용함

2
만약 여우가 더 많은 토끼를 잡기 위해 더 빨리 달리도록 진화한다면, 그러면 오직 가장 빠른 토끼만이 충분히 오래 살아 훨씬 더 빨리 달리는 새로운 세대의 토끼를 낳을 텐데, 물론 이 경우 가장 빠른 여우만이 충분한 토끼를 잡아 번성하여 자신들의 유전자를 물려줄 것이다.

⇒ 여우와 토끼의 예를 들어서, 두 종이 각자 생존을 위해 진화한다고 했다.
생존을 위해 점점 더 나은 방향으로 진화가 이루어지지만, 결국 똑같은 위치에 있는 것과 마찬가지인 상황이 된다는 의미임

3rd 글의 내용을 다시 한번 정리하며 정답이 맞는지 확인한다.

⇒ '붉은 여왕 효과'를 통해 진화 원리를 설명하는데, 여우와 토끼의 예를 들어 두 종이 생존을 위해서 점점 더 나은 방향으로 진화를 한다고 했다.
따라서 서로가 경쟁적으로 진화하면 결국 양쪽 모두가 성장하게 되어서 두 종은 ① '제자리에 머무를 뿐이다.'라고 해야 적절함

17 정답 which

윗글의 빈칸 ⓐ에 적절한 관계형용사를 쓰시오.

If foxes evolve to run faster so they can catch more rabbits, then only the fastest rabbits will live long enough to make a new generation of bunnies that run even faster — in which case, of course, only the fastest foxes will catch enough rabbits to thrive and pass on their genes.
만약 여우가 더 많은 토끼를 잡기 위해 더 빨리 달리도록 진화한다면, 그러면 오직 가장 빠른 토끼만이 충분히 오래 살아 훨씬 더 빨리 달리는 새로운 세대의 토끼를 낳을 텐데, 물론 이 경우 가장 빠른 여우만이 충분한 토끼를 잡아 번성하여 자신들의 유전자를 물려줄 것이다.

왜 정답?

앞의 내용을 받아서 후반부에 부연 설명을 하고 있는데, 앞에 in이 왔기 때문에 '이 경우에'라는 의미를 완성하려면 관계형용사 which가 가장 적절하다.

K REVIEW 어휘 테스트

▸문제편 p. 100

01 토끼 02 불씨 03 시골
04 구성하다 05 institution 06 biologist
07 determine 08 trick
09 ① [기원, 유래]
① 뿌리 ② 새벽 ③ 미래 ④ 후계자
10 ④ [규명하다, ~라고 감정하다]
① 찾다 ② 거부하다 ③ 숨다 ④ 구별하다
11 ④ [급속도로, 빠르게]
① 상당히 ② 느긋하게 ③ 조심스럽게 ④ 빠르게
12 ① [그녀는 그녀의 언니의 행동을 종종 따라한다.]
② [그의 얼굴에 그늘이 드리워졌다.]
13 ① [우리 조직은 사람들이 고난을 극복하는 것을 도울 것이다.]
② [영화가 끝나자 나는 감정에 휩쓸렸다.]
14 potential [이 계획은 엄청난 (잠재력 / 포텔)을 가지고 있어.]
15 flatten [너는 종이를 (납작하게 / 뚱뚱하게) 해야 한다.]
16 effect [실험의 (영향을 미치다 / 효과)에 주의해라.]
17 state 18 contain 19 analyze
20 generation 21 drive

01 ~ 02 ▶ 문제편 p. 101

*GDP 점유율로 보여주는 국가별 건강 관련 지출

The above graph shows / health spending / as a share of GDP / for selected OECD countries / in 2018. //
위 그래프는 보여준다 / 건강 관련 지출을 / GDP 점유율로 / 선택된 OECD 국가들의 / 2018년 //

① On average, / OECD countries were estimated / (A) [to spend / to have spent] 8.8 percent of their GDP / on health care. // 완료부정사(본동사보다 한 시제 앞섬)
평균적으로 / OECD 국가들은 추정되었다 / GDP의 8.8퍼센트를 지출한 것으로 / 건강 관리에 //

② Among the given countries above, / the US had the highest share, / with 16.9 percent, / followed by Switzerland at 12.2 percent. // 분사구문(= and it(the US) was followed)
위 국가들 중 / 미국은 가장 높은 점유율을 보였고 / 16.9퍼센트로 / 이어 스위스는 12.2퍼센트를 보였다 //

③ France spent more than 11 percent of its GDP, / while Turkey spent less than 5 percent of its GDP / on health care. // 대조를 나타내는 접속사
프랑스는 GDP의 11퍼센트 이상을 지출했다 / 반면에 터키는 GDP의 5퍼센트 이하를 지출했다 / 건강 관리에 //

④ Belgium's health spending / as a share of GDP / sat between that of France and the UK. // between A and B: A와 B 사이
벨기에의 건강 관련 지출은 / GDP 점유율로서 / 프랑스와 영국 사이에 있었다 //

⑤ There was a 3(→ 2) percentage point difference / in the share of GDP spent on health care / between the UK and Greece. // **01번** 단서: 영국은 9.8퍼센트, 그리스는 7.8퍼센트로 2퍼센트 포인트 차이를 나타냄
3(→ 2)퍼센트 포인트 차이가 있었다 / 건강 관리에 지출된 GDP의 점유율에는 / 영국과 그리스 사이의 //

- share 점유율
- selected 선택된, 선발된
- estimate 추정하다
- difference 차이

위 그래프는 선택된 OECD 국가들의 2018년 건강 관련 지출을 GDP 점유율로 보여준다. ① 평균적으로, OECD 국가들은 GDP의 8.8퍼센트를 건강 관리에 지출한 것으로 추정되었다. ② 위 국가들 중 미국은 GDP의 16.9퍼센트로 가장 높은 점유율을 보였고, 이어 스위스는 12.2퍼센트를 보였다. ③ 프랑스는 GDP의 11퍼센트 이상을 지출했던 반면, 터키는 GDP의 5퍼센트 이하를 건강 관리에 지출했다. ④ GDP 점유율로서 벨기에의 건강 관련 지출은 프랑스와 영국 사이였다. ⑤ 영국과 그리스 사이의 건강 관리에 지출된 GDP의 점유율에는 3(→ 2)퍼센트 포인트 차이가 있었다.

01 정답 ⑤

윗글을 읽고, 도표의 내용과 일치하지 않는 것을 고르시오.

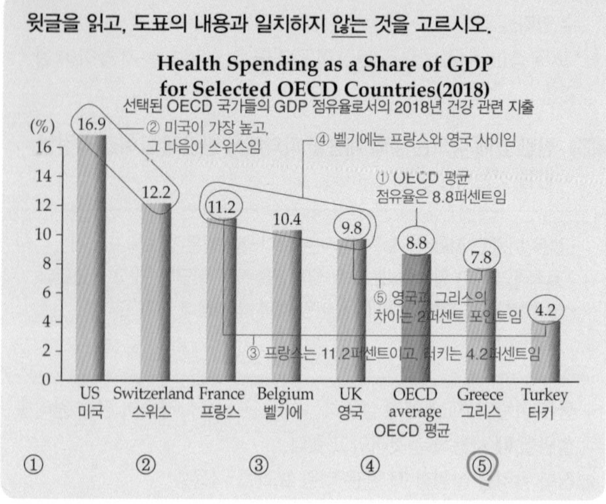

왜 정답?

영국의 GDP 점유율은 9.8퍼센트이고 그리스의 GDP 점유율은 7.8퍼센트로, 양국 사이에 2퍼센트 포인트 차이가 있다. 따라서 도표의 내용과 일치하지 않는 것은 ⑤이다.

왜 오답?

① OECD 평균 점유율이 8.8퍼센트이므로 도표의 내용과 일치한다.
② 미국이 16.9퍼센트로 가장 높고 그 다음으로 스위스가 12.2퍼센트를 나타내고 있다.
③ 프랑스의 점유율은 11.2퍼센트이고, 터키는 4.2퍼센트이므로 도표의 내용과 일치한다.
④ 프랑스의 점유율은 11.2퍼센트, 영국의 점유율은 9.8퍼센트이다. 벨기에의 점유율은 10.4퍼센트로 프랑스의 점유율과 영국의 점유율 사이에 위치한다.

02 정답 to have spent

윗글의 네모 (A)에서 어법상 적절한 것을 고르시오.

On average, OECD countries were estimated (A) [to spend / to have spent] 8.8 percent of their GDP on health care.
평균적으로, OECD 국가들은 GDP의 8.8퍼센트를 건강 관리에 지출한 것으로 추정되었다.

왜 정답?

본동사인 were estimated보다 한 시제 앞섰으므로 완료부정사 형태인 to have spent가 어법상 적절하다.

03 ~ 04 ▶ 문제편 p. 101

*유튜브의 또 다른 역할

People generally fill YouTube / with food-eating shows or makeup lessons, / but there are content creators / who raise their voice. // fill A with B: A를 B로 채우다
사람들은 보통 유튜브를 채운다 / 음식을 먹는 쇼나 화장법 수업으로 / 그러나 콘텐츠 제작자들이 있다 / 그들의 목소리를 높이는 //

They are minorities / on the site / to bring about diversity. // ('~을 불러일으키다')
그들은 소수집단이다 / 그 사이트에서 / 다양성을 불러일으키는 //

Ms. Kim, / the physically challenged creator, / is one of them. //
김 씨는 / 신체적으로 장애를 가진 제작자인 / 그들 중 한 명이다 //

Since starting her channel / in 2018, / she has faced profound changes. // 03번 단서 1: 유튜브 채널을 연 이후로 변화를 겪음
그녀의 채널을 시작한 이래로 / 2018년에 / 그녀는 심오한 변화들에 직면했다 //

"In the past, / I got panicked and hysterical / when strangers stared / at me and my wheelchair, /
"과거에 / 저는 허둥지둥하며 감정적이 되었어요 / 낯선 사람이 쳐다보면 / 저와 제 휠체어를 / 03번 단서 2: 과거에는 낯선 사람이 쳐다보면 어찌할 바를 몰랐음

but as I run my YouTube channel, / I have become more positive and open," / Ms. Kim said / during a YouTuber event / at the Google Campus in Seoul. //
하지만 제 유튜브 채널을 운영하면서 / 저는 더 긍정적이고 개방적이게 되었어요" 라고 / 김 씨가 말했다 / 유튜버 행사 동안에 / 서울의 구글 캠퍼스에서의 //

"These days, / I do not avoid eye contact / and even tell myself: / 'Maybe they are gazing at me / because I am attractive.'" // (병렬 구조) 03번 단서 3: 요즘에는 자신이 매력적이라서 쳐다본다고 생각함
"요즈음 / 저는 시선맞춤을 피하지 않아요 / 그리고 심지어 제 자신에게 말하죠 / '그들은 아마 나를 쳐다보는 것일 거야 / 내가 매력적이기 때문에'라고" //

YouTube (주어) has also helped (동사) her (목적어) / (A) [becoming / become] (목적격 보어) more concerned about issues / that disabled people are facing, / particularly about their human rights. //
유튜브는 또한 그녀를 도왔다 / 쟁점에 대해 더 관심을 갖도록 / 장애인들이 직면하는 / 특히 그들의 인권에 대해 //

- makeup 화장, 메이크업
- raise 올리다, 높이다
- minority 소수, 소수집단
- diversity 다양성
- challenged 장애가 있는
- face 직면하다
- profound 심오한
- panicked 허둥지둥하는, 당황하는
- hysterical 감정적이 된
- positive 긍정적인
- avoid 피하다
- gaze 응시하다, 바라보다
- attractive 매력적인
- concerned 관심이 있는, 걱정하는
- issue 주제, 쟁점
- disabled 장애가 있는
- particularly 특히
- human right 인권
- pros and cons 장단점

사람들은 보통 유튜브를 음식을 먹는 쇼나 화장법 수업으로 채우는데, 그들의 목소리를 높이는 콘텐츠 제작자들이 있다. 그들은 다양성을 불러일으키는 그 사이트의 소수집단이다. 신체적으로 장애를 가진 제작자인 김 씨는 그들 중 한 명이다. 2018년에 그녀의 채널을 시작한 이래로 그녀는 심오한 변화들에 직면했다. 김 씨는 서울의 구글 캠퍼스에서의 유튜버 행사 동안 "과거에 저는 낯선 사람이 저와 제 휠체어를 쳐다보면 허둥지둥하며 감정적이 되었어요. 하지만 제 유튜브 채널을 운영하면서 저는 더 긍정적이고 개방적이게 되었어요."라고 말했다. "요즈음 저는 시선맞춤을 피하지 않고 심지어 제 자신에게 '아마 그들은 내가 매력적이기 때문에 나를 쳐다보는 것일 거야.'라고 말하죠." 유튜브는 또한 그녀가 장애인들이 직면하는 쟁점, 특히 그들의 인권에 대해 더 관심을 갖도록 도왔다.

03 정답 ④

윗글의 주제로 가장 적절한 것을 고르시오.

① dark sides of YouTube 유튜브의 단점에 대한 내용이 아님
유튜브의 어두운 면들
② challenges faced by disabled people
장애인들이 맞닥뜨리는 어려움들 / 장애인들에 대한 내용이 아님
③ pros and cons of starting a YouTube channel
유튜브 채널을 시작하는 것의 장단점 / 유튜브 채널을 여는 것에 대한 내용이 아님
④ a change that YouTube brings to a disabled person
유튜브가 한 장애인에게 가져온 변화 / 유튜브 채널을 엶으로써 일어난 변화를 다룸
⑤ essential elements of a successful YouTube channel
성공적인 유튜브 채널의 핵심 요소 / Ms. Kim의 채널이 성공적이라는 내용은 없음

1st 글에 반복적으로 등장하는 핵심어를 찾아 글의 내용을 예상한다.

People generally fill [YouTube] with food-eating shows or makeup lessons, but there are content creators who raise their voice. They are minorities on the site to bring about [diversity]. Ms. Kim, the [physically challenged] creator, is one of them. Since starting her channel in 2018, she has faced profound [changes]. "In the past, I got panicked and hysterical when strangers stared at me and my [wheelchair], but as I run my [YouTube] channel, I have become more positive and open," Ms. Kim said during a [YouTuber] event at the Google Campus in Seoul. "These days, I do not avoid eye contact and even tell myself: 'Maybe they are gazing at me because I am attractive.'" [YouTube] has also helped her become more concerned about issues that [disabled] people are facing, particularly about their human rights.

→ 글에서 YouTube(YouTuber), diversity, changes, physically challenged 등의 단어가 반복적으로 등장한다.
↳ '신체적으로 장애를 가진(physically challenged)' 사람들이 '유튜브(YouTube)'를 운영하면서 겪는 '변화(changes)'에 대해 말하는 글일 것임

2nd 핵심어에 대한 필자의 생각을 드러내는 문장을 찾는다.

1 2018년에 그녀의 채널을 시작한 이래로 그녀는 심오한 [변화들(changes)]에 직면했다.

→ 신체적으로 장애를 가진 사람이 유튜브 채널을 연 이후로 변화를 겪었다.
↳ 유튜브 채널을 시작한 후에 변화가 있었음

2 "과거에 저는 낯선 사람이 저와 제 휠체어를 쳐다보면 허둥지둥하며 감정적이 되었어요.

→ 과거에는 다른 사람이 자신이 장애를 가진 것을 보면 허둥지둥댔다.
↳ 과거에는 자신의 장애를 바라보는 시선에 어찌할 바를 몰랐음

3 "요즈음 저는 시선맞춤을 피하지 않고 심지어 제 자신에게 '아마 그들은 내가 매력적이기 때문에 나를 쳐다보는 것일 거야.'라고 말하죠."

→ 요즘에는 장애를 가진 자신이 매력적이라서 쳐다본다고 생각한다.
↳ 장애를 가진 사람이 유튜브를 시작하고 나서 겪은 변화를 설명했음

3rd 위에서 찾은 문장을 종합하여 주제를 추론하고, 정답을 고른다.

→ **글의 주제:** 장애인이 유튜브 채널을 열면서 겪은 변화들이 있었다.
↳ ④ '유튜브가 한 장애인에게 가져온 변화'가 주제로 가장 적절함

04 정답 become

윗글의 네모 (A)에서 어법상 적절한 것을 고르시오.

YouTube has also helped her (A) [becoming / become] more concerned about issues that disabled people are facing, particularly about their human rights.
유튜브는 또한 그녀가 장애인들이 직면하는 쟁점, 특히 그들의 인권에 대해 더 관심을 갖도록 도왔다.

왜 정답?

사역동사 helped의 목적어는 her이고, 목적격 보어가 와야 하는 자리이므로 원형부정사 become이 적절하다.

05 ~ 06

▶ 문제편 p. 102

*까치야! 헌 이 줄게, 새 이 다오!

Many cultures follow special customs / when(부사절 접속사(시간)) a child's baby teeth fall out. // 05번 단서 1: 아이의 유치가 빠지면 문화마다 특별한 관습을 따름
많은 문화는 특별한 관습을 따른다 / 아이의 유치가 빠졌을 때 //

In Korea, / people throw a lost tooth / onto their roof. // 05번 단서 2: 한국의 관습을 소개함
한국에서는 / 사람들은 빠진 이를 던진다 / 그들의 지붕 위로 //

They believe / a magpie will take it, / and later, / it(= magpie) will bring a new tooth / instead. //
그들은 믿는다 / 까치가 그것을 가져갈 것이라고 / 그리고 나중에 / 그것이 새 이를 가져다줄 것이라고 / 대신에 // 05번 단서 3: 몽골의 관습을 소개함

In Mongolia, / it's traditional to put / the tooth into some fat / and feed it / to a dog. // (병렬 구조)
몽골에서는 / 넣는 것이 전통이다 / 이를 약간의 지방에 / 그리고 그것을 먹이는 것이 / 개에게 //

This is done / because the Mongols want / the tooth to be as strong(원급 비교) / as the dog's teeth. //
이것은 행해진다 / 몽골 사람들은 원하기 때문에 / 이가 ~만큼 강하기를 / 개의 이빨만큼 //

If there's no dog, / they bury (A) [it / them] / by a tree / so that('~하도록') the new tooth has strong roots. //
만약 개가 없다면 / 그들은 그것을 묻는다 / 나무 옆에 / 새 이가 강한 뿌리를 갖도록 //

In some English-speaking countries, / a fairy is thought(수동태 동사) to visit. // 05번 단서 4: 몇몇 영어권 국가의 관습을 소개함
몇몇 영어권 국가에서는 / 요정이 온다고 믿어진다 //

A child puts a lost tooth / under the pillow / before going to bed. //
아이는 빠진 이를 넣는다 / 베개 밑에 / 잠자리에 들기 전에 //

While the child is sleeping, / the Tooth Fairy takes the tooth / and leaves small gifts / — candy or some money — / under the pillow, /
아이가 자는 동안 / 이의 요정이 그 이를 가져간다 / 그리고 작은 선물을 둔다 / 사탕이나 약간의 돈 / 베개 밑에 /

especially if that tooth has been kept(현재완료 수동태) / very clean and shiny. //
특히 그 이가 관리되었다면 / 매우 깨끗하고 반짝이게 //

- baby teeth 유치, 젖니
- fall out 떨어져 나가다
- traditional 전통의, 전통적인
- bury 묻다, 매장하다
- fairy 요정
- pillow 베개

많은 문화에서 아이의 유치가 빠졌을 때 특별한 관습을 따른다. 한국에서 사람들은 빠진 이를 지붕 위로 던진다. 그들은 까치가 그 이를 물어가서 나중에 새 이를 대신 가져다줄 것이라고 믿는다. 몽골에서는 유치를 약간의 지방에 넣어 개에게 먹이는 것이 전통이다. 이것은 개의 이빨만큼 강한 이를 원하기 때문에 행해진다. 만약 개가 없다면, 그들은 새 이가 강한 뿌리를 갖도록 나무 옆에 유치를 묻는다. 몇몇 영어권 국가에서는 요정이 온다고 믿어진다. 아이는 잠자리에 들기 전에 빠진 이를 베개 밑에 넣는다. 아이가 자는 동안 이의 요정이 그 이를 가져가고 특히 그 이가 매우 깨끗하고 반짝이게 관리되었다면 작은 선물, 사탕이나 약간의 돈을 베개 밑에 둔다.

05 정답 ④

윗글의 제목으로 가장 적절한 것을 고르시오.

① When Do Baby Teeth Fall Out? 유치가 빠지는 시기는 언급되지 않음
유치는 언제 빠지는가?
② Why All Kids Love the Tooth Fairy 글의 일부 내용임
모든 어린이들이 이의 요정을 좋아하는 이유
③ Throw Your Tooth onto the Roof for Good Luck
행운을 위해 당신의 이를 지붕으로 던져라 한국의 전통만을 포함하는 제목임
④ Baby Teeth Traditions from Around the World
전 세계의 유치 전통들 여러 나라의 유치 전통에 관한 글
⑤ Tooth Decay: The Result of Poor Dental Care
충치: 이를 잘 관리 못한 결과 충치는 글의 내용과 전혀 관계없음

1st 글의 앞부분을 읽으며 이어질 내용을 예상한다.

많은 문화에서 아이의 유치가 빠졌을 때 특별한 관습을 따른다. 한국에서 사람들은 빠진 이를 지붕 위로 던진다.

➡ 많은 문화에서 아이의 이가 빠졌을 때 특별한 관습을 따른다면서 한국의 예시로 글을 시작했다.
↳ 아이의 유치가 빠졌을 때 문화에 따라 다른 관습을 소개하는 글임

2nd 글의 흐름이 전환되는 부분이 있는지 확인한다.

1 몽골에서는 유치를 약간의 지방에 넣어 개에게 먹이는 것이 전통이다.

2 몇몇 영어권 국가에서는 요정이 온다고 믿어진다. 아이는 잠자리에 들기 전에 빠진 이를 베개 밑에 넣는다.

↳ 몽골과 영어권 국가의 관습을 소개함

3rd 필자의 생각이나 요지가 드러나는 핵심 문장을 찾아 정답을 고른다.

많은 문화에서 아이의 유치가 빠졌을 때 특별한 관습을 따른다.

➡ 글의 첫 문장에서 앞으로 소개될 내용을 정리하여 말한 뒤, 한국, 몽골, 영어권 국가의 서로 다른 관습을 예시와 함께 소개하는 글이다.
↳ 따라서 글의 제목으로 가장 적절한 것은 ④ '전 세계의 유치 전통들'임

06 정답 it

윗글의 네모 (A)에 들어갈 말로 적절한 것을 고르시오.

This is done because the Mongols want the tooth to be as strong as the dog's teeth. If there's no dog, they bury (A) [it / them] by a tree so that the new tooth has strong roots.
이것은 개의 이빨만큼 강한 이를 원하기 때문에 행해진다. 만약 개가 없다면, 그들은 새 이가 강한 뿌리를 갖도록 나무 옆에 유치를 묻는다.

왜 정답?

대명사 (A)가 가리키는 것은 문맥상 앞 문장에 나온 the tooth로 단수 명사이므로 단수 명사를 대신하는 it이 와야 어법상 적절하다.

07 ~ 08 ▶ 문제편 p. 102

＊기후 변화의 원인인 우리의 소비

When it comes to climate change, / many blame / the fossil fuel industry for pumping greenhouse gases, / the agricultural sector for burning rainforests, / 병렬 구조
기후 변화에 관해 / 많은 사람들은 탓한다 / 온실가스를 배출하는 것에 대해 화석 연료 산업을 / 열대 우림을 태우는 것에 대해 농업 분야를 /

or the fashion industry for producing excessive clothes. //
혹은 과다한 의복을 생산하는 것에 대해 패션 산업을 //

But wait, / what drives these industrial activities? //
하지만 자 / 무엇이 이러한 산업 활동들을 가동시키는가 //

Our consumption. // 07번 단서 1: 기후 변화의 원인이 되는 산업 활동은 우리의 소비 때문에 이루어짐
우리의 소비이다 //

Climate change is a summed product / of each person's behavior. //
기후 변화는 합쳐진 산물이다 / 각 개인 행위의 //

For example, / the fossil fuel industry / is a popular scapegoat / in the climate crisis. //
예를 들어 / 화석 연료 산업은 / 일반적인 희생양이다 / 기후 위기에 있어서 //

But / why do they drill and burn fossil fuels? //
하지만 / 왜 그들은 화석 연료를 시추하고 태울까 //

We provide them strong financial incentives: / some people regularly travel / on airplanes and cars / that burn fossil fuels. // 07번 단서 2: 화석 연료 산업 활동들을 가동하도록 하는 금전적인 동기를 우리가 제공하고 있음 / 주격 관계대명사
우리가 그들에게 강력한 금전적인 동기를 제공한다 / 어떤 사람들은 정기적으로 여행한다 / 비행기와 차로 / 화석 연료를 태우는 //

Some people waste electricity / (which is) generated by burning fuel in power plants. // 앞에 주격 관계대명사와 be동사를 생략할 수 있음
어떤 사람들은 전기를 낭비한다 / 발전소에서 연료를 태움으로써 생산된 //

Some people use and throw away plastic products / derived from crude oil / every day. // 앞에 주격 관계대명사와 be동사 생략
어떤 사람들은 플라스틱 제품을 사용하고 버린다 / 원유로부터 얻어진 / 매일 //

Blaming the fossil fuel industry / while engaging in these behaviors / is a slap in our own face. // 동명사 주어(단수 취급) / 단수 동사
화석 연료 산업을 탓하는 것은 / 이러한 행위들에 참여하면서 / 스스로의 얼굴 때리기이다 // 07번 단서 3: 우리의 잘못은 생각하지 않고 화석 연료 산업을 탓하는 경우에 대한 설명임

- when it comes to ~에 관한 한
- blame A for B B에 대해 A를 탓하다
- fossil fuel 화석 연료
- pump 퍼붓다, 쏟아지다
- agricultural 농업의
- sector 분야
- rainforest (열대) 우림
- excessive 과도한
- drive 추진시키다
- consumption 소비
- sum 합계하다
- financial 재정적인, 금전적인
- incentive 동기
- generate 발생시키다
- power plant 발전소
- throw away ~을 버리다
- derive from ~에서 나오다
- crude oil 원유
- engage in ~에 참여[관여]하다
- slap 철썩 때리기
- room 여지
- admit 인정하다
- individually 개별적으로

기후 변화에 관해 많은 사람들은 온실가스를 배출하는 것에 대해 화석 연료 산업을, 열대 우림을 태우는 것에 대해 농업 분야를, 혹은 과다한 의복을 생산하는 것에 대해 패션 산업을 탓한다. 하지만 자, 무엇이 이러한 산업 활동들을 가동시키는가? 우리의 소비이다. 기후 변화는 각 개인 행위의 합쳐진 산물이다. 예를 들어 화석 연료 산업은 기후 위기에 있어서 일반적인 희생양이다. 하지만 왜 그들은 화석 연료를 시추하고 태울까? 우리가 그들에게 강력한 금전적인 동기를 제공한다. 예를 들어, 어떤 사람들은 화석 연료를 태우는 비행기와 차로 정기적으로 여행한다. 어떤 사람들은 발전소에서 연료를 태움으로써 생산된 전기를 낭비한다. 어떤 사람들은 원유로부터 얻어진 플라스틱 제품을 매일 사용하고 버린다. 이러한 행위들에 참여하면서 화석 연료 산업을 탓하는 것은 스스로의 얼굴 때리기이다.

07 정답 ④

밑줄 친 a slap in our own face가 윗글에서 의미하는 바로 가장 적절한 것을 고르시오.

① giving the future generation room for change
미래 세대에게 변화의 여지를 주는 것 / 미래 세대의 변화와 관계없는 내용임
② warning ourselves about the lack of natural resources
천연자원의 부족에 대해 우리 스스로에게 경고하는 것 / 천연자원의 부족에 대한 내용이 아님
③ refusing to admit the benefits of fossil fuel production
화석 연료 생산의 장점을 인정하지 않는 것 / 화석 연료 생산의 장점에 대한 내용이 아님
④ failing to recognize our responsibility for climate change 기후 변화를 초래하는 것은 우리 스스로임
기후 변화에 대한 우리의 책임을 인지하지 못하는 것
⑤ starting to deal with environmental problems individually 환경 문제를 개별적으로 다룬다는 언급은 없음
환경 문제를 개별적으로 다루기 시작하는 것

1st 선택지와 앞부분을 살펴보고 글의 중심 소재를 확인해서 글의 내용을 예상한다.

선택지	선택지에 '변화', '천연자원의 부족', '화석 연료', '기후 변화', '환경 문제'와 같은 표현들이 등장한다.
앞부분	기후 변화에 관해 많은 사람들은 온실가스를 배출하는 것에 대해 화석 연료 산업을, 열대 우림을 태우는 것에 대해 농업 분야를, 혹은 과다한 의복을 생산하는 것에 대해 패션 산업을 탓한다.

→ 글의 중심 소재는 '기후 변화'이다. 기후 변화에 대해서 사람들은 여러 산업 분야들을 비난한다고 했다.
↳ 기후 변화의 원인과 관련해서 여러 산업에 대한 내용이 이어질 것임

2nd 밑줄 친 부분이 포함된 문장을 읽고, 그 의미가 무엇일지 예상한다.

Blaming the fossil fuel industry while engaging in these behaviors is a slap in our own face.
이러한 행위들에 참여하면서 화석 연료 산업을 탓하는 것은 스스로의 얼굴 때리기이다.

→ 밑줄 친 부분을 해석하면 '스스로의 얼굴 때리기'이다.
↳ '이러한 행위들(these behaviors)'은 여러 산업 활동들을 가리키는 것이므로 기후 변화에 우리도 책임이 있다는 의미일 것임

3rd 글의 나머지 부분을 확인해서 정답을 찾는다.

- 하지만(But) 자, 무엇이 이러한 산업 활동들을 가동시키는가? 우리의 소비이다.
- 우리가 그들에게 강력한 금전적인 동기를 제공한다.

→ 기후 변화의 원인이 되는 산업 활동을 우리가 소비하기 때문이라고 하면서, 화석 연료 산업에 우리가 금전적인 동기를 제공하고 있다고 했다.
↳ 따라서 '스스로의 얼굴 때리기'가 의미하는 것은 ④ '기후 변화에 대한 우리의 책임을 인지하지 못하는 것'임

08 정답 which is

윗글의 밑줄 친 문장에서 생략할 수 있는 것을 쓰시오.

Some people waste electricity (which is) generated by burning fuel in power plants.
어떤 사람들은 발전소에서 연료를 태움으로써 생산된 전기를 낭비한다.

왜 정답?

which 이하가 electricity를 수식하는 관계대명사절이므로 주격 관계대명사와 be동사인 which is는 생략할 수 있다.

09 ~ 10

▶ 문제편 p. 103

* 치유법이 없는 안면 인식 장애

be good at: ~에 능하다 / 09번 (A) 단서: 사람들은 일반적으로 얼굴을 잘 기억함

People are generally quite good / at remembering faces, / especially those of friends and family / at a glance. //
사람들은 일반적으로 꽤 잘 한다 / 얼굴을 기억하는 것을 / 특히 친구들이나 가족들의 얼굴은 / 한눈에 //

However, for some people, / recognizing faces is a(n) (A) [possibility / impossibility] / due to the disorder / known as face blindness. //
(동명사 주어 / 단수 동사 / '~ 때문에')
그러나 어떤 사람들에게는 / 얼굴을 인식하는 것은 불가능한 것이다 / 장애 때문에 / 안면 인식 장애라 알려진 //

People with face blindness aren't able to recognize / family members or close friends. //
안면 인식 장애가 있는 사람들은 알아볼 수 없다 / 가족이나 가까운 친구들을 //

For them, / loved ones can appear / to be strangers. //
그들에게는 / 사랑하는 사람들이 보일 수 있다 / 낯선 사람들로 //

have trouble -ing: ~하는 데 어려움을 겪다

They also have trouble / recognize(→ recognizing) familiar places or objects, / or recognize(→ recognizing) the difference / between a person's face and another object. //
그들은 또한 어려움을 겪는다 / 익숙한 장소나 물건들을 알아보는 데 / 또는 차이점을 알아보는 데 / 사람의 얼굴과 다른 물건 사이의 //

Some of them worry / about appearing (B) [rude / rational] / when they fail to recognize people. //
(부사절 접속사(시간))
그들 중 일부는 걱정한다 / 무례해 보이는 것에 대해 / 그들이 사람들을 알아보지 못할 때 //

09번 (B) 단서: 사회적 상호 작용을 피하는 이유는 무례해 보일까 걱정해서임

So they may avoid social interaction / that causes embarrassment. //
(주격 관계대명사)
그래서 그들은 사회적 상호 작용을 피한다 / 난처함을 유발하는 //

Unfortunately, / there is currently no (C) [cure / symptom] / for face blindness. //
불행히 / 치유법은 현재 없다 / 안면 인식 장애에 대한 //

09번 (C) 단서: 치유법 대신 보상 기술의 발달에 중점을 둠

Instead, / treatment focuses on the development of compensatory skills / such as attending to cues / like unique physical characteristics or voice. //
대신 / 치료는 보상 기술의 발달에 초점을 둔다 / 단서에 주의를 기울이는 것과 같은 / 독특한 신체적 특징들이나 목소리 같은 //

- glance 흘낏 봄
- disorder 장애
- face blindness 안면 인식 장애
- interaction 상호 작용
- embarrassment 난처함
- treatment 치료
- cue 단서

사람들은 일반적으로 얼굴을 꽤 잘 기억한다. 특히 친구들이나 가족들의 얼굴은 한눈에 알아본다. 그러나 어떤 사람들은 안면 인식 장애라 알려진 장애 때문에 얼굴을 인식하는 것은 [(A) 불가능한 것]이다. 안면 인식 장애가 있는 사람들은 가족이나 가까운 친구들을 알아볼 수 없다. 그들에게는 사랑하는 사람들이 낯선 사람들로 보일 수 있다. 그들은 또한 익숙한 장소나 물건들을 알아보거나 사람의 얼굴과 다른 물건 사이의 차이점을 알아보는 데도 어려움을 겪는다. 그들 중 일부는 그들이 사람들을 알아보지 못할 때 [(B) 무례해] 보이는 것에 대해 걱정한다. 그래서 그들은 난처함을 유발하는 사회적 상호 작용을 피한다. 불행히 안면 인식 장애에 대한 [(C) 치유법]은 현재 없다. 대신 치료는 독특한 신체적 특징들이나 목소리 같은 단서에 주의를 기울이는 것과 같은 보상 기술의 발달에 초점을 둔다.

09 정답 ③

(A), (B), (C)의 각 네모 안에서 문맥에 맞는 낱말로 가장 적절한 것을 고르시오.

(A) 안면 인식 장애가 있는 사람들은 얼굴 인식이 불가능함
(B) 사람들을 알아보지 못하여 무례해 보일까봐 걱정하며 상호 작용을 피함
(C) 치유법이 아직 없기 때문에 보상 기술을 발달시킴

	(A)	(B)	(C)
①	possibility 가능	— rude 무례한	— cure 치유법
②	possibility	— rational 합리적인	— symptom 증상
③	impossibility 불가능	— rude	— cure
④	impossibility	— rude	— symptom
⑤	impossibility	— rational	— symptom

1st 선택지로 제시된 각 낱말의 의미를 먼저 확인한다.

(A) 가능 ↔ 불가능
(B) 무례한 ↔ 합리적인
(C) 치유법 ↔ 증상

2nd 선택지의 앞뒤 문장을 정확하게 파악해서 정답을 찾는다.

특히 친구들이나 가족들의 얼굴은 한눈에 알아본다. 그러나(However) 어떤 사람들은 안면 인식 장애라 알려진 장애 때문에 얼굴을 인식하는 것은 (A) [가능한 것 / 불가능한 것]이다.

→ 사람들의 얼굴을 잘 알아본다는 문장에 '그러나(However)'로 연결되었으므로 안면 인식 장애가 있다면 얼굴 인식이 '불가능'할 것이다.
impossibility가 적절함

그들 중 일부는 그들이 사람들을 알아보지 못할 때 (B) [무례해 / 합리적으로] 보이는 것에 대해 걱정한다.

→ 사람들을 알아보지 못해서 '무례해' 보일까 봐 걱정한다는 것이 흐름상 자연스럽다.
rude가 적절함

불행히(Unfortunately) 안면 인식 장애에 대한 (C) [치유법 / 증상]은 현재 없다.

→ '불행히(Unfortunately)'라고 했으므로 안면 인식 장애에 대한 '치유법'이 없다고 하는 것이 자연스럽다.
cure가 적절함

10 정답 recognizing

윗글의 밑줄 친 두 개의 recognize를 어법상 적절하게 고치시오.

They also have trouble recognize(→ recognizing) familiar places or objects, or recognize(→ recognizing) the difference between a person's face and another object.

왜 정답?

'~하는 데 어려움을 겪다'를 의미하는 「have trouble -ing」 구문이 쓰인 문장이므로, or로 병렬 연결된 두 개의 recognize는 모두 recognizing으로 고쳐야 어법상 적절하다.

11 ~ 12

▶ 문제편 p. 103

＊가상 현실 vs. 증강 현실

Virtual Reality (VR) and Augmented Reality (AR) are / two of the most popular technologies / nowadays. //
가상 현실과 증강 현실은 / 가장 인기 있는 두 가지 기술이다 / 요즘 //

VR and AR both have the remarkable ability / to alter our perceptions / of the world. //
형용사적 용법(the remarkable ability 수식)
가상 현실과 증강 현실은 둘 다 놀라운 능력이 있다 / 우리의 인식을 바꾸는 / 세상에 대한 //

Both technologies are changing the way / we see, communicate, and interact / with our world. //
병렬 구조
두 기술 모두 방식을 바꾸고 있다 / 우리가 보고, 소통하고, 상호 작용하는 / 우리의 세상과 //

However, / they're two different concepts. //
그러나 / 그 둘은 다른 개념이다 //

VR simulates the real environment. //
가상 현실은 실제 환경을 시뮬레이션한다 //

It is / a completely computer-generated world. //
그것은 ~이다 / 완전히 컴퓨터가 만든 세상 //

It has no relation / to the actual environment / the user is in. //
목적격 관계대명사 생략
그것은 관계이 없다 / 실제 환경과는 / 사용자가 사는 //

It doesn't interact / with the real world / and it is all about the creation / of a virtual world. //
그것은 상호 작용하지 않는다 / 실세계와 / 그리고 그것은 온통 창조에 대한 것이다 / 가상 세계의 //

On the other hand, / AR overlays the real world / (seen through our device's camera) /
반면에 / 증강 현실은 실세계를 덮어씌운다 / (우리가 가진 장비의 카메라를 통해 보이는) / 11번 단서 1: 증강 현실은 실세계에 디지털 요소를 더함

with digital components / such as images or text, / effectively (A) enhanced / enhancing the existing environment. //
분사구문
디지털 요소들로 / 이미지나 문자 같은 / (그래서) 기존 세상을 효과적으로 증강시킨다 //

It is the blending / of virtual reality and real life. //
그것은 혼합이다 / 가상 세계와 실세계의 //

With AR, / users are able to interact / with virtual contents / in the real world. // 11번 단서 2: 증강 현실에서는 실세계에서 가상의 내용물과 상호 작용함
증강 현실로 / 사용자들은 상호 작용할 수 있다 / 가상의 내용물과 / 실세계에서 //

- remarkable 놀라운
- alter 바꾸다, 전환하다
- perception 인식
- interact 상호 작용하다
- concept 개념
- simulate 시뮬레이션하다
- completely 완전히
- computer-generated 컴퓨터로 생성된
- relation 관련
- overlay 덮어씌우다
- device 기구, 장치
- component 요소
- effectively 효과적으로
- enhance 향상시키다
- content 내용물

가상 현실과 증강 현실은 요즘 가장 인기 있는 두 가지 기술이다. 가상 현실과 증강 현실은 모두 세상에 대한 우리의 인식을 바꾸는 놀라운 능력이 있다. 두 기술 모두 우리가 세상을 보고, 소통하고, 상호 작용하는 방식을 바꾸고 있다. 그러나 그 둘은 다른 개념이다. 가상 현실은 실제 환경을 시뮬레이션한다. 그것은 완전히 컴퓨터가 만든 세상이다. 그것은 사용자가 사는 실제 환경과는 관련이 없다. 그것은 실세계와 상호 작용하지 않고 온통 가상 세계의 창조에 대한 것이다. 반면에 증강 현실은 (우리가 가진 장비의 카메라를 통해 보이는) 실세계를 이미지나 문자 같은 디지털 요소들로 덮어씌워 기존 세상을 효과적으로 증강시킨다. 그것은 가상 세계와 실세계의 혼합이다. 증강 현실로 사용자들은 실세계에서 가상의 내용물과 상호 작용할 수 있다.

11 정답 ②

윗글의 빈칸에 들어갈 말로 가장 적절한 것을 고르시오.

① basis 근거 — 증강 현실이 가상 현실과 실세계의 근거가 되지는 않음
② blending 혼합 — 증강 현실은 실세계에 디지털 요소들을 더한 것
③ separation 분리
④ difference 차이 — 증강 현실은 가상 현실과 실세계를 합한 것임
⑤ removal 제거 — 증강 현실의 개념에 맞지 않음

1st 빈칸이 포함된 문장의 내용을 파악하고, 빈칸에 들어갈 말에 대한 단서를 얻는다.

그것(It)은 가상 세계와 실세계의 ______이다.

➡ '그것(It)'이라고 했으므로 앞에 이것이 가리키는 것이 나왔음을 알 수 있다.
↳ It이 가상 세계와 실세계의 '무엇'인지 찾아야 함

2nd 빈칸 문장과 가까운 문장에 주목하며 글의 내용을 파악해서 빈칸에 들어갈 적절한 말을 찾는다.

1 반면에(On the other hand) 증강 현실은 (우리가 가진 장비의 카메라를 통해 보이는) 실세계를 이미지나 문자 같은 디지털 요소들로 덮어씌워 기존 세상을 효과적으로 증강시킨다.

➡ On the other hand라고 했으므로 앞과 다른 내용이 나오는 것을 알 수 있고, 증강 현실은 실세계에 디지털 요소를 더한 것이라고 했다.
↳ 증강 현실에 대한 설명이 나왔음

2 증강 현실로 사용자들은 실세계에서 가상의 내용물과 상호 작용할 수 있다.

➡ 증강 현실에서는 실세계에서 가상의 내용물과 상호 작용한다고 설명했다.
↳ 증강 현실에서 가상 세계와 실세계가 서로 섞인다는 것임

3rd 글의 내용을 다시 한번 정리하며 정답이 맞는지 확인한다.

➡ 증강 현실은 우리가 사는 현실 세계에 디지털 요소들을 더한 것이고 실세계에서 가상의 내용물과 상호 작용한다고 했다.
↳ 따라서 가상 세계와 실세계의 ② '혼합'이라고 해야 적절함

12 정답 enhancing

윗글의 네모 (A)에서 어법상 적절한 것을 고르시오.

On the other hand, AR overlays the real world (seen through our device's camera) with digital components such as images or text, effectively (A) [enhanced / enhancing] the existing environment.

반면에 증강 현실은 (우리가 가진 장비의 카메라를 통해 보이는) 실세계를 이미지나 문자 같은 디지털 요소들로 덮어씌워 기존 세상을 효과적으로 증강시킨다.

왜 정답?

앞에 완전한 문장이 왔는데 콤마 뒤에 (A)가 포함된 부분이 이어지고 결과의 의미를 나타낸다. 따라서 분사구문의 형태가 와야 하므로 enhancing이 적절하다.

▸문제편 p. 104

실력 향상 테스트 2 회 REVIEW 어휘 테스트

01 발전소 02 요소 03 장단점

04 분야 05 content 06 human right

07 suitcase 08 treatment

09 ③ [개선하다; 더 낫게 하다]
① 망치다 ② 더럽히다 ③ 향상시키다 ④ 악화하다

10 ① [이해하기 어려운, 지혜를 필요로 하는]
① 심오한 ② 혼란스러운 ③ 피상적인 ④ 얕은

11 ③ [사람이 무언가를 하게끔 부추기는 것]
① 초조함 ② 향 ③ 장려책 ④ 의도

12 ④ [휘어지다 : 구부러지다, 휘어지다]
① 숨다 : 맞서다 ② 개별적으로 : 종합적으로
③ 제한하다 : 초과하다

13 ① [자연스러운 : 인공적인, 인위적인]
② 반대의 : 모순된 ③ 주목할 만한 : 눈에 띄는
④ 털어놓다 : 인정하다

14 ① [부분적으로 : 완전히]
② 축적하다 : 모으다 ③ 장애가 있는 : 손상된 ④ 부분 : 몫

15 panicked [그는 문을 향해 (당황한 / 갈라진) 시선을 보냈다.]

16 room [그녀는 우리에게 조율을 위한 (뿌리 / 여지)를 주지 않았어.]

17 positive 18 traditional 19 bury

20 shade 21 attractive

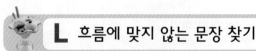

L 흐름에 맞지 않는 문장 찾기

01 ~ 05 ▶ 문제편 pp. 106~108

＊관점에 따라 달라지는 해석

Whose story it is (주어) / affects (동사) / *what* the story is (목적어). //
'누구의' 이야기인지가 영향을 미친다 / '무슨' 이야기인지에 //

Change the main character, / (A) [or / and] the focus of the story must also change. // (동사원형 ~, and ...: ~해라, 그러면 …할 것이다)
주인공을 바꿔라 / 그러면 이야기의 초점도 틀림없이 바뀐다 //

01번, 04번 단서 1: 다른 등장인물의 관점에서 사건을 보면 다른 해석이 가능해짐

If we look at the events / through another character's eyes, / we will interpret them differently. //
만약 우리가 사건을 본다면 / 다른 등장인물의 눈을 통해 / 우리는 그것을 다르게 해석할 것이다 //

① We'll place our sympathies / with someone new. //
우리는 공감할 것이다 / 새로운 누군가에게 //

② When the conflict arises / that is the heart of the story, / we will be praying for a different outcome. //
갈등이 발생할 때 / 이야기의 핵심인 / 우리는 다른 결과를 간절히 바랄 것이다 //

③ Consider, / for example, / how the tale of Cinderella would shift / if told from the viewpoint of an evil stepsister. // (사이에 it+be동사 생략)

01번, 04번 단서 2: 악인으로 여기던 등장인물의 관점에서 이야기를 바라보면 또 다른 해석이 가능할 수 있다고 함

생각해보라 / 예를 들어 / 신데렐라 이야기가 어떻게 바뀔지 / 사악한 의붓자매의 관점에서 이야기된다면 //

(④ We know / Cinderella's kingdom does not exist, / but we willingly go there anyway. //) (뒤에 목적어절을 이끄는 접속사 생략)
(우리는 안다 / 신데렐라의 왕국이 존재하지 않는다는 것을 / 하지만 어쨌든 기꺼이 그곳에 간다 //)

⑤ *Gone with the Wind* is Scarlett O'Hara's story, / but what if we were shown the same events / from the viewpoint of Rhett Butler or Melanie Wilkes? //
*Gone with the Wind*는 Scarlett O'Hara의 이야기이지만 / 만약 같은 사건이 우리에게 제시된다면 어떠할 것인가 / Rhett Butler나 Melanie Wilkes의 관점에서 //

'누구의' 이야기인지가 '무슨' 이야기인지에 영향을 미친다. 주인공을 바꿔라, 그러면 이야기의 초점도 틀림없이 바뀐다. 만약 우리가 다른 등장인물의 눈을 통해 사건을 본다면, 우리는 그것을 다르게 해석할 것이다. ① 우리는 새로운 누군가에게 공감할 것이다. ② 이야기의 핵심인 갈등이 발생할 때, 우리는 다른 결과를 간절히 바랄 것이다. ③ 예를 들어, 신데렐라 이야기가 사악한 의붓자매의 관점에서 이야기된다면 어떻게 바뀔지 생각해보라. (④ 우리는 신데렐라의 왕국이 존재하지 않는다는 것을 알지만, 어쨌든 기꺼이 그곳에 간다.) ⑤ *Gone with the Wind*는 Scarlett O'Hara의 이야기이지만, 만약 같은 사건이 Rhett Butler나 Melanie Wilkes의 관점에서 우리에게 제시된다면 어떠할 것인가?

01 정답 character

다음 질문에 대한 답을 윗글에서 찾아 쓰시오.

Q: What makes the interpretation of events in the story different?
질문: 무엇이 이야기의 사건의 해석을 다르게 만드는가?

A: It depends on which character's perspective you see the event from.
답: 그것은 어떤 등장인물의 관점에서 당신이 사건을 보는지에 달려 있다.

왜 정답?

다른 '등장인물(character)'의 눈을 통해 사건을 본다면 그것을 다르게 해석할 것이라고 했다.

02 정답 (1) 예를 들어, 신데렐라 이야기가 사악한 의붓자매의 관점에서 이야기된다면 어떻게 바뀔지 생각해보라.
(2) *Gone with the Wind*는 Scarlett O'Hara의 이야기이지만, 만약 같은 사건이 Rhett Butler나 Melanie Wilkes의 관점에서 우리에게 제시된다면 어떠할 것인가?

왜 정답?

(1) Consider가 동사원형인데, 동사원형으로 문장이 시작되므로 명령문이다.

(2) what if ~가 쓰였으므로 '만약 ~라면 어떻겠는가?'의 뜻을 나타내는 것으로 해석해야 한다.

03 정답 ②

위의 두 문장이 의미하는 바로 적절한 것을 고르시오.

① 주인공이 바뀌면 이야기의 흐름이 이상해질 것이다.

② 주인공이 아닌 다른 등장인물의 관점에서 이야기를 볼 수 있다.

왜 정답?

신데렐라 이야기가 사악한 의붓자매의 관점에서 이야기된다면, 그리고 *Gone with the Wind*가 Rhett Butler나 Melanie Wilkes의 관점에서 제시된다면 어떨지에 대해 말한 것은 주인공이 아닌 다른 등장인물의 관점에서 이야기를 볼 수 있다는 것을 말하기 위함이다. 따라서 정답은 ②이다.

04 정답 ④

윗글에서 전체 흐름과 관계 없는 문장을 고르시오.

① ② ③ ④ ⑤

왜 정답?

주인공에 따라 이야기를 보는 관점이 달라질 수 있다는 것으로, 다른 등장인물의 입장으로 보면 사건을 다르게 해석할 것이라고 했다. ④의 앞부분은 의붓자매의 관점에서 보는 신데렐라 이야기에 대한 예시인데, ④은 신데렐라 왕국이 없다는 것을 알면서도 그곳에 간다는 내용이므로 전체 흐름과 관계 없다.

왜 오답?

① 다른 등장인물의 관점으로 사건을 보면 다르게 해석할 것이라고 한 뒤에 문장이 자연스럽게 이어지고 있다.

② 다른 누군가에게 공감하게 된다는 문장이 갈등이 생길 때 다른 결과를 바랄 것이라는 문장으로 연결된다.

③ 앞의 내용에 대한 예시로, 신데렐라의 의붓자매의 관점이 이어지고 있으므로 자연스럽다.

⑤ 또 다른 예시인 *Gone with the Wind*를 다른 등장인물의 관점에서 본다면 어떻겠는지 질문을 던지는 문장으로 이어지므로 자연스러운 흐름이다.

05 정답 and

윗글의 네모 (A)에서 어법상 적절한 것을 고르시오.

Change the main character, (A) [or / and] the focus of the story must also change.
주인공을 바꾸면, 이야기의 초점도 틀림없이 바뀐다.

왜 정답?

'~해라, 그러면 …할 것이다'라는 의미를 나타내려면 '동사원형 ~, and …'로 써야 하므로 and가 적절하다.

06 ~ 09

▶ 문제편 p. 109

＊보호소에서 개를 입양할 때 고려할 점

(동명사 주어(단수 취급): Adopting a dog / from a shelter; 단수 동사: is)
Adopting a dog / from a shelter / is indeed a rewarding experience. //
개를 입양하는 것은 / 보호소에서 / 정말로 보람 있는 경험이다 //
(08번 단서 1: 보호소에서 개를 입양할 때 고려해야 하는 것들에 관한 글임)

However, / some people make quick decisions / about adopting shelter dogs / without (A) [consider / considering] / the many important factors involved. //
(전치사: without; 동명사: considering)
하지만 / 어떤 사람들은 빠른 결정을 내린다 / 보호소 개를 입양하는 것에 대해 / 고려하지 않고 / 관련된 많은 중요한 요소들을 //
(06번 단서: 개를 훈련시키고 행동을 교정하는 것이 상당한 시간이 걸릴 수 있음)

One of them is / that training a dog and correcting its behaviors / can take a considerable amount of time. //
(주격 보어절을 이끄는 접속사: that)
그 중 하나는 ~이다 / 개를 훈련시키고 행동을 바로잡는 것이 / 상당한 시간이 걸릴 수 있다는 것 //

① Even if the dog you adopt isn't a puppy, / and even if he had a previous owner, / he might have picked up / some bad habits / while he was in the shelter. //
(might have p.p.: ~했을지도 모른다)
여러분이 입양하는 개가 강아지가 아닐지라도 / 그리고 이전에 주인이 있었을지라도 / 그는 배웠을지도 모른다 / 나쁜 습관을 / 보호소에 있는 동안 //

(② Adopting a dog / can have many health benefits, / including / reduced stress levels / and increased physical activity. //) (08번 단서 2: 개를 입양하는 것은 건강상의 이점이 있다는 내용은 관련 없음)
(개를 입양하는 것은 / 많은 건강상의 이점을 가질 수 있다 / 포함하여 / 감소된 스트레스 수준 / 그리고 증가한 신체 활동을 //)

③ Common problems include / chewing, / jumping wildly, / and pulling on the leash. //
일반적인 문제들은 포함한다 / 씹기 / 난폭하게 뛰기 / 그리고 목줄을 당기는 것을 //

④ Your dog also might be acting wildly / because they aren't getting / what they want. //
(~ 것: what)
여러분의 개는 또한 난폭하게 행동할지도 모른다 / 그들이 얻지 못하고 있기 때문에 / 그들이 원하는 것을 //

⑤ However, / with consistent training / and by not panicking, / the dog can be given the necessary time / to learn good behavior / and fix these problems. //
(형용사적 용법: to learn ~ and fix)
하지만 / 지속적인 훈련과 / 당황하지 않음으로써 / 개는 필요한 시간을 가질 수 있다 / 좋은 행동을 배우고 / 이러한 문제점을 고칠 //

보호소에서 개를 입양하는 것은 정말 보람 있는 경험이다. 하지만, 어떤 사람들은 관련된 많은 중요한 요소들을 고려하지 않고 보호소 개를 입양하는 것에 대해 빠른 결정을 내린다. 그 중 하나는 개를 훈련시키고 행동을 바로잡는 데 상당한 시간이 걸릴 수 있다는 것이다. ① 여러분이 입양하는 개가 강아지가 아닐지라도, 그리고 이전에 주인이 있었을지라도, 그는 보호소에 있는 동안 나쁜 습관을 배웠을지도 모른다. (② 개를 입양하는 것은 감소된 스트레스 수준과 증가한 신체 활동을 포함하여 많은 건강상의 이점을 가질 수 있다.) ③ 일반적인

문제들은 씹기, 난폭하게 뛰기, 그리고 목줄을 당기는 것을 포함한다. ④ 여러분의 개는 또한 원하는 것을 얻지 못하고 있기 때문에 난폭하게 행동할지도 모른다. ⑤ 하지만, 지속적인 훈련과 당황하지 않음으로써, 개는 좋은 행동을 배우고 이러한 문제점을 고치는 데 필요한 시간을 가질 수 있다.

06 정답 correcting, time

윗글을 다음과 같이 요약할 때, 괄호 안에서 적절한 말을 고르시오.

When adopting a dog from a shelter, one should consider that (understanding / correcting) a dog's bad habits can take (time / money).
보호소에서 개를 입양할 때, 개의 나쁜 습관을 (이해하는 / 고치는) 것은 (시간 / 돈)이 걸릴 수 있다는 것을 고려해야 한다.

왜 정답?

보호소에 있는 개를 입양할 때 고려해야 할 점 중 하나가 개가 가진 나쁜 습관을 '고치는(correcting)' 데 '시간(time)'이 들 수 있는 것이라고 했다.

07 정답 하지만, 지속적인 훈련과 당황하지 않음으로써, 개는 좋은 행동을 배우고 이러한 문제점을 고치는 데 필요한 시간을 가질 수 있다.

왜 정답?

to learn과 (to) fix가 the necessary time을 수식하는 형용사적 용법으로 쓰인 to부정사이다.

08 정답 ②

윗글에서 전체 흐름과 관계 없는 문장을 고르시오.

① ② ③ ④ ⑤

1st 선택지가 나오기 전의 내용을 확인하고 글의 주제를 예상한다.

보호소에서 개를 입양하는 것은 정말 보람 있는 경험이다. 하지만, 어떤 사람들은 관련된 많은 중요한 요소들을 고려하지 않고 보호소 개를 입양하는 것에 대해 빠른 결정을 내린다. 그 중 하나는 개를 훈련시키고 행동을 바로잡는 데 상당한 시간이 걸릴 수 있다는 것이다.

→ 보호소에서 개를 입양할 때 많은 사람들이 고려해야 할 중요한 요소가 있는데, 그 중 하나가 개의 행동을 바로잡는 데 시간이 많이 걸린다는 것이다.
↳ 보호소에서 입양한 개의 행동 교정에 관련된 내용이 글의 주제일 것임

2nd 글의 주제에 맞지 않는 문장을 찾는다.

① 여러분이 입양하는 개가 강아지가 아닐지라도, 그리고 이전에 주인이 있었을지라도, 그는 보호소에 있는 동안 나쁜 습관을 배웠을지도 모른다.

→ 개가 보호소에서 나쁜 습관을 배웠을지도 모른다는 내용은 앞에서 입양한 개의 행동을 바로잡는 데 시간이 많이 걸릴 수 있다는 문장에 자연스럽게 이어진다.
↳ ①은 무관한 문장이 아님

② 개를 입양하는 것은 감소된 스트레스 수준과 증가한 신체 활동을 포함하여 많은 건강상의 이점을 가질 수 있다.

→ **앞부분:** 보호소에서 입양한 개는 나쁜 습관을 배워왔을지도 모른다는 내용
②: 개를 입양하는 것의 건강상 이점
↳ ②이 무관한 문장임

3rd 정답인 문장을 빼면 문맥이 자연스러운지 확인한다.

③ 일반적인 문제들은 씹기, 난폭하게 뛰기, 그리고 목줄을 당기는 것을 포함한다.

→ 씹기, 뛰기, 목줄을 당기는 것은 ① 문장에서 말한 개가 가진 나쁜 습관에 해당하므로 자연스러운 흐름이다.

④ 여러분의 개는 또한 원하는 것을 얻지 못하고 있기 때문에 난폭하게 행동할지도 모른다.

→ 개가 난폭하게 행동하는 원인에 대해 말하고 있으므로 앞문장에 자연스럽게 이어진다.

⑤ 하지만, 지속적인 훈련과 당황하지 않음으로써, 개는 좋은 행동을 배우고 이러한 문제점을 고치는 데 필요한 시간을 가질 수 있다.

→ 꾸준히 훈련하고 당황하지 않으면 개는 좋은 행동을 배울 수 있다는 흐름은 적절하다.
↳ ②이 빠져야 자연스러운 흐름이 됨

09 정답 considering

윗글의 네모 (A)에서 어법상 적절한 것을 고르시오.

However, some people make quick decisions about adopting shelter dogs without (A) [consider / considering] the many important factors involved.
하지만, 어떤 사람들은 관련된 많은 중요한 요소들을 고려하지 않고 보호소 개를 입양하는 것에 대해 빠른 결정을 내린다.

왜 정답?

전치사 without 뒤에는 명사(구) 또는 동명사가 와야 하고, '~하지 않고'로 해석한다. 따라서 considering이 적절하다.

10 ~ 13 ▶ 문제편 p. 110

***한국의 새로운 나이 계산법**

12번 단서 1: 한국의 새로운 나이 계산법에 대한 내용임 / 형용사적 용법

South Korea has introduced a new law / to simplify the way / people calculate their age. //
한국은 새로운 법을 도입했다 / 방법을 단순화하는 / 사람들이 그들의 나이를 계산하는 //

Previously, / there were three different ways / of determining age / in South Korea: / Korean age, / calendar age, / and International age. //
이전에는 / 세 가지 방법이 있었다 / 나이를 결정하는 / 한국에서 / 한국 나이 / 달력 나이 / 국제 나이 //

① The first and second method both / added a year / to a newborn baby's age / every January, /
첫 번째와 두 번째 방법은 모두 / 1살을 더했다 / 신생아의 나이에 / 매년 1월에 /

but the first method assigned one year / to a newborn baby / while the second method zero year. //
뒤에 반복되는 어구 assigned 생략 뒤에 반복되는 어구 to a newborn baby 생략
그러나 첫 번째 방법은 1살을 할당했다 / 신생아에게 / 두 번째 방법은 0살을 할당한 반면 //

② The third method considered / a newborn baby / as zero years old / and added one year / a year after their birth. //
세 번째 방법은 간주했다 / 신생아를 / 0살로 / 그리고 1살을 더했다 / 출생 1년 후에 //
10번 (1), (2) 단서: 새로운 나이 체계는 신생아를 0살로 간주하고, 출생 1년 후에 1살을 더했음

③ The new law has chosen the international age / for all official documents, / such as those / (A) required / requiring for marriage, drinking, and smoking. //
= official documents
새로운 법은 국제 나이를 선택했다 / 모든 공문서에 / 공문서 같이 / 결혼, 음주 그리고 흡연에 필요한 //

④ The legal drinking age / is 19 in South Korea / and 21 in the United States. //) **12번** 단서 2: 한국과 미국의 법적 음주 연령은 관련 없는 내용
(법적인 음주 연령은 / 한국에서는 19세 / 미국에서는 21세이다 //)

⑤ This will end the confusion and conflict / caused by the previous system / and allow people to reclaim / their real age. //
앞에 주격 관계대명사와 be동사 생략
allow+목적어+목적격 보어(to부정사)
이것은 혼란과 갈등을 끝낼 것이다 / 이전 시스템으로 인해 야기된 / 그리고 사람들이 되찾을 수 있도록 할 것이다 / 그들의 실제 나이를 //

한국은 사람들이 그들의 나이를 계산하는 방법을 단순화하는 새로운 법을 도입했다. 이전에 한국에서는 나이를 결정하는 방법으로 한국 나이, 달력 나이, 국제 나이의 세 가지 방법이 있었다. ① 첫 번째와 두 번째 방법은 모두 매년 1월에 신생아의 나이에 1살을 더하는 방법이었는데, 두 번째 방법은 0살을 할당한 반면, 첫 번째 방법은 신생아에게 1살을 할당했다. ② 세 번째 방법은 신생아를 0살로 간주하고 출생 1년 후에 1살을 더했다. ③ 새로운 법은 결혼, 음주, 흡연에 필요한 공문서 같이 모든 공문서에 국제 나이를 선택했다. (④ 법적인 음주 연령은 한국에서는 19세이고 미국에서는 21세이다.) ⑤ 이것은 이전 시스템으로 인해 야기된 혼란과 갈등을 끝내고 사람들이 실제 나이를 되찾을 수 있도록 할 것이다.

10 정답 (1) zero (2) birth

다음 질문에 대한 답을 윗글에서 찾아 쓰시오.

Q: Under the new age system in Korea, how is a newborn baby's age calculated?
질문: 한국의 새로운 나이 체계에서 신생아의 나이는 어떻게 계산되는가?
A: A newborn baby is considered to be (1) zero years old and gains an additional year on their date of (2) birth every year thereafter.
답: 신생아는 (1) 0살로 간주되고 이후 매년 (2) 출생일에 추가로 1살씩 얻게 된다.

왜 정답?

한국이 새로운 나이 계산 방식으로 '국제 나이'를 택함에 따라 신생아가 '0(zero)'살로 간주되고 '출생(birth)' 1년 후에 매년 1살이 더해진다고 했다.

11 정답 South Korea has introduced a new law to simplify the way people calculate their age.

윗글의 밑줄 친 우리말 해석과 일치하도록 주어진 표현을 적절하게 배열하시오.

(their age, the way, a new law, people, has introduced, to simplify, South Korea, calculate)

왜 정답?

주어는 South Korea, 동사는 has introduced이다. 그리고 to부정사 to simplify의 수식을 받는 명사 a new law는 to부정사 앞에 위치하고, the way가 관계부사절을 이끄는 순서대로 배열해야 한다.

12 정답 ④

윗글에서 전체 흐름과 관계 없는 문장을 고르시오.

① ② ③ ④ ⑤

1st 선택지가 나오기 전의 내용을 확인하고 글의 주제를 예상한다.

한국은 사람들의 나이를 계산하는 방법을 단순화하는 새로운 법을 도입했다. 이전에 한국에서는 나이를 결정하는 방법으로 한국 나이, 달력 나이, 국제 나이의 세 가지 방법이 있었다.

→ 한국에서 나이를 계산할 때 사용하는 방법을 세 가지에서 한 가지로 단순화하는 법안이 도입되었다고 했다.
↳ 한국의 새로운 나이 계산 방법에 대한 설명과 그것이 미치는 영향이 글의 주제일 것임

2nd 글의 주제에 맞지 않는 문장을 찾는다.

① 첫 번째와 두 번째 방법은 모두 매년 1월에 신생아의 나이에 1살을 더하는 방법이었는데, 두 번째 방법은 0살을 할당한 반면, 첫 번째 방법은 신생아에게 1살을 할당했다.

→ 앞 문장에서 언급한 한국에서의 세 가지 나이 계산 방법 중 첫 번째 방법과 두 번째 방법을 자세히 설명하는 내용이 자연스럽게 이어진다.
↳ ①은 무관한 문장이 아님

② 세 번째 방법은 신생아를 0살로 간주하고 출생 1년 후에 1살을 더했다.

→ 앞 문장에 이어 마지막 세 번째 방법을 소개하는데, 세 번째 방법이 앞서 언급한 두 방법과 달리 신생아에게 0살을 부여하고 출생 1년 후에 1살을 더하는 방식이라는 흐름은 적절하다.
↳ ②은 무관한 문장이 아님

③ 새로운 법은 결혼, 음주, 흡연에 필요한 공문서 같이 모든 공문서에 국제 나이를 선택했다.

→ 세 번째 방법이 새로운 법으로 채택되었으며 이는 결혼, 음주, 흡연을 포함한 모든 공식 문서에 적용될 것이라는 문장은 자연스럽게 이어진다.
↳ ③은 무관한 문장이 아님

④ 법적인 음주 연령은 한국에서는 19세이고 미국에서는 21세이다.

→ **앞부분:** 새로운 법을 공식 문서에 적용하는 것에 대한 내용
④: 한국과 미국의 법적 음주 연령에 대한 내용
↳ ④이 무관한 문장임

3rd 정답인 문장을 빼면 문맥이 자연스러운지 확인한다.

⑤ 이것은 이전 시스템으로 인해 야기된 혼란과 갈등을 끝내고 사람들이 실제 나이를 되찾을 수 있도록 할 것이다.

➡ 새로운 법을 공식 문서에 적용하는 것에 대한 내용인 ③이, 새로운 법이 도입되면 기존의 나이 계신 방법에서 왔던 혼란과 갈등을 없애고 정확한 실제 나이를 적용하게 된다는 ⑤으로 이어진다.
④이 빠져야 자연스러운 흐름이 됨

13 정답 required

윗글의 네모 (A)에서 어법상 적절한 것을 고르시오.

The new law has chosen the international age for all official documents, such as those (A) [required / requiring] for marriage, drinking, and smoking.
새로운 법은 결혼, 음주, 흡연에 필요한 공문서 같이 모든 공문서에 국제 나이를 선택했다.

왜 정답?

those는 앞에 나온 official documents를 가리키는 대명사로, 필요로 하는 주체가 아닌 대상이 되므로 수동을 나타내는 과거분사 required가 어법상 적절하다. 현재분사 requiring은 적절하지 않다.

14 ~ 17

▶ 문제편 p. 111

*오늘날 어려움을 겪고 있는 해녀들

16번 단서 1: 생존을 위해 바다에 의존해 온 해녀에 관한 내용임 현재완료(계속)
Woman divers (haenyeo) / living in coastal areas / have for centuries depended on the sea / for their survival. //
해녀들은 / 해안 지역에 살고 있는 / 수세기 동안 바다에 의존해 왔다 / 그들의 생존을 위해 //

① They have worked / to gather fish and shellfish, / diving / either from shores or from boats. //
either A or B: A 또는 B
그들은 일해왔다 / 물고기나 조개를 모으기 위해 / 잠수하여 / 해안가나 배에서 //

The sea / in the past / had enough fishery resources, / and there was no need / to dive deeply / for long periods of time. // 14번 단서 1: 수산자원이 풍부했던 과거의 상황
바다가 / 과거에는 / 충분한 수산자원을 가지고 있었다 / 그래서 필요가 없었다 / 깊이 잠수할 / 오랜 시간 동안 //
14번 단서 2: 과거와 현재의 상황이 대조되고 있음
However, / more recently, / the situation has changed. //
그러나 / 최근 들어서 / 상황이 변하고 있다 //

② Overfishing and the destruction of breeding grounds / have made ⓐ that(→ it) hard / for them / to support themselves. //
가목적어 it / to support의 의미상 주어 / 진목적어
물고기 남획과 번식지의 파괴가 / ~을 어렵게 만든다 / 그들이 / 스스로를 부양하는 것을 //
16번 단서 2: 어업이 인류의 오래되고 중요한 활동이라는 내용으로, 해녀와 관련 없음
(③ The fishing industry is one / of the oldest and most important activities / of man. //)
(어업은 하나이다 / 가장 오래되고 가장 중요한 활동들 중 / 인류의 //)

④ Many of them have turned / to diving deeper / for longer periods of time / in order to bring home / enough catch. //
그들 중 많은 이들이 의존한다 / 더 깊이 잠수하는 데 / 더 오랜 시간 동안 / 집으로 가져오기 위해 / 충분한 벌이를 //

⑤ Because of their frequent deep dives / and short surface intervals, / they have to hold their breath / for a long time. //
그들의 빈번한 깊은 잠수 때문에 / 그리고 잠수 사이의 짧은 간격 (때문에) / 그들은 숨을 참아야 한다 / 오랫동안 //

ⓑ This can increase / the risk of injury or illness / and even lead to death / at worst. // 15번 단서: 숨을 오랫동안 참아야 하기 때문에 일어날 수 있는 일
병렬구조
이는 증가시킬 수 있다 / 부상이나 질병의 위험을 / 그리고 심지어 죽음에까지 이를 수 있다 / 최악의 경우에 //

해안 지역에 살고 있는 해녀들은 수세기 동안 생존을 위해 바다에 의존해 왔다. ① 그들은 물고기나 조개를 모으기 위해 해안가나 배에서 잠수하여 일해왔다. 과거에는 바다에 충분한 수산자원이 있어서 오랜 시간 동안 깊이 잠수할 필요가 없었다. 그러나 최근 들어서 상황이 변하고 있다. ② 물고기의 남획과 번식지의 파괴로 해녀들이 부양하는 것이 어려워지고 있다. (③ 어업은 인류의 가장 오래되고 가장 중요한 활동들 중 하나이다.) ④ 그들 중 많은 이들이 충분한 벌이를 집으로 가져오기 위해 더 오랜 시간 동안 더 깊이 잠수하는 데 의존한다. ⑤ 그들의 빈번한 잠수와 잠수 사이의 짧은 간격 때문에 그들은 숨을 오랫동안 참아야 한다. ⓑ 이는 부상이나 질병의 위험을 증가시키고 심지어 최악의 경우에는 죽음에까지 이를 수 있다.

14 정답 ④

윗글의 빈칸에 들어갈 연결어로 가장 적절한 것을 고르시오.

① Hence 이런 이유로 — 앞뒤 내용이 인과 관계가 아님
② In addition 게다가 — 앞 내용과 반대의 이야기를 하고 있음
③ Therefore 그러므로 — 앞 내용이 뒤 내용의 원인이 아님
④ However 그러나 — 과거와 현재를 대조함
⑤ For example 예를 들어 — 앞 내용에 대한 예시를 든 것이 아님

왜 정답?

앞 문장은 물이 풍부해서 해녀들이 깊이 잠수하지 않아도 됐었던 과거에 대해 설명하고 있고, 빈칸 문장부터 최근의 변화된 상황(더 깊이 잠수해야 함)에 대해 이야기하고 있다. 과거와 최근의 상황이 대조되고 있으므로 ④ However(그러나)가 빈칸에 적절하다.

왜 오답?

①, ③ 빈칸 앞뒤로 대조되는 두 상황이 제시되었으므로 원인에 대한 결과를 나타내는 Hence(그런 이유로)나 Therefore(그러므로)는 정답이 될 수 없다.
② 첨가의 연결어인 In addition(게다가)은 앞뒤 내용이 비슷할 경우에 쓰인다.
⑤ 뒤 문장이 과거의 상황에 대한 구체적인 예를 보여주는 것이 아니기 때문에 For example(예를 들면)은 적절하지 않다.

15 정답 해녀들이 숨을 오래 참아야 하는 것

윗글의 밑줄 친 ⓑ가 가리키는 것을 우리말로 쓰시오.

➡ 해녀들이 숨을 오래 참아야 하는 것

왜 정답?

This는 해녀들에게 부상이나 질병의 위험을 높이고, 심지어는 그들을 사망에까지 이르게 하는 원인을 가리키는데, 앞 문장에 제시된 더 빈번한 잠수로 인해 '그들이 숨을 오랫동안 참아야 하는 것'이 바로 그 원인이다.

16 정답 ③

윗글에서 전체 흐름과 관계 없는 문장을 고르시오.

① ② ③ ④ ⑤

1st 선택지가 나오기 전의 내용을 확인하고 글의 주제를 예상한다.

해안 지역에 살고 있는 해녀들은 수세기 동안 생존을 위해 바다에 의존해 왔다.

→ 생존을 위해 바다에 의존해 온 해녀에 관한 내용이다.
바다에 의존해 온 해녀들과 관련된 내용이 이 글의 주제일 것임

2nd 글의 주제에 맞지 않는 문장을 찾는다.

① 그들은 물고기나 조개를 모으기 위해 해안가나 배에서 잠수하여 일해왔다.

→ 해녀들이 바다에서 물고기와 조개를 잡는다는 내용으로, 그들이 바다에 의존해서 생존해 왔다는 앞 문장의 내용을 구체적으로 설명하고 있으므로 자연스럽다.
①은 무관한 문장이 아님

② 물고기의 남획과 번식지의 파괴로 해녀들이 부양하는 것이 어려워지고 있다.

→ 앞 문장에 상황이 변했다는 내용이 나오고, 그 원인으로 남획과 번식지의 파괴를 구체적으로 제시하고 있으므로 글이 자연스럽게 이어진다.
②은 무관한 문장이 아님

③ 어업은 인류의 가장 오래되고 가장 중요한 활동들 중 하나이다.

→ **앞부분:** 물고기 남획과 번식지의 파괴로 인한 상황의 변화
③: 어업이 인류에게 있어 가장 오래되고 중요한 활동들 중 하나라는 내용
③이 무관한 문장임

3rd 정답인 문장을 빼면 문맥이 자연스러운지 확인한다.

④ 그들 중 많은 이들이 충분한 벌이를 집으로 가져오기 위해 더 오랜 시간 동안 더 깊이 잠수하는 데 의존한다.

→ 변화된 상황에 대처하기 위해 해녀가 더 깊이, 더 오래 잠수해야 한다는 내용과

⑤ 그들의 빈번한 잠수와 잠수 사이의 짧은 간격 때문에 그들은 숨을 오랫동안 참아야 한다.

→ 더 깊이, 더 오래, 더 빈번히 잠수함으로써 일어나는 결과(숨을 오랫동안 참아야 함)가 자연스럽게 이어진다.
③이 빠져야 자연스러운 흐름이 됨

17 정답 it

윗글의 밑줄 친 ⓐ를 어법상 바르게 고치시오.

Overfishing and the destruction of breeding grounds have made ⓐ that(→ it) hard for them to support themselves.
물고기의 남획과 번식지의 파괴로 해녀들이 부양하는 것이 어려워지고 있다.

왜 정답?

made의 목적어가 와야 하는 자리인데 for them은 to support의 의미상 주어이고, to support가 진목적어이다. 따라서 that은 가목적어 it으로 고쳐야 적절하다.

L REVIEW 어휘 테스트

▸문제편 p. 112

01 상당한 02 부상 03 필요로 하다
04 조개 05 reclaim 06 stepsister
07 rewarding 08 at worst
09 ④ [거부하다]
① 할당하다 ② (일을) 맡기다 ③ 위탁하다
10 ② [질서]
① 혼란 ③ 혼돈 ④ 혼란
11 ① [평화]
② 갈등 ③ 불화 ④ 분쟁
12 ② [지지하다]
① 반대하다 ② 옹호하다 ③ 나누다 ④ 약화시키다
13 ① [생기다]
① 나타나다 ② 가라앉다 ③ 수렴하다 ④ 고려하다
14 ③ [파괴]
① 구원 ② 건립 ③ 파괴 ④ 건설
15 shore [(해변 / 지분)에 지어진 모래성들이 몇 개 있다.]
16 frequent [이 지역에는 버스들이 절대 (자주 다니지 / 초조해하지) 않는다.]
17 evil [(도덕적인 / 악한) 행위가 여기서 저질러졌다.]
18 willingly 19 overfishing 20 tale
21 gather 22 coastal

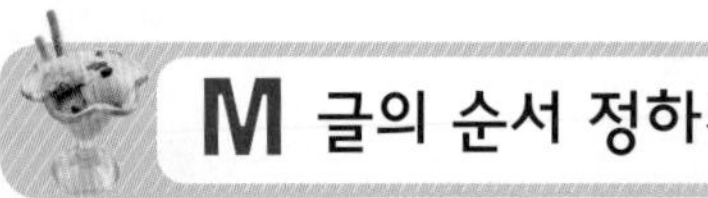

M 글의 순서 정하기

01 ~ 05 ▶ 문제편 pp. 114~116

＊창의성을 발휘하는 데 최적의 시간

Most people have / a perfect time of day / when they feel / they are at their best, / whether in the morning, evening, or afternoon. //
뒤에 목적어절을 이끄는 접속사 that 생략
01번 단서, 04번 단서 1: 사람마다 최고의 상태에 있다고 느끼는 시간이 다름
대부분의 사람들은 갖는다 / 하루 중 완벽한 시간을 / 그들이 느끼는 / 자신의 최고의 상태에 있다고 / 아침이든 저녁이든 혹은 오후든 간에 //

(A) When your mind and body are less alert / than at your "peak" hours, / the muse of creativity awakens / and is allowed to roam / more freely. //
비교급 표현
04번 단서 2: (B)에서 언급한 창의성과 최악의 시간에 대한 부연 설명이므로 (B) 뒤에 와야 함
여러분의 정신과 신체가 주의력이 덜할 때 / 여러분의 "정점의" 시간보다 / 창의성의 영감이 깨어난다 / 그리고 거니는 것이 허용된다 / 더 자유롭게 //

In other words, / when your mental machinery is loose / rather than standing at attention, / the creativity flows. //
다시 말해서 / 여러분의 정신 기제가 느슨하게 풀려있을 때 / 주의력 있게 기립해 있을 때보다 / 창의성이 샘솟는다 //
04번 단서 3: (C)의 마지막 문장과 반대되는 내용이 이어짐

(B) However, / if the task / you face / demands creativity and novel ideas, / it's best / to tackle it / at your "worst" time of day! //
앞에 목적격 관계대명사 생략 / 가주어 / 진주어
그러나 / 만약 과업이 / 여러분이 직면한 / 창의성과 새로운 아이디어를 요구한다면 / ~이 최선이다 / 그것을 다루는 것이 / 하루 중 여러분의 "최악의" 시간에 //

So if you are an early bird, / make sure / to attack your creative task / in the evening, / and vice versa for night owls. //
그래서 만약 여러분이 일찍 일어나는 새라면 / 명심해라 / 창의적인 작업에 착수할 것을 / 저녁에 / 그리고 밤 올빼미라면 반대로 할 것을 //

(C) Some of us are night owls, / ⓐ some early birds, / and others in between / may feel most active / during the afternoon hours. //
뒤에 동사 are 생략
04번 단서 4: 사람마다 최고의 상태에 있다고 느끼는 시간이 다르다는 것에 이어지는 내용
우리 중 몇몇은 밤 올빼미이고 / 몇몇은 일찍 일어나는 새이며 / 그 사이에 있는 누군가는 / 가장 활력을 느낄지도 모른다 / 오후의 시간 동안 //

If you are able / to organize your day and divide your work, / make it a point / to deal with tasks / that demand attention / at your best time of the day. //
주격 관계대명사
만약 여러분이 할 수 있다면 / 하루를 계획하고 업무를 분배하는 것을 / 중점을 두어라 / 과업을 처리하는 것에 / 집중을 요구하는 / 하루 중 여러분의 최적의 시간에 //

대부분의 사람들은 아침이든 저녁이든 혹은 오후든 간에 하루 중 그들이 자신의 최고의 상태에 있다고 느끼는 완벽한 시간을 갖는다.
(C) 우리 중 몇몇은 밤 올빼미이고, ⓐ 몇몇은 일찍 일어나는 새이며, 그 사이에 있는 누군가는 오후의 시간 동안 가장 활력을 느낄지도 모른다. 여러분이 하루를 계획하고 업무를 분배한다면, 집중을 요구하는 과업을 하루 중 여러분의 최적의 시간에 처리하는 것에 중점을 두어라.
(B) 그러나, 만약 여러분이 직면한 과업이 창의성과 새로운 아이디어를 요구한다면, 하루 중 여러분의 "최악의" 시간에 그것을 다루는 것이 최선이다! 그래서 만약 여러분이 일찍 일어나는 새라면 저녁에 창의적인 작업에 착수하고, 밤 올빼미라면 반대로 할 것을 명심해라.
(A) 여러분의 정신과 신체가 여러분의 "정점의" 시간보다 주의력이 덜할 때, 창의성의 영감이 깨어나 더 자유롭게 거니는 것이 허용된다. 다시 말해서, 여러분의 정신 기제가 주의력 있게 기립해 있을 때보다 느슨하게 풀려있을 때 창의성이 샘솟는다.

01 정답 time

윗글의 내용과 일치하도록 빈칸에 적절한 말을 윗글에서 찾아 쓰시오.

People have a certain time of day when they feel most productive, whether it's in the morning, afternoon, or evening.
사람들은 아침이든 오후든 혹은 저녁이든 간에 그들이 가장 생산적이라고 느끼는 하루 중의 특정한 시간이 있다.

왜 정답?

대부분의 사람들이 하루 중에 자신이 최고의 상태에 있다고 느끼는 '시간(time)'이 있다고 했다.

02 정답 alert

다음 영영풀이가 설명하는 어휘를 윗글에서 찾아 쓰시오.

alert: able to think clearly and to notice things
기민한: 명확하게 생각하고 사물을 알아차릴 수 있는

왜 정답?

'명확하게 생각하고 사물을 알아차릴 수 있는'은 '기민한(alert)'을 설명하는 것이다.

03 정답

(1) 다시 말해서, 여러분의 정신 기제가 주의력 있게 기립해 있을 때보다 느슨하게 풀려있을 때 창의성이 샘솟는다.
(2) 여러분이 하루를 계획하고 업무를 분배한다면, 집중을 요구하는 과업을 하루 중 여러분의 최적의 시간에 처리하는 것에 중점을 두어라.

왜 정답?

(1) rather than은 '~보다는'이라는 뜻을 나타내는 것에 유의해서 해석한다.
(2) 주격 관계대명사 that이 선행사 tasks를 취하는 구조의 문장이다.

04 정답 ⑤

주어진 글 다음에 이어질 글의 순서로 가장 적절한 것을 고르시오.

① (A) – (C) – (B) (A)는 (B)의 내용에 대한 부연이므로 주어진 글 다음에 올 수 없음
② (B) – (A) – (C)
③ (B) – (C) – (A) ((B)에서 However로 연결하는 반대 내용이 주어진 글에 없음)
④ (C) – (A) – (B) (C) 다음에는 반대 내용을 연결하는 (B)가 이어져야 함
⑤ (C) – (B) – (A) (C) 집중력을 요하는 작업은 최고의 시간에 하는 것이 좋음 - (B) 창의성을 요하는 작업은 최악의 상태에 하는 것이 좋음 - (A) 느슨하게 풀려 있을 때 창의성이 가장 잘 발휘됨

왜 정답?

주어진 글: 사람마다 완벽함을 느끼는 시간이 다르다는 내용이 나온다. 따라서 이에 대한 구체적인 내용이 나오는 (C)가 주어진 글 다음에 이어져야 한다.
(C): 사람마다 각자 활력을 느끼는 시간이 다른데 집중력을 요하는 일은 최적의 시간에 해야 한다는 내용이다. 따라서 이와 반대되는 내용이 However(그러나)로 연결되는 (B)가 (C) 뒤에 이어져야 한다.
(B): 창의성을 요하는 일은 하루 중 최악의 시간에 하는 것이 좋다는 내용이다. 이에 대한 부연 설명을 제시하는 (A)가 (B) 뒤에 이어져야 한다.
(A): 신체와 정신이 느슨한 상태에서 창의성이 잘 발휘된다는 내용이므로 (B) 뒤에 오는 것이 자연스럽다.
그러므로 정답은 ⑤ (C) – (B) – (A)이다.

왜 오답?

① (A)는 (B)의 내용에 대한 부연이므로 주어진 글 다음에 올 수 없다.
②, ③ (B)에서 However로 연결하는 반대 내용이 주어진 글에 없으므로 주어진 글 뒤에 바로 (B)가 올 수 없다.
④ (C) 다음에는 반대 내용을 연결하는 (B)가 이어져야 하므로 적절하지 않다.

05 정답 are

윗글의 밑줄 친 ⓐ 뒤에 생략된 것을 쓰시오.

Some of us are night owls, ⓐ some (are) early birds, and others in between may feel most active during the afternoon hours.
우리 중 몇몇은 밤 올빼미이고, 몇몇은 일찍 일어나는 새이며, 그 사이에 있는 누군가는 오후의 시간 동안 가장 활력을 느낄지도 모른다.

왜 정답?

앞에 한 번 나온 be동사 are는 반복을 피하기 위해 생략되었다.

06~09

▶ 문제편 p. 117

*Marshall 박사는 왜 박테리아를 마셨을까?

Dr. Barry Marshall won the 2005 Nobel Prize in Physiology or Medicine /
Barry Marshall 박사는 2005년에 노벨 생리의학상을 받았다 /
for proving / that most peptic ulcers are caused / by a bacteria / called Helicobacter pylori. //
(앞에 주격 관계대명사와 be동사가 생략됨)
증명하여 / 대부분의 위궤양이 유발된다는 것을 / 박테리아에 의해 / 헬리코박터 파일로리라고 불리는 //

(A) He began to work / to identify the exact cause. //
그는 연구하기 시작했다 / 정확한 원인을 밝히기 위해 //
He thought / ulcers were in fact caused / by a bacteria infestation, / not stress. // **08번** 단서 1: 박테리아 감염이 궤양의 원인이라고 생각함
그는 생각했다 / 궤양이 사실 유발된다고 / 박테리아 감염에 의해 / 스트레스가 아니라 //
What has been found (주어) / as a cause / (A) [was / were] (동사) Helicobacter pylori bacteria (주격 보어). //
찾아낸 것이 / 원인으로 / 헬리코박터 파일로리 박테리아였다 //
(B) He swallowed all of the bacteria / to prove it. //
그는 모든 박테리아를 삼켰다 / 그것을 증명하기 위해 // **08번** 단서 2: 자신의 생각을 증명하기 위해 박테리아를 삼킴
After 5 days, / he began to vomit, / and after 10 days, / the stomach was filled with bacteria. //
(be filled with: ~으로 가득 차다)
5일이 지난 후 / 그는 구토하기 시작했고 / 10일 후에 / 위는 박테리아로 가득 찼다 //
Soon, there was gastritis / and progressed to ulcers. //
곧 위염이 생겼다 / 그리고 궤양으로 진행됐다 //
It (가주어) was finally proven / that Helicobacter pylori is the true cause (진주어). //
마침내 ~이 증명되었다 / 헬리코박터 파일로리균이 진짜 원인이라는 것이 //
(C) Before the 20th century, / the ulcer was not a serious disease. //
20세기 이전에는 / 궤양은 심각한 질병이 아니었다 // **07번** 단서: 20세기 이전에는 스트레스가 궤양의 원인이라고 일반적으로 믿음
"You're under a lot of stress,"/ doctors would say. //
"당신은 스트레스를 많이 받는군요"라고 / 의사들은 말하곤 했다 //
However, / Dr. Barry Marshall, a young Australian doctor, wondered / whether ulcers had other causes or not. //
그러나 / 호주의 젊은 의사인 Barry Marshall 박사는 궁금해 했다 / 궤양에 다른 원인이 있는지 아닌지를 // **08번** 단서 3: 궤양의 진짜 원인을 궁금해 함

Barry Marshall 박사는 대부분의 위궤양이 헬리코박터 파일로리라고 불리는 박테리아에 의해 유발된다는 것을 증명하여 2005년에 노벨 생리의학상을 받았다. (C) 20세기 이전에는 궤양은 심각한 질병이 아니었다. "당신은 스트레스를 많이 받는군요."라고 의사들은 말하곤 했다. 그러나 호주의 젊은 의사인 Barry Marshall 박사는 궤양에 다른 원인이 있는지 아닌지를 궁금해 했다. (A) 그는 정확한 원인을 밝히기 위해 연구하기 시작했다. 그는 궤양이 사실 스트레스가 아니라 박테리아 감염에 의해 유발된다고 생각했다. 원인으로 찾아낸 것이 헬리코박터 파일로리 박테리아였다. (B) 그는 그것을 증명하기 위해 박테리아를 통째로 삼켰다. 5일이 지난 후 그는 구토하기 시작했고 10일 후에 위는 박테리아로 가득 찼다. 곧 위염이 생겨 궤양으로 진행됐다. 마침내 헬리코박터 파일로리균이 진짜 원인이라는 것이 증명되었다.

06 정답 physiology

다음 영영풀이가 설명하는 어휘를 윗글에서 찾아 쓰시오.

physiology: a science that deals with the ways that living things function
생리학: 생물이 기능하는 방식을 다루는 과학

왜 정답?

'생물이 기능하는 방식을 다루는 과학'은 '생리학(physiology)'을 설명하는 것이다.

07 정답 stress

다음 질문에 대한 답을 윗글에서 찾아 쓰시오.

Q: What did people believe about ulcers before the 20th century?
질문: 사람들은 20세기 이전에 궤양에 대해 무엇을 믿었는가?
A: People commonly believed that stress was the reason for causing stomach ulcers.
답: 사람들은 스트레스가 위궤양을 일으키는 원인이라고 흔히 믿었다.

왜 정답?

20세기 이전에는 위궤양의 원인이 '스트레스(stress)'라고 생각되었다고 했다.

08 정답 ④

주어진 글 다음에 이어질 글의 순서로 가장 적절한 것을 고르시오.

① (A) – (B) – (C) 원인을 궁금해 한다는 것이 맨 마지막에 올 수는 없음
② (A) – (C) – (B) (A)와 (B) 사이에 과거의 이야기를 하는 (C)가 들어갈 수 없음
③ (B) – (C) – (A) (B)의 it이 가리키는 것은 (A)의 내용임
④ (C) – (A) – (B)
⑤ (C) – (B) – (A)

(C) 과거에는 위궤양 원인이 스트레스라고 믿어짐 – (A) Barry Marshall 박사가 진짜 원인을 박테리아 감염이라고 생각함 – (B) 그것을 증명함

1st 주어진 글을 통해 글이 어떻게 전개될지 예상한다.

Barry Marshall 박사는 대부분의 위궤양이 헬리코박터 파일로리라고 불리는 박테리아에 의해 유발된다는 것을 증명하여 2005년에 노벨 생리의학상을 받았다.

→ **소재:** Barry Marshall 박사가 연구한 위궤양의 원인
→ **전개 방향:** Barry Marshall 박사가 위궤양의 원인이 헬리코박터 파일로리 박테리아임을 증명했다는 것과 관련된 내용이 이어질 것임

2nd **각 문단의 내용을 파악하면서 단서를 이용해 글을 순서대로 배열한다.**

(A): 그는 정확한 원인을 밝히기 위해 연구하기 시작했다. 그는 궤양이 사실(in fact) 스트레스가 아니라 박테리아 감염에 의해 유발된다고 생각했다. 원인으로 찾아낸 것이 헬리코박터 파일로리 박테리아였다.

→ **(A) 앞:** 1) in fact라고 했으므로 앞에 이와 다른 관점의 내용이 나와야 한다.
2) 궤양의 원인이 스트레스가 아니라 박테리아 감염 때문이라고 생각했다.
↳ 주어진 글에 이와 다른 관점의 내용이 없으므로 (A) 앞에 주어진 글이 올 수 없음
→ **(A) 뒤:** 궤양의 원인으로 찾아낸 것이 헬리코박터 파일로리 박테리아였다고 했으므로 이와 관련된 내용이 이어질 것이다.
↳ (A)는 중간에 올 확률이 큼

(B): 그는 그것(it)을 증명하기 위해 박테리아를 통째로 삼켰다. 5일이 지난 후 그는 구토하기 시작했고 10일 후에 위는 박테리아로 가득 찼다. 곧 위염이 생겨 궤양으로 진행됐다. 마침내 헬리코박터 파일로리균이 진짜 원인이라는 것이 증명되었다.

→ **(B) 앞:** 1) it으로 가리키는 것이 앞에 나와야 한다.
2) 박테리아를 통째로 삼켜서 헬리코박터 파일로리균이 궤양의 원인이라는 것을 증명했다는 내용인데, (A)에서 궤양이 스트레스가 아니라 박테리아 감염에 의해 유발된다고 생각했다는 것에 이어지는 내용이다.
↳ (B) 앞에 (A)가 와야 함 (순서: (A) → (B))
→ **(B) 뒤:** 궤양의 원인을 증명했으므로 전체 글의 마무리 역할을 할 확률이 높다.

(C): 20세기 이전에는(Before the 20th century) 궤양은 심각한 질병이 아니었다. "당신은 스트레스를 많이 받는군요."라고 의사들은 말하곤 했다. 그러나 호주의 젊은 의사인 Barry Marshall 박사는 궤양에 다른 원인이 있는지 아닌지를 궁금해 했다.

→ **(C) 앞:** 20세기 이전에 궤양은 스트레스 때문이라고 생각했다고 했으므로 실제 다른 원인이 있다는 내용이 앞에 와야 하는데, 박테리아가 원인임을 증명해서 노벨 생리의학상을 받았다는 내용이 주어진 글에 있다.
↳ (C) 앞에 주어진 글이 와야 함 (순서: 주어진 글 → (C))
→ **(C) 뒤:** Barry Marshall 박사가 궤양에 다른 원인이 있는지 궁금해 했다고 했으므로 그 원인을 밝히려고 연구하기 시작했다는 (A)가 뒤에 와야 한다.
↳ (A)가 (C) 뒤에 와야 함 (순서: 주어진 글 → (C) → (A) → (B))

3rd **각 문단의 내용을 정리하여 정답을 확인한다.**

→ **주어진 글:** Barry Marshall 박사가 위궤양의 원인이 헬리코박터 파일로리 박테리아임을 증명해서 노벨 생리의학상을 받았다.
→ **(C):** 20세기 이전에 궤양은 스트레스가 원인이라고 생각했다.
→ **(A):** Barry Marshall 박사는 궤양의 원인이 스트레스가 아니라 박테리아 감염 때문이라고 생각했다.
→ **(B):** 그는 박테리아를 통째로 삼켜서 헬리코박터 파일로리균이 궤양의 원인이라는 것을 증명했다.
↳ 주어진 글 다음에 이어질 글의 순서는 (C) → (A) → (B)이므로 정답은 ④임

09 (정답) was

윗글의 네모 (A)에서 어법상 적절한 것을 고르시오.

What has been found as a cause (A) [was / were] Helicobacter pylori bacteria.
원인으로 찾아낸 것이 헬리코박터 파일로리 박테리아였다.

왜 정답?

주어가 What has been found as a cause로 단수이므로 동사도 단수형인 was가 적절하다.

10 ~ 13

▶ 문제편 p. 118

***구름 씨를 뿌려♪ 꼭꼭 심은 다음♪**

Water is a valuable resource. //
물은 가치 있는 자원이다 //
It affects / nearly all aspects of life / on earth. //
그것은 영향을 준다 / 거의 모든 생명체에게 / 지구상의 //
However, it is also limited, / so people use a variety of methods / to solve the problem of water shortage. //
(접속사(결과) / 부사적 용법(목적))
그러나 그것은 또한 제한되어 있다 / 그래서 사람들은 다양한 방법들을 사용한다 / 물 부족 문제를 해결하기 위해 //
One such technique is / "cloud seeding." //
그러한 기술 중 하나가 / '구름 씨뿌리기'이다 //
(10번 단서: 물 부족 문제를 해결하기 위한 방법 중 하나인 '구름 씨뿌리기'가 어떻게 작용하는지에 대한 글)

(A) It is the process / of artificially generating rain. //
그것은 과정이다 / 인위적으로 비를 만들어내는 // (12번 단서 1: It은 주어진 글의 '구름 씨뿌리기'를 가리킴)
Just like sowing seeds in the field, / cloud seeding implants / clouds with seeds. //
밭에 씨들을 뿌리는 것처럼 / 구름 씨뿌리기는 심는 것이다 / 구름에 씨를 //
(B) The key is / that ice crystals (or raindrops) cannot form / without these particles, / ⓐ [that / which] can often be lacking in the air. //
(계속적 용법의 관계대명사)
(12번 단서 2: (C)에서 설명한 원리에 따르면, 비를 내리게 하는 데 꼭 필요한 입자를 구름 씨뿌리기가 제공할 수 있음)
핵심은 ~이다 / 얼음 결정(또는 빗방울)은 형성되지 못한다는 것 / 이런 입자들이 없으면 / (이 입자들은) 대기에서 종종 부족할 수 있다 //
Cloud seeding provides additional particles / and increases the number of these available particles / into the air / by airplanes. //
구름 씨뿌리기는 추가적인 입자들을 제공한다 / 그리고 이용 가능한 입자들의 수를 증가시킨다 / 대기에 / 비행기로 //
Therefore, / cloud seeding can artificially induce rainfall. //
그 결과로 / 구름 씨뿌리기는 인공적으로 비를 유도할 수 있다 //
(C) Some water in the air / comes together around particles / such as dust or salt from the ocean / and then forms ice crystals. //
(~ 같은)
(12번 단서 3: 구름 씨뿌리기에 대한 설명을 돕기 위해 비가 내리는 원리를 먼저 설명함)
대기의 일부 수분이 / 입자들 주변에 모인다 / 먼지나 바다의 소금 같은 / 그런 다음 얼음 결정을 형성한다 //
Then, / this little water becomes too heavy to stay afloat / and fall as rain. //
(too ~ to-v: 너무나 ~해서 …할 수 없다)
(11번 단서: 물방울은 무거우면 비가 되어 내림)
그러면 / 이 작은 물방울은 너무 무거워서 떠 있지 못 한다 / 그래서 비로 떨어진다 //

물은 가치 있는 자원이다. 그것은 지구상의 거의 모든 생명체에게 영향을 준다. 그러나 그것은 또한 제한되어 있어서 사람들은 물 부족 문제를 해결하기 위해 다양한 방법들을 사용한다. 그러한 기술 중 하나가 '구름 씨뿌리기'이다. (A) 그것은 인위적으로 비를 만들어내는 과정이다. 밭에 씨를 뿌리는 것처럼, 구름 씨뿌리기도 구름에 씨를 심는 것이다. (C) 대기의 수분이 먼지나 바다에서 증발된 소금 같은 입자들

주변에 모여 얼음 결정을 형성한다. 그러면 이 작은 물방울은 너무 무거워서 떠 있지 못하고 비로 떨어진다. (B) 핵심은 얼음 결정(또는 빗방울)은 이런 입자들이 없으면 형성되지 못하는데 이 입자들은 대기에서 종종 부족하다. 구름 씨뿌리기는 비행기로 대기에 추가적인 입자들을 제공하여 이용 가능한 입자들의 수를 증가시킨다. 그 결과로 구름 씨뿌리기는 인공적으로 비를 유도할 수 있다.

10 정답 Seeding

윗글의 제목을 아래와 같이 쓸 때, 빈칸에 적절한 말을 윗글에서 찾아 쓰시오.

How Does Cloud Seeding Work?
구름 씨뿌리기는 어떻게 작용하는가?

왜 정답?

구름 씨뿌리기가 어떤 원리로 어떻게 작용하는지를 설명하는 글이므로 빈칸에 들어갈 말은 '씨뿌리기(Seeding)'가 적절하다.

11 정답 rain

윗글을 읽고, 다음 빈칸에 들어갈 말로 가장 적절한 것을 윗글에서 찾아 쓰시오.

When the seeds get heavy enough with water, they fall as rain.
씨들이 물로 충분히 무거워지면 비로 내린다.

왜 정답?

대기 중의 수분이 구름 씨 주변에 모여 얼음 결정을 형성하게 해서 인위적으로 '비(rain)'로 내리게 한다고 했다.

12 정답 ②

주어진 글 다음에 이어질 글의 순서로 가장 적절한 것을 고르시오.

① (A) – (B) – (C) 비가 내리는 원리가 구름 씨뿌리기 설명 전에 나와야 함
② (A) – (C) – (B) (A) 구름 씨뿌리기의 개념 – (C) 비 내리는 원리 – (B) 구름 씨뿌리기의 원리
③ (B) – (A) – (C) ┐ (B)의 these particles가 가리키는 것이
④ (B) – (C) – (A) ┘ 주어진 글에는 없음
⑤ (C) – (B) – (A) (A)의 It이 가리키는 대상이 주어진 글에 있음

1st 주어진 글을 통해 글이 어떻게 전개될지 예상한다.

물은 가치 있는 자원이다. 그것은 지구상의 거의 모든 생명체에게 영향을 준다. 그러나 그것은 또한 제한되어 있어서 사람들은 물 부족 문제를 해결하기 위해 다양한 방법들을 사용한다. 그러한 기술 중 하나가 '구름 씨뿌리기'이다.

→ **소재:** 구름 씨뿌리기
→ **전개 방향:** 물 부족 문제를 해결하기 위한 방법인 '구름 씨뿌리기'가 어떻게 작용하는지와 관련된 내용이 이어질 것임

2nd 각 문단의 내용을 파악하면서 단서를 이용해 글을 순서대로 배열한다.

(A): 그것(It)은 인위적으로 비를 만들어내는 과정이다. 밭에 씨를 뿌리는 것처럼, 구름 씨뿌리기도 구름에 씨를 심는 것이다.

→ **(A) 앞:** 1) It이 가리키는 것이 앞에 나와야 한다.
2) 구름 씨뿌리기의 개념을 알려주는 내용이므로 It은 주어진 문장에 나오는 cloud seeding이다.
↳ 주어진 글에서 cloud seeding을 언급했으므로 (A) 앞에 주어진 글이 와야 함 (순서: 주어진 글 → (A))
→ **(A) 뒤:** 구름 씨뿌리기의 개념과 관련된 내용이 뒤에 나올 것이다.

(B): 핵심은 얼음 결정(또는 빗방울)은 이런 입자들(these particles)이 없으면 형성되지 못하는데 이 입자들은 대기에서 종종 부족하다. 구름 씨뿌리기는 비행기로 대기에 추가적인 입자들을 제공하여 이용 가능한 입자들의 수를 증가시킨다. 그 결과로 구름 씨뿌리기는 인공적으로 비를 유도할 수 있다.

→ **(B) 앞:** 1) '이런 입자들(these particles)'이라고 했으므로 (B) 앞에 이것이 가리키는 내용이 먼저 와야 하는데 (A)에는 이런 내용이 없다.
2) 비를 만드는 입자들의 수를 인위적으로 증가시켜 비를 유도하는 것이 구름 씨뿌리기임을 설명하고 있다.
↳ (B) 앞에 (A)가 올 수 없으므로 (C)가 와야 함 (순서: (C) → (B))
→ **(B) 뒤:** 인공적으로 비를 내리게 하는 결과가 나오므로 글의 마무리 내용이 될 가능성이 크다.

(C): 대기의 수분이 먼지나 바다에서 증발된 소금 같은 입자들(particles) 주변에 모여 얼음 결정을 형성한다. 그러면 이 작은 물방울은 너무 무거워서 떠 있지 못하고 비로 떨어진다.

→ **(C) 앞:** 자연적으로 비가 내리는 과정을 설명하고 있는 내용인데, 그 전에 구름 씨뿌리기의 개념을 언급한 (A)가 오는 것이 자연스럽다.
↳ (C) 앞에 (A)가 와야 함 (순서: (A) → (C))
→ **(C) 뒤:** (B)에서 '이런 입자들(these particles)'이라고 한 것이 여기에 먼저 '입자들(particles)'로 언급됐으므로 (B)가 (C) 뒤에 와야 한다.
↳ (B)가 (C) 뒤에 와야 함 (순서: 주어진 글 → (A) → (C) → (B))

3rd 각 문단의 내용을 정리하여 정답을 확인한다.

→ **주어진 글:** 물 부족 문제를 해결하기 위한 방법 중 하나가 '구름 씨뿌리기'이다.
→ **(A):** 구름 씨뿌리기는 구름에 씨를 심는 것이다.
→ **(C):** 비가 내리는 원리를 설명했다.
→ **(B):** 비를 만드는 입자들의 수를 인위적으로 증가시켜 비를 유도하는 것이 구름 씨뿌리기이다.
↳ 주어진 글 다음에 이어질 글의 순서는 (A) → (C) → (B)이므로 정답은 ②임

13 정답 which

윗글의 네모 ⓐ에서 어법상 적절한 것을 고르시오.

The key is that ice crystals (or raindrops) cannot form without these particles, ⓐ [that / which] can often be lacking in the air.
핵심은 얼음 결정(또는 빗방울)은 이런 입자들이 없으면 형성되지 못하는데 이 입자들은 대기에서 종종 부족하다.

왜 정답?

앞의 내용에 대한 추가적인 설명이 콤마 뒤에 이어지므로 계속적 용법의 관계대명사 which가 적절하다.

14 ~ 17 ▶ 문제편 p. 119

*마그마의 결정 형성

Natural processes form minerals / in many ways. //
자연 과정은 광물을 형성한다 / 많은 방법으로 //

For example, / hot melted rock material, / called magma, / cools / when it reaches the Earth's surface, / or even if it's trapped / below the surface. // (앞에 which is 생략)
예를 들어 / 뜨거운 용암 물질은 / 마그마라고 불리는 / 식는다 / 지구의 표면에 도달할 때 / 또는 심지어 갇혔을 때도 / 표면 아래에 //

As magma cools, / its atoms lose heat energy, / move closer together, / and begin to combine into compounds. // **16번** 단서 1: 마그마가 식으면서 화합물로 결합함
마그마가 식으면서 / 마그마의 원자는 열에너지를 잃고 / 서로 더 가까이 이동해 / 화합물로 결합하기 시작한다 //

(A) Also, / the size of the crystals / that form / depends partly / on how ⓐ rapid(→ rapidly) the magma cools. // (주격 관계대명사)
또한 / 결정의 크기는 / 형성되는 / 부분적으로는 달려있다 / 마그마가 얼마나 빨리 식느냐에 //
14번 단서 1, **16번** 단서 2: 광물의 종류를 결정할 뿐만 아니라 결정의 크기에도 영향을 끼친다는 추가 내용

When magma cools slowly, / the crystals that form are generally large enough / to see with the unaided eye. //
마그마가 천천히 식으면 / 형성되는 결정은 일반적으로 충분히 크다 / 육안으로 볼 수 있을 만큼 //
16번 단서 3: this process로 가리키는 것이 앞에 왔고, 마그마가 식는 과정에 원자가 배열되어 화합물이 형성됨

(B) During this process, / atoms of the different compounds arrange themselves / into orderly repeating patterns. //
이 과정 동안 / 서로 다른 화합물의 원자가 스스로를 배열한다 / 질서 있고 반복적인 패턴으로 //

The type and amount of elements / present in a magma / partly determine / which minerals will form. // (앞에 주격 관계대명사와 be동사 생략)
원소의 종류와 양이 / 마그마에 존재하는 / 부분적으로 결정한다 / 어떤 광물이 형성될지를 //
14번 단서 2, **16번** 단서 4: This로 가리키는 것이 앞에 왔고, 천천히 식은 마그마의 결정이 큰 이유를 설명함

(C) This is because the atoms have enough time / to move together / and form into larger crystals. // (동사의 병렬 구조)
이것은 원자가 충분한 시간을 가지기 때문이다 / 함께 이동하고 / 더 큰 결정을 형성할 //

When magma cools rapidly, / the crystals that form will be small. //
마그마가 빠르게 식으면 / 형성되는 결정은 작을 것이다 //

In such cases, / you can't easily see individual mineral crystals. //
그런 경우에는 / 개별 광물 결정을 쉽게 볼 수 없다 //

자연 과정은 많은 방법으로 광물을 형성한다. 예를 들어, 마그마라고 불리는 뜨거운 용암 물질은 지구의 표면에 도달할 때, 또는 심지어 표면 아래에 갇혔을 때도 식는다. 마그마가 식으면서, 마그마의 원자는 열에너지를 잃고, 서로 더 가까이 이동해, 화합물로 결합하기 시작한다. (B) 이 과정 동안, 서로 다른 화합물의 원자가 질서 있고 반복적인 패턴으로 배열된다. 마그마에 존재하는 원소의 종류와 양이 어떤 광물이 형성될지를 부분적으로 결정한다. (A) 또한, 형성되는 결정의 크기는 부분적으로는 마그마가 얼마나 빨리 식느냐에 달려있다. 마그마가 천천히 식으면, 형성되는 결정은 일반적으로 육안으로 볼 수 있을 만큼 충분히 크다. (C) 이것은 원자가 함께 이동해 더 큰 결정을 형성할 충분한 시간을 가지기 때문이다. 마그마가 빠르게 식으면, 형성되는 결정은 작을 것이다. 그런 경우에는 개별 광물 결정을 쉽게 볼 수 없다.

14 정답 time

윗글의 내용과 일치하도록 빈칸에 적절한 말을 윗글에서 찾아 쓰시오.

The size of the crystals depends on the time magma takes until it cools.
결정의 크기는 마그마가 식을 때까지의 시간에 달려 있다.

왜 정답?

마그마가 식는 데까지 걸리는 '시간(time)'에 따라 결정의 크기가 정해진다고 했다. (Also, the size of the crystals that form depends partly on how rapidly the magma cools. / This is because the atoms have enough time to move together and form into larger crystals.)

15 정답 The type and amount of elements present in a magma partly determine which minerals will form.

윗글의 밑줄 친 우리말 해석과 일치하도록 주어진 표현을 적절하게 배열하시오.

(elements, present in, minerals, form, will, the type, and amount, partly, determine, of, a magma, which)

왜 정답?

주어가 The type and amount of elements present in a magma로 길고, which 이하가 동사 determine의 목적어절이 되도록 배열해야 한다.

16 정답 ②

주어진 글 다음에 이어질 글의 순서로 가장 적절한 것을 고르시오.

① (A) – (C) – (B) (B)의 과정을 먼저 거쳐야 (A), (C)의 설명이 나올 수 있음
② (B) – (A) – (C) (B) 마그마가 배열되면서 어떤 광물이 형성될지 부분적으로 결정됨 – (A) 결정의 크기는 마그마의 식는 속도에 의해 영향을 받기 때문에 천천히 식으면 결정이 큼 – (C) 빠르게 식으면 결정이 작음
③ (B) – (C) – (A) (B)처럼 진행된 후 (A)의 영향이 더해져 (C)의 결과가 나옴
④ (C) – (A) – (B) 적절한 순서와 정반대
⑤ (C) – (B) – (A) This로 가리키는 내용이 주어진 글에 없음

1st 주어진 글을 통해 글이 어떻게 전개될지 예상한다.

자연 과정은 많은 방법으로 광물을 형성한다. 예를 들어, 마그마라고 불리는 뜨거운 용암 물질은 지구의 표면에 도달할 때, 또는 심지어 표면 아래에 갇혔을 때도 식는다. 마그마가 식으면서, 마그마의 원자는 열에너지를 잃고, 서로 더 가까이 이동해, 화합물로 결합하기 시작한다.

➡ **소재:** 마그마의 결정 형성
➡ **전개 방향:** 마그마가 흐르면서 화합물을 배열하고 이에 따라 어떤 광물이 형성될지를 설명하는 내용이 이어질 것이다.

2nd **각 문단의 내용을 파악하면서 단서를 이용해 글을 순서대로 배열한다.**

(A): 또한(Also), 형성되는 결정의 크기는 부분적으로는 마그마가 얼마나 빨리 식느냐에 달려있다. 마그마가 천천히 식으면, 형성되는 결정은 일반적으로 육안으로 볼 수 있을 만큼 충분히 크다.

→ **(A) 앞:** 1) '또한(Also)'이라고 했으므로 앞에 대한 추가 내용이 나오는 것이다.
2) 마그마의 식는 속도에 따라서 결정의 크기가 정해진다는 내용이다.
↳ 주어진 글에 이와 관련된 내용이 없으므로 (A) 앞에 주어진 글이 올 수 없음
→ **(A) 뒤:** 마그마가 천천히 식으면 결정의 크기가 크다고 했으니 뒤에 이와 관련된 내용이 나와야 한다.

(B): 이 과정 동안(During this process), 서로 다른 화합물의 원자가 질서 있고 반복적인 패턴으로 배열된다. 마그마에 존재하는 원소의 종류와 양이 어떤 광물이 형성될지를 부분적으로 결정한다.

→ **(B) 앞:** 1) '이 과정 동안(During this process)'이라고 했으므로 어떤 과정이 앞에 먼저 나와야 한다.
2) 광물 형성에 영향을 주는 요인에 대해 설명하는 내용이다.
↳ '이 과정'이 주어진 글에 나오므로 (B) 앞에 주어진 글이 있어야 함 (순서: 주어진 글 → (B))
→ **(B) 뒤:** 마그마가 흐르는 과정이 광물 형성에 어떤 영향을 주는가에 대한 세부적인 설명이 필요할 것이다. (A)가 마그마의 식는 속도에 의해 결정의 크기가 정해진다는 내용을 담고 있다.
↳ (B) 뒤에 (A)가 있어야 함 (순서: 주어진 글 → (B) → (A))

(C): 이것(This)은 원자가 함께 이동해 더 큰 결정을 형성할 충분한 시간을 가지기 때문이다. 마그마가 빠르게 식으면, 형성되는 결정은 작을 것이다. 그런 경우에는 개별 광물 결정을 쉽게 볼 수 없다.

→ **(C) 앞:** 1) '이것(This)'으로 가리키는 것이 앞에 나와야 한다.
2) 마그마가 천천히 흐르면 결정이 크고, 반대로 빨리 흐르면 결정이 작다는 설명을 하고 있으므로 This는 (A)에 나온 마그마를 가리킨다.
↳ (C) 앞에 (A)가 있어야 함 (순서: 주어진 글 → (B) → (A) → (C))

3rd **각 문단의 내용을 정리하여 정답을 확인한다.**

→ **주어진 글**: 마그마는 흐르면서 열에너지를 잃고, 화합물로 결합한다.
→ **(B):** 이 과정에서 화합물의 원자가 배열되는데 마그마에 존재하는 원소의 종류와 양이 광물의 형성을 결정한다.
→ **(A):** 마그마의 식는 속도에 따라 광물 결정의 크기가 결정되는데, 천천히 식으면 큰 결정이 형성된다.
→ **(C):** 마그마가 빠르게 식으면 형성되는 결정이 작아서 보기 어렵다.
↳ 주어진 글 다음에 이어질 글의 순서는 (B) → (A) → (C)이므로 정답은 ②임

17 정답 rapidly

윗글의 밑줄 친 ⓐ를 어법상 적절하게 고쳐 쓰시오.

Also, the size of the crystals that form depends partly on how ⓐ rapid(→ rapidly) the magma cools.
또한, 형성되는 결정의 크기는 부분적으로는 마그마가 얼마나 빨리 식느냐에 달려있다.

왜 정답?

how 뒤에 오는 rapid는 동사인 cools를 수식해야 하므로 형용사가 아니라 부사인 rapidly로 고쳐야 한다.

M REVIEW 어휘 테스트

▸문제편 p. 120

01 토하다　02 영감　03 열에너지
04 씨뿌리기　05 shortage　06 stomach
07 physiology　08 available
09 ② [이것은 아름다운 결정체이다.]
① [이제 모든 것이 명백하다.]
10 ① [그녀는 그 병들을 깔끔하게 배열했다.]
② [변동사항이 포함되도록 제가 당신의 일정을 조정했어요.]
11 ② [그에게 새로운 제안이 있었다.]
① [매년 수천 권의 소설이 인쇄된다.]
12 ① [경계하는 : 기민한, 경계하는]
② 결합하다 : 나누다　③ 정돈된 : 지저분한
④ 얼리다 : 녹이다
13 ④ [(문제상황과) 씨름하다 : 피하다]
① 계획하다 : 준비하다　② 붙잡다 : 가두다
③ 불러일으키다 : 깨다
14 ③ [인간의 행위로 유발된 부자연스러운 방법으로]
① 자연스럽게　② 부당하게　③ 인공적으로　④ 기본적으로
15 ② [어떤 것의 겉이나 윗부분 또는 층]
① 서문　② 표면　③ 인기　④ 조언
16 element [다섯 번째 (상승 / 원소)는 존재하지 않는다.]
17 swallow [빨리 알약을 (뒹굴어라 / 삼켜라).]
18 afloat [통나무가 나를 (할당하도록 / 떠다니게) 해주고 있었다.]
19 peak　20 particles　21 mineral

N 주어진 문장 넣기

01 ~ 05 ▶ 문제편 pp. 122~124

＊좋은 탄수화물과 나쁜 탄수화물

All carbohydrates are basically sugars. //
모든 탄수화물은 기본적으로 당이다 //

(①) Complex carbohydrates are the good carbohydrates / for your body. //
복합 탄수화물은 좋은 탄수화물이다 / 여러분의 몸에 //
02번 단서, 04번 단서 1: 복합 탄수화물은 분해하기 어려운 구조라고 했음

(②) These complex sugar compounds / are very difficult to break down / and can trap other nutrients / like(전치사) vitamins and minerals / in their chains. //
이러한 복당류 화합물은 / 분해하기 매우 어렵고 / 다른 영양소를 가두어 둘 수 있다 / 비타민과 미네랄 같은 / 그것의 사슬 안에 //

(③) As(~하면서, ~함에 따라) they slowly break down, / the other nutrients are also released into your body, / and can provide you with fuel / for a number of hours. //
01번 단서, 04번 단서 2: 복합 탄수화물은 다른 영양소를 우리 몸에 줄 수 있음
그것들이 천천히 분해되면서 / 다른 영양소도 여러분의 몸으로 방출되고 / 여러분에게 연료를 공급할 수 있다 / 많은 시간 동안 //
04번 단서 3: 복합 탄수화물은 구조가 복잡하다고 했는데 정반대의 내용임

(④) Because their structure is not complex, / they are easy to break down / and hold few nutrients for your body / other than the sugars / from which(전치사+관계대명사) they are made. //
그것의 구조는 복잡하지 않기 때문에 / 그것은 분해되기 쉽고 / 여러분의 몸을 위한 영양소를 거의 가지고 있지 않다 / 당 외에 / 그것이 만들어지는 //

(⑤) Your body breaks down these carbohydrates / rather quickly / and (A) [that / what] it(= your body) cannot use / is(동사) converted to fat and stored in the body. //
여러분의 몸은 이러한 탄수화물을 분해하고 / 상당히 빨리 / 그것(몸)이 사용할 수 없는 것은 / 지방으로 바뀌어 몸에 저장된다 //

모든 탄수화물은 기본적으로 당이다. (①) 복합 탄수화물은 몸에 좋은 탄수화물이다. (②) 이러한 복당류 화합물은 분해하기 매우 어렵고 비타민과 미네랄 같은 다른 영양소를 그것의 사슬 안에 가두어 둘 수 있다. (③) 그것들이 천천히 분해되면서, 다른 영양소도 여러분의 몸으로 방출되고, 많은 시간 동안 여러분에게 연료를 공급할 수 있다. (④) 그것의 구조는 복잡하지 않기 때문에, 그것은 분해되기 쉽고 그것이 만들어지는 당 외에 몸을 위한 영양소를 거의 가지고 있지 않다. (⑤) 여러분의 몸은 이러한 탄수화물을 상당히 빨리 분해하고 그것(몸)이 사용할 수 없는 것은 지방으로 바뀌어 몸에 저장된다.

01 정답 nutrients

윗글의 내용과 일치하도록 빈칸에 적절한 말을 윗글에서 찾아 쓰시오.

Complex sugar compounds provide other nutrients to your body.
복합 탄수화물은 여러분의 몸에 다른 영양소를 공급한다.

왜 정답?

복합 탄수화물은 천천히 분해되면서 우리의 몸으로 다른 '영양소(nutrients)'를 방출하고 많은 시간 동안 연료를 공급할 수 있다고 했다.

02 정답 복당류 화합물[복합 탄수화물]

밑줄 친 they가 윗글에서 가리키는 것을 우리말로 쓰시오.

➡ 복당류 화합물[복합 탄수화물]

왜 정답?

they는 앞 문장에 나온 These complex sugar compounds를 가리키는 것으로, 이것은 또한 앞의 Complex carbohydrates를 이어받은 것이다. 복당류 화합물[복합 탄수화물]은 분해하기 어려워서 천천히 분해된다는 내용으로 이어진다.

03 정답 release

다음 영영풀이가 설명하는 어휘를 윗글에서 찾아 그 원형을 쓰시오.

release: to allow a substance to enter the air, water, soil, etc.
방출하다: 물질이 공기, 물, 토양 등으로 들어가게 하다

왜 정답?

'물질이 공기, 물, 토양 등으로 들어가게 하다'는 '방출하다(release)'를 설명하는 것이다.

04 정답 ④

윗글의 흐름으로 보아, 주어진 문장이 들어가기에 가장 적절한 곳을 고르시오.

Bad carbohydrates, on the other hand, are simple sugars.
반면에, 나쁜 탄수화물은 단당류이다.

① ② ③ ④ ⑤

왜 정답?

복합 탄수화물은 분해하기 어려운 구조라고 했고, 다른 영양소를 우리 몸에 방출시켜 오랜 시간 동안 연료를 공급할 수 있다고 했다. 그런데 ④ 뒤에 their structure(그것의 구조)라고 하면서 구조가 복잡하지 않다고 하는 정반대의 내용이 나왔다.
주어진 문장이 ④에 들어가야 on the other hand(반면에)로 반대되는 내용을 이어주면서 Bad carbohydrates(나쁜 탄수화물)가 가리키는 simple sugars(단당류)를 언급한 후, 단당류에 대한 설명이 이어질 수 있다. 따라서 주어진 문장은 ④에 들어가는 것이 적절하다.

왜 오답?

① 탄수화물은 모두 기본적으로 당임을 언급한 후에 복합 탄수화물이 몸에 좋다는 내용이 이어지므로 자연스러운 흐름이다.
② These complex sugar compounds(이러한 복당류 화합물)는 앞에서 말한 Complex carbohydrates(복합 탄수화물)를 가리키고 설명이 이어진다.
③ 복당류 화합물이 분해되면서 영양소도 방출된다는 내용이 이어지고 있으므로 주어진 문장은 들어갈 수 없다.
⑤ 앞에서 말한 단당류에 대한 설명이 이어지므로 자연스럽게 연결된다.

05 정답 what

윗글의 네모 (A)에서 어법상 적절한 것을 고르시오.

Your body breaks down these carbohydrates rather quickly and (A) [that / what] it cannot use is converted to fat and stored in the body.
여러분의 몸은 이러한 탄수화물을 상당히 빨리 분해하고 그것(몸)이 사용할 수 없는 것은 지방으로 바뀌어 몸에 저장된다.

왜 정답?

and가 이끄는 절의 주어를 완성해야 한다. 동사 is converted 앞을 보면 it cannot use는 목적어가 빠진 불완전한 절이므로 접속사 that은 올 수 없고, 앞에 선행사가 없으므로 관계대명사로도 that은 올 수 없다.
what은 다른 관계대명사들과 달리 명사절을 이끌므로 불완전한 절 it cannot use를 what이 이끌며 명사절을 완성하는 것이 적절하다.

06~09

▶ 문제편 p. 125

*K-Pop 아이돌

K-Pop, / which is an abbreviation of Korean Popular music, / originated in South Korea / during the 1950s. // (계속적 용법의 관계대명사)
K-Pop은 / 한국 대중 음악의 약어인 / 한국에서 시작되었다 / 1950년대에 //

(①) In recent years, / K-Pop has gained significant global popularity / and has become a major contributor / to the South Korean economy. // (병렬 구조)
최근 몇 년 동안 / K-Pop은 상당한 세계적인 인기를 얻었다 / 그리고 주요한 기여자가 되었다 / 한국 경제에 //

(②) One of the features / that lead K-Pop's popularity / is its systematic training. // (단수 주어, 주격 관계대명사, 단수 동사) **06번** 단서: K-Pop의 인기를 이끄는 특징들 중 하나는 체계적인 훈련
특징들 중 하나는 / K-Pop의 인기를 이끄는 / 그것의 체계적인 훈련이다 //

(③) It involves intensive training programs / that are run by entertainment agencies. // (주격 관계대명사) **08번** 단서 1: 연예 기획사가 운영하는 집중 훈련 프로그램을 언급함
그것은 집중 훈련 프로그램을 포함한다 / 연예 기획사에 의해 운영되는 //

(④) Trainees work hard / during their training, / often living in dormitories / and spending a lot of time practicing. // (분사구문) **08번** 단서 2: 연습생들이 훈련 기간 동안 열심히 한다는 내용이 이어짐
연습생들은 열심히 노력한다 / 훈련 기간 동안 / 종종 기숙사에서 생활하고 / 연습하는 데 많은 시간을 보내면서 //

(⑤) In the meantime, / they are assessed / on their unique styles, personalities, voices, and performance skills. //
한편 / 그들은 평가받는다 / 그들의 독특한 스타일, 개성, 목소리, 그리고 공연 기술에 대해 //

Sometimes, / trainees may spend several years / in the program, /
때때로 / 연습생들은 몇 년을 보낼지도 모른다 / 그 프로그램에서 /

working hard to improve their skills / and waited(→ waiting) for the opportunity / to debut as K-Pop idols. // (부사적 용법(목적), 분사구문, 형용사적 용법)
그들의 실력을 향상시키기 위해 열심히 노력하면서 / 그리고 기회를 기다리면서 / K-Pop 아이돌로 데뷔할 //

한국 대중 음악의 약어인 K-Pop은 1950년대에 한국에서 시작되었다. (①) 최근 몇 년 동안, K-Pop은 상당한 세계적인 인기를 얻었고 한국 경제에 주요한 기여자가 되었다. (②) K-Pop의 인기를 이끄는 특징들 중 하나는 체계적인 훈련이다. (③) 그것은 연예 기획사에 의해 운영되는 집중 훈련 프로그램을 포함한다. (④) 연습생들은 종종 기숙사에서 생활하고 연습하는 데 많은 시간을 보내면서 훈련 기간 동안 열심히 노력한다. (⑤) 한편, 그들은 그들의 독특한 스타일, 개성, 목소리, 그리고 공연 기술에 대해 평가를 받는다. 때때로, 연습생들은 그들의 실력을 향상시키기 위해 열심히 노력하면서, 그리고 K-Pop 아이돌로 데뷔할 기회를 기다리면서 그 프로그램에서 몇 년을 보낼지도 모른다.

06 정답 Systematic

윗글의 제목을 아래와 같이 쓸 때 빈칸에 적절한 말을 윗글에서 찾아 쓰시오.

Systematic Training: The Key to K-Pop's Global Success
체계적인 훈련: K-Pop의 세계적 성공의 열쇠

왜 정답?

최근 K-Pop이 세계적인 인기를 많이 얻게 되었는데 그 성공을 가능하게 한 것 중 하나가 '체계적인(Systematic)' 훈련이라고 했다. (One of the features that lead K-pop's popularity is its systematic training.)

07 정답 originate

다음 영영풀이에 해당하는 단어를 윗글에서 찾아 그 원형을 쓰시오.

originate: to begin to exist, to be produced or created
비롯되다, 유래하다: 존재하기 시작하다, 생산되거나 창조되다

왜 정답?

'존재하기 시작하다, 생산되거나 창조되다'는 '비롯되다, 유래하다(originate)'를 설명하는 것이다.

08 정답 ④

윗글의 흐름으로 보아, 주어진 문장이 들어가기에 가장 적절한 곳을 고르시오.

These programs are designed to develop the skills of the trainees who want to become idols in areas such as media, vocal coaching, and live performance.
이 프로그램들은 아이돌이 되고 싶은 연습생들의 실력을, 영상, 보컬 코칭, 그리고 라이브 공연과 같은 영역에서 발전시키도록 설계되었다.

① ② ③ ④ ⑤

1st 주어진 문장을 먼저 읽고, 연결어, 지시어 등의 단서를 확인한다.

[이 프로그램들(These programs)]은 아이돌이 되고 싶은 연습생들의 실력을, 영상, 보컬 코칭, 그리고 라이브 공연과 같은 영역에서 발전시키도록 설계되었다.

→ '이 프로그램들(These programs)'이라고 했으므로 앞에는 어떤 프로그램이 먼저 언급되어야 한다.

2nd 찾은 단서를 생각하며 각 선택지의 앞뒤 흐름이 매끄러운지 확인한다.

①의 앞 문장	한국 대중 음악의 약어인 K-Pop은 1950년대에 한국에서 시작되었다.
①의 뒤 문장	최근 몇 년 동안, K-Pop은 상당한 세계적인 인기를 얻었고 한국 경제에 주요한 기여자가 되었다.

→ **앞 문장**: K-Pop이 1950년대에 한국에서 시작되었다고 했음
뒤 문장: 최근 이 K-Pop은 세계적인 인기를 얻었음
↳ 주어진 문장이 ①에 들어갈 수 없음

②의 앞 문장	①의 뒤 문장과 같음
②의 뒤 문장	K-Pop의 인기를 이끄는 특징들 중 하나는 체계적인 훈련이다.

➡ K-Pop이 세계적으로 인기가 많다고 한 뒤에 이 이유들 중 하나가 체계적인 훈련이라는 설명이 이어지므로 자연스러운 흐름이다.
↳ 주어진 문장이 ②에 들어갈 수 없음

③의 앞 문장	②의 뒤 문장과 같음
③의 뒤 문장	그것(It)은 연예 기획사에 의해 운영되는 집중 훈련 프로그램을 포함한다.

➡ 뒤 문장의 It은 앞 문장에서 언급한 '체계적인 훈련'을 가리키고, 이것이 연예 기획사가 운영하는 집중 훈련 프로그램을 포함한다고 자연스럽게 연결된다.
↳ 주어진 문장이 ③에 들어갈 수 없음

④의 앞 문장	③의 뒤 문장과 같음
④의 뒤 문장	연습생들(Trainees)은 종종 기숙사에서 생활하고 연습하는 데 많은 시간을 보내면서 훈련 기간 동안 열심히 노력한다.

➡ 뒤 문장에 Trainees(연습생들)에 대한 내용이 나왔는데, 앞에는 집중 훈련 프로그램만 언급했다.
➡ **필요한 내용:** 연습생들에 대한 문장(주어진 문장의 내용)
↳ 주어진 문장이 ④에 들어가야 함

⑤의 앞 문장	④의 뒤 문장과 같음
⑤의 뒤 문장	한편, 그들(they)은 그들의 독특한 스타일, 개성, 목소리, 그리고 공연 기술에 대해 평가를 받는다.

➡ 뒤 문장의 they(그들)는 앞 문장에서 말한 연습생들을 가리키고, 그들이 어떤 평가를 받는지에 대한 내용이 이어지는 자연스러운 흐름이다.
↳ 주어진 문장이 ⑤에 들어갈 수 없음

3rd 글이 한눈에 들어오도록 정리하여 정답을 확인한다.

➡ K-Pop은 1950년대에 한국에서 시작되었다.
(①) 최근 K-Pop은 상당한 세계적인 인기를 얻었다.
(②) K-Pop의 인기를 이끄는 특징들 중 하나는 체계적인 훈련이다.
(③) 그것은 연예 기획사가 운영하는 집중 훈련 프로그램을 포함한다.

(④ 이 프로그램들은 연습생들의 실력을 여러 영역에서 발전시키도록 설계되었다.)

연습생들은 연습하는 데 많은 시간을 보내면서 훈련 기간 동안 열심히 노력한다.
(⑤) 그들은 목소리, 공연 기술 등에 대해 평가받고, K-Pop 아이돌로 데뷔할 기회를 기다리면서 그 프로그램에서 몇 년을 보낼지도 모른다.
↳ 주어진 글을 ④에 넣으면 문맥상 매끄러워짐

09 정답 waiting

윗글의 밑줄 친 waited를 어법상 적절하게 고쳐 쓰시오.

Sometimes, trainees may spend several years in the program, working hard to improve their skills and waited(→ waiting) for the opportunity to debut as K-Pop idols.
때때로, 연습생들은 그들의 실력을 향상시키기 위해 열심히 노력하면서, 그리고 K-Pop 아이돌로 데뷔할 기회를 기다리면서 그 프로그램에서 몇 년을 보낼지도 모른다.

왜 정답?
앞의 working과 and로 연결되어 병렬 구조를 이루고, '기다리면서'라는 의미로 분사구문을 만들어야 하므로 waited는 현재분사 waiting으로 고쳐야 적절하다.

10 ~ 13 ▶ 문제편 p. 126

***실내 운동보다 더 유익한 실외 운동**

A recent study of 30 college students found / that exercising (동명사구 주어(단수 취급)) outdoors, / especially in a natural environment / such as a park, /
30명의 대학생을 대상으로 한 최근의 연구는 발견했다 / 실외 운동이 / 특히 자연환경에서의 / 공원과 같은 /
is (단수 동사) more beneficial / for our thinking and health / than (A) [to exercise / exercising] indoors. //
더 유익하다는 것을 / 우리의 사고와 건강에 / 실내 운동보다 //
(①) At first, / the research assessed / the cognitive abilities of the 30 college students / by testing (by -ing: ~함으로써) / their working memory and ability to focus. //
먼저 / 연구는 평가했다 / 대학생 30명의 인지 능력을 / 테스트함으로써 / 그들의 작업 기억력과 집중력을 //
(②) Then it asked them / to walk (ask+목적어+목적격 보어(to부정사)) for 15 minutes / inside a building and in a park, / respectively, / before being tested again. //
그러고 나서 그들에게 요청했다 / 15분동안 걸을 것을 / 건물 내부와 공원에서 / 각각 / 다시 테스트받기 전에 //
(③) The results showed / that (목적어절을 이끄는 접속사) they had / better concentration and faster response times / after a quick walk outside. //
결과는 보여주었다 / 그들이 가졌다는 것을 / 더 나은 집중력과 더 빠른 반응 속도를 / 실외에서 짧은 산책을 한 후에 // 10번 단서, 12번 단서 1: 짧게라도 자연 속에서 운동하는 것이 우리의 인지 능력을 향상시킴
(④) This suggests / that (목적어절을 이끄는 접속사) even brief exposure / to nature / can enhance our cognitive ability. //
이것은 시사한다 / 심지어 짧은 노출도 / 자연에 대한 / 우리의 인지 능력을 향상시킬 수 있다는 것을 //
(⑤) Being surrounded / by these green elements / can reduce stress / and increase our feelings of well-being, / thus contributing (분사구문(결과)) / to our overall physical and mental health. // 12번 단서 2: 이런 녹색 요소들(these green elements)로 가리키는 것이 앞에 나와야 함
둘러싸여 있는 것은 / 이런 녹색 요소들에 / 스트레스를 줄이고 / 우리의 행복감을 증가시킬 수 있다 / 그래서 도움이 된다 / 우리의 전반적인 신체적, 정신적 건강에 //

30명의 대학생을 대상으로 한 최근의 연구는 특히 공원 같은 자연환경에서의 실외 운동이 실내 운동보다 우리의 사고와 건강에 더 유익하다는 것을 발견했다. (①) 먼저, 연구는 그들의 작업 기억력과 집중력을 테스트함으로써 대학생 30명의 인지 능력을 평가했다. (②) 그러고 나서 그들에게 다시 테스트받기 전에 15분 동안 건물 내부와 공원에서 각각 걸을 것을 요청했다. (③) 결과는 실외에서 짧은 산책을 한 후에 더 나은 집중력과 더 빠른 반응 속도를 가졌다는 것을 보여주었다.
(④) 이것은 심지어 자연에 대한 짧은 노출도 것이 우리의 인지 능력을 향상시킬 수 있다는 것을 시사한다. (⑤) 이런 녹색 요소들에 둘러싸여 있는 것은 스트레스를 줄이고 우리의 행복감을 증가시킬 수 있으므로 우리의 전반적인 신체적, 정신적 건강에 도움이 된다.

10 정답 (1) (n)ature (2) (c)ognitive

윗글의 내용과 일치하도록 빈칸에 적절한 말을 윗글에서 찾아 쓰시오.

> Engaging in physical activity in (1) nature can have a positive impact on your (2) cognitive function and overall health.
> (1) 자연에서 신체 활동을 하는 것은 당신의 (2) 인지 기능과 전반적인 건강에 긍정적인 영향을 미칠 수 있다.

왜 정답?

공원에서의 짧은 산책처럼 '자연(nature)'을 느낄 수 있는 환경에서 운동을 하면 집중력, 반응 속도와 같은 '인지(cognitive)' 능력이 향상되고 스트레스가 감소하여 신체 및 정신 건강이 개선된다고 했다.

11 정답 (1) enhance (2) surround

다음 영영풀이가 설명하는 어휘를 윗글에서 찾아 그 원형을 쓰시오.

> (1) enhance: to improve something
> 향상시키다: 무언가를 개선하다
> (2) surround: to be all around someone or something on every side
> 둘러싸다: 모든 면에서 누군가 또는 무언가의 주위에 있다

왜 정답?

(1) '무언가를 개선하다'는 '향상시키다(enhance)'를 설명하는 것이다.
(2) '모든 면에서 누군가 또는 무언가의 주위에 있다'는 '둘러싸다(surround)'를 설명하는 것이다.

12 정답 ⑤

윗글의 흐름으로 보아, 주어진 문장이 들어가기에 가장 적절한 곳을 고르시오.

> Additionally, outdoor exercise provides us with clean air, sunlight, and a change of scenery.
> 또한, 실외 운동은 깨끗한 공기, 햇빛, 그리고 경치의 변화를 제공한다.

① ② ③ ④ ⑤

1st 주어진 문장을 먼저 읽고, 연결어, 지시어 등의 단서를 확인한다.

> 또한(Additionally), 실외 운동은 깨끗한 공기, 햇빛, 그리고 경치의 변화를 제공한다.

→ Additionally(또한)라고 했으므로 앞에는 실외 운동의 또 다른 긍정적 기능이 언급되어야 하고, 뒤에는 공기, 햇빛, 경치 등 자연이 주는 효과에 관한 설명이 이어질 것이다.

2nd 찾은 단서를 생각하며 각 선택지의 앞뒤 흐름이 매끄러운지 확인한다.

①의 앞 문장	30명의 대학생을 대상으로 한 최근의 연구는 특히 공원 같은 자연환경에서의 실외 운동이 실내 운동보다 우리의 사고와 건강에 더 유익하다는 것을 발견했다.
①의 뒤 문장	먼저, 연구는 그들의 작업 기억력과 집중력을 테스트함으로써 대학생 30명의 인지 능력을 평가했다.

→ 자연에서 하는 실외 운동이 실내 운동보다 우리의 사고와 건강에 더 유익하다는 연구 결과를 먼저 제시하고, 이를 얻어내기 위해 대학생 30명의 기억력과 집중력을 테스트하는 연구가 진행되었다고 설명하는 흐름은 자연스럽다.
↳ 주어진 문장이 ①에 들어갈 수 없음

②의 앞 문장	①의 뒤 문장과 같음
②의 뒤 문장	그러고 나서(Then) 그들에게 다시 테스트받기 전에 15분 동안 건물 내부와 공원에서 각각 걸을 것을 요청했다.

→ Then(그러고 나서)이라고 하면서 앞에서 말한 연구에 대한 내용이 이어지고 있다.
↳ 주어진 문장이 ②에 들어갈 수 없음

③의 앞 문장	②의 뒤 문장과 같음
③의 뒤 문장	결과는 실외에서 짧은 산책을 한 후에 더 나은 집중력과 더 빠른 반응 속도를 가졌다는 것을 보여주었다.

→ 앞 문장의 연구가 진행된 결과를 뒤 문장에서 소개하며 실외에서 짧은 산책을 한 후 그들의 집중력과 반응 속도가 개선되었다고 이야기하는 흐름은 자연스럽다.
↳ 주어진 문장이 ③에 들어갈 수 없음

④의 앞 문장	③의 뒤 문장과 같음
④의 뒤 문장	이것(This)은 심지어 자연에 대한 짧은 노출도 우리의 인지 능력을 향상시킬 수 있다는 것을 시사한다.

→ 앞 문장에서 실외 운동이 기억력과 반응 속도를 향상시킨다는 연구 결과를 언급한 후, 뒤 문장에서 This라고 가리키며 자연에 짧게라도 노출되는 것은 우리의 인지 능력을 향상시킨다는 것을 시사한다고 말하는 내용이 자연스럽게 연결된다.
↳ 주어진 문장이 ④에 들어갈 수 없음

⑤의 앞 문장	④의 뒤 문장과 같음
⑤의 뒤 문장	이런 녹색 요소들(these green elements)에 둘러싸여 있는 것은 스트레스를 줄이고 행복감을 증가시킬 수 있으므로 우리의 전반적인 신체적, 정신적 건강에 도움이 된다.

→ 앞 문장에서 자연에 짧게라도 노출되는 것이 우리의 인지 능력 향상에 도움이 된다고 한 후, 뒤 문장에서 가리키는 대상이 불분명한 '이런 녹색 요소들(these green elements)'이 갑자기 등장하는 것은 흐름상 자연스럽지 않다.
→ **필요한 내용:** 녹색 요소들에 대한 내용(주어진 문장의 내용)
↳ 주어진 문장이 ⑤에 들어가야 함

3rd 글이 한눈에 들어오도록 정리하여 정답을 확인한다.

→ 실외 운동이 실내 운동보다 우리의 사고와 건강에 더 도움이 된다는 것을 발견한 연구가 있다.
(①) 그 연구는 대학생 30명의 작업 기억력과 집중력을 테스트함으로써 인지 능력을 평가했다.
(②) 그 후, 그들에게 다시 테스트를 받기 전 15분 동안 건물 내부와 공원에서 각각 걷도록 요청했다.
(③) 결과는 실외에서 짧은 산책을 한 후에 더 나은 집중력과 더 빠른 반응 속도를 보여주었다.
(④) 자연에 짧은 시간이라도 노출되는 것이 인지 능력을 향상시킬 수 있다는 것을 시사한다.

(⑤ 또한, 실외 운동은 깨끗한 공기, 햇빛, 그리고 경치의 변화를 제공한다.)

녹색 요소들에 둘러싸여 있는 것은 우리의 전반적인 신체적, 정신적 건강에 도움이 된다.
➡ 주어진 글을 ⑤에 넣으면 문맥상 매끄러워짐

13 정답 exercising

윗글의 네모 (A)에서 어법상 적절한 것을 고르시오.

A recent study of 30 college students found that exercising outdoors, especially in a natural environment such as a park, is more beneficial for our thinking and health than (A) [to exercise / exercising] indoors.
30명의 대학생을 대상으로 한 최근의 연구는 특히 공원 같은 자연환경에서의 실외 운동이 실내 운동보다 우리의 사고와 건강에 더 유익하다는 것을 발견했다.

왜 정답?

비교급에 사용하는 than이 있으므로 that절의 주어인 exercising outdoors와 같은 형태의 구조로 연결되어야 하고, 동시에 전치사 than의 목적어로서 어법상 적절한 형태인 동명사 exercising이 적절하다. to부정사 to exercise는 적절하지 않다.

14 ~ 17

▶ 문제편 p. 127

*토마토를 무서워했던 사람들

Ripe red tomatoes are (A) [so / such] popular fruits / that it's hard to imagine / people used to avoid / eating them. //
used to+동사원형: ~하곤 했다
잘 익은 빨간 토마토는 아주 인기 있는 과일이어서 / 상상하기 어렵다 / 사람들이 피하곤 했다는 것을 / 그것들을 먹기를 //

목적어절을 이끄는 접속사
But / did you know / that people once feared tomatoes? //
하지만 / 여러분은 알고 있었는가 / 사람들이 한때 토마토를 두려워했다는 것을 //

This fruit used to be called / the "poison apple" / because it was thought to be poisonous. //
이 과일은 불리곤 했다 / '독 사과'라고 / 그것이 독이 있다고 여겨졌기 때문에 //

목적어절을 이끄는 접속사
(①) In the late 1700s, / Europeans believed / that the tomato was responsible / for the sudden deaths of many aristocrats. // 14번, 16번 단서 1: 주어진 문장의 Those aristocrats가 가리키는 것이 many aristocrats이고, 많은 귀족들이 죽은 것은 토마토 때문이라고 믿었음
1700년대 후반에 / 유럽인들은 믿었다 / 토마토가 책임이 있다고 / 많은 귀족들의 갑작스런 죽음에 대해 //

(②) The cause of deaths / was actually due to the plates, / not the tomatoes. // 14번, 16번 단서 2: 주어진 문장의 pewter plates를 the plates로 받고 있음
죽음의 원인은 / 사실 그 접시 때문이었다 / 토마토가 아니라 //

계속적 용법의 관계대명사
(③) These plates, / which were considered fashionable / at that time, / were actually high in lead. //
이 접시들은 / 유행하는 것으로 여겨졌던 / 그 당시에 / 사실 납 함유량이 높았다 //

(④) When the acidic tomato was served / on these plates, / it caused toxic lead to come out / from the plates, / thus resulting in sickness and even death. //
분사구문(결과)
산성 토마토가 제공되었을 때 / 이 접시들에 / 그것은 독성 납이 나오도록 유발했다 / 접시에서 / 그래서 질병과 심지어 죽음을 초래했다 //

(⑤) Sadly, / the people of that time / wrongly blamed the tomato / for these tragic results, / rather than the real cause – the plates. //
~라기 보다는
슬프게도 / 그 당시 사람들은 / 토마토를 잘못 탓했다 / 이런 비극적인 결과에 대해 / 진짜 원인인 접시라기보다는 //

잘 익은 빨간 토마토는 아주 인기 있는 과일이어서 사람들이 그것들을 먹는 것을 피하곤 했다는 것을 상상하기 어렵다. 하지만 여러분은 사람들이 한때 토마토를 두려워했다는 것을 알고 있었는가? 이 과일은 독이 있다고 여겨졌기 때문에 '독 사과'라고 불리곤 했다.
(①) 1700년대 후반에, 유럽인들은 토마토가 많은 귀족들의 갑작스러운 죽음에 책임이 있다고 믿었다. (②) 죽음의 원인은 사실 토마토가 아니라 그 접시 때문이었다. (③) 그 당시 유행하는 것으로 여겨졌던 이 접시들은 사실 납 함유량이 높았다. (④) 이 접시들에 산성 토마토가 제공되었을 때, 토마토는 독성 납이 접시에서 나오게 유발하여, 질병과 심지어 죽음을 초래했다. (⑤) 슬프게도, 그 당시 사람들은 이런 비극적인 결과에 대해 진짜 원인인 접시라기보다는 토마토를 잘못 탓했다.

14 정답 Plates

윗글의 제목을 아래와 같이 쓸 때, 빈칸에 적절한 말을 윗글에서 찾아 쓰시오.

The Hidden Danger: Blame the Plates, Not the Tomatoes!
숨겨진 위험: 토마토가 아니라 접시를 탓하세요!

왜 정답?

1700년대 후반에 유럽인들은 귀족들이 갑자기 죽은 것이 토마토를 먹었기 때문이라고 생각했는데, 죽음의 원인은 사실 토마토가 아니라 토마토를 담았던 백랍 접시에 중독됐기 때문이었다는 내용이다. 따라서 빈칸에는 Plates(접시)가 들어가는 것이 적절하다.

15 정답 aristocrat

다음 영영풀이가 설명하는 어휘를 윗글에서 찾아 그 원형을 쓰시오.

aristocrat: a person who belongs to the highest social class or nobility in a society
귀족: 한 사회에서 가장 높은 사회적 계급이나 귀족에 속하는 사람

왜 정답?

'한 사회에서 가장 높은 사회적 계급이나 귀족에 속하는 사람'은 '귀족(aristocrat)'을 설명하는 것이다.

16 정답 ②

윗글의 흐름으로 보아, 주어진 문장이 들어가기에 가장 적절한 곳을 고르시오.

Those aristocrats shared one thing in common: they all ate tomatoes off pewter plates and got poisoned.
그 귀족들은 한 가지 공통점을 공유했다. 그들은 모두 백랍 접시에 담긴 토마토를 먹고 중독되었다.

① ② ③ ④ ⑤

1st 주어진 문장을 먼저 읽고, 연결어, 지시어 등의 단서를 확인한다.

그 귀족들(Those aristocrats)은 한 가지 공통점을 공유했다. 그들은 모두 백랍 접시에 담긴 토마토를 먹고 중독되었다.

➡ '그 귀족들(Those aristocrats)'이라고 했으므로 앞에 귀족들이 한 번 언급되었어야 하고, 뒤에는 백랍 접시와 중독에 관한 설명이 이어질 것이다.

2nd 찾은 단서를 생각하며 각 선택지의 앞뒤 흐름이 매끄러운지 확인한다.

①의 앞 문장	이 과일은 독이 있다고 여겨졌기 때문에 '독 사과'라고 불리곤 했다.
①의 뒤 문장	1700년대 후반에, 유럽인들은 토마토가 많은 귀족들의 갑작스러운 죽음에 책임이 있다고 믿었다.

→ 유럽에서 토마토가 독 사과라고 불렸다고 한 뒤, 그 이유가 뒤 문장에 이어지므로 자연스럽게 연결된다.
↳ 주어진 문장이 ①에 들어갈 수 없음

②의 앞 문장	①의 뒤 문장과 같음
②의 뒤 문장	죽음의 원인은 사실 토마토가 아니라 그 접시(the plates) 때문이었다.

→ 앞 문장에서 많은 귀족들의 죽음의 원인이 토마토라고 믿었다고 했는데, 뒤 문장에서 '그 접시(the plates)'에 대한 이야기가 시작되므로 흐름이 자연스럽지 않다.
→ **필요한 내용**: 죽은 귀족들의 공통점은 백랍 접시에 담긴 토마토를 먹은 것임(주어진 문장의 내용)
↳ 주어진 문장이 ②에 들어가야 함

③의 앞 문장	②의 뒤 문장과 같음
③의 뒤 문장	그 당시 유행하는 것으로 여겨졌던 이 접시들(These plates)은 사실 납 함유량이 높았다.

→ 앞 문장에서 언급한 the plates를 다시 뒤에서 These plates로 언급하며 접시의 특성을 이야기하는 흐름은 자연스럽다.
↳ 주어진 문장이 ③에 들어갈 수 없음

④의 앞 문장	③의 뒤 문장과 같음
④의 뒤 문장	이 접시들에 산성 토마토가 제공되었을 때, 토마토는 독성 납이 접시에서 나오게 유발하여, 질병과 심지어 죽음을 초래했다.

→ 앞 문장에서 백랍 접시는 납 함유량이 높았다고 했고, 뒤 문장에서 산성 토마토를 그 접시에 담으면 납이 접시에서 나오게 됐다는 것으로 자연스럽게 이어진다.
↳ 주어진 문장이 ④에 들어갈 수 없음

⑤의 앞 문장	④의 뒤 문장과 같음
⑤의 뒤 문장	슬프게도, 그 당시 사람들은 이런 비극적인 결과에 대해 진짜 원인인 접시라기보다는 토마토를 잘못 탓했다.

→ 백랍 접시가 초래한 비극적 결과에 대해 사람들은 토마토를 탓했다는 문장으로 이어지는 흐름은 자연스럽다.
↳ 주어진 문장이 ⑤에 들어갈 수 없음

3rd 글이 한눈에 들어오도록 정리하여 정답을 확인한다.

→ 토마토는 한 때 '독 사과'라고 불렸다.
(①) 유럽인들은 토마토가 귀족들의 갑작스러운 죽음에 책임이 있다고 믿었다.

(② 그 귀족들은 한 가지 공통점을 공유했는데 모두 백랍 접시에 담긴 토마토를 먹고 중독되었다.)

사망 원인은 사실 토마토가 아니라 그 접시 때문이었다.
(③) 백랍 접시들은 실제로 납 함유량이 높았다.
(④) 이 접시에 산성 토마토를 담았을 때, 독성 납이 나와 질병과 죽음을 초래했다.
(⑤) 그 당시 사람들은 이러한 결과에 대해 접시가 아니라 토마토를 잘못 탓했다.
↳ 주어진 글을 ②에 넣으면 문맥상 매끄러워짐

17 정답 such

윗글의 네모 (A)에서 어법상 적절한 것을 고르시오.

Ripe red tomatoes are (A) [so / such] popular fruits that it's hard to imagine people used to avoid eating them.
잘 익은 빨간 토마토는 아주 인기 있는 과일이어서 사람들이 그것들을 먹는 것을 피하곤 했다는 것을 상상하기 어렵다.

왜 정답 ?

'너무 ~한 (명사)라서 …하다'라는 의미를 나타내려면 「such+형용사+명사+that ...」으로 써야 하므로 such가 어법상 적절하다.

N REVIEW 어휘 테스트

▸문제편 p. 128

01 약어 02 많은 03 연료
04 한편 05 aristocrat 06 sickness
07 trainee 08 dormitory
09 ③ [비극적인]
① 논리적인 ② 운 좋은 ③ 슬픈 ④ 행운의
10 ④ [시사하다]
① 수락하다 ② 개발하다 ③ 거절하다 ④ 시사하다
11 ④ [집중]
① 거리두기, 분리 ② 집중을 방해하는 것 ③ 철회, 인출 ④ 주의, 주목
12 ② [유익한]
① 해로운 ② 도움이 되는 ③ 피해를 주는 ④ 비논리적인
13 ② 평범한
① 복잡한 ③ 복잡한 ④ 복잡한
14 ① 무시하다
② 세다, 간주하다 ③ 고려하다 ④ 간주하다
15 ③ 면제되는
① 책임이 있는 ② 책임이 있는 ④ 책임이 있는
16 ④ 사용하다
① 저장하다 ② 보관하다 ③ 저장하다
17 contribute [그는 발표에 (기여하지 / 상상하지) 않았다.]
18 release [당신은 그 고양이를 (드러내야 / 놓아줘야) 해요.]
19 rather [그건 (빠르게 / 상당히) 미숙한 행동이었어.]
20 overall 21 assess 22 exposure
23 imagine

O 요약문 완성하기

01 ~ 05 ▶ 문제편 pp. 130~132

＊설득의 의도를 숨겨라!

04번 단서 1: 기부하도록 설득하는 것을 의도한 두 개의 다른 메시지들을 실험하는 연구를 진행했음

My colleagues and I / ran an experiment / testing two different messages / meant to convince / thousands of resistant alumni / to make a donation. //
experiment를 수식하는 현재분사구

나의 동료들과 나는 / 한 연구를 진행했다 / 두 개의 다른 메시지들을 실험하는 / 납득시키는 것을 의도한 / 수천 명의 저항하는 졸업생이 / 기부하도록 //

두 개 중 하나 / 형용사적 용법(opportunity 수식)

One message emphasized the opportunity / to do good: / donating would benefit students, faculty, and staff. //

하나의 메시지는 기회를 강조했다 / 좋은 일을 할 / 기부하는 것은 학생들, 교직원, 그리고 직원들에게 이익을 줄 것이다 //

두 개 중 나머지 하나 / 형용사적 용법(opportunity 수식)

The other emphasized the opportunity / to feel good: / donors would enjoy / the warm glow of giving. //

나머지 하나는 기회를 강조했다 / 좋은 기분을 느끼는 / 기부자들은 즐길 것이다 / 기부의 따뜻한 온기를 //

The two messages were equally effective: / in both cases, / 6.5 percent of the unwilling alumni / ended up ⓐ donate(→ donating). //
end up -ing: 결국 ~하다

그 두 개의 메시지들은 똑같이 효과적이었다 / 두 경우 모두에서 / 6.5퍼센트의 마음 내키지 않은 졸업생이 / 결국에는 기부했다 //

Then we combined them, / because two reasons are better / than one. //

그러고 나서 우리는 그것들을 결합했는데 / 왜냐하면 두 개의 이유가 더 낫기 때문이다 / 한 개보다 //

Except they weren't. // 그러나 그렇지 않았다 //

When we put the two reasons together, / the giving rate dropped / below 3 percent. // 04번 단서 2: 두 개의 이유를 합치면 기부율이 떨어짐

우리가 그 두 개의 이유들을 합쳤을 때 / 기부율은 떨어졌다 / 3퍼센트 아래로 //

Each reason alone / was more than twice as effective / as the two combined. //
배수사+as+원급+as ~: ~의 몇 배 만큼 …한

각각의 이유가 단독으로는 / 두 배 넘게 더 효과적이었다 / 그 두 개가 합쳐진 것보다 //

The audience was already skeptical. //

청중은 이미 회의적이었다 //

When we gave them / different kinds of reasons / to donate, / we triggered their awareness / that someone was trying / to persuade them / 03번 단서, 04번 단서 3: 기부해야 할 두 개의 이유를 주면, 설득하려고 한다는 인식을 유발해서 사람들이 스스로를 보호하려고 함
동격절을 이끄는 접속사

우리가 그들에게 주었을 때 / 서로 다른 종류의 이유를 / 기부해야 할 / 우리는 그들의 인식을 유발했다 / 누군가가 하려고 한다는 / 그들을 설득하려고 /

— and they shielded themselves / against it. //
재귀대명사

그리고 그들은 스스로를 보호했다 / 그것에 맞서 //

나의 동료들과 나는 수천 명의 저항하는 졸업생이 기부하도록 납득시키는 것을 의도한 두 개의 다른 메시지들을 실험하는 한 연구를 진행했다. 하나의 메시지는 좋은 일을 할 기회를 강조했다. 기부하는 것은 학생들, 교직원, 그리고 직원들에게 이익을 줄 것이다. 나머지 하나는 좋은 기분을 느끼는 기회를 강조했다. 기부자들은 기부의 따뜻한 온기를 즐길 것이다. 그 두 개의 메시지들은 똑같이 효과적이었다. 두 경우 모두에서, 6.5퍼센트의 마음 내키지 않은 졸업생이 결국에는 기부했다. 그러고 나서 우리는 그것들을 결합했는데, 왜냐하면 두 개의 이유가 한 개보다 더 낫기 때문이다. 그러나 그렇지 않았다. 우리가 그 두 개의 이유들을 합쳤을 때, 기부율은 3퍼센트 아래로 떨어졌다. 각각의 이유가 단독으로는 그 두 개가 합쳐진 것보다 두 배 넘게 더 효과적이었다. 청중은 이미 회의적이었다. 우리가 그들에게 기부해야 할 서로 다른 종류의 이유를 주었을 때, 우리는 누군가가 그들을 설득하려고 하는 중이라는 그들의 인식을 유발했다 — 그리고 그들은 그것에 맞서 스스로를 보호했다.

01 정답 (1) 동시에 (2) 납득된 (3) 별개로 (4) 혼동된 (5) 빈번히 (6) 언짢은 (7) 만족한 (8) 불쾌하게 여기는

02 정답 When we put the two reasons together, the giving rate dropped below 3 percent.

윗글의 밑줄 친 우리말 뜻과 일치하도록 다음 단어를 배열하시오.

(the two reasons, dropped, we, together, below, the giving rate, when, 3 percent, put)

왜 정답?

'시간'을 나타내는 부사절 접속사 when을 활용하여 부사절은 주어가 we, 주절은 주어가 the giving rate가 되도록 배열해야 한다.

03 정답 ①

윗글의 빈칸에 들어갈 말로 가장 적절한 것을 고르시오.

① awareness 인식 — 기부를 설득하는 메시지의 의도를 알아챘음
② empathy 공감 — 기부에 공감한 것이 아님
③ obligation 의무 — 기부가 의무라는 언급은 없음
④ consequence 결과 — 그들의 결과라는 것은 어색함
⑤ potential 잠재력 — 졸업생의 잠재력과 관련된 내용이 아님

왜 정답?

이미 기부에 회의적인 졸업생에게 기부를 설득하고자 하는 두 개의 이유를 동시에 주었을 때, 그들이 의도를 알아차려 기부율이 더 떨어졌다고 하는 것이 자연스럽다.
따라서 빈칸에는 ① '인식(awareness)'이 적절하다.

왜 오답?

② 공감했다면 기부율이 올랐을 것이다.
③ 기부가 의무였다면 기부율이 높았을 것이다.
④ 졸업생의 결과를 유발했다는 것은 자연스럽지 않다.
⑤ 졸업생의 잠재력을 끌어올린다는 내용이 아니다.

04 정답 ①

윗글의 내용을 한 문장으로 요약하고자 한다. 빈칸 (A), (B)에 들어갈 말로 가장 적절한 것을 고르시오.

In the experiment mentioned above, when the two different reasons to donate were given (A) simultaneously, the audience was less likely to be (B) convinced because they could recognize the intention to persuade them.

위에서 언급된 실험에서, 기부하라는 두 개의 다른 이유가 (A) 동시에 주어졌을 때, 청자는 자신을 설득시키려는 의도를 알아차릴 수 있었기 때문에 (B) 납득될 가능성이 더 작았다.

	(A)		(B)
①	simultaneously 동시에	—	convinced 납득될
②	separately 별개로	—	confused 혼동될
③	frequently 빈번히	—	annoyed 언짢을
④	separately 별개로	—	satisfied 만족될
⑤	simultaneously 동시에	—	offended 불쾌하게 여길

(A) 기부하라는 두 개의 이유가 '동시에' 제시됨
(B) 청자는 자신을 설득시키려는 의도를 알아차리면 '납득될' 가능성이 작아짐

>왜 정답?

졸업생들이 기부하도록 의도한 두 개의 메시지를 따로 들었을 때는 기부에 대해 똑같이 효과적이었으나, 이 두 개의 메시지를 동시에 제시하자 기부율이 떨어졌다고 했다. 즉, 자신이 설득당하고 있다고 느끼면 방어적인 자세로 스스로를 보호하는 경향이 있다는 것이다. 따라서 (A)에는 '동시에'라는 뜻의 simultaneously, (B)에는 '납득될'이라는 뜻의 convinced가 들어가는 것이 가장 적절하다.

>왜 오답?

② 청자들이 혼동한다는 언급은 없다.
③, ⑤ (B) 앞의 less 때문에 글의 내용과 반대가 된다.
④ 별개로 제시되면 만족한다고 볼 수 있으나 (B) 앞에 less가 있으므로 글의 내용과 맞지 않는다.

05 정답 donating

윗글의 밑줄 친 ⓐ를 어법상 적절하게 고치시오.

The two messages were equally effective: in both cases, 6.5 percent of the unwilling alumni ended up ⓐ donate(→ donating).

그 두 개의 메시지들은 똑같이 효과적이었다. 두 경우 모두에서, 6.5퍼센트의 마음 내키지 않은 졸업생이 결국에는 기부했다.

>왜 정답?

'결국 ~하다'를 의미하는 「end up v-ing」 구문이 쓰인 문장이다. 따라서 donate는 동명사 형태인 donating으로 고쳐야 한다.

06~09 ▶ 문제편 p. 133

***집 근처의 녹지 공간이 범죄를 줄인다**

For those / who(주격 관계대명사) are worried / that parks and gardens could lead to crime and illegal activity, / evidence now exists / that ⓐ the opposite may be true. //
사람들에게 / 걱정하는 / 공원과 정원이 범죄와 불법 활동으로 이어질 수 있다고 / 증거가 이제 존재한다 / 그 반대가 사실일 수도 있다는 //

Green spaces near homes / have been found / to make communities experience / less violence and fewer crimes. // 07번 단서, 08번 단서 1: 녹지 공간이 지역 사회가 폭력과 범죄를 덜 경험하게 함
집 근처의 녹지 공간은 / 밝혀졌다 / 지역 사회가 경험하게 만든다고 / 더 적은 폭력과 범죄를 //

The researchers emphasize / the importance of greenery / in community and personal wellness. //
연구원들은 강조한다 / 녹지의 중요성을 / 지역 사회와 개인의 건강에 있어 //

Spending time in nature / can help to reduce mental tiredness, / leading to(분사구문을 이끎) / decreased feelings of being easily distracted, annoyed, and impulsive. // 06번 (1) 단서: 자연에서 시간을 보내면 충동성이 줄어듦
자연에서 시간을 보내는 것은 / 정신적 피로를 줄이는 데 도움을 줄 수 있다 / ~로 이끌면서 / 쉽게 산만해지고, 짜증나고, 충동적이게 되는 감정의 감소 //

These are behaviors / that(목적격 관계대명사) psychologists see / as possible signs of violence. //
이것들은 행동들이다 / 심리학자들이 보는 / 폭력의 가능한 징후로 //

Green spaces also support / frequent, casual contact / among neighbors. // 06번 (2) 단서: 녹지 공간은 이웃 간에 빈번하고 일상적인 접촉을 지원함
녹색 공간은 또한 지원한다 / 빈번하고 일상적인 접촉을 / 이웃들 사이에 //

In addition, / when residents take pride / in the beauty of their neighborhood, / they are less likely to engage(be likely to-v: ~이기 쉽다) / in undesirable activities in it. // 08번 단서 2: 주민이 지역에 자부심을 가질 때 부적절한 행동을 할 확률이 적음
게다가 / 주민들이 자부심을 가질 때 / 그들 이웃의 아름다움에 / 그들은 참여할 가능성이 적다 / 그 안에서 바람직하지 않은 활동에 //

These factors all together / help the formation / of safe neighborhoods / where(관계부사) people tend to support, / and care about one another. //
이러한 요소들은 모두 함께 / 형성을 돕는다 / 안전한 이웃의 / 사람들이 지지하는 경향이 있는 / 그리고 서로를 배려하는 (경향이 있는) //

By(by -ing: ~함으로써) ⓑ improve(→ improving) parks and beautifying areas, / communities can reduce crime / and create a sense of togetherness. //=
공원을 개선하고 지역을 미화함으로써 / 지역 사회는 범죄를 줄일 수 있다 / 그리고 연대감을 만들 수 있다 //

공원과 정원이 범죄와 불법 활동으로 이어질 수 있다는 것을 걱정하는 사람들에게, ⓐ 그 반대가 사실일 수도 있다는 증거가 이제 존재한다. 집 근처의 녹지 공간은 지역 사회가 더 적은 폭력과 범죄를 경험하게 만든다고 밝혀졌다. 연구원들은 지역 사회와 개인의 건강에 있어서 녹지의 중요성을 강조한다. 자연에서 시간을 보내는 것은 정신적인 피로를 줄이는 데 도움을 줄 수 있고, 쉽게 산만해지고, 짜증나고, 충동적이게 되는 감정을 감소시킬 수 있다. 이것들은 심리학자들이 폭력의 가능한 징후로 보는 행동들이다. 녹색 공간은 또한 이웃들 사이에 빈번하고 일상적인 접촉을 지원한다. 게다가, 주민들이 그들의 이웃의 아름다움에 자부심을 가질 때, 그들은 그 안에서 바람직하지 않은 활동에 참여할 가능성이 적다. 이러한 요소들은 모두 함께 사람들이 서로를 지지하고 배려하는 경향이 있는 안전한 이웃의 형성을 돕는다. 공원을 개선하고 지역을 미화함으로써, 지역 사회는 범죄를 줄이고 연대감을 만들 수 있다.

06 정답 (1) T (2) F

다음을 읽고, 윗글의 내용과 일치하면 T, 일치하지 않으면 F를 고르시오.

(1) 자연에서 시간을 보내면 충동성이 줄어든다. (T / F) — 답: T
Spending time in nature can help to reduce ~ being easily distracted, annoyed, and impulsive.
(2) 녹지 공간은 이웃 사이에 잦은 접촉을 감소시킨다. (T / F) — 답: F
Green spaces also support frequent, casual contact among neighbors.

>왜 정답?

(1) 자연에서 시간을 보내는 것이 충동적이게 되는 감정 등을 감소시키며 정신적 피로를 줄인다고 했으므로 글의 내용과 일치한다. (Spending time in nature can help to reduce mental tiredness, leading to decreased feelings of being easily distracted, annoyed, and impulsive.)
(2) 녹지 공간은 이웃 간의 빈번하고 일상적인 접촉을 지원한다고 했으므로 글의 내용과 일치하지 않는다. (Green spaces also support frequent, casual contact among neighbors.)

07 정답 지역 사회 내 녹지 공간이 폭력과 범죄를 줄인다는 사실

윗글의 밑줄 친 ⓐ가 의미하는 바를 우리말로 쓰시오.

➡ 지역 사회 내 녹지 공간이 폭력과 범죄를 줄인다는 사실

왜 정답?

뒤 문장에 집 근처의 녹지 공간이 지역 사회가 더 적은 폭력과 범죄를 경험하게 만든다고 밝혀졌다는 내용(Green spaces near homes have been found to make communities experience less violence and fewer crimes.)이 이어진다.

08 정답 ②

윗글의 내용을 한 문장으로 요약하고자 한다. 빈칸 (A), (B)에 들어갈 말로 가장 적절한 것을 고르시오.

Green spaces can make communities (A) safer by reducing mental fatigue, promoting social interaction and preventing (B) undesirable activities.
녹색 공간은 정신적 피로감을 줄이고 사회적 상호 작용을 촉진하며 (B) 바람직하지 않은 활동을 예방함으로써 지역 사회를 (A) 더 안전하게 만들 수 있다.

	(A)		(B)	
①	safer 더 안전한	—	valuable 가치 있는	가치 있는 행동과 반대임
②	safer 더 안전한	—	undesirable 바람직하지 않은	녹색 공간이 있으면 폭력과 범죄를 예방해서 지역 사회를 더 안전하게 만든다고 했음
③	more dangerous 더 위험한	—	desirable 바람직한	지역 사회를 더 안전하게 만든다고 했으므로 정반대임
④	more dangerous 더 위험한	—	undesirable 바람직하지 않은	지역 사회를 더 안전하게 만든다고 했으므로 정반대임
⑤	more connected 더 연결된	—	desirable 바람직한	지역 사회를 더 연결되게 하는 것이 맞을 수 있지만 바람직한 행동을 예방하는 것이 아님

1st 요약문과 선택지를 먼저 읽고 글에서 무엇을 찾아야 하는지 확인한다.

녹색 공간은 정신적 피로감을 줄이고 사회적 상호 작용을 촉진하며 '(B)한' 활동을 예방함으로써 지역 사회를 '(A)하게' 만들 수 있다.

→ 글에서 찾아야 하는 것
(A): 녹색 공간이 지역 사회를 더 안전하게, 더 위험하게, 더 연결되게 만드는지.
(B): 녹색 공간이 가치 있는, 바람직하지 않은, 바람직한 활동을 예방하는지.

2nd 글의 핵심 내용을 파악하여 요약문을 완성한다.

1
(A): 집 근처의 녹지 공간은 지역 사회가 더 적은 폭력과 범죄를 경험하게 만든다고 밝혀졌다.
자연에서 시간을 보내는 것은 정신적인 피로를 줄이는 데 도움을 줄 수 있고, 쉽게 산만해지고, 짜증나고, 충동적이게 되는 감정을 감소시킬 수 있다.

→ 녹지 공간이 있으면 폭력과 범죄가 줄어든다는 것이 밝혀졌고, 자연에서 시간을 보내면 정신적 피로를 줄이고 충동적이게 되는 감정을 감소시키는 등의 긍정적인 효과가 있다.
↳ 녹지 공간이 있으면 '더 안전하게' 되는 것이므로 빈칸 (A)에는 ①, ②의 safer가 들어가야 함

2
(B): 게다가, 주민들이 그들의 이웃의 아름다움에 자부심을 가질 때, 그들은 그 안에서 바람직하지 않은 활동에 참여할 가능성이 적다.

→ 녹지 공간이 많아져 주민들이 지역 사회에 대한 자부심을 가질 때 바람직하지 않은 활동에 참여할 가능성이 적어진다고 했다.
↳ '바람직하지 않은' 활동을 예방하는 것이므로 빈칸 (B)에는 ②, ④의 undesirable이 적절함
↳ 녹색 공간은 정신적 피로감을 줄이고 사회적 상호 작용을 촉진하며 (B) 바람직하지 않은 활동을 예방함으로써 지역 사회를 (A) 더 안전하게 만들 수 있다.

3rd 글의 흐름을 정리하면서 정답이 맞는지 다시 한번 확인한다.

연구 결과	집 근처 녹지 공간이 폭력과 범죄를 줄게 한다.
근거 ①	녹지 공간이 산만함, 짜증, 충동과 같은 부정적 감정을 감소시킨다.
근거 ②	지역 사회에 대한 자부심을 가질 때 부적절한 행동을 할 가능성이 낮아진다.
결론	녹지 공간이 주민 간의 연대감을 형성하고 지역 사회를 더욱 안전하게 만든다.

09 정답 improving

윗글의 밑줄 친 ⓑ를 어법상 적절하게 고쳐 쓰시오.

By ⓑ improve(→ improving) parks and beautifying areas, communities can reduce crime and create a sense of togetherness.
공원을 개선하고 지역을 미화함으로써, 지역 사회는 범죄를 줄이고 연대감을 만들 수 있다.

왜 정답?

전치사 뒤에는 명사(구) 또는 동명사가 와야 하고 by 뒤에 -ing 형태가 와서 '~함으로써'라는 뜻을 나타내야 하므로 improving으로 고쳐야 적절하다.

10~13 ▶ 문제편 p. 134

＊자주 사과하는 것의 긍정적인 점

Do you think / saying "I'm sorry" too much / is a bad habit to break? // (형용사적 용법)
당신은 생각하는가 / "미안해"라고 너무 많이 말하는 것이 / 고쳐야 할 나쁜 습관이라고 // 12번 단서 1: 사과하는 것이 공감을 표현하고 신뢰를 형성하는 효과적인 방법이 될 수 있음

There is scientific evidence / suggesting that it can be an effective way / to show empathy and build trust. // (목적어절을 이끄는 접속사; 형용사적 용법)
과학적 증거가 있다 / 그것이 효과적인 방법이 될 수 있다고 시사하는 / 공감을 드러내고 신뢰를 형성할 수 있는 //

Researchers conducted a study / (A) where / which a man asked strangers / at a train station / on a rainy day / if he could borrow their cellphones. // (선행사; 관계부사; asked의 목적어로 쓰인 if절(~인지 아닌지))
연구자들은 실험을 했다 / 한 남자가 낯선 사람들에게 물어보는 / 기차역에서 / 비 오는 날에 / 그가 그들의 휴대폰을 빌릴 수 있는지 //

When he said / "I'm sorry about the rain" / first before asking a favor, / he had more success in borrowing cellphones / than when he didn't. // 12번 단서 2: 부탁하기 전에 사과를 먼저 했을 때 휴대폰을 빌릴 확률이 더 높았음
그가 말했을 때 / "비가 와서 유감입니다" / 부탁을 하기 전에 먼저 / 그는 휴대폰을 빌리는 데 성공할 확률이 더 높았다 / 그가 그 말을 하지 않았을 때보다 //

Other research / in human behavior and psychology / also indicates /
다른 연구들은 / 인간 행동 및 심리학에 대한 / 또한 나타낸다 /

that if you apologize to express regret / even for minor things, / you can show / an acknowledgement of someone else's suffering. // (목적어절을 이끄는 접속사; 부사적 용법(목적)) 12번 단서 3: 유감을 표현하려고 사과하면 타인의 고통에 대한 인정을 보여줄 수 있음
당신이 유감을 표현하기 위해 사과한다면 / 사소한 것들에도 / 당신은 보여줄 수 있다 / 다른 사람의 고통에 대한 인정을 //

Apologies aren't about blaming anyone, / but rather an attempt / to recognize someone else's troubles. //
사과는 누구를 비난하는 것이 아니라 / 오히려 시도이다 / 다른 사람의 문제를 인식하려는 //

Note / that not apologizing is much worse / than apologizing too much. // 비교급 강조 부사(much, even, still, far, a lot)
인지하라 / 사과를 하지 않는 것이 훨씬 더 나쁘다는 것을 / 사과를 지나치게 많이 하는 것보다 //

So feel free to say sorry / and show empathy / towards other people. //
그러니 미안하다고 말하는 것을 자유롭게 해라 / 그리고 공감을 보여주는 것을 / 다른 사람들에게 //

당신은 "미안해"라고 너무 많이 말하는 것이 고쳐야 할 나쁜 습관이라고 생각하는가? 그것이 공감을 나타내고 신뢰를 형성할 수 있는 효과적인 방법이 될 수 있음을 시사하는 과학적인 증거가 있다. 연구자들은 비 오는 날 기차역에서 한 남자가 낯선 사람들에게 휴대폰을 빌릴 수 있는지 물어보는 실험을 했다. 그가 부탁하기 전에 먼저 "비가 와서 유감입니다."라고 말했을 때 그 말을 하지 않았을 때보다 휴대폰을 빌리는 데 성공할 확률이 더 높았다. 인간 행동 및 심리학에 대한 다른 연구들 또한 사소한 것들에 대해서도 유감을 표현하기 위해 사과한다면 다른 사람의 고통에 대한 인정을 보여줄 수 있다는 것을 나타낸다. 사과는 누구를 비난하는 것이 아니라 오히려 다른 사람의 문제를 인식하려는 시도이다. 사과를 하지 않는 것이 사과를 지나치게 많이 하는 것보다 훨씬 더 나쁘다는 것을 인지하라. 그러니 다른 사람들에게 미안하다고 말하고 공감을 보여주는 것을 자유롭게 해라.

10 정답 empathy

다음 영영풀이가 설명하는 어휘를 윗글에서 찾아 쓰시오.

empathy: the ability to share another person's feelings and emotions as if they were your own
공감: 다른 사람의 느낌과 감정을 자신의 것처럼 공유할 수 있는 능력

왜 정답?

'다른 사람의 느낌과 감정을 자신의 것처럼 공유할 수 있는 능력'은 '공감(empathy)'을 설명하는 것이다.

11 정답 not apologizing is much worse than apologizing too much

윗글의 밑줄 친 우리말 해석과 일치하도록 주어진 표현을 적절하게 배열하시오.

(than, too much, is, apologizing, much worse, not apologizing)

왜 정답?

'~보다 훨씬 더 나쁘다'는 뜻을 나타내야 하므로 much worse than의 비교급 표현을 써야 하고, 두 비교 대상이 동명사 형태로 병렬 구조를 이루도록 배열해야 한다.

12 정답 ①

윗글의 내용을 한 문장으로 요약하고자 한다. 빈칸 (A), (B)에 들어갈 말로 가장 적절한 것을 고르시오.

Apologizing frequently is a great way to show your emotional and cognitive understanding of others' (A) situations and express (B) concern for them, thus building trust.
사과를 자주 하는 것은 다른 사람들의 (A) 상황에 대한 감정적, 인지적 이해를 보여주고 그들에게 (B) 관심을 표현하는 좋은 방식이므로, 신뢰를 형성할 수 있다.

	(A)		(B)	
①	situations 상황	—	concern 관심	사과를 자주 하는 것이 다른 사람의 상황에 대한 이해와 관심을 표현할 수 있다는 내용
②	situations 상황	—	gratitude 감사	사과를 자주 하는 것이 감사를 표현하는 방식이라고 하지 않았음
③	abilities 능력	—	gratitude 감사	사과를 자주 하는 것은 다른 사람의 능력을 이해하거나 감사를 표현하는 방식이 아님
④	abilities 능력	—	concern 관심	사과를 자주 하는 것은 다른 사람의 능력을 이해하는 것이 아님
⑤	efforts 노력	—	pleasure 기쁨	사과를 자주 하는 것이 다른 사람의 노력을 이해하거나 기쁨을 표현하는 방식은 아님

1st 요약문과 선택지를 먼저 읽고 글에서 무엇을 찾아야 하는지 확인한다.

사과를 자주 하는 것은 다른 사람들의 '(A)'에 대한 감정적, 인지적 이해를 보여주고 그들에게 '(B)'를 표현하는 좋은 방식이므로, 신뢰를 형성할 수 있다.

➡ 글에서 찾아야 하는 것
(A): 사과를 자주 하는 것이 다른 사람들의 상황, 능력, 노력을 감정적, 인지적으로 이해하는 좋은 방식인지.
(B): 사과를 자주 하는 것이 다른 사람들에 대한 관심, 감사, 기쁨을 표현하는 좋은 방식인지.

2nd 글의 핵심 내용을 파악하여 요약문을 완성한다.

1
(A): 그가 부탁하기 전에 먼저 "비가 와서 유감입니다."라고 말했을 때 그 말을 하지 않았을 때보다 휴대폰을 빌리는 데 성공할 확률이 더 높았다. 인간 행동 및 심리학에 대한 다른 연구들 또한 사소한 것들에 대해서도 유감을 표현하기 위해 사과를 한다면 다른 사람의 고통에 대한 인정을 보여줄 수 있다는 것을 나타낸다.

➡ 비 오는 날 낯선 사람들에게 휴대폰을 빌려달라고 요청하는 연구를 진행했는데, 부탁하기 전에 사과한 경우가 그렇지 않은 경우보다 휴대폰을 빌릴 확률이 더 높았다.
다른 연구 결과들 역시 사소한 일에 대해서도 사과하는 것이 타인의 고통을 알아주는 효과가 있음을 보여준다.
↳ 사과를 하는 것은 다른 사람의 '상황'에 대한 이해를 보여주는 것이므로 빈칸 (A)에는 ①, ②의 situations가 들어가야 함

2
(B): 그것이 공감을 나타내고 신뢰를 형성할 수 있는 효과적인 방법이 될 수 있음을 시사하는 과학적인 증거가 있다.
그러니 다른 사람들에게 미안하다고 말하고 공감을 보여주는 것을 자유롭게 해라.

➡ 사과를 하는 것이 상대에게 공감을 표현하고 신뢰를 형성할 수 있는 효과적인 방법이므로 많이 사과하라고 했다.
↳ 따라서 빈칸 (B)에는 ①, ④의 concern이 적절함
↳ 사과를 자주 하는 것은 다른 사람들의 (A) 상황에 대한 감정적, 인지적 이해를 보여주고 그들에게 (B) 관심을 표현하는 좋은 방식이므로, 신뢰를 형성할 수 있다.

3rd 글의 흐름을 정리하면서 정답이 맞는지 다시 한번 확인한다.

연구 내용	비 오는 날 낯선 사람들에게 휴대폰을 빌려달라고 요청하는 연구를 진행했다.
연구 결과	부탁하기 전 사과한 경우가 그렇지 않은 경우보다 휴대폰을 빌릴 확률이 더 높았다.
다른 연구 결과	사소한 일에 대해서도 사과하는 것이 타인의 고통을 알아주는 효과가 있었다.
결론	사과하는 것이 다른 사람의 상황에 대한 이해와 관심을 보여줌으로써 신뢰를 형성하는 효과적인 방법이 될 수 있다.

13 정답 where

윗글의 네모 (A)에서 어법상 적절한 것을 고르시오.

Researchers conducted a study (A) [where / which] a man asked strangers at a train station on a rainy day if he could borrow their cellphones.
연구자들은 비 오는 날 기차역에서 한 남자가 낯선 사람들에게 휴대폰을 빌릴 수 있는지 물어보는 실험을 했다.

왜 정답?

앞의 명사 a study를 선행사로 하면서 장소의 전치사구(in the study)를 대신하는 관계부사는 where가 적절하다.

14~17

▶ 문제편 p. 135

*경험을 가치 있게 재구성하는 성찰적 일기 쓰기

One of the most powerful tools (단수 주어) / to find meaning in our lives (형용사적 용법) / are(→ is) (단수 동사) reflective journaling / — thinking back on and writing about what has happened to us. //
가장 강력한 도구들 중 하나는 / 우리의 삶에서 의미를 찾기 위한 / 성찰적 일기 쓰기이다 / 즉 우리에게 일어난 일을 돌아보고 그것에 대해 쓰는 것이다 //

In the 1990s, / Stanford University researchers asked undergraduate students / on spring break / (14번 단서: 봄방학에 연구를 했음)
1990년대에 / Stanford University 연구자들이 학부생들에게 요청했다 / 봄방학에 /

to journal (asked의 목적격보어) about their most important personal values and their daily activities; /
그들의 가장 중요한 개인적인 가치와 그들의 하루의 활동들에 대해 쓰도록 /

others were asked / to write about only the good things / that (주격 관계대명사) happened to them in the day. //
다른 사람들은 요청받았다 / 좋은 일만 쓰도록 / 그날 그들에게 일어난 //

Three weeks later, / the students (주어) / who (주격 관계대명사) had written about their values / were (동사) happier, healthier, and more confident / about their ability to handle stress /
3주 후에 / 학생들은 / 자신의 가치에 관해 썼던 / 더 행복하고, 더 건강하고, 더 자신 있었다 / 스트레스를 다루는 자신의 능력에 대해 /

than the ones (= students) / who (주격 관계대명사) had only focused on the good stuff. //
학생들보다 / 좋은 것에만 초점을 맞췄던 //

By reflecting / on how their daily activities supported their values (전치사의 목적어절), / students had gained a new perspective / on those activities and choices. // (16번 단서 1: 학부생들은 하루의 활동들이 자신들의 '가치'를 어떻게 뒷받침하는지에 대해 성찰했음)
성찰함으로써 / 어떻게 그들의 하루의 활동들이 그들의 가치를 뒷받침하는지에 대해 / 학생들은 새로운 관점을 얻었다 / 그 활동들과 선택들에 대해 //

Little stresses and hassles / were now demonstrations of their values / in action. //
작은 스트레스와 귀찮은 일들은 / 이제 그들의 가치를 보여주는 것이었다 / 행동에서 //

Suddenly, / their lives were full of meaningful activities. //
갑자기 / 그들의 삶은 의미 있는 활동으로 가득 찼다 //

And all they had to do / was reflect (앞에 to 생략) and write about it / — positively reframing their experiences / with their personal values. // (16번 단서 2: 학부생들이 했던 일은 개인적인 가치로 그들의 경험을 '재구성'하는 것이었음)
그리고 그들이 했어야 했던 모든 일은 / 그것에 대해 돌아보고 쓰는 것이었다 / 그들의 경험을 긍정적으로 재구성하면서 / 개인적인 가치로 //

우리의 삶에서 의미를 찾기 위한 가장 강력한 도구들 중 하나는 성찰적 일기 쓰기, 즉 우리에게 일어난 일을 돌아보고 그것에 대해 쓰는 것이다. 1990년대에 Stanford University 연구자들이 봄방학에 학부생들에게 그들의 가장 중요한 개인적인 가치와 그들의 하루의 활동들에 대해 쓰도록 요청했다. 반면, 다른 사람들은 그날 그들에게 일어난 좋은 일만 쓰도록 요청받았다. 3주 후에, 자신의 가치에 관해 썼던 학생들은 좋은 것에만 초점을 맞췄던 학생들보다 더 행복하고, 더 건강하고, 스트레스를 다루는 자신의 능력에 대해 더 자신 있었다. 어떻게 그들의 하루의 활동들이 그들의 가치를 뒷받침하는지에 대해 성찰함으로써, 학생들은 그 활동들과 선택들에 대해 새로운 관점을 얻었다. 작은 스트레스와 귀찮은 일들은 이제 행동에서 그들의 가치를 보여주는 것이었다. 갑자기, 그들의 삶은 의미 있는 활동으로 가득 찼다. 그리고 그들이 했어야 했던 모든 일은 그들의 경험을 개인적인 가치로 긍정적으로 재구성하면서 그것에 대해 돌아보고 쓰는 것이었다.

14 정답 F

다음을 읽고, 윗글의 내용과 일치하면 T, 일치하지 않으면 F를 고르시오.

Stanford University 연구자들은 여름방학에 연구를 진행했다. (T / F)
In the 1990s, Stanford University researchers asked undergraduate students on spring break

왜 정답?

1990년대에 Stanford University 연구자들은 봄방학에 학부생들에게 연구를 진행했다고 했으므로 글의 내용과 일치하지 않는다. (In the 1990s, Stanford University researchers asked undergraduate students on spring break)

15 정답 reflect

다음 영영풀이가 설명하는 어휘를 윗글에서 찾아 그 원형을 쓰시오.

reflect: to think carefully about something
성찰하다, 숙고하다: 어떤 것에 대해 신중하게 생각하다

왜 정답?

'어떤 것에 대해 신중하게 생각하다'는 '성찰하다, 숙고하다(reflect)'를 설명하는 것이다.

16 정답 ②

윗글의 내용을 한 문장으로 요약하고자 한다. 빈칸 (A), (B)에 들어갈 말로 가장 적절한 것을 고르시오.

Journaling about daily activities based on what we believe to be (A) worthwhile can make us feel that our life is meaningful by (B) rethinking our experiences in a new way.
우리가 (A) 가치 있다고 믿는 것에 근거하여 일상의 활동에 대해 일기를 쓰는 것은 새로운 방식으로 자신의 경험들을 (B) 다시 생각함으로써 우리가 자신의 삶이 의미 있다는 것을 느끼게 만들 수 있다.

	(A)		(B)
①	factual 사실에 기반을 둔	—	rethinking 다시 생각하기 — 사실에 기반을 둔 것에 근거하는 것이 아님
②	worthwhile 가치 있는	—	rethinking 다시 생각하기 — 자신의 '가치'를 뒷받침하는 활동들에 대해 성찰하는 일기를 쓰는 것을 통해 경험을 '재구성'하는 것임
③	outdated 진부한	—	generalizing 일반화하기 — 자신의 경험들을 일반화하는 것이 아님
④	objective 객관적인	—	generalizing 일반화하기 — 자신의 경험들을 일반화하는 것이 아님
⑤	demanding 힘든	—	describing 묘사하기 — 힘들다고 믿는 것에 근거하는 것이 아님

1st 요약문과 선택지를 먼저 읽고 글에서 무엇을 찾아야 하는지 확인한다.

우리가 '(A)'라고 믿는 것에 근거하여 일상의 활동에 대해 일기를 쓰는 것은 새로운 방식으로 자신의 경험들을 '(B)함'으로써 우리가 자신의 삶이 의미 있다는 것을 느끼게 만들 수 있다.

⇨ 글에서 찾아야 하는 것
(A): 우리가 사실에 기반을 뒀다고, 가치 있다고, 진부하다고, 객관적이라고, 힘들다고 믿는 것에 근거하여 일상의 활동에 대해 일기를 쓰는 것인지.
(B): 새로운 방식으로 자신의 경험들을 다시 생각함으로써, 일반화함으로써, 묘사함으로써 자신의 삶이 의미 있다는 것을 느끼게 만들 수 있는 것인지.

2nd 글의 핵심 내용을 파악하여 요약문을 완성한다.

1
(A): 3주 후에, 자신의 가치에 관해 썼던 학생들은 좋은 것에만 초점을 맞췄던 학생들보다 더 행복하고, 더 건강하고, 스트레스를 다루는 자신의 능력에 대해 더 자신 있었다.
어떻게 그들의 하루의 활동들이 그들의 가치를 뒷받침하는지에 대해 성찰함으로써, 학생들은 그 활동들과 선택들에 대해 새로운 관점을 얻었다.

⇨ Stanford University 연구자들이 학부생들에게 개인적으로 가장 중요한 가치와 하루의 활동들에 대해 일기를 쓰는 것과, 하루에 일어난 좋은 일에 대해서만 일기를 쓰는 것의 효과를 비교하여 실험하는 연구를 했다.
그 결과, 개인적으로 중요한 가치에 대해 일기를 쓴 학생들이 좋은 일에 대해서만 일기를 쓴 학생들보다 행복감, 건강, 스트레스 관리 능력에 대한 자신감이 더 높았다. 하루의 활동들이 가치를 뒷받침하는 방식에 대해 성찰함으로써 그들의 일상적인 활동들을 새로운 관점으로 바라보게 되었다.
↳ '가치 있다'고 믿는 것에 근거하여 일상의 활동에 대해 일기를 쓰는 것이므로 빈칸 (A)에는 ②의 worthwhile이 들어가야 함

2
(B): 갑자기, 그들의 삶은 의미 있는 활동으로 가득 찼다. 그리고 그들이 했어야 했던 모든 일은 그들의 경험을 개인적인 가치로 긍정적으로 재구성하면서 그것에 대해 돌아보고 쓰는 것이었다.

⇨ 자신에게 중요한 가치와 자신의 실제 행동 및 경험을 연결 지어 성찰하며 일기를 쓸 때, 삶의 다양한 활동들이 긍정적으로 '재구성'되어 의미를 가지게 된다.
↳ 빈칸 (B)에는 ①, ②의 rethinking이 적절함
↳ 우리가 (A) 가치 있다고 믿는 것에 근거하여 일상의 활동에 대해 일기를 쓰는 것은 새로운 방식으로 자신의 경험들을 (B) 다시 생각함으로써 우리가 자신의 삶이 의미 있다는 것을 느끼게 만들 수 있다.

3rd 글의 흐름을 정리하면서 정답이 맞는지 다시 한번 확인한다.

연구 내용	개인이 중시하는 가치와 일상의 활동들을 성찰하며 일기를 쓰는 것과 하루에 일어난 좋은 일에 대해서만 일기를 쓰는 것의 효과를 비교하는 연구를 진행했다.
연구 결과 ①	좋은 일에 대해서만 일기를 쓰는 것보다 본인에게 중요한 가치를 근거로 일상의 활동들을 성찰하는 일기를 쓰는 것이 행복감, 건강, 자신감 면에서 더 긍정적으로 작용했다.
연구 결과 ②	본인에게 중요한 가치를 염두에 두고 일기를 쓰는 것이 일상의 활동들을 새로운 관점으로 바라보게 했다.
결론	자신이 중시하는 가치를 바탕으로 일상의 활동들에 대해 다시 생각할 때, 모든 선택과 경험이 새롭고 의미 있게 느껴진다.

17 정답 are → is

윗글의 밑줄 친 부분에서 어법상 틀린 것을 찾아 적절하게 고치시오.

One of the most powerful tools to find meaning in our lives are(→ is) reflective journaling
우리의 삶에서 의미를 찾기 위한 가장 강력한 도구들 중 하나는 성찰적 일기 쓰기이다.

왜 정답?

주어가 「One of+최상급+복수명사」 형태의 단수이므로 동사도 단수 형태가 와야 한다. 따라서 복수 동사 are는 is로 고쳐야 적절하다.

O REVIEW 어휘 테스트

▸문제편 p. 136

01 유감 02 피로 03 폭력
04 녹지 05 worthwhile 06 reflective
07 journaling 08 ask a favor
09 ③ [신뢰할 수 있는]
① 위험한 ② 거짓의 ③ 안전한 ④ 확신하지 못하는
10 ③ [가치]
① 실패 ② 잘못 ③ 가치 ④ 결함
11 ① [법, 규칙, 약속 등 때문에 당신이 해야만 하는 어떤 것]
① 의무 ② 현실 ③ 실제 ④ 자발적임
12 ② [계획 및 결과에 대한 고려 없이 행동하는 것]
① 실용적인 ② 충동적인 ③ 조절할 수 있는 ④ 자동의
13 ④ [집중할 수 없는; 혼란스러운]
① 침착한 ② 고요한 ③ 긴장한 ④ 산만해진
14 ① [그 팀은 설문조사를 수행했다.]
② [어제 그의 행동은 실망스러웠다.]
15 ② [두 아이를 다루어 보세요.]
① [그 손잡이는 다음 날 부서졌다.]
16 ② [그 사건은 주요한 갈등을 유발시켰다.]
① [그는 방아쇠에서 손가락을 떼지 않았다.]
17 support 18 evidence
19 acknowledgement 20 formation
21 empathy

P 장문의 이해

01~07 ▶ 문제편 pp. 138~141

＊익숙함에 비례하는 기억의 범위

(앞에 주격 관계대명사와 be동사 who are 생략)
Chess masters / (A) showing / shown a chess board in the middle of a game / for 5 seconds / with 20 to 30 pieces still in play /
체스의 달인들은 / 체스판을 게임 중간에 본 / 5초 동안 / 20~30개의 말들이 아직 놓여 있는 상태로 /
can immediately reproduce the position of the pieces / from memory. //
그 말들의 위치를 즉시 재현할 수 있다 / 기억으로부터 //
(a few: 몇 개의 / few: 거의 없는)
Beginners, / of course, / are able to place only a few. //
초보자들은 / 물론 / 겨우 몇 개(의 위치)만 기억해 낼 수 있다 //
Now take the same pieces / and place them on the board randomly / and the (a) difference is much reduced. //
이제 같은 말들을 가져다가 / 체스판에 무작위로 놓으면 / 그 차이는 크게 줄어든다 //
05번 단서1: 전문성은 익숙한 패턴에 대한 기억에서 나옴
The expert's advantage / is only for familiar patterns / — those (= patterns) previously stored in memory. //
전문가의 유리함은 / 익숙한 패턴에 대해서만 있다 / 즉 이전에 기억에 저장된 패턴 //
Faced with unfamiliar patterns, (앞에 Being 생략) / even when it involves the same familiar domain, / the expert's advantage (b) disappears. //
익숙하지 않은 패턴에 직면하면 / 같은 익숙한 분야와 관련 있는 경우라도 / 전문가의 유리함은 사라진다 //
The beneficial effects of familiar structure on memory / have been observed for many types of expertise, / including music. // 06번 단서1: 익숙한 구조를 접할 때 전문 지식이 발휘됨
익숙한 구조가 기억에 미치는 유익한 효과는 / 많은 유형의 전문 지식에서 관찰되어 왔다 / 음악을 포함하여 //
People with musical training can reproduce / short sequences of musical notation / more accurately / than those (= people) with no musical training /
음악 훈련을 받은 사람이 재현할 수 있다 / 짧은 연속된 악보를 / 더 정확하게 / 음악 훈련을 받지 않은 사람보다 /
when notes follow (c) unusual(→ usual) sequences, / but the advantage is much reduced / when the notes are ordered randomly. // 06번 단서2: 음표가 무작위면 전문성의 발휘가 덜 됨
음표가 특이한(→ 전형적인) 순서를 따를 때는 / 하지만 그 유리함이 훨씬 줄어든다 / 음표가 무작위로 배열되면 //
Expertise also improves memory / for sequences of (d) movements. // 05번 단서2: 전문성은 연속 동작에 대한 기억력을 향상시킴
전문 지식은 또한 기억을 향상시킨다 / 연속 동작에 대한 //
Experienced ballet dancers / are able to repeat longer sequences of steps / than less experienced dancers, /
숙련된 발레 무용수가 / 더 긴 연속 스텝을 반복할 수 있다 / 경험이 적은 무용수보다 /
and they (= experienced ballet dancers) can repeat a sequence of steps / making up a routine / better than steps ordered randomly. //
그리고 연속 스텝을 반복할 수 있다 / 정해진 춤 동작을 이루는 / 무작위로 배열된 스텝보다 더 잘 //
In each case, / memory range is (e) increased / by the ability to recognize (형용사적 용법) familiar sequences and patterns. //
각각의 경우 / 기억의 범위는 늘어난다 / 익숙한 순서와 패턴을 인식하는 능력에 의해 //

체스판을 게임 중간에 20~30개의 말들이 아직 놓여 있는 상태로 5초 동안 본 체스의 달인들은 그 말들의 위치를 기억으로부터 즉시 재현할 수 있다. 물론 초보자들은 겨우 몇 개(의 위치)만 기억해 낼 수 있다. 이제 같은 말들을 가져다가 체스판에 무작위로 놓으면 그 (a) 차이는 크게 줄어든다. 전문가의 유리함은 익숙한 패턴, 즉 이전에 기억에 저장된 패턴에 대해서만 있다. 익숙하지 않은 패턴에 직면하면, 같은 익숙한 분야와 관련 있는 경우라도 전문가의 유리함은 (b) 사라진다. 익숙한 구조가 기억에 미치는 유익한 효과는 음악을 포함하여 많은 유형의 전문 지식에서 관찰되어 왔다. 음표가 (c) 특이한(→ 전형적인) 순서를 따를 때는 음악 훈련을 받은 사람이 음악 훈련을 받지 않은 사람보다 짧은 연속된 악보를 더 정확하게 재현할 수 있지만, 음표가 무작위로 배열되면 그 유리함이 훨씬 줄어든다. 전문 지식은 또한 연속 (d) 동작에 대한 기억을 향상시킨다. 숙련된 발레 무용수가 경험이 적은 무용수보다 더 긴 연속 스텝을 반복할 수 있고, 무작위로 배열된 스텝보다 정해진 춤 동작을 이루는 연속 스텝을 더 잘 반복할 수 있다. 각각의 경우, 기억의 범위는 익숙한 순서와 패턴을 인식하는 능력에 의해 (e) 늘어난다.

01 정답 (1) memory (2) randomly (3) (un)familiar (4) patterns (5) sequence(s) 등

왜 정답?

글에서 memory, randomly, (un)familiar, patterns, sequence(s) 등의 표현이 반복해서 등장하고 있다.

02 정답 The beneficial effects of familiar structure on memory have been observed for many types of expertise, including music.

윗글의 밑줄 친 우리말 해석과 일치하도록 주어진 표현을 적절하게 배열하시오.

(of familiar structure, the beneficial effects, of expertise, on memory, for many types, including music, have been observed)

왜 정답?

동사는 have been observed이고, 긴 주어인 The beneficial effects of familiar structure on memory가 동사 앞에 오는 구조로 배열해야 한다.

03 정답 (1) 차이 (2) 사라지다 (3) 특이한 (4) 동작 (5) 늘어나다

왜 정답?

difference는 '차이', disappears는 '사라지다', unusual은 '특이한', movements는 '동작', increased는 '늘어나다'를 뜻하는 낱말이다.

04 정답 (1) expert (2) randomly

다음 영영풀이가 설명하는 어휘를 윗글에서 찾아 쓰시오.

(1) expert: a person who has special skill or knowledge relating to a particular subject
전문가: 특정 주제에 관련된 특별한 기술이나 지식을 가진 사람

(2) randomly: without a particular plan or pattern
무작위로: 특별한 계획이나 패턴 없이

왜 정답?

(1) '특정 주제에 관련된 특별한 기술이나 지식을 가진 사람'은 '전문가(expert)'를 설명하는 것이다.

(2) '특별한 계획이나 패턴 없이'는 '무작위로(randomly)'를 설명하는 것이다.

05 정답 ②

윗글의 제목으로 가장 적절한 것을 고르시오.

① How Can We Build Good Routines?
어떻게 하면 좋은 루틴을 형성할 수 있는가? 루틴 형성에 초점을 두고 있지는 않음

② Familiar Structures Help Us Remember
익숙한 구조가 기억하는 데 도움을 준다 자주 접하는 친숙한 구조를 잘 기억할 수 있다는 내용

③ Intelligence Does Not Guarantee Expertise
지능이 전문 지식을 보장하지는 않는다 지능과는 관련이 없는 내용

④ Does Playing Chess Improve Your Memory?
체스를 하는 것이 기억력을 향상시키는가? 체스는 중심 내용을 설명하기 위한 예시일 뿐임

⑤ Creative Art Performance Starts from Practice
창의적인 예술 작업은 연습으로부터 시작한다 창의성보다는 반복이 초점임

왜 정답?

전문가들은 자신에게 익숙한 패턴은 잘 기억하지만 익숙하지 않은 경우 전문성을 발휘하기 어렵다고 했다. 체스, 음악가, 무용수 등의 예시를 통해 기억 범위가 반복에 의해 형성된 것임을 설명하고 있다. 따라서 이 글의 제목으로 가장 적절한 것은 ② '친숙한 구조가 우리의 기억을 돕는다'이다.

왜 오답?

① 루틴을 형성하는 방법에 대해 초점을 둔 글이 아니라 친숙함이 갖는 영향력에 대한 글이다.

③ 지능보다는 반복적인 경험을 통한 패턴의 인식 능력이 전문성에 기여한다고 했다.

④ 체스는 전문가의 패턴 파악 능력에 대한 예시로 쓰였을 뿐 중심 내용은 아니다.

⑤ 창의적인 예술 작업과 연습의 상관 관계는 글의 내용과 관련이 없다.

06 정답 ③

윗글의 밑줄 친 (a)~(e) 중에서 문맥상 낱말의 쓰임이 적절하지 않은 것을 고르시오.

① (a) 전문가와 일반인 간의 차이는 익숙함에서 옴
차이

② (b) 익숙함이라는 요인을 제거하면 전문가와 일반인 간의 격차는 사라짐
사라지다

③ (c) 전문가에게 익숙한 전형적인 패턴에 대한 설명이므로 부적절한 단어 사용
특이한, 일반적이지 않은

④ (d) 전문 지식을 가지고 있으면 패턴화된 움직임을 더 잘 기억할 수 있음
동작

⑤ (e) 익숙한 것을 접할 경우 기억할 수 있는 범주가 늘어남
늘어나다

왜 정답?

훈련을 받은 사람은 일반적인 상황에서 더 능숙하고, 무작위로 음표가 배열되는 상황은 낯설기 때문에 덜 유리하다고 했다. 문장의 뒷부분이 but으로 연결되므로 앞부분은 반대 내용이 와야 한다. 따라서 unusual(특이한)을 반의어인 usual(전형적인)로 바꿔야 하므로 정답은 ③이다.

왜 오답?

① 전문가들과 달리 초보자들은 체스판에서 몇 개(의 위치)만 기억해 낼 수 있다고 했는데, 같은 말들을 무작위로 놓으면 그 '차이(difference)'는 크게 줄어들 것이다.

② 전문가는 익숙한 패턴에 대해서만 유리하다고 했으므로, 익숙하지 않은 패턴에 대해서는 유리함이 '사라진다(disappears)'고 하는 것은 적절하다.

④ 전문 지식을 갖춘 것은 반복되는 패턴의 연속 '동작(movements)'에 익숙해짐을 의미한다.

⑤ 익숙한 순서와 패턴을 인식하는 능력이 기억의 범위를 '늘어나게(increased)' 할 것이다.

07 정답 shown

윗글의 네모 (A)에서 어법상 적절한 것을 고르시오.

Chess masters (A) [showing / shown] a chess board in the middle of a game for 5 seconds with 20 to 30 pieces still in play can immediately reproduce the position of the pieces from memory.

체스판을 게임 중간에 20~30개의 말들이 아직 놓여 있는 상태로 5초 동안 본 체스의 달인들은 그 말들의 위치를 기억으로부터 즉시 재현할 수 있다.

왜 정답?

주어는 Chess masters이고, 이 주어와의 관계가 '보여진'으로 수동이므로 현재분사 showing이 아니라 과거분사 shown이 와야 적절하다.

08 ~ 14

▶ 문제편 pp. 142~143

＊방관자 효과

가정법 과거: If+주어+동사의 과거형 ~, 주어+조동사의 과거형+동사원형 …

If you saw an emergency / right before your eyes, / you would take an action / to help the person in trouble, / right? //

만약 당신이 위급한 상황을 본다면 / 바로 당신의 눈 앞에서 / 당신은 조치를 취할 것이다 / 곤경에 처한 사람을 돕기 위해 / 그렇지 않은가 //

While we all would like to believe so, / psychologists suggest / that whether you step in or not / depends on the (a) number of other witnesses. // 12번 단서 1: 위험에 처한 사람을 도울지 말지는 다른 목격자의 수에 따라 달라짐

whether ~ or not: ~인지 아닌지

우리 모두가 그렇게 믿고 싶지만 / 심리학자들은 암시한다 / 당신이 개입하느냐 마느냐가 / 다른 목격자들의 수에 달려 있다고 // 09번 단서, 12번 단서 2: 더 많은 사람이 현장에 있을수록 더 적은 사람이 곤경에 처한 사람을 도움

The term "bystander effect" / refers to this situation / where the more people are present / at the spot, / the (b) fewer people are likely to help / the person in trouble. //

관계부사

'방관자 효과'라는 용어는 / 이러한 상황을 말한다 / 더 많은 사람들이 있을 때 / 현장에 / 더 적은 사람들이 돕는 경향이 있다 / 곤경에 처한 사람을 //

목적어절을 이끄는 접속사

In a series of experiments, / researchers found out / that 70% of people would help / a woman in trouble / when they were the only witness. // 13번 단서 1: 자신이 유일한 목격자일 때 70퍼센트의 사람이 위험에 처한 여성을 도움

일련의 실험에서 / 연구원들은 발견했다 / 70퍼센트의 사람들이 도울 것이라는 것을 / 곤경에 처한 여성을 / 그들이 유일한 목격자였을 때 //

However, / only about 40% offered assistance / when other people were also (c) present. // 13번 단서 2: 주변에 다른 목격자가 있을 때 40퍼센트만이 위험에 처한 여성을 도움

그러나 / 오직 약 40퍼센트만이 도움을 제공했다 / 다른 사람들이 또한 존재했을 때 //

목적어절을 이끄는 접속사

The researchers said / that two factors cause the bystander effect. // 11번 (1) 단서: 방관자 효과를 일으키는 두 가지 요인이 있음

연구원들은 말했다 / 두 가지 요인이 방관자 효과를 유발한다고 //

One is spreading the responsibility / and the other is social influence. //

둘 중 하나 / 나머지 하나

하나는 책임감의 분산이고 / 다른 하나는 사회적 영향력이다 //

동명사구 주어 / 단수 동사

Spreading the responsibility means / that the more people there are, / the (d) bigger(→ smaller) responsibility / individuals will feel to take action. //

책임감의 분산은 의미한다 / 더 많은 사람들이 있을수록 / 더 큰(→ 더 작은) 책임감을 / 개인들은 행동을 취하기 위해 느낄 것이라는 것을 //

how to+동사원형: ~하는 방법

Social influence means / that individuals watch the behavior of other people / to decide ⓐ how to act. //

사회적 영향력은 의미한다 / 개인들이 다른 사람들의 행동을 지켜보는 것을 / 행동하는 방법을 결정하기 위해 //

ⓑ The results of the bystander effect / can be (e) serious. //

방관자 효과의 결과는 / 심각할 수 있다 //

keep+목적어+from -ing

It can keep people / from receiving the necessary help / in bad situations. // 10번 단서: 방관자 효과의 결과

그것은 사람들을 막을 수 있다 / 필요한 도움을 받는 것으로부터 / 좋지 않은 상황에서 // 11번 (2) 단서: 심리학자들은 다른 사람이 행동하길 기다리지 말고 행동을 취할 것을 권장함

동명사 주어 / 단수 동사

Taking an action / without waiting / for others to act / is recommended by psychologists. //

행동을 취하는 것은 / 기다리지 않고 / 다른 사람들이 행동하기를 / 심리학자들에 의해 권장된다 //

만약 당신이 바로 당신의 눈앞에서 위급한 상황을 본다면, 당신은 곤경에 처한 사람을 돕기 위해 조치를 취할 것이다, 그렇지 않은가? 우리 모두가 그렇게 믿고 싶지만, 심리학자들은 당신이 개입하는지 여부가 다른 목격자들의 (a) 수에 달려 있다고 암시한다. '방관자 효과'라는 용어는 현장에 더 많은 사람들이 있을 때 (b) 더 적은 사람들이 곤경에 처한 사람을 도울 경향이 있는 상황을 말한다. 일련의 실험에서, 연구원들은 70퍼센트의 사람들이 그들이 유일한 목격자였을 때 곤경에 처한 여성을 도울 것이라는 것을 발견했다. 그러나 다른 사람들도 (c) 존재했을 때 오직 약 40퍼센트만이 도움을 제공했다. 연구원들은 두 가지 요인이 방관자 효과를 유발한다고 말했다. 하나는 책임감의 분산이고 다른 하나는 사회적 영향력이다. 책임감의 분산은 더 많은 사람들이 있을수록, 개인들은 행동을 취하기 위해 (d) 더 큰(→ 더 작은) 책임감을 느낄 것이라는 것을 의미한다. 사회적 영향력은 개인들이 ⓐ 행동하는 방법을 결정하기 위해 다른 사람들의 행동을 지켜보는 것을 의미한다. 방관자 효과의 ⓑ 결과는 (e) 심각할 수 있다. 그것은 사람들이 좋지 않은 상황에서 필요한 도움을 받지 못하게 할 수 있다. 심리학자들은 다른 사람들이 행동하기를 기다리지 않고 행동을 취하는 것을 권장한다.

08 정답 witness

다음 영영풀이가 설명하는 어휘를 윗글에서 찾아 그 원형을 쓰시오.

witness : a person who sees something happen

목격자: 어떤 일이 일어나는 것을 보는 사람

왜 정답?

'어떤 일이 일어나는 것을 보는 사람'은 '목격자(witness)'를 설명하는 것이다.

09 정답 Fewer

다음 질문에 대한 답을 윗글에서 찾아 쓰시오.

Q: How do people act when they see an emergency with a lot of people around?

질문: 주위에 많은 사람이 있을 때 위급 상황을 목격한다면 사람들은 어떻게 행동하는가?

A: Fewer people are likely to assist the person in need.

답: 더 적은 사람들이 도움이 필요한 사람을 돕는 경향이 있다.

왜 정답?

현장에 더 많은 사람들이 있을 때 '더 적은' 사람들이 곤경에 처한 사람을 돕는 경향이 있다고 했으므로 빈칸에는 Fewer(더 적은)가 적절하다.

10 정답 좋지 않은 상황에 처한 사람이 필요한 도움을 받지 못할 수 있다.

윗글의 밑줄 친 ⓑ가 의미하는 바를 우리말로 쓰시오.

➡ 좋지 않은 상황에 처한 사람이 필요한 도움을 받지 못할 수 있다.

왜 정답?

The results(결과)는 다음 문장에서 사람들이 좋지 않은 상황에서 필요한 도움을 받지 못하게 할 수 있다(It can keep people from receiving the necessary help in bad situations.)고 한 것을 의미한다.

11 정답 (1) T (2) F

다음을 읽고, 윗글의 내용과 일치하면 T, 일치하지 않으면 F를 고르시오.

(1) 방관자 효과를 일으키는 요인에는 두 가지가 있다. (T / F)
One is spreading the responsibility and the other is social influence.

(2) 심리학자들은 다른 사람들의 행위를 참고하여 행동할 것을 권장한다. (T / F)
Taking an action without waiting for others to act is recommended by psychologists.

왜 정답?

(1) 방관자 효과를 일으키는 요인은 책임감의 분산과 사회적 영향력 두 가지가 있다고 했다. (One is spreading the responsibility and the other is social influence.)

(2) 심리학자들은 다른 사람들이 행동하길 기다리지 말고 행동을 취할 것을 권장했다. (Taking an action without waiting for others to act is recommended by psychologists.)

12 정답 ④

윗글의 제목으로 가장 적절한 것을 고르시오.

① Helping Others Can be a Bad Choice
타인을 돕는 것은 나쁜 선택일 수 있다 / 타인과 상관 없이 도우라고 했음

② The Positive Effects of Being a Bystander
방관자가 되는 것의 긍정적 효과 / 방관자 효과의 결과는 심각할 수 있다고 했음

③ The Importance of Spreading Responsibility
책임감을 분산시키는 것의 중요성 / 책임감의 분산은 방관자 효과의 요인 중 하나로 언급됨

④ Why People are Less Likely to Help in Crowd
왜 사람들은 군중 속에서 덜 도우려 하는가 / 주위에 사람이 많을수록 더 적은 사람이 곤경에 처한 사람을 돕는다고 했음

⑤ Why People Can't Ignore Someone in Trouble
왜 사람들은 곤경에 처한 사람을 무시하지 못하는가 / 목격자의 수에 따라 위험 상황에 개입하는지의 여부가 달라진다고 했음

1st 글의 앞부분을 읽으며 이어질 내용을 예상한다.

만약 당신이 바로 당신의 눈앞에서 위급한 상황을 본다면, 당신은 곤경에 처한 사람을 돕기 위해 조치를 취할 것이다, 그렇지 않은가?

➡ 위급한 상황을 보면 곤경에 처한 사람을 도울 것이라고 생각한다고 했다.

↳ 곤경에 처한 사람을 돕는 것과 관련된 내용의 글일 것임

2nd 글의 흐름이 전환되는 부분이 있는지 확인한다.

우리 모두가 그렇게 믿고 싶지만(While), 심리학자들은 당신이 개입하는지 여부가 다른 목격자들의 (a) 수에 달려 있다고 암시한다.

➡ 심리학자들은 곤경에 처한 사람을 도울지 말지가 목격자의 수에 따라 달라진다고 했다.

↳ 목격자의 수에 따라 곤경에 처한 사람을 돕는지 여부가 결정된다는 것이 이 글의 중심 내용일 것임

3rd 필자의 생각이나 요지가 드러나는 핵심 문장을 찾아 정답을 고른다.

'방관자 효과'라는 용어는 현장에 더 많은 사람들이 있을 때 (b) 더 적은 사람들이 곤경에 처한 사람을 도울 경향이 있는 상황을 말한다.

➡ 위급 상황을 목격했을 때 주변에 사람이 많을수록 더 적은 사람이 위험에 처한 사람을 도우려 하는 현상인 '방관자 효과'에 대해 설명하는 글이다.

↳ 따라서 글의 제목은 ④ '왜 사람들은 군중 속에서 덜 도우려 하는가'가 가장 적절함

13 정답 ④

윗글의 밑줄 친 (a)~(e) 중에서 문맥상 낱말의 쓰임이 적절하지 않은 것을 고르시오.

① (a) 수 — 위급 상황에 개입하는지의 여부가 목격자의 수에 달려 있음
② (b) 더 적은 — 더 많은 사람들이 있을 때 더 적은 사람들이 도움을 줌
③ (c) 존재하는 — 다른 사람들이 존재할 때 더 적은 사람들이 도와줌
④ (d) 더 큰 — 더 많은 사람들이 있을 때 책임감을 더 작게 느끼는 것임
⑤ (e) 심각한 — 방관자 효과의 결과는 심각함

1st 선택지로 제시된 각 낱말의 의미를 먼저 확인하고, 반의어를 미리 생각해 놓는다.

① number: 수 ↔ ?
② fewer: 더 적은 ↔ more: 더 많은
③ present: 존재하는 ↔ : absent: 부재의
④ bigger: 더 큰 ↔ smaller: 더 작은
⑤ serious: 심각한 ↔ minor: 사소한

↳ 선택지에 제시된 낱말의 반의어를 넣었을 때 문맥이 성립되는 경우에 정답인 경우가 많음

2nd 선택지의 앞뒤 문장을 정확하게 파악해서 정답을 찾는다.

우리 모두가 그렇게 믿고 싶지만, 심리학자들은 당신이 개입하는지 여부가 다른 목격자들의 (a) 수에 달려 있다고 암시한다.

➡ 위급 상황에 개입하는지의 여부가 다른 목격자의 '수(number)'에 달려 있다는 것은 문맥상 자연스럽다.

↳ number는 문맥에 맞음

'방관자 효과'라는 용어는 현장에 더 많은 사람들이 있을 때 (b) 더 적은 사람들이 곤경에 처한 사람을 도울 경향이 있는 상황을 말한다.

➡ 개입의 여부가 목격자의 수에 달려 있다는 앞 문장에 이어지며 더 많은 사람들이 현장에 있을수록 '더 적은(fewer)' 사람들이 도움을 제공한다는 흐름은 적절하다.

↳ fewer는 문맥에 맞음

일련의 실험에서, 연구원들은 70퍼센트의 사람들이 그들이 유일한 목격자였을 때 곤경에 처한 여성을 도울 것이라는 것을 발견했다. 그러나(However) 다른 사람들도 (c) 존재했을 때 오직 약 40퍼센트만이 도움을 제공했다.

➡ However(그러나)는 앞 문장의 내용과 반대되는 내용을 연결하므로 다른 사람들이 '존재할(present)' 때는 적은 사람인 40퍼센트만이 도우려고 할 것이다.

↳ present는 문맥에 맞음

책임감의 분산은 더 많은 사람들이 있을수록, 개인들은 행동을 취하기 위해 (d) 더 큰 책임감을 느낄 것이라는 것을 의미한다.

➡ 앞에서 사람들이 많으면 더 적은 사람들이 도움을 제공한다고 했으므로, 더 많은 사람들이 있을 때 행동을 취할 책임감을 '더 크게' 느낀다는 것은 어색하다.

↳ bigger는 문맥에 맞지 않음

방관자 효과의 결과는 (e) 심각할 수 있다. 그것은 사람들이 좋지 않은 상황에서 필요한 도움을 받지 못하게 할 수 있다.

➡ 뒤 문장에서 곤경에 처한 사람들이 도움을 못 받게 될 것이라고 했으므로 방관자 효과의 결과는 '심각할(serious)' 수 있다는 흐름은 자연스럽다.

↳ serious는 문맥에 맞음

3rd 정답인 선택지를 어떻게 바꿔야 문맥이 자연스러운지 확인한다.

책임감의 분산은 더 많은 사람들이 있을수록, 개인들은 행동을 취하기 위해 (d) 더 큰(→ 더 작은) 책임감을 느낄 것이라는 것을 의미한다.

↳ ④ (d) bigger(더 큰)를 반의어인 smaller(더 작은)로 바꾸면 문맥이 적절함

14 (정답) how to act

윗글의 밑줄 친 ⓐ를 의문사 how를 활용하여 세 단어로 영작하시오.

Social influence means that individuals watch the behavior of other people to decide ⓐ how to act.
사회적 영향력은 개인들이 행동하는 방법을 결정하기 위해 다른 사람들의 행동을 지켜보는 것을 의미한다.

왜 정답?

'행동하는 방법'이라고 했으므로 '~하는 방법'을 표현할 때 쓰는 「how to+동사원형」을 써서 how to act로 쓰는 것이 적절하다.

15 ~ 21 ▶ 문제편 pp. 144~145

＊방향과 전념

15번 단서, 16번 (2) 단서: 우리가 원하는 대로 일이 풀리지 않을 때 실망과 좌절을 느낌

We may have felt disappointed or frustrated / when things don't work out / as we want. //
우리는 실망하거나 좌절감을 느낄 수 있다 / 일이 잘 되지 않을 때 / 우리가 원하는 대로 //

대조를 나타내는 접속사 / 16번 (3), (4) 단서, 19번 단서 1: 분명한 목표와 방향이 있어야 무언가를 성취할 수 있음

While ⓐ this can result from inevitable situations / beyond our control, / the most common blame / may be the (a) absence / of our goals and directions. //
이것은 불가피한 상황에서 기인할 수 있지만 / 우리의 통제를 벗어난 / 가장 흔한 원인은 / 부재일 수 있다 / 우리의 목표와 방향의 //

16번 (1) 단서, 19번 단서 2: 무언가를 성취하기 위해서는 특정한 작업에 전념해야 함

In other words, / when we want to achieve something, / we often only think about it / in (b) general terms / instead of committing to a specific task. //
instead of -ing: ~ 대신에
다시 말해서 / 우리가 어떤 것을 성취하기를 원할 때 / 우리는 종종 그것에 대해 생각만 한다 / 일반적인 관점에서 / 구체적인 작업에 전념하기보다는 //

For example, / when we go to the gym for exercise, / we think of "working out" / without having anything specific to improve / in mind. //
예를 들어 / 우리가 운동을 위해 체육관에 갈 때 / 우리는 '운동하는 것'을 생각한다 / 개선해야 할 구체적인 것이 없이 / 마음 속에 //

We want to "get stronger" / without trying to find exact exercises / to focus on. // 20번 단서 1: 불분명한 생각들의 예시 ①
형용사적 용법
우리는 '더 강해지기를' 원한다 / 정확한 운동을 찾으려고 노력하지 않고 / 집중해야 할 //

We want to "be more creative" / without working on particular projects. // 20번 단서 2: 불분명한 생각들의 예시 ②
우리는 '더 창의적이기'를 원한다 / 특정한 프로젝트에 대해 작업하지 않고 //

none of 복수 명사 / 복수 동사

None of these (c) clear(→ unclear) thoughts / help us find / what we should do next. //
help+목적어+목적격 보어(원형부정사)
이러한 분명한(→ 불분명한) 생각들 중 어느 것도 / 우리가 찾도록 도와주지 않는다 / 다음에 우리가 무엇을 해야 할지 //

When you commit to a task, / however, / then the next step becomes (d) obvious. //
당신이 작업에 전념하면 / 그러나 / 다음 단계는 명확해진다 //

If you want to take a picture / of the first sunrise of the year, / find a good spot first. //
만약 당신이 사진을 찍기를 원한다면 / 새해 첫 일출의 / 먼저 좋은 장소를 찾아라 //

If you've found a good spot, / the next step is / to wake up early and go there. //
명사적 용법(보어)
좋은 장소를 찾았다면 / 다음 단계는 ~이다 / 일찍 일어나서 그곳에 가는 것 //

If you only think about your desire / without deciding a clear direction / to move towards, / you'll end up feeling confused or frustrated / with (e) unsatisfying results. //
end up -ing: 결국 ~하다
당신이 당신의 욕구에 대해서만 생각한다면 / 명확한 방향을 결정하지 않고 / 앞으로 나아갈 / 당신은 결국 혼란이나 좌절감을 느낄 것이다 / 불만족스러운 결과에 대해 //

명령문, and ...: ~해라, 그러면 …할 것이다

Therefore, / commit yourself to specific tasks, / (A) and / or your desire will come into reality. //
그러므로 / 구체적인 작업에 전념하라 / 그러면 당신의 욕구는 현실이 될 것이다 //

우리는 우리가 원하는 대로 일이 잘 되지 않을 때 실망하거나 좌절감을 느낄 수 있다. ⓐ 이것은 우리의 통제를 벗어난 불가피한 상황에서 기인할 수 있지만, 가장 흔한 원인은 우리의 목표와 방향의 (a) 부재일 수 있다. 다시 말해서, 우리는 무언가를 성취하기를 원할 때 우리는 종종 구체적인 작업에 전념하기보다는 그것에 대해 (b) 일반적인

관점에서 생각만 한다. 예를 들어, 운동을 위해 체육관에 갈 때, 마음 속에 개선해야 할 구체적인 것이 없이 '운동하는 것'을 생각한다. 우리는 집중해야 할 정확한 운동을 찾으려고 노력하지 않고 '더 강해지기를' 원한다. 우리는 특정한 프로젝트에 대해 작업하지 않고 '더 창의적이기'를 원한다. 이러한 (c) 분명한(→ 불분명한) 생각들 중 어느 것도 다음에 우리가 무엇을 해야 할지 찾도록 도와주지 않는다. 그러나 당신이 작업에 전념하면 다음 단계는 (d) 명확해진다. 만약 당신이 새해 첫 일출 사진을 찍고 싶다면, 먼저 좋은 장소를 찾아라. 좋은 장소를 찾았다면, 다음 단계는 일찍 일어나서 그곳에 가는 것이다. 당신이 앞으로 나아갈 명확한 방향을 결정하지 않고 당신의 욕구에 대해서만 생각한다면 당신은 결국 (e) 불만족스러운 결과에 대해 혼란이나 좌절감을 느낄 것이다. 그러므로 구체적인 작업에 전념해라, 그러면 당신의 욕구는 현실이 될 것이다.

15 정답 우리가 원하는 대로 되지 않을 때 실망과 좌절을 느끼는 것

윗글의 밑줄 친 ⓐ가 가리키는 것을 우리말로 쓰시오.

➡ 우리가 원하는 대로 되지 않을 때 실망과 좌절을 느끼는 것

왜 정답?

this는 앞에 나온 내용을 가리키는 말로, 일이 우리가 원하는 대로 되지 않을 때 실망과 좌절을 느끼는 것이다. (We may have felt disappointed or frustrated when things don't work out as we want.)

16 정답 (1) specific (2) frustrated (3) goals[directions] (4) directions[goals]

윗글의 내용과 일치하도록 빈칸에 적절한 말을 윗글에서 찾아 쓰시오.

Cause 원인	People don't devote enough time and effort to a(n) (1) specific task. 사람들은 (1) 특정한 과제에 충분한 시간과 노력을 바치지 않는다.
Result 결과	They may feel confused, disappointed, or (2) frustrated with poor results. 그들은 형편없는 결과에 혼란, 실망, 또는 (2) 좌절감을 느낄 수 있다.
Solution 해결책	They should have clear (3) goals[directions] and (4) directions[goals] and act upon them. 그들은 명확한 (3) 목표[방향]와 (4) 방향[목표]을 가지고 그에 따라 행동해야 한다.

왜 정답?

글에 따르면 사람들은 무언가를 원하는 마음이 있어도 그것을 얻기 위해 시간과 노력을 들여 '특정한(specific)' 과업을 하지 않기 때문에 혼란, 실망, 또는 '좌절감(frustrated)'을 느끼는 경우가 있다. 그러므로 만족스러운 결과를 얻기 위해서는 명확한 '목표(goals)'와 '방향(directions)'을 갖고 행동하는 것이 중요하다.

17 정답 (1) inevitable (2) desire

다음 영영풀이가 설명하는 어휘를 윗글에서 찾아 쓰시오.

(1) inevitable: certain to happen and impossible to avoid
불가피한: 확실히 일어나서 피하기 불가능한

(2) desire: a strong hope or wish
욕구: 강한 희망 또는 소망

왜 정답?

(1) '확실히 일어나서 피하기 불가능한'은 '불가피한(inevitable)'을 설명하는 것이다.

(2) '강한 희망 또는 소망'은 '욕구(desire)'를 설명하는 것이다.

18 정답 without having anything specific to improve in mind

윗글의 밑줄 친 우리말 해석과 일치하도록 주어진 표현을 적절하게 배열하시오.

(specific, in mind, anything, without, to improve, having)

왜 정답?

「without+동명사」는 '~하지 않고'의 의미를 나타내고, -thing으로 끝나는 대명사의 수식은 뒤에서 한다. 여기에 형용사적 용법의 to부정사가 이어지는 순서로 배열해야 한다.

19 정답 ⑤

윗글의 제목으로 가장 적절한 것을 고르시오.

① The Difficulty of Focusing on a Single Goal
단일 목표에 집중하는 것의 어려움 — 목표를 하나만 세우라는 것이 아님

② The Importance of Dealing with Uncertain Situations — 불확실한 상황에 대한 내용이 아님
불확실한 상황을 처리하는 것의 중요성

③ How to Control Excessive Desires and Reduce Frustration — 좌절이 언급된 것으로 만든 함정
과도한 욕구를 통제하고 좌절을 줄이는 방법

④ The Relationship between Setting Realistic Goals and Motivation — 목표는 세워야 하지만 그것과 동기의 관계에 대한 내용은 아님
현실적인 목표 수립과 동기 간의 관계

⑤ Direction and Commitment: The Key to Achieving Desired Outcome — 구체적인 방향을 정하고 전념하는 것이 성취를 위해 중요하다는 내용
방향과 전념: 원하는 결과를 얻는 것의 열쇠

1st 글의 앞부분을 읽으며 이어질 내용을 예상한다.

우리는 우리가 원하는 대로 일이 잘 되지 않을 때 실망하거나 좌절감을 느낄 수 있다.

➡ 우리가 원하는 대로 일이 잘 풀리지 않을 때 실망과 좌절을 느낀다고 했다.

↳ 우리가 원하는 결과를 얻는 것과 관련된 내용의 글일 것임

2nd 글의 흐름이 전환되는 부분이 있는지 확인한다.

이것은 우리의 통제를 벗어난 불가피한 상황에서 기인할 수 있지만(While), 가장 흔한 원인은 우리의 목표와 방향의 (a) 부재일 수 있다.

➡ 원하는 결과를 얻지 못하는 것이 어쩔 수 없는 상황 때문일 수도 있지만, 흔히 우리의 목표와 방향이 부재하기 때문이라고 했다.

↳ 분명한 목표와 방향이 있어야 무언가를 성취할 수 있다는 것이 이 글의 중심 내용일 것임

3rd 필자의 생각이나 요지가 드러나는 핵심 문장을 찾아 정답을 고른다.

> 그러므로(Therefore) 구체적인 작업에 전념해라, 그러면 당신의 욕구는 현실이 될 것이다.

→ 무언가를 성취하고자 할 때, 그것을 어떻게 하면 이룰 수 있을지 구체적인 목표와 방향을 정하고 특정한 작업에 전념하면 효과가 있다고 말하는 내용의 글이다.

↳ 따라서 글의 제목은 ⑤ '방향과 전념: 원하는 결과를 얻는 것의 열쇠'가 가장 적절함

20 정답 ③

윗글의 밑줄 친 (a)~(e) 중에서 문맥상 낱말의 쓰임이 적절하지 않은 것을 고르시오.

① (a) 목표와 방향의 부재로 앞문장과 같은 상황이 발생할 수 있음 — 부재
② (b) 구체적으로 집중하지 않고 일반적으로 생각함 — 일반적인
③ (c) 구체적인 방향과 목표가 없는 것은 불명확한 것임 — 분명한
④ (d) 특정 과제에 전념하면 명확해질 것임 — 명확한
⑤ (e) 명확한 방향을 설정하지 않으면 결과는 불만족스러울 것임 — 불만족스러운

1st 선택지로 제시된 각 낱말의 의미를 먼저 확인하고, 반의어를 미리 생각해 놓는다.

> ① absence: 부재 ↔ presence: 존재함
> ② general: 일반적인 ↔ specific: 구체적인
> ③ clear: 분명한 ↔ unclear: 불분명한
> ④ obvious: 명확한 ↔ unclear: 불분명한
> ⑤ unsatisfying: 불만족스러운 ↔ satisfying: 만족스러운

↳ 선택지에 제시된 낱말의 반의어를 넣었을 때 문맥이 성립되는 경우에 정답인 경우가 많음

2nd 선택지의 앞뒤 문장을 정확하게 파악해서 정답을 찾는다.

> 우리는 우리가 원하는 대로 일이 잘 되지 않을 때 실망하거나 좌절감을 느낄 수 있다. 이것은 우리의 통제를 벗어난 불가피한 상황에서 기인할 수 있지만, 가장 흔한 원인은 우리의 목표와 방향의 (a) 부재일 수 있다.

→ 앞 문장을 this로 가리키면서, 이러한 상황이 우리의 목표와 방향의 '부재(absence)'로 인해 가장 흔하게 발생할 수 있다는 것은 문맥상 자연스럽다.

↳ absence는 문맥에 맞음

> 다시 말해서, 우리는 무언가를 성취하기를 원할 때 우리는 종종 구체적인 작업에 전념하기보다는 그것에 대해 (b) 일반적인 관점에서 생각만 한다.

→ In other words(다시 말해서)로 연결하며, 우리가 무언가를 성취하기를 원할 때 구체적인 과제에 집중하지 않고 그 욕구에 대해 '일반적(general)'으로만 생각한다고 부연 설명하는 흐름은 적절하다.

↳ general은 문맥에 맞음

> 예를 들어, 운동을 위해 체육관에 갈 때, 마음 속에 개선해야 할 구체적인 것이 없이 '운동하는 것'을 생각한다. 우리는 집중해야 할 정확한 운동을 찾으려고 노력하지 않고 '더 강해지기를' 원한다. 우리는 특정한 프로젝트에 대해 작업하지 않고 '더 창의적이기'를 원한다. 이러한 (c) 분명한 생각들 중 어느 것도 다음에 우리가 무엇을 해야 할지 찾도록 도와주지 않는다.

→ 예시를 보여주는 연결어 For example(예를 들어)로 연결하며, 구체적인 방향과 목표도 없이 단순히 무언가를 이루기를 원한다는 내용의 사례들을 '분명한' 생각들이라고 표현하는 것은 문맥상 어색하다.

↳ clear는 문맥에 맞지 않음

> 그러나(however) 당신이 작업에 전념하면 다음 단계는 (d) 명확해진다.

→ 대조를 이루는 연결어 however(그러나)로 연결하며, 욕구에 대해 막연히 생각만 하는 것과 달리 특정 작업에 전념하면 다음 단계가 '명확해(obvious)'진다는 표현은 적절하다.

↳ obvious는 문맥에 맞음

> 당신이 앞으로 나아갈 명확한 방향을 결정하지 않고 당신의 욕구에 대해서만 생각한다면 당신은 결국 (e) 불만족스러운 결과에 대해 혼란이나 좌절감을 느낄 것이다.

→ 명확한 방향 설정 없이 무언가를 하고 싶다는 생각만 하면 결국 혼란을 느끼고 '불만족스러운(unsatisfying)' 결과에 좌절하게 된다는 흐름은 자연스럽다.

↳ unsatisfying은 문맥에 맞음

3rd 정답인 선택지를 어떻게 바꿔야 문맥이 자연스러운지 확인한다.

> 예를 들어, 운동을 위해 체육관에 갈 때, 마음 속에 개선해야 할 구체적인 것이 없이 '운동하는 것'을 생각한다. 우리는 집중해야 할 정확한 운동을 찾으려고 노력하지 않고 '더 강해지기를' 원한다. 우리는 특정한 프로젝트에 대해 작업하지 않고 '더 창의적이기'를 원한다. 이러한 (c) 분명한(→ 불분명한) 생각들 중 어느 것도 다음에 우리가 무엇을 해야 할지 찾도록 도와주지 않는다.

↳ ③ (c) clear(분명한)를 반의어인 unclear(불분명한)로 바꾸면 문맥이 적절함

21 정답 and

윗글의 네모 (A)에서 어법상 적절한 것을 고르시오.

Therefore, commit yourself to specific tasks, (A) [and / or] your desire will come into reality.
그러므로 구체적인 작업에 전념해라, 그러면 당신의 욕구는 현실이 될 것이다.

왜 정답?

'~해라, 그러면 …할 것이다'의 의미를 나타내려면 「명령문, and ...」의 형태로 써야 한다. 따라서 and가 어법상 적절하다.

22 ~ 28 ▶ 문제편 pp. 146~147

*시력을 위해 협력하는 눈과 뇌

Mike May lost his sight / at the age of three. //
Mike May는 자신의 시력을 잃었다 / 세 살 때 //

Because he had spent the majority of his life / adapting to being blind / — and even cultivating a skiing career in this state — /
spend+시간+-ing: ~하는 데 시간을 보내다
그는 자신의 인생의 대부분을 보냈기 때문에 / 보이지 않는 것에 적응하는 데 / 그리고 심지어 이 상태에서 스키 경력을 쌓는 데 (보냈기 때문에) /

his other senses compensated / by growing (a) stronger. //
그의 다른 감각들은 보충되었다 / 더 강해지는 것을 통해 //

However, / when his sight was restored through a surgery / in his forties, / his entire perception of reality was (b) disrupted. // 27번 단서 1: 시력이 회복되었을 때 전반적 인식이 방해받았음
그러나 / 그의 시력이 수술을 통해 회복되었을 때 / 40대에 / 그의 현실에 대한 전반적 인식은 방해받았다 //

Instead of (A) [be / being] thrilled that he could see now, / as he'd expected, /
전치사
이제 볼 수 있다는 것에 감격하는 대신 / 그가 예상했던 것처럼 /

his brain was so overloaded with new visual stimuli / that the world became a frightening and overwhelming place. // 26번 단서 1, 25번 (2) 단서: 시력이 회복된 후 뇌에 과부하가 걸려서 세상은 두려운 장소가 됐음
so ~ that ...: 너무 ~해서 …하다
그의 뇌가 새로운 시각적 자극으로 너무 과부하가 걸려서 / 세상은 두렵고 압도적인 장소가 되었다 //

25번 (1) 단서: 시력을 찾기 전에 촉감과 냄새로 가족을 인식했음
After he'd learned to know his family / through touch and smell, / he found that he couldn't recognize his children / with his eyes, / and this left him puzzled. //
목적어절을 이끄는 접속사
그가 자신의 가족을 아는 것을 배운 후 / 만지는 것과 냄새를 통해 / 그는 자신의 아이들을 알아볼 수 없다는 것을 알게 되었다 / 자신의 눈으로 / 그리고 이것은 그를 혼란스러운 상태로 남겨 두었다 //

비교급 강조 부사(much, even, far, still, a lot 등)
Skiing also became a lot harder / as he struggled to adapt / to the visual stimulation. // 26번, 27번 단서 2: 시력을 회복하고 오히려 스키가 어려워짐
스키 또한 훨씬 더 어려워졌다 / 그가 적응하려고 힘쓰면서 / 시각적인 자극에 //

This (c) confusion occurred / because his brain hadn't yet learned to see. //
23번 단서: this는 우리의 눈이 뇌에 정보를 전달하는 비디오 카메라로서 기능한다고 가정하는 것을 가리킴
이 혼란은 일어났다 / 그의 뇌가 아직 보는 것을 배우지 못했기 때문에 //

Though we often tend to assume / our eyes function as video cameras / which relay information to our brain, /
주격 관계대명사
비록 우리는 종종 가정하는 경향이 있지만 / 우리의 눈이 비디오 카메라로서 기능한다고 / 우리의 뇌에 정보를 전달하는 /

advances in neuroscientific research have proven / that this is actually not the case. //
목적어절을 이끄는 접속사
26번, 27번 단서 3: 시각은 우리의 눈과 뇌 사이의 협력적인 노력임
신경 과학 연구의 발전은 증명했다 / 이것이 실제로 그렇지 않다는 것을 //

Instead, / sight is a collaborative effort / between our eyes and our brains, / and the way we process (d) visual reality / depends on the way these two communicate. //
핵심 주어
단수 동사
대신 / 시각은 협력적인 노력이다 / 우리의 눈과 뇌 사이의 / 그리고 우리가 시각적 현실을 처리하는 방법은 / 이 두 가지가 소통하는 방식에 달려 있다 //

If communication between our eyes and our brains is disturbed, / our perception of reality is altered accordingly. //
만약 우리의 눈과 뇌 사이의 의사소통이 방해된다면 / 현실에 대한 우리의 인식은 그에 따라 바뀐다 //

And because other areas of May's brain had adapted / to process information / primarily through his other senses, /
그리고 May의 뇌의 다른 부분들은 적응했었기 때문에 / 정보를 처리하는 것에 / 주로 그의 다른 감각을 통해 /

the process of learning how to see / was (e) easier(→ harder) / than he'd anticipated. //
how to-v: ~하는 방법
보는 방법을 배우는 과정은 / 더 쉬웠다(→ 더 어려웠다) / 그가 예상했던 것보다 //

Mike May는 세 살 때 자신의 시력을 잃었다. 그는 자신의 인생의 대부분을 보이지 않는 것에 적응하는 데, 그리고 심지어 이 상태에서 스키 경력을 쌓는 데도 보냈기 때문에, 자신의 다른 감각들은 (a) 더 강해지는 것을 통해 보충되었다. 그러나 그의 시력이 40대에 수술을 통해 회복되었을 때, 그의 현실에 대한 전반적 인식은 (b) 방해받았다. 그가 예상했던 것처럼 이제 볼 수 있다는 것에 감격하는 대신, 자신의 뇌가 새로운 시각적 자극으로 너무 과부하가 걸려 세상은 두렵고 압도적인 장소가 되었다. 그가 만지는 것과 냄새를 통해 자신의 가족을 아는 것을 배운 후, 그는 자신의 눈으로 자신의 아이들을 알아볼 수 없다는 것을 알게 되었고 이것은 그를 혼란스러운 상태로 남겨 두었다. 스키 또한 그가 시각적인 자극에 적응하려고 힘쓰면서 훨씬 더 어려워졌다.
이 (c) 혼란은 그의 뇌가 아직 보는 것을 배우지 못했기 때문에 일어났다. 비록 우리는 종종 우리의 눈이 우리의 뇌에 정보를 전달하는 비디오 카메라로서 기능한다고 가정하는 경향이 있지만, 신경 과학 연구의 발전은 이것이 실제로 그렇지 않다는 것을 증명했다. 대신, 시각은 우리의 눈과 뇌 사이의 협력적인 노력이며, 우리가 (d) 시각적 현실을 처리하는 방법은 이 두 가지가 소통하는 방식에 달려 있다. 만약 우리의 눈과 뇌 사이의 의사소통이 방해된다면, 현실에 대한 우리의 인식은 그에 따라 바뀐다. 그리고 May의 뇌의 다른 부분들은 주로 그의 다른 감각을 통해 정보를 처리하는 것에 적응했었기 때문에, 보는 방법을 배우는 과정은 그가 예상했던 것보다 (e) 더 쉬웠다(→ 더 어려웠다).

22 정답 collaborative

다음 영영풀이가 설명하는 어휘를 윗글에서 찾아 쓰시오.

collaborative: involving or done by two or more people or groups working together to achieve or do something
협력적인, 공동 작업의: 무언가를 성취하거나 하기 위해, 함께 일하는 두 명 이상의 사람들 또는 집단을 포함하거나 그들에 의해 행해지는

왜 정답?

'무언가를 성취하거나 하기 위해, 함께 일하는 두 명 이상의 사람들 또는 집단을 포함하거나 그들에 의해 행해지는'은 '협력적인, 공동 작업의(collaborative)'를 설명하는 것이다.

23 정답 우리의 눈이 뇌에 정보를 전달하는 비디오 카메라로서 기능한다고 가정하는 것

윗글의 밑줄 친 this가 의미하는 바를 우리말로 쓰시오.

➡ 우리의 눈이 뇌에 정보를 전달하는 비디오 카메라로서 기능한다고 가정하는 것

왜 정답?

this는 문장의 앞부분에서 말한, 우리의 눈이 뇌에 정보를 전달하는 비디오 카메라로서 기능한다고 가정한다는 것을 의미한다.

24 정답 만약 우리의 눈과 뇌 사이의 의사소통이 방해된다면, 현실에 대한 우리의 인식은 그에 따라 바뀐다.

왜 정답?

조건의 부사절을 이끄는 접속사 if가 쓰인 것에 유의해서 해석한다.

25 정답 (1) T (2) F

다음을 읽고, 윗글의 내용과 일치하면 T, 일치하지 않으면 F를 고르시오.

(1) Mike May가 시력을 찾기 전, 그는 촉감과 냄새로 가족을 인식했다. (T / F)
After he'd learned to know his family through touch and smell

(2) Mike May가 시력을 찾은 뒤, 세상은 흥미롭고 즐거운 곳이 되었다. (T / F)
Instead of being thrilled that he could see now, ~ the world became a frightening and overwhelming place.

왜 정답?

(1) Mike May는 시력을 찾기 전에 촉감과 냄새로 가족을 인식하는 법을 배웠다고 했으므로 글의 내용과 일치한다. (After he'd learned to know his family through touch and smell)

(2) 시력을 찾은 뒤 Mike May에게 세상은 두렵고 압도적인 장소가 되었다고 했으므로 글의 내용과 일치하지 않는다. (Instead of being thrilled that he could see now, as he'd expected, his brain was so overloaded with new visual stimuli that the world became a frightening and overwhelming place.)

26 정답 ①

윗글의 제목으로 가장 적절한 것을 고르시오.

① Eyes and Brain Working Together for Sight
시력을 위해 함께 일하는 눈과 뇌 / 시력은 눈과 뇌 사이의 협력적인 노력

② Visualization: A Useful Tool for Learning
시각화: 학습을 위한 유용한 도구 / 학습을 위해 시각화하는 것에 대한 내용이 아님

③ Collaboration Between Vision and Sound
시각과 소리의 협업 / 시각과 소리가 아니라 눈과 뇌의 협업에 대한 내용임

④ How to Ignore New Visual Stimuli
새로운 시각적 자극을 무시하는 방법 / 시각적 자극을 무시해야 한다는 내용이 아님

⑤ You See What You Believe 믿는 대로 보게 된다는 내용이 아님
당신은 당신이 믿는 것을 본다

1st 글의 앞부분을 읽으며 이어질 내용을 예상한다.

Mike May는 세 살 때 자신의 시력을 잃었다. 그는 자신의 인생의 대부분을 보이지 않는 것에 적응하는 데, 그리고 심지어 이 상태에서 스키 경력을 쌓는 데도 보냈기 때문에, 자신의 다른 감각들은 (a) 더 강해지는 것을 통해 보충되었다.

→ Mike May는 어렸을 때 시력을 잃어서 보이지 않는 것에 적응해왔고, 스키 경력을 쌓는 것도 이 상태에서 했다.

↳ 시력이 없는 상태에서 다른 감각들이 더 강해졌다는 것과 관련된 내용의 글일 것임

2nd 글의 흐름이 전환되는 부분이 있는지 확인한다.

그러나(However) 그의 시력이 40대에 수술을 통해 회복되었을 때, 그의 현실에 대한 전반적 인식은 (b) 방해받았다. 그가 예상했던 것처럼 이제 볼 수 있다는 것에 감격하는 대신, 자신의 뇌가 새로운 시각적 자극으로 너무 과부하가 걸려 세상은 두렵고 압도적인 장소가 되었다.

→ Mike May의 시력이 회복되었을 때 전반적인 인식이 방해받았다고 했다.

↳ 뇌가 새로운 시각적 자극으로 너무 과부하가 걸려서 오히려 스키를 타는 것이 어려워졌다고 했으므로 시각은 눈과 뇌 사이의 협력적인 노력이라는 것이 글의 중심 내용일 것임

3rd 필자의 생각이나 요지가 드러나는 핵심 문장을 찾아 정답을 고른다.

대신(Instead), 시각은 우리의 눈과 뇌 사이의 협력적인 노력이며, 우리가 (d) 시각적 현실을 처리하는 방법은 이 두 가지가 소통하는 방식에 달려 있다.

→ 이 글은 Mike May의 예시를 통해 시각은 눈과 뇌 사이의 협력적인 노력이며 눈과 뇌의 소통을 통해 현실을 인식하게 된다는 것을 말하는 내용이다.

↳ 따라서 글의 제목은 ① '시력을 위해 함께 일하는 눈과 뇌'가 가장 적절함

27 정답 ⑤

윗글의 밑줄 친 (a)~(e) 중에서 문맥상 낱말의 쓰임이 적절하지 않은 것을 고르시오.

① (a) 시력을 잃은 상태로 스키 경력을 쌓았으므로 다른 감각들이 더 강해졌을 것임
더 강한

② (b) 시력이 회복된 후 뇌에 과부하가 생겼으므로 인식이 방해받은 것임
방해받은

③ (c) 시력을 회복하고 혼란스러워졌다고 했음
혼란

④ (d) 시각적인 인식을 위해 눈과 뇌가 협력해야 함
시각적인

⑤ (e) 시력을 되찾은 후 스키 타는 것이 더 어려워졌다고 했음
더 쉬운

1st 선택지로 제시된 각 낱말의 의미를 먼저 확인하고, 반의어를 미리 생각해 놓는다.

① stronger: 더 강한 ↔ weaker: 더 약한
② disrupted: 방해받은 ↔ undisrupted: 방해받지 않은
③ confusion: 혼란 ↔ stability: 안정
④ visual: 시각적인 ↔ invisible: 눈에 보이지 않는
⑤ easier: 더 쉬운 ↔ harder: 더 어려운

↳ 선택지에 제시된 낱말의 반의어를 넣었을 때 문맥이 성립되는 경우에 정답인 경우가 많음

2nd 선택지의 앞뒤 문장을 정확하게 파악해서 정답을 찾는다.

그는 자신의 인생의 대부분을 보이지 않는 것에 적응하는 데, 그리고 심지어 이 상태에서 스키 경력을 쌓는 데도 보냈기 때문에, 자신의 다른 감각들은 (a) 더 강해지는 것을 통해 보충되었다.

→ 시력이 없는 상태로 스키 경력을 쌓는 데 인생의 대부분을 보냈다고 했으므로 다른 감각들이 '더 강해'진 것이다.

↳ stronger는 문맥에 맞음

그러나 그의 시력이 40대에 수술을 통해 회복되었을 때, 그의 현실에 대한 전반적 인식은 (b) 방해받았다. 그가 예상했던 것처럼 이제 볼 수 있다는 것에 감격하는 대신, 자신의 뇌가 새로운 시각적 자극으로 너무 과부하가 걸려 세상은 두렵고 압도적인 장소가 되었다.

→ 시력이 회복된 후 뇌에 과부하가 생겼다고 했으므로 현실에 대한 인식이 '방해받은' 것이라고 할 수 있다.

↳ disrupted는 문맥에 맞음

그가 만지는 것과 냄새를 통해 자신의 가족을 아는 것을 배운 후, 그는 자신의 눈으로 자신의 아이들을 알아볼 수 없다는 것을 알게 되었고 이것은 그를 혼란스러운 상태로 남겨 두었다. 스키 또한 그가 시각적인 자극에 적응하려고 힘쓰면서 훨씬 더 어려워졌다. 이 (c) 혼란은 그의 뇌가 아직 보는 것을 배우지 못했기 때문에 일어났다.

➡ 시력을 회복한 후 눈으로 아이들을 알아볼 수 없고 스키 타는 것도 훨씬 어려워졌기 때문에 '혼란'이 생겼다.

confusion은 문맥에 맞음

대신, 시각은 우리의 눈과 뇌 사이의 협력적인 노력이며, 우리가 (d) 시각적 현실을 처리하는 방법은 이 두 가지가 소통하는 방식에 달려 있다

➡ '시각적인' 인식을 위해서 눈과 뇌가 협력해야 한다는 내용이다.

visual은 문맥에 맞음

그리고 May의 뇌의 다른 부분들은 주로 그의 다른 감각을 통해 정보를 처리하는 것에 적응했었기 때문에, 보는 방법을 배우는 과정은 그가 예상했던 것보다 (e) 더 쉬웠다.

➡ Mike May는 시력을 되찾은 후에도 시력이 아닌 다른 감각들로 정보를 처리하는 것에 익숙했기 때문에 오히려 스키를 타는 것이 어려워졌다고 했다. 그러므로 보는 방법을 배우는 과정이 '더 쉬웠다'고 하는 것은 어색하다.

easier는 문맥에 맞지 않음

3rd 정답인 선택지를 어떻게 바꿔야 문맥이 자연스러운지 확인한다.

그리고 May의 뇌의 다른 부분들은 주로 그의 다른 감각을 통해 정보를 처리하는 것에 적응했었기 때문에, 보는 방법을 배우는 과정은 그가 예상했던 것보다 (e) 더 쉬웠다(→ 더 어려웠다).

⑤ (e) easier(더 쉬운)를 반의어인 harder(더 어려운)로 바꾸면 문맥이 적절함

28 정답 being

윗글의 네모 (A)에서 어법상 적절한 것을 고르시오.

Instead of (A) [be / being] thrilled that he could see now, as he'd expected, his brain was so overloaded with new visual stimuli that the world became a frightening and overwhelming place.

그가 예상했던 것처럼 이제 볼 수 있다는 것에 감격하는 대신, 자신의 뇌가 새로운 시각적 자극으로 너무 과부하가 걸려 세상은 두렵고 압도적인 장소가 되었다.

왜 정답?

Instead of는 전치사이므로 뒤에 명사(구)나 동명사가 와야 해서 being이 적절하다.

P REVIEW 어휘 테스트

▸문제편 p. 148

01 도움
02 신경 과학
03 목격자
04 동작
05 note
06 absence
07 randomly
08 domain

09 ① [전념]
① 전념, 헌신 ② 어려움 ③ 불성실 ④ 부정

10 ① [갈망]
① 갈망, 열망 ② 증오 ③ 불쾌감 ④ 혐오

11 ④ [(짐을) 너무 많이 싣다]
① 비우다 ② 방출하다 ③ 가볍게 하다 ④ (짐을) 채워 넣다

12 ③ [마주하다 : 피하다]
① 패턴 : 일상 ② 배상하다 : 보상하다 ④ 바꾸다 : 바꾸다

13 ② [압도적인 : 거부할 수 없는]
① 명백한 : 불확실한 ③ 좌절한 : 만족하는
④ 방해하다 : 지지하다

14 ④ [비롯되다, 발생하다]
① 모사[복사]하다 ② 복사하다 ③ 복사하다

15 ② [나타나다]
① 사라지다 ③ 사라지다 ④ 서서히 사라지다

16 ③ [의심하다]
① 기다리다 ② 기대하다 ④ 예상하다, 기대하다

17 piece
18 place
19 particular
20 collaborative
21 experienced

Q 복합 문단의 이해

01 ~ 07 ▶ 문제편 pp. 150~153

*손자를 위한 최고의 학교

(A) A boy had a place / at the best school in town. //
한 소년이 한 자리를 얻었다 / 마을에 있는 가장 좋은 학교에 //

In the morning, / his granddad took him / to the school. //
아침에 / 그의 할아버지는 그를 데리고 갔다 / 학교에 //

= the old man
When (a) he went onto the playground / with his grandson, / the children surrounded them. //
그가 운동장으로 들어갔을 때 / 그의 손자와 함께 / 아이들이 그들을 둘러쌌다 //

what 감탄문: What+a(n)+형용사+명사(+주어+동사)!
"What a funny old man," / one boy smirked. //
"진짜 우스꽝스러운 할아버지다" / 한 소년이 히죽히죽 웃었다 //

A girl with brown hair pointed / at the pair / and jumped up and down. //
갈색 머리 소녀가 손가락질했다 / 그 둘(노인과 소년)을 향해 / 그리고 위아래로 뛰었다 //

Suddenly, / the bell rang / and the children ran off / to their first lesson. // 04번 단서 1: 아이들이 두 사람을 놀리다가 첫 수업에 급히 들어감
갑자기 / 종이 울렸다 / 그리고 아이들이 급히 뛰어갔다 / 그들의 첫 수업에 //
*(A) 문단 요약: 노인이 한 학교에 손자를 데리고 갔다가 아이들에게 놀림을 당함

(B) In some schools / the children completely ignored the old man / and in others, / they made fun of (b) him. // (= the old man)
몇몇 학교에서는 / 아이들이 노인을 완전히 무시했다 / 그리고 다른 학교들에서는 / 아이들이 그를 놀렸다 // 04번 단서 2: 혼자 학교를 찾으러 나간 (D)의 마지막에 이어짐

When this happened, / he would turn sadly / and go home. //
이런 일이 일어났을 때 / 그는 슬프게 돌아서서 / 집으로 갔다 //

Finally, / he went onto the tiny playground / of a very small school, / and leant against the fence, / exhausted. // (분사구문)
마침내 / 그는 아주 작은 운동장으로 들어섰다 / 매우 작은 한 학교의 / 그리고 울타리에 기댔다 / 지쳐서 //

The bell rang, / and the crowd of children ran out onto the playground. //
종이 울렸다 / 그리고 아이들의 무리가 운동장으로 달려 나왔다 //

"Sir, are you all right? // Shall I bring you a glass of water?" // a voice said. //
"할아버지, 괜찮으세요 // 물 한 잔 가져다드릴까요" // 누군가가 말했다 //

"We've got a bench in the playground / — come and sit down," / another voice said. //
"우리 운동장에 벤치가 있어요 / 오셔서 앉으세요" / 또 다른 누군가가 말했다 //

Soon a young teacher / came out onto the playground. //
곧 한 젊은 선생님이 / 운동장으로 나왔다 //
*(B) 문단 요약: 여러 학교에서 놀림을 당한 할아버지가 한 작은 학교에 들어가 아이들의 환대를 받음

04번 단서 3: 노인은 마침내 마을 최고의 학교를 찾았음
(C) The old man greeted (c) him / and said: / "Finally, / I've found my grandson / the best school in town." // (= a young teacher)
노인은 그에게 인사하면서 / 말했다 / "마침내 / 제가 제 손자에게 찾아주었네요 / 마을 최고의 학교를" //

"You're mistaken, sir. // Our school is not the best / — it's small and cramped." //
"잘못 아신 겁니다, 어르신 // 우리 학교는 최고가 아니에요 / 작고 비좁은걸요" //

The old man didn't argue with the teacher. //
노인은 선생님과 논쟁을 벌이지 않았다 // 06번 단서: 노인은 선생님과 논쟁을 벌이지 않았음

Instead, / he made arrangements / for his grandson to join the school, / and then the old man left. //
대신 / 그는 준비했다 / 손자가 그 학교에 다닐 수 있도록 / 그런 다음에 노인은 떠났다 //

= the old man
That evening, / the boy's mom said to (d) him: / "Dad, you can't even read. // How do you know / you've found the best teacher of all?" // 뒤에 목적어절을 이끄는 접속사 that 생략
그날 저녁 / 소년의 어머니는 그에게 말했다 / "아버지, 글을 읽을 줄도 모르시잖아요 // 어떻게 아세요 / 최고의 선생님을 찾았다는 것을" //

"Judge a teacher / by his pupils," / the old man replied. //
"선생님은 판단해야 해 / 그 제자를 보고" / 노인이 대답했다 //
*(C) 문단 요약: 노인은 작은 학교 학생들의 환대를 본 뒤, 선생님은 그 제자를 보고 알 수 있다며 그 학교에 손자를 보내기로 함 04번 단서 4: 노인은 손자를 데리고 교문 밖으로 나감

과거시제 동사
(D) The old man took his grandson / firmly by the hand, / and lead(→ led) him / out of the school gate. //
노인은 손자를 잡았다 / 손을 꽉 / 그리고 그를 데리고 나갔다 / 교문 밖으로 //

"Brilliant, / I don't have to go to school!" / the boy exclaimed. //
"굉장한 걸 / 나 학교에 가지 않아도 되네" / 소년이 소리쳤다 //

"You do, / but not this one," / his granddad replied. //
"가긴 가야지 / 그렇지만 이 학교는 아니야" / 할아버지가 대답했다 //

"I'll find you a school / myself." //
"내가 네게 학교를 찾아주마 / 직접" //

병렬 구조
Granddad took his grandson / back to his own house, / asked grandma / to look after him, / and went off to look for a teacher / (e) himself. // (= the old man)
할아버지는 손자를 데리고 갔다 / 자신의 집으로 / 할머니에게 부탁했다 / 그를 돌봐달라고 / 그리고 선생님을 찾아 나섰다 / 직접 //

~할 때마다
Every time he spotted a school, / the old man went onto the playground, / and waited for the children to come out / at break time. //
학교를 발견할 때마다 / 노인은 운동장으로 들어가서 / 아이들이 나오기를 기다렸다 / 쉬는 시간에 //
*(D) 문단 요약: 노인은 손자를 집에 두고 혼자서 손자를 위한 학교를 찾아 나섬

(A) 한 소년이 마을에 있는 가장 좋은 학교에 한 자리를 얻었다. 아침에 그의 할아버지는 그를 학교에 데리고 갔다. (a) 그가 그의 손자와 함께 운동장으로 들어갔을 때, 아이들이 그들을 둘러쌌다. "진짜 우스꽝스러운 할아버지다."라며 한 소년이 히죽히죽 웃었다. 갈색 머리 소녀가 그 둘(노인과 소년)을 향해 손가락질하며 위아래로 뛰었다. 갑자기 종이 울렸고, 아이들이 그들의 첫 수업에 급히 뛰어갔다.
(D) 노인은 손자의 손을 꽉 잡고, 그를 교문 밖으로 데리고 나갔다. "굉장한 걸, 나 학교에 가지 않아도 되네!"라고 소년이 소리쳤다. "가긴 가야지, 그렇지만 이 학교는 아니야."라고 할아버지가 대답했다. "내가 직접 네게 학교를 찾아주마." 할아버지는 손자를 집으로 데리고 돌아가 할머니에게 그를 돌봐달라고 하고 나서, (e) 그 자신이 선생님을 찾아 나섰다. 학교를 발견할 때마다, 노인은 운동장으로 들어가서 아이들이 쉬는 시간에 나오기를 기다렸다.
(B) 몇몇 학교에서는 아이들이 노인을 완전히 무시했고, 다른 학교들에서는 아이들이 (b) 그를 놀렸다. 이런 일이 일어났을 때, 그는 슬프게 돌아서서 집으로 갔다. 마침내, 그는 매우 작은 한 학교의 아주 작은 운동장으로 들어섰고, 지쳐서 울타리에 기댔다. 종이 울렸고, 아이들의 무리가 운동장으로 달려 나왔다. "할아버지, 괜찮으세요? 물 한 잔 가져다드릴까요?" 누군가가 말했다. "우리 운동장에 벤치가 있어요 — 오셔서 앉으세요." 또 다른 누군가가 말했다. 곧 한 젊은 선생님이 운동장으로 나왔다.
(C) 노인은 (c) 그에게 인사하면서 말했다. "마침내, 제가 제 손자에게 마을 최고의 학교를 찾아주었네요." "잘못 아신 겁니다, 어르신.

우리 학교는 최고가 아니에요 — 작고 비좁은걸요." 노인은 선생님과 논쟁을 벌이지 않았다. 대신, 그는 손자가 그 학교에 다닐 수 있도록 준비해주고, 그런 다음에 노인은 떠났다. 그날 저녁, 소년의 어머니는 (d) 그에게 말했다. "아버지, 글을 읽을 줄도 모르시잖아요. 최고의 선생님을 찾았다는 것을 어떻게 아세요?" "선생님은 그 제자를 보고 판단해야 해."라고 노인이 대답했다.

01 정답 Small, Big

윗글의 제목을 아래와 같이 쓸 때, 각 네모에 들어갈 말로 가장 적절한 것을 고르시오.

A Grandfather's Discovery: A [Small / Strong] School with a [Brave / Big] Heart
할아버지의 발견: [용감한 / 큰] 마음을 가진 [작은 / 강한] 학교

왜 정답?

좋은 학교에 자리를 얻었다고 생각했지만, 자신을 놀리는 학생들을 본 노인은 그를 무시하거나 놀리지 않고 환대해 준 작은 학교를 최고의 학교라고 말했으므로 빈칸에는 각각 '작은(Small)'과 '큰(Big)'이 들어가야 한다.

02 정답 judge

다음 영영풀이가 설명하는 단어를 윗글에서 찾아 쓰시오.

judge: to form an opinion about something or someone after careful thought
판단하다: 신중한 생각 후에 무언가 또는 누군가에 관한 의견을 형성하다

왜 정답?

'신중하게 생각한 후에 무언가 또는 누군가에 관한 의견을 형성하는' 것은 '판단하다(judge)'에 대한 설명이다.

03 정답 대신, 그는 손자가 그 학교에 다닐 수 있도록 준비해주고, 그런 다음에 노인은 떠났다.

왜 정답?

두 개의 절이 and로 연결되는 구조로 앞의 절은 he ~ the school이다.

04 정답 ④

주어진 글 (A)에 이어질 내용을 순서에 맞게 배열한 것으로 가장 적절한 것을 고르시오.

① (B) – (D) – (C)
노인이 첫 학교에서 손자를 데리고 나온 (D)가 좋은 학교를 찾아 다니는 (B)보다 먼저 나와야 함
② (C) – (B) – (D)
③ (C) – (D) – (B)
(C)는 글의 전체 내용을 마무리하는 문단이므로 맨 마지막에 와야 함
④ (D) – (B) – (C)
(D) 노인은 혼자서 손자를 위한 학교를 찾아 나섬 - (B) 여러 학교에서 놀림을 당한 노인이 작은 학교에 들어가 아이들의 환대를 받음 - (C) 노인은 작은 학교 학생들의 환대를 본 뒤, 그 학교에 손자를 보내기로 함
⑤ (D) – (C) – (B)
(B)에서 작은 학교 아이들의 환대를 받고 난 뒤에 그 학교에 보내기로 결정하는 (C)가 와야 함

왜 정답?

노인이 손자를 데리고 처음 학교에 갔다가 아이들에게 놀림을 당한 (A) 뒤에는 그 학교에서 손자를 데리고 나온 뒤 혼자 좋은 학교를 찾아보겠다고 하는 내용의 (D)가 와야 한다. 여러 학교를 혼자 다니며 놀림을 받던 노인이 지친 채로 매우 작은 학교에 갔다가 아이들의 환대를 받는 내용의 (B)가 (D) 다음에 이어져야 한다. 아이들의 환대를 통해 선생님의 자질을 판단하고 작은 학교에 손자를 보내기로 한 (C)가 맨 마지막에 오는 것이 자연스럽다.

왜 오답?

① 노인이 첫 학교에서 손자를 데리고 나온 (D)가 좋은 학교를 찾아 다니는 구체적인 내용의 (B)보다 먼저 나와야 글의 흐름이 자연스럽다.
②, ③ (C)는 글의 전체 내용을 마무리하는 문단이므로 맨 마지막에 와야 한다.
⑤ (B)에서 작은 학교 아이들의 환대를 받고 난 뒤에 그 학교에 보내기로 결정하는 (C)가 와야 적절한 순서이다.

05 정답 ③

윗글의 밑줄 친 (a)~(e) 중에서 가리키는 대상이 나머지 넷과 다른 것을 고르시오.

① (a) = the old man ② (b) = the old man ③ (c) = a young teacher ④ (d) = the old man ⑤ (e) = the old man

왜 정답?

(c)는 노인이 인사한 대상을 가리키므로 젊은 선생님이다. 나머지는 모두 노인을 가리키므로 정답은 ③이다.

왜 오답?

① 손자와 함께 운동장에 들어간 사람은 노인이다.
② 아이들에게 놀림을 당한 사람은 노인이다.
④ 소년의 어머니가 말을 한 대상은 노인이다.
⑤ 직접 손자를 위한 선생님(학교)을 찾아 나선 사람은 노인이다.

06 정답 ③

윗글에 관한 내용으로 적절하지 않은 것을 고르시오.

① 갈색 머리 소녀가 노인과 소년을 향해 손가락질했다.
A girl with brown hair pointed at the pair
② 노인은 지쳐서 울타리에 기댔다. Finally, he went onto the tiny playground of a very small school, and leant against the fence, exhausted.
③ 노인은 선생님과 논쟁을 벌였다.
The old man didn't argue with the teacher.
④ 노인은 글을 읽을 줄 몰랐다.
Dad, you can't even read.
⑤ 소년은 학교에 가지 않아도 된다고 소리쳤다.
"Brilliant, I don't have to go to school!" the boy exclaimed.

왜 정답?

(C)에서 노인은 선생님과 논쟁을 벌이지 않았다고 했으므로 ③이 윗글에 관한 내용으로 적절하지 않다.

왜 오답?

① 갈색 머리 소녀가 노인과 소년을 향해 손가락질했다고 했다. (A girl with brown hair pointed at the pair)
② 노인은 지쳐서 울타리에 기댔다고 했다. (Finally, he went onto the tiny playground of a very small school, and leant against the fence, exhausted.)
④ 소년의 어머니의 말을 통해 노인은 글을 읽을 줄 몰랐음을 알 수 있다. (Dad, you can't even read.)
⑤ 소년은 학교에 가지 않아도 된다고 소리쳤다. ("Brilliant, I don't have to go to school!" the boy exclaimed.)

07 정답 lead → led

윗글의 밑줄 친 문장에서 어법상 틀린 곳을 찾아 바르게 고치시오.

The old man took his grandson firmly by the hand, and lead(→ led) him out of the school gate.
노인은 손자의 손을 꽉 잡고, 그를 교문 밖으로 데리고 나갔다.

왜 정답 ?

and로 주어 The old man에 대한 두 개의 동사가 병렬 연결된 문장이다. 연결되는 어구는 같은 문법적 형태와 구조를 가져야 하므로, lead는 앞서 나온 과거시제 동사 took과 마찬가지인 과거시제 led로 고쳐야 어법상 적절하다.

08 ~ 14

▶ 문제편 pp. 154~155

***Asha에게 주는 엄마의 교훈**

(A) Asha was going through / a period of frustration and exhaustion / in her life, / struggling to cope with the challenges / that came her way. //
주격 관계대명사 / 분사구문을 이끎
Asha는 겪고 있었다 / 좌절과 고단함의 시기를 / 그녀의 인생에서 / 어려움들에 대처하기 위해 고군분투하며 / 그녀에게 닥친 //
11번 단서 1, 13번① 단서: Asha는 어머니에게 조언을 구하려고 함
= Asha
(a) She felt lost / and didn't know what to do, / so she turned to her mother / for advice. //
그녀는 길을 잃은 듯 느꼈고 / 어떻게 해야할지 알지 못했다 / 그래서 그녀는 어머니를 찾았다 / 조언을 위해 //

Asha knew / that her mother had a lot of life experience / and could offer her some helpful advice. //
목적어절을 이끄는 접속사
Asha는 알고 있었다 / 그녀의 어머니가 많은 삶의 경험을 가지고 있다는 것을 / 그리고 그녀에게 도움이 되는 조언을 좀 해줄 수 있다는 것을 //
*(A) 문단 요약: Asha는 삶에서 어려움을 겪고 있어서 어머니에게 조언을 구했음

= Asha's mother
(B) (b) She went on to say, /
그녀는 계속해서 말했다 / 11번 단서 2: (D)에서 이어지는 어머니의 실험에 대한 설명

"The egg was soft, / but now it's hard. //
"달걀은 부드러웠어 / 그러나 지금은 단단해 //

The potato was hard, / but now it's soft. //
감자는 단단했어 / 그러나 지금은 부드러워 //

The tea leaves, / they changed the water itself." //
찻잎들 / 그것들은 물 그 자체를 바꿨지 //
13번② 단서: 어머니는 Asha에게 삶의 교훈을 가르치려고 실험을 함 / = Asha
Asha's mother used this experiment / to teach (c) her a life lesson: /
Asha의 어머니는 이 실험을 사용했다 / 그녀에게 삶의 교훈을 가르치기 위해 /
08번 단서: 어머니가 가르친 교훈은 사람은 어려운 상황에서 어떻게 반응할지 결정할 수 있다는 것임
one can choose / how to respond in difficult situations. //
사람은 선택할 수 있다 / 어려운 상황에서 어떻게 반응할지 //

Some may become tough like the egg, / others may become soft like the potato, / while others may change their environment / like the tea leaves. //
전치사 / 대조를 나타내는 접속사
어떤 사람들은 달걀처럼 단단하게 될 수 있다 / 다른 사람들은 감자처럼 부드럽게 될 수 있다 / 반면 다른 사람들은 환경을 바꿀 수 있다 / 찻잎처럼 //
*(B) 문단 요약: 실험에서 달걀, 감자, 찻잎들이 어떻게 바뀌었는지 보며 그 의미를 설명함

11번 단서 3: 어려움을 겪고 있는 딸의 이야기를 들은 어머니의 반응
(C) Her mother, / after listening to her daughter, / came up with an idea / to help Asha. //
그녀의 어머니는 / 그녀의 딸의 말을 들은 뒤 / 아이디어를 생각해냈다 / Asha를 도울 //
13번③ 단서: 어머니는 Asha에게 달걀, 찻잎, 감자를 꺼내오라고 했음
ask+목적어+목적격 보어(to부정사)
She asked Asha / to bring an egg, two tea leaves, and a potato, / and then brought out three pots, / filling them with water / and placing them on the stove. //
그녀는 Asha에게 요청했다 / 달걀 한 개, 두 장의 찻잎, 그리고 감자 한 개를 가져오라고 / 그리고 나서 세 개의 냄비를 꺼냈다 / 그것들을 물로 채우고 / 그리고 그것들을 난로 위에 올렸다 //

13번④ 단서: 어머니는 딸에게 각각의 물건을 별도의 냄비에 넣으라고 함 / = Asha
Once the water was boiling, / she told (d) her / to place each item / into a separate pot / and keep an eye on them. //
물이 끓자 / 그녀는 그녀에게 말했다 / 각각의 물건을 두라고 / 별도의 냄비에 / 그리고 그것들을 주시하라고 //
*(C) 문단 요약: Asha의 이야기를 들은 후 어머니는 아이디어를 떠올려 딸에게 실험을 하게 함

11번 단서 4: (C)에서 끓는 물에 넣었던 달걀, 감자, 찻잎을 꺼냄
과거완료
(D) After ten minutes had passed, / Asha was told / to peel the egg and the potato / and take out the tea leaves. //
10분이 지난 후 / Asha는 들었다 / 달걀과 감자의 껍질을 벗기라고 / 그리고 찻잎을 꺼내라고 //
= Asha / 13번⑤ 단서: Asha는 처음에는 실험이 의미하는 바를 알지 못했음
(e) She was first confused / by this unusual experiment, / wondering / what it all meant. //
분사구문
그녀는 처음에는 혼란스러웠다 / 이 특이한 실험에 / 궁금해하며 / 이 모든 것이 무엇을 의미하는지 //

Her mother / then explained, /
그녀의 어머니는 / 그러자 설명했다 /
수동태
"Each item was ⓐ [placing / placed] / in the same circumstance, / boiling water. //
각각의 물건은 놓였어 / 같은 환경에 / 끓는 물이라는 //

Yet, / each one / responded differently." //
하지만 / 각각은 / 다르게 반응했어 //
*(D) 문단 요약: 각 물건은 같은 환경에 놓였지만 다르게 반응했다는 실험 결과의 의미를 설명함

(A) Asha는 그녀에게 닥친 어려움들에 대처하기 위해 고군분투하며 그녀의 인생에서 좌절과 고단함의 시기를 겪고 있었다. (a) 그녀는 길을 잃은 듯 느꼈고 어떻게 해야할지 알지 못해서 어머니에게 조언을 구했다. Asha는 그녀의 어머니가 많은 삶의 경험을 가지고 있고 그녀에게 도움이 되는 조언을 좀 해줄 수 있다는 것을 알고 있었다.
(C) 그녀의 어머니는 딸의 말을 들은 뒤, Asha를 도울 아이디어를 생각해냈다. 그녀는 Asha에게 달걀 한 개, 두 장의 찻잎, 그리고 감자 한 개를 가져오라고 한 다음, 세 개의 냄비를 꺼내 물로 채워서 난로 위에 놓았다. 물이 끓자, 어머니는 (d) 그녀에게 각각의 물건을 별도의 냄비에 두고 그것들을 주시하라고 말했다.
(D) 10분이 지난 후, Asha는 달걀과 감자의 껍질을 벗기고 찻잎을 꺼내라는 말을 들었다. 이 모든 것이 무엇을 의미하는지 궁금해하며, (e) 그녀는 이 특이한 실험에 처음에는 혼란스러웠다. 그러자, 그녀의 어머니는 설명했다. "각각의 물건은 끓는 물이라는 같은 환경에 놓였어. 하지만, 각각 다르게 반응했지."
(B) (b) 그녀는 계속해서 말했다. "달걀은 부드러웠지만, 지금은 단단하단다. 감자는 단단했지만, 지금은 부드러워. 찻잎들은 물 그 자체를 바꿔버렸지." Asha의 어머니는 (c) 그녀에게 삶의 교훈을 가르치기 위해 이 실험을 사용했다. 사람은 어려운 상황에서 어떻게 반응할지 선택할 수 있다. 어떤 사람들은 달걀처럼 단단하게 될 수 있고, 다른 사람들은 감자처럼 부드럽게 될 수 있는 반면, 다른 사람들은 찻잎처럼 환경을 바꿀 수 있다.

08 정답 Respond

윗글의 제목을 아래와 같이 쓸 때, 빈칸에 적절한 말을 윗글에서 찾아 쓰시오.

Lessons from the Kitchen : How to Respond to Life's Challenges
부엌에서의 교훈: 인생의 어려움에 반응하는 방법

왜 정답?

Asha의 어머니는 딸에게 달걀, 감자, 찻잎을 끓는 물에 넣고 어떻게 변하는지 보는 실험을 통해 사람이 인생의 어려움에 '반응하는(respond)' 방법을 선택할 수 있다는 교훈을 가르쳤다.

09 정답 (1) 그녀의 어머니는 딸의 말을 들은 뒤, Asha를 도울 아이디어를 생각해냈다. (2) 10분이 지난 후, Asha는 달걀과 감자의 껍질을 벗기고 찻잎을 꺼내라는 말을 들었다.

왜 정답?

(1) '~한 뒤에'라는 뜻을 나타내는 after -ing가 쓰인 문장이다.
(2) 과거완료를 나타내는 had passed가 쓰인 것에 유의해서 해석한다.

10 정답 experiment

다음 영영풀이가 설명하는 어휘를 윗글에서 찾아 쓰시오.

experiment: a scientific test in which you perform a series of actions
실험: 일련의 활동을 수행하는 과학적 테스트

왜 정답?

'일련의 활동을 수행하는 과학적 테스트'는 '실험(experiment)'을 설명하는 것이다.

11 정답 ③

주어진 글 (A)에 이어질 내용을 순서에 맞게 배열한 것으로 가장 적절한 것을 고르시오.

① (B) – (D) – (C) (B) 앞에는 실험 결과를 설명하는 (D)가 와야 함
② (C) – (B) – (D) 세 가지 물건을 끓는 물에 넣은 (C) 다음에는 그것들을 꺼내는 (D)가 와야 함
③ (C) – (D) – (B) (C) Asha의 이야기를 듣고 나서 딸에게 실험을 하게 함 - (D) 달걀, 감자, 찻잎들이 어떻게 바뀌었는지 보여 그 의미를 설명함 - (B) 각 물건이 같은 환경에 놓였지만 다르게 반응했음
④ (D) – (B) – (C)
⑤ (D) – (C) – (B) 주어진 글 뒤에 어머니가 아이디어를 떠올렸다는 내용의 (C)가 와야 함

왜 정답?

(A)의 마지막 문장	Asha는 그녀의 어머니가 많은 삶의 경험을 가지고 있고 그녀에게 도움이 되는 조언을 좀 해줄 수 있다는 것을 알고 있었다.

(A) 문단 뒤: Asha가 삶에서 어려움을 겪고 있었는데 어머니에게 조언을 구할 수 있다는 것을 알고 있다는 문장으로 끝나므로 이와 관련된 내용이 이어질 것이다.

(B)의 앞부분	(b) 그녀는 계속해서 말했다, "달걀은 부드러웠지만, 지금은 단단하단다. 감자는 단단했지만, 지금은 부드러워. 찻잎들은 물 그 자체를 바꿔버렸지."
(B)의 마지막 문장	어떤 사람들은 달걀처럼 단단하게 될 수 있고, 다른 사람들은 감자처럼 부드럽게 될 수 있는 반면, 다른 사람들은 찻잎처럼 환경을 바꿀 수 있다.

(B) 문단 앞: 계속해서 말했다고 했으므로 달걀, 감자, 찻잎의 변화에 대한 설명과 관련된 내용이 앞에 나와야 한다.
주어진 글 (A)는 Asha가 어머니에게 조언을 구할 수 있다는 것을 알고 있다는 문장으로 끝났으므로 (A)가 (B) 앞에 올 수 없음
(B) 문단 뒤: 달걀, 감자, 찻잎이 변화한 의미에 대해 설명하고 있다.

(C)의 첫 문장	그녀의 어머니는 딸의 말을 들은 뒤(after), Asha를 도울 아이디어를 생각해냈다.
(C)의 마지막 문장	물이 끓자, 어머니는 (d) 그녀에게 각각의 물건을 별도의 냄비에 두고 그것들을 주시하라고 말했다.

(C) 문단 앞: Asha의 이야기를 들은 '뒤(after)'라고 했으므로 앞에는 Asha가 어려움을 겪고 있다고 말하는 내용이 와야 한다.
(C) 앞에 주어진 글 (A)가 와야 함 (순서: 주어진 글 → (C))
(C) 문단 뒤: 각 물건을 별도의 냄비에 넣으라고 했으므로 이에 대한 결과가 뒤에 이어져야 한다.

(D)의 첫 문장	10분이 지난 후(After ten minutes had passed), Asha는 달걀과 감자의 껍질을 벗기고 찻잎을 꺼내라는 말을 들었다.
(D)의 마지막 문장	그러자, 그녀의 어머니는 설명했다. "각각의 물건은 끓는 물이라는 같은 환경에 놓였어. 하지만, 각각 다르게 반응했지."

(D) 문단 앞: After ten minutes had passed(10분이 지난 후)라고 했으므로 앞에는 끓는 물에 달걀, 감자, 찻잎을 넣는 내용이 있는 (C)가 와야 한다.
(D) 앞에 (C)가 와야 함 (순서: 주어진 글 → (C) → (D))
(D) 문단 뒤: 각 물건이 다르게 반응했다는 어머니의 설명이 나오므로 뒤에는 이 설명에 이어지는 내용인 (B)가 와야 한다.
(D) 뒤에 (B)가 와야 함 (순서: 주어진 글 (A) → (C) → (D) → (B))

12 정답 ②

윗글의 밑줄 친 (a)~(e) 중에서 가리키는 대상이 나머지 넷과 다른 것을 고르시오.

① (a) = Asha ② (b) = Asha's mother ③ (c) = Asha ④ (d) = Asha ⑤ (e) = Asha

왜 정답?

(a) 그녀는 길을 잃은 듯 느꼈고 어떻게 해야할지 알지 못해서 어머니에게 조언을 구했다.

→ 삶에서 어려움을 겪고 어머니에게 조언을 구한 사람은 Asha이다.
(a)는 Asha를 가리킴

(b) 그녀는 계속해서 말했다, "달걀은 부드러웠지만, 지금은 단단하단다. 감자는 단단했지만, 지금은 부드러워. 찻잎들은 물 그 자체를 바꿔버렸지."

→ 세 물건이 실험 후에 어떻게 변했는지 설명하는 사람은 Asha의 어머니이다.
(b)는 Asha의 어머니를 가리킴, ②이 정답임

Asha의 어머니는 (c) 그녀에게 삶의 교훈을 가르치기 위해 이 실험을 사용했다.

→ 어머니가 실험을 통해 인생의 교훈을 가르치려고 한 사람은 Asha이다.
(c)는 Asha를 가리킴

물이 끓자, 어머니는 (d) 그녀에게 각각의 물건을 별도의 냄비에 두고 그것들을 주시하라고 말했다.

➡ 어머니가 별도의 냄비에 각각의 물건을 넣으라고 한 사람은 Asha이다.
(d)는 Asha를 가리킴

이 모든 것이 무엇을 의미하는지 궁금해하며, (e) 그녀는 이 특이한 실험에 처음에는 혼란스러웠다.

➡ 실험에 혼란스러워 한 사람은 Asha이다.
(e)는 Asha를 가리킴

13 정답 ④

윗글에 관한 내용으로 적절하지 않은 것을 고르시오.

① Asha는 힘든 상황에서 어머니에게 조언을 구했다.
She felt lost and didn't know what to do, so she turned to her mother for advice.
② 실험은 어머니가 딸에게 교훈을 가르쳐주기 위한 것이었다.
Asha's mother used this experiment to teach her a life lesson
③ 어머니는 Asha에게 달걀, 찻잎, 감자를 꺼내오라고 했다.
She asked Asha to bring an egg, two tea leaves, and a potato, ~ and placing them on the stove.
④ 어머니는 딸에게 재료를 냄비에 모두 함께 넣으라고 했다.
Once the water was boiling, ~ and keep an eye on them.
⑤ Asha는 처음에는 실험이 의미하는 바를 알지 못했다.
She was first confused by this unusual experiment, wondering what it all meant.

왜 정답?

① Asha는 힘든 상황에서 어머니에게 조언을 구했다.

(a) 그녀는 길을 잃은 듯 느꼈고 어떻게 해야할지 알지 못해서 어머니에게 조언을 구했다.

①은 글의 내용과 일치함

② 실험은 어머니가 딸에게 교훈을 가르쳐주기 위한 것이었다.

Asha의 어머니는 (c) 그녀에게 삶의 교훈을 가르치기 위해 이 실험을 사용했다.

②은 글의 내용과 일치함

③ 어머니는 Asha에게 달걀, 찻잎, 감자를 꺼내오라고 했다.

그녀는 Asha에게 달걀 한 개, 두 장의 찻잎, 그리고 감자 한 개를 가져오라고 한 다음, 세 개의 냄비를 꺼내 물로 채워서 난로 위에 놓았다.

③은 글의 내용과 일치함

④ 어머니는 딸에게 재료를 냄비에 모두 함께 넣으라고 했다.

물이 끓자, 어머니는 (d) 그녀에게 각각의 물건을 별도의 냄비에 두고 그것들을 주시하라고 말했다.

➡ 어머니는 딸에게 냄비에 각각의 재료를 별도의 냄비에 넣으라고 했다.
④은 글의 내용과 일치하지 않음

⑤ Asha는 처음에는 실험이 의미하는 바를 알지 못했다.

이 모든 것이 무엇을 의미하는지 궁금해하며, (e) 그녀는 이 특이한 실험에 처음에는 혼란스러웠다.

⑤은 글의 내용과 일치함

14 정답 placed

윗글의 네모 ⓐ에서 어법상 적절한 것을 고르시오.

Each item was ⓐ [placing / placed] in the same circumstance, boiling water.
각각의 물건은 끓는 물이라는 같은 환경에 놓였다.

왜 정답?

각각의 물건이 같은 환경에 '놓였다'고 했으므로 수동태인 「be동사+p.p.」 형태를 써야 한다. 따라서 정답은 placed이다.

15~21

▶ 문제편 pp. 156~157

＊개구리의 왕이 된 나뭇가지

(A) Once upon a time, / there lived frogs / in a swamp. //
옛날 옛적에 / 개구리들이 살고 있었다 / 늪 지역에 //
They were happy and carefree, / splashing around / with no one to bother them. //
(분사구문(동시동작) — splashing; 형용사적 용법 — to bother)
그들은 행복하고 걱정이 없었다 / 물을 튀기면서 / 그들을 괴롭히는 사람 없이 //
But the frogs thought / (a) they (= the frogs) should have a king, / so they asked God / for a ruler. //
20번 ① 단서: 개구리들은 그들에게 왕이 있기를 바랐음
그러나 개구리들은 생각했다 / 그들이 왕을 가져야 한다고 / 그래서 그들은 신에게 빌었다 / 지배자를 달라고 //
18번 단서 1: 개구리들은 소원을 빌고 신의 응답을 기다림
They genuinely wanted / their wish to come true / and waited for God's response. //
그들은 진심으로 원했고 / 그들의 소원이 이뤄지기를 / 그리고 신의 응답을 기다렸다 //
＊(A) 문단 요약: 개구리들은 왕을 달라고 신에게 빌고 응답을 기다렸음

(B) The frogs cautiously approached / the motionless wood. // 18번 단서 2: 개구리들이 나무 조각을 보고 다가감
개구리들은 조심스럽게 다가갔다 / 움직임 없는 나무에 //
They even touched it. //
그들은 그것을 만지기도 했다 //
Seeing that it remained still, / some of them bravely picked up stones / and began throwing (b) them (= stones) towards the wood. // 20번 ② 단서: 개구리들은 그들의 첫 번째 왕에게 돌을 던졌음
(begin -ing: ~하는 것을 시작하다)
나무가 전혀 움직이지 않는 것을 보고 / 그들 중 일부는 돌을 용감하게 집어서 / 그리고 그것들을 나무를 향해 던지기 시작했다 //
Soon, / more frogs joined in, / and they began to do the same. //
곧 / 더 많은 개구리들이 동참했다 / 그리고 똑같이 하기 시작했다 //
Over time, / the frogs considered it / as their new king, / but eventually, / they lost / their interest in the piece of wood / among (c) them (= the frogs) / and nobody paid it any attention. //
시간이 지나면서 / 개구리들은 그것을 여겼다 / 그들의 새로운 왕으로 / 그러나 결국 / 그들은 잃어버렸다 / 그 나무 조각에 대한 관심을 / 그들 사이에서 / 그리고 아무도 그것에 신경 쓰지 않게 되었다 //
＊(B) 문단 요약: 처음에 개구리들은 나무를 향해 돌을 던지며 관심을 보였지만, 시간이 지나고 신경 쓰지 않게 됨

(4형식) send A B: A에게 B를 보내다

(C) The frogs begged God / to send (d) them a king / who would maintain order and rule over them. //
= the frogs 주격 관계대명사

개구리들은 신에게 빌었다 / 그들에게 왕을 보내달라고 / 질서를 유지하고 그들을 지배할 //
15번 (1) 단서, 18번 단서 3: 신은 왕을 보내 달라는 개구리들의 첫 번째 요청을 재미있게 여겨 나무 조각을 줌

God found their request amusing / and tossed a piece of wood / into the swamp, / which created a loud splash / and frightened the frogs. //
계속적 용법의 관계대명사

신은 그들의 요청을 재미있게 생각했다 / 그리고 나무 조각을 던졌다 / 늪지대에 / 그것은 큰 물보라를 일으켰다 / 그리고 개구리들을 겁먹게 했다 //

They were terrified / by the strange object / and hurriedly gathered / on the bank / to observe the amazing sight. //
부사적 용법(목적)

그들은 두려움을 느꼈다 / 그 이상한 물체에 / 그리고 급히 모였다 / 물가로 / 신기한 광경을 보기 위해서 //
20번 ③ 단서: 개구리들은 신이 늪에 던진 물체에 두려움을 느꼈음

*(C) 문단 요약: 신은 나무 조각을 던져서 개구리들을 겁먹게 했고 그것을 보기 위해 개구리들은 물가로 모임

주어와 수동 관계(과거분사)

(D) ⓐ Unsatisfied / Unsatisfying with the piece of wood / as their king, / the frogs sent a second wish / for a true ruler / to God. // 15번 (2) 단서, 18번 단서 4: 개구리들이 나무 조각에 만족하지 못하고 두 번째 소원을 빌었음

나무 조각에 만족하지 못해서 / 그들의 왕으로서 / 개구리들은 두 번째 소원을 빌었다 / 진정한 지배자를 보내달라고 / 신에게 //

주격 관계대명사

God became angry / and sent a large bird / that devoured all the frogs. // 20번 ④ 단서: 신은 큰 새를 보내 개구리들을 모두 잡아먹게 함

신은 화가 났다 / 그리고 큰 새를 보냈다 / 모든 개구리들을 집어삼킨 //
문두에 only가 나가면서 조동사+주어+동사원형의 순서로 도치

Only then did (e) they realize / their mistake / and regret their actions. // 16번, 17번, 20번 ⑤ 단서: 개구리들은 실수를 깨닫고 후회하며, 잔인한 지배자에게 해를 입는 것보다 지배자가 없는 게 낫다는 사실을 뒤늦게 알게 됨

그제서야 그들은 깨달았다 / 그들의 실수를 / 그리고 그들의 행동을 후회했다 //

They learned the hard way / that ⓑ no ruler is better / than a cruel one. //

그들은 힘겹게 배우게 되었다 / 지배자가 없는 게 낫다는 것을 / 잔인한 지배자보다 //

*(D) 문단 요약: 개구리들이 진정한 지배자를 보내달라고 두 번째 소원을 빌자 신은 화가 나서 큰 새를 보내 개구리들을 집어삼킴

(A) 옛날 옛적에 늪 지역에 개구리들이 살고 있었다. 그들은 그들을 괴롭히는 사람 없이 물을 튀기면서 행복하고 걱정이 없었다. 그러나 개구리들은 (a) 그들이 왕을 가져야 한다고 생각했고, 그래서 신에게 지배자를 달라고 빌었다. 그들은 진심으로 소원이 이뤄지기를 원했고, 신의 응답을 기다렸다.

(C) 개구리들은 질서를 유지하고 그들을 지배할 왕을 (d) 그들에게 보내달라고 신에게 빌었다. 신은 그들의 요청을 재미있게 생각하며 늪지대에 나무 조각을 던졌고, 그것은 큰 물보라를 일으켜 개구리들을 겁먹게 했다. 개구리들은 그 이상한 물체에 두려움을 느꼈고 신기한 광경을 보기 위해 급히 물가로 모였다.

(B) 개구리들은 조심스럽게 움직임 없는 나무에 다가갔다. 그들은 그것을 만지기도 했다. 나무가 전혀 움직이지 않는 것을 보고, 일부 개구리들은 용감하게 돌을 집어서 (b) 그것들을 나무를 향해 던지기 시작했다. 곧 더 많은 개구리들이 동참하여 똑같이 하기 시작했다. 시간이 지나면서 개구리들은 그것을 새로운 왕으로 여겼지만, 결국 그들은 그 나무 조각에 대한 관심을 (c) 그들 사이에서 잃어버렸고 아무도 그것에 신경 쓰지 않게 되었다.

(D) 그들의 왕으로는 나무 조각에 만족하지 못해서 개구리들은 신에게 진정한 지배자를 보내달라고 두 번째 소원을 빌었다. 신은 화가 나서 큰 새를 보냈고 그것은 모든 개구리들을 집어삼켰다. 그제서야 (e) 그들은 그들의 실수를 깨달았고 그들의 행동을 후회했다. 그들은 ⓑ 잔인한 지배자보다 지배자가 없는 게 낫다는 것을 힘겹게 배우게 되었다.

15 정답 (1) F (2) F

다음을 읽고, 윗글의 내용과 일치하면 T, 일치하지 않으면 F를 고르시오.

(1) The first king God sent to the frogs was a living thing. (T / F) God found their request amusing and tossed a piece of wood into the swamp
신이 개구리들에게 보낸 첫 번째 왕은 살아있는 존재였다.

(2) The frogs asked God three times to send them a king. (T / F) Unsatisfied with the piece of wood as their king, the frogs sent a second wish for a true ruler to God.
개구리들은 신에게 왕을 보내 달라고 세 번 요청했다.

왜 정답?

(1) 신이 개구리들에게 보낸 첫 번째 왕은 나무 조각이었으므로 글의 내용과 일치하지 않는다. (God found their request amusing and tossed a piece of wood into the swamp)

(2) 개구리들은 신에게 왕을 보내달라고 두 번 요청했으므로 글의 내용과 일치하지 않는다. (Unsatisfied with the piece of wood as their king, the frogs sent a second wish for a true ruler to God.)

16 정답 ashamed, regretful

윗글의 (D)에 나타난 개구리들의 심경으로 알맞은 것을 〈보기〉에서 모두 고르시오.

〈보기〉

ashamed 부끄러운	curious 호기심 있는	delighted 기쁜
indifferent 무관심한	regretful 후회하는	relieved 안심한

왜 정답?

(D)에서 개구리들은 신이 보낸 첫 번째 왕에 만족하지 못하고 다시 새로운 왕을 요청하였는데 이에 분노한 신이 큰 새를 보내 개구리들을 모두 잡아먹게 했다.
개구리들은 그제서야 자신들의 실수를 깨닫고 후회했다고 했으므로 (D)에 나타난 개구리들의 심경으로 알맞은 것은 ashamed(부끄러운)와 regretful(후회하는)이다.

17 정답 ①

윗글의 빈칸 ⓑ에 들어갈 말로 문맥상 가장 적절한 것을 고르시오.

① no ruler is better than a cruel one 개구리들에게 큰 새와 같은 포악한 지배자는 차라리 없는 편이 낫다고 했음
잔인한 지배자보다 지배자가 없는 게 더 낫다

② a wise ruler listens to the voice of the people
현명한 지배자는 백성의 목소리를 듣는다 개구리들의 말을 경청하는 지배자에 대한 내용이 아님

③ a ruler who loves gold will not be loved by his people 부를 갈망하는 지배자에 대한 내용이 아님
금을 사랑하는 지배자는 그의 백성에게 사랑받지 못한다

④ the worst enemy of the people is a ruler who has no enemy 적이 없는 지배자에 대한 내용은 없음
백성의 최악의 적은 적이 없는 지배자이다.

⑤ it is better to be governed by a wise scholar than a foolish ruler 어리석은 지배자는 나오지 않음
어리석은 지배자보다는 현명한 학자에 의해 통치받는 게 낫다.

왜 정답?

개구리들은 계속 만족하지 못하며 새로운 지배자를 원했고, 그 결과 신을 분노하게 하여 큰 새에 의해 몰살당했다. 결국 개구리들은 그들을 해칠 수 있는 잔인한 존재를 지배자로 둘 바에 차라리 지배자 없이 그들끼리 평화롭고 행복하게 사는 게 낫다는 뒤늦은 깨달음을 얻은 것이다.
따라서 빈칸에 들어갈 말로 가장 적절한 것은 ① '잔인한 지배자보다 지배자가 없는 게 낫다'이다.

왜 오답?

② 개구리들의 말을 경청하는 지배자가 현명한 지배자라는 내용이 아니다.
③ 지배자가 부를 갈망하면 개구리들이 외면한다는 내용이 아니다.
④ 지배자에게 적이 없는 경우를 경계해야 한다는 내용이 아니다.
⑤ 어리석은 지배자는 좋지 않다는 내용이 아니다.

18 정답 ③

주어진 글 (A)에 이어질 내용을 순서에 맞게 배열한 것으로 가장 적절한 것을 고르시오.

① (B) – (C) – (D)
② (B) – (D) – (C) (C)에서 나무 조각이 먼저 나와야 (B)에서 개구리들이 관심을 보이는 것으로 이어짐
③ (C) – (B) – (D)
④ (C) – (D) – (B) 교훈을 얻는 결말인 (D) 전에 (B)가 와야 함
⑤ (D) – (B) – (C) 글의 순서와 정반대임

(C) 신은 나무 조각을 던져서 개구리들을 겁먹게 했음 – (B) 처음에 개구리들은 관심을 보였지만, 시간이 지나고 신경 쓰지 않게 됨 – (D) 개구리들이 두 번째 소원을 빌자 신은 화가 나서 큰 새를 보내 개구리들을 집어삼켰고 힘들게 교훈을 얻게 되었음

왜 정답?

(A)의 뒷부분	그러나 개구리들은 (a) 그들이 왕을 가져야 한다고 생각했고, 그래서 그들은 신에게 지배자를 달라고 빌었다. 그들은 진심으로 소원이 이뤄지기를 원했고, 신의 응답을 기다렸다.

(A) 문단 뒤: 개구리들이 왕을 달라고 신에게 빌고 응답을 기다렸다는 문장으로 끝나므로 이와 관련된 내용이 이어질 것이다.

(B)의 앞부분	개구리들은 조심스럽게 움직임 없는 나무에 다가갔다. 그들은 그것을 만지기도 했다.
(B)의 마지막 문장	시간이 지나면서 개구리들은 그것을 새로운 왕으로 여겼지만, 결국 그들은 그 나무 조각에 대한 관심을 (c) 그들 사이에서 잃어버렸고 아무도 그것에 신경 쓰지 않게 되었다.

(B) 문단 앞: 개구리들이 나무를 보고 다가갔다고 했으므로 앞에 이 나무에 대한 내용이 나와야 한다.
주어진 글 (A)에 나무에 대한 내용이 없으므로 (B)는 (A) 뒤에 올 수 없음
(B) 문단 뒤: 개구리들은 처음에는 나무에 관심을 보였지만 시간이 지나고 신경 쓰지 않게 되었다는 문장으로 끝났으므로 이와 관련된 내용이 뒤에 와야 한다.

(C)의 첫 문장	개구리들은 질서를 유지하고 그들을 지배할 왕을 (d) 그들에게 보내달라고 신에게 빌었다.
(C)의 마지막 문장	개구리들은 그 이상한 물체에 두려움을 느꼈고 신기한 광경을 보기 위해 급히 물가로 모였다.

(C) 문단 앞: 개구리들이 왕을 보내달라고 신에게 빌었다고 했으므로 이와 관련된 내용이 먼저 나오는 (A)가 앞에 와야 한다.
(C) 앞에 주어진 글 (A)가 와야 함 (순서: 주어진 글 → (C))
(C) 문단 뒤: 개구리들이 신이 늪에 던진 나무에 두려움을 느끼고 물가로 모였다고 했으므로 그 나무에 다가갔다는 문장으로 시작하는 (B)가 뒤에 와야 한다.
(C) 뒤에 (B)가 와야 함 (순서: 주어진 글 → (C) → (B))

(D)의 첫 문장	그들의 왕으로는 나무 조각에 만족하지 못해서 개구리들은 신에게 진정한 지배자를 보내달라고 두 번째 소원을 빌었다.
(D)의 마지막 문장	그들은 잔인한 지배자보다 지배자가 없는 게 낫다는 것을 힘겹게 배우게 되었다.

(D) 문단 앞: 개구리들이 나무 조각에 만족하지 못하고 두 번째 소원을 빌었다고 했으므로 (B)에서 시간이 지나고 나무 조각에 신경 쓰지 않게 되었다는 내용이 앞에 와야 한다.
(D) 앞에 (B)가 와야 함 (순서: 주어진 글 (A) → (C) → (B) → (D))
(D) 문단 뒤: 개구리들이 실수를 깨닫고 후회하면서 교훈을 얻게 되었다는 마무리 내용이다.

19 정답 ②

윗글의 밑줄 친 (a)~(e) 중에서 가리키는 대상이 나머지 넷과 다른 것을 고르시오.

① (a) = the frogs ② (b) = stones ③ (c) = the frogs ④ (d) = the frogs ⑤ (e) = the frogs

왜 정답?

그러나 개구리들은 (a) 그들이 왕을 가져야 한다고 생각했고, 그래서 그들은 신에게 지배자를 달라고 빌었다.

→ 개구리들이 자신들에게 왕이 있어야 한다고 생각했다.
(a)는 개구리들을 가리킴

나무가 전혀 움직이지 않는 것을 보고, 일부 개구리들은 용감하게 돌을 집어서 (b) 그것들을 나무를 향해 던지기 시작했다.

→ 개구리들이 나무에 던지기 시작한 것은 '돌'이다.
(b)는 돌을 가리킴, ②이 정답임

시간이 지나면서 개구리들은 그것을 새로운 왕으로 여겼지만, 결국 그들은 그 나무 조각에 대한 관심을 (c) 그들 사이에서 잃어버렸고 아무도 그것에 신경 쓰지 않게 되었다.

→ 개구리들 사이에 결국 나무 조각에 대한 흥미가 사라졌다.
(c)는 개구리들을 가리킴

개구리들은 질서를 유지하고 그들을 지배할 왕을 (d) 그들에게 보내달라고 신에게 빌었다.

→ 개구리들은 자신들에게 왕을 보내달라고 신에게 빌었다.
(d)는 개구리들을 가리킴

그제서야 (e) 그들은 그들의 실수를 깨달았고 그들의 행동을 후회했다.

→ 개구리들이 그들 자신의 실수를 뒤늦게 깨닫고 후회했다.
(e)는 개구리들을 가리킴

20 정답 ⑤

윗글에 관한 내용으로 적절하지 않은 것을 고르시오.

① 개구리들은 그들에게 왕이 있기를 바랐다.
But the frogs thought they should have a king, so they asked God for a ruler.
② 개구리들은 그들의 첫 번째 왕에게 돌을 던졌다.
Seeing that it remained still, some of them bravely picked up stones and began throwing them towards the wood.
③ 개구리들은 신이 늪에 던진 물체에 두려움을 느꼈다.
They were terrified by the strange object and hurriedly gathered on the bank to observe the amazing sight.
④ 큰 새가 나타나 개구리들을 모두 집어삼켰다.
God became angry and sent a large bird that devoured all the frogs.
⑤ 그 후 개구리들은 왕 없이 평화롭게 살았다.
Only then did they realize their mistake and regret their actions.

왜 정답?

① 개구리들은 그들에게 왕이 있기를 바랐다.

그러나 개구리들은 (a) 그들이 왕을 가져야 한다고 생각했고, 그래서 그들은 신에게 지배자를 달라고 빌었다.

①은 글의 내용과 일치함

② 개구리들은 그들의 첫 번째 왕에게 돌을 던졌다.

나무가 전혀 움직이지 않는 것을 보고, 일부 개구리들은 용감하게 돌을 집어서 (b) 그것들을 나무를 향해 던지기 시작했다.

②은 글의 내용과 일치함

③ 개구리들은 신이 늪에 던진 물체에 두려움을 느꼈다.

개구리들은 그 이상한 물체에 두려움을 느꼈고 신기한 광경을 보기 위해 급히 물가로 모였다.

③은 글의 내용과 일치함

④ 큰 새가 나타나 개구리들을 모두 집어삼켰다.

신은 화가 나서 큰 새를 보냈고 그것은 모든 개구리들을 집어삼켰다.

④은 글의 내용과 일치함

⑤ 그 후 개구리들은 왕 없이 평화롭게 살았다.

그제서야 (e) 그들은 그들의 실수를 깨달았고 그들의 행동을 후회했다.

➡ 큰 새가 개구리들을 모조리 집어삼켰고 그제서야 개구리들은 실수를 깨달았고 자신들의 행동을 후회했다.
⑤은 글의 내용과 일치하지 않음

21 정답 Unsatisfied

윗글의 네모 ⓐ에서 어법상 적절한 것을 고르시오.

ⓐ [Unsatisfied / Unsatisfying] with the piece of wood as their king, the frogs sent a second wish for a true ruler to God.
그들의 왕으로는 나무 조각에 만족하지 못해서 개구리들은 신에게 진정한 지배자를 보내달라고 두 번째 소원을 빌었다.

왜 정답?

주어인 the frogs가 '만족하지 못한' 것이므로 수동의 의미를 나타내는 과거분사 Unsatisfied가 어법상 적절하다.

22 ~ 28

▶ 문제편 pp. 158~159

*테디 베어를 양보한 Marie의 관대함

(A) On my daughter Marie's 8th birthday, / she received a bunch of presents / from her friends at school. //
나의 딸 Marie의 8번째 생일에 / 그녀는 많은 선물을 받았다 / 학교에서 친구들로부터 //

27번① 단서: 테디 베어를 팔에 안고 생일을 축하하기 위해 식당에 갔음

That evening, / with her favorite present, a teddy bear, in her arms, / we went to a restaurant / to celebrate her birthday. // (부사적 용법(목적))
그날 저녁 / 그녀가 가장 좋아하는 선물인 테디 베어를 팔에 안고 / 우리는 식당에 갔다 / 그녀의 생일을 축하하기 위해 //

Our server, a friendly woman, / noticed my daughter ⓐ [to hold / holding] (noticed의 목적격보어) the teddy bear / and said, / "My daughter loves teddy bears, too." //
다정한 여성인 우리의 종업원은 / 나의 딸이 테디 베어를 안고 있다는 것을 알아차렸다 / 그리고 말했다 / "나의 딸도 테디 베어를 좋아해요"라고 //

Then, / we started chatting / about (a) her (= our server's) family. //
그리고 나서 / 우리는 담소를 나누기 시작했다 / 그녀의 가족에 대해 //

*(A) 문단 요약: Marie의 생일에 간 식당에서 종업원이 자신의 딸도 테디 베어를 좋아한다고 말했음 25번 단서1: Marie의 가족은 종업원의 가족에 대해 담소를 나누기 시작했음

(B) When Marie came back out, / I asked her what she had been doing. // 25번 단서 2: 식당으로 다시 뛰어 들어갔다가 돌아온 Marie에게 무엇을 했는지 물었음
Marie가 돌아왔을 때 / 나는 그녀에게 무엇을 하고 있었느냐고 물었다 //

She said / that she gave her teddy bear to our server / so that she could give it to (b) her (= our server's) daughter. // ((그래서) ~하도록)
그녀는 말했다 / 자신의 테디 베어를 우리의 종업원에게 주었다고 / 그녀가 자신의 딸에게 그것을 줄 수 있도록 //

27번② 단서: 'I'는 Marie의 갑작스러운 행동에 놀랐음

I was surprised at her sudden action / because I could see / how much she loved that bear already. //
나는 그녀의 갑작스러운 행동에 놀랐다 / 알 수 있었기 때문에 / 이미 그녀가 그 테디 베어를 얼마나 좋아하는지 //

(c) She (= Marie) must have seen (must have p.p.: ~했음에 틀림없다) the look on my face, / because she said, / "I can't imagine being stuck in a hospital bed. // I just want her to get better soon." // 24번 단서: 종업원의 딸이 빨리 낫기를 바란다고 했음
그녀는 내 얼굴의 표정을 봤음에 틀림없다 / 왜냐하면 그녀가 말했기 때문이다 / "저는 병원 침대에 갇혀 있는 것을 상상할 수 없어요 // 전 그저 그녀가 빨리 낫기를 바랄 뿐이에요"라고 //

*(B) 문단 요약: Marie는 자신이 정말 좋아하는 테디 베어를 종업원에게 주고 그녀의 딸에게 주라고 했음

(C) I felt moved by Marie's words / as (시간의 부사절을 이끄는 접속사) we walked toward the car. // 25번 단서 3: Marie가 종업원의 딸이 빨리 낫기를 바란다고 말한 것에 감동받았음
나는 Marie의 말에 감동받았다 / 우리가 차를 향해 걸어갈 때 //

Then, / our server ran out to our car / and thanked Marie for her generosity. // 27번③ 단서: 종업원은 Marie의 관대함에 고마워했음
그때 / 우리의 종업원이 우리 차로 달려 나왔다 / 그리고 Marie의 관대함에 고마워했다 //

The server said / that (목적어절을 이끄는 접속사) (d) she (= our server) had never had anyone / doing anything like that / for her family before. //
종업원은 말했다 / 어떤 사람도 가진 적이 없었다고 / 그런 일을 해 준 / 이전에 자신의 가족을 위해 //

Later, Marie said / it was her best birthday ever. //
나중에 Marie는 말했다 / 그날이 그녀의 최고의 생일이었다고 //

I was so proud of her empathy and warmth, / and this was an unforgettable experience / for our family. //
나는 그녀의 공감과 따뜻함이 너무 자랑스러웠다 / 그리고 이것은 잊을 수 없는 경험이었다 / 우리 가족에게 //

*(C) 문단 요약: 종업원이 Marie에게 고마워했고 Marie의 가족에게도 잊을 수 없는 경험이었음

25번 단서 4, 27번④ 단서: 종업원은 자신의 딸이 다리가 부러져서 병원에 있다고 말했음

(D) The server mentioned / during the conversation / that her daughter was in the hospital / with a broken leg. //
목적어절을 이끄는 접속사
그 종업원은 말했다 / 대화 중에 / 자신의 딸이 병원에 있다고 / 다리가 부러져 //

(e) She also said / that Marie looked about the same age / as her daughter. //
= our server
목적어절을 이끄는 접속사
그녀는 또한 말했다 / Marie가 나이가 거의 똑같아 보인다고 / 자신의 딸과 //

She was so kind and attentive all evening, / and even gave Marie cookies for free. // 27번⑤ 단서: 종업원은 Marie에게 쿠키를 무료로 주었음
그녀는 저녁 내내 매우 친절하고 세심했다 / 그리고 심지어 Marie에게 쿠키를 무료로 주었다 //

After we finished our meal, / we paid the bill / and began to walk to our car / when unexpectedly Marie asked me to wait / and ran back into the restaurant. //
병렬 구조
우리가 식사를 마친 후 / 우리는 요금을 지불하고 / 우리 차로 걸어가기 시작했다 / 그때 갑자기 Marie가 나에게 기다려 달라고 부탁했다 / 그리고 식당으로 다시 뛰어 들어갔다 //

*(D) 문단 요약: 종업원의 딸은 Marie와 나이가 비슷한데 지금 병원에 있다고 했고, 식사 후에 Marie가 식당으로 다시 들어갔음

(A) 나의 딸 Marie의 8번째 생일에, 그녀는 학교에서 친구들로부터 많은 선물을 받았다. 그날 저녁, 그녀가 가장 좋아하는 선물인 테디 베어를 팔에 안고 우리는 그녀의 생일을 축하하기 위해 식당에 갔다. 다정한 여성인 우리의 종업원은 나의 딸이 테디 베어를 안고 있다는 것을 알아차렸고, "나의 딸도 테디 베어를 좋아해요."라고 말했다. 그리고 나서, 우리는 (a) 그녀의 가족에 대해 담소를 나누기 시작했다.
(D) 그 종업원은 대화 중에 자신의 딸이 다리가 부러져 병원에 있다고 말했다. (e) 그녀는 또한 Marie가 자신의 딸과 나이가 거의 똑같아 보인다고 말했다. 그녀는 저녁 내내 매우 친절하고 세심했고 심지어 Marie에게 쿠키를 무료로 주었다. 우리가 식사를 마친 후, 우리는 요금을 지불하고 우리 차로 걸어가기 시작했는데 그때 갑자기 Marie가 나에게 기다려 달라고 부탁하고 식당으로 다시 뛰어 들어갔다.
(B) Marie가 돌아왔을 때 나는 그녀에게 무엇을 하고 있었느냐고 물었다. 그녀는 자신의 테디 베어를 우리의 종업원에게 주어서 그녀가 (b) 자신의 딸에게 그것을 줄 수 있도록 했다고 말했다. 나는 이미 그녀가 그 테디 베어를 얼마나 좋아하는지 알 수 있었기 때문에 그녀의 갑작스러운 행동에 놀랐다. (c) 그녀는 내 얼굴의 표정을 분명히 봤을 것인데, 왜냐하면 그녀가 "저는 병원 침대에 갇혀 있는 것을 상상할 수 없어요. 전 그저 그녀가 빨리 낫기를 바랄 뿐이에요."라고 말했기 때문이다.
(C) 우리가 차를 향해 걸어갈 때 나는 Marie의 말에 감동받았다. 그때 우리의 종업원이 우리 차로 달려 나와 Marie의 관대함에 고마워했다. (d) 종업원은 이전에 자신의 가족을 위해 그런 일을 해 준 어떤 사람도 가진 적이 없었다고 말했다. 나중에 Marie는 그날이 그녀의 최고의 생일이었다고 말했다. 나는 그녀의 공감과 따뜻함이 너무 자랑스러웠고, 이것은 우리 가족에게 잊을 수 없는 경험이었다.

22 정답 ①

윗글의 중심 소재로 가장 적절한 것을 고르시오.

① the empathy and kindness of a little girl 식당 종업원의 아픈 딸에게 Marie가 자신의 테디 베어를 선물한 이야기
어린 소녀의 공감과 친절
② hospitality of a server at a restaurant 식당 종업원이 친절했다는 것으로 만든 함정
식당에서 한 종업원의 환대
③ an unpleasant experience on birthday dinner 감동적인 경험을 했으므로 적절하지 않음
생일 저녁의 불쾌한 경험

왜 정답?
식당 종업원의 아픈 딸 이야기를 듣고 Marie가 자신의 테디 베어를 선뜻 선물한 이야기이므로 글의 중심 소재로 가장 적절한 것은 ① '어린 소녀의 공감과 친절'이다.

왜 오답?
② 식당 종업원이 친절하기는 했지만 이야기의 중심 소재는 아니다.
③ Marie의 생일 저녁에 있었던 감동적인 일화이므로 적절하지 않다.

23 정답 (1) 우리가 식사를 마친 후, 우리는 요금을 지불하고 우리 차로 걸어가기 시작했는데 그때 갑자기 Marie가 나에게 기다려 달라고 부탁하고 식당으로 다시 뛰어 들어갔다.
(2) 종업원은 이전에 자신의 가족을 위해 그런 일을 해준 어떤 사람도 가진 적이 없었다고 말했다.

왜 정답?
(1) asked와 ran이 접속사 and로 연결된 문장이다.
(2) that은 목적어절을 이끄는 접속사로 쓰인 것에 유의해서 해석해야 한다.

24 정답 get better

다음 질문에 대한 답을 윗글에서 찾아 쓰시오.

Q: Why did Marie give her teddy bear to the server?
질문: 왜 Marie는 그녀의 테디 베어를 종업원에게 주었는가?
A: Because she wanted the server's daughter to get better soon.
답: 그녀는 종업원의 딸이 빨리 회복하기를 원했기 때문이다.

왜 정답?
'I'의 놀란 표정을 보고 Marie는 종업원의 딸이 빨리 '낫기(get better)'를 바란다고 말했다. (I just want her to get better soon.)

25 정답 ④

주어진 글 (A)에 이어질 내용을 순서에 맞게 배열한 것으로 가장 적절한 것을 고르시오.

① (B) – (D) – (C) 테디 베어를 종업원에게 주는 (B)보다 종업원의 딸이 병원에 있다고 하는 (D)가 먼저 와야 함
② (C) – (B) – (D)
③ (C) – (D) – (B) (C)는 Marie의 행동에 대해 감동하는 마무리 부분이므로 마지막에 와야 함
④ (D) – (B) – (C) (D) 식사 후에 Marie가 식당으로 다시 들어갔음 - (B) Marie는 테디 베어를 종업원에게 주고 그녀의 딸에게 주라고 했음 - (C) Marie의 가족에게도 잊을 수 없는 경험이었음
⑤ (D) – (C) – (B) (B)에서 한 Marie의 행동에 대해 (C)에서 감동하는 순서가 되어야 함

왜 정답?

(A)의 뒷부분	다정한 여성인 우리의 종업원은 나의 딸이 테디 베어를 안고 있다는 것을 알아차렸고, "나의 딸도 테디 베어를 좋아해요."라고 말했다. 그리고 나서, 우리는 (a) 그녀의 가족에 대해 담소를 나누기 시작했다.

(A) 문단 뒤: 식당에서 종업원이 자신의 딸도 테디 베어를 좋아한다고 말하며 담소를 나누기 시작했다고 했으므로 이와 관련된 내용이 이어질 것이다.

(B)의 첫 문장	Marie가 돌아왔을 때 나는 그녀에게 무엇을 하고 있었느냐고 물었다.
(B)의 마지막 문장	(c) 그녀는 내 얼굴의 표정을 분명히 봤을 것인데, 왜냐하면 그녀가 "저는 병원 침대에 갇혀 있는 것을 상상할 수 없어요. 전 그저 그녀가 빨리 낫기를 바랄 뿐이에요."라고 말했기 때문이다.

(B) 문단 앞: Marie가 돌아왔다고 했으므로 앞에는 Marie가 어디로 다시 들어갔다는 내용이 와야 한다.
주어진 글에 이 내용이 없으므로 (B) 앞에 주어진 글이 올 수 없음
(B) 문단 뒤: Marie가 종업원의 딸이 빨리 낫기를 바란다는 내용으로 끝나므로 이와 관련된 내용이 뒤에 나와야 한다.

(C)의 첫 문장	우리가 차를 향해 걸어갈 때 나는 Marie의 말에 감동받았다.
(C)의 마지막 문장	나는 그녀의 공감과 따뜻함이 너무 자랑스러웠고, 이것은 우리 가족에게 잊을 수 없는 경험이었다.

(C) 문단 앞: Marie의 말에 감동받았다고 했으므로 앞에는 Marie가 한 말이 나와야 하는데 이 내용이 (B)에 있다.
(C) 앞에 (B)가 와야 함 (순서: (B) → (C))
(C) 문단 뒤: Marie의 따뜻함을 보여준 일이 Marie의 가족에게도 잊을 수 없는 경험이었다는 문장으로 끝나므로 이야기의 결말일 가능성이 크다.
(C)가 마지막에 올 확률이 큼

(D)의 첫 문장	그 종업원은 대화 중에 자신의 딸이 다리가 부러져 병원에 있다고 말했다.
(D)의 마지막 문장	우리가 식사를 마친 후, 우리는 요금을 지불하고 우리 차로 걸어가기 시작했는데 그때 갑자기 Marie가 나에게 기다려 달라고 부탁하고 식당으로 다시 뛰어 들어갔다.

(D) 문단 앞: 종업원의 딸이 다리가 부러져 병원에 있다고 말했다고 했으므로 앞에는 이 종업원에 대한 내용이 먼저 나와야 하고 (A)에 그 내용이 있다.
(D) 앞에 주어진 글 (A)가 와야 함 (순서: 주어진 글 (A) → (D))
(D) 문단 뒤: Marie가 식당으로 다시 뛰어 들어갔다고 했으므로 다시 돌아왔다는 문장으로 시작하는 (B)가 뒤에 와야 한다.
(D) 뒤에 (B)가 와야 함 (순서: 주어진 글 (A) → (D) → (B) → (C))

26 정답 ③

윗글의 밑줄 친 (a)~(e) 중에서 가리키는 대상이 나머지 넷과 다른 것을 고르시오.

① (a) = our server's ② (b) = our server's ③ (c) = Marie ④ (d) = our server ⑤ (e) = our server

왜 정답?

그리고 나서, 우리는 (a) 그녀의 가족에 대해 담소를 나누기 시작했다.

→ Marie의 가족이 담소를 나누기 시작한 것은 종업원의 가족에 대해서이다.
(a)는 종업원을 가리킴

그녀는 자신의 테디 베어를 우리의 종업원에게 주어서 그녀가 (b) 자신의 딸에게 그것을 줄 수 있도록 했다고 말했다.

→ Marie가 종업원에게 테디 베어를 주고 종업원의 딸에게 전해주도록 했다.
(b)는 종업원을 가리킴

(c) 그녀는 내 얼굴의 표정을 분명히 봤을 것인데, 왜냐하면 그녀가 "저는 병원 침대에 갇혀 있는 것을 상상할 수 없어요. 전 그저 그녀가 빨리 낫기를 바랄 뿐이에요."라고 말했기 때문이다.

→ 'I'의 얼굴 표정을 보고 종업원의 딸이 빨리 낫기를 바란다는 말을 했으므로 Marie를 가리킨다.
(c)는 Marie를 가리킴, ③이 정답임

(d) 종업원은 이전에 자신의 가족을 위해 그런 일을 해 준 어떤 사람도 가진 적이 없었다고 말했다.

→ 자신의 가족을 위해 관대함을 베풀어 준 사람이 없었다고 말한 사람은 종업원이다.
(d)는 종업원을 가리킴

(e) 그녀는 또한 Marie가 자신의 딸과 나이가 거의 똑같아 보인다고 말했다.

→ 자신의 딸과 Marie의 나이가 비슷해 보인다고 말한 사람은 종업원이다.
(e)는 종업원을 가리킴

27 정답 ④

윗글에 관한 내용으로 적절하지 않은 것을 고르시오.

① Marie는 테디 베어를 팔에 안고 식당에 갔다.
with her favorite present, a teddy bear, in her arms, we went to a restaurant
② 'I'는 Marie의 갑작스러운 행동에 놀랐다.
I was surprised at her sudden action
③ 종업원은 Marie의 관대함에 고마워했다.
our server ~ thanked Marie for her generosity
④ 종업원은 자신의 딸이 팔이 부러져서 병원에 있다고 말했다.
The server mentioned ~ that her daughter was in the hospital with a broken leg.
⑤ 종업원은 Marie에게 쿠키를 무료로 주었다.
even gave Marie cookies for free

왜 정답?

① Marie는 테디 베어를 팔에 안고 식당에 갔다.

그날 저녁, 그녀가 가장 좋아하는 선물인 테디 베어를 팔에 안고 우리는 그녀의 생일을 축하하기 위해 식당에 갔다.

①은 글의 내용과 일치함

② 'I'는 Marie의 갑작스러운 행동에 놀랐다.

나는 이미 그녀가 그 테디 베어를 얼마나 좋아하는지 알 수 있었기 때문에 그녀의 갑작스러운 행동에 놀랐다.

②은 글의 내용과 일치함

③ 종업원은 Marie의 관대함에 고마워했다.

그때 우리의 종업원이 우리 차로 달려 나와 Marie의 관대함에 고마워했다.

③은 글의 내용과 일치함

④ 종업원은 자신의 딸이 팔이 부러져서 병원에 있다고 말했다.

그 종업원은 대화 중에 자신의 딸이 다리가 부러져 병원에 있다고 말했다.

→ 종업원은 자신의 딸이 다리가 부러져 병원에 있다고 말했다.
④은 글의 내용과 일치하지 않음

⑤ 종업원은 Marie에게 쿠키를 무료로 주었다.

그녀는 저녁 내내 매우 친절하고 세심했고 심지어 Marie에게 쿠키를 무료로 주었다.

⑤은 글의 내용과 일치함

28 정답 holding

윗글의 네모 ⓐ에서 어법상 적절한 것을 고르시오.

Our server, a friendly woman, noticed my daughter ⓐ [to hold / holding] the teddy bear and said, "My daughter loves teddy bears, too."
다정한 여성인 우리의 종업원은 나의 딸이 테디 베어를 안고 있다는 것을 알아차렸고, "나의 딸도 테디 베어를 좋아해요."라고 말했다.

왜 정답 ?

notice가 5형식 지각동사로 쓰일 때 목적격 보어 자리에는 동사원형 또는 -ing 형태가 와야 하므로 holding이 적절하다.

Q REVIEW 어휘 테스트

▸문제편 p. 160

01 기대다 02 지배자 03 냄비
04 움직이지 않는 05 genuinely 06 swamp
07 chat 08 separate
09 ① [매우 강하고 감정적인 요청을 하는 것]
① 간청하다 ② 기쁘게 하다 ③ 강요하다
④ 넌지시 알려주다
10 ④ [잊을 수 없는]
① 보통의 ② 평범한 ③ 두드러지지 않는 ④ 잊을 수 없는
11 ① [관대하고 기꺼이 돕는 성격이나 이러한 행동]
① 친절 ② 장애물 ③ 방해 ④ 무자비함
12 ② [그는 차가 오른쪽으로 방향을 바꾸는 것을 관찰했다.]
① [나의 조부모님은 여전히 전통을 준수한다.]
13 ② [나는 너의 안전에 대해 궁금했었다.]
① [그의 수술의 성공은 경이로운 것이었다.]
14 peel [지시사항은 사과 껍질을 (벗기는 / 훔쳐보는) 것이다.]
15 amusing [친구들은 (학대한다 / 즐겁다)고 한다.]
16 attentive [그 종업원은 아주 (친절했다 / 도착했다).]
17 hurriedly [그는 (급히 / 크게) 건물에서 나오는 중이었다.]
18 pupil 19 bravely 20 carefree
21 sudden 22 splash

01 ~ 02 ▶ 문제편 p. 161

＊시가 주는 이점

동명사 주어(단수 취급) / 단수 동사
Developing a personal engagement with poetry / brings a number of benefits to you / as an individual, / in both a personal and a professional capacity. // 01번 단서 1: 시는 개인에게 많은 이점을 가져다줌
시와의 개인적 관계를 발전시키는 것은 / 여러분에게 많은 이점을 가져다 준다 / 한 개인으로서 / 개인적인 능력과 전문적인 능력 모두에서 //

① Writing poetry has been shown / to have physical and mental benefits, /
시를 쓰는 것은 보여져 왔다 / 신체적, 정신적 이점을 지닌 것으로 /
with+명사+분사: ~하면서 / to부정사의 병렬 구조
with expressive writing found / to improve immune system and lung function, / diminish psychological distress, / and enhance relationships. //
표현적 글쓰기가 밝혀지면서 / 면역 체계와 폐 기능을 향상시키고 / 심리적 고통을 줄이고 / 관계를 증진시키는 것으로 //

② Poetry has long been used / to aid different mental health needs, / develop empathy, / and reconsider our relationship / with both natural and built environments. // (to부정사의 병렬 구조)
시는 오랫동안 사용되어 왔다 / 여러 정신 건강에 필요한 것들을 돕기 위해 / 공감 능력을 개발하기 위해 / 그리고 우리의 관계를 재고하기 위해 / 자연적 환경과 만들어진 환경 모두와 //

③ Poetry is also an incredibly effective way / of actively targeting the cognitive development period, / improving your productivity and scientific creativity / in the process. // (분사구문)
시는 또한 믿을 수 없을 정도로 효과적인 방법이다 / 인지 발달 시기를 적극적으로 겨냥하는 / 여러분의 생산성과 과학적 창의력을 향상시키면서 / 그 과정에서 //

(④ Poetry is considered / to be an easy and useful means of expressing emotions, / but you fall into frustration / when you realize its complexity. //)
(시는 여겨진다 / 감정을 표현하는 쉽고 유용한 수단으로 / 하지만 여러분은 좌절감에 빠진다 / 여러분이 그것의 복잡성을 깨달을 때 //)

⑤ In short, / poetry has a lot to offer, / if you give it the opportunity to do so. // (형용사적 용법) 01번 단서 2: 시는 개인에게 제공할 많은 것을 가지고 있음
간단히 말해서 / 시는 제공할 많은 것을 가지고 있다 / 만약 여러분이 시에게 그렇게 할 기회를 준다면 //

- engagement 관계
- poetry (집합적으로) 시
- benefit 이점, 혜택
- professional 전문적인
- capacity 능력, 용량
- expressive 표현의, 표현적인
- immune 면역의
- lung 폐, 허파
- function 기능
- diminish 줄이다, 약화하다
- psychological 심리적인
- distress 고통
- enhance (질을) 높이다, 향상시키다
- aid 지원하다, 돕다
- empathy 공감 (능력)
- reconsider 재고하다
- incredibly 믿을 수 없을 정도로
- target 목표로 삼다, 겨냥하다
- productivity 생산성
- frustration 좌절감
- complexity 복잡성

시와의 개인적 관계를 발전시키는 것은 개인적인 능력과 전문적인 능력 모두에서 한 개인으로서의 여러분에게 많은 이점을 가져다준다. ① 표현적 글쓰기가 면역 체계와 폐 기능을 향상시키고, 심리적 고통을 줄이고, 관계를 증진시키는 것으로 밝혀지면서, 시를 쓰는 것은 신체적, 정신적 이점을 지닌 것으로 보여져 왔다. ② 시는 여러 정신 건강에 필요한 것들을 돕고, 공감 능력을 개발하고, 자연적 환경과 만들어진 환경 둘 다와의 관계를 재고하기 위해 오랫동안 사용되어 왔다.

③ 시는 또한 인지 발달 시기를 적극적으로 겨냥하는 믿을 수 없을 정도로 효과적인 방법이며, 그 과정에서 여러분의 생산성과 과학적 창의력을 향상시킨다. (④ 시는 감정을 표현하는 쉽고 유용한 수단으로 여겨지지만, 여러분이 그것의 복잡성을 깨달았을 때 여러분은 좌절감에 빠진다.) ⑤ 간단히 말해서, 만약 여러분이 시에게 그렇게 할 기회를 준다면, 시는 제공할 많은 것을 가지고 있다.

01 정답 ④

윗글에서 전체 흐름과 관계 없는 문장을 고르시오.

① ② ③ ④ ⑤

1st 선택지가 나오기 전의 내용을 확인하고 글의 주제를 예상한다.

시와의 개인적 관계를 발전시키는 것은 개인적인 능력과 전문적인 능력 모두에서 한 개인으로서의 여러분에게 많은 이점을 가져다준다.

→ 시를 잘 활용하면 개인적, 전문적 능력 개발에 이점이 많다고 했다.
↳ 시가 개인의 여러 능력에 미치는 긍정적인 영향이 글의 주제일 것임

2nd 글의 주제에 맞지 않는 문장을 찾는다.

① 표현적 글쓰기가 면역 체계와 폐 기능을 향상시키고, 심리적 고통을 줄이고, 관계를 증진시키는 것으로 밝혀지면서, 시를 쓰는 것은 신체적, 정신적 이점을 지닌 것으로 보여져 왔다.

→ 앞 문장을 통해 글의 중심 내용이 시가 개인의 여러 능력에 미치는 긍정적인 영향에 대한 것임을 예상한 것처럼, 시를 쓰는 것이 면역 체계 및 폐 기능 향상, 심리적 고통 감소, 관계 개선 등 다양한 신체적, 정신적 이점이 있다는 내용이 자연스럽게 이어진다.
↳ ①은 무관한 문장이 아님

② 시는 여러 정신 건강에 필요한 것들을 돕고, 공감 능력을 개발하고, 자연적 환경과 만들어진 환경 둘 다와의 관계를 재고하기 위해 오랫동안 사용되어 왔다.

→ 앞에서 언급된 시의 이점으로, 시가 정신 건강 및 공감 능력의 향상, 환경과의 관계 개선에 활용되어 왔다는 흐름은 적절하다.
↳ ②은 무관한 문장이 아님

③ 시는 또한(also) 인지 발달 시기를 적극적으로 겨냥하는 믿을 수 없을 정도로 효과적인 방법이며, 그 과정에서 여러분의 생산성과 과학적 창의력을 향상시킨다.

→ 연결어 also(또한)로 연결하며 시의 또 다른 이점인 인지 발달 촉진, 생산성 및 창의력 향상을 제시하고 있으므로 자연스러운 흐름이다.
↳ ③은 무관한 문장이 아님

④ 시는 감정을 표현하는 쉽고 유용한 수단으로 여겨지지만, 여러분이 그것의 복잡성을 깨달았을 때 여러분은 좌절감에 빠진다.

→ 시의 긍정적인 효과에 대해 이야기하다가 시의 복잡성을 깨달으면 좌절하게 된다는 내용이 이어지므로, 전체 글의 흐름에 맞지 않는다.
↳ ④이 무관한 문장임

3rd 정답인 문장을 빼면 문맥이 자연스러운지 확인한다.

⑤ 간단히 말해서, 만약 여러분이 시에게 그렇게 할 기회를 준다면, 시는 제공할 많은 것을 가지고 있다.

→ ③에서 시의 이점으로 인지 발달 촉진, 생산성 및 창의력 향상을 제시하고 있고, 이 내용이 시를 잘 활용하면 많은 이득을 얻을 수 있다는 ⑤으로 이어진다.
↳ 따라서 정답은 ④임

02 정답 has long been used to aid

윗글의 밑줄 친 우리말 해석과 일치하도록 〈보기〉의 단어를 어법상 적절하게 변형하여 6단어로 쓰시오.

〈보기〉
long use aid

Poetry has long been used to aid different mental health needs, develop empathy, and reconsider our relationship with both natural and built environments.
시는 여러 정신 건강에 필요한 것들을 돕고, 공감 능력을 개발하고, 자연적 환경과 만들어진 환경 둘 다와의 관계를 재고하기 위해 오랫동안 사용되어 왔다.

왜 정답?

3인칭 단수 주어인 Poetry가 과거부터 지금까지 '오랫동안 사용되어 온' 것이므로 동사의 형태는 주어와 수 일치된 채, 수동태와 현재완료 시제가 결합한 has long been used로 쓴다. 그리고 그 뒤에 '돕기 위해'라는 목적을 나타내는 부사적 용법의 to부정사 to aid를 써야 어법상 적절하다.

03 ~ 04

▶ 문제편 p. 161

＊자동화로 대체되는 일자리

Things are changing. //
상황이 변화하고 있다 //

03번 단서 1: 캐나다와 미국의 일자리가 자동화로 인해 위기에 처할 것임

It(가주어) has been reported / ⓐ that(진주어절을 이끄는 접속사) 42 percent of jobs in Canada are at risk, / and 62 percent of jobs in America / will be in danger / due to advances in automation. //
~이 보도되어 왔다 / 캐나다의 일자리 중 42퍼센트가 위기에 처해 있다고 / 그리고 미국의 일자리 중 62퍼센트가 / 위기에 처할 것이라고 / 자동화의 발전으로 인해 //

03번 단서 2: 앞에는 자동화하기 어려운 것과 반대되는 내용이 나와야 함

(A) However, / what's difficult to automate / is the ability to creatively solve problems(형용사적 용법). //
하지만 / 자동화하기 어려운 것은 / 창의적으로 문제들을 해결하는 능력이다 //

Whereas workers in "doing" roles / can be replaced by robots, / the role(핵심 주어) of creatively solving problems / is(단수 동사) more dependent on an irreplaceable individual. //
반면에 '(기계적인 일을) 하는' 역할의 노동자들은 / 로봇들에 의해 대체될 수 있다 / 창의적으로 문제를 해결하는 역할은 / 대체 불가능한 개인에 더 의존한다 //

(B) You might say / that(목적어절을 이끄는 접속사) the numbers seem a bit unrealistic, / but the threat is real. //
03번 단서 3: '그 숫자들'은 주어진 글에 나온 퍼센트를 가리킴
여러분은 말할지 모른다 / 그 숫자들이 약간 비현실적으로 보인다고 / 하지만 그 위협은 현실이다 //

One fast food franchise has a robot / ⓑ that(주격 관계대명사) can flip a burger in ten seconds. //
한 패스트푸드 체인점은 로봇을 가지고 있다 / 10초 안에 버거 하나를 뒤집을 수 있는 //

It is just a simple task / but the robot could replace an entire crew. //
그것은 단지 단순한 일일 뿐이다 / 하지만 그 로봇은 전체 직원을 대체할 수도 있다 // 03번 단서 4: 위기에 처한 다른 직업들에 대한 내용이 와야 함

(C) Highly skilled jobs / are also at risk. //
고도로 숙련된 직업들 / 또한 위기에 처해 있다 //

A supercomputer, / for instance, / can suggest available treatments for specific illnesses / in an automated way, /
슈퍼컴퓨터는 / 예를 들면 / 특정한 질병들에 대해 이용 가능한 치료법을 제안할 수 있다 / 자동화된 방식으로 /

drawing on the body of medical research and data / on diseases. // (분사구문)
방대한 양의 의학 연구와 데이터를 이용하여 / 질병에 대한 //

- at risk 위험에 처한
- advance 발전, 진전
- automation 자동화
- automate 자동화하다
- dependent on ~에 의존하는
- irreplaceable 대체할 수 없는
- unrealistic 비현실적인
- threat 위협
- flip (휙) 뒤집다
- task (해야 할) 일, 업무
- replace 대체하다
- crew (한 팀으로 일하는) 직원들
- skilled 숙련된
- draw on ~을 이용하다

상황이 변화하고 있다. 캐나다의 일자리 중 42퍼센트가 위기에 처해 있고, 미국의 일자리 중 62퍼센트가 자동화의 발전으로 인해 위기에 처할 것이라고 보도되어 왔다. (B) 여러분은 그 숫자들이 약간 비현실적으로 보인다고 말할지 모르지만, 그 위협은 현실이다. 한 패스트푸드 체인점은 10초 안에 버거 하나를 뒤집을 수 있는 로봇을 가지고 있다. 그것은 단지 단순한 일일 뿐이지만 그 로봇은 전체 직원을 대체할 수도 있다. (C) 고도로 숙련된 직업들 또한 위기에 처해 있다. 예를 들면, 슈퍼컴퓨터는 질병에 대한 방대한 양의 의학 연구와 데이터를 이용하여 특정한 질병들에 대해 이용 가능한 치료법을 자동화된 방식으로 제안할 수 있다. (A) 하지만, 자동화하기 어려운 것은 창의적으로 문제들을 해결하는 능력이다. '(기계적인 일을) 하는' 역할의 노동자들은 로봇들에 의해 대체될 수 있는 반면에, 창의적으로 문제를 해결하는 역할은 대체 불가능한 개인에 더 의존한다.

03 정답 ③

주어진 글 다음에 이어질 글의 순서로 가장 적절한 것을 고르시오.

① (A) – (C) – (B) (B)의 the numbers(그 숫자들)가 주어진 글에 나온 퍼센트를 가리킴
② (B) – (A) – (C) (A) 앞에는 자동화하기 어려운 것과 반대되는 내용이 나와야 함
③ (B) – (C) – (A) (B) 자동화의 발전으로 인해 일자리 위기는 현실이 됨 - (C) 고도로 숙련된 직업들도 위기에 처함 - (A) 창의적으로 문제를 해결하는 역할은 자동화할 수 없음
④ (C) – (A) – (B)
⑤ (C) – (B) – (A)
(④⑤: (C)에서 고도로 숙련된 직업들 '또한' 위기에 처해 있다고 했는데 주어진 글에 위기에 처한 다른 직업이 없음)

1st 주어진 글을 통해 글이 어떻게 전개될지 예상한다.

> 상황이 변화하고 있다. 캐나다의 일자리 중 42퍼센트가 위기에 처해 있고, 미국의 일자리 중 62퍼센트가 자동화의 발전으로 인해 위기에 처할 것이라고 보도되어 왔다.

➡ **소재:** 자동화의 발전으로 인한 세계적인 일자리 위기
➡ **전개 방향:** 자동화로 인해 사라지는 일자리와 사라지지 않는 일자리에는 어떤 것들이 있는지 설명하는 내용이 이어질 것이다.

2nd 각 문단의 내용을 파악하면서 단서를 이용해 글을 순서대로 배열한다.

> (A): 하지만(However), 자동화하기 어려운 것은 창의적으로 문제들을 해결하는 능력이다. '(기계적인 일을) 하는' 역할의 노동자들은 로봇들에 의해 대체될 수 있는 반면에, 창의적으로 문제를 해결하는 역할은 대체 불가능한 개인에 더 의존한다.

➡ **(A) 앞:** 연결어 However(그러나) 다음에 자동화하기 어려운 직업들의 특성이 언급되고 있으므로, 앞에 이와 대조적으로 자동화가 가능한 직업들에 대한 내용이 나와야 한다.
↳ 주어진 글에는 이런 내용이 없으므로 (A) 앞에 주어진 글이 올 수 없음
➡ **(A) 뒤:** 기계적으로 작업하는 직업은 대체되고 창의적으로 문제를 해결하는 직업은 대체되기 어렵다는 문장으로 끝난다.
↳ (A)가 마지막에 올 확률이 큼

> (B): 여러분은 그 숫자들(the numbers)이 약간 비현실적으로 보인다고 말할지 모르지만, 그 위협은 현실이다. 한 패스트푸드 체인점은 10초 안에 버거 하나를 뒤집을 수 있는 로봇을 가지고 있다. 그것은 단지 단순한 일일 뿐이지만 그 로봇은 전체 직원을 대체할 수도 있다.

➡ **(B) 앞:** 1) '그 숫자들(the numbers)'이 가리키는 대상이 앞에 나와야 한다.
2) 자동화로 인해 사라지는 캐나다와 미국 내 직업의 비율이 주어진 문장에 있다.
↳ (B) 앞에 주어진 글이 와야 함 (순서: 주어진 글 → (B))
➡ **(B) 뒤:** 로봇이 일하는 패스트푸드 체인점의 사례를 제시하며 단순 노동을 하는 직업이 자동화될 수 있다고 했으므로, 반대로 자동화로 인해 사라지지 않을 직업의 특성에 대해 언급하는 내용이 올 것이다.

> (C): 고도로 숙련된 직업들 또한(also) 위기에 처해 있다. 예를 들면(for instance), 슈퍼컴퓨터는 질병에 대한 방대한 양의 의학 연구와 데이터를 이용하여 특정한 질병들에 대해 이용 가능한 치료법을 자동화된 방식으로 제안할 수 있다.

➡ **(C) 앞:** also(또한)를 사용하여 고도로 숙련된 직업도 자동화로 인해 사라질 수 있다고 했으므로, 앞에 자동화될 수 있는 또 다른 직업의 예시가 나와야 한다. 버거를 뒤집는 것과 같은 단순 노동의 일자리가 자동화될 수 있다는 문장으로 끝난 (B) 뒤에 와야 한다.
↳ (C) 앞에 (B)가 와야 함 (순서: 주어진 글 → (B) → (C))
➡ **(C) 뒤:** for instance(예를 들어)가 나오면서 슈퍼컴퓨터에 의한 치료법의 제시 가능성을 예로 들어 고도로 숙련된 직업들마저 자동화될 수 있음을 시사했으므로, 창의적인 문제 해결 능력을 요구하는 일자리만은 자동화되기 어렵다는 문장으로 시작한 (A) 와야 한다.
↳ (C) 뒤에 (A)가 와야 함 (순서: 주어진 글 → (B) → (C) → (A))

3rd 각 문단의 내용을 정리하여 정답을 확인한다.

➡ **주어진 글**: 세계적으로 자동화로 인해 사라지는 일자리가 상당히 많다.
→ **(B)**: 그 수치가 비현실적으로 느껴지겠지만 실제로 한 패스트푸드 체인점에서 도입한 로봇이 햄버거 조리라는 단순한 업무를 하는 인력을 대거 대체할 수도 있다.
→ **(C)**: 슈퍼컴퓨터가 질병 치료법을 제안할 수 있는 것처럼, 고도로 숙련된 직업들 역시 자동화될 위기에 처해 있다.
→ **(A)**: 하지만 단순한 기계적 업무가 아닌 창의적인 문제 해결 능력을 요구하는 업무는 로봇에 의해 대체되기 어렵다.

04 정답 ⓐ 진주어절을 이끄는 접속사 ⓑ 주격 관계대명사

윗글의 밑줄 친 ⓐ, ⓑ의 용법을 각각 쓰시오.

It has been reported ⓐ that 42 percent of jobs in Canada are at risk, and 62 percent of jobs in America will be in danger due to advances in automation.
캐나다의 일자리 중 42퍼센트가 위기에 처해 있고, 미국의 일자리 중 62퍼센트가 자동화의 발전으로 인해 위기에 처할 것이라고 보도되어 왔다.
One fast food franchise has a robot ⓑ that can flip a burger in ten seconds.
한 패스트푸드 체인점은 10초 안에 버거 하나를 뒤집을 수 있는 로봇을 가지고 있다.

왜 정답?

ⓐ가 포함된 문장의 맨 앞에 있는 It이 가주어이고 ⓐ that은 너무 길어서 맨 뒤로 보내진 진주어 역할의 명사절을 이끄는 접속사이다. ⓑ는 앞의 a robot을 선행사로 하고 뒤 문장의 주어를 대신하는 주격 관계대명사이다.

05 ~ 07

▶ 문제편 p. 162

＊기대가 미치는 영향

People commonly make the mistaken assumption /
흔히 사람들은 잘못된 가정을 한다 /
that because a person has one type of characteristic, / then they automatically have other characteristics / (A) which go with it. // 05번 단서1: 사람들은 한 사람이 유형별로 분류될 수 있는 특성을 갖고 있다고 여기는 잘못된 가정을 함
어떤 사람이 한 가지 유형의 특성을 가지고 있기 때문에 / 그러면 자동적으로 다른 특성을 가지고 있다는 / 그것과 어울리는 //

(①) In one study, / university students were given descriptions of a guest lecturer / before he spoke to the group. // (수동태 과거형)
한 연구에서 / 대학생들은 한 강사에 대한 설명을 들었다 / 초청 강사가 그 (대학생) 집단에게 강연을 하기 전에 //

(②) Half the students received a description / containing the word 'warm', / the other half were told / the speaker was 'cold'. // (Half the: 전체 중의 절반; the other half: 전체 중의 나머지 절반)
학생들의 절반은 설명을 들었고 / '따뜻하다'라는 단어가 포함된 / 나머지 절반은 말을 들었다 / 그 강사가 '차갑다'는 //

(③) The guest lecturer then led a discussion, / after (B) which the students were asked / to give their impressions of him. // (which: a discussion)
그러고 나서 그 초청 강사가 토론을 이끌었고 / 그 후에 학생들은 요청받았다 / 그(강사)에 대한 그들의 인상을 말해 달라고 // 05번 단서2: 사전에 접한 정보에 따라서 강사에 대한 인상이 다르게 형성됨

(④) As expected, / there were large differences / between the impressions formed by the students, / depending upon their original information of the lecturer. //
예상한 대로 / 큰 차이가 있었다 / 학생들에 의해 형성된 인상 간에는 / 그 강사에 대한 학생들의 최초 정보에 따라 //

(⑤) This shows / that different expectations / not only affect the impressions we form / but also our behaviour and the relationship / (C) which is formed. // (not only A but also B: A뿐만 아니라 B도)
이것은 보여 준다 / 서로 다른 기대가 / 우리가 형성하는 인상에 영향을 미칠 뿐만 아니라 / 우리의 행동 및 관계에도(영향을 미친다는 것을) / 형성되는 //
05번 단서3: 인상에서 더 나아가 행동 및 형성되는 관계까지 영향을 준다는 설명이 이어지므로 This가 가리키는 것이 앞에 나와야 함

- assumption 가정
- characteristic 특징
- automatically 자동적으로
- lecturer 강사
- description 설명
- contain 포함하다
- discussion 토론
- impression 인상
- expectation 기대
- behaviour 행동
- interact 소통하다

흔히 사람들은 어떤 사람이 한 가지 유형의 특성을 가지고 있기 때문에, 그러면 자동적으로 그것과 어울리는 다른 특성을 가지고 있다는 잘못된 가정을 한다. (①) 한 연구에서, 대학생들은 초청 강사가 그 (대학생) 집단에게 강연을 하기 전에 그 강사에 대한 설명을 들었다. (②) 학생들의 절반은 '따뜻하다'라는 단어가 포함된 설명을 들었고 나머지 절반은 그 강사가 '차갑다'는 말을 들었다. (③) 그러고 나서 그 초청 강사가 토론을 이끌었고, 그 후에 학생들은 그(강사)에 대한 그들의 인상을 말해 달라고 요청받았다. (④) 예상한 대로, 학생들에 의해 형성된 인상 간에는 그 강사에 대한 학생들의 최초 정보에 따라 큰 차이가 있었다. (⑤) 이것은 서로 다른 기대가 우리가 형성하는 인상뿐만 아니라 우리의 행동 및 형성되는 관계에도 영향을 미친다는 것을 보여 준다.

05 정답 ⑤

윗글의 흐름으로 보아, 주어진 문장이 들어가기에 가장 적절한 곳을 고르시오.

It was also found that those students who expected the lecturer to be warm tended to interact with him more.
또한, 그 강사가 따뜻할 것이라 기대한 학생들은 그와 더 많이 소통하는 경향이 있다는 것이 밝혀졌다.

① ② ③ ④ ⑤

1st 주어진 문장을 먼저 읽고, 연결어, 지시어 등의 단서를 확인한다.

또한(also), 그 강사가 따뜻할 것이라 기대한 학생들은 그와 더 많이 소통하는 경향이 있다는 것이 밝혀졌다.

➡ '또한(also)'이라고 했으므로 앞부분에 대한 추가 내용이 나오는 것이고, 앞부분에는 강사가 어떨 것이라고 기대한 것과 관련된 내용이 나와야 함을 알 수 있다.

2nd 찾은 단서를 생각하며 각 선택지의 앞뒤 흐름이 매끄러운지 확인한다.

①의 앞 문장	흔히 사람들은 어떤 사람이 한 가지 유형의 특성을 가지고 있기 때문에, 그러면 자동적으로 그것과 어울리는 다른 특성을 가지고 있다는 잘못된 가정을 한다.
①의 뒤 문장	한 연구에서, 대학생들은 초청 강사가 그 (대학생) 집단에게 강연을 하기 전에 그 강사에 대한 설명을 들었다.

➡ 앞 문장에서 사람들은 흔히 한 사람이 갖고 있는 특성과 관련해서 자동적으로 다른 특성이 있다고 생각하는 잘못된 가정을 한다고 한 후에, 대학생과 초청 강사에 대한 연구 사례로 설명하는 내용이 자연스럽게 연결된다.
↳ 주어진 문장이 ①에 들어갈 수 없음

②의 앞 문장	①의 뒤 문장과 같음
②의 뒤 문장	학생들의 절반은 '따뜻하다'라는 단어가 포함된 설명을 들었고 나머지 절반은 그 강사가 '차갑다'는 말을 들었다.

➡ 앞에서 언급한 연구에 대해, 학생들을 두 그룹으로 나눠서 강사에 대한 반대되는 설명을 했다는 문장이 이어지므로 자연스럽다.
↳ 주어진 문장이 ②에 들어갈 수 없음

③의 앞 문장	②의 뒤 문장과 같음
③의 뒤 문장	그러고 나서(then) 그 초청 강사가 토론을 이끌었고, 그 후에 학생들은 그(강사)에 대한 그들의 인상을 말해 달라고 요청받았다.

➡ 앞에서 강사가 강의하기 전에 인상에 대해 사전 정보를 제공했다고 했고, then(그러고 나서)으로 이어지는 문장에서 강의를 들은 후 강사에 대한 인상을 이야기하도록 했다고 했으므로 자연스럽게 연결된다.
↳ 주어진 문장이 ③에 들어갈 수 없음

④의 앞 문장	③의 뒤 문장과 같음
④의 뒤 문장	예상한 대로(As expected), 학생들에 의해 형성된 인상 간에는 그 강사에 대한 학생들의 최초 정보에 따라 큰 차이가 있었다.

➡ 강사에 대한 인상을 말해달라고 요청받은 후에 '예상한 대로(As expected)' 사전 정보에 따라 강사에 대한 인상에 차이가 있었다는 문장이 이어지므로 자연스럽다.
↳ 주어진 문장이 ④에 들어갈 수 없음

⑤의 앞 문장	④의 뒤 문장과 같음
⑤의 뒤 문장	이것(This)은 서로 다른 기대가 우리가 형성하는 인상뿐만 아니라 우리의 행동 및 형성되는 관계에도 영향을 미친다는 것을 보여 준다.

➡ 앞 문장에서 강사에 대한 학생들의 최초 정보에 따라 강사의 인상에 큰 차이가 있었다고 했는데, 뒤 문장에서 서로 다른 기대가 인상에서 더 나아가 행동과 관계 형성에 영향을 미침을 보여준다는 내용이 나오므로 흐름이 자연스럽지 않다.
필요한 내용: 강사에 대해 받은 최초 정보에 따라 인상에 차이가 있었다는 것에 추가되는 내용(주어진 문장의 내용)
↳ 주어진 문장이 ⑤에 들어가야 함

3rd 글이 한눈에 들어오도록 정리하여 정답을 확인한다.

➡ 사람들은 어떤 사람이 한 특성을 가지고 있으면 자동적으로 다른 특성도 가지고 있다는 잘못된 가정을 한다.
(①) 한 연구에서 대학생들은 강사가 강연을 하기 전에 그 강사에 대한 설명을 들었다.
(②) 학생들은 두 그룹으로 나뉘어서 반대되는 설명을 들었다.
(③) 강사가 강연한 후에 학생들은 강사에 대한 인상을 말해 달라고 요청받았다.
(④) 학생들에 의해 형성된 인상 간에는 학생들의 최초 정보에 따라 큰 차이가 있었다.

(⑤ 그 강사가 따뜻할 것이라 기대한 학생들은 그와 더 많이 소통하는 경향이 있다는 것이 밝혀졌다.)

서로 다른 기대가 우리의 행동 및 형성되는 관계에도 영향을 미친다는 것을 보여 준다.
↳ 주어진 글을 ⑤에 넣으면 문맥상 매끄러워짐

06 정답 impression

다음 영영풀이가 설명하는 어휘를 윗글에서 찾아 그 원형을 쓰시오.

impression: the effect or influence that something or someone has on a person's thoughts or feelings
인상: 무언가나 누군가가 사람의 생각이나 감정에 영향을 주는 효과나 영향

왜 정답?
'무언가나 누군가가 사람의 생각이나 감정에 영향을 주는 효과나 영향'은 '인상(impression)'을 설명하는 것이다.

07 정답 which

윗글의 빈칸 (A)~(C)에 공통으로 들어갈 관계대명사를 쓰시오.

then they automatically have other characteristics (A) which go with it.
그러면 자동적으로 그것과 어울리는 다른 특성을 가지고 있다는 잘못된 가정을 한다.
The guest lecturer then led a discussion, after (B) which the students were asked to give their impressions of him.
그러고 나서 그 초청 강사가 토론을 이끌었고, 그 후에 학생들은 그(강사)에 대한 그들의 인상을 말해 달라고 요청받았다.
This shows that different expectations not only affect the impressions we form but also our behaviour and the relationship (C) which is formed.
이것은 서로 다른 기대가 우리가 형성하는 인상뿐만 아니라 우리의 행동 및 형성되는 관계에도 영향을 미친다는 것을 보여 준다.

왜 정답?
(A) 앞에 나온 other characteristics를 선행사로 하고 뒤에 동사 go가 오므로 관계대명사 which 또는 that이 적절하다.
(B) 전치사 after 뒤에 위치하므로 that은 올 수 없고 which만 가능하다.
(C) our behaviour and the relationship을 선행사로 하고 뒤에 동사 is formed가 오므로 관계대명사 which 또는 that이 적절하다.
따라서 빈칸 (A)~(C)에 공통으로 들어갈 수 있는 관계대명사는 which이다.

08 ~ 10 ▶ 문제편 p. 163

*common blackberry가 식물에 미치는 영향

The common blackberry (*Rubus allegheniensis*) / has an amazing ability / to move manganese / from one layer of soil to another / using its roots. // (형용사적 용법; 분사구문) 08번 단서 1: common blackberry는 토양의 다른 층으로 망가니즈를 옮길 수 있음
common blackberry(*Rubus allegheniensis*)는 / 놀라운 능력이 있다 / 망가니즈를 옮기는 / 토양의 한 층에서 다른 층으로 / 그것의 뿌리를 이용하여 //
This may seem like a funny talent / for a plant to have, / but it all becomes clear / when you realize the effect / it has on nearby plants. // (앞에 목적격 관계대명사 생략)
이것은 기이한 재능처럼 보일 수도 있다 / 식물이 가지기에는 / 그러나 전부 명확해진다 / 영향을 깨닫고 나면 / 그것이 근처의 식물에 미치는 //
Manganese can be very harmful to plants, / especially at high concentrations. // 08번 단서 2: 망가니즈는 식물에게 해로울 수 있음
망가니즈는 식물에 매우 해로울 수 있다 / 특히 고농도일 때 //
Common blackberry is unaffected / by damaging effects of this metal / and has evolved / two different ways of using manganese / to its advantage. // (동사 ①; 동사 ②)
common blackberry는 영향을 받지 않는다 / 이 금속 원소의 해로운 효과에 / 그리고 발달시켰다 / 망가니즈를 사용하는 두 가지 다른 방법을 / 자신에게 유리하게 //
First, / it redistributes manganese / from deeper soil layers / to shallow soil layers / using its roots as a small pipe. // (분사구문)
첫째로 / 그것은 망가니즈를 재분배한다 / 깊은 토양층으로부터 / 얕은 토양층으로 / 뿌리를 작은 관으로 사용하여 //

Second, / it absorbs manganese / as it grows, / (A) [concentrating / concentrated] the metal in its leaves. // (분사구문)
둘째로 / 그것은 망가니즈를 흡수하여 / 성장하면서 / 그 금속 원소를 잎에 농축한다 //

When the leaves drop and decay, / their concentrated manganese deposits / further poison the soil / around the plant. // 08번 단서 3: 망가니즈 축적물이 토양을 더욱 오염시킴
잎이 떨어지고 부패할 때 / 그것의 농축된 망가니즈 축적물은 / 토양을 독성 물질로 더욱 오염시킨다 / 그 식물 주변의 //

For plants / that are not immune / to the toxic effects of manganese, / this is very bad news. // (주격 관계대명사)
식물에게 / 면역이 없는 / 망가니즈의 유독한 영향에 / 이것은 매우 나쁜 소식이다 //

Essentially, / the common blackberry eliminates competition / by poisoning its neighbors / with heavy metals. //
본질적으로 / common blackberry는 경쟁자를 제거한다 / 그것의 이웃을 중독시켜 / 중금속으로 //

- layer 층 · soil 토양 · root 뿌리 · concentration 농도
- damaging 해로운 · evolve 발달시키다
- redistribute 재분배하다 · shallow 얕은 · absorb 흡수하다
- decay 부패하다 · poison (독성 물질로) 오염시키다, 중독시키다
- immune 면역이 있는 · toxic 유독한
- essentially 본질적으로 · eliminate 제거하다
- competition 경쟁자 · surrounding 주변의
- deadly 치명적인 · nutritious 영양이 풍부한

common blackberry(*Rubus allegheniensis*)는 뿌리를 이용하여 토양의 한 층에서 다른 층으로 망가니즈를 옮기는 놀라운 능력이 있다. 이것은 식물이 가지기에는 기이한 재능처럼 보일 수도 있지만, 그것이 근처의 식물에 미치는 영향을 깨닫고 나면 전부 명확해진다. 망가니즈는 식물에 매우 해로울 수 있으며, 특히 고농도일 때 그렇다. common blackberry는 이 금속 원소의 해로운 효과에 영향을 받지 않으며, 망가니즈를 자신에게 유리하게 사용하는 두 가지 다른 방법을 발달시켰다. 첫째로, 그것은 뿌리를 작은 관으로 사용하여 망가니즈를 깊은 토양층으로부터 얕은 토양층으로 재분배한다. 둘째로, 그것은 성장하면서 망가니즈를 흡수하여 그 금속 원소를 잎에 농축한다. 잎이 떨어지고 부패할 때, 그것의 농축된 망가니즈 축적물은 그 식물 주변의 토양을 독성 물질로 더욱 오염시킨다. 망가니즈의 유독한 영향에 면역이 없는 식물에게 이것은 매우 나쁜 소식이다. 본질적으로, common blackberry는 중금속으로 그것의 이웃을 중독시켜 경쟁자를 제거한다.

08 정답 ①

윗글의 내용을 한 문장으로 요약하고자 한다. 빈칸 (A), (B)에 들어갈 말로 가장 적절한 것을 고르시오.

The common blackberry has an ability to (A) increase the amount of manganese in the surrounding upper soil, which makes the nearby soil quite (B) deadly for other plants.
common blackberry는 주변의 위쪽 토양의 망가니즈의 양을 (A) 증가시키는 능력이 있는데, 그것은 근처의 토양이 다른 식물에게 꽤 (B) 치명적이게 만든다.

	(A)		(B)
①	increase 증가시키다	—	deadly 치명적인
②	increase 증가시키다	—	advantageous 이로운
③	indicate 나타내다	—	nutritious 영양이 풍부한
④	reduce 감소시키다	—	dry 건조한
⑤	reduce 감소시키다	—	warm 따뜻한

(A) common blackberry는 토양의 한 층에서 다른 층으로 망가니즈를 이동시킴
(B) 망가니즈는 축적물이 토양을 더욱 오염시켜 식물에게 해로울 수 있음

1st 요약문과 선택지를 먼저 읽고 글에서 무엇을 찾아야 하는지 확인한다.

common blackberry는 주변의 위쪽 토양의 망가니즈의 양을 '(A)하는' 능력이 있는데, 그것은 근처의 토양이 다른 식물에게 꽤 '(B)하게' 만든다.

⇒ 글에서 찾아야 하는 것
(A): common blackberry가 주변의 위쪽 토양의 망가니즈의 양을 증가시키는, 나타내는, 감소시키는 능력이 있는지.
(B): common blackberry의 이러한 능력이 근처의 토양을 다른 식물에게 치명적이게, 이롭게, 영양이 풍부하게, 건조하게, 따뜻하게 만드는지.

2nd 글의 핵심 내용을 파악하여 요약문을 완성한다.

1
(A): 첫째로, 그것은 뿌리를 작은 관으로 사용하여 망가니즈를 깊은 토양층으로부터 얕은 토양층으로 재분배한다.
둘째로, 그것은 성장하면서 망가니즈를 흡수하여 그 금속 원소를 잎에 농축한다.

⇒ common blackberry는 망가니즈의 독성에 영향을 받지 않으면서 오히려 자신에게 유리하게 사용할 수 있는 두 가지 방법을 발달시켰는데, 뿌리를 통해 깊은 토양층에 있던 망가니즈를 얕은 토양층으로 보내는 것과 망가니즈를 흡수하여 잎에 농축하는 것이다.
↳ common blackberry는 깊은 토양층에 있던 망가니즈를 얕은 토양층으로 이동시킨다고 했으므로 빈칸 (A)에는 ①, ②의 increase가 들어가야 함

2
(B): 본질적으로, common blackberry는 중금속으로 그것의 이웃을 중독시켜 경쟁자를 제거한다.

⇒ common blackberry는 망가니즈를 사용해 주변의 경쟁 식물을 중독시켜 제거한다.
↳ 빈칸 (B)에는 ①의 deadly가 들어가는 것이 적절함
↳ common blackberry는 주변의 위쪽 토양의 망가니즈의 양을 (A) 증가시키는 능력이 있는데, 그것은 근처의 토양이 다른 식물에게 (B) 치명적이게 만든다.

3rd 글의 흐름을 정리하면서 정답이 맞는지 다시 한번 확인한다.

도입	common blackberry가 뿌리를 이용해 망가니즈를 이동시킨다.
결과	망가니즈는 식물에 해로울 수 있다.
이유 ①	common blackberry는 망가니즈를 얕은 토양층으로 재분배한다.
이유 ②	common blackberry는 성장하면서 망가니즈를 잎으로 흡수하는데 이 잎이 땅으로 떨어지면 토양의 오염이 심해지고 식물에 악영향을 끼친다.

09 정답 For plants that are not immune to the toxic effects of manganese, this is very bad news.

윗글의 밑줄 친 우리말 해석과 일치하도록 주어진 표현을 적절하게 배열하시오.

(for plants, is, immune, of manganese, to the toxic effects, this, very bad, that are not, news)

왜 정답?

주어는 this, 동사는 is이고, 주어 앞에 나오는 전치사구가 긴 형태이다. 전치사구에서 plants를 수식하는 주격 관계대명사절을 이끄는 that이 뒤에 오는 형태로 배열해야 한다.

10 정답 concentrating

윗글의 네모 (A)에서 어법상 적절한 것을 고르시오.

Second, it absorbs manganese as it grows, (A) [concentrating / concentrated] the metal in its leaves.

둘째로, 그것은 성장하면서 망가니즈를 흡수하여 그 금속 원소를 잎에 농축한다.

왜 정답?

'그것이 성장하면서 망가니즈를 흡수한다'는 앞 내용과 동시에 일어나는 상황을 표현하기 위한 분사구문이 필요하다. 주어와 be동사가 생략된 채 the metal을 목적어로 취하는 능동의 현재분사 형태가 들어가야 하므로 concentrating이 어법상 적절하다.

11 ~ 13

▶ 문제편 p. 164

***불행함에서 벗어나기 위해 다른 사람 이해하기**

(앞에 목적격 관계대명사 생략)
The longest journey / we will make / is the eighteen inches / between our head and heart. //
가장 긴 여정은 / 우리가 갈 / 18인치이다 / 우리의 머리에서 가슴까지의 //

If we take this journey, / it can shorten / our (a) misery in the world. // **11번** 단서 1: 머리에서 가슴까지의 여행을 하면 비참함을 줄일 수 있음
우리가 이 여행을 한다면 / 그것은 줄일 수 있다 / 세상에서 우리의 비참함을 //

Impatience, judgment, frustration, and anger / reside / in our heads. //
조급함, 비난, 좌절, 그리고 분노가 / 있다 / 우리 머릿속에 //

When we live in that place / too long, / it makes us (b) unhappy. //
우리가 그 장소에서 살면 / 너무 오래 / 그것은 우리를 불행하게 만든다 //

But when we take the journey / from our heads to our hearts, / something shifts (c) inside. //
그러나 우리가 여행을 하면 / 머리부터 가슴까지의 / 내면에서 무엇인가 바뀐다 //

(가정법 과거) (주격 관계대명사)
What if we were able to love / everything / that gets in our way? // **11번** 단서 2, **12번** 단서 1: 우리를 가로막는 것들을 사랑하는 것에 대해 말함
만일 우리가 사랑할 수 있다면 어떻게 될까 / 모든 것을 / 우리를 가로막는 //

(가정법 과거) (선행사(3인칭 단수)) (주격 관계대명사)
What if we tried loving / the shopper / who unknowingly (A) [step / steps] / in front of us in line, / the driver / who cuts us off in traffic, / (주격 관계대명사)
만일 우리가 사랑하려고 노력한다면 어떨까 / 그 쇼핑객을 / 무심코 들어온 / 줄을 서 있는 우리 앞에 / 그 운전자를 / 차량 흐름에서 우리 앞에 끼어든 /

(주격 관계대명사)
the swimmer / who splashes us with water / during a belly dive, / or the reader / who pens a bad online review / of our writing? // **12번** 단서 2: 우리를 비참하게 만드는 모든 사람들이 우리와 같은 인간이라고 했음
수영하는 그 사람을 / 우리에게 물을 튀게 한 / 배 쪽으로 다이빙하면서 / 또는 그 독자를 / 나쁜 온라인 후기를 쓴 / 우리의 글에 대해 //

(주격 관계대명사)
Every person / who makes us miserable / is (d) like us — / a human being, / most likely doing the best they can, / deeply loved / by their parents, / a child, or a friend. //
모든 사람은 / 우리를 비참하게 만드는 / 우리와 같다 / 그들은 인간 / 아마도 분명히 최선을 다하고 있으며 / 깊이 사랑받는 / 그들의 부모로부터 / 자녀 혹은 친구일 것이다 //

And how many times / have we unknowingly stepped / in front of someone in line? //
그리고 몇 번이나 / 우리는 무심코 들어갔을까 / 줄을 서 있는 누군가의 앞에 //

Cut someone off in traffic? //
차량 흐름에서 누군가에게 끼어든 적은 //

Splashed someone in a pool? //
수영장에서 누군가에게 물을 튀게 한 적은 //

(앞에 목적격 관계대명사 생략)
Or made a negative statement / about something we've read? //
혹은 부정적인 진술을 한 적은 몇 번이었을까 / 우리가 읽은 것에 대해 //

(가주어) (진주어) (목적어절을 이끄는 접속사) (앞에 목적격 관계대명사 생략)
It helps to (e) deny(→ admit) / that a piece of us resides / in every person we meet. // **11번** 단서 3: 다른 사람도 우리와 같음을 인정하는 것이 도움이 됨
부정하는(→ 인정하는) 것은 도움이 된다 / 우리의 일부가 있다는 것을 / 우리가 만나는 모든 사람 속에 //

- journey 여정, 여행
- shorten 줄이다
- misery 비참함
- impatience 조급함
- judgment 비난
- frustration 좌절
- anger 분노
- shift 바뀌다
- unknowingly 무심코
- cut off 끼어들다
- splash (액체류를) 튀기다
- pen (글을) 쓰다
- miserable 비참한
- statement 진술
- deny 부정하다
- forgive 용서하다

우리가 갈 가장 긴 여정은 우리의 머리에서 가슴까지의 18인치이다. 우리가 이 여행을 한다면, 그것은 세상에서 우리의 (a) 비참함을 줄일 수 있다. 조급함, 비난, 좌절, 그리고 분노가 우리 머릿속에 있다. 우리가 그 장소에서 너무 오래 살면, 그것은 우리를 (b) 불행하게 만든다. 그러나 우리가 머리부터 가슴까지의 여행을 하면, (c) 내면에서 무엇인가 바뀐다. 만일 우리를 가로막는 모든 것을 우리가 사랑할 수 있다면 어떻게 될까? 만일 줄을 서 있는 우리 앞에 무심코 들어온 그 쇼핑객을, 차량 흐름에서 우리 앞에 끼어든 그 운전자를, 배 쪽으로 다이빙하면서 우리에게 물을 튀게 한 수영하는 그 사람을, 우리의 글에 대해 나쁜 온라인 후기를 쓴 그 독자를 우리가 사랑하려고 노력한다면 어떨까?
우리를 비참하게 만드는 모든 사람은 우리와 (d) 같다. 그들은 아마도 분명히 최선을 다하고 있으며, 부모로부터 깊이 사랑받는 인간, 자녀 혹은 친구일 것이다. 그리고 우리는 몇 번이나 무심코 줄을 서 있는 누군가의 앞에 들어갔을까? 차량 흐름에서 누군가에게 끼어든 적은? 수영장에서 누군가에게 물을 튀게 한 적은? 혹은 우리가 읽은 것에 대해 부정적인 진술을 한 적은 몇 번이었을까? 우리가 만나는 모든 사람 속에 우리의 일부가 있다는 것을 (e) 부정하는(→ 인정하는) 것은 도움이 된다.

11 정답 ⑤

윗글의 제목으로 가장 적절한 것을 고르시오.

① Why It Is So Difficult to Forgive Others
왜 다른 사람들을 용서하는 것이 그렇게 어려운가 / 다른 사람을 이해하는 것에 대해 이야기하는 글임

② Even Acts of Kindness Can Hurt Somebody
친절한 행동도 누군가에게 상처를 줄 수 있다 / 친절함이 상처를 줄 수 있다는 내용이 아님

③ Time Is the Best Healer for a Broken Heart
시간은 실연의 상처에 대한 최고의 치료이다 / 시간이 상처를 치료해 준다는 내용은 없음

④ Celebrate the Happy Moments in Your Everyday Life
일상 생활에서 가장 행복한 순간들을 기념해라 / 일상에서 행복한 순간들을 기념하라는 언급은 없음

⑤ Understand Others to Save Yourself from Unhappiness
불행으로부터 자신을 구하기 위해 다른 사람을 이해하라 / 불행함에서 벗어나려면 다른 사람도 나와 같다는 생각으로 이해해야 한다는 내용

1st 글의 앞부분을 읽으며 이어질 내용을 예상한다.

우리가 갈 가장 긴 여정은 우리의 머리에서 가슴까지의 18인치이다. 우리가 이 여행을 한다면, 그것은 세상에서 우리의 (a) 비참함을 줄일 수 있다. 조급함, 비난, 좌절, 그리고 분노가 우리 머릿속에 있다.

➡ 머리에서 가슴까지의 여행을 하면 비참함을 줄일 수 있는데, 부정적인 감정들이 우리 머릿속에 있다고 했다.

비참함에서 벗어나기 위해서는 부정적인 감정들이 있는 머리에서 가슴까지의 여행을 해야 한다는 것과 관련된 내용의 글일 것임

2nd 글의 흐름이 전환되는 부분이 있는지 확인한다.

그러나 우리가 머리부터 가슴까지의 여행을 하면, (c) 내면에서 무엇인가 바뀐다. 만일 우리를 가로막는 모든 것을 우리가 사랑할 수 있다면 어떻게 될까?

➡ 머리에서 가슴까지의 여행을 하면 무언가가 바뀐다고 하면서, 우리를 가로막는 모든 것들을 사랑하면 어떨까 하는 가정을 했다.

비참함에서 벗어나기 위해서 우리에게 불행함을 주고 우리를 가로막는 다른 사람들을 사랑해야 한다는 것이 글의 중심 내용일 것임

3rd 필자의 생각이나 요지가 드러나는 핵심 문장을 찾아 정답을 고른다.

우리가 만나는 모든 사람 속에 우리의 일부가 있다는 것을 (e) 인정하는 것은 도움이 된다.

➡ 우리 자신을 불행에서 구하기 위해서는 다른 사람을 이해하는 것이 필요하다는 것이 이 글의 핵심 내용이다.

따라서 글의 제목은 ⑤ '불행으로부터 자신을 구하기 위해 다른 사람을 이해하라'가 가장 적절함

12 정답 ⑤

윗글의 밑줄 친 (a)~(e) 중에서 문맥상 낱말의 쓰임이 적절하지 않은 것을 고르시오.

① (a) 머리에서 가슴까지의 여행이 비참함을 줄여줄 수 있음
비참함
② (b) 조급함, 비난, 좌절, 분노가 머릿속에 너무 오래 머물면 불행해질 것임
불행한
③ (c) 머리에서 가슴까지의 여행이 무엇인가를 바꾸어 주는 것은 내면에서일 것임
내면에서
④ (d) 우리를 비참하게 만드는 다른 사람도 우리와 같은 사람임을 이야기했음
같은
⑤ (e) 다른 사람이 우리와 같다는 것을 부정하는 게 아니라 인정하는 것이 도움이 된다는 내용
부정하다

1st 선택지로 제시된 각 낱말의 의미를 먼저 확인하고, 반의어를 미리 생각해 놓는다.

① misery: 비참함 ↔ happiness: 행복
② unhappy: 불행한 ↔ happy: 행복한
③ inside: 내면에서 ↔ outside: 외면에서
④ like: 같은 ↔ unlike: 다른
⑤ deny: 부정하다 ↔ admit: 인정하다

선택지에 제시된 낱말의 반의어를 넣었을 때 문맥이 성립되는 경우에 정답인 경우가 많음

2nd 선택지의 앞뒤 문장을 정확하게 파악해서 정답을 찾는다.

우리가 갈 가장 긴 여정은 우리의 머리에서 가슴까지의 18인치이다. 우리가 이 여행을 한다면, 그것은 세상에서 우리의 (a) 비참함을 줄일 수 있다. 조급함, 비난, 좌절, 그리고 분노가 우리 머릿속에 있다.

➡ 부정적인 감정들이 머릿속에 있다고 했으므로 머리에서 가슴까지의 여행을 하면 '비참함'을 줄일 수 있을 것이다.

misery는 문맥에 맞음

조급함, 비난, 좌절, 그리고 분노가 우리 머릿속에 있다. 우리가 그 장소에서 너무 오래 살면, 그것은 우리를 (b) 불행하게 만든다.

➡ 좌절이나 분노가 가득한 머릿속에 오래 머물면 '불행해질' 것이다.

unhappy는 문맥에 맞음

그러나(But) 우리가 머리부터 가슴까지의 여행을 하면, (c) 내면에서 무엇인가 바뀐다.

➡ But(그러나)이라는 연결어가 앞의 내용과 반대 내용을 이어주고, 머리에서 가슴까지의 여행을 한다고 했으므로 '내면에서'의 무언가를 바꾸어줄 것이다.

inside는 문맥에 맞음

우리를 비참하게 만드는 모든 사람은 우리와 (d) 같다. 그들은 아마도 분명히 최선을 다하고 있으며, 부모로부터 깊이 사랑받는 인간, 자녀 혹은 친구일 것이다.

➡ 우리를 비참하게 만드는 다른 사람도 우리처럼 자녀 혹은 친구일 것이라고 했으므로 우리와 '같은' 사람이라고 하는 것은 적절하다.

like는 문맥에 맞음

우리가 만나는 모든 사람 속에 우리의 일부가 있다는 것을 (e) 부정하는 것은 도움이 된다.

➡ 우리를 비참하게 만드는 다른 사람도 우리와 같은 사람이라고 했으므로 다른 사람에게 우리의 일부가 있다는 것을 '부정하는' 것이 도움이 된다는 것은 어색하다.

deny는 문맥에 맞지 않음

3rd 정답인 선택지를 어떻게 바꿔야 문맥이 자연스러운지 확인한다.

우리가 만나는 모든 사람 속에 우리의 일부가 있다는 것을 (e) 부정하는(→ 인정하는) 것은 도움이 된다.

⑤ (e) deny(부정하다)를 반의어인 admit(인정하다)로 바꾸면 문맥이 적절함

13 정답 steps

윗글의 네모 (A)에서 어법상 적절한 것을 고르시오.

What if we tried loving the shopper who unknowingly (A) [step / steps] in front of us in line, the driver who cuts us off in traffic, the swimmer who splashes us with water during a belly dive, or the reader who pens a bad online review of our writing?

만일 줄을 서 있는 우리 앞에 무심코 들어온 그 쇼핑객을, 차량 흐름에서 우리 앞에 끼어든 그 운전자를, 배 쪽으로 다이빙하면서 우리에게 물을 튀게 한 수영하는 그 사람을, 우리의 글에 대해 나쁜 온라인 후기를 쓴 그 독자를 우리가 사랑하려고 노력한다면 어떨까?

왜 정답?

관계대명사 who가 수식하는 선행사가 3인칭 단수인 the shopper이므로 단수 동사 steps가 적절하다.

14~17

▶ 문제편 p. 165

*수도승의 조언

(A) One day / a young man was walking along a road / on his journey / from one village to another. //
어느 날 / 한 젊은이가 길을 따라 걷고 있었다 / 여행 중에 / 한 마을로부터 다른 마을로의 //

16번 ① 단서: 한 수도승이 들판에서 일하고 있었음

noticed의 목적격 보어

As he walked / he noticed a monk / working in the fields. //
그는 걷다가 / 한 수도승을 보게 되었다 / 들판에서 일하는 //

The young man turned to the monk / and said, / "Excuse me. // Do you mind / if I ask (a) you a question?" // (= the monk)
그 젊은이는 그 수도승을 향해 돌아보며 / 말했다 / "실례합니다 // 괜찮으십니까 / 제가 스님께 질문을 하나 드려도"라고 //

14번 단서 1: 뒤에 젊은이의 질문이 이어져야 함을 알 수 있음

"Not at all," / replied the monk. //
"물론입니다"라고 / 그 수도승은 대답했다 //

*(A) 문단 요약: 들판에서 일하고 있던 한 수도승에게 젊은이가 질문을 하나 해도 되는지 물었음

14번 단서 2: 젊은이의 일화가 마무리되고 중년 남자의 일화가 시작됨

(B) A while later / a middle-aged man journeyed down the same road / and came upon the monk. // (병렬 구조)
잠시 후 / 한 중년 남자가 같은 길을 걸어왔다 / 그리고 그 수도승을 만났다 //

16번 ② 단서: 중년 남자는 골짜기에 있는 마을로 가고 있었음

"I am going to the village in the valley," / said the man. / "Do you know / what it is like?" //
"저는 골짜기의 마을로 가고 있습니다" / 그 남자는 말했다 / "아십니까 / 그곳이 어떤지"라고 //

16번 ③ 단서: 수도승에게 골짜기에 있는 마을에 대해 질문함

간접의문문(의문사+주어+동사)

"I do," / replied the monk, / "but first tell (b) me / about the village / where you came from." // (= the monk; 관계부사)
"알고 있습니다" / 그 수도승은 대답했다 / "그러나 먼저 저에게 말해 주십시오 / 마을에 관해 / 선생님께서 떠나오신"라고 //

"I've come from the village / in the mountains," / said the man. //
"저는 마을로부터 왔습니다 / 산속의" // 그 남자는 말했다 /

"It was a wonderful experience. // I felt / (A) [even though / as though] I was a member / of the family in the village." // (마치 ~처럼)
"그것은 멋진 경험이었습니다 // 저는 느꼈습니다 / 마치 제가 일원인 것처럼 / 그 마을의 가족의" //

*(B) 문단 요약: 중년 남자는 산속 마을에서의 경험이 멋졌다고 했음

(C) "I am traveling / from the village in the mountains / to the village in the valley / and I was wondering / if (c) you knew / what it is like / in the village in the valley." // (간접의문문(의문사+주어+동사); = the monk)
"저는 가고 있습니다 / 산속의 마을로부터 / 골짜기의 마을로 / 그리고 궁금합니다 / 스님께서 아시는지 / 어떤지 / 골짜기의 마을은" //

14번 단서 3: (A)의 마지막에 해도 되냐고 한 질문이 이어짐

"Tell me," / said the monk, / "what was your experience / of the village in the mountains?" //
"저에게 말해 보십시오" / 수도승은 말했다 / "경험은 어땠습니까 / 산속의 마을에서의"라고 //

"Terrible," / replied the young man. //
"끔찍했습니다"라고 / 그 젊은이는 대답했다 //

find+목적어+목적격 보어(형용사)

"I am glad / to be away from there. // I found / the people most unwelcoming. // So tell (d) me, / what can I expect / in the village in the valley? // (= the young man)
"저는 기쁩니다 / 그곳을 벗어나게 되어 // 저는 생각했습니다 / 그곳 사람들이 정말로 불친절하다고 // 그러니 저에게 말씀해 주십시오 / 제가 무엇을 기대할 수 있을까요 / 골짜기의 마을에서" //

"I am sorry to tell you," / said the monk, / "but I think / your experience will be much the same there." //
"말씀드리기에 유감입니다" / 수도승이 말했다 / "하지만 저는 생각합니다 / 선생님의 경험은 그곳에서도 거의 같을 것 같다"라고 //

The young man lowered his head / helplessly / and walked on. // (병렬 구조)

16번 ④ 단서: 수도승의 말을 듣고 젊은이는 고개를 숙였음

그 젊은이는 고개를 숙였다 / 힘없이 / 그리고 계속 걸어갔다 //

*(C) 문단 요약: 젊은이가 골짜기의 마을이 어떤지 수도승에게 물었는데, 산속의 마을에서의 경험과 비슷할 것이라고 말해줌

14번 단서 4: (B)의 마지막에 산속 마을에서의 경험이 왜 멋졌는지 물었음

(D) "Why did you feel like that?" / asked the monk. //
"왜 그렇게 느끼셨습니까"라고 / 그 수도승은 물었다 //

"The elders gave me much advice, / and people were kind and generous. // I am sad / to have left there. // (to have p.p. (떠난 것이 더 과거의 일임을 나타냄))
"어르신들은 저에게 많은 조언을 해 주셨습니다 / 그리고 사람들은 친절하고 너그러웠습니다 // 저는 슬픕니다 / 그곳을 떠나서 //

16번 ⑤ 단서: 중년 남자는 산속 마을을 떠나서 슬프다고 했음

And what is the village in the valley like?" / he asked again. //
그런데 골짜기의 마을은 어떻습니까"라고 / 그는 다시 물었다 //

"(e) I think / you will find it much the same," / replied the monk. // (= the monk)
"저는 생각합니다 / 선생님은 그곳이 (산속 마을과) 거의 같다고 생각하실 것으로"라고 / 수도승은 대답했다 //

"I'm glad to hear that," / the middle-aged man said / smiling / and journeyed on. // (분사구문; 병렬 구조)
"그 말씀을 들으니 기쁩니다"라고 / 그 중년 남자는 말했다 / 미소를 지으며 / 그리고 여행을 계속했다 //

*(D) 문단 요약: 수도승은 이번에도 산속 마을에서의 경험과 골짜기 마을에서의 경험이 비슷할 것이라고 대답함

- village 마을
- field 들판
- reply 대답하다
- middle-aged 중년의
- come upon ~을 만나다
- valley 골짜기
- wonderful 멋진
- unwelcoming 불친절한
- helplessly 힘없이
- generous 너그러운

(A) 어느 날 한 젊은이가 한 마을로부터 다른 마을로의 여행 중에 길을 따라 걷고 있었다. 그는 걷다가 들판에서 일하는 한 수도승을 보게 되었다. 그 젊은이는 그 수도승을 향해 돌아보며 "실례합니다. 제가 (a) 당신께 질문을 하나 드려도 되겠습니까?"라고 말했다. "물론입니다."라고 그 수도승은 대답했다.

(C) "저는 산속의 마을로부터 골짜기의 마을로 가고 있는데 (c) 당신이 골짜기의 마을은 어떤지 아시는지 궁금합니다." 수도승은 "저에게 말해 보십시오. 산속의 마을에서의 경험은 어땠습니까?"라고 말했다. 그 젊은이는 "끔찍했습니다."라고 대답했다. "그곳을 벗어나게 되어 기쁩니다. 그곳 사람들이 정말로 불친절하다고 생각했습니다. 그러니 (d) 저에게 말씀해 주십시오. 제가 골짜기의 마을에서 무엇을 기대할 수 있을까요?" "말씀드리기에 유감이지만, 제 생각에 선생님의 경험은 그곳에서도 거의 같을 것 같다고 생각합니다." 수도승이 말했다. 그 젊은이는 힘없이 고개를 숙이고 계속 걸어갔다.

(B) 잠시 후 한 중년 남자가 같은 길을 걸어와서 그 수도승을 만났다. 그 남자는 "저는 골짜기의 마을로 가고 있습니다. 그곳이 어떤지 아십니까?"라고 말했다. "알고 있습니다만, 먼저 (b) 저에게 선생님께서 떠나오신 마을에 관해 말해주십시오."라고 그 수도승은 대답했다. 그 남자는 "저는 산속의 마을로부터 왔습니다. 그것은 멋진 경험이었습니다. 저는 마치 그 마을의 가족의 일원인 것처럼 느꼈습니다."라고 말했다.
(D) 그 수도승은 "왜 그렇게 느끼셨습니까?"라고 물었다. "어르신들은 저에게 많은 조언을 해 주셨고, 사람들은 친절하고 너그러웠습니다. 그곳을 떠나서 슬픕니다. 그런데 골짜기의 마을은 어떻습니까?"라고 그는 다시 물었다. "(e) 저는 선생님은 그곳이 (산속 마을과) 거의 같다고 생각하실 것으로 생각합니다."라고 수도승은 대답했다. "그 말씀을 들으니 기쁩니다."라고 그 중년 남자는 미소를 지으며 말하고서 여행을 계속했다.

14 정답 ②

주어진 글 (A)에 이어질 내용을 순서에 맞게 배열한 것으로 가장 적절한 것을 고르시오.

① (B) – (D) – (C) (A)에서 언급한 젊은이의 질문이 무엇인지 그 내용이 이어지는 (C)가 맨 앞에 와야 함
② (C) – (B) – (D) (C) 젊은이의 질문과 그에 대한 수도승의 답 - (B) 중년 남자의 등장과 질문 - (D) 중년 남자의 질문에 대한 수도승의 답
③ (C) – (D) – (B) (D)는 (B)에 대한 부연 설명이자 답이므로 (B) 뒤에 와야 함
④ (D) – (B) – (C)
⑤ (D) – (C) – (B)
(④, ⑤) (D)에서 수도승이 중년 남자에게 질문을 하는데 (A)에는 아직 중년 남자가 등장하지 않음

왜 정답?

(A)의 뒷부분	그 젊은이는 그 수도승을 향해 돌아보며 "실례합니다. 제가 (a) 당신께 질문을 하나 드려도 되겠습니까?"라고 말했다. "물론입니다."라고 그 수도승은 대답했다.

(A) 문단 뒤: 수도승에게 젊은이가 질문을 하나 해도 되는지 물었다고 했으므로 젊은이가 질문하는 내용이 이어질 것이다.

(B)의 첫 문장	잠시 후(A while later) 한 중년 남자가 같은 길을 걸어와서 그 수도승을 만났다.
(B)의 마지막 문장	그 남자는 "저는 산속의 마을로부터 왔습니다. 그것은 멋진 경험이었습니다. 저는 마치 그 마을의 가족의 일원인 것처럼 느꼈습니다."라고 말했다.

(B) 문단 앞: A while later(잠시 후)라고 했고 새로운 인물인 중년 남자가 등장하고 있으므로 앞에서 젊은이에 대한 내용이 끝나야 한다.
주어진 글 (A)는 젊은이에 대한 내용이 시작되는 부분이므로 앞에 올 수 없음
(B) 문단 뒤: 중년 남자가 산속 마을에서의 경험이 멋졌다고 하는 문장으로 끝나므로 이와 관련된 내용이 이어질 것이다.

(C)의 첫 문장	"저는 산속의 마을로부터 골짜기의 마을로 가고 있는데 (c) 당신이 골짜기의 마을은 어떤지 아시는지 궁금합니다."
(C)의 뒷부분	"말씀드리기에 유감이지만, 제 생각에 선생님의 경험은 그곳에서도 거의 같을 것 같다고 생각합니다." 수도승이 말했다. 그 젊은이는 힘없이 고개를 숙이고 계속 걸어갔다.

(C) 문단 앞: 젊은이가 하는 질문의 내용이 나오므로 질문하겠다고 처음 언급한 주어진 글 (A)가 앞에 와야 한다.
(C) 앞에 (A)가 와야 함 (순서: 주어진 글 (A) → (C))
(C) 문단 뒤: 수도승의 말을 듣고 젊은이가 실망해서 고개를 숙이고 걸어갔다고 했으므로 젊은이에 대한 내용이 마무리되고 있다. 따라서 중년 남자가 새롭게 등장하는 (B)가 뒤에 와야 한다.
(C) 뒤에 (B)가 와야 함(순서: 주어진 글 (A) → (C) → (B))

(D)의 첫 문장	그 수도승은 "왜 그렇게 느끼셨습니까?"라고 물었다.
(D)의 마지막 문장	"그 말씀을 들으니 기쁩니다."라고 그 중년 남자는 미소를 지으며 말하고서 여행을 계속했다.

(D) 문단 앞: 수도승이 왜 그렇게 느꼈는지 물었다고 했으므로 앞에 느낌을 말하는 내용이 와야 한다. 중년 남자가 산속 마을에서의 경험이 멋졌다고 한 것이 (B)에 나오므로 (B)가 앞에 와야 한다.
(D) 앞에 (B)가 와야 함 (순서: 주어진 글 (A) → (C) → (B) → (D)
(D) 문단 뒤: 중년 남자가 미소를 지으며 여행을 계속했다는 내용이므로 이야기의 결말일 것이다.

15 정답 ④

윗글의 밑줄 친 (a)~(e) 중에서 가리키는 대상이 나머지 넷과 다른 것을 고르시오.

① (a) = the monk ② (b) = the monk ③ (c) = the monk ④ (d) = the young man ⑤ (e) = the monk

왜 정답?

그 젊은이는 그 수도승을 향해 돌아보며 "실례합니다. 제가 (a) 당신께 질문을 하나 드려도 되겠습니까?"라고 말했다.

→ 젊은이가 수도승에게 당신에게 질문해도 되겠냐고 묻고 있으므로 수도승이다.
(a)는 수도승을 가리킴

"알고 있습니다만, 먼저 (b) 저에게 선생님께서 떠나오신 마을에 관해 말해주십시오."라고 그 수도승은 대답했다.

→ 중년 남자에게 떠나온 마을에 대해 말해 달라고 하는 사람은 수도승이다.
(b)는 수도승을 가리킴

"저는 산속의 마을로부터 골짜기의 마을로 가고 있는데 (c) 당신이 골짜기의 마을은 어떤지 아시는지 궁금합니다."

→ 수도승에게 골짜기 마을이 어떤지 아느냐고 젊은이가 묻고 있으므로 수도승을 가리킨다.
(c)는 수도승을 가리킴

그곳 사람들이 정말로 불친절하다고 생각했습니다. 그러니 (d) 저에게 말씀해 주십시오.

→ 젊은이가 수도승에게 산속 마을에 대해 '자신에게' 말해 달라고 이야기하는 부분이므로 젊은이를 가리킨다.
(d)는 젊은이를 가리킴, ④이 정답임

"(e) 저는 선생님은 그곳이 (산속 마을과) 거의 같다고 생각하실 것으로 생각합니다."라고 수도승은 대답했다.

→ 자신의 생각을 중년 남자에게 말하는 사람은 수도승이다.
(e)는 수도승을 가리킴

16 정답 ⑤

> **윗글에 관한 내용으로 적절하지 않은 것을 고르시오.**
> ① 한 수도승이 들판에서 일하고 있었다.
> he noticed a monk working in the fields
> ② 중년 남자는 골짜기에 있는 마을로 가는 중이었다.
> "I am going to the village in the valley," said the man.
> ③ 수도승은 골짜기에 있는 마을에 대해 질문 받았다.
> "Do you know what it is like?"
> ④ 수도승의 말을 듣고 젊은이는 고개를 숙였다.
> The young man lowered his head helplessly and walked on.
> ⑤ 중년 남자는 산속에 있는 마을을 떠나서 기쁘다고 말했다.
> I am sad to have left there.

왜 정답?

① 한 수도승이 들판에서 일하고 있었다.

> 그는 걷다가 들판에서 일하는 한 수도승을 보게 되었다.

①은 글의 내용과 일치함

② 중년 남자는 골짜기에 있는 마을로 가는 중이었다.

> "저는 산속의 마을로부터 골짜기의 마을로 가고 있는데 ~."

②은 글의 내용과 일치함

③ 수도승은 골짜기에 있는 마을에 대해 질문 받았다.

> "~ (c) 당신이 골짜기의 마을은 어떤지 아시는지 궁금합니다."

③은 글의 내용과 일치함

④ 수도승의 말을 듣고 젊은이는 고개를 숙였다.

> 그 젊은이는 힘없이 고개를 숙이고 계속 걸어갔다.

④은 글의 내용과 일치함

⑤ 중년 남자는 산속에 있는 마을을 떠나서 기쁘다고 말했다.

> "어르신들은 저에게 많은 조언을 해 주셨고, 사람들은 친절하고 너그러웠습니다. 그곳을 떠나서 슬픕니다.

→ 중년 남자는 산속 마을에서의 경험이 너무 좋고, 사람들도 너무 친절해 그곳을 떠나는 것이 슬프다고 말했다.

⑤은 글의 내용과 일치하지 않음

17 정답 as though

> **윗글의 네모 (A)에서 어법상 적절한 것을 고르시오.**
> I felt (A) [even though / as though] I was a member of the family in the village.
> 저는 마치 그 마을의 가족의 일원인 것처럼 느꼈습니다.

왜 정답?

'마치 ~처럼'이라는 뜻을 나타내려면 접속사 as though를 써야 한다. even though는 '비록 ~일지라도'라는 뜻이다.

▸문제편 p. 166

실력 향상 테스트 3회 REVIEW 어휘 테스트

01 위협 **02** 강사 **03** 진술

04 면역이 있는 **05** concentration

06 automation **07** complexity **08** at risk

09 ① [익다]
② 부패되다 ③ 부패하다 ④ 썩다

10 ③ [이기적인]
① 자애로운 ② 관대한 ④ 자선을 베푸는

11 ④ [안도]
① 고통 ② 극도의 고통 ③ 고통

12 ② [포함하다 : 제거하다]
① 치명적인 : 치명적인 ③ 여행 : 여행 ④ 대답 : 답신

13 ① [쓰다 : 쓰다]
② 비하하다, 분해되다 : 발달하다, 진화하다
③ 포함하다 : 제외하다 ④ 확정하다 : 거부하다

14 ④ [상호 작용을 하다 : 어우러지다]
① 깊은 : 얕은 ② 확대하다, 과장하다 : 줄어들다
③ 모르고 : 고의로

15 ④ [무력하게]
① 안전하게 ② 안전하게 ③ 강하게 ④ 취약하게

16 ③ [대체하다]
① (배를) 정박하다 ② 안정화하다 ③ 대체하다
④ 고정시키다, 정박하다

17 ② [용서하다]
① 분개하다 ② 용서하다 ③ 경멸하다 ④ 금지하다

18 assumption **19** aid **20** impression

21 surrounding

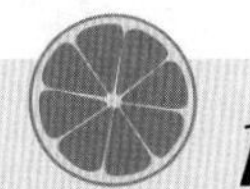

memo

memo

자이스토리
수학 시리즈

개념은 쉽게, 문제는 빠르게 푼다!

★ 고등 자이스토리 수학

• 촘촘한 유형 분류와 난이도순 기출 문제 배열 • 1등급, 2등급 대비 문제 집중 학습 + 특강 해설 ❶ 출제 경향에 따른 개념정리 ❷ 출제 유형에 따른 기출문제 ❸ 1등급 대비, 2등급 대비 문제만을 위한 풀이 단서 체크 ❹ 1등급 심화 특강, My Top Secret ❺ 다양한 풀이법 + 실수, 함정, 주의까지 분석한 입체 첨삭 해설	고1 수학(상) 고3 수학 I 고1 수학(하) 고3 수학 II 고2 수학 I 고3 미적분 고2 수학 II 고3 확률과 통계 고2 미적분 고난도 1등급 수학 (인문/자연) 고2 확률과 통계 기하 (고2, 3) 전국연합 모의고사 고1 수학 연도별 모의고사 고3 수학

★ 중등 자이스토리 수학

• 세분화된 유형 문제로 개념 적용 반복 훈련 • 서술형 문제를 단계별로 익히는 서술형 완전 학습 ❶ 개념 다지기 ❷ 유형 다지기 ❸ 잘 틀리는 유형 훈련+1UP ❹ 서술형 다지기 STEP 1, 2 ❺ 최고난도 만점 문제 ❻ 단계적 풀이와 오답 피하기	중등 수학1 (상),(하) 중등 수학2 (상),(하) 중등 수학3 (상),(하)

★ 초등 자이스토리 수학

• 세분화된 유형 문제로 새 교과서 개념 완성 • 서술형 문제 단계별 집중 훈련 • 문장제 문제 힌트 체크, 식 세우기 ❶ 개념 확인 문제 ❷ 시험 유형 문제 ❸ 고난도 유형 문제 ❹ 서술형 완성 문제 ❺ 단원 총정리 문제 ❻ 생활 속 수학 스토리	1-1, 1-2, 2-1, 2-2 3-1, 3-2, 4-1, 4-2 5-1, 5-2, 6-1, 6-2

Xi STORY

Xistory stands for extra intensive story for an entrance examination for a university.

예비 고등

포인트 리딩

휴대용 단어장

수경출판사

수험생 여러분께 정직을 요합니다.

A 내용 일치, 불일치

[01~05]
- adventurous 모험적인
- career 경력
- wildlife 야생 동물
- photographer 사진작가
- persuade 설득하다
- slightly 약간
- end up -ing 결국 ~하게 되다
- car dealer 자동차 판매원
- exciting 흥미진진한, 신나는
- nonetheless 그렇더라도

[06~09]
- activity 활동
- flying disc 원반
- achieve 달성하다, 성취하다
- particular 특정한
- general 일반적인
- trace (기원을) 추적하다
- commercially 상업적으로
- patent 특허를 받다
- popularity 인기

[10~13]
- fairy tale 동화
- imaginative 상상의, 창의적인
- fanciful 상상의, 공상의
- wondrous 경이로운
- character 등장인물, 성격
- goblin 도깨비
- wizard 마녀, 마법사
- adapt 각색하다
- countless 무수한
- spark 유발하다, 촉발시키다
- imagination 상상력
- outlet (감정 등의) 배출구, 표현 수단
- supernatural 초자연적인 현상

[14~17]
- soar 날아오르다
- international 국제적인
- pilot 비행사
- license 면허
- appearance 출현
- female 여성의
- pioneer 개척자
- inspire 영감을 주다
- generation 세대
- pursue 추구하다
- breakthrough 돌파구

B 실용문의 이해

[01~05]
- propose 제안하다
- measure 대책
- pollution 오염
- submission 제출
- submit 제출하다
- proposal 제안서
- participant 참가자
- verify 입증하다
- authority 권한
- attest 증명하다

[06~09]
- docent (박물관 등의) 안내원
- gallery 미술관
- expertise 전문 지식[기술]
- contemporary 현대의
- curator 큐레이터(박물관 · 미술관 등의 전시 책임자)
- qualification 자격
- exhibition 전시

[10~13]
- e-waste 전자 폐기물
- annual 해마다의, 연례의
- electronics 전자 제품
- accept 받아들이다, 허용하다
- light bulb 전구
- microwave 전자레인지
- wipe out ~을 완전히 없애다, 삭제하다
- in advance 사전에, 미리
- resident 거주자, 주민

[14~17]
- environmental 환경의
- inspiring 영감을 주는
- knowledge 지식
- require 요구하다
- responsible 책임이 있는
- appreciate 고맙게 생각하다

단어 TEST ①

▶ 정답 p.30

✻ 다음 영어에는 알맞은 우리말 뜻을, 우리말에는 알맞은 영어 단어를 쓰세요.

01 contemporary ______________

02 persuade ______________

03 adventurous ______________

04 adapt ______________

05 in advance ______________

06 generation ______________

07 resident ______________

08 patent ______________

09 오염 ______________

10 그렇더라도 ______________

11 경이로운 ______________

12 돌파구 ______________

13 상업적으로 ______________

14 해마다의, 연례의 ______________

15 영감을 주는 ______________

16 자격 ______________

✻ 다음 그림에 알맞은 어휘나 어구를 왼쪽 페이지에서 찾아 쓰시오.

17

e ______________

18

f ______________

19

p ______________

20

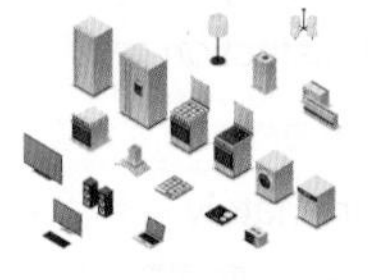

e ______________

21

p ______________

22

g ______________

- purchase 구매하다
- supporter 지지자
- donate 기부하다
- contribution 기부금

C 심경, 분위기의 이해

[01~05]
- submission 제출
- deadline 마감 시간
- typewriter 타자기
- lever (기계 조작용) 레버
- desperately 필사적으로
- rest 받치다, 두다
- lap 무릎
- frown 찡그리다

[06~09]
- blind (잠시) 앞이 안 보이게 만들다
- sunlight 햇빛
- instinctively 본능적으로
- barbershop 이발소
- routine (판에 박힌) 틀, (지루한) 일상
- hair clipper 이발기
- chase 쫓다
- pretend ~인 체하다
- trick 장난, 속임수
- confident 자신감 있는
- gloomy 우울한
- depressed 암울한

[10~13]
- beat (심장이) 고동치다
- temporarily 일시적으로
- audience 관객
- judge 판단하다
- sweaty 땀이 나는
- feel at ease 안심이 되는
- doubt 의심
- bother 괴롭히다
- clap 박수를 치다
- cheer 환호하다

[14~17]
- day off (근무를) 쉬는 날
- mute (소리를) 작게 하다, 무음으로 하다
- disconnect 단절시키다
- calm 침착한, 차분한
- immediately 즉시
- fall over ~에 걸려 넘어지다
- injured 다친, 부상을 입은
- concerned 걱정되는
- recover 회복하다
- surgery 수술
- indifferent 무관심한
- annoyed 화난

D 목적 찾기

[01~05]
- guardian 보호자
- crisp 감자칩
- seal 밀봉하다
- packet 꾸러미
- ingredient 성분
- contain 포함하다
- severe 심각한
- cooperation 협조

[06~09]
- sign up for ~을 신청하다
- welfare 복지
- be located 위치하다, 있다
- attach 부착하다, 첨부하다
- proceed 나아가다
- destination 목적지
- parking permit 주차증
- issue 발급하다
- place 놓다
- dashboard 계기판
- approximately 대략
- concern 걱정, 관심, 용무

[10~13]
- dissatisfaction 불만족
- via ~를 통해
- unfortunately 불행하게도
- deliver 배달하다
- rip off 뜯어내다

단어 TEST ②

▶ 정답 p.30

✿ 다음 영어에는 알맞은 우리말 뜻을, 우리말에는 알맞은 영어 단어를 쓰세요.

01 via ______________________

02 feel at ease ______________________

03 instinctively ______________________

04 disconnect ______________________

05 recover ______________________

06 proceed ______________________

07 issue ______________________

08 severe ______________________

09 복지 ______________________

10 ~을 신청하다 ______________________

11 즉시 ______________________

12 일시적으로 ______________________

13 불행하게도 ______________________

14 대략 ______________________

15 우울한 ______________________

16 무관심한 ______________________

✿ 다음 그림에 알맞은 어휘나 어구를 왼쪽 페이지에서 찾아 쓰시오.

17

m ______________________

18

t ______________________

19

c ______________________

20

c ______________________

21

d ______________________

22

d ______________________

- to one's disappointment 실망스럽게도
- refund 환불
- thoroughly 철저하게
- faithfully 충실히

[14~17]
- loyal 충성스러운, 충실한
- essential 필수적인
- innovative 혁신적인
- contribute to ~에 기여하다
- voluntarily 자발적으로, 자원해서
- total 합계가 ~이 되다
- request 요청하다
- consideration 고려
- reflect 반영하다
- performance 성과

E 요지, 주장 찾기

[01~05]
- launch (새로운 일을) 시작하다, 개시하다
- promote 홍보하다
- strictly 엄격하게
- shamelessly 뻔뻔스럽게
- give ~ away ~을 나누어 주다, 거저 주다
- entertaining 재미있는, 즐거움을 주는
- for free 무료로
- audience 청중, 독자

[06~09]
- bother with ~에 대해 신경 쓰다
- vital 지극히 중요한
- valuable 귀중한
- make the best use of ~를 가장 잘 이용하다
- B rather than A A라기보다는 B
- supervise 관리(감독)하다
- get better 나아지다
- practice 연습하다
- with the support of ~의 지원 하에
- pace 속도

[10~13]
- sniff 코를 킁킁거리다
- connect 잇다, 연결하다
- whole 전체
- imitate 따라하다
- instructor 강사
- bark 짖다
- accept 받아들이다
- affection 애정
- bring 가져다주다
- connection 연결, 유대감

[14~17]
- approach 접근하다
- tuxedo 턱시도
- funeral 장례식
- bathing suit 수영복
- religious 종교적인
- probably 아마
- appropriate 적절한
- occasion 행사
- setting 상황
- flexible 유연한
- strategy 전략
- multiple-choice test 선다형 시험

실력 향상 TEST 1회

[01~02]
- exceptionally 유난히, 특출나게
- inventor 발명가
- journalist 기자, 언론인
- occasionally 가끔
- nickname 별명을 붙이다
- nearby 근처의, 가까이 있는
- textile 직물
- witness 목격하다
- faulty 결함이 있는
- equipment 장비, 설비
- device 장비
- fold 접다
- glue (접착제로) 붙이다
- flat-bottomed 바닥이 평평한
- eliminate 제거하다, 없애다
- assemble 조립하다

단어 TEST ③

▶ 정답 p.30

✽ 다음 영어에는 알맞은 우리말 뜻을, 우리말에는 알맞은 영어 단어를 쓰세요.

01 flexible ______________

02 textile ______________

03 shamelessly ______________

04 pace ______________

05 occasion ______________

06 eliminate ______________

07 innovative ______________

08 imitate ______________

09 조립하다 ______________

10 고려 ______________

11 지극히 중요한 ______________

12 적절한 ______________

13 홍보하다 ______________

14 관리(감독)하다 ______________

15 애정 ______________

16 전략 ______________

✽ 다음 그림에 알맞은 어휘나 어구를 왼쪽 페이지에서 찾아 쓰시오.

17

a ______________

18

j ______________

19

b ______________

20

i ______________

21

i ______________

22

t ______________

[03~04]
- international 세계적인
- currency 통화
- inquiry 문의, 질문
- warranty 보증
- automatically 자동으로
- identify 확인하다

[05~06]
- suitcase 여행 가방
- worn-out 닳아 해진
- uniform 군복, 교복
- refugee 난민
- platform 승강장
- announce 안내하다, 말하다
- arrival 도착

[07~08]
- internationally 세계적으로
- academy 전문학교
- private 사립의, 개인적인
- bachelor 학사
- master 석사
- graduation 졸업
- multi-cultural 다문화의
- laboratory 실험실
- A as well as B B뿐만 아니라 A도
- lounge 라운지, 휴게실

[09~10]
- maintain 유지하다
- constant 일정한
- attention 주의 (집중)
- characterise 특징이 되다
- peaks and valleys 정점과 저점
- achieve 이루다
- confident 자신감 있는
- benefit 이익, 혜택
- demanding (일이) 힘든, 부담이 큰
- task 작업, 과업
- cope with ~을 처리하다
- take a while 얼마간의 시간이 걸리다

[11~12]
- scream 비명을 지르다
- nearby 근처의, 인근의
- mud 진흙
- hole 구멍, 구덩이
- sink 가라앉다, 빠지다
- drown 익사하다
- spot 발견하다, 알아채다
- discover 발견하다
- nobleman 귀족
- die of ~로 죽다
- bitter 쓴
- deed 행동
- sound 건강한, 건전한
- swallow 제비; 삼키다

F 도표의 이해

[01~05]
- motivator 동기 (요인)
- welfare 복지
- account for (부분·비율을) 차지하다
- whereas 반면에
- cite 언급하다
- consumption 섭취, 소비
- management 관리
- rank (순위를) 차지하다

[06~09]
- similarity 유사점
- bring 가져오다
- account for (부분·비율을) 차지하다
- regard 여기다, 간주하다
- mention 언급하다
- factor 요인
- achievement 성취

[10~13]
- participation 참여
- prefer 선호하다
- favorite 매우 좋아하는
- participate 참여하다
- athletics 육상 경기
- sum 합계, 합
- add 더하다
- several 몇몇의

단어 TEST ④

▶ 정답 p.30

✱ 다음 영어에는 알맞은 우리말 뜻을, 우리말에는 알맞은 영어 단어를 쓰세요.

01 automatically ______________

02 athletics ______________

03 whereas ______________

04 worn-out ______________

05 cope with ______________

06 similarity ______________

07 internationally ______________

08 sound ______________

09 요인 ______________

10 도착 ______________

11 참여 ______________

12 얼마간의 시간이 걸리다 ______________

13 보증 ______________

14 섭취, 소비 ______________

15 다문화의 ______________

16 행동 ______________

✱ 다음 그림에 알맞은 어휘나 어구를 왼쪽 페이지에서 찾아 쓰시오.

17

g ______________

18

s ______________

19

s ______________

20

p ______________

21

s ______________

22

l ______________

[14~17]

- homeschool 홈스쿨링을 하다
- public school 공립 학교
- exception 예외
- performance 공연
- account for ~을 차지하다
- respectively 각각

G 주제 찾기

[01~05]

- evolution 진화
- criteria 기준
- predator 포식자
- efficiency 효율성
- contribute 기여하다
- individual 개인
- prevail 이기다
- competition 경쟁
- mate 짝
- caregiver 보호자
- belonging 소속
- evolutionary 진화의

[06~09]

- Mars 화성
- shoreline 해안선
- canyon 협곡
- exist 존재하다
- strip 벗기다
- atmosphere 대기
- essential 필수적인
- massive 거대한
- molten 녹은
- core 중심
- shield 보호하다
- radiation 방사선
- evaporate 증발하다

[10~13]

- astronaut 우주비행사
- prepare 준비하다
- gravity 중력
- weightless 무중력의
- orientation 방향
- attach 부착하다, 붙이다
- float 떠다니다
- bump into ~에 부딪치다, ~와 충돌하다
- stay up late 늦게까지 일어나 있다
- nightmare 악몽
- snore 코를 골다
- adjust to ~에 적응하다

[14~17]

- remarkable 놀라운, 주목할 만한
- unbelievable 믿을 수 없는
- consequence 결과
- duration (지속되는) 기간
- gravity 중력
- equator (지구의) 적도
- rotation 회전
- noticeable 알아차릴 수 있는, 뚜렷한
- temperature 온도
- principle 원리
- maintain 유지하다
- implication (행동·결정이 초래할 수 있는) 영향[결과]
- biodiversity (균형 잡힌 환경을 위한) 생물의 다양성
- keep track of ~을 기록하다

H 제목 찾기

[01~05]

- success 성공
- intend 의도하다
- path 길
- reward 보상을 주다
- breathe 호흡하다, 숨쉬다
- slippery 미끄러운
- superhuman 초인적인
- effectively 사실상, 실제로
- employment 고용
- secure 안정적인
- ultimately 궁극적으로
- unsatisfying 만족스럽지 못한
- influential 영향력 있는

[06~09]

- discover 발견하다
- scream 비명
- environment 환경
- drought 가뭄

단어 TEST ⑤

▶ 정답 p.30

✽ 다음 영어에는 알맞은 우리말 뜻을, 우리말에는 알맞은 영어 단어를 쓰세요.

01 drought ______________

02 prepare ______________

03 noticeable ______________

04 evolution ______________

05 canyon ______________

06 belonging ______________

07 employment ______________

08 ultimately ______________

09 증발하다 ______________

10 필수적인 ______________

11 방향 ______________

12 (행동·결정이 초래할 수 있는) 영향[결과]

____

13 이기다 ______________

14 환경 ______________

15 중력 ______________

16 초인적인 ______________

✽ 다음 그림에 알맞은 어휘나 어구를 왼쪽 페이지에서 찾아 쓰시오.

17

a ______________

18

m ______________

19

w ______________

20

s ______________

21

r ______________

22

t ______________

- insect 곤충
- interpret 해석하다
- crop 농작물
- efficiently 효율적으로
- specialized 전문적인
- equipment 장비
- detect 감지하다

[10~13]
- clerk (회사의) 사무원 [직원], (가게의) 점원 [직원]
- invitation 초대
- jewelry 보석류, 장신구
- suggest 제안하다
- envy 부러워하다
- discover 발견하다
- to no avail 헛되이
- replace 바꾸다 [교체하다]
- debt 빚
- loan 대출, 빚
- encounter 만나다, 마주치다
- reveal 밝히다
- fake 모조품, 가짜의
- sacrifice 희생
- significance 중요성

[14~17]
- unconfident 자신감 없는
- attitude 태도
- weed 잡초
- particularly 특별히, 특히
- harsh 가혹한, 모진
- rejection 거절, 거부
- reprocess 재가공하다
- reframe 다시 구성하다
- significance 중요성
- irrational 불합리한
- rational 합리적인
- inexperienced 경험이 부족한, 미숙한
- scratchy 긁힌 자국이 있는, 낡은

I 밑줄 친 부분의 의미 찾기

[01~05]
- adopt 받아들이다, 채택하다
- livelihood 생계 수단
- push aside ~을 밀쳐 놓다
- progress 발전, 전진
- produce 생산하다, 제작하다
- physical 육체의, 신체의
- disability 장애
- disease 질환, 질병
- mass 대중(의)
- seek 찾다, 구하다
- divorce 단절, 이혼
- risk 위험 (요소)
- ignorance 무지

[06~09]
- surprisingly 놀랍게도
- intentional 의도적인
- defense 방어
- strategy 전략
- elaborate 정교한
- essentially 본질적으로
- process 처리하다
- enormous 거대한
- awareness 인식
- sort out 분류하다
- fatigue 피로
- capacity 능력

[10~13]
- introduction 도입
- release 풀어 주다
- spread 퍼지다
- continent 대륙
- devastating 대단히 파괴적인
- ecosystem 생태계
- invasion 침략
- persist 계속하다, 지속하다
- bill 법안
- resolve 해결하다
- plague 전염병
- destruction 파괴
- fatal 치명적인
- population 개체 수
- extinction 멸종

[14~17]
- assumption 추정, 전제
- accomplish 성취하다
- achievement 성취, 성과
- imply 암시하다, 넌지시 나타내다
- illegal 불법적인
- means 수단
- criticism 비판, 비평

단어 TEST ⑥

▶ 정답 p.31

✱ 다음 영어에는 알맞은 우리말 뜻을, 우리말에는 알맞은 영어 단어를 쓰세요.

01 to no avail ______________

02 detect ______________

03 sort out ______________

04 envy ______________

05 illegal ______________

06 replace ______________

07 harsh ______________

08 equipment ______________

09 잡초 ______________

10 빛 ______________

11 대륙 ______________

12 밝히다 ______________

13 의도적인 ______________

14 멸종 ______________

15 희생 ______________

16 중요성 ______________

✱ 다음 그림에 알맞은 어휘나 어구를 왼쪽 페이지에서 찾아 쓰시오.

17

f ______________

18

d ______________

19

s ______________

20

r ______________

21

d ______________

22

d ______________

- automatically 자동으로, 무의식적으로
- inevitably 반드시, 불가피하게
- sacred 신성한
- matter 중요하다
- hardship 고난
- solid 확고한
- abandon 버리다
- notion 개념, 생각
- superstition 미신

J 문맥에 맞는, 맞지 않는 낱말 찾기

[01~05]

- somehow 어떻게든
- organ 장기
- cure 치료하다
- statement 진술
- groundless 근거가 없는
- circulation 순환
- aggressive 적극적인
- attempt 시도
- eliminate 제거하다
- temporary 일시적인
- intelligence 지성
- regain 되찾다

[06~09]

- Arctic 북극의
- access 접근하다
- collect 수집하다
- temperature 온도
- loss 손실
- polar bear 북극곰
- glacier 빙하
- undergo (특히 변화 · 안 좋은 일 등을) 겪다[받다]
- increasingly 점점 더
- implication 영향[결과]

[10~13]

- research 연구, 실험
- memorize 외우다, 암기하다
- translation 번역, 통역
- be aware of ~을 알다[의식하다]
- essential 필수적인, 근본적인
- hub (특정 장소·활동의) 중심지, 중추
- activate 작동[활성화]시키다
- process 처리하다, 가공하다
- active 활발한, 활동적인
- period 기간, 시기
- switch 바꾸다, 전환하다
- boost 북돋우다

[14~17]

- crocodile 악어
- tourist site 관광지
- danger 위험
- reservoir 저수지
- monument 기념물
- tourism 관광업, 관광산업
- giant 거대한
- reptile 파충류
- seaplane 수상 비행기
- habitat 서식지
- disturb 침범하다
- protester 시위자
- concerned 염려하는
- adapt 적응하다

K 빈칸 완성하기

[01~05]

- institute 기관, 협회
- participant 참가자
- determine 알아내다
- contain 포함하다
- shadow 따라하다
- trick 속임수
- cleverly 영리하게
- comprise 구성하다
- analyze 분석하다

[06~09]

- invention 발명, 발명품
- identify 규명하다, ~라고 감정하다
- state 상태
- fairly 상당히, 꽤
- origin 기원, 유래
- grinding stone 숫돌, 갈이돌
- flat 평평한, 납작한
- spark 불씨
- development 발전, 개발
- civilization 문명
- rapidly 급속도로, 빠르게

단어 TEST ⑦

▶ 정답 p.31

✱ 다음 영어에는 알맞은 우리말 뜻을, 우리말에는 알맞은 영어 단어를 쓰세요.

01 analyze ______________

02 statement ______________

03 monument ______________

04 essential ______________

05 somehow ______________

06 spark ______________

07 increasingly ______________

08 superstition ______________

09 (특정 장소·활동의) 중심지, 중추 ______________

10 근거가 없는 ______________

11 급속도로, 빠르게 ______________

12 영리하게 ______________

13 저수지 ______________

14 접근하다 ______________

15 개념, 생각 ______________

16 침범하다 ______________

✱ 다음 그림에 알맞은 어휘나 어구를 왼쪽 페이지에서 찾아 쓰시오.

17

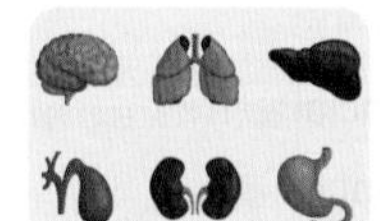

o ______________

18

c ______________

19

g ______________

20

r ______________

21

s ______________

22

p ______________

[10~13]

- encounter 마주치다
- feed on ~을 먹고 살다
- figure out 생각해내다
- buzz 윙윙거리다
- mosquito 모기
- deadly 치명적인
- adapt 적응하다
- breed (알을) 까다
- long-sleeved 긴 소매의

[14~17]

- race 경주, 달리기
- countryside 시골
- discover 발견하다
- biologist 생물학자
- effect 효과, 영향, 결과
- evolutionary 진화의
- principle 원리
- evolve 진화하다
- generation 세대
- bunny 토끼
- pass on ~을 물려주다, ~을 전달하다
- gene 유전자
- species 종

실력 향상 TEST 2회

[01~02]

- share 점유율
- selected 선택된, 선발된
- estimate 추정하다
- difference 차이

[03~04]

- makeup 화장, 메이크업
- raise 올리다, 높이다
- minority 소수, 소수집단
- diversity 다양성
- challenged 장애가 있는
- face 직면하다
- profound 심오한
- panicked 허둥지둥하는, 당황하는
- hysterical 감정적이 된
- positive 긍정적인
- avoid 피하다
- gaze 응시하다, 바라보다
- attractive 매력적인
- concerned 관심이 있는, 걱정하는
- issue 주제, 쟁점
- disabled 장애가 있는
- particularly 특히
- human right 인권
- pros and cons 장단점

[05~06]

- baby teeth 유치, 젖니
- fall out 떨어져 나가다
- traditional 전통의, 전통적인
- bury 묻다, 매장하다
- fairy 요정
- pillow 베개

[07~08]

- when it comes to ~에 관한 한
- blame A for B B에 대해 A를 탓하다
- fossil fuel 화석 연료
- pump 퍼붓다, 쏟아지다
- agricultural 농업의
- sector 분야
- rainforest (열대) 우림
- excessive 과도한
- drive 추진시키다
- consumption 소비
- sum 합계하다
- financial 재정적인, 금전적인
- incentive 동기
- generate 발생시키다
- power plant 발전소
- throw away ~을 버리다
- derive from ~에서 나오다
- crude oil 원유
- engage in ~에 참여[관여]하다
- slap 철썩 때리기
- room 여지

단어 TEST ⑧

▶ 정답 p.31

✽ 다음 영어에는 알맞은 우리말 뜻을, 우리말에는 알맞은 영어 단어를 쓰세요.

01 traditional ______________

02 figure out ______________

03 blame A for B ______________

04 share ______________

05 principle ______________

06 breed ______________

07 face ______________

08 pros and cons ______________

09 치명적인 ______________

10 유전자 ______________

11 소수, 소수집단 ______________

12 추정하다 ______________

13 심오한 ______________

14 퍼붓다, 쏟아지다 ______________

15 분야 ______________

16 마주치다 ______________

✽ 다음 그림에 알맞은 어휘나 어구를 왼쪽 페이지에서 찾아 쓰시오.

17

m ______________

18

a ______________

19

b ______________

20

c ______________

21

r ______________

22

s ______________

- admit 인정하다
- individually 개별적으로

[09~10]
- glance 흘낏 봄
- disorder 장애
- face blindness 안면 인식 장애
- interaction 상호 작용
- embarrassment 난처함
- treatment 치료
- cue 단서

[11~12]
- remarkable 놀라운
- alter 바꾸다, 전환하다
- perception 인식
- interact 상호 작용하다
- concept 개념
- simulate 시뮬레이션하다
- completely 완전히
- computer-generated 컴퓨터로 생성된
- relation 관련
- overlay 덮어씌우다
- device 기구, 장치
- component 요소
- effectively 효과적으로
- enhance 향상시키다
- content 내용물

L 흐름에 맞지 않는 문장 찾기

[01~05]
- affect 영향을 미치다
- main character 주인공
- character 등장인물
- interpret 해석하다
- conflict 갈등
- arise 발생하다
- pray for ~을 간절히 바라다
- outcome 결과
- consider 생각해 보다
- tale 이야기
- evil 사악한
- stepsister 의붓자매
- kingdom 왕국
- exist 존재하다
- willingly 기꺼이

[06~09]
- adopt 입양하다
- rewarding 보람 있는
- consider 고려하다
- behavior 행동
- considerable 상당한
- physical 신체적인
- chew 씹다
- leash (개의) 목줄
- consistent 지속적인, 일관된
- fix 고치다

[10~13]
- previously 이전에
- determine 결정하다
- newborn baby 신생아
- assign 할당하다
- official 공식적인
- document 문서
- require 필요로 하다
- marriage 결혼
- confusion 혼란
- conflict 갈등
- reclaim 되찾다

[14~17]
- coastal 해안의
- survival 생존
- gather 모으다
- shellfish 조개
- dive 잠수하다
- shore 해안
- fishery resources 수산자원
- overfishing (어류) 남획
- destruction 파괴
- support 부양하다, 지지하다
- turn to ~에 의지하다
- frequent 잦은
- interval 간격
- injury 부상
- at worst 최악의 경우에

단어 TEST ⑨

▶ 정답 p.31

✽ 다음 영어에는 알맞은 우리말 뜻을, 우리말에는 알맞은 영어 단어를 쓰세요.

01 outcome ______________

02 enhance ______________

03 interaction ______________

04 disorder ______________

05 interpret ______________

06 rewarding ______________

07 assign ______________

08 cue ______________

09 효과적으로 ______________

10 행동 ______________

11 인정하다 ______________

12 필요로 하다 ______________

13 인식 ______________

14 되찾다 ______________

15 난처함 ______________

16 기꺼이 ______________

✽ 다음 그림에 알맞은 어휘나 어구를 왼쪽 페이지에서 찾아 쓰시오.

17

l ______________

18

p ______________

19

i ______________

20

m ______________

21

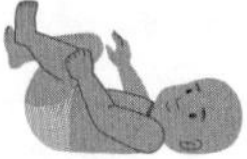

n ______________

22

c ______________

M 글의 순서 정하기

[01~05]

- alert 기민한, 주의하는
- peak 정점의
- muse 영감
- awaken 깨어나다
- machinery 기제, 시스템
- loose 느슨하게 하다, 풀다
- attention 집중, 주의력
- demand 요구하다
- novel 새로운
- tackle (힘든 문제·상황과) 씨름하다
- vice versa 반대로
- organize 계획하다
- divide 분배하다

[06~09]

- physiology 생리학
- identify 밝히다, 증명하다
- exact 정확한
- infestation (기생충 등의) 체내 침입, 침략
- swallow 삼키다
- vomit 토하다
- stomach 위
- progress 진행하다

[10~13]

- valuable 소중한
- affect 영향을 미치다
- shortage 부족
- seeding 씨뿌리기
- artificially 인위적으로
- sow (씨를) 뿌리다[심다]
- crystal 결정체
- particle (아주 작은) 입자, 조각
- additional 추가의
- available 이용 가능한
- induce 유도하다
- afloat (물·공중에) 뜬

[14~17]

- form 형성하다, 형성되다
- mineral 광물
- melt 녹이다, 녹다
- material 물질
- surface 표면
- trap 가두다
- atom 원자
- combine 결합하다
- crystal 결정, 결정체
- unaided eye 육안
- arrange 배열하다
- orderly 질서있는
- element 원소
- determine 결정하다
- individual 개별의

N 주어진 문장 넣기

[01~05]

- complex 복합의, 복잡한
- break down ~을 분해하다, 분해되다
- nutrient 영양소
- release 방출하다
- fuel 연료
- a number of 많은
- structure 구조
- hold 가지고 있다
- other than ~ 외에
- rather 상당히
- store 저장하다

[06~09]

- abbreviation 약어
- originate 비롯되다, 발생하다
- significant 상당한
- popularity 인기
- contributor 기여자
- economy 경제
- feature 특징
- systematic 체계적인
- intensive 집중적인
- trainee 연습생
- dormitory 기숙사
- in the meantime 한편
- assess 평가하다
- personality 성격, 개성

단어 TEST ⑩

▶ 정답 p.31

✱ 다음 영어에는 알맞은 우리말 뜻을, 우리말에는 알맞은 영어 단어를 쓰세요.

01 exact ______________

02 novel ______________

03 a number of ______________

04 vice versa ______________

05 orderly ______________

06 popularity ______________

07 artificially ______________

08 in the meantime ______________

09 영감 ______________

10 (물·공중에) 뜬 ______________

11 ~을 분해하다, 분해되다 ______________

12 약어 ______________

13 집중적인 ______________

14 밝히다, 증명하다 ______________

15 개별의 ______________

16 부족 ______________

✱ 다음 그림에 알맞은 어휘나 어구를 왼쪽 페이지에서 찾아 쓰시오.

17

c ______________

18

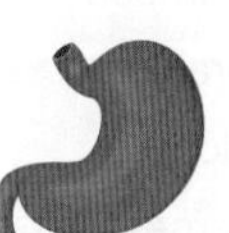

s ______________

19

v ______________

20

f ______________

21

p ______________

22

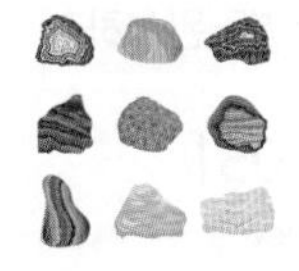

m ______________

[10~13]

- outdoors 실외에서
- environment 환경
- beneficial 유익한
- assess 평가하다
- cognitive 인지적인
- respectively 각각
- concentration 집중
- suggest 시사하다
- exposure 노출
- enhance 향상시키다
- element 요소
- contribute 기여하다
- overall 전반적인

[14~17]

- imagine 상상하다
- poison 독
- poisonous 독이 있는
- responsible 책임이 있는
- aristocrat 귀족
- consider 여기다
- acidic 산성의
- sickness 질병
- tragic 비극적인

O 요약문 완성하기

[01~05]

- convince 납득시키다
- resistant 저항하는
- emphasize 강조하다
- faculty 교직원
- unwilling 내키지 않는
- trigger 유발하다
- persuade 설득하다
- empathy 공감
- obligation 의무

[06~09]

- crime 범죄
- illegal 불법의
- evidence 증거
- opposite 반대
- violence 폭력
- emphasize 강조하다
- greenery 녹지
- tiredness 피로
- distracted 산만한
- annoyed 짜증난
- impulsive 충동적인
- neighborhood 이웃
- undesirable 바람직하지 않은
- formation 형성
- togetherness 연대감

[10~13]

- habit 습관
- evidence 증거
- empathy 공감
- conduct 수행하다
- ask a favor 부탁하다
- psychology 심리학
- indicate 나타내다
- apologize 사과하다
- regret 유감
- acknowledgement 인식
- attempt 시도
- cognitive 인지적

[14~17]

- reflective 성찰적인
- journaling 일기 쓰기
- think back on ~을 돌이켜 보다
- undergraduate student 대학생, 학부생
- value 가치
- confident 자신 있는
- handle 다루다
- focus on ~에 초점을 맞추다
- reflect 성찰하다, 숙고하다
- support 뒷받침하다
- perspective 관점
- demonstration 입증, (분명히) 보여줌
- reframe 재구성하다
- worthwhile 가치 있는

P 장문의 이해

[01~07]

- piece (장기, 체스의) 말, 조각
- reproduce 재현하다
- place 기억해 내다, 놓다
- randomly 무작위로
- pattern 패턴, 모형, 방식
- previously 이전에
- face 직면하다

단어 TEST ⑪

▶ 정답 p.32

✱ 다음 영어에는 알맞은 우리말 뜻을, 우리말에는 알맞은 영어 단어를 쓰세요.

01 respectively ____________

02 tragic ____________

03 worthwhile ____________

04 unwilling ____________

05 attempt ____________

06 think back on ____________

07 impulsive ____________

08 greenery ____________

09 인지적인 ____________

10 공감 ____________

11 납득시키다 ____________

12 성찰적인 ____________

13 시사하다 ____________

14 독이 있는 ____________

15 인식 ____________

16 강조하다 ____________

✱ 다음 그림에 알맞은 어휘나 어구를 왼쪽 페이지에서 찾아 쓰시오.

17

a ____________

18

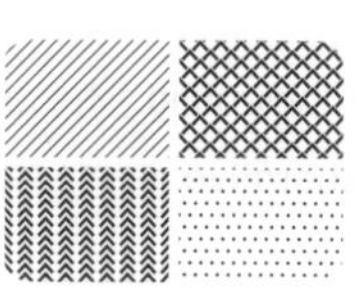

p ____________

19

r ____________

20

n ____________

21

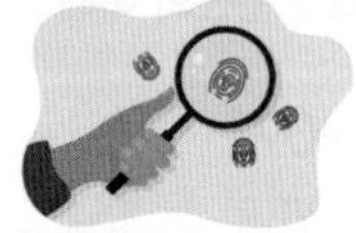

e ____________

22

d ____________

- domain 분야
- disappear 사라지다
- beneficial 유익한
- accurately 정확하게
- note 음표
- movement 동작
- experienced 숙련된
- make up ~을 이루다, ~을 구성하다
- routine 정해진 춤 동작
- recognize 인식하다

[08~14]

- psychologist 심리학자
- witness 목격자
- bystander 방관자
- refer to 말하다, 가리키다
- experiment 실험
- assistance 도움
- factor 요인
- responsibility 책임
- influence 영향
- decide 결정하다
- recommend 추천하다, 권장하다

[15~21]

- disappointed 실망한
- frustrated 좌절한
- inevitable 불가피한
- absence 부재
- direction 방향
- commit to ~에 전념하다
- particular 특정한
- obvious 명확한
- desire 욕구
- confused 혼란스러운
- unsatisfying 불만족스러운
- commitment 전념

[22~28]

- cultivate 경작하다, (관계를) 쌓다
- compensate 보상하다, 보충되다
- perception 인식
- disrupt 방해하다
- overload (짐을) 너무 많이 싣다, 과부하가 걸리게 하다
- stimulus 자극 (pl. stimuli)
- overwhelming 압도적인
- stimulation 자극
- confusion (정신 상태의) 혼란, 혼동
- neuroscientific 신경 과학의
- collaborative 협력적인, 공동 작업의
- alter 바꾸다, 고치다
- anticipate 예상하다, 기대하다

Q 복합 문단의 이해

[01~07]

- make fun of ~을 놀리다
- lean 기대다
- pupil 제자
- exclaim 소리치다

[08~14]

- frustration 좌절
- exhaustion 고단함, 소진
- cope with ~에 대처하다
- challenge 어려움, 도전
- experiment 실험
- respond 반응하다
- environment 환경
- come up with ~를 생각해내다
- separate 별도의
- pot 냄비
- peel (껍질을) 벗기다
- confuse 혼란스럽게 하다
- unusual 특이한
- wonder 궁금해 하다
- circumstance 환경

[15~21]

- swamp 늪, 습지
- carefree 근심 걱정 없는, 속 편한
- splash (물·흙탕물 등을) 끼얹다[튀기다], 철벅[첨벙]하는 소리
- ruler 지배자
- genuinely 진심으로
- response 반응
- cautiously 조심스럽게
- approach 다가가다
- motionless 움직이지 않는
- bravely 용감하게

단어 TEST ⑫

▶ 정답 p.32

✱ 다음 영어에는 알맞은 우리말 뜻을, 우리말에는 알맞은 영어 단어를 쓰세요.

01 respond ______

02 inevitable ______

03 assistance ______

04 witness ______

05 alter ______

06 perception ______

07 pupil ______

08 bystander ______

09 보상하다, 보충되다 ______

10 인식하다 ______

11 사라지다 ______

12 도움 ______

13 말하다, 가리키다 ______

14 ~을 놀리다 ______

15 전념 ______

16 ~에 대처하다 ______

✱ 다음 그림에 알맞은 어휘나 어구를 왼쪽 페이지에서 찾아 쓰시오.

17

l ______

18

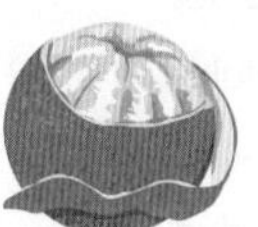

p ______

19

e ______

20

f ______

21

o ______

22

n ______

- consider 여기다
- eventually 결국
- beg 간청하다
- request 요청
- amusing 재미있는
- hurriedly 급하게
- observe 관찰하다
- regret 후회하다

[22~28]

- a bunch of 다수의, 많은
- celebrate 축하하다, 기념하다
- notice 알아차리다
- chat 담소를 나누다
- sudden 갑작스러운
- be stuck in ~에 갇히다, ~에 꼼짝 못하게 되다
- generosity 관대함, 너그러움
- empathy 공감 (능력)
- unforgettable 잊을 수 없는
- mention 언급하다, 말하다
- conversation 대화
- attentive 주의를 기울이는, 세심한
- for free 무료로
- unexpectedly 예상치 못하게, 갑자기

실력 향상 TEST 3회

[01~02]

- engagement 관계
- poetry (집합적으로) 시
- benefit 이점, 혜택
- professional 전문적인
- capacity 능력, 용량
- expressive 표현의, 표현적인
- immune 면역의
- lung 폐, 허파
- function 기능
- diminish 줄이다, 약화하다
- psychological 심리적인
- distress 고통
- enhance (질을) 높이다, 향상시키다
- aid 지원하다, 돕다
- empathy 공감 (능력)
- reconsider 재고하다
- incredibly 믿을 수 없을 정도로
- target 목표로 삼다, 겨냥하다
- productivity 생산성
- frustration 좌절감
- complexity 복잡성

[03~04]

- at risk 위험에 처한
- advance 발전, 진전
- automation 자동화
- automate 자동화하다
- dependent on ~에 의존하는
- irreplaceable 대체할 수 없는
- unrealistic 비현실적인
- threat 위협
- flip (휙) 뒤집다
- task (해야 할) 일, 업무
- replace 대체하다
- crew (한 팀으로 일하는) 직원들
- skilled 숙련된
- draw on ~을 이용하다

[05~07]

- assumption 가정
- characteristic 특징
- automatically 자동적으로
- lecturer 강사
- description 설명
- contain 포함하다
- discussion 토론
- impression 인상
- expectation 기대
- behaviour 행동
- interact 소통하다

[08~10]

- layer 층
- soil 토양
- root 뿌리
- concentration 농도
- damaging 해로운
- evolve 발달시키다
- redistribute 재분배하다
- shallow 얕은

단어 TEST ⑬

▶ 정답 p.32

❋ 다음 영어에는 알맞은 우리말 뜻을, 우리말에는 알맞은 영어 단어를 쓰세요.

01 skilled ______________

02 concentration ______________

03 incredibly ______________

04 a bunch of ______________

05 diminish ______________

06 benefit ______________

07 engagement ______________

08 irreplaceable ______________

09 주의를 기울이는, 세심한 ______________

10 비현실적인 ______________

11 심리적인 ______________

12 예상치 못하게, 갑자기 ______________

13 관대함, 너그러움 ______________

14 고통 ______________

15 자동화 ______________

16 좌절감 ______________

❋ 다음 그림에 알맞은 어휘나 어구를 왼쪽 페이지에서 찾아 쓰시오.

17

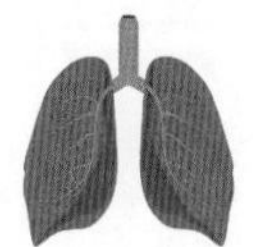

l ______________

18

c ______________

19

d ______________

20

o ______________

21

h ______________

22

t ______________

- absorb 흡수하다
- decay 부패하다
- poison (독성 물질로) 오염시키다, 중독시키다
- immune 면역이 있는
- toxic 유독한
- essentially 본질적으로
- eliminate 제거하다
- competition 경쟁자
- surrounding 주변의
- deadly 치명적인
- nutritious 영양이 풍부한

[11~13]

- journey 여정, 여행
- shorten 줄이다
- misery 비참함
- impatience 조급함
- judgment 비난
- frustration 좌절
- anger 분노
- shift 바뀌다
- unknowingly 무심코
- cut off 끼어들다
- splash (액체류를) 튀기다
- pen (글을) 쓰다
- miserable 비참한
- statement 진술
- deny 부정하다
- forgive 용서하다

[14~17]

- village 마을
- field 들판
- reply 대답하다
- middle-aged 중년의
- come upon ~을 만나다
- valley 골짜기
- wonderful 멋진
- unwelcoming 불친절한
- helplessly 힘없이
- generous 너그러운

단어 TEST ⑭

▶ 정답 p.32

✱ 다음 영어에는 알맞은 우리말 뜻을, 우리말에는 알맞은 영어 단어를 쓰세요.

01 surrounding ______________________

02 helplessly ______________________

03 come upon ______________________

04 middle-aged ______________________

05 cut off ______________________

06 statement ______________________

07 miserable ______________________

08 nutritious ______________________

09 조급함 ______________________

10 제거하다 ______________________

11 대답하다 ______________________

12 불친절한 ______________________

13 면역이 있는 ______________________

14 골짜기 ______________________

15 무심코 ______________________

16 분노 ______________________

✱ 다음 그림에 알맞은 어휘나 어구를 왼쪽 페이지에서 찾아 쓰시오.

17

d ______________________

18

j ______________________

19

p ______________________

20

d ______________________

21

j ______________________

22

v ______________________

단어 TEST 정답

p.3 단어 TEST ①

01 현대의
02 설득하다
03 모험적인
04 각색하다
05 사전에, 미리
06 세대
07 거주자, 주민
08 특허를 받다
09 pollution
10 nonetheless
11 wondrous
12 breakthrough
13 commercially
14 annual
15 inspiring
16 qualification
17 exhibition
18 flying disc
19 pilot
20 electronics
21 photographer
22 goblin

p.5 단어 TEST ②

01 ~를 통해
02 안심이 되는
03 본능적으로
04 단절시키다
05 회복하다
06 나아가다
07 발급하다
08 심각한
09 welfare
10 sign up for
11 immediately
12 temporarily
13 unfortunately
14 approximately
15 gloomy
16 indifferent
17 mute
18 typewriter
19 crisp
20 calm
21 dissatisfaction
22 deliver

p.7 단어 TEST ③

01 유연한
02 직물
03 뻔뻔스럽게
04 속도
05 행사
06 제거하다, 없애다
07 혁신적인
08 따라하다
09 assemble
10 consideration
11 vital
12 appropriate
13 promote
14 supervise
15 affection
16 strategy
17 audience
18 journalist
19 bark
20 inventor
21 instructor
22 tuxedo

p.9 단어 TEST ④

01 자동으로
02 육상 경기
03 반면에
04 닳아 해진
05 ~을 처리하다
06 유사점
07 세계적으로
08 건강한, 건전한
09 factor
10 arrival
11 participation
12 take a while
13 warranty
14 consumption
15 multi-cultural
16 deed
17 graduation
18 sink
19 swallow
20 platform
21 suitcase
22 laboratory

p.11 단어 TEST ⑤

01 가뭄
02 준비하다
03 알아차릴 수 있는, 뚜렷한
04 진화
05 협곡
06 소속
07 고용
08 궁극적으로
09 evaporate
10 essential
11 orientation
12 implication
13 prevail
14 environment
15 gravity
16 superhuman
17 astronaut
18 mate
19 weightless
20 snore
21 rotation
22 temperature

p.13 단어 TEST ⑥

01 헛되이
02 감지하다
03 분류하다
04 부러워하다
05 불법적인
06 바꾸다[교체하다]
07 가혹한, 모진
08 장비
09 weed
10 debt
11 continent
12 reveal
13 intentional
14 extinction
15 sacrifice
16 significance
17 fatigue
18 discover
19 scratchy
20 rejection
21 divorce
22 destruction

p.15 단어 TEST ⑦

01 분석하다
02 진술
03 기념물
04 필수적인, 근본적인
05 어떻게든
06 불씨
07 점점 더
08 미신
09 hub
10 groundless
11 rapidly
12 cleverly
13 reservoir
14 access
15 notion
16 disturb
17 organ
18 crocodile
19 glacier
20 research
21 seaplane
22 protester

p.17 단어 TEST ⑧

01 전통의, 전통적인
02 생각해내다
03 B에 대해 A를 탓하다
04 점유율
05 원리
06 (알을) 까다
07 직면하다
08 장단점
09 deadly
10 gene
11 minority
12 estimate
13 profound
14 pump
15 sector
16 encounter
17 makeup
18 agricultural
19 bunny
20 concerned
21 race
22 slap

p.19 단어 TEST ⑨

01 결과
02 향상시키다
03 상호 작용
04 장애
05 해석하다
06 보람 있는
07 할당하다
08 단서
09 effectively
10 behavior
11 admit
12 require
13 perception
14 reclaim
15 embarrassment
16 willingly
17 leash
18 pray for
19 injury
20 marriage
21 newborn baby
22 conflict

p.21 단어 TEST ⑩

01 정확한
02 새로운
03 많은
04 반대로
05 질서있는
06 인기
07 인위적으로
08 한편
09 muse
10 afloat
11 break down
12 abbreviation
13 intensive
14 identify
15 individual
16 shortage
17 crystal
18 stomach
19 vomit
20 fuel
21 peak
22 mineral

단어 TEST 정답

p.23 단어 TEST⑪

01 각각
02 비극적인
03 가치 있는
04 내키지 않는
05 시도
06 ~을 돌이켜 보다
07 충동적인
08 녹지
09 cognitive
10 empathy
11 convince
12 reflective
13 suggest
14 poisonous
15 acknowledgment
16 emphasize
17 apologize
18 pattern
19 randomly
20 neighborhood
21 evidence
22 distracted

p.25 단어 TEST⑫

01 반응하다
02 불가피한
03 도움
04 목격자
05 바꾸다, 고치다
06 인식
07 제자
08 방관자
09 compensate
10 recognize
11 disappear
12 assistance
13 refer to
14 make fun of
15 commitment
16 cope with
17 lean
18 peel
19 exclaim
20 frustrated
21 overload
22 note

p.27 단어 TEST⑬

01 숙련된
02 농도
03 믿을 수 없을 정도로
04 다수의, 많은
05 줄이다, 약화하다
06 이점, 혜택
07 관계
08 대체할 수 없는
09 attentive
10 unrealistic
11 psychological
12 unexpectedly
13 generosity
14 distress
15 automation
16 frustration
17 lung
18 celebrate
19 discussion
20 observe
21 hurriedly
22 target

p.29 단어 TEST⑭

01 주변의
02 힘없이
03 ~을 만나다
04 중년의
05 끼어들다
06 진술
07 비참한
08 영양이 풍부한
09 impatience
10 eliminate
11 reply
12 unwelcoming
13 immune
14 valley
15 unknowingly
16 anger
17 decay
18 judgment
19 pen
20 deadly
21 journey
22 village